Reinhold Fend
Gewinnen mit Optionsstrategien

Reinhold Fend

Gewinnen mit Optionsstrategien

**Erfolgreich in der Königsklasse
des Terminhandels**

WILEY-VCH Verlag GmbH & Co. KGaA

1. Auflage 2017

Alle Bücher von Wiley-VCH werden sorgfältig erarbeitet. Dennoch übernehmen Autoren, Herausgeber und Verlag in keinem Fall, einschließlich des vorliegenden Werkes, für die Richtigkeit von Angaben, Hinweisen und Ratschlägen sowie für eventuelle Druckfehler irgendeine Haftung.

© **2017 Wiley-VCH Verlag & Co. KGaA,
Boschstr. 12, 69469 Weinheim, Germany**

Alle Rechte, insbesondere die der Übersetzung in andere Sprachen, vorbehalten. Kein Teil dieses Buches darf ohne schriftliche Genehmigung des Verlages in irgendeiner Form – durch Photokopie, Mikroverfilmung oder irgendein anderes Verfahren – reproduziert oder in eine von Maschinen, insbesondere von Datenverarbeitungsmaschinen, verwendbare Sprache übertragen oder übersetzt werden. Die Wiedergabe von Warenbezeichnungen, Handelsnamen oder sonstigen Kennzeichen in diesem Buch berechtigt nicht zu der Annahme, dass diese von jedermann frei benutzt werden dürfen. Vielmehr kann es sich auch dann um eingetragene Warenzeichen oder sonstige gesetzlich geschützte Kennzeichen handeln, wenn sie nicht eigens als solche markiert sind.

**Bibliografische Information
der Deutschen Nationalbibliothek**

Die Deutsche Nationalbibliothek verzeichnet diese Publikation in der Deutschen Nationalbibliografie; detaillierte bibliografische Daten sind im Internet über http://dnb.d-nb.de abrufbar.

Printed in the Federal Republic of Germany
Gedruckt auf säurefreiem Papier

Gestaltung: pp030 – Produktionsbüro Heike Praetor, Berlin
Covergestaltung: Christian Kalkert Buchkunst & Illustration, Birken-Honigsessen
Satz: inmedialo UG, Plankstadt
Druck & Bindung: CPI books GmbH, Leck

ISBN: 978-3-527-50851-8

3 2020

Inhalt

Abkürzungsverzeichnis	11
1 Das können Sie von diesem Buch erwarten	13
2 Der Werdegang eines angehenden Options-Traders	17
3 Mindestanforderungen	19
3.1 Fachwissen	19
3.2 Der passende Broker	20
3.3 Der Optionssimulator	20
3.4 Ein Chartprogramm	21
3.5 Zeit für das Studium	21
3.6 Startkapital	22
3.7 Disziplin	23
4 Ein kurzer Rückblick auf die Anfänge des Terminhandels	25
5 Einführung in die Funktionsweise von Optionen	27
5.1 Die grundsätzliche Funktionsweise von Optionen	28
5.2 Die Kaufoption – Call	28
5.3 Die Verkaufsoption – Put	30
5.4 Die wichtigsten Fachbegriffe	31
5.5 Standardisierung der Kontrakte	34
5.6 Die vier Grundpositionen	35
5.6.1 Grundposition I – Long Call (Kauf einer Kaufoption)	35
5.6.2 Grundposition II – Short Call (Verkauf einer Kaufoption)	37
5.6.3 Grundposition III – Long Put (Kauf einer Verkaufsoption)	39
5.6.4 Grundposition IV – Short Put (Verkauf einer Verkaufsoption)	41
5.7 Die Grundpositionen Short Call und Long Put mit Einbeziehung des Underlyings	42
5.7.1 Covered Call	43
5.7.2 Protective Put	45
5.8 Die Einflussfaktoren auf die Optionsprämie	47
5.8.1 Der innere Wert einer Option	48
5.8.2 Der Zeitwert einer Option	49
5.8.3 Der Einfluss der Dividenden auf die Optionsprämie	70
6 Die historische Volatilität	79
6.1 Skalierung der Volatilität	80
6.2 Verfahren zur Berechnung der historischen Volatilität	80
6.3 Die Volatilität der historischen Volatilität	85
6.4 Defizite der historischen Volatilität	86
6.5 Alternative Berechnungsmethode der historischen Volatilität nach Fend	87

7	**Die Sensitivitätskennzahlen von Optionen: Die (großen) Griechen**	**89**
7.1	Kennzahlen – nur eine Momentaufnahme	90
7.2	Der Einfluss der Griechen auf eine Optionsposition	90
7.3	Delta (Δ)	91
7.4	Gamma (γ)	95
7.5	Vega (K)	98
7.6	Theta (θ)	101
7.7	Rho – (R)	103
7.8	Erweiterte Kennzahlen	104
7.8.1	Der Hebel	104
7.8.2	Omega (Ω)	104

8	**Die Optionspreismodelle von Black & Scholes und Cox, Ross, Rubinstein**	**105**
8.1	Die Entwicklungsgeschichte der Optionspreismodelle	105
8.2	Die Unterschiede des Black-Scholes- zum CRR-Modell	107
8.3	Das Optionspreismodell nach Cox, Ross und Rubinstein – das Binomialmodell	108
8.3.1	Das einperiodige Binomialmodell	109
8.3.2	Das mehrperiodige Binomialmodell	111
8.4	Das Optionspreismodell nach Fischer Black und Myron Samuel Scholes	115
8.4.1	Die grundsätzliche Annahme von Black und Scholes	115
8.4.2	Die Anforderungen an das Modell: »keine Möglichkeit der Arbitrage«	116
8.4.3	Der idealisierte Markt als Grundannahme für das Modell	117
8.4.4	Die Black-Scholes-Formel	118

9	**Die Put/Call-Parität**	**121**
9.1	Keine Arbitrage	121
9.2	Nur eine korrekte Berechnungsgrundlage führt zu einem korrektem Ergebnis	124
9.2.1	Die Basisdaten	124
9.2.2	Ermittlung des risikolosen Zinssatzes	126
9.2.3	Der korrekte Kurs des Underlyings	126
9.2.4	Bestimmung des risikolosen Zinssatzes für langlaufende Optionen	128

10	**Der Optionssmile**	**131**
10.1	Ausprägungsformen der impliziten Volatilität	131
10.2	Die Ursache des Optionssmiles	132
10.3	Die Häufigkeitsverteilung	132
10.4	Die Verteilung der Renditen anhand der Restlaufzeit	136

10.5	Die Lognormalverteilung	*138*
10.6	Der Smile wandert mit dem Underlying	*139*
10.7	Die Wings	*143*
10.8	Die implizite Volatilität am Geld in Bezug zum korrespondierenden Volatilitätsfuture	*148*

11 Die Dynamik der impliziten Volatilität — **149**

11.1	Die Berechnung des Skews für einen definierten Zeitpunkt aus den Settlement Daten	*149*
11.2	Die Änderung der impliziten Volatilität auf Grund von schnellen Kursbewegungen	*151*
11.3	Die Dynamik der impliziten Volatilität in Abhängigkeit der Restlaufzeit	*156*
11.4	Die implizite Volatilität – billig oder teuer?	*158*

12 Futures — **161**

12.1	Unterschiede zwischen Futures und Forwards	*162*
12.2	Future/Forward – Preisbildung	*163*
12.3	Single-Stock-Futures – der »billige« Ersatz für Aktien?	*166*
12.4	Bestimmung der Dividende mit Hilfe von Single-Stock-Futures	*167*

13 Grundstrategien — **169**

13.1	Reduktion des Risikos beim Einstieg	*169*
13.2	Reduktion der Slippage	*170*
13.3	Die wichtigsten Optionskombinationen im Detail	*171*

14 Die Margin — **187**

14.1	Grundsätzliche Funktionsweise einer vollelektronischen Terminbörse	*187*
14.2	Der Margin Call	*189*
14.3	Der Market-Maker garantiert eine Mindestliquidität	*189*
14.4	Die Einflussfaktoren auf die Margin-Belastung	*190*
14.5	Die Margin-Typen bei Optionen	*191*
14.6	Die Margin-Typen bei Futures	*192*

15 Strategieentwicklung — **195**

15.1	Die Positionsgröße	*195*
15.2	Der Handelsansatz	*195*
15.2.1	Langfristige Strategien	*196*
15.2.2	Kurz- bis mittelfristige Strategien	*196*
15.3	Die Systemlaufzeit	*197*
15.4	Follow-up-Aktionen	*201*
15.5	Systemtest mittels Backtest	*207*

15.6	Kontraktanzahl	209
15.7	Erweiterte Outperformance durch das Rollen des Systems	209
15.8	Auslenkung	210
15.9	Kosten der Gewinnsicherung	212
15.10	Markteinstieg	212
15.11	Restlaufzeit, Systemlaufzeit und Maximallaufzeit	214
15.12	Was tun bei Ausübung?	214
15.13	Simulation von Follow-up-Aktionen	215

16 Strategiesammlung — 217

16.1	Langfristige Strategien	217
16.1.1	Zinsstrategien	217
16.1.2	Strategien auf der Basis von Zertifikaten	222
16.2	Kurz- bis mittelfristige Strategien	257
16.2.1	Swing-Trading	257
16.2.2	Strategien auf Volatilitäts-Futures	273
16.2.3	Short-Selling mit Put-Optionen	277
16.2.4	Bidirektionale Strategien mit Calendar-Spreads	282
16.2.5	Volatilitätsstrategien mit Time-Spreads	288
16.2.6	Dividendenstrategien	292
16.2.7	Volatilitätsarbitrage-Strategien	293

17 Algorithmen — 301

17.1	Überblick und Hinweise	301
17.2	Quellcode	303

18 Der Vandermart-Tracker — 331

19 Der Strategy Advisor — 333

19.1	Einleitung und Überblick	333
19.2	Was ist ein »Intelligenter Assistent«?	334
19.3	Welche Unterstützung erhalte ich?	335
19.4	Technologie	337

20 Strategieoptimierung mit Intelligenten Assistenten — 341

20.1	Ziele: Was will ich mit einer Optimierung erreichen?	341
20.2	Optimierungskriterien: Wie bewerte ich eine Strategie?	342
20.3	Strategieanpassungen: Wie erreiche ich eine Verbesserung?	344
20.4	Welche Optimierungen helfen dem Trader?	346
20.5	Fallbeispiele	350
20.5.1	Fallbeispiel 1	350
20.5.2	Fallbeispiel 2	352

21 Maßgeschneiderte Strategien für Vermögensverwalter — **357**

21.1 Strategietypen — *357*
21.1.1 Outperformance — *358*
21.1.2 Absicherung — *360*
21.1.3 Beidseitiger Gewinn — *361*
21.2 Finanzierung — *363*
21.2.1 Dividenden — *364*
21.2.2 Futures — *364*
21.2.3 Synthetischer Future — *365*
21.3 Beispiele — *365*
21.3.1 Outperformance: Fallbeispiel 1 — *365*
21.3.2 Outperformance: Fallbeispiel 2 — *370*
21.3.3 Absicherung: Fallbeispiel 1 — *375*
21.3.4 Absicherung: Fallbeispiel 2 — *380*
21.3.5 Beidseitiger Gewinn: Fallbeispiel 1 — *385*
21.3.6 Beidseitiger Gewinn: Fallbeispiel 2 — *390*

22 Follow-up-Aktionen — **397**

22.1 Ziele: Was soll mit einer Strategieanpassung erreicht werden? — *397*
22.2 Aktionen: Welche Strategieanpassungen sind sinnvoll? — *399*
22.2.1 Delta-Hedging — *400*
22.2.2 Gewinnsicherung — *400*
22.2.3 Risikoverminderung — *403*
22.3 Beispiele — *405*
22.3.1 Gewinnsicherung: Fallbeispiel 1 — *405*
22.3.2 Gewinnsicherung: Fallbeispiel 2 — *409*

Literaturverzeichnis — **415**

Über die Autoren — **417**

Stichwortverzeichnis — **419**

Abkürzungsverzeichnis

ATM	At the money
bzw.	beziehungsweise
ca.	circa
CFD	Contract for Difference
c.p.	ceterus paribus
CRV	Chancen-/Risiko-Verhältnis
d.h.	das heißt
€	Euro
EDV	Elektronische Datenverarbeitung
engl.	englisch
ETF	Exchange Traded Funds
EUREX	European Exchange
ITM	In the money
IV	Implizite Volatilität
KI	Künstliche Intelligenz
km/h	Kilometer pro Stunde
lat.	lateinisch
max.	maximal
Nr.	Nummer
OI	Open Interest
OTC	Over the Counter
OTM	Out of the money
%	Prozent
p.a.	per annum
P/L	Profit or Loss
ROI	Return on Investment
S&P	Standard & Poor's
SSF	Single-Stock-Future
u.a.	unter anderem
usw.	und so weiter
VaR	Value at Risk
vgl.	vergleiche
VT	Vandermart-Tracker
z.B.	zum Beispiel

1 Das können Sie von diesem Buch erwarten

»Börse« – was man mit diesem magischen Wort doch alles verbindet. Leben in Luxus, ohne Arbeitgeber, ohne Verpflichtungen, keine Verantwortung zu tragen, beneidet von Freunden und Bekannten. Schon diese Vorstellung versetzt manch einen in Ekstase. Man träumt bereits von Konsum, bezahlt künftig aus einer immer prall gefüllten Portokasse. Aber ist dem wirklich so? Mitnichten! Wäre Börsenerfolg so klar und einfach, gäbe es nur Wohlstand in dieser Welt. An der Börse wird gewonnen und verloren. Das ist alles! Der Gewinn des Einen ist der Verlust des Anderen. Es widerspricht sich selbst, dass sämtliche Teilnehmer alles richtig machen könnten. Börse ist ein erbarmungsloses Haifischbecken. Um »gezielt« gewinnen zu können, müssen Sie das Metier nicht nur beherrschen, Sie müssen gut sein, um nicht zu sagen »exzellent«.

Wie Sie dem Titel dieses Buches entnehmen können, ist der Schwerpunkt dieses Werkes auf den Optionshandel fokussiert. Der Optionshandel wird als die Königsklasse im Terminhandel bezeichnet – zu Recht! Der gravierendste Unterschied zum Agieren mit Aktien oder Futures besteht darin, Auszahlungsprofile im Vorhinein präzise determinieren zu können. Der entscheidende Unterschied zu allen anderen Finanzinstrumenten ist der, dass eine Kursänderung des Basiswertes, wie beispielsweise eine Aktie, sich nicht entsprechend linear in der Optionsprämie niederschlägt. Das Ausnutzen dieser Eigenschaft ermöglicht Ihnen im aktiven Handel eine ungeheure Flexibilität, die ansonsten bei keinem anderen Handelsinstrument gegeben ist. Dabei soll jedoch nicht unerwähnt bleiben, dass der Umgang mit Optionen unvergleichlich komplexer ist, als der mit Futures oder gar mit Aktien. Doch wer die Hürden einmal genommen hat, wird sehr wahrscheinlich nicht wieder zu linearen Handelsinstrumenten (Aktien, Futures, CFDs, Turbos usw.) zurückkehren. Nach abgeschlossenem »Optionsstudium« werden Sie attraktive Chancen finden und wahrnehmen können, die Ihnen ansonsten gänzlich verwehrt bleiben würden.

Zum Verständnis dieses Buches ist es hilfreich, wenn der Leser bereits über ein Grundwissen zur Börse verfügt. Das Buch ist in Aufbau und Gestaltung einem Lehrbuch nachempfunden und soll Sie Schritt für Schritt in die Welt der Optionen einführen. Die Materie wird tiefgehend behandelt, sodass es auch ohne besondere Vorkenntnisse im Optionshandel ermöglicht wird, das Verhalten der Optionen mit all deren Einflussfaktoren, *auch unter sich verändernden Marktbedingungen*, weitestgehend zu erfassen. In den Erläuterungen wird komplexe Mathematik möglichst vermieden bzw. mit plastischen Darstellungen und Erläuterungen möglichst umgangen. Für eine bis ins letzte Detail erklärende Mathematik wird auf eine entsprechende Fachliteratur verwiesen. In jedem Kapitel sind ein oder mehrere Beispiele mit realen Börsendaten aufgeführt, die mit Hilfe eines speziellen Computerprogramms, einem Optionssimulator, auf einem PC durchgespielt werden können. Dieses technische Hilfsmittel unterstützt das Erlernen und

Verstehen der zum Teil doch recht schwierigen Materie erheblich und macht das Studieren dieses Stoffes richtig spannend. Dieser Optionssimulator befindet sich auf der diesem Buch beigefügten CD. Sie können das Programm auf jedem handelsüblichen Windows-Rechner installieren.

Bis einschließlich Kapitel 15 wird detailliert Fachwissen über Optionen und Futures vermittelt. Am Ende dieses Teils sollten keine gravierenden Fragen zum Verhalten dieser Instrumente offen bleiben. Besonderes Augenmerk wird auf den Optionssmile gelegt, der meist nur sehr stiefmütterlich behandelt wird. Ab Kapitel 16 geht es dann mit praxisnahen Strategien richtig los. Die Strategien werden grundsätzlich, je nach Funktionstyp, in Strategiesegmente unterteilt (Zins-, Volatilitätsarbitrage-, Swing-, Dividenden-Strategie, ...). Bei all diesen Strategien handelt es sich um Kombinationen mehrerer Optionskomponenten. Der Schwierigkeitsgrad ist in entscheidendem Maße vom Segment abhängig. Durch das sequenzielle Abhandeln der Strategiesegmente (die Kapitel sind entsprechend angeordnet) wird der Schwierigkeitsgrad permanent gesteigert. Für jede Strategie werden im Vorhinein Follow-up-Aktionen (es handelt sich hierbei um Positionsumstellungen während der Optionslaufzeit, die die Strategie optimal an veränderte Marktgegebenheiten anpassen) ausgearbeitet – das sogenannte Regelset. Das Vorgehen beim Erstellen von solchen Regelwerken wird ausgiebig behandelt. Follow-up-Aktionen sind ein entscheidender Faktor im System und haben in erster Linie folgende Aufgaben zu erfüllen: Performanceoptimierung, Gewinnsicherung, Verlustreduktion oder gänzliche Verlusteliminierung. Für das Durchspielen sämtlicher Beispiele werden (bis auf wenige Ausnahmen) historische Daten (Settlements) der EUREX herangezogen.

Auf charttechnische Formationen wird nur am Rande eingegangen. Diese haben für die vorgestellten Systeme keine überragende Bedeutung! Man wird und soll zwar je nach Markteinschätzung eine Vorzugsrichtung bei der Entwicklung des Optionssystems berücksichtigen, aber: jedes Optionssystem muss so ausgelegt sein, dass man im Falle einer Markt-Fehleinschätzung nur einen minimalen Verlust erleidet. Bitte prägen Sie sich schon zu Beginn nachfolgenden Satz fest ein: *Man muss sich »irren« dürfen, ohne gänzlich aus dem Rennen geworfen zu werden!*

Es gibt eine Unzahl von Börsenbriefen und vielfältige Literatur zum Thema Optionsstrategien, deren Umsetzung – laut jeweiligem Verfasser – einer risikolosen Geldmaschine gleichkommen soll. Was sich wirklich dahinter verbirgt, kann anhand von Simulationen und Backtests mit dem Optionssimulator überprüft werden. Damit trennt sich die Spreu vom Weizen. Es soll Ihnen den Sinn für Fremdsysteme schärfen und Sie dazu animieren, kein Optionssystem von Dritten ohne Sandstrahl-Tests zu übernehmen.

In diesem Buch werden auch alle wichtigen Algorithmen, die in diesem Metier zum Einsatz kommen, kurz zur Sprache kommen. Mir ist kein Werk bekannt, in dem neben dem Fachwissen auch alle relevanten Algorithmen enthalten sind, *die benötigt werden, um eigene Handelsideen umzusetzen.* Der Grund für die Entscheidung, auch die Algorithmen aufzunehmen, ist folgender: Viele Leser sind im Umgang mit Computern und Programmierung sehr versiert. Sie erhalten so die Möglichkeit, alles Wissenswerte zu diesem Thema in einem Buch vorzufinden. Ohne diese Hilfen ist es ein *extrem zeitaufwendiges Unterfangen,* all diese Informationen zu erlangen. Auch ist es ohne Erfahrung ungeheuer schwierig, die Algorithmen mit befriedigendem Resultat umzusetzen. So hat ein Interessent mit Programmierkenntnissen die Möglichkeit, eigene Ideen auf seinem Rechner effizienter zu realisieren.

Dieses Buch ist nicht für Zocker geschrieben! Das primäre Ziel besteht darin, ein fundiertes Fachwissen zu vermitteln. Ein aktiver Investor sollte mit dem Erlernten sowie einer unumgänglichen »Lehrzeit« in der Lage sein, im Haifischbecken »Optionshandel« erfolgreich zu bestehen. Nehmen Sie die Herausforderung an!

2 Der Werdegang eines angehenden Options-Traders

In den vielen Jahren meiner beruflichen Tätigkeit im Optionshandel habe ich auch Vorträge gehalten, Seminare und Schulungen durchgeführt und diverse Artikel für Fachzeitschriften geschrieben. Es liegt in der Natur der Sache, dass ich durch diese Nebentätigkeiten viele Trader kennengelernt habe. Eine stattliche Zahl von Leuten hat dabei den Entschluss gefasst, in dieses Metier einzusteigen. Schnell kam die Erkenntnis, dass vermitteltes Wissen das Eine, die Umsetzung in finanziellen Erfolg durch den Probanden das Andere ist. Das ist u. a. auf die unterschiedlichsten Erwartungshaltungen sowie die individuellen Charaktereigenschaften eines jeden Einzelnen zurückzuführen. Selbst nach intensivem Studium ist es für Ihren Erfolg von entscheidender Bedeutung, dass Sie Ihre künftige Handelstechnik so ausrichten, dass sich diese nicht gegen Ihre eigene Natur richtet. Hierfür gleich ein direktes Beispiel.

Ein nach intensivem Studium nun die Praxis angehender Trader, nennen wir ihn Franz Müller, bekommt von seinem Trainer ein bereits bestehendes, erfolgreiches Optionssystem vorgelegt, das bereits über viele Jahre ansehnliche Renditen erwirtschaftet hat. Dieses Optionssystem hat eine Laufzeit von einem Jahr und wird nach Ablauf wieder neu aufgesetzt. Während dieser Zeit ist am System nicht viel zu machen. Ab und zu wäre zwar je nach Marktlage eine Systemanpassung vorteilhaft, mehr ist jedoch nicht zu tun. Herr Müller ist begeistert. Er nimmt die Kenndaten nochmals gewissenhaft unter die Lupe und beschließt dann, mit dem Optionssystem in den Markt zu gehen. Aus fundamentalen Gründen hat er sich für BMW als Basiswert entschieden. Herr Müller ist ein junger, agiler und leider recht hektischer Mensch, der immer aktiv irgendetwas unternehmen muss. Täglich verfolgt er mehrmals die Daten seines Systems auf dem Monitor und sieht seit Tagen immer das gleiche Bild: Es bewegt sich nichts! Im Gegenteil: Das System ist mit 0,1 % in den Verlust gefahren. Nach 14 Tagen wird er langsam nervös. Nach drei Wochen reißt ihm der Geduldsfaden, als das System einen Verlust von 0,5 % ausweist, obwohl BMW um 2 % gestiegen ist. Franz hat Schweißperlen auf der Stirn. Er kann nicht mehr, er muss eingreifen. Er verkauft eine kurzlaufende Kaufposition (Short Call) mit einer Restlaufzeit von 28 Tagen und einem Basispreis von gut einem Prozent über dem aktuellen Kursniveau der BMW-Aktie. Er hofft, durch die Prämieneinnahme der verkauften Option den Verlust wieder ausgleichen zu können. Doch dann zieht wider Erwarten die BMW-Aktie binnen einer Woche um 4 % an. Herr Müller ist nun erheblich in den Verlust gefahren. Das originale Optionssystem wäre nun bedächtig in die Gewinnzone gefahren. Das System ist nun verkorkst, der Kurs an der Decke und Franz Müller am Boden. Er steigt resigniert mit Verlust aus dem System aus. Franz Müller hat das Thema Börse für sich abgeschlossen.

Diesen geschilderten Fall, wie auch die inverse Situation (eine gemächliche Person im kurzfristigen Zeitbereich), habe ich viele Male bei angehenden Tradern erlebt. Ich möchte nochmals eindringlich darauf hinweisen, wie wichtig es ist, dass Sie sich im Vorhinein im Klaren darüber werden, welcher Handelsansatz am besten zu Ihnen passt.

Jeden, der sich für den Börsenhandel entschlossen hat, quält die Frage, ob er erfolgreich in diesem »Job« überleben kann. Man sucht und recherchiert im Internet, um einen Anhaltspunkt für seine Chancen zu finden. Wer das intensiv betreibt, wird eher zu einem ernüchternden Bild gelangen. Börse, im Speziellen der Terminhandel, ist ein hartes Geschäft! Sie müssen sehr viel lernen, brauchen Zeit, Kapital, einen großen Willen, Disziplin und auch Freude an der Materie. Rechnen Sie mit einer längeren Lehrzeit, während der Sie vermutlich nichts verdienen werden. Erfüllen Sie alle diese Voraussetzungen, so haben Sie eine gute Chance, sich in der Königsklasse »Optionstrading« erfolgreich zu behaupten.

Aus meiner Erfahrung kann man angehende »Börsianer« grob in vier Gruppen einteilen.

Gruppe A: Diese Gruppe will das große Geld schon gestern verdient haben. Hier bedarf es nicht vieler Worte. Das wird nichts!

Gruppe B: Diese Gruppe lernt, studiert und arbeitet unermüdlich daran, ein System zu entwickeln, das einer risikolosen Geldmaschine gleichkommt. Natürlich wird das zu einer nicht enden wollenden Sisyphusarbeit.

Gruppe C: Diese Gruppe macht eigentlich alles richtig: Sie lernen und studieren fleißig, erstellen auch funktionstüchtige Systeme. Am Ende aber trauen sie sich nie, real einzusteigen. Wenn man Freude mit der Systementwicklung hat, warum auch nicht? Wenn die Kenndaten des Systems wirklich gut sind, so hat man immer noch die Chance, die Systeme Dritten anzubieten.

Gruppe D: Wie Gruppe C, jedoch mit dem Unterschied, dass wirklich »abgedrückt« wird.

Angehende Trader aus Gruppe D werden sich in der Regel wie folgt entwickeln: Sie werden diese und jene Strategien ausarbeiten und durchführen. Dann bleiben sie an jenen Strategien hängen, mit denen sie am Anfang erfolgreich waren. Meist werden dann andere Techniken ausgeblendet und das Erfolgreiche (was ja bei jedem anders sein kann, bzw. ist) weiterentwickelt. Das ist soweit verständlich und auch vollkommen richtig, hat jedoch den Schwachpunkt, dass dadurch andere Ansätze künftig nicht mehr oder nur halbherzig in Betracht gezogen werden. Es ist wichtig, sich ein möglichst breites, Ihren Neigungen entsprechendes Repertoire offen zu halten. Dadurch steigen die Chancen, dass Sie sich bei jeglichen Marktverhältnissen die optimale Strategie erstellen können.

3 Mindestanforderungen

Wenn ein Schwimmanfänger nach erfolgreichem Abschluss im Trockenschwimmen mutigen Auges und mit einer Harpune bewaffnet in ein Haifischbecken springt, so könnte das eventuell doch ein bisschen kritisch werden. Den Sprung ins Wasser schafft noch ein jeder, doch dürfte eher nicht die Frage offen bleiben, wer auf wessen Teller enden wird. Sie denken, dass dieser Vergleich zwischen einem Trockenschwimmer und einem angehenden Trader überzogen ist? Nein, ganz und gar nicht! Der »mutige« Trockenschwimmer ist bezogen auf die Börse, insbesondere den Terminhandel, nicht die Ausnahme, er ist die Regel. Hauptursachen für diese schlechte Bilanz sind mangelhafte Ausbildung und erhebliche Selbstüberschätzung. Um dieses »Handwerk« erlernen und »später« ausüben zu können, bedarf es eines klaren Lehrplanes. Des Weiteren müssen bestimmte Mindestanforderungen erfüllt werden.

3.1 Fachwissen

Unabhängig davon, welche Handelstechnik Sie verwenden, um eines kommen Sie nicht herum: Sie brauchen ausgeprägtes Fachwissen. Handeln Sie auf fundamentaler Basis mit Aktien, so sollten Sie etwas von den Unternehmen verstehen, in die Sie investieren. Fahren Sie einen charttechnischen Ansatz, so müssen Sie Formationen interpretieren können und das Repertoire der technischen Indikatoren beherrschen. Bei Futures auf Rohstoffe wie Öl, Kaffee, Gold usw. benötigen Sie wiederum sowohl ein Detailwissen vom Produkt selbst als auch Erfahrung, was die Marktsituation betrifft. Eine absolute Sonderstellung nimmt der Optionshandel ein! Die Funktionsweise von Optionen ist um ein Vielfaches komplexer als jedes andere Handelsinstrument.

Das Verhalten der Optionen, auch unter sich verändernden Marktbedingungen, muss »absolut durch und durch« verstanden werden.

Ab Kapitel 16 werden Optionssysteme behandelt. Mehrere Optionen mit verschiedenen Ausstattungsmerkmalen arbeiten im Verbund und deren Parameter ändern sich während der Systemlaufzeit. Sie müssen den Willen und die Kraft haben, diese Lernphase durchzuhalten! Entscheidend ist nicht, wie lange Sie dafür brauchen, entscheidend ist, dass Sie es begriffen haben. Wenn Sie ein Detail bei der grundsätzlichen Funktionsweise der Optionen nicht verstanden haben, so lesen sie das Kapitel so oft durch, bis Sie es verstanden haben.

3.2 Der passende Broker

Um überhaupt an der Börse handeln zu können, müssen Sie Ihre Orders an den entsprechenden Börsenplatz übermitteln können. Diese Aufgabe übernimmt – wie eine Art Vermittler – der Broker für Sie. Es gibt eine Vielzahl von Brokern, von denen sich die meisten auf ein spezielles Segment spezialisiert haben. Um einen passenden Broker auswählen zu können, müssen erst die benötigten Anforderungen herausgearbeitet werden.

Der Online-Broker muss folgende Merkmale aufweisen:

1. Online-Plattform
2. Kommunikation via Internet
3. Terminbörse EUREX
4. Optionen, Futures (SSF) sämtlicher deutscher Indizes und Aktien als Basiswert
5. günstigste Spesen bei geringer Kontraktanzahl

Die Entscheidung, welchen Broker Sie für Ihren Handel wählen, ist im Moment noch nicht vordringlich. Es ist jedoch nicht falsch, wenn Sie sich jetzt schon Gedanken darüber machen. Früher oder später kommen Sie nicht darum herum. Wenn Sie sich jetzt schon mit der Wahl des Brokers auseinandersetzen, werden Sie einen wichtigen Lerneffekt erzielen: Sie müssen sich mit der Spesenstruktur, Margin (Sicherstellung für Shortpositionen), Mindestkapital usw. beschäftigen, was Ihnen später zugute kommen wird.

3.3 Der Optionssimulator

Alle in diesem Buch vorgestellten Options-Systeme können mit einem hochentwickelten Computerprogramm, dem Vandermart-Tracker (kurz VT), simuliert und nachgespielt werden. Es handelt sich um ein speziell für dieses Buch adaptiertes Profitool. Die Systembeispiele wurden mit echten, historischen Daten erstellt. Damit haben Sie die Möglichkeit, alle Systemdaten eines jeden Tages während der Systemlaufzeit im VT detailliert zu verfolgen. Die Funktionspalette des VT ist äußerst umfangreich und wird sicher eine große Hilfe und Erleichterung für das Verständnis dieser schwierigen Materie sein. Die CD mit dem Programm liegt diesem Buch bei. Bitte beachten Sie jedoch, dass die beiliegende Programmversion ausschließlich als Lernhilfe gedacht und so konzipiert ist, dass sie nur mit historischen (d. h. älteren) Börsendaten arbeitet. Es ist nicht möglich, mit dieser VT-Version ein Optionssystem zu erstellen, mit dem Sie real einsteigen könnten. Vor abgeschlossenem Optionsstudium sollten Sie das so oder so in keinem Fall tun. Wenn Sie dann so weit fortgeschritten sind, um die ersten Schritte im realen Handel wagen zu können, ist es möglich, den VT auf Anfrage für den realen Handel freizuschalten.

3.4 Ein Chartprogramm

Auch wenn die Charttechnik nur eine sekundäre Rolle in diesem Buch einnimmt, so ist es doch fast unumgänglich, irgendeine Charthilfe zu haben. Sie sollten wenigstens sehen, wo Sie sich bewegen. Dazu gibt es mehrere günstige Produkte, von denen ich hier die Interessantesten in Bezug zu Anforderung und Preis nennen möchte:

1. Investox (kleinstes Paket ist völlig ausreichend)
2. MetaStock
3. Amibroker
4. Taipan
5. Tradesignal-online (webbasiertes Chart-Tool)

Letzteres Programm ist zwar die billigste Variante, hat jedoch den Nachteil, dass es zum Teil sehr langsam oder nur verzögert auf Eingaben reagiert. Zum Start ist es zwar ausreichend, nicht jedoch, wenn Sie später professionell damit arbeiten wollen. Mit den genannten Chartprogrammen gibt es 1000 und eine Möglichkeiten, um Handelssignale zu generieren. Die Tools sind zum Teil sehr umfangreich, und Sie müssen mit einer längeren Einarbeitungszeit rechnen.

3.5 Zeit für das Studium

Optionstrader werden Sie keinesfalls mit zweimal 15 Minuten Training einmal die Woche! Stellen Sie sich auf eine längere »Lehrzeit« ein. Es ist natürlich schwierig, einen genauen Zeitraum zu nennen, da dies von Person zu Person sehr unterschiedlich und von mehreren Faktoren abhängig ist. Die wichtigsten Parameter sind:

1. Vorbildung
   Wer sich auf das Terrain des Terminhandels begibt, hat in der Regel schon gewisse Erfahrungen an der Börse gesammelt. Dieses Knowhow, auch wenn es ein gänzlich anderes Börsensegment betrifft, wie beispielsweise den Handel mit Aktien oder Bonds, bringt dem Lernenden einen nicht unerheblichen Vorteil.
2. Zeitaufwand
   Sie sollten sich im Schnitt wenigstens eine Stunde pro Tag für das Optionsstudium freihalten können. Um die Grundlagen, inklusive sämtlicher relevanten Einflussfaktoren, verinnerlicht zu haben, sollten Sie mit ein bis zwei Monaten rechnen. Um funktionstüchtige Strategien mit zugehörendem Regelset für die Follow-up-Aktionen entwickeln zu können, werden Sie mindestens nochmals zwei bis drei Monate benötigen. Vorsicht, nun nicht zu schnell: Vom realen Handel sind Sie ab diesem Level immer noch meilenweit entfernt!
3. Die wichtige Lehrzeit als Papertrader
   Wenn Sie sich das theoretische Rüstzeug für den Optionshandel angeeignet haben, dann sind Sie nun fachlich genau so weit wie nach einem erfolgreich

abgeschlossenen Trockenschwimmertraining. Um Anfänger vor größerem Schaden zu bewahren, haben viele Broker einen speziellen Modus in die Handelsplattformen ihrer Kunden integriert, der zwar einen realen Handel simuliert, jedoch nicht wirklich die Order an der Börse platziert. Mit dieser Möglichkeit können Sie Ihre Handelsideen unter marktnahen Bedingungen umsetzen, ohne dass Sie Ihr Kapital wirklich einer Gefahr aussetzen! Ich kann Ihnen versichern, dass Sie nach dem ersten Einstieg mit Ihrem eigenen Optionssystem in den Markt heilfroh sein werden, dass es sich dabei nur um eine Simulation handelt. Mit dem »Papertrading« sollten Sie auf jeden Fall so lange üben, bis Sie die Brokerplattform wirklich beherrschen und genügend Erfahrung gesammelt haben, dass Sie sich mit dem, was Sie tun, sicher fühlen. Auch hierfür sollten Sie mit mindestens ein bis zwei Monaten rechnen. Und noch ein äußerst wichtiger Punkt, auf den ich Sie eindringlich hinweisen möchte: Wenn es Ihnen nicht gelingt, mit »Papertrading« Gewinne zu erwirtschaften, so ist es äußerst unwahrscheinlich, dass Sie dies dann im realen Handel schaffen könnten!

4. Die Lehrzeit mit realem Einsatz
Wenn Sie die Phase des »Papertrading« erfolgreich hinter sich gelassen haben, so ist der Zeitpunkt für den realen Handel gekommen. Zu Beginn sollten Sie Systeme unbedingt so erstellen, dass die Kontraktanzahl die kleinste mögliche Einheit einer Optionskonstellation ergibt. Es geht nicht darum, große Gewinne einzufahren, sondern darum, den Optionshandel unter realistischen Bedingungen kennenzulernen. Sie werden nach dem Einstieg schnell feststellen, dass dies ein gravierender Unterschied zum Papertrading ist. Auch wenn der Einsatz sehr klein ist, so ist es doch Ihr Geld, das nun den Launen der Börse ausgesetzt ist. Ihre Emotionen kommen nun zusätzlich ins Spiel. Gerade für den Anfänger ist dies eine sehr spannende, aber auch nervenaufreibende Phase auf dem Weg zum Profi. Die Einsätze werden ab diesem Punkt Schritt für Schritt erhöht. Welche Volumina Sie schlussendlich an der Börse bewegen sollten, wird später noch ausgibig behandelt und wird ein eminent wichtiger systemübergreifender Einflussfaktor in Ihren künftigen Optionssystemen sein (Risk- und Moneymanagement).

Rechnen Sie in Summe mit einer Lehrzeit zwischen neun und 18 Monaten, bis Sie »gezielt« die ersten kleinen Gewinne einfahren können. Und trotzdem: Eine Garantie für Ihren künftigen Erfolg kann Ihnen niemand und wird Ihnen auch niemand geben können!

3.6 Startkapital

Solange Sie sich quasi in der Ausbildung befinden, sollten Sie *jede* Strategie, die Sie real umsetzen, mit kleinstmöglichem Einsatz durchführen. Viele Optionsstrategien, besonders die Grundstrategien, lassen sich oft mit einem Maximalrisiko von weniger als 100 Euro umsetzen. In der Lernphase geht es nicht darum, hohe Gewinne zu erzielen, sondern um »gezielt« dem reinen Zufall zu entgehen. Es soll ein kleiner Gewinn mit minimalem Risiko erwirtschaftet werden. Bitte prägen Sie sich den nachfolgenden Satz eindringlich ein:

Wenn es im Kleinen nicht funktioniert, so wird es im Großen schon zweimal nicht funktionieren!

Sie müssen die Materie wirklich beherrschen, bevor Sie an größere Einsätze und die damit verbundenen Risiken denken sollten. Ich empfehle Ihnen, zum Start nur den Minimalbetrag auf das Brokerkonto zu überweisen. Dieser Minimalbetrag ist vom Broker abhängig und mit 10 000 Euro sind Sie bereits dabei. Dies ist eine wichtige Schutzmaßnahme für den Anfänger. Beachten Sie diese!

3.7 Disziplin

Egal welche Lektüre zum Thema Trading Sie in die Hand nehmen, mit an Sicherheit grenzender Wahrscheinlichkeit werden Sie an irgendeiner Stelle über den berüchtigten Faktor »Disziplin« stolpern. Ein Trader, der gerade sein Vermögen verloren hat, wird das Fiasko u. a. einer zu sehr vernachlässigten »Disziplin« zuschreiben. Auch manche seiner Kollegen werden schnell dieses Wort verwenden, selbst wenn ihnen die näheren Umstände (noch) nicht bekannt sind. Ist diese vielbeschworene eiserne Disziplin wirklich der entscheidende Faktor für den Erfolg? Um es vorwegzunehmen: Sie können auch mit eiserner Disziplin Ihren Wagen auf 200 km/h beschleunigen und dann einen Brückenpfeiler anvisieren. Ich kann Ihnen versichern, einen eisernen Willen vorausgesetzt, dass Sie ihn treffen werden.

Unter diszipliniertem Trading versteht man im Allgemeinen, sich unbeirrt an klar definierte Regeln zu halten, die man oft selbst erstellt hat. Solange alles nach Plan läuft, fällt das nicht besonders schwer. Ein kurzer Einbruch kann einen zwar schon etwas nervös machen, ist dann aber schnell vergessen, wenn es mit dem Konto wieder aufwärtsgeht. Was aber, wenn es selbst mit knallharter Disziplin nur noch nach unten geht? Vorsicht, der Brückenpfeiler kommt immer näher! Ja, es braucht eine gewisse Disziplin beim Trading, aber ebenso wichtig sind entsprechende Analysen mit nachfolgenden Korrekturen, wenn der Motor zu stottern beginnt. Mit Disziplin ein funktionsuntüchtig gewordenes System eisern weiter zu betreiben, führt definitiv in den Ruin!

4 Ein kurzer Rückblick auf die Anfänge des Terminhandels

Die meisten Menschen assoziieren mit dem Wort »Börse« in erster Linie den Handel mit Aktien. Das ist verständlich, da Börsenberichte zu den Aktienmärkten tagtäglich in den Medien zu vernehmen sind. Durch diesen Umstand haben die meisten ein gewisses Grundverständnis von diesen Märkten. Gänzlich anders ist die Situation bei Terminbörsen, obwohl diese uns persönlich weit mehr betreffen als die Aktienmärkte. Man denke an Benzin, Heizöl, Fleisch usw. An den weltweiten Terminbörsen werden täglich ungeheure Summen mit sogenannten Future- und Optionskontrakten bewegt. Bei beiden Instrumenten, Future als auch Option, handelt es sich um Kontrakte, die ein bindendes Geschäft zweier Parteien auf eine bestimmte Ware zu einem vereinbarten Preis zu einem gewissen Termin in der Zukunft fixieren. Manch einer wird sich fragen, welchen Vorteil dieses scheinbar umständliche Geschäft in sich bergen soll und wer auf ein solches Handelsmodell kam?

Es ist anzunehmen, dass der Handel mit Waren und Dienstleistungen jeglicher Art betrieben wird, seit es Menschen auf der Welt gibt. Dabei versuchte immer schon jede Partei, stets das Bestmögliche für sich herauszuholen. Wollte ein Neandertaler, der einen saftigen Apfel gepflückt hatte, diesen gegen die Birne eines Homo sapiens tauschen, und jedem erschien die Frucht des anderen schmackhafter, so war das noch eine recht klare Angelegenheit. Diffiziler wird es bereits, wenn ein Farmer, der gerade erst sein Feld bestellt hat, seinen Weizen bei aktuell hohen Preisen nicht verkaufen kann, weil er frühestens in vier Monaten die Ernte einfahren kann. Gar prekär wird es für den Farmer dann, wenn er aus ihm bekannten Gründen zur Erntezeit mit einem Überangebot und einem daraus resultierenden Preisverfall zu rechnen hat. Er müsste die Möglichkeit haben, seine Erzeugnisse, die er im Moment noch nicht hat, zu verkaufen, wenn ihm die Preissituation vorteilhaft erscheint. So würde er nicht nur eine Preissicherheit erreichen, sondern er hätte auch die Garantie einer fixen Abnahme seiner Waren.

Für dieses Manko haben bereits in der Antike die Griechen und die Phönizier eine Lösung gefunden: Geschäfte, die erst in der Zukunft schlagend werden – der Terminhandel. Dieser funktioniert im Grundprinzip wie folgt: Der Verkäufer schließt mit dem Käufer einen Vertrag, in dem er sich verpflichtet, eine gewisse Menge einer Ware, zu einem im Vorhinein vereinbarten Preis, zu einem bestimmten Termin oder innerhalb einer gewissen Frist, dem Käufer zu liefern. Der Käufer wiederum verpflichtet sich, die Ware zum ursprünglich vereinbarten Preis abzunehmen, auch wenn sich dieser massiv zu seinem Nachteil verändert haben sollte. Diese ersten Termingeschäfte wurden noch zwischen den beiden Parteien im »Detail« ausverhandelt und besiegelt. Selbst Aristoteles war dem Terminhandel zugetan, und es ist überliefert, dass er mit Optionsgeschäften auf Oliven ein ansehnliches Sümmchen erwirtschaften konnte.

Bereits zu Beginn des 17. Jahrhunderts war es gängige Praxis, dass Handelsgesellschaften wie Erzeuger komplette Schiffsfrachten auf Termin kauften und verkauften. Aber nach wie vor handelte es sich um direkte Übereinkommen zwischen zwei Parteien. Erst zum Ende des 17. Jahrhunderts eröffnete in der japanischen Hafenstadt Osaka die erste Terminbörse ihre Pforten, an der regulärer Handel mit standardisierten Future-Kontrakten auf Reis und Seide abgewickelt wurde. Bemerkenswert an dieser Börse war der Umstand, dass eine physische Lieferung der gehandelten Ware nicht vorgesehen war.

Der breite Durchbruch für den Terminhandel kam dann 1848 in Amerika mit der Gründung der »Chicagoer Board of Trade« (CBOT). An dieser Börse wurden die Verträge für die Kontrakte, sprich Futures, standardisiert, was die Transparenz und somit den Handel wesentlich erleichterte. Die Farmer bekamen nun die Möglichkeit, ihre Agrarprodukte, die sie zum Teil noch gar nicht hatten, zu einem festgelegten Preis zu verkaufen. Die so generierte Preissicherheit führte nicht nur zu einer erheblichen Produktivitätssteigerung, sondern auch zu einer Nivellierung der Preise am Markt, was wiederum dem Konsumenten zugutekam. Dreißig Jahre später, im Jahre 1878, nahm eine weitere Terminbörse, die »Chicagoer Produktenbörse«, die sich auf Fleisch, Geflügel und Butter spezialisierte, ihren Dienst auf. Im Jahre 1919 wurde sie umstrukturiert und der Name in »Chicago Mercantile Exchange« (CME) geändert, was dem Einen oder Anderen ein Begriff sein dürfte.

Die »Deutsche Terminbörse« (DTB) nahm ihre Arbeit Anfang 1990 auf und ist heute unter dem Namen EUREX ein Begriff. Der Handel wird ausschließlich elektronisch abgewickelt. Durch den stark zunehmenden, internationalen Handel wurden weltweit immer mehr Warenterminbörsen gegründet. Heutzutage sind sie ein nicht wegzudenkender Pfeiler unseres globalen Wirtschaftssystems geworden. Der Handel mit Terminkontrakten hat sich zu einem weltumspannenden Geschäft entwickelt.

Im Laufe der Zeit haben sich an den Terminbörsen folgende Akteure vorrangig etabliert:

1. Hedger, deren Intention in der Preisabsicherung liegt, um dadurch eine Kostensicherheit für die gehandelten Waren zu erzielen.
2. Spekulanten, die ausschließlich Wetten auf fallende oder steigende Preisänderungen abschließen.
3. Arbitrageure, die versuchen, Kursunterschiede zweier Börsenplätze auszunutzen.

Für jede dieser drei Gruppen gibt es eine Vielzahl von »Spielarten«, die später noch ausführlich erläutert werden.

5 Einführung in die Funktionsweise von Optionen

Wichtige Vorbemerkung:

In diesem Kapitel werden in erster Linie die vier Options-Grundstrategien sowie die Einflussfaktoren, die den Wert einer Optionsprämie bestimmen, erläutert. Da es sich hierbei um fundamentales Basiswissen handelt, auf dem später aufgebaut werden wird, ist es unabdingbar, dieses vollständig zu beherrschen. Um das Erlernen der zum Teil nicht ganz einfachen Materie zu erleichtern, wurden die einzelnen Abschnitte mit Übungsbeispielen versehen, die mit Hilfe der mitgelieferten Simulationssoftware durchgespielt werden können. Die mathematische Abhandlung, wie die Optionsprämie durch entsprechende Optionspreismodelle schlussendlich zustande kommt, wird in Kapitel 8 detailliert beschrieben. Da nicht jeder Leser über das mathematische Hintergrundwissen verfügt, die Optionspreismodelle vollständig nachvollziehen zu können, sollen in diesem Kapitel die *Einflussfaktoren auf die Optionsprämien* so erläutert werden, dass es für den Leser auch ohne präzises Wissen über die mathematische Funktionsweise der Optionspreismodelle möglich ist, die Auswirkungen der Einflussfaktoren auf die Optionsprämie zu verstehen. Das Verständnis der *Auswirkung* auf die Optionsprämie durch die Einflussfaktoren ist die Grundvoraussetzung für ein erfolgreiches Agieren im Optionsmarkt! Das präzise mathematische Verständnis der Optionspreismodelle ist *kein* unbedingtes »Muss«, sondern ein »nice to have«! Für die genaue Bestimmung eines Optionspreises ist selbst ein erfahrener Optionsstratege auf fachspezifische Tools angewiesen. Des Weiteren sind für komplexere Optionsstrategien EDV-gestützte Simulationsprogramme, die sämtliche Berechnungen durchführen und grafisch aufbereiten, absolut unabdingbar.

Um dem geneigten Leser für die kommenden Ausführungen, die von teils schwierig ineinandergreifenden Prozessen handeln, keinen zusätzlichen Ballast aufzubürden, wird bewusst eine einfache, aber klare Ausdrucksweise gewählt. Um bei besonders kritischen Aspekten eine jegliche Zweideutigkeit zu vermeiden, sind wichtige Details in gewissen Passagen öfters genannt als womöglich notwendig gewesen wäre. Sicherlich hätte manch ein Satz verkürzt oder gar gestrichen werden können. Wenn jedoch schlussendlich mit diesem Stil dem Leser auch nur eine Unklarheit genommen werden konnte, so hat er seinen Zweck erfüllt.

Wie bereits erwähnt, werden an den Terminbörsen Geschäfte auf verschiedenste Waren vereinbart, bei denen aber die physische Lieferung des Gutes wie auch die Bezahlung zu einem Termin oder innerhalb einer Frist in der Zukunft vonstattengehen. Die Finanzinstrumente, mit denen die Akteure an den Terminbörsen agieren, kann man in zwei große Hauptgruppen aufteilen.

1. Futures
2. Optionen

Sowohl Futures als auch Optionen sind sogenannte Derivate. Das Wort Derivat stammt aus dem Lateinischen und steht für »Abkömmling« (lat. derivare = ableiten). Auf Finanzinstrumente übertragen bedeutet dies, dass die Wertentwicklung eines Derivats (Future, Option) in direktem Zusammenhang zum sogenannten Basiswert steht, bzw. von diesem abgeleitet wird. Der Basiswert kann ein jedes nur erdenkliches Handelsgut (Rohstoffe, Währungen, Aktien usw.) sein.

Bei einem *Future* handelt es sich um einen Vertrag, bei dem der Verkäufer sich verpflichtet, dem Käufer eine gewisse Menge einer Ware zu einem im Vorhinein vereinbarten Preis zu einem bestimmten Termin zu liefern. Der Käufer wiederum verpflichtet sich, die Ware zum ursprünglich vereinbarten Preis abzunehmen, auch wenn sich dieser dann massiv zu seinem Nachteil verändert haben sollte. Preisänderungen zum Liefertermin am Kassamarkt schlagen sich unmittelbar auf den Preis des Futures nieder. Dies gilt für steigende als auch für fallende Notierungen. Preisbildung und Funktionsweise von Futures werden in Kapitel 12 ausführlich behandelt.

5.1 Die grundsätzliche Funktionsweise von Optionen

Das Wort *Option* stammt von dem lateinischen »optio« und bedeutet so viel wie die »freie Wahl«. Ein Käufer einer Option hat grundsätzlich die Möglichkeit, zu wählen, ob er die im Optionsvertrag festgelegten Kauf- oder Verkaufsabmachungen der Handelsware in Anspruch nehmen will oder nicht. Der Verkäufer (Stillhalter) einer Option hat diese Wahlmöglichkeit nicht!

Bei den Optionen gibt es grundsätzlich die Unterscheidung zwischen einer Kauf- und einer Verkaufsoption. In der Fachsprache wird die Kaufoption als *Call* und die Verkaufsoption als *Put* bezeichnet. Der Verkäufer einer Option, unabhängig ob Put oder Call, verkauft ein Recht und wird stets als Stillhalter bezeichnet. Der Käufer einer Option wird stets als Käufer bezeichnet. In den nachfolgenden Erläuterungen werden hauptsächlich die Fachbegriffe Call und Put verwendet.

5.2 Die Kaufoption – Call

Beim Kauf einer Kaufoption (Call) handelt es sich um einen Vertrag, in dem sich der Verkäufer (Stillhalter) verpflichtet, eine gewisse Menge einer Ware zu einem im Vorhinein vereinbarten Preis zu einem bestimmten Termin oder innerhalb einer Frist dem Käufer zu liefern, falls der Käufer das wünscht. Der Käufer kann, muss aber nicht, die Ware zum fixierten Termin oder innerhalb einer gewissen Frist abnehmen. Somit hat der Käufer die Wahlmöglichkeit (Option), die Ware zum ursprünglich fixierten Preis abzunehmen, falls es für ihn vorteilhaft ist. Wenn sich der Preis zu Ungunsten des Käufers verändert, so ist er nicht verpflichtet, die Ware anzunehmen und zu bezahlen. Der Käufer hat also die Möglichkeit, das sogenannte »Optionsrecht« in Anspruch zu nehmen (oder auch nicht). Für den Erwerb dieses Optionsrechtes bezahlt er dem Verkäufer (Stillhalter) eine Optionsprämie. Der Verkäufer (Stillhalter) hat diese Optionsmöglichkeit nicht: Wenn der Käufer die Option ausübt, dann *muss* der Verkäufer (Stillhalter) die Ware zum vereinbarten Preis liefern.

Beispiel:

Bauunternehmer Meier will ein 2000 Quadratmeter großes landwirtschaftliches Grundstück vom Bauer Huber erwerben, um ein Bürogebäude darauf zu errichten. Meier rechnet auf Grund von gewissen Äußerungen des Bürgermeisters damit, dass dieses Grundstück im Laufe des kommenden Jahres zu Bauland umgewidmet werden wird, wodurch sich der aktuelle Wert von ca. 50 Euro pro Quadratmeter blitzartig vervielfachen würde. Im Falle der Umwidmung würde der zu erwartende Verkehrswert bei ca. 200 Euro pro Quadratmeter liegen. Meier geht zu Huber und unterbreitet ihm folgendes Angebot: Meier möchte auf ein Jahr hinaus ein Vorkaufsrecht auf dieses Grundstück. Im Falle des Erwerbes würde Meier einen fixen Preis von sage und schreibe 150 Euro pro Quadratmeter zahlen. Für das ein Jahr lange »Stillhalten« Hubers würde Meier dem Bauer zusätzlich eine Prämie von 5 Euro pro Quadratmeter zahlen und den Betrag sofort auf sein Konto überweisen. Bauer Huber, dem aus anderer Quelle zu Ohren gekommen ist, dass nicht umgewidmet wird, akzeptiert und schlägt ein. Ab diesem Zeitpunkt hängt der Erfolg der Spekulation von Meier davon ab, ob innerhalb eines Jahres wirklich umgewidmet wird oder nicht.

1. Der Grund wird umgewidmet – die Spekulation geht auf
   Nach sieben Monaten wird die landwirtschaftliche Fläche tatsächlich umgewidmet und der Verkehrswert steigt auf 190 Euro pro Quadratmeter. Bauunternehmer Meier kauft nun den Grund – wie abgemacht – dem Bauern Huber für 150 Euro pro Quadratmeter ab. Die Prämie von 5 Euro pro Quadratmeter, die er unmittelbar nach Vertragsabschluss dem Bauern überwiesen hat, bleibt davon unberührt. Diese darf Huber in jedem Fall behalten. Meier hat die Option, den Grund zum ursprünglich vereinbarten Preis von 150 Euro pro Quadratmeter zu kaufen, »ausgeübt«.
2. Die Umwidmung kommt nicht zustande – die Spekulation geht nicht auf
   Auf der landwirtschaftlichen Fläche von Bauer Huber wurde ein wichtiger archäologischer Fund gemacht. Das Gelände wurde weiträumig abgesperrt und wird für die bevorstehenden Ausgrabungen für mehrere Jahre gesperrt bleiben. Der Grund wird daher nicht umgewidmet und Herr Meier kann sein geplantes Bürogebäude nicht errichten. Meier übt seine Option nicht aus, d.h. Bauer Huber behält seinen Grund. Die ursprünglich erhaltene Prämie von 5 Euro pro Quadratmeter wiederum, bleibt davon unberührt. Diese darf Huber auch behalten.
3. Der Grund wird umgewidmet, aber ...
   Die ursprünglich landwirtschaftliche Fläche erfährt nach der Umwidmung zwar eine massive Wertsteigerung und erreicht einen Preis von 150 Euro pro Quadratmeter, bleibt aber trotzdem erheblich unter den zuvor angenommenen 200 Euro pro Quadratmeter zurück. Meier ist in einer Grenzsituation. Er kann jetzt das Grundstück auf jeden Fall für 150 Euro pro Qudratmeter bekommen. Die Ausübung bringt ihm aber bei diesem Preis weder einen Vor- noch Nachteil. Die Prämie in Höhe von 5 Euro pro Quadratmeter, die er Huber für das Stillhalten bezahlt hat, ist so oder so verloren.

5.3 Die Verkaufsoption – Put

Beim Kauf einer Verkaufsoption (Put) handelt es sich um einen Vertrag, in dem sich der Verkäufer (Stillhalter) verpflichtet, eine gewisse Menge einer Ware zu einem im Vorhinein vereinbarten Preis zu einem bestimmten Termin oder innerhalb einer bestimmten Frist dem Käufer abzunehmen, falls dieser das wünscht. Der Käufer kann, wenn es ihm vorteilhaft erscheint, den Verkäufer (Stillhalter) der Verkaufsoption verpflichten, ihm die Ware zum ursprünglich vereinbarten Preis abzunehmen. Somit hat der Käufer der Verkaufsoption die Wahl, ob er die Ware zum ursprünglich abgemachten Preis verkaufen will oder nicht. Der Verkäufer der Verkaufsoption (Stillhalter) hat diese Option nicht, erhält dafür jedoch eine gewisse Prämie vom Käufer der Verkaufsoption. Somit kann sich der Käufer einer Verkaufsoption (Put) gegen fallende Preise seiner Ware, in deren Besitz er ist, absichern.

Beispiel:

Bauer Huber möchte seine Weizenproduktion steigern und benötigt für sein Vorhaben eine zusätzliche Agrarfläche von 4000 Quadratmetern. Damit sich seine Investition rechnet, darf der Quadratmeterpreis 40 Euro nicht übersteigen. Der Schätzwert für entsprechende Grundstücke liegt zu diesem Zeitpunkt bei 43 Euro pro Quadratmeter. Huber weiß, dass in der Umgebung in nächster Zeit mehrere Bauern ihren Hof auflassen wollen und dass deshalb der Preis pro Quadratmeter zu seinem Vorteil fallen könnte. Es ist aber vollkommen ungewiss, wann welcher Bauer welche Fläche veräußern will. Huber geht zum Bauern Müller, der genau die von ihm gewünschte Agrarfläche verkaufen will, und macht ihm folgendes Angebot: Er (Huber) würde den Grund von Müller für 40 Euro pro Quadratmeter auf jeden Fall kaufen, auch wenn die Preise durch ein Überangebot der Konkurrenz massiv einbrechen sollten. Huber bietet Müller an, dieses Angebot für ein Jahr aufrechtzuerhalten. Huber will jedoch für die Aufrechterhaltung des Angebots an Müller zusätzlich eine Prämie von 2 Euro pro Quadratmeter dafür, dass er sich verpflichtet, den Grund selbst dann zu kaufen, wenn sich der Preis zu seinem Nachteil entwickeln würde. Die Prämie von 2 Euro pro Quadratmeter will Bauer Huber für seine eingegangene Verpflichtung jedoch sofort, und diese kann von Müller keinesfalls mehr zurückverlangt werden. Ein zusätzlicher wichtiger Punkt der Abmachung ist der, dass Müller verkaufen kann, wenn es ihm vorteilhaft erscheint, aber nicht muss. Bauer Müller bittet Huber um einen Tag Bedenkzeit. Dann rechnet Müller sich die möglichen Situationen durch:

1. Wenn er den Grund wie vereinbart für 40 Euro pro Quadratmeter an Huber verkauft und noch die Prämie von 2 Euro pro Quadratmeter mit einrechnet, die er sofort an Huber zu überweisen hat, dann erhält er schlussendlich 38 Euro pro Quadratmeter. Das wäre zwar ein schlechter Verkaufspreis, aber nicht ruinös. Sollte der Preis der Agrarfläche durch ein plötzliches Überangebot der benachbarten Bauern aber massiv fallen, d.h. unter oder gar weit unter 38 Euro pro Quadratmeter, so würde ihn das vor einer Katastrophe bewahren. Soweit erscheint das Angebot für Müller doch passabel.

2. Wenn der Preis von 43 Euro pro Quadratmeter auf 45 Euro pro Quadratmeter steigen sollte, was leicht im Bereich des Möglichen liegt, so erzielt Müller, wenn er die zu bezahlende Prämie von 2 Euro pro Quadratmeter mit einrechnet, immer noch einen effektiven Verkaufspreis von 43 Euro pro Quadratmeter, was seiner jetzigen Ausgangssituation entsprechen würde. Auch damit kann Bauer Müller leben.
3. Müller kam ein Gerücht zu Ohren, dass Agrarflächen in dieser Gegend eventuell zu Bauland umgewidmet werden sollen. Würde das tatsächlich geschehen, so ginge der Preis durch die Decke und könnte sogar die Grenze von 150 Euro pro Quadratmeter erreichen. Da er nicht verpflichtet wäre, den Grund an Huber zu verkaufen, hätte er in diesem Fall den Jackpot gewonnen. Die 2 Euro pro Quadratmeter, die er als Prämie an Huber zu bezahlen hätte, spielten dann keine Rolle mehr. Bauer Müller ist begeistert.

Müller geht zu Huber und schlägt ein. Somit ergibt sich für beide Parteien jeweils aus deren Sicht heraus ein Vorteil!

5.4 Die wichtigsten Fachbegriffe

Wenn Sie sich in diesem Metier bewegen, werden Sie zwangsläufig immer wieder mit diversen Fachbegriffen konfrontiert, die daher auch in den nachfolgenden Ausführungen verwendet werden. Auch in der deutschen Fachliteratur werden englischsprachige Begriffe genutzt. Aus diesem Grund werden nachstehend sowohl der deutsche als auch der zugehörige englische Fachbegriff aufgeführt:

Der Basiswert – engl.: Underlying

Der Basiswert ist jene Ware, auf die sich die Option bezieht. Dabei kann es sich um jedes erdenkliche Handelsgut handeln: Rohstoffe, Aktien, Futures ... Der Basiswert kann auch eine reine Wette sein, wie beispielsweise auf das Wetter (Wetterderivate).

Die Optionsprämie

Die Optionsprämie ist der Preis der Option, die der Käufer an den Verkäufer (Stillhalter) zu bezahlen hat. Dies gilt sowohl für den Put als auch den Call.

Der Basispreis – engl.: Strike

Dies ist der Preis, für den die Ware (Basiswert) im Falle der Ausübung den Besitzer wechselt. Der Käufer einer Kaufoption (Call) hat das Recht, die Ware für den Preis des Basiswertes von der Gegenpartei (Stillhalter) zu beziehen. Der Käufer einer Verkaufsoption (Put) hat das Recht, die Ware für den Preis des Basiswertes an den Verkäufer (Stillhalter) zu liefern. Der Verkäufer der Verkaufsoption (Put) hat die Pflicht, die Ware zum Preis des Basiswertes zu kaufen, auch wenn dieser stark gefallen sein sollte!

Der Verfall – engl.: Expiration

Jeder Optionskontrakt hat eine bestimmte Laufzeit. Das in der Zukunft liegende Datum, zu dem die Laufzeit endet, ist der sogenannte Verfall. Kommt es während der Laufzeit zu einer Ausübung (amerikanisches Optionsrecht, siehe nächster Absatz) seitens des Optionskäufers, so erlischt der Optionskontrakt.

Amerikanische Option – engl.: American Style

Grundsätzlich wird bei den Optionen zwischen amerikanischem und europäischem Optionsrecht unterschieden. Der Unterschied liegt in der zeitlichen Ausgestaltung des Ausübungsrechts. Eine amerikanische Option kann während der *gesamten* Optionslaufzeit durch den Käufer ausgeübt werden. Diesen Umstand muss der Stillhalter in seinen Engagements stets berücksichtigen.

Europäische Option – engl.: European Style

Eine europäische Option kann *nur zum Zeitpunkt des Verfalls* ausgeübt werden. Für den Stillhalter gibt es somit keinen Unsicherheitsfaktor bezüglich des Zeitpunkts einer Ausübung.

Ausübung – engl.: Exercise

Ausüben bedeutet, dass der Optionskäufer sein Optionsrecht in Anspruch nimmt. Handelt es sich um eine *amerikanische* Option, so kann er während der gesamten Optionslaufzeit dieses Recht ausüben. In diesem Fall entscheidet ausschließlich der Optionskäufer, ob und wann ausgeübt wird. Hat der Käufer eine *europäische* Option erworben, so hat er dieses Recht nur zum Zeitpunkt des Verfalls.

Barausgleich – engl.: Cash Settlement

Es gibt eine Vielzahl von Optionen, bei denen die (physische) Lieferung der Ware nicht möglich ist. Da wären beispielsweise die bereits angesprochenen Wetterderivate: Wolkenloser Himmel mit einer Temperatur zwischen 24 und 25 Grad zu einem abgemachten Zeitpunkt kann schwerlich vom Stillhalter geliefert werden.

Auch gibt es eine stattliche Zahl von Optionen auf Aktienindizes. Auch hier ist es in der Praxis faktisch unmöglich, dem Optionskäufer einen Aktienkorb mit entsprechender Zusammensetzung und Gewichtung der Einzeltitel zu liefern. Für diese Basiswerte findet anstelle der Lieferung ein Barausgleich statt. Das bedeutet, dass der Optionskäufer zum Zeitpunkt des Verfalls der Option den inneren Wert ausbezahlt bekommt. Der innere Wert einer Option errechnet sich wie folgt:

Innerer Wert einer Kaufoption	= Kurs des Basiswertes zum Zeitpunkt des Verfalls - Basispreis
Innerer Wert einer Verkaufsoption	= Basispreis - Kurs des Basiswertes zum Zeitpunkt des Verfalls

Außerbörsliche Optionen – engl.: Over the counter/OTC

Bei einer OTC-Option werden die detaillierten Bedingungen des Optionskontrakts zwischen den beiden Vertragsparteien, Käufer sowie Stillhalter, individuell ausgehandelt. Diese Art einer spezifischen Kontraktgestaltung wird in erster Linie von institutionellen Investoren praktiziert. Für den Privatanleger sind OTC-Optionen in der Regel keine Alternative. Für einen Optionsinvestor kommen nur börsennotierte, standardisierte Optionen in Frage. Der Ausdruck »over the counter« lässt sich mit »über den Tresen« übersetzen. Im Fachjargon wird hierfür heutzutage das Kürzel »OTC« verwendet.

Optionen aus dem Geld, am Geld, im Geld

Um einen sehr schnellen Überblick für eine einzelne Optionsposition zu erhalten, bedient man sich der Begriffe OTM, ATM oder ITM.

	Bedeutung:	Für den Call gilt:	Für den Put gilt:
OTM	Out of the money (aus dem Geld)	Der Kurs des Basiswertes ist tiefer als der Basispreis (Strike)	Der Kurs des Basiswertes ist höher als der Basispreis (Strike)
ATM	At the money (am Geld)	Der Kurs des Basiswertes ist am Basispreis (Strike)	Der Kurs des Basiswertes ist am Basispreis (Strike)
ITM	In the money (im Geld)	Der Kurs des Basiswertes ist höher als der Basispreis (Strike)	Der Kurs des Basiswertes ist tiefer als der Basispreis (Strike)

Tabelle 5.1: Optionen aus dem Geld

Bezugsverhältnis

Das Bezugsverhältnis eines Optionskontraktes legt fest, wie viele Einheiten des Basiswertes mit einem Kontrakt abgedeckt werden (vgl. ausführlich Abschnitt 5.8).

Optionsserie

Man spricht von einer Optionsserie, wenn mehrere Optionen mit gleichen Ausstattungsmerkmalen, außer dem Basispreis und Optionstyp (Put oder Call), vorliegen. Für eine Optionsserie müssen die folgenden Kriterien identisch sein.

- Vertragsgegenstand (Basiswert)
- Verfallsdatum
- Kontraktwert bzw. Bezugsverhältnis
- Ausübung (amerikanisches oder europäisches Ausübungsrecht)

Kauf/Verkauf – engl.: buy/sell

Für die Grundpositionen ergeben sich folgende Ausdrucksformen:

- Kauf einer Kaufoption: buy Call
- Verkauf einer Kaufoption: sell Call
- Kauf einer Verkaufsoption: buy Put
- Verkauf einer Verkaufsposition: sell Put

Long/Short

Eine Long- bzw. Shortposition entsteht, wenn der Investor eine Kauf- bzw. Verkaufsposition *eingegangen* ist. Dies bezieht sich sowohl auf das Underlying (Basiswert) als auch auf ein jegliches Derivat (Optionen, Futures). Der Investor ist dann mit der entsprechenden Position Long bzw. Short. Je nach eingesetztem Finanzinstrument ist somit eine ganz bestimmte Markterwartung verbunden.

Finanzinstrument	Gekauft/verkauft	Long/Short	Markterwartung
Aktie, Index, Future	gekauft	Long	steigend
Aktie, Index, Future	verkauft	Short	fallend
Call-Option	gekauft	Long	steigend
Call-Option	verkauft	Short	fallend bis leicht steigend
Put-Option	gekauft	Long	fallend
Put-Option	verkauft	Short	steigend bis leicht fallend

Tabelle 5.2: Long-/Short-Positionen und Markterwartung

Deckung von Options-Short-Positionen:

Stillhalterpositionen, im Besonderen beim Short Call (Verkauf einer Kaufoption), können hoch gefährlich werden, wenn der Stillhalter das Underlying (Basiswert) nicht im Depot hat. In diesem Fall spricht man von einer *ungedeckten* bzw. *uncovered* oder auch *naked* Short-Position. Im anderen Fall handelt es sich um *gedeckte* bzw. *covered* Short-Positionen. Die Deckung einer Short-Position kann sowohl durch das Underlying als auch durch eine entsprechende Kaufoption erreicht werden.

Gewinn/Verlust – engl.: Profit/Loss

Hierfür wird das Kürzel P/L verwendet.

Dividenden und Optionen

Hier darf eine Anmerkung nicht fehlen: *Dividendenberechtigt ist ausschließlich der Aktienbesitzer. Weder Optionskäufer noch Stillhalter, unabhängig ob Put oder Call, sind dividendenberechtigt!*

5.5 Standardisierung der Kontrakte

Voraussetzung für einen möglichst transparenten Börsenhandel ist die Standardisierung der gehandelten Optionskontrakte (das gilt für sämtliche Derivate) durch die Börse. Das hat zur Folge, dass sämtliche Merkmale einer Optionsserie identisch sind. Dies ist ein ganz entscheidender Faktor für die problemlose Fungibilität (Handelbarkeit) der Kontrakte.

5.6 Die vier Grundpositionen

In den zuvor beschriebenen Beispielen haben wir die grundsätzliche Funktion einer Call- als auch einer Put-Option kennengelernt. Für beide Typen gibt es immer zwei Parteien: nämlich den Optionskäufer und den Optionsverkäufer, den sogenannten Stillhalter. Somit ergeben sich insgesamt vier Grundpositionen. Mit jeder einzelnen dieser vier Grundpositionen ist eine ganz bestimmte Markterwartung verbunden. Für diese Markterwartung ist entscheidend, ob die zu handelnde Ware (Underlying bzw. Basiswert) wirklich im Besitz einer der Parteien ist oder ob ausschließlich mit der Preisveränderung der Option spekuliert werden soll. Die Erklärungen für die folgenden vier Options-Grundpositionen (Abschnitte 5.6.1 bis 5.6.4) beziehen sich ausschließlich auf die Wertveränderung der Optionen (nicht gedeckte Short- bzw. Verkaufspositionen). Die Gesamtbetrachtung von Stillhalterpositionen mit Einbeziehung des Underlyings wird im Abschnitt 5.7 behandelt.

5.6.1 Grundposition I – Long Call (Kauf einer Kaufoption)

Der Käufer einer Call-Option hat das Recht, aber nicht die Pflicht, das Underlying (Basiswert) zu einem im Voraus vereinbarten Preis (Strike) und einer im Voraus vereinbarten Menge vom Verkäufer der Call-Option zu beziehen (Ausübung). Handelt es sich um eine europäische Option, so kann der Käufer das Underlying nur zum Verfallstermin erwerben. Bei einer amerikanischen Call-Option hat der Käufer das Recht, das Underlying zu einem beliebigen Zeitpunkt während der Optionslaufzeit zu erwerben.

Käufer erwirbt das Recht zur Ausübung der Option
Markterwartung: steigender Kurs des Underlyings (Basiswert)
Typ des Underlyings: Aktie
Kurs des Underlyings: 100
Strike: 100
Optionsprämie: 10,00 €
Laufzeit: Ein Jahr

Abbildung 5.1 zeigt das Auszahlungsprofil einer Long Call-Position (Kauf einer Kaufoption) zum Zeitpunkt des Verfalls. Tabelle 5.3 zeigt die wichtigsten Parameter für Diagramme, wie sie für die Darstellung von Optionsstrategien zur Anwendung kommen:

X-Achse	Der wahrscheinliche Bereich, in dem sich der Kurs des Underlyings (Basiswert) voraussichtlich vom Einstieg bis Verfall bewegt
Y-Achse	Profit/Loss (Gewinn/Verlust) oder kurz P/L
Funktionsgraf (Verfall)	Zeigt den Gewinn/Verlust des eingesetzten Kapitals für den Kauf der Option zum Zeitpunkt des Verfalls in Abhängigkeit vom Kurs des Underlyings

Tabelle 5.3: Diagrammparameter

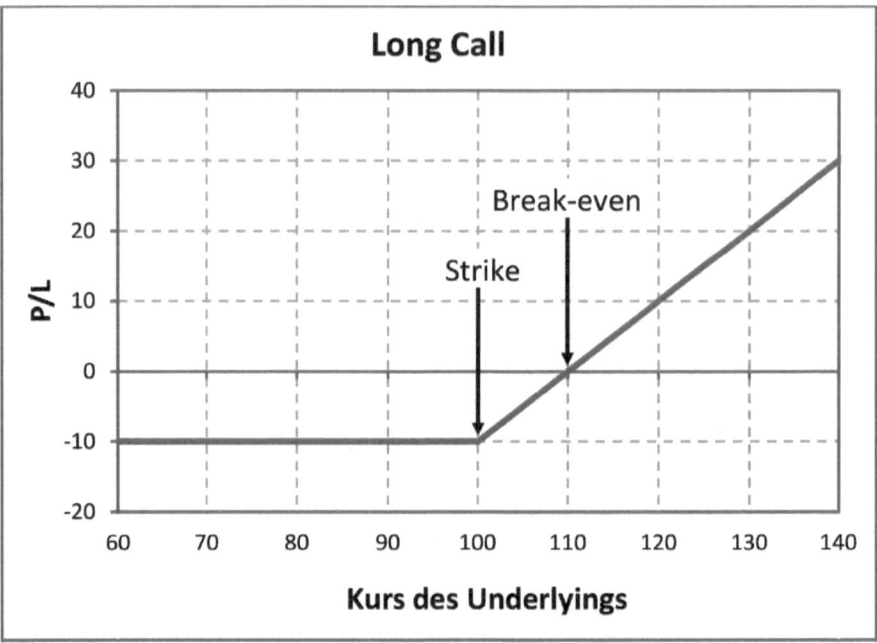

Abbildung 5.1: Auszahlungsprofil eines »Long Calls«

Die Markterwartung des Käufers einer Call-Option ist generell auf steigende Kurse gerichtet. Die nachfolgende Betrachtung des Gewinn-/Verlustprofils bezieht sich ausschließlich auf den Zeitpunkt des Verfalls der Option (ein Jahr nach dem Einstieg). Wenn für die Option 10 € bezahlt wurden und der Strike (Basiswert) 100 beträgt, so entsteht ein Totalverlust, wenn der Kurs der Aktie kleiner/gleich 100 sein sollte. *Für einen Optionskäufer kann der Verlust niemals höher werden als der Betrag, der für die Optionsprämie eingesetzt wurde!* Liegt der Kurs über 100, so hat die Option einen inneren Wert, der sich wie folgt errechnet: Kurs des Underlyings minus Strike. Ist das Ergebnis kleiner als das für den Kauf der Option eingesetzte Kapital (10 €), aber größer 0, dann hat der Optionskäufer einen Teilverlust eingefahren. Der Kurs der Aktie muss auf jeden Fall mindestens ein Niveau von 110 erreichen, um keinen Verlust einzufahren. Der Aktienkurs für den Break-even errechnet sich aus Strike (100) plus Optionsprämie (10 €), d.h. er liegt bei 110. Der Gewinn errechnet sich somit aus Aktienkurs minus dem Kurs für den Break-even, wobei für einen Gewinn der Aktienkurs natürlich größer als der Break-even sein muss.

Wenn es sich um eine amerikanische Option handelt, die einen entsprechenden Gewinn ausweist, so kann es unter gewissen Umständen (siehe Kapitel 5.7) sinnvoll sein, die Option bereits während der Laufzeit auszuüben. Bei der europäischen Option ist das nur zum Laufzeitende bzw. Verfall möglich. Der Käufer hat durch die Ausübung das Recht, die Aktie zum Preis von 100 € vom Stillhalter zu beziehen. Das wird er jedoch nur dann tun, wenn der Aktienkurs über 100 steht. Die Ausübung wird in einem späteren Abschnitt detailliert behandelt.

Die Auszahlungssituation für einen *Long Call* ist in Tabelle 5.4 nochmals übersichtlich zusammengefasst.

Long Call		
Markterwartung: steigender Kurs des Underlyings (Basiswert)		
	(S) Kurs des Underlyings zum Zeitpunkt des Verfalls	**Gewinn/Verlust des eingesetzten Kapitals zum Verfallszeitpunkt**
1	S ≤ 100	**Totalverlust**
2	S > 100 und S < 110	**Teilverlust bis maximal 10,00 €** Der Wert der Option besteht nur noch aus ihrem inneren Wert und ist auf jeden Fall kleiner als die ursprünglich bezahlte Optionsprämie Innerer Wert = Kurs des Underlyings − Strike
3	S = 110	**Break-even** Kein Gewinn und kein Verlust
4	S > 110	**Gewinn** Gewinn = Kurs des Underlyings − Strike − Optionsprämie oder Gewinn = Kurs des Underlyings − Break-even

Tabelle 5.4: Auszahlungssituation für einen Long Call

5.6.2 Grundposition II – Short Call (Verkauf einer Kaufoption)

Der Verkäufer einer Call-Option geht die Verpflichtung ein, bei Ausübung durch den Käufer das Underlying (Basiswert) dem Käufer zum Basispreis (Strike) zu liefern. Es handelt sich um eine Stillhalterposition.

Deckung:	Der Stillhalter ist *nicht* im Besitz der optierten Aktie, d. h. man spricht von einer nicht gedeckten short Call Position. In der Fachsprache verwendet man die Begriffe *naked Call* (nackte Call Position) oder auch *uncovered Call*. Mit naked oder uncovered ist bereits definiert, dass es sich um eine Short-Position (Verkauf) handelt. Die gedeckte Stillhalterposition, *covered Call*, wird in Abschnitt 5.7.1 behandelt.
Markterwartung:	Fallender bis leicht steigender Kurs des Underlyings
Typ des Underlyings:	Aktie
Kurs des Underlyings:	100
Strike:	100
Optionsprämie:	10,00 €
Laufzeit:	Ein Jahr

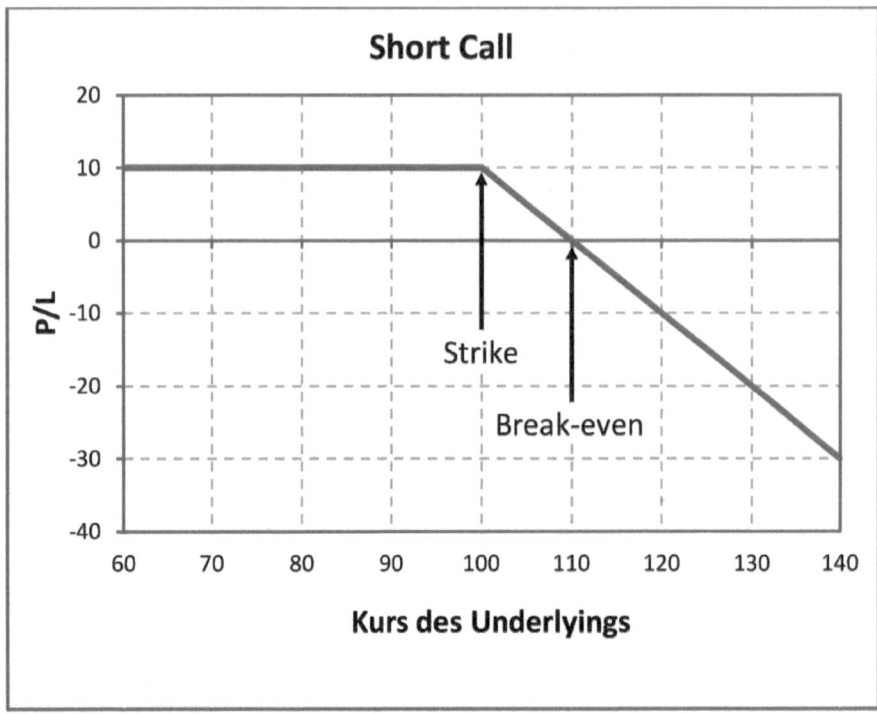

Abbildung 5.2: Auszahlungsprofil eines »Short Calls«

Die Markterwartung des Verkäufers (Stillhalters) einer *uncovered* Call-Option ist auf fallende bis leicht steigende Kurse des Underlyings gerichtet. Wenn der Stillhalter für den Verkauf der Call-Option 10 € vom Optionskäufer erhalten hat und der Strike (Basiswert) 100 beträgt, so entsteht ein Verlust, sobald der Aktienkurs die Marke von 110 (Break-even) überschreitet. Bei einem Aktienkurs von kleiner oder gleich 100 kann der Stillhalter die Prämie von 10 €, die er ursprünglich vom Optionskäufer erhalten hat, zur Gänze behalten. Steigt der Kurs erheblich an, so wird es für den Stillhalter hoch gefährlich! Der Stillhalter muss im Falle, dass der Optionskäufer die Option ausübt, die Aktie zum Basispreis (Strike) liefern. Wenn der Kurs beispielsweise von 100 auf 200 steigt und der Optionskäufer sich entschließt, auszuüben, so *muss* der Stillhalter die Aktie zu einem Preis von 100 € liefern. Da führt kein Weg vorbei! Wenn er also, wie in diesem Beispiel, die Aktie nicht in seinem Depot hat, so muss er diese für 200 € kaufen, um sie dann dem Optionskäufer zu einem Preis von 100 € zu liefern. Durch die Ausübung erleidet der Stillhalter einen Verlust von 100 € durch den teuren Aktienkauf, der nur durch die Stillhalterprämie von 10 € (die er erhalten hat und auch behalten darf) etwas gedämpft wird. In Summe wird jedoch ein Verlust von 90 € erzielt.

Die Auszahlungssituation für einen *uncovered Short Call* ist in Tabelle 5.5 nochmals übersichtlich zusammengefasst.

Short Call		
Markterwartung: fallender bis leicht steigender Kurs des Underlyings		
	(S) Kurs des Underlyings zum Zeitpunkt des Verfalls	**Gewinn/Verlust**
1	S ≤ 100	**Maximal möglicher Gewinn 10 €**
2	S > 100 und S < 110	**Teilgewinn bis maximal 10 €** Der Wert der Option hat einen inneren Wert **Teilgewinn** = Prämie - (Kurs des Underlyings - Strike)
3	S = 110	**Break-even** Kein Gewinn und kein Verlust
4	S > 110	**Verlust** Verlust = (Kurs des Underlyings - Strike) - Prämie oder Verlust = Kurs des Underlyings - Break-even

Tabelle 5.5: Auszahlungssituation für einen uncovered Short Call

5.6.3 Grundposition III – Long Put (Kauf einer Verkaufsoption)

Der Käufer erwirbt das Recht, ein Underlying (Basiswert) zu einem bestimmten Preis an den Verkäufer (Stillhalter) zu verkaufen. Im nachfolgenden Beispiel ist der Optionskäufer nicht im Besitz der Aktie. Die Situation, in der der Optionskäufer im Besitz der Aktie ist, wird in Abschnitt 5.7.2 behandelt.

Markterwartung:	fallender Kurs des Underlyings
Typ des Underlyings:	Aktie
Kurs des Underlyings:	100
Strike:	100
Optionsprämie:	10 €
Laufzeit:	Ein Jahr

Die Markterwartung des Käufers einer Put-Option ist auf fallende Kurse gerichtet. Die nachfolgende Betrachtung des Gewinn-/Verlustprofils bezieht sich wiederum auf den Zeitpunkt des Verfalls der Option (ein Jahr nach dem Einstieg). Wenn die Option 10 € kostet und der Strike (Basiswert) 100 beträgt, so entsteht ein Totalverlust, wenn der Kurs der Aktie größer oder gleich 100 ist. *Als Optionskäufer kann jedoch der Verlust niemals höher werden als der Betrag, der für die Optionsprämie beim Kauf eingesetzt wurde! Das gilt sowohl für die Put- als auch die Call-Option.* Liegt der Kurs unter 100, so hat die Option einen inneren Wert, der sich wie folgt errechnet: Strike minus Kurs des Underlyings. Ist das Ergebnis kleiner als der Betrag, der für den Kauf der Option (10 €) aufgewendet wurde, aber größer 0, so hat der Optionskäufer einen Teilverlust eingefahren. Der Kurs der Aktie muss ein Niveau unter 90 aufweisen, um keinen Verlust zu machen. Der Aktienkurs für den Break-even errechnet sich aus Strike (100) minus Optionsprä-

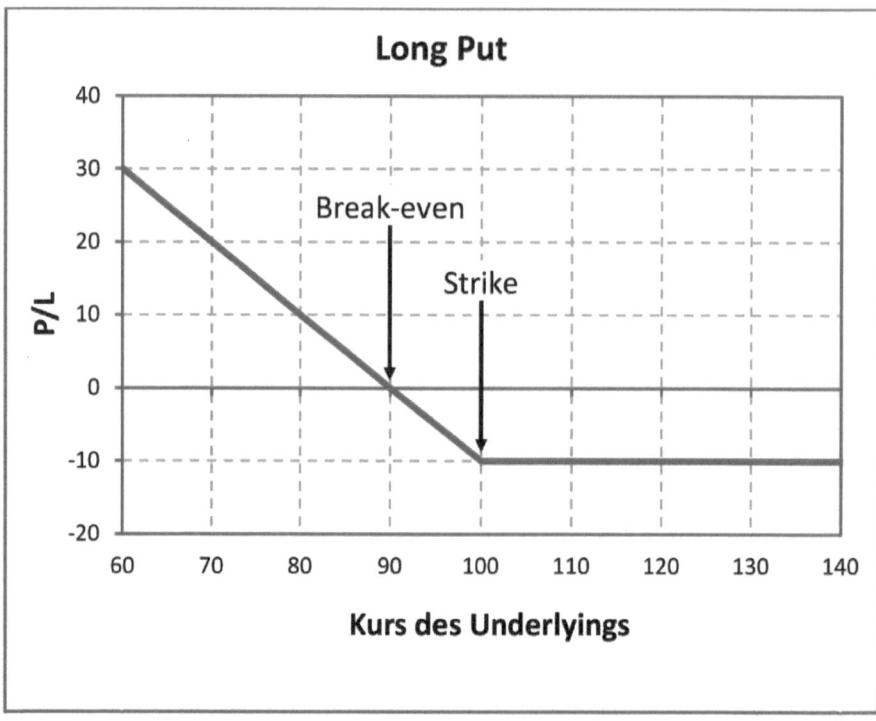

Abbildung 5.3: Auszahlungsprofil eines »Long Puts«

mie (10 €), d.h., er liegt bei 90. Der Gewinn errechnet sich somit aus der Kursmarke für den Break-even minus dem Aktienkurs, der kleiner als der Break-even sein muss.

Die Auszahlungssituation für einen Long Put ist in Tabelle 5.6 nochmals übersichtlich zusammengefasst.

Long Put		
Markterwartung: fallender Kurs des Underlyings		
	(S) Kurs des Underlyings zum Zeitpunkt des Verfalls	**Gewinn/Verlust des eingesetzten Kapitals zum Verfallszeitpunkt**
1	S ≥ 100	**Totalverlust**
2	S > 90 und S < 100	**Teilverlust** Der Wert der Option besteht nur noch aus ihrem inneren Wert und ist kleiner als die ursprünglich bezahlte Optionsprämie. Innerer Wert = Kurs des Strike - Underlyings
3	S = 90	**Break-even** Kein Gewinn und kein Verlust.
4	S < 90	**Gewinn** Gewinn = Strike - Kurs des Underlyings - Optionsprämie oder Gewinn = Kursmarke des Break-even - Kurs des Underlyings

Tabelle 5.6: Auszahlungssituation für einen »Long Put«

5.6.4 Grundposition IV – Short Put (Verkauf einer Verkaufsoption)

Der Verkäufer (Stillhalter) einer Put-Option geht die Verpflichtung ein, bei Ausübung durch den Optionskäufer das Underlying vom Optionskäufer zum Basispreis (Strike) abzunehmen. Es handelt sich um eine Stillhalterposition.

Markterwartung: Leicht fallender bis steigender Kurs des Underlyings

Typ des Underlyings: Aktie

Kurs des Underlyings: 100

Strike: 100

Optionsprämie: 10 €

Laufzeit: Ein Jahr

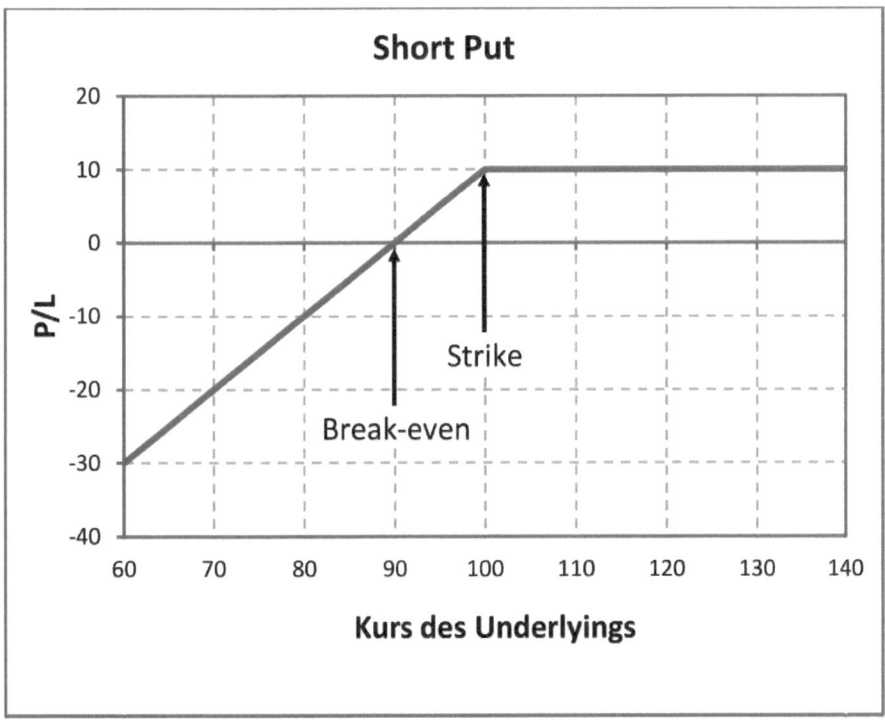

Abbildung 5.4: Auszahlungsprofil eines »Short Puts«

Die Markterwartung des Verkäufers (Stillhalters) einer Put-Option ist auf steigende bis leicht fallende Kurse des Underlyings gerichtet. Wenn der Stillhalter für den Verkauf der Put-Option 10 € vom Optionskäufer erhalten hat und der Strike (Basiswert) 100 beträgt, so entsteht ein Verlust, sobald der Aktienkurs die Marke von 90 unterschreitet. Bei einem Aktienkurs von größer oder gleich 100 kann der Stillhalter die Prämie von 10 €, die er ursprünglich vom Optionskäufer erhalten hat, zur Gänze behalten. Fällt der Kurs erheblich ab, so kann es für den Stillhalter richtig teuer werden! Der Stillhalter muss im Falle, dass der Optionskäufer die Option ausübt, die Aktie vom Optionskäufer zum Basispreis (Strike) abkaufen. Wenn der Kurs beispielsweise von 100 auf 30 fällt und der Optionskäufer sich entschließt, auszuüben, so muss der Stillhalter die Aktie für 100 € dem Optionskäufer abnehmen. Der Stillhalter erleidet durch die teure Abnahme der Aktie vom Optionskäufer einen Verlust von 70 €, der jedoch durch die Stillhalterprämie von 10 € (die er erhalten hat und auch behalten darf) etwas gemildert wird. In Summe wird jedoch ein Verlust von 60 € erzielt.

Die Auszahlungssituation für einen Short Put ist in Tabelle 5.7 nochmals übersichtlich zusammengefasst.

Short Put		
Markterwartung: steigender bis leicht fallender Kurs des Underlyings		
	(S) Kurs des Underlyings zum Zeitpunkt des Verfalls	Gewinn/Verlust
1	S ≥ 100	Maximal möglicher Gewinn 10 €
2	S > 90 und S < 100	**Teilgewinn bis maximal 10 €** Der Wert der Option hat einen inneren Wert. **Teilgewinn** = Prämie - (Strike - Kurs des Underlyings)
3	S = 90	Break-even Kein Gewinn und kein Verlust.
4	S < 90	**Verlust** Verlust = (Strike - Kurs des Underlyings) - Prämie oder Verlust = Break-even - Kurs des Underlyings

Tabelle 5.7: Auszahlungssituation für einen Short Put

5.7 Die Grundpositionen Short Call und Long Put mit Einbeziehung des Underlyings

Wie bereits in Abschnitt 5.6 angesprochen, ist es in Bezug auf die Markterwartung ein erheblicher Unterschied, ob sich das optierte Underlying (Basiswert, im Beispiel handelt es sich um eine Aktie) im Depot des Stillhalters einer Call-Option oder im Depot des Käufers einer Put-Option befindet. Für diese beiden Grundpositionen (Short Call oder Long Put) ändert sich mit Einbeziehung des Underlyings die Markterwartung gravierend.

5.7.1 Covered Call

Der Verkäufer eines covered Calls geht die Verpflichtung ein, bei Ausübung durch den Optionskäufer das Underlying dem Käufer zum Basispreis (Strike) zu liefern. Es handelt sich um eine Stillhalterposition.

Deckung:	*Der Stillhalter ist im Besitz der optierten Aktie*, d.h., man spricht von einer gedeckten short Call-Position. In der Fachsprache verwendet man den Begriff *covered Call* (gedeckte Call-Position). Mit »covered« ist bereits definiert, dass es sich um eine Short-Position (Verkauf) handelt.
Markterwartung:	Leicht steigender bis leicht fallender Kurs des Underlyings
Typ des Underlyings:	Aktie
Kurs des Underlyings:	100
Strike:	100
Optionsprämie:	10 €
Laufzeit:	Ein Jahr

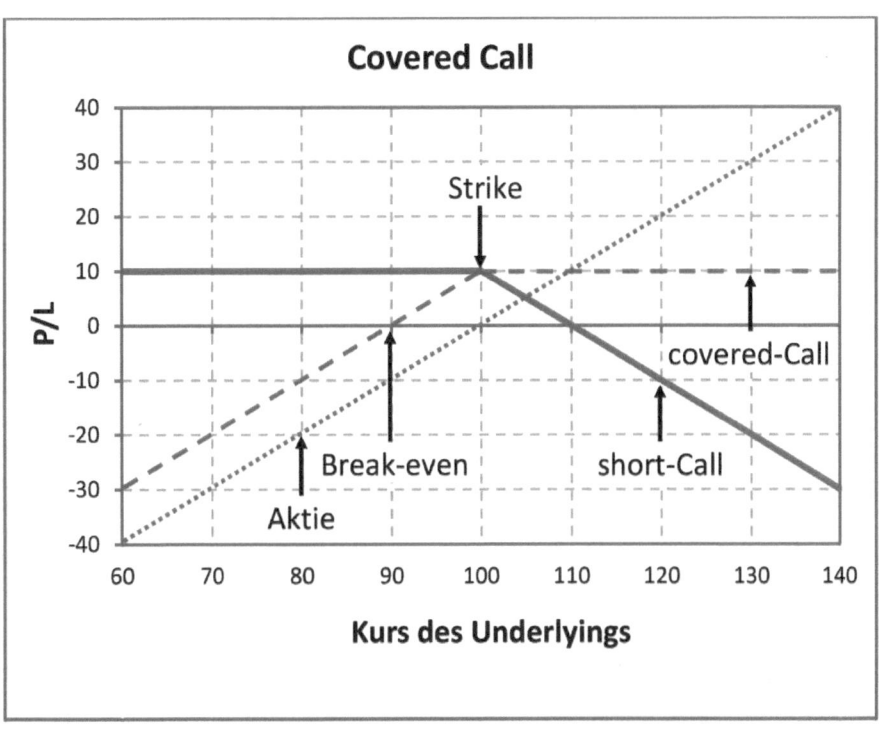

Abbildung 5.5: Komponenten einer covered Call-Strategie

Die Markterwartung des Verkäufers (Stillhalters) einer *covered* Call-Option ist auf einen leicht fallenden bis leicht steigenden Kurs des Underlyings gerichtet. Der Verkäufer der covered Call-Option hat die Aktie im Depot. Man spricht von einer *covered-Call-Strategie*. Die Gesamtstrategie besteht aus zwei Komponenten, die sich aus dem Underlying und einem Short Call zusammensetzt. In Abbildung 5.5 sind beide Finanzinstrumente grafisch dargestellt. Das Auszahlungsprofil der covered-Call-Strategie (Aktie plus short Call) auf Verfall zeigt die gestrichelte Linie.

Ein Investor wird diese Strategie wählen, wenn er die entsprechende Aktie im Depot hat und diese behalten will, aber eine Seitwärtsbewegung des Aktienkurses erwartet. Er verkauft (schreibt) eine Call-Option auf die betreffende Aktie, deren Strike (100) in unserem Beispiel ATM (am Geld, d.h. der Strike entspricht annähernd dem Aktienkurs) angesetzt wird. Der Investor erhält als Stillhalter eine Prämie von 10 €. Wenn zum Verfallstag der Aktienkurs wieder 100 betragen sollte, so hat er einen Gewinn von 10 € erzielt. Fällt der Aktienkurs auf 60, so entsteht durch die Aktie ein Verlust von 40 €, der aber durch die erhaltene Optionsprämie von 10 € auf einen Gesamtverlust von 30 € reduziert wird. Steigt der Aktienkurs massiv auf 140 an, so ergibt es zwar einen Aktiengewinn von 40 €, der jedoch durch den Verlust durch die Short Call Position von 30 € erheblich auf 10 € reduziert wird. Der Gewinn ist sozusagen gedeckelt. In diesem Fall spricht man von einem sogenannten *Cap*. Fällt der Kurs um den Betrag der erhaltenen Prämie, so ist dieses Kursniveau der Break-even. Das bedeutet, dass der Aktienbesitzer einen Sicherheitspuffer hat, bevor er in die Verlustzone kommt.

Sollte es zur Ausübung durch den Optionskäufer kommen, so stellt das kein Problem dar, da die Aktie bereits im Depot ist und nicht teuer am Markt gekauft werden muss. Dies ist ein gravierender Unterschied zu einer *uncovered* Short-Call-Option, wie sie in der Grundposition II beschrieben wurde.

Betrachtet man das Auszahlungsprofil einer covered-Call-Strategie, so fällt auf, dass sie praktisch identisch zum simplen Short Put erscheint. Dennoch gibt es zwei grundlegende Unterschiede:

1. Eine Call-Option ist aufgezinst und eine Put-Option ist abgezinst. Besonders bei langlaufender Option und erhöhtem Marktzins kann der Unterschied erheblich sein. D.h., der Stillhalter einer Call-Option erhält eine höhere Prämie. Der Zinseinfluss auf das Optionspreismodell wird in Abschnitt 6.3 detailliert behandelt.

2. Mit einer Option sind Sie niemals dividendenberechtigt (covered Call versus Short Put).

Die Auszahlungssituation für eine covered-Call-Strategie ist in Tabelle 5.8 nochmals übersichtlich zusammengefasst.

covered Call (Underlying plus short Call)		
Markterwartung: fallender bis leicht steigender Kurs des Underlyings		
	(S) Kurs des Underlyings zum Zeitpunkt des Verfalls	Gewinn/Verlust
1	S ≥ 100	**Maximal möglicher Gewinn 10 €**
2	S > 90 und S < 100	**Teilgewinn bis maximal 10 €** Der Wert der Option hat einen inneren Wert. **Teilgewinn** = Prämie − (Kurs des Underlyings − Strike)
3	S = 90	**Break-even** Kein Gewinn und kein Verlust.
4	S < 90	**Verlust** Verlust = (Kurs des Underlyings − Strike) − Prämie oder Verlust = Kurs des Underlyings − Break-even

Tabelle 5.8: Auszahlungssituation für eine covered-Call-Strategie

5.7.2 Protective Put

Der Käufer eines protective Put erwirbt das Recht, im Falle der Ausübung das Underlying (seine Aktien) dem Verkäufer (Stillhalter) zum Basispreis (Strike) zu verkaufen. Der Optionskäufer ist im Besitz der optierten Aktien.

Markterwartung:	Fallender bis leicht steigender Kurs des Underlyings
Typ des Underlyings:	Aktie
Kurs des Underlyings:	100
Strike:	100
Optionsprämie:	10 €
Laufzeit:	Ein Jahr

Die Markterwartung des Käufers einer *protective-Put*-Option ist auf einen fallenden bis leicht steigenden Kurs des Underlyings gerichtet. Von einem protective Put spricht man, wenn der Optionskäufer im Besitz der Aktie ist und diese gegen fallende Kurse absichern will. Der Optionsverkäufer der Put-Option hat bei Ausübung durch den Optionskäufer die Pflicht, die Aktie zum Preis des Strikes abzunehmen. Die Gesamtstrategie besteht somit wie beim covered Call aus zwei Komponenten, die sich aus dem Underlying und einem Kauf einer Put-Option zusammensetzt. In Abbildung 5.6 sind beide Finanzinstrumente grafisch dargestellt. Das Auszahlungsprofil der protective-Put-Strategie (Aktie plus Long Put) auf Verfall zeigt die gestrichelte Linie.

Ein Investor wird diese Strategie wählen, wenn er die entsprechende Aktie seit geraumer Zeit im Depot hat und diese im Kurs bereits gestiegen ist. Er möchte zwar die Aktie behalten, rechnet aber doch mit einem Kurseinbruch und/oder will sich

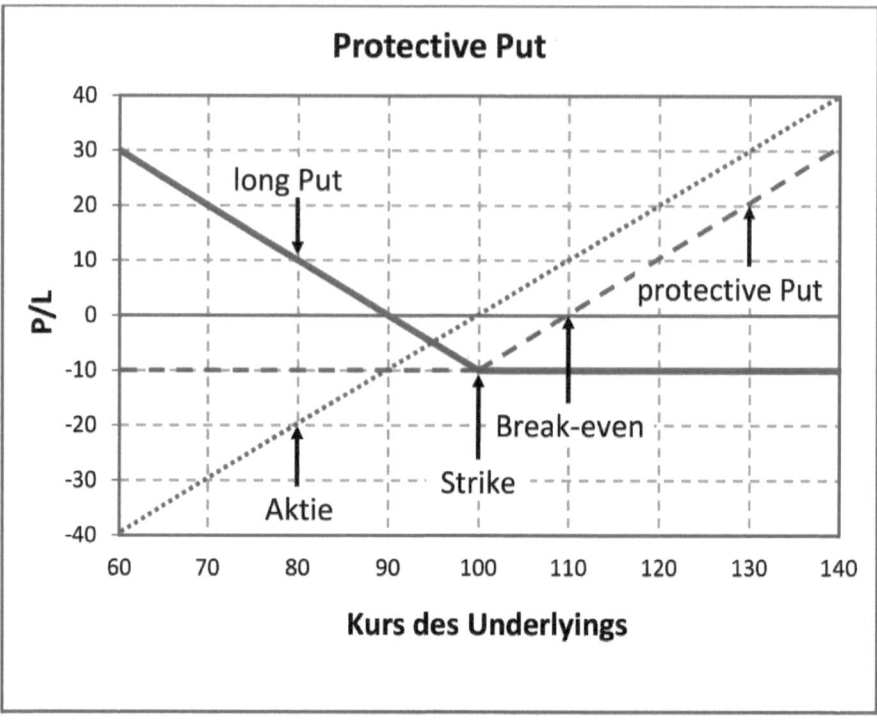

Abbildung 5.6: Komponenten einer protective Put-Strategie

dagegen schützen. Um diesen möglichen Verlust abzufedern, kauft er eine Put-Option mit einem Strike (100) am aktuellen Aktienkurs (ATM bzw. am Geld). Für die Optionsprämie muss er 10 € aufwenden.

Beträgt der Aktienkurs zum Verfallstag wieder 100, so verfällt die Optionsprämie wertlos und der Investor hat er einen Verlust von 10 € eingefahren. Bei einem Kurs von 110 hat er zwar auch einen Totalverlust der Optionsprämie zu verzeichnen, hat jedoch auf der anderen Seite einen Aktiengewinn von 10 € erwirtschaftet. Das bedeutet, dass der Break-even für das Gesamtsystem bei einem Aktienkurs von 110 liegt. Jeder Kurs darüber ist Gewinn. Fällt der Kurs der Aktie auf 60, so entsteht durch die Aktie ein Verlust von 40 € und durch die Option ein Gewinn von 30 €. Der Gesamtverlust beträgt somit nur 10 €. Wie bereits erwähnt, hängt der Wert einer Option zum Verfallszeitpunkt immer von deren *innerem Wert* ab. Für eine protective-Put-Strategie ergibt sich somit bei fallendem Aktienkurs folgender Verlust:

> Gesamtverlust = (Verlust der Aktie) − (Strike − Aktienkurs bei Verfall) +
> (bezahlte Optionsprämie)

Ist die Aktie stark gefallen, so kann der Käufer die Put-Option ausüben und dem Stillhalter die Aktie für 100 € andienen. Er kann aber auch die Aktie behalten und die Put-Option an der Börse verkaufen.

Auch die protective-Put-Strategie ist auf den ersten Blick identisch mit einem simplen long Call. Die Unterschiede liegen, ähnlich wie beim covered Call, in der Zins- und Dividendenthematik:

1. Eine Call-Option ist aufgezinst und eine Put-Option ist abgezinst. Besonders bei langlaufender Option und erhöhtem Marktzins kann der Unterschied erheblich sein. D.h., die Prämie einer Put-Option ist relativ günstiger als die einer Call-Option. Da es sich bei der protective-Put-Strategie um einen Kauf der Option handelt, ergibt sich daraus ein Vorteil.
2. Mit einer Option sind Sie niemals dividendenberechtigt (protective Put versus long Call).

Die Auszahlungssituation für eine protective-Put-Strategie ist in Tabelle 5.9 nochmals übersichtlich zusammengefasst.

protective Put (Underlying plus long Put)	
Markterwartung: fallender bis leicht steigender Kurs des Underlyings	
	(S) Kurs des Underlyings zum Zeitpunkt des Verfalls	**Gewinn/Verlust**
1	S > 110	**Gewinn (theoretisch unbegrenzt)** **Gewinn** = Aktiengewinn − Optionsprämie
2	S = 110	**Break-even** Kein Gewinn und kein Verlust.
3	S > 100 und S < 110	**Teilverlust bis maximal 10 €** Der Wert der Option hat einen inneren Wert. **Teilverlust** = Aktiengewinn − Optionsprämie
4	S ≤ 100	**Verlust − konstant von 10 €** Verlust = Aktienverlust − (Strike − Kurs des Underlyings) + Optionsprämie

Tabelle 5.9: Auszahlungssituation für eine protective-Put-Strategie

5.8 Die Einflussfaktoren auf die Optionsprämie

Für das Agieren am Optionsmarkt ist es von fundamentaler Bedeutung, zu wissen, welche Einflussfaktoren auf eine Optionsprämie wirken. Grundsätzlich setzt sich der Preis einer Option aus dem sogenannten *Zeitwert* und dem *inneren Wert* zusammen. Der Zeitwert spaltet sich weiter in einen *impliziten Volatilitäts-* und *Zinsanteil* auf. Dies gilt sowohl für die Put- als auch die Call-Option.

Um eine Optionsprämie präzise berechnen zu können, bedarf es eines mathematischen Optionspreismodells, welches sämtliche preisbeeinflussenden Faktoren berücksichtigt. Das bekannteste Modell wurde von Fischer Black und Myron Samuel Scholes im Jahre 1973 entwickelt. Für diese Leistung wurden sie im Jahr 1997 mit dem Nobelpreis für Wirtschaftswissenschaften ausgezeichnet. Das Black-Scholes-Modell war ein enormer Fortschritt für die Finanzwirtschaft. Eine

Schwachstelle ist jedoch, dass mit diesem Modell generell keine Put-Optionen amerikanischen Typs berechnet werden können. Ebenso können keine amerikanischen Calls, in deren Laufzeit es zu einer Dividendenausschüttung kommt, berechnet werden (für amerikanische Calls kann das Black Scholes-Modell angewendet werden, wenn während der Laufzeit der Option keine Dividenden ausgeschüttet werden). Dieses Manko wurde mit dem Binomialmodell, das von John C. Cox, Stephen Ross und Mark Rubinstein (in der Fachsprache als CCR-Modell bekannt) 1979 entwickelt wurde, behoben. Beide Optionspreismodelle werden in Kapitel 8 ausführlich behandelt. Abbildung 5.7 zeigt eine schematische Darstellung der Inputfaktoren, die ein Optionspreismodell benötigt, um die zugehörige Prämie berechnen zu können. In den folgenden Erläuterungen werden sämtliche Einflussfaktoren Schritt für Schritt abgehandelt.

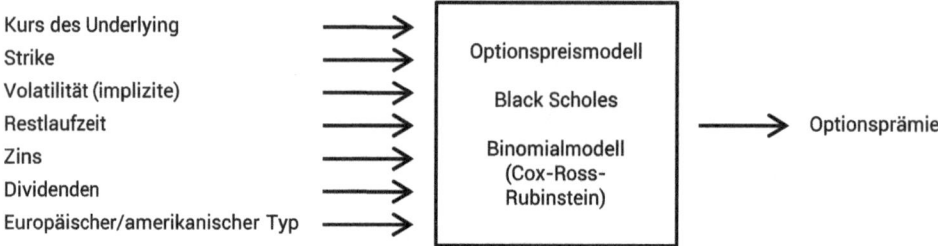

Abbildung 5.7: Einflussfaktoren auf das Optionspreismodell

5.8.1 Der innere Wert einer Option

Der innere Wert einer Option ist jener Betrag, der bei Ausübung durch den Optionskäufer zu realisieren ist. Der innere Wert ergibt sich aus der Differenz vom aktuellen Kurs des Underlyings und dem Strike der Option. Hat die Option zum Verfallszeitpunkt keinen inneren Wert, so verfällt sie wertlos. In diesem Fall erleidet der Optionskäufer einen Totalverlust des eingesetzten Kapitals für den Kauf der Option. Die Berechnung des inneren Wertes ist für Put und Call unterschiedlich.

Berechnung des inneren Werts der Call-Option:

Innerer Wert (Call) = Kurs des Underlyings − Strike

Ein negatives Ergebnis wird zu 0, d.h. die Option weist *keinen* inneren Wert auf.

Tabelle 5.10 zeigt die verschiedenen Situationen für eine Call-Option.

	Call					
Kurs des Underlyings	Strike	Optionsprämie	Innerer Wert	Zeitwert	ITM ATM OTM	Laufzeit
90	100	3,67	0	3,67	OTM	ein Jahr
100	100	8,11	0	8,11	ATM	ein Jahr
110	100	14,50	10	4,50	ITM	ein Jahr

Tabelle 5.10: Situationen für eine Call-Option

Berechnung des inneren Werts der Put-Option:

Innerer Wert (Put) = Strike – Kurs des Underlyings

Ein negatives Ergebnis wird zu 0, d. h. die Option weist *keinen* inneren Wert auf.

Tabelle 5.11 zeigt die verschiedenen Situationen für eine Put-Option.

	Put					
Kurs des Underlyings	Strike	Optionsprämie	Innerer Wert	Zeitwert	ITM ATM OTM	Laufzeit
90	100	13,34	10	3,34	ITM	ein Jahr
100	100	7,78	0	7,78	ATM	ein Jahr
110	100	4,17	0	4,17	OTM	ein Jahr

Tabelle 5.11: Situationen für eine Put-Option

Anmerkung: Grundlage ist eine europäische Option mit einer angenommenen Volatilität von 20 %, einem Zins von 0,33 %, 365 Tagen Laufzeit und keiner Dividendenzahlung bis zum Verfall.

Bei Betrachtung der beiden Tabellen von Put und Call fällt auf, dass nur die ITM-Optionen (im Geld) einen inneren Wert aufweisen. Die OTM-Optionen (aus dem Geld) haben niemals einen inneren Wert. Bei den ATM-Optionen (am Geld) ist es eine Frage der Definition des Begriffes ATM. Streng genommen müsste der Strike genau dem Kurs des Underlyings entsprechen, was in der Praxis meist nur während des aktiven Handels für einen kurzen Moment vorkommt, und zwar dann, wenn der Kurs des Underlyings den Strike-Preis durchkreuzt. Deshalb wird dem Begriff ATM eine kleine Toleranz zugestanden (1 bis 2 %). Das bedeutet: Wenn sich der Kurs des Underlyings innerhalb dieses Toleranzbereichs bewegt, spricht man noch von ATM (am Geld) oder »near the money«. Optionen, die keinen inneren Wert aufweisen, haben somit ausschließlich einen Zeitwert.

5.8.2 Der Zeitwert einer Option

Der Zeitwert einer Option setzt sich aus mehreren, zum Teil dynamischen Komponenten zusammen. Anhand der Daten einer bestimmten Option kann der Zeitwert in seine Einzelteile aufgespalten werden. In Folge ist man mit zusätzlichen Daten, die u. a. aus dem historischen Verlauf des Underlyings gewonnen werden (historische Volatilität), in der Lage, mit Hilfe eines Optionspreisrechners eine Bewertung der Option vorzunehmen. Somit wird es möglich, einzuschätzen, ob eine Optionsprämie als billig oder teuer anzusehen ist. Der Zeitwert einer Option wird sich bis zum Verfall gänzlich abbauen und beträgt unmittelbar zum Verfallszeitpunkt immer 0. Während des Lebenszyklus einer Option ist der Zeitwert meist starken Schwankungen unterworfen. Die zeitwertbestimmenden Einflussfaktoren sind:

- Bezug vom Kurs des Underlyings zum Strike
- Restlaufzeit
- Implizite Volatilität
- Aktuelles Zinsniveau

Der Zeitwert errechnet sich aus der Optionsprämie, Put wie Call, wie folgt:

Zeitwert = Optionsprämie - Betrag des inneren Wertes

Der Betrag des Zeitwertes ist die Summe der Komponenten implizite Volatilität und Zins.

Betrachten wir nun Abbildung 5.8. Es handelt sich um ein Options-P/L-Diagramm mit folgenden Daten:

Optionsrecht:	Call
Einstieg:	18.12.2014
Verfall:	18.12.2015 (Restlaufzeit ein Jahr)
Projektion:	19.06.2015 (Restlaufzeit 182 Tage)
Optionsprämie:	1000 €
Strike:	10000
Kurs des Underlyings:	10000

Anmerkung: Um die Ausführungen zu Beginn möglichst einfach zu halten, werden gewisse Einflussfaktoren nicht berücksichtigt und als gegeben angenommen (Optionstyp (amerikanisch/europäisch), implizite Volatilität, Zins, Dividenden). Diese werden nach und nach in den Ausführungen hinzugefügt.

Der innere Wert der Call-Option ist zum Zeitpunkt des Einstiegs 0 und somit besteht die Optionsprämie ausschließlich aus dem reinen Zeitwert. Dieser Zeitwert wird sich über die Zeit abbauen und ist zum Verfallszeitpunkt immer 0. Der Zeitwert ist immer dann am größten, wenn sich der Kurs des Underlyings am Geld (ATM) befindet. Vom Einstieg bis zum Verfall kann der Betrag des Zeitwertanteils starken Schwankungen unterworfen sein. Der Funktionsgraf »R« der Abbildung 5.8 zeigt das Verhalten der Call-Option mit einer verbleibenden Restlaufzeit von 182 Tagen. Man sieht, dass der Zeitwert seit dem Einstieg bei unverändertem Kurs des Underlyings bereits abgesackt ist. Auffällig ist dabei, dass er sich nicht halbiert, sondern nur um ca. 30 % nachgelassen hat. Unter sonst unveränderten

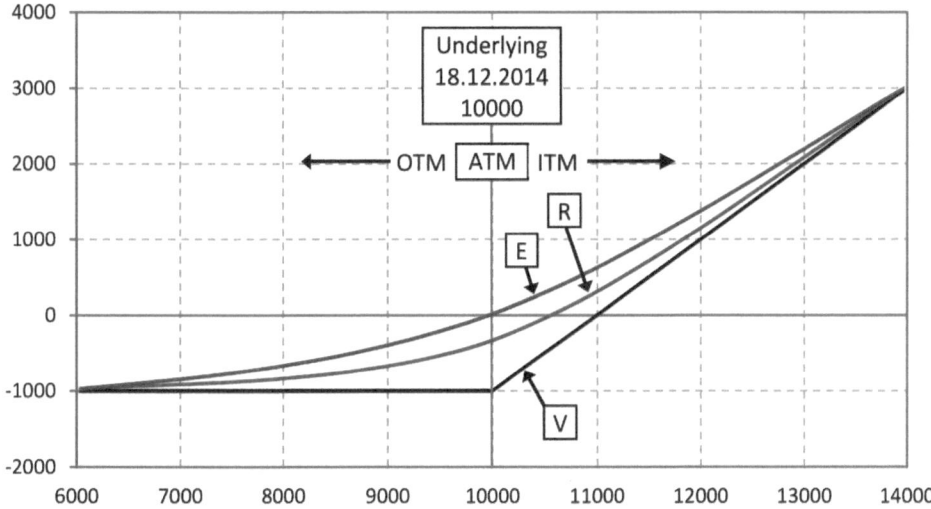

E Einstieg (Restlaufzeit ein Jahr)
R Projektion (Restlaufzeit 182 Tage)
V Verfall

Abbildung 5.8: Optionspreisentwicklung in Abhängigkeit von Aktienkurs und Restlaufzeit

Bedingungen verminderte sich der Zeitwert um den Faktor 1,41 (Wurzel 2). Oder anders ausgedrückt: der Zeitwert einer Option am Geld (ATM) steigt mit dem Quadrat der Restlaufzeit. Das bedeutet, dass die Restlaufzeit für eine Verdoppelung des Zeitwerts einer ATM-Option vervierfacht werden muss. Hierbei handelt es sich um eine Faustregel, die den Zinseinfluss nicht berücksichtigt und die nur auf ATM-Option anwendbar ist! Wie hoch der Zeitwert einer fair gepreisten Option zu sein hat, wird später detailliert in den Optionspreismodellen erläutert.

Praxisübung I

Vorbemerkung:

Diesem Buch ist eine CD beigelegt, auf der sich ein hochmodernes Options-Entwicklungstool befindet, das auf jedem handelsüblichen Windowsrechner installiert werden kann. Sämtliche Praxisübungen können somit auf dem PC »nachgespielt« werden. Dies erleichtert das Erlernen der zum Teil recht schwierigen Materie erheblich. Des Weiteren ist damit auch ein gewisser Spaßfaktor verbunden, der in Folge sicherlich auch die Motivation heben wird. Das Tool »Vandermart-Tracker« arbeitet mit historischen Daten und dient rein als *Lernhilfe*. Mit dieser Studiumsversion können keine aktuellen Daten geladen werden, und somit ist es für den *realen Handelseinsatz nicht geeignet!* Sollten Sie sich später dazu entscheiden, dieses Tool für Ihren realen Börseneinsatz zu verwenden, so nehmen Sie mit dem Unternehmen »Vandermart-Solution« Kontakt auf.

Für die Simulation der Praxisübungen erledigen Sie erst folgende Schritte:

1. Führen Sie die Installation des Vandermart-Trackers durch (Abschnitt 22.1.1).
2. Arbeiten Sie das Kapitel »Erste Schritte« durch (Abschnitt 22.1.2).

Für die nachfolgenden Praxisübungen wird davon ausgegangen, dass Sie die Hauptfunktionen beherrschen.

1. Starten Sie den Vandermart-Tracker (Eröffnungsfenster öffnet sich).
2. Klicken Sie auf Strategieentwicklung.
3. Laden Sie in der Strategieentwicklung die Strategie K5P1.
4. Lassen Sie alle Einstellungen unverändert.
5. Aktivieren Sie die Strategiesimulation. Klicken Sie hierfür im Fenster Strategieentwicklung auf das große »lila V« in der rechten oberen Ecke (das Fenster für die Strategiesimulation öffnet sich).

In der Strategiesimulation sehen Sie jetzt das P/L-Diagramm, das der Abbildung 5.8 entspricht. Verändern Sie nun den *Zeitschieber*. Sie erkennen nun, wie sich der rote Funktionsgraf in Abhängigkeit der Restlaufzeit verändert.

5.8.2.1 Bezug vom Kurs des Underlyings zum Strike der Option

Betrachten wir beispielsweise die Aktie von Linde, die am 5. Juli 2013 bei 140,05 notiert und in der Vergangenheit keine großen Kurskapriolen durchgemacht hat. Wenn wir nun eine Call-Option mit einem Strike von 170 und einer Restlaufzeit von 77 Tagen (Verfall am 20. September 2013) kaufen, so ist die Chance, dass diese Option bis zum Laufzeitende (Verfall) noch ins Geld fährt, extrem klein. Der Zeitwert einer solchen Option (innerer Wert ist 0) wird daher sehr klein sein. Je näher der Strike der Option am aktuellen Kurs liegt, desto höher wird der Zeitwert, da die Wahrscheinlichkeit steigt, dass bis Laufzeitende die Option doch noch im Geld endet (Aktienkurs ist zum Verfallszeitpunkt höher als der Strike) und dann einen inneren Wert aufweist. Der Zeitwert ist stets am höchsten, wenn der Aktienkurs dem Strike entspricht, d.h. am Geld liegt (ATM). In diesem Fall liegt die Wahrscheinlichkeit, dass die Option bei Verfall im Geld endet, bei 50 %. Der Zeitwert einer Option nimmt wiederum ab, je tiefer sie im Geld liegt. Bei einer ITM-Option ist zwar die Wahrscheinlichkeit über 50 %, dass sie bis zum Laufzeitende einen inneren Wert haben wird, aber ebenso groß ist die Gefahr, dass sie den inneren Wert abbaut, den sie beim Kauf bereits hatte, und dementsprechend teuer war. Dieses Verhalten trifft ebenso auf die Put-Option zu.

Underlying:	Aktie – Linde
Betrachtungszeitpunkt:	5. Juli 2013
Kurs des Underlyings:	140,05
Verfall der Option:	20. September 2013 (Restlaufzeit von 77 Tagen)

Während der Restlaufzeit der Option wird keine Dividende ausgeschüttet.

Call				Put		
Options-prämie	Innerer Wert	Zeitwert	Strike	Zeitwert	Innerer Wert	Options-prämie
16,16	15,05	1,11	125	1,08	0	1,08
11,94	10,05	1,89	130	1,84	0	1,84
8,20	5,05	3,15	135	3,12	0	3,12
5,14	0,05	5,09	140	5,07	0	5,07
3,02	0	3,02	145	2,99	4,95	7,94
1,57	0	1,57	150	1,53	9,95	11,48
0,77	0	0,77	155	0,74	14,95	15,69

Tabelle 5.12: Zeitwertanteile an der Optionsprämie

Wie man in Tabelle 5.12 erkennt, ist der Zeitwertanteil an der Optionsprämie dann am höchsten, wenn der Aktienkurs dem Strike am nächsten kommt, unabhängig davon, ob die Option im Geld liegt oder nicht. Die kleinen Unterschiede in den Zeitwerten zwischen den Put- und Call-Optionen sind auf den Zinseinfluss zurückzuführen.

In Abbildung 5.9 ist der Zeitwert in Abhängigkeit vom Kurs des Underlyings zum Strike grafisch dargestellt. Auf der X-Achse sind die Strikes und auf der Y-Achse der Betrag des Zeitwertes aufgetragen. Der Kurs des Underlyings beträgt 140,05. Der obere Funktionsgraf bezieht sich auf eine Restlaufzeit von 77 Tagen und der untere auf eine Restlaufzeit von 38 Tagen. Es fällt auf, dass die am Geld (ATM) liegende Option mit dem Strike 140 nach dem Verstreichen der halben Laufzeit (Restlaufzeit beträgt noch 38 Tage) nur ca. 30 % ihres Wertes abgebaut hat. Hingegen hat die Option mit Strike 150 über 62 % ihres ursprünglichen Wertes eingebüßt.

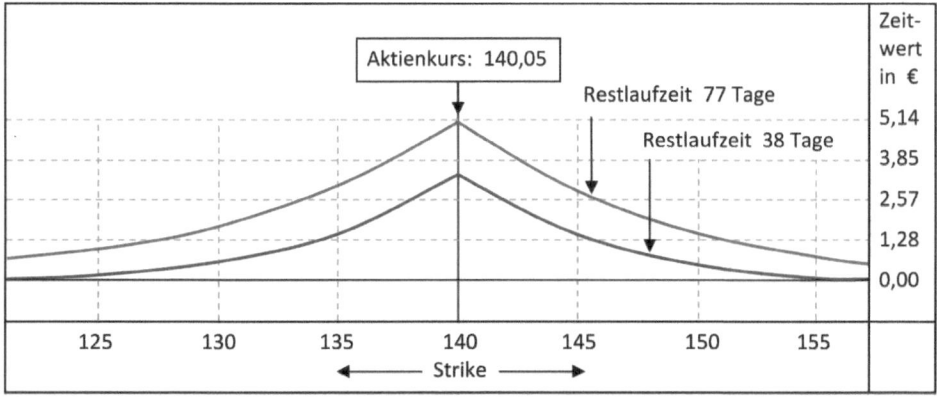

Abbildung 5.9: Zeitwert in Abhängigkeit von Aktienkurs zu Strike sowie zur Restlaufzeit

Praxisübung II

1. Starten Sie den Vandermart-Tracker und laden die Strategie K5P2.
2. Öffnen Sie die Strategiesimulation.
3. Aktivieren Sie die Thetafunktion, indem Sie den Button »*Vtf*« mit der *rechten* Maustaste anklicken.

Die zwei unteren Funktionsgrafen im P/L-Fenster bilden die Thetafunktion ab und entsprechen der Abbildung 5.9. Dazu werden die Zeitwerte aller Optionen, die der kürzest laufenden Option der geladenen Strategie entspricht, dargestellt. Der obere Funktionsgraf zeigt die Werte zum Einstiegszeitpunkt und der untere die Werte in Abhängigkeit von der Restlaufzeit. Wenn Sie den Zeitschieber verändern, so sehen Sie, wie mit abnehmender Restlaufzeit (siehe Abschnitt 5.8.2.2) die untere Funktion auf 0 zustrebt und zum Verfallszeitpunkt über die gesamte X-Achse 0 ist.

Es kann sein, dass die Hauptfunktion, die einen einfachen Call zeigt, in die Thetafunktion ragt. Sollte dem so sein, so fahren Sie mit der Maus in die Grafik, drücken die linke Maustaste, halten diese gedrückt und schieben die Maus nach oben. Damit verschiebt sich die Hauptfunktion synchron zur Mausbewegung. Sobald die gewünschte Position erreicht ist, lassen Sie die noch gedrückte Maustaste wieder los.

5.8.2.2 Restlaufzeit

Unter der Restlaufzeit einer Option versteht man die Zeitspanne, die noch bis zum Verfallszeitpunkt verstreicht. Meist wird diese in Tagen angegeben, wobei es sich um *Kalendertage*, nicht um Handelstage handelt! Je länger die Restlaufzeit einer Option ist, desto höher ist ihr Zeitwert. Das liegt darin begründet, dass mit zunehmender Restlaufzeit auch mit entsprechend größeren Kursbewegungen zu rechnen ist und somit die Wahrscheinlichkeit steigt, dass der Aktienkurs den Strike (Basispreis) der Option bis zum Verfall erreicht bzw. die Option ins Geld (ITM) läuft. In der Tabelle 5.13 wird deutlich, wie sich die Optionsprämien von ATM-Optionen in Abhängigkeit von der Restlaufzeit unterscheiden. Die Optionsprämien in Tabelle 5.13 sind die Settlements der Optionen vom 21. März 2014. Das Underlying ist die Aktie von Linde.

Anmerkung: der Aktienkurs von 140,05 weicht minimal vom Strike 140 ab und wäre streng genommen keine ATM-Situation.

Einstiegs-datum	Aktienkurs zum Einstiegs-datum	Verfall	Laufzeit in Tagen	Strike ATM	Prämie der Call-Option
5. Juli 2013	140,05	20. Sep. 2013	77	140	€ 5,14
5. Juli 2013	140,05	19. Dez. 2013	168	140	€ 7,82
5. Juli 2013	140,05	20. Juni 2014	350	140	€ 11,23

Tabelle 5.13: Unterschiedliche ATM-Optionsprämien in Abhängigkeit von der Restlaufzeit

Tabelle 5.14 zeigt die unterschiedlichen, aus dem Geld liegenden (OTM) Optionsprämien in Abhängigkeit der Restlaufzeit. Beim Vergleich der beiden Tabellen fällt auf, dass die OTM-Option mit kurzer Laufzeit (77 Tage) massiv billiger gegenüber der langlaufenden (350 Tage) Option gepreist ist. Die kurzlaufende OTM-Option kostet gerade einmal 3,7 % der langlaufenden OTM-Option. Im Vergleich dazu kostet die kurzlaufende (77 Tage) ATM-Option 45,77 % der langlaufenden (350 Tage) ATM-Option. Der Zeitwertanteil einer im Geld liegenden (ITM) Option ist im Verhalten in Bezug zur Restlaufzeit einer OTM-Option sehr ähnlich.

Einstiegs-datum	Aktienkurs zum Einstiegsdatum	Verfall	Laufzeit in Tagen	Strike OTM	Prämie der Call-Option
5. Juli 2013	140,05	20. Sep. 2013	77	170	€ 0,08
5. Juli 2013	140,05	19. Dez. 2013	168	170	€ 0,64
5. Juli 2013	140,05	20. Juni 2014	350	170	€ 2,16

Tabelle 5.14: Unterschiedliche OTM-Optionsprämien in Abhängigkeit von der Restlaufzeit

Abbildung 5.10 soll dieses Verhalten nochmals verdeutlichen und zeigt das Abschmelzen des Zeitwerts über die Restlaufzeit einer ITM-, ATM- und OTM-Call-Option. Auf der X-Achse ist die Restlaufzeit und auf der Y-Achse der Betrag des Zeitwertanteils der Optionsprämie aufgetragen. Abgesehen von der Restlaufzeit bleiben die Daten ansonsten unverändert. Somit handelt es sich um eine rein theoretische Annahme, da sich in der Praxis die Daten, insbesondere der Kurs des Underlyings, über eine Restlaufzeit von 350 Tagen doch erheblich verändern dürften. Wie erwähnt handelt es sich in dieser Erklärung um eine Call-Option. Der Funktionsverlauf für Put-Optionen ist *sehr ähnlich* und unterscheidet sich im Zinseinfluss sowie eventuellen Dividenden, die während der Restlaufzeit der Optionen an den Aktionär ausgeschüttet werden.

Underlying: Aktie

Aktienkurs: 140

Strike der ITM-Option: 120

Strike der ATM-Option: 140

Strike der OTM-Option: 160

Optionsrecht: Call

Laufzeit: 350 Tage

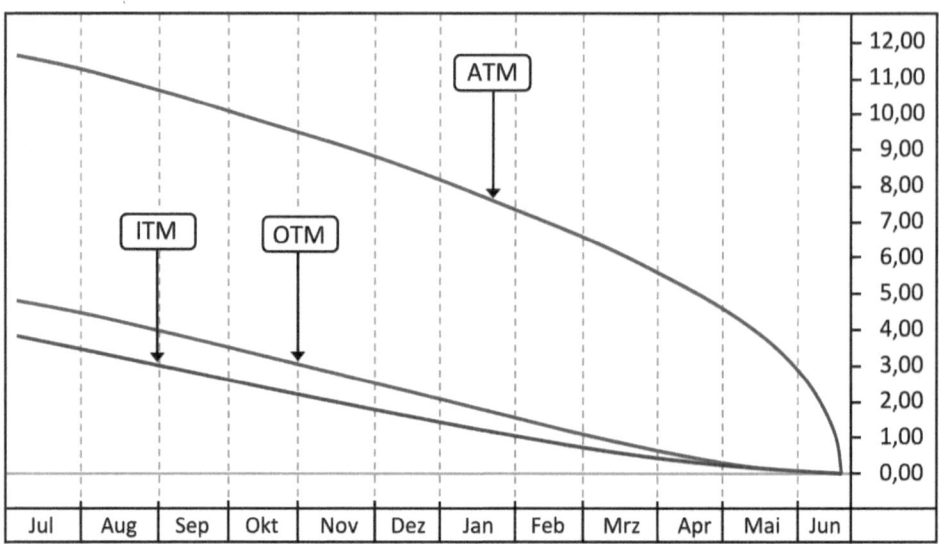

Abbildung 5.10: Zeitwertverfall einer ITM-, ATM- sowie OTM-Option in Abhängigkeit von der Restlaufzeit

Wie Sie sehen können, hat die ATM-Option wieder den höchsten Zeitwert. Was jedoch besonders auffällt, ist, dass sich der *Funktionsverlauf* über die Zeit der ITM- und OTM-Option massiv von der ATM-Option unterscheidet.

Eine weit im Geld liegende (ITM) oder weit aus dem Geld (OTM) liegende Option baut den Zeitwert »relativ« schneller ab als eine am Geld liegende (ATM) Option!

Praxisübung III

1. Starten Sie den Vandermart-Tracker und laden die Strategie K5P3.
2. Öffnen Sie die Strategiesimulation.
3. Aktivieren Sie die den Button »Arb.«.
4. Stellen Sie den Zeitschieber ganz nach links.
5. Zoomen Sie das Bild in X und Y, sodass es annähernd Abbildung 5.11 entspricht.
6. Lassen Sie sonst alle Einstellungen unverändert.

In Abbildung 5.11 sehen Sie auf der X-Achse den Kursbereich von 120 bis 160 und auf der Y-Achse sind die Optionsprämien der geladenen Strategie aufgetragen. Die Positionen erscheinen nun als kleine blau gefüllte Kreise. Es handelt sich ausschließlich um OTM-Optionen. Der Kurs des Underlyings ist 140,05 und die Restlaufzeit beträgt 77 Tage. Bei den Optionen mit Strikes 120, 130, 140 handelt es sich um Puts und bei den anderen zwei Positionen mit den Strikes 150 und 160 um Calls. Keine Position hat einen inneren Wert, d.h. es handelt sich um reine Zeitwertprämien. Bewegen Sie nun den Zeitschieber von links nach rechts, wodurch sich die Restlaufzeit verringert. Sie sehen nun, wie sich die blau gefüllten Kreise, welche die Optionsprämien darstellen, nach unten bewegen. Interessant zu beobachten ist, wie schnell sich die an den Rändern liegenden Optionsprämien über die sich verringernde Restlaufzeit im Vergleich zur ATM-Option mit Strike 140 abbauen.

Um diesen Effekt noch klarer hervorzuheben, drücken Sie zu dem bereits aktivierten Button »Arb.« noch den Button »A.S.« und stellen Sie den Zeitschieber wieder ganz nach links. Mit dieser Einstellung werden die Prämien mit der Kontraktanzahl und dem Bezugsverhältnis multipliziert. Dadurch haben nun sämtliche Positionen einen ähnlichen Gesamtwert von ca. 2520 € und somit befinden sich die blau gefüllten Kreise in annähernd gleichem Abstand zur Null-Linie. Bewegen Sie nun wiederum den Zeitschieber langsam nach rechts (Sie können mit dem Button »Mov« die Moviefunktion aktivieren, wodurch der Zeitschieber automatisch von links nach rechts fährt). Sie sehen nun, dass mit einer Restlaufzeit von 19 Tagen, d. h. drei Viertel der ursprünglichen Restlaufzeit sind verstrichen, die ATM-Option erst 50 % ihres ursprünglichen Wertes eingebüßt hat und die beiden an den Rändern liegenden Optionen mit den Strikes 120 und 160 fast wertlos geworden sind.

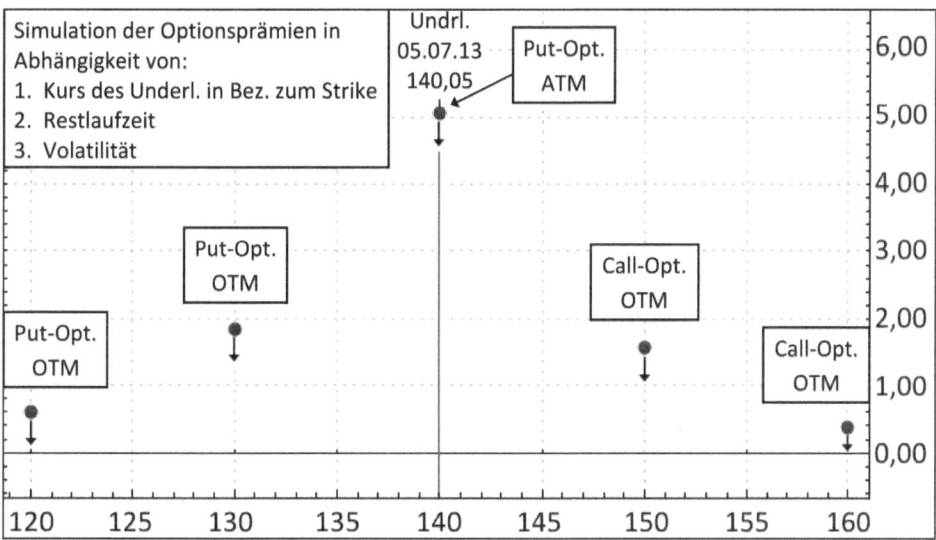

Abbildung 5.11: Grafische Zeitwertsimulation mehrerer Optionen gleicher Laufzeit mit dem Vandermart-Tracker

5.8.2.3 Implizite Volatilität

Die implizite Volatilität ist eine wichtige Kennzahl der Finanzmathematik, der für die Bewertung von derivativen Finanzinstrumenten mit Optionseigenschaften eine Schlüsselrolle zukommt. Sie ist der entscheidende Einflussfaktor, der den Zeitwert einer Option bestimmt. Dabei handelt es sich um eine Annahme durch den Markt, wie stark das Underlying, auf das sich die Option bezieht, bis zum Verfall schwanken wird. Das bedeutet, es handelt sich ausschließlich um eine zeitlich begrenzte (Verfallstermin der Option), in die Zukunft gerichtete Einschätzung. Bei einem Anstieg der impliziten Volatilität erhöht sich der Zeitwert der Option, was in Folge die Optionsprämie verteuert. Das hängt damit zusammen, dass mit dem Ansteigen der impliziten Volatilität die Wahrscheinlichkeit steigt, dass die Option ins Geld läuft oder, wenn die Option bereits im Geld liegt, sich der innere Wert erhöht. Für den Stillhalter hat dies zur Folge, dass die Gefahr einer Ausübung steigt und er dafür eben eine höhere »Angstprämie« verlangt. Für den Optionstrader ist es daher von fundamentaler Bedeutung zu wissen, auf welchem Niveau sich die implizite Volatilität gerade befindet, um anhand einer Vergleichsanalyse beurteilen zu können, ob eine Optionsprämie als billig oder teuer anzusehen ist. Die implizite Volatilität wird im Fachjargon nur mit »*IV*« bezeichnet. Bei einer Vergleichsanalyse sind folgende Daten zu analysieren:

1. Historische Volatilität: Im Gegensatz zur impliziten Volatilität wird die historische Volatilität aus den Vergangenheitsdaten des Underlyings gewonnen. Dabei wird die annualisierte Standardabweichung der täglichen Renditen des Underlyings berechnet (vgl. Kapitel 6).

2. Vergleich der impliziten Volatilität mit Optionen mit gleichem Strike, jedoch mit längeren und kürzeren Laufzeiten. Beim Kauf sollte die IV der kürzer laufenden Option (vgl. Kapitel 10) möglichst unter der der länger laufenden Option liegen (vice versa beim Verkauf der Option).

3. Vergleich der impliziten Volatilität im historischen Rückblick mit »möglichst« ähnlichen Bedingungen, im Besonderen mit gleicher Relation von Underlying zu Strike. Das setzt jedoch geeignete Hilfsmittel voraus.

4. Test, ob sich das Underlying durch einen schnellen Kursabschwung gerade in einem Tief befindet (Swingtrading). Das dürfte in der Regel die implizite Volatilität angehoben haben (vgl. Kapitel 10).

5. Test, ob es in Kürze Unternehmensnachrichten geben wird. Derartige Nachrichten führen im Vorfeld zu einer sukzessiven Erhöhung der impliziten Volatilität, die nach der Veröffentlichung der News wieder blitzartig zurückfallen kann (vgl. Kapitel 11).

Da dem Optionstrader die implizite Volatilität meist nicht direkt zur Verfügung steht, muss diese erst ermittelt werden. Dies ist mit Hilfe eines speziellen Optionspreisrechners mit IV-Analyse möglich. Neben dem Optionspreis werden dem IV-Analyserechner sämtliche Einflussfaktoren wie Strike, Kurs des Underlyings, Verfallstermin, Zins und eventuelle Dividenden mit den Dividendenterminen eingegeben. Mit einem approximativen Algorithmus wird dann die IV berechnet.

> **Anmerkung:**
>
> Um die implizite Volatilität (IV) berechnen zu können, bedient man sich eines Annäherungsverfahrens. Dabei wird im Prinzip eine IV angenommen und über das Optionspreismodell die Prämie berechnet. Liegt diese unter der »bekannten« Optionsprämie, so wird die IV erhöht und umgekehrt. Dies wird so lange gemacht, bis die errechnete Optionsprämie weitestgehend der bekannten Optionsprämie entspricht. In der Praxis wird diese Methode mit zusätzlichen Kunstgriffen erheblich beschleunigt. Eine detaillierte Beschreibung der Algorithmen hierfür erfolgt in Kapitel 17.

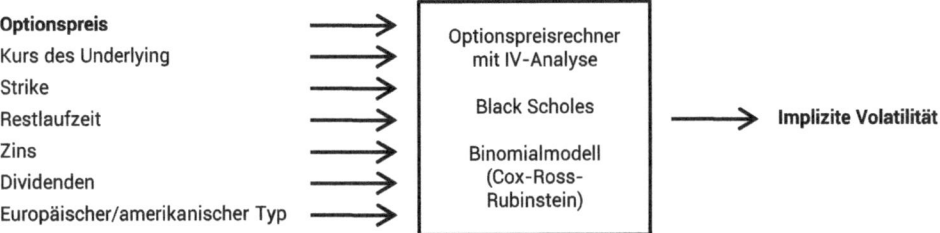

Abbildung 5.12: Ermittlung der impliziten Volatilität

Um historische und implizite Volatilitäten vergleichen zu können, werden diese *annualisiert* angegeben. Dies hat folgenden Grund: Betrachtet man einen Chart, so wird schnell ersichtlich, dass die Schwankungsbreite des Underlyings, wie beispielsweise einer Aktie, für einen Zeitraum eines Monats viel geringer ausfällt als für den Zeitraum eines Jahres. Um trotzdem einen Vergleich von Volatilitäten unterschiedlicher Zeiträume zu ermöglichen, wird jede Volatilitätsmessung zeitlich auf ein Jahr normiert hochgerechnet. Die Schwankungsbreite eines Underlyings steigt statistisch zum Quadrat der Zeit. Wenn für eine Volatilitätsmessung für einen Zeitraum von 22 Handelstagen, was ca. 30 Kalendertagen bzw. einem Monat entspricht, eine Standardabweichung von 5 % gemessen wird, so errechnet sich die annualisierte Standardabweichung für ein Jahr wie folgt:

$$5 \times \sqrt{250/22} = 16{,}85\%$$

Die annualisierte Standardabweichung für die Volatilitätsmessung von 22 Handelstagen beträgt 16,85 %. Statt 365 Kalendertagen werden 250 Handelstage für die Berechnung der Annualisierung herangezogen, was einem Jahr entspricht. Eine detaillierte mathematische Abhandlung der historischen Volatilität folgt in Kapitel 6.

Für den Optionstrader ist es nicht nur wichtig zu wissen, ob eine Optionsprämie billig oder teuer gepreist ist, sondern auch wie sich eine Volatilitätsänderung während der Laufzeit der Option auf den Zeitwert und somit die Prämie auswirkt. Wie massiv diese Auswirkung durch eine IV-Änderung ausfällt, ist von weiteren Daten der Option abhängig. Die entscheidenden Faktoren sind:

1. Eine IV-Änderung wirkt sich auf eine ATM-Option linear zum Preis aus. Wenn der Wert einer ATM-Option mit einer IV von 20 % beispielsweise 10 € beträgt und die IV erhöht sich auf 40 %, so wird die Optionsprämie auf 20 € ansteigen.

2. Kurs des Underlyings in Bezug zum Strike: Der Zeitwert einer OTM- oder ITM-Option verändert sich in Bezug zur Optionsprämie »relativ« stärker als bei einer ATM-Option, wenn die IV für die OTM-, ATM- und ITM-Option gleichermaßen verändert wird. »Absolut« betrachtet ist die Veränderung der ATM-Option jedoch ausnahmslos am größten.

3. Restlaufzeit: Bei abnehmender Restlaufzeit verringert sich der Einfluss einer IV-Änderung auf die Optionsprämie in Bezug zu ihrem ursprünglichen Wert zum Einstiegszeitpunkt.

Tabelle 5.15 zeigt die Optionsprämien von einer ATM- und zwei OTM-Optionen mit unterschiedlicher IV. Um die Relationen besser nachvollziehen zu können und das Verständnis zu erleichtern, wurde der Zins auf 0 gesetzt, um nicht zusätzliche Einflüsse auf die Optionsprämie zu haben.

Kurs des Underlyings:	100							
Laufzeit:	365 Tage							
Zins:	0 % (der Zins wird auf 0 gesetzt, da es das Verständnis erleichtert)							
Put Strike: 80			Call Strike: 100			Call Strike: 120		
IV 25 %	IV 30 %	IV 35 %	IV 25 %	IV 30 %	IV 35 %	IV 25 %	IV 30 %	IV 35 %
2,26	3,53	4,92	9,94	11,92	13,89	3,70	5,44	7,28

Tabelle 5.15: ATM- und OTM-Optionsprämien mit unterschiedlicher IV

In Tabelle 5.16 sehen Sie jeweils den Differenzbetrag zwischen der Referenz-Optionsprämie mit einer IV von 30 % zu der Prämie mit einer IV von 25 % sowie einer IV von 35 %.

Kurs des Underlyings:	100					
Laufzeit:	365 Tage					
Zins:	0 % (der Zins wird auf 0 gesetzt, da es das Verständnis erleichtert)					
Put Strike: 80		Call Strike: 100		Call Strike: 120		
IV 25 %	IV 35 %	IV 25 %	IV 35 %	IV 25 %	IV 35 %
-1,27	1,39	-1,98	1,97	-1,74	1,84

Tabelle 5.16: Absolute Differenz zwischen Referenz-Optionsprämie und abweichenden IVen

Tabelle 5.17 zeigt jeweils die prozentuale Differenz zwischen der Referenz-Optionsprämie mit einer IV von 30 % zu der Prämie mit einer IV von 25 % sowie einer IV von 35 %.

5.8 Die Einflussfaktoren auf die Optionsprämie

Kurs des Underlyings:	100				
Laufzeit:	365 Tage				
Zins:	0% (der Zins wird auf 0 gesetzt, da es das Verständnis erleichtert)				
Put Strike: 80		Call Strike: 100		Call Strike: 120	
IV 25%	IV 35%	IV 25%	IV 35%	IV 25%	IV 35%
-36%	39,37%	-16,6%	16,52%	-32%	33,82%

Tabelle 5.17: Relative Differenz zwischen Referenz-Optionsprämie und abweichenden IVen

Wie sich eine IV-Anhebung bzw. -Absenkung auf eine Position im P/L-Diagramm auswirkt, wird in Abbildung 5.13 ersichtlich. Es zeigt, dass sich bei einer IV-Anhebung selbst bei unverändertem Kurs des Underlyings die Optionsprämie verteuern kann.

IV-Ausgangsniveau (zum Einstiegszeitpunkt)

IV-Anhebung

IV-Absenkung

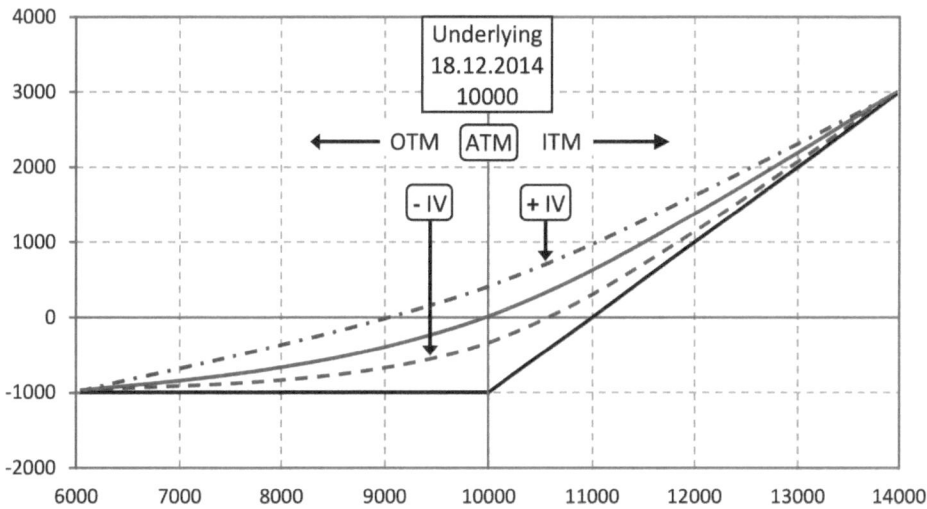

Abbildung 5.13: Auswirkung einer IV-Veränderung auf eine Call-Option

Praxisübung IV

1. Starten Sie den Vandermart-Tracker und laden die Strategie K5P1.
2. Lassen Sie in der Strategieentwicklung alles unverändert.
3. Öffnen Sie die Strategiesimulation.
4. Das P/L in der Grafiksimulation muss der Abbildung 5.13 weitestgehend entsprechen.
5. Ziehen Sie den Zeitschieber ganz nach links (gesamte Restlaufzeit).

6. Schieben Sie den mittleren IV-Regler (Mitte, rechts) nach oben wie nach unten. Die IV-Ausgangsbasis als auch die veränderte IV wird im Feld darunter angezeigt (unten, rechts). Mit der IV-Änderung verschiebt sich auch der Funktionsgraf in der P/L-Grafik.
7. Stellen Sie nun den Zeitschieber auf ca. halbe Restlaufzeit und verändern Sie wiederum die IV. Wiederholen Sie das mit verschiedenen Einstellungen der Restlaufzeit.

Prägen Sie sich das Verhalten der IV-Änderung auf den Funktionsgrafen gut ein. Der IV-Einfluss wird künftig immer wieder zur Sprache kommen.

Praxisübung V

1. Starten Sie den Vandermart-Tracker und laden die Strategie K5P5.
2. Lassen Sie in der Strategieentwicklung alles unverändert.
3. Öffnen Sie die Strategiesimulation.
4. Aktivieren Sie den Button »**Arb.**«.
5. Klicken Sie auf den Button »**a.dft**« (dadurch wird grafisch eine Grundskalierung durchgeführt). Der Button befindet sich auf der rechten Seite im oberen Drittel (über den IV-Reglern).
6. Stellen Sie den Zeitschieber ganz nach links.
7. Zoomen Sie das Bild in X und Y, sodass es annähernd der Abbildung 5.14 entspricht.
8. Lassen Sie sonst alle Einstellungen unverändert.
9. Ziehen Sie den Zeitschieber ganz nach links (gesamte Restlaufzeit).
10. Schieben Sie den mittleren IV-Regler (Mitte, rechts) nach oben wie nach unten. Die IV-Ausgangsbasis als auch die veränderte IV wird im Feld darunter angezeigt (unten, rechts). Mit der IV-Änderung verschiebt sich auch der Funktionsgraf in der P/L-Grafik .
11. Stellen Sie nun den Zeitschieber auf ca. halbe Restlaufzeit und verändern Sie wiederum die IV. Wiederholen Sie das mit verschiedenen Einstellungen der Restlaufzeit.

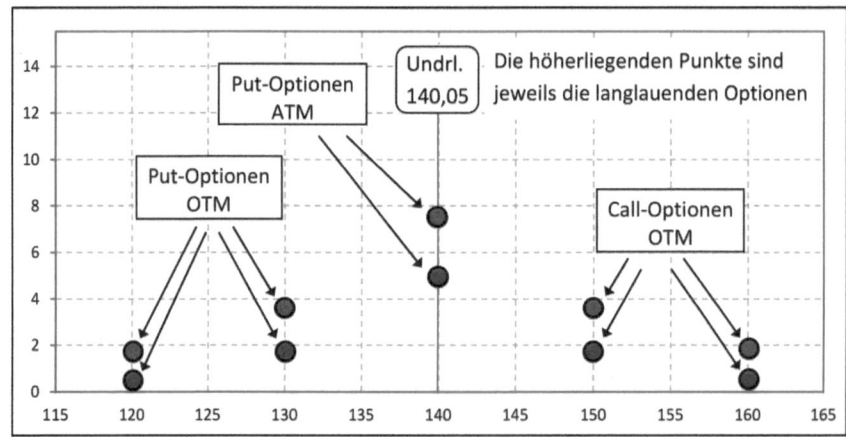

Abbildung 5.14: Auswirkung einer IV-Veränderung auf die Optionsprämien mit unterschiedlichen Laufzeiten

Auf der X-Achse wird der Kursbereich mit den darüber liegenden Optionen unterschiedlicher Strikes angezeigt. Auf der Y-Achse sind die Optionsprämien aufgetragen. Für die grafische Untersuchung sind in der Optionssoftware drei IV-Regler vorgesehen, die folgende Funktionen erfüllen:

- Mit dem *linken IV-Regler* wird nur die IV der kürzest laufenden Optionen verändert.
- Mit dem *mittleren IV-Regler* werden die IVen der kurz- als auch langlaufenden Optionen gleichermaßen verändert.
- Der *rechte IV-Regler* veränder nur die IV der langlaufenden Optionen.

Spielen Sie alle nur erdenklichen Szenarien durch. Ändern Sie hierfür neben den IV-Einstellungen auch die Restlaufzeiten durch Variieren des Restlaufzeitreglers (breiter, horizontal liegender Regler).

Nun erhöhen wir wieder etwas den Schwierigkeitsgrad. Aktivieren Sie den Button »A.S.« und stellen den Zeitschieber ganz nach links und den mittleren IV-Regler auf 0. Klicken Sie auf den Button »a.dft« (dadurch wird grafisch eine Grundskalierung durchgeführt). Zoomen Sie die Y-Achse so, dass ein Bereich von ca. 7000 (oben) bis -1000 (unten) angezeigt wird. Durch diese Aktion werden die angezeigten Positionen mit der Kontraktanzahl und dem Bezugsverhältnis multipliziert. Als Kontraktanzahl der ATM-Positionen sind für die kurz- als auch langlaufenden Kontrakte jeweils fünf Stück gewählt. Die Kontraktanzahl der Put- und Call-OTM-Positionen der langlaufenden Kontrakte wurde so gewählt, dass jede Position annähernd den Betrag der langlaufenden ATM-Position (fünf Kontrakte) annimmt. Die Kontraktanzahl der kurzlaufenden OTM-Optionen wurde ebenfalls so gewählt, sodass diese annähernd dem Wert der kurzlaufenden ATM-Position entspricht. Das P/L in der Grafik weist nun für sämtliche Positionen der langlaufenden Positionen einen ähnlichen Wert aus, wodurch die OTM-Positionen ungefähr in einer Linie mit der ATM-Position stehen. Das Gleiche gilt für die kurzlaufenden Positionen. Die kurzlaufenden Positionen stehen jedoch in ca. halber Höhe der langlaufenden Positionen. Spielen Sie nun wie zuvor sämtliche Szenarien durch, indem Sie die IV-Regler als auch den Restlaufzeitschieber verändern. Das Verständnis bezüglich des Verhaltens der Positionen durch IV-Einflüsse ist unabdingbar! Beschäftigen Sie sich ausgiebig damit.

Behalten Sie im Hinterkopf, dass diese Simulationen immer noch unter der Berücksichtigung eines fixen Kurses des Underlyings stattfinden!

5.8.2.4 Der risikolose Zins

Der Zins kann einen erheblichen Einfluss auf die Optionsprämie haben, abhängig vom Niveau des risikolosen Marktzinses, der Restlaufzeit sowie dem Bezug vom Kurs des Underlyings zum Strike. Die Ursache dafür ist folgende:

Der Stillhalter einer Call-Option muss (sollte) das Underlying (Aktie) im Depot haben, um sich nicht einem ungewissen Risiko auszusetzen. Dadurch ist sein Kapital, das er sonst verzinst anlegen könnte, durch das Underlying gebunden. Somit fallen gewisse »Finanzierungskosten« an. Diese Finanzierungskosten (Marktzins) fließen in die Optionspreisbildung mit ein, was die Optionsprämie des Calls verteuert. Beim Put muss der Stillhalter das Geld für den Fall einer möglichen Ausübung auf dem Konto haben, wofür er entsprechende Marktzinsen erhält. Bei der europäischen Put-Option ist es im Vorhinein klar, dass sie erst zum Laufzeitende ausgeübt werden kann. Das bedeutet, dass der Stillhalter einer europäischen Put-Option das Geld, das er für die Ausübung zum Laufzeitende bereithalten muss, bis zu diesem Zeitpunkt anlegen kann und er für die gesamte Restlaufzeit der Option den sicheren Marktzins erhält. Bei der amerikanischen Put-Option ist die Situation insofern anders, als der Stillhalter jederzeit mit einer Ausübung zu rechnen hat, wodurch die Chance sinkt, den sicheren Marktzins für die gesamte Restlaufzeit der Option vereinnahmen zu können. Somit fällt der Zins für die amerikanische Put-Option geringer aus. Auch hier fließen die Zinsen in die Optionspreisbildung mit ein. Im Unterschied zur Call-Option wird jedoch die Prämie der Put-Option durch den Zinseinfluss reduziert. Somit ergeben sich folgende »generelle« Regeln:

1. Die Call-Option ist aufgezinst.

2. Die Put-Option ist abgezinst.

Im Detail gibt es jedoch Unterschiede zwischen europäischen und amerikanischen Optionstypen und diese betreffen in erster Linie die Put-Option.

Für *europäische* Optionen gilt:

1. Die Prämie der Call-Option ist immer größer als ihr innerer Wert.

2. Die Prämie der Put-Option *kann* unter ihren inneren Wert fallen.

Für *amerikanische* Optionen gilt:

1. Die Prämie der Call-Option ist immer größer als ihr innerer Wert.

2. Die Prämie der Put-Option *kann niemals* unter ihren inneren Wert fallen.

Wenn während der Restlaufzeit einer Call-Option *keine Dividenden* ausgeschüttet werden, so ist die Auswirkung durch den Einfluss des Zinses auf das Optionspreismodell für europäische und amerikanische Call-Optionen identisch.

Der Zinseinfluss auf die europäische Call-Option

Betrachten wir die Tabellen 5.18 und 5.19. Sie verdeutlichen den Zinseinfluss auf die Optionsprämie einer *Call-Option* unter verschiedenen Annahmen. Tabelle 5.19 unterscheidet sich von Tabelle 5.18 lediglich durch die Dauer der Restlaufzeit.

5.8 Die Einflussfaktoren auf die Optionsprämie

Europäische Call-Option				
Kurs:	10000			
IV in %:	20			
Restlaufzeit:	365 Tage			
Strike	Prämie	Zins p.a. in %	Differenz zu 0% Zins in €	
7000	3025	0	0	
7000	3354	5	329	ITM
7000	3672	10	647	
10000	797	0	0	
10000	1045	5	248	ATM
10000	1327	10	530	
13000	101	0	0	
13000	164	5	63	OTM
13000	255	10	154	

Tabelle 5.18: Restlaufzeit 365 Tage

Europäische Call-Option				
Kurs:	10000			
IV in %:	20			
Restlaufzeit:	182 Tage			
Strike	Prämie	Zins p.a. in %	Differenz zu 0% Zins in €	
7000	3002	0	0	
7000	3175	5	173	ITM
7000	3343	10	341	
10000	564	0	0	
10000	690	5	126	ATM
10000	829	10	265	
13000	20	0	0	
13000	31	5	11	OTM
13000	46	10	26	

Tabelle 5.19: Restlaufzeit 182 Tage

In beiden Tabellen zeigt die Spalte »*Differenz zu 0% Zins in €*« den Differenzbetrag der Prämie mit 0% zu den Prämien mit 5% oder 10% Zins. Dieser Differenzbetrag entspricht bei den europäischen Optionen dem Zinsanteil, der in der jeweiligen Optionsprämie enthalten ist. Es fällt auf, dass sich der Zinsanteil der ATM-Optionen mit doppelter Laufzeit (links 365 Tage, rechts 182 Tage) annähernd ebenfalls verdoppelt. Des Weiteren erhöht sich der Zinsanteil der Optionsprämie, je weiter die Option ins Geld fährt. Die Ursache ist wiederum in der Ausübungswahrscheinlichkeit begründet. Bei einer ATM-Option liegt diese bei ca. 50%.

> **Faustformel für die Berechnung des Zinsanteils aus der Optionsprämie einer europäischen ATM-Option:**
>
> Wenn der Kurs des Underlyings 10000 und der Strike ebenfalls 10000 ist (ATM-Situation), so muss bei einer Laufzeit von 365 Tagen und einem Zins von 10 % der halbe Zinssatz (wegen 50 % Ausübungswahrscheinlichkeit), d. h. 5 %, als Basis für die Zinsberechnung angewendet werden. Das wären in diesem Fall 500 €. Diese *Faustformel(!)* hat für Put und Call Gültigkeit. Es sei ausdrücklich darauf hingewiesen, dass die Anwendung der Faustformel nur für eine schnelle, grobe Orientierung dienen soll und darf!

Der Zinseinfluss auf die europäische Put-Option

Betrachten wir die Tabellen 5.20 und 5.21. Sie verdeutlichen den Zinseinfluss auf die Optionsprämie einer *Put-Option* unter verschiedenen Annahmen. Tabelle 5.21 unterscheidet sich von Tabelle 5.20 wiederum lediglich durch die Dauer der Restlaufzeit.

Sieht man sich die beiden Tabellen näher an, so fällt auf, dass die im Geld liegenden Put-Optionen unter ihrem inneren Wert notieren (in den Tabellen hervorgehoben durch fett kursive Schrift). Dieser Effekt kann *ausschließlich* bei ITM-Put-Optionen europäischen Typs auftreten. Er tritt dann auf, wenn der Betrag des Anteils der impliziten Volatilität kleiner oder gleich dem Betrag des Zinsanteils der im Geld liegenden (ITM) Optionsprämie ist.

Europäische Put-Option
Kurs: 10000
IV in %: 20
Restlaufzeit: 365 Tage

Strike	Prämie	Zins p.a. in %	Differenz zu 0% Zins in €	
7000	25	0	0	
7000	13	5	-12	OTM
7000	6	10	-19	
10000	797	0	0	
10000	557	5	-240	ATM
10000	375	10	-422	
13000	3101	0	0	
13000	**2530**	5	-571	ITM
13000	**2017**	10	-1084	

Tabelle 5.20: Restlaufzeit 365 Tage

5.8 Die Einflussfaktoren auf die Optionsprämie

Europäische Put-Option
Kurs: 10000
IV in %: 20
Restlaufzeit: 182 Tage

Strike	Prämie	Zins p.a. in %	Differenz zu 0% Zins in €	
7000	2,24	0	0	
7000	1,26	5	-0,98	OTM
7000	0,69	10	-1,55	
10000	564	0	0	
10000	442	5	-122	ATM
10000	340	10	-224	
13000	3020	0	0	
13000	**2709**	5	-311	ITM
13000	**2410**	10	-610	

Tabelle 5.21: Restlaufzeit 182 Tage

> Notiert die Optionsprämie einer europäischen Put-Option im Geld (ITM) unter ihrem inneren Wert, so wird bei sonst unveränderten Bedingungen zum Zeitpunkt des Verfalls die Prämie präzise den inneren Wert angenommen haben. Zum Verfallszeitpunkt notiert eine Option, unabhängig ob Put oder Call, ausnahmslos bei ihrem inneren Wert, falls dieser rechnerisch vorhanden ist. Außer dem Strike und dem Kurs des Underlyings werden alle anderen Einflussfaktoren zum Verfallszeitpunkt irrelevant!

Beispiel:

Daten für den *KAUF* einer europäischen Put-Option:

Laufzeit: 365 Tage
Einstieg: 18.12.2014
Verfall: 18.12.2015
Kurs: 10000
Strike: 13000
IV: 20%
Zins: 5% p.a.
Prämie: 2530 € (Prämie notiert 470 € unter ihrem inneren Wert)

Die preisbestimmenden Daten zum Verfallszeitpunkt am 18.12.2015:

Kurs: 10000
Strike: 13000
Prämie: 3000 €

Es wurde eine Put-Option *gekauft*, wobei die Prämie mit 2530 € zu Buche schlug. Der Kurs des Underlyings ist zum Verfallszeitpunkt unverändert bei 10000 (alle anderen Daten sind zum Verfallszeitpunkt irrelevant). Die Optionsprämie beträgt zum Verfallszeitpunkt 3000 €. Sie können somit *470 €* für sich vereinnahmen (bei einer Aktienoption muss die Position kurz vor Verfall glattgestellt werden, da sonst eine Andienung erfolgen würde. Bei einer Indexoption kann man diese in den Verfall fahren lassen, da anstatt der Andienung ein Barausgleich erfolgt).

Auf dieser Basis lassen sich hochinteressante Zinsstrategien realisieren wenn der Marktzins ein entsprechendes Mindestniveau aufweist (vgl. dazu Kapitel 21).

Der Zinseinfluss auf die amerikanische Call-Option

Wenn während der Laufzeit eines amerikanischen Calls keine Dividenden auf das betreffende Underlying (Aktie) anfallen (nur der Aktionär ist dividendenberechtigt; weder Optionskäufer noch Stillhalter haben ein Anrecht auf eine Dividendenausschüttung), so ist der Zinseinfluss auf eine amerikanische Call-Option derselbe wie auf eine europäische Call-Option. Sind Dividenden im Spiel, so ändert sich zwar der Zinseinfluss auf die Option, doch sind die Unterschiede in der Regel nicht sehr gravierend und in der Praxis nicht entscheidend. Auf eine Tabellenauflistung wird daher verzichtet.

Der Zinseinfluss auf die amerikanische Put-Option

Die amerikanische Put-Option unterscheidet sich – je nach Situation gravierend – von ihrem europäischen Pendant. Grund für den Unterschied ist, dass der Stillhalter der Put-Option jederzeit mit einer Ausübung rechnen muss. Er kann sich also nicht darauf verlassen, das Geld bis zum Verfall sicher auf dem Konto platzieren zu können. Massiv ist der Unterschied zum europäischen Put, wenn die Option tief im Geld liegt (ITM), wie die Tabellen 5.22 und 5.23 zeigen.

Amerikanische Put-Option				
Kurs:	10000			
IV in %:	20			
Restlaufzeit:	365 Tage			
Strike	Prämie	Zins p.a. in %	Differenz zu 0% Zins in €	
7000	25	0	0	
7000	13	5	-12	OTM
7000	7	10	-18	
10000	797	0	0	
10000	608	5	-189	ATM
10000	480	10	-317	
12000	2215	0	0	
12000	2012	5	-203	ITM
12000	2000	10	-215	
13000	3101	0	0	ITM
13000	3000	5	-101	
13000	3000	10	-101	

Tabelle 5.22: Restlaufzeit 365 Tage

Amerikanische Put-Option
Kurs: 10000
IV in %: 20
Restlaufzeit: 182 Tage

Strike	Prämie	Zins p.a. in %	Differenz zu 0% Zins in €	
7000	2,24	0	0	
7000	1,29	5	−0,95	ITM
7000	0,73	10	−1,51	
10000	564	0	0	
10000	466	5	−98	ATM
10000	391	10	−173	
12000	2072	0	0	
12000	2000	5	−72	OTM
12000	2000	10	−72	
13000	3020	0	0	
13000	3000	5	−20	OTM
13000	3000	10	−20	

Tabelle 5.23: Restlaufzeit 182 Tage

Wie man in der Tabelle erkennt, fällt die Prämie einer amerikanischen Put-Option *niemals* unter ihren inneren Wert.

Mit der Simulationssoftware können Sie den Zinseinfluss auf die Optionsprämie untersuchen. Für diesen Zweck wurden mehrere Strategiedateien ausgearbeitet. Laden Sie die zugehörenden Strategien und experimentieren Sie damit. Ändern Sie im Strategieentwicklungsfenster der Software manuell die Einflussfaktoren (Zins, Volatilität, Laufzeit, usw.), um ein gewisses Gefühl für die Sensitivität der verschiedenen Parameter zu entwickeln.

Die Strategiedateien hierfür sind:

- K5P6a – europäischer Call
- K5P6c – europäischer Put
- K5P6e – amerikanischer Put
- K5P6g – amerikanischer Call

Wenn Sie noch einen kleinen Vorgeschmack bekommen wollen, wie interessant Zinsstrategien sein können, dann laden Sie die Strategie »*K5P7*« in die Simulationssoftware. Lassen Sie in der Strategieentwicklung alles unverändert und öffnen Sie die Strategiesimulation. Sie sehen eine Strategie mit folgender Wette: Wenn alles schiefgeht, verlieren Sie nichts. Im anderen Fall gewinnen Sie. Klingt gut, oder? Aber das ist nur die halbe Wahrheit! Die Finanzierung der Verlustseite, die jedoch 0 ist, erfolgt über das Ausnutzen des Marktzinses. Da zur Zeit der Entstehung dieses Buches das Zinsniveau fast bei 0 lag, wurde für diese Strategie ein Zins von 3 % angenommen, was unter normalen Umständen kein überhöhtes Maß ist.

> **Anmerkung:**
>
> Im vorigen Absatz steht folgender Satz: »Die Finanzierung der Verlustseite, die jedoch 0 ist, ...«. Das scheint ein Widerspruch zu sein. Man würde meinen, dass »ein Verlust, der maximal 0« sein kann, doch überhaupt kein Verlust ist. Falsch! Wenn eine Strategie eine Laufzeit von einem Jahr hat und nach Ablauf dieser Strategie gleich viel auf dem Konto ist, so hat man real sehr wohl Geld durch die Inflation verloren. Die Inflationsrate wird u. a. im risikolosen Zins, der bei allen Formen von Derivaten in deren Preisbildung einfließt, berücksichtigt.

5.8.3 Der Einfluss der Dividenden auf die Optionsprämie

Um eine Optionsprämie korrekt berechnen zu können, ist es wichtig, dass die Faktoren Dividende und – im Falle von Aktienoptionen – auch der Dividendentermin, korrekt in das Optionspreismodell mit einbezogen werden. *Eine Nichtbeachtung dieser Daten kann zu einem erheblich verfälschten Ergebnis führen!* Anders ist die Situation bei Dividendenausschüttungen. Diese haben unter Umständen einen gewissen Einfluss auf die Optionspreisbildung, besonders wenn die Dividendenrendite hoch ist. Wie sich jedoch Dividendenausschüttungen auf Optionsprämien auswirken, ist von folgenden Faktoren abhängig:

1. Typ des Underlyings (Aktie, Performanceindex, Kursindex, Future)
2. Amerikanischer oder europäischer Optionstyp
3. Put oder Call

Gleich vorweg: Wenn während der Restlaufzeit einer Option, unabhängig davon, ob es sich um eine amerikanische oder europäische Put- oder Call-Option handelt, *keine Dividenden* auf das betreffende Underlying (Aktie) ausgeschüttet werden, so hat das keine Bedeutung für die Optionspreisbildung, selbst wenn ansonsten regelmäßig hohe Dividendenzahlungen stattfinden.

Die Einflussfaktoren auf das Optionspreismodell, wie implizite Volatilität, Kurs des Underlyings oder Zins (jedoch in geringerem Maße), unterliegen oft heftigen Schwankungen und sind nicht mit Bestimmtheit prognostizierbar. Im Gegensatz dazu kann bei der Dividendenproblematik doch auf gewisse Stützen zurückgegriffen werden.

1. Meist wird der Dividendentermin schon Wochen, wenn nicht Monate, zuvor bekanntgegeben. Es ist gängige Praxis, dass die Ausschüttung am nächstfolgenden Handelstag der Hauptversammlung erfolgt.
2. Die Höhe der Ausschüttung wird zwar erst auf der Hauptversammlung definitiv beschlossen, doch meist gibt es mit einer längeren Vorlaufzeit eine Ankündigung (Empfehlung), wie hoch diese ausfallen wird.

In Futures wie auch Optionen sind die während der Laufzeit anfallenden Dividenden eingepreist (eine Ausnahme bilden Optionen auf Aktienfutures, kurz SSFs). Aus den Notierungen von Futures mit verschiedenen Laufzeiten kann die in das Derivat eingepreiste Dividende des zu Grunde liegenden Underlyings recht einfach berechnet werden. Die Dividende kann auch mit etwas komplexeren Methoden mit entsprechenden Optionsdaten ermittelt werden (implizite Dividende).

Der Einfluss der Dividenden auf europäische Aktienoptionen

Für Put wie Call gilt Folgendes: Ist vor und nach dem Dividendenabschlag die implizite Volatilität unverändert und notiert der Kurs der Aktie nach der Ausschüttung um die Dividende tiefer, so bleibt auch die Optionsprämie auf unverändertem Niveau. Der Dividendensprung hat keinen Einfluss auf die Optionsprämien von europäischen Aktienoptionen!

Das bedeutet, dass sich unter den zuvor genannten Bedingungen die Prämie einer Put-Option trotz fallendem Kurs der Aktie (Dividendensprung) nicht erhöht bzw. die Prämie einer Call-Option nicht abnimmt.

> **Anmerkung:**
> Wenn mit Hilfe eines Optionsrechners ein Test bezüglich des Dividendenabschlags durchgeführt wird, kann es in der Praxis zu kleinen Unterschieden kommen, die auf die Rechengenauigkeit zurückzuführen sind. Diese Ungenauigkeiten sind jedoch so klein, dass sie in der Praxis keine relevanten Auswirkungen haben.

Tabelle 5.24 verdeutlicht die Auswirkung auf europäische Aktienoptionen (Put und Call). Es fällt auf, dass die Optionsprämien vor und nach dem Dividendensprung fast identisch sind. Adjustiert man noch die Optionsprämie vor dem Dividendensprung, um sie fair mit den Prämien nach dem Dividendenabschlag vergleichen zu können (vorletzte Spalte: »adjustierte Prämie«), so sind die Differenzen nur noch auf die Rechnungsungenauigkeiten des Optionspreisrechners zurückzuführen. Die Adjustierung ist notwendig, da vor dem Dividendensprung die Restlaufzeit noch 24 Tage beträgt und es somit nach der Dividendenzahlung nur noch 23 Tage bis zum Verfall sind. Somit muss die Prämie vom Einstiegstag 27.01.2015 über das Theta (vgl. Abschnitt 7.5) auf den 28.01.2015 angepasst werden.

Würde der Aktienkurs unmittelbar nach dem Dividendenabschlag wieder auf das vorhergehende Niveau ansteigen, so würde die Prämie der Call-Option stark zulegen. Um die Auswirkungen des Einflusses des Dividendensprungs auf die Optionspreisbildung möglichst plastisch darzulegen und um den Leser nicht allzu sehr mit weiteren Einflüssen zu überfordern, wurde der risikolose Zinssatz auf 0 gesetzt und die implizite Volatilität mit 20 % angenommen (dies gilt auch für alle nachfolgenden Erläuterungen zum Dividendenabschlag in diesem Abschnitt).

Dividendensprung bei europäischen Aktienoptionen
Implizite Volatilität: 20 %
Zins p. a.: 0 %

Einstieg	Verfall	Laufzeit in Tagen	Kurs der Aktie	Dividende	Call/ Put	Strike	Prämie	adjustierte Prämie	ITM/ OTM
27.01.2015	20.02.2015	24	100	3	Call	96	2,50	2,46	ITM
28.01.2015	20.02.2015	23	97	0	Call	96	2,47	2,47	ITM
28.01.2015	20.02.2015	23	100	0	Call	96	4,58	4,58	ITM
27.01.2015	20.02.2015	24	100	3	Put	96	1,52	1,48	OTM
28.01.2015	20.02.2015	23	97	0	Put	96	1,47	1,47	OTM
28.01.2015	20.02.2015	23	100	0	Put	96	0,58	0,58	OTM

Tabelle 5.24: Auswirkung auf europäische Aktienoptionen durch den Dividendensprung

Anmerkung:
In der Praxis erhöht sich die implizite Volatilität sukzessive bis zum Dividendenabschlag und bricht dann wieder blitzartig auf das ursprüngliche Niveau zusammen. Dieser Effekt ist bei kleineren Gesellschaften in der Regel stärker als bei Schwergewichten. Bei einem ungewöhnlich starken Anstieg der IV vor dem Dividendenabschlag ist mit einer »heftigen« Kursbewegung unmittelbar nach der Dividendenzahlung in die eine oder andere Richtung zu rechnen! Optionen an den Rändern zu verkaufen scheint im ersten Moment lukrativ, ist aber ohne weitere begleitende Maßnahmen höchst gefährlich (bei einer starken Kursbewegung fahren Sie mit der Shortposition ins Geld). Für das Verfolgen der IV müssen Put-Optionen am Geld (ATM), die kürzestmöglich nach dem ex-Dividendentag verfallen, herangezogen werden.

Der Einfluss der Dividenden auf amerikanische Aktienoptionen

Bei amerikanischen Aktienoptionen ist der Einfluss des Dividendensprungs auf die Prämien im Gegensatz zu europäischen Aktienoptionen gravierend! Das gehandelte Volumen amerikanischer Aktienoptionen ist auch ungleich höher als das der europäischen Aktienoptionen.

Für die amerikanische Call-Option gilt: Ist vor und nach dem Dividendenabschlag die implizite Volatilität unverändert und der Kurs der Aktie notiert nach der Ausschüttung um die Dividende tiefer, so verliert die Call-Prämie massiv an Wert! Der Dividendensprung hat einen massiven Einfluss auf die Optionsprämie einer amerikanischen Call-Aktienoption! Aus diesem Grund ist die Wahrscheinlichkeit einer Ausübung kurz vor dem Dividendentermin durch den Call-Optionskäufer sehr hoch, wenn die amerikanische Call-Aktienoption im Geld notiert.

Für den amerikanische Put gilt: Der Dividendensprung hat keinen gravierenden Einfluss auf die Prämie einer amerikanischen Put-Aktienoption.

Tabelle 5.24 zeigt die gleiche Ausgangssituation wie bei den europäischen Aktienoptionen. Sie verdeutlicht, wie sich die Prämien von amerikanischen Put- und Call-Optionen nach dem Dividendenabschlag entwickeln.

Dividendensprung bei amerikanischen Aktienoptionen
implizite Volatilität: 20 %
Zins p. a.: 0 %

Einstieg	Verfall	Laufzeit in Tagen	Kurs der Aktie	Dividende	Call/Put	Strike	Prämie	adjustierte Prämie	ITM/OTM
27.01.2015	20.02.2015	24	100	3	Call	96	3,28	3,27	ITM
28.01.2015	20.02.2015	23	97	0	Call	96	2,47	2,47	ITM
28.01.2015	20.02.2015	23	100	0	Call	96	4,58	4,58	ITM
27.01.2015	20.02.2015	24	100	3	Put	96	1,51	1,47	OTM
28.01.2015	20.02.2015	23	97	0	Put	96	1,47	1,47	OTM
28.01.2015	20.02.2015	23	100	0	Put	96	0,58	0,58	OTM

Tabelle 5.25: Auswirkung auf amerikanische Aktienoptionen durch den Dividendensprung

Wenn man die adjustierten Optionsprämien der Tabellen 5.24 und 5.25 vergleicht, so fällt auf, dass nach dem Dividendenabschlag die Prämien der amerikanischen und europäischen Optionen keine Unterschiede aufweisen. Bei den Put-Optionen hängt das jedoch damit zusammen, dass der Zins jeweils mit 0 angenommen wurde. In der Praxis ist mit angemessenem Zins bei den Put-Optionen ein klarer Unterschied zwischen amerikanischen und europäischen Optionstypen auszumachen. Dagegen ist die Preisbildung bei amerikanischen und europäischen Call-Optionen identisch unter der Voraussetzung, dass nach dem Dividendensprung bis zum Verfall keine weiteren Dividendenzahlungen mehr erfolgen.

> **Faustformel zur Berechnung der impliziten Dividende aus den Daten von Aktienoptionen:**
>
> Wie bereits zu Beginn dieser Erläuterungen angesprochen, können mit entsprechend komplexen Algorithmen die Dividenden aus den Optionsdaten recht genau extrahiert werden. Sie können jedoch mit einer einfachen Faustformel ebenfalls die Dividende aus Optionsdaten annähernd bestimmen. Dies gilt für amerikanische wie für europäische Aktienoptionen. Die Vorgehensweise ist folgende:
>
> 1. Suchen Sie jenes Verfallsdatum von den entsprechenden Aktienoptionsserien heraus, das unmittelbar am nächsten *nach* dem ex-Dividendentag liegt. Es interessiert nur diese bestimmte Laufzeitserie.
>
> 2. Suchen Sie aus dieser Serie jenen Strike eines Calls, dessen Settlementpreis den zweitkleinsten Wert aufweist. Wir bezeichnen diesen Strike als Stc und die Prämie als Prc.
>
> 3. Suchen Sie die Put-Prämie mit dem Strike Stc.

> 4. Ziehen Sie die Put-Prämie vom Strike Stc ab und addieren die Call-Prämie Prc. Dieses Ergebnis bezeichnen wir als DRef.
>
> 5. Die Dividende ist dann der Kurs der Aktie minus DRef.
>
> Die Voraussetzung für die Funktionsweise der Faustformel ist, dass zwischen dem ex-Dividendentag und dem Verfallstag der Optionsserie keine weiteren Dividendenzahlungen mehr stattfinden. Es sei ausdrücklich darauf hingewiesen, dass die Anwendung dieser Faustformel nur für eine schnelle Orientierung dienen soll und darf!

Sollten Sie feststellen, dass die angekündigte Dividende erheblich von der aus den Optionsdaten berechneten impliziten Dividende abweicht, so rechnen Sie eher mit der Auszahlung der angekündigten Dividende. Ist die Differenz wirklich erheblich, kann das mit einer entsprechend zugeschnittenen Strategie ausgenutzt werden.

Der Einfluss der Dividenden auf Indexoptionen:

Der Performanceindex (DAX)

Bei einem Performanceindex, wie beispielsweise dem DAX, werden die Dividenden in der Berechnung des Index laufend reinvestiert. Das hat zur Folge, dass Dividenden niemals explizit ausgewiesen werden und somit immer als 0 anzusehen sind. Wenn ein DAX-Unternehmen Dividenden ausschüttet, kommt es zwar bei der entsprechenden Aktie zum bekannten Dividendenabschlag. Da aber diese Dividende sofort wieder reinvestiert gerechnet wird, wirkt sich das auf den Index nicht aus und hat auch keinen Einfluss auf die DAX-Optionsprämien. Des Weiteren handelt es sich um europäische Index-Optionen, die, wie wir bereits bei europäischen Aktienoptionen gesehen haben, »theoretisch« nicht auf den Dividendenabschlag reagieren. Die Dividendensprünge von Unternehmen, die in einem Performanceindex gelistet sind, müssen in den zugehörigen Indexoptionen nicht berücksichtigt werden!

Der Kursindex

Der Kursindex unterscheidet sich in Bezug auf Dividenden erheblich vom Performanceindex. Beim Kursindex werden die Dividendenausschüttungen nicht in den Index reinvestiert. Jedesmal, wenn eine Aktiengesellschaft, die in einem Kursindex gelistet ist, Dividenden ausschüttet, macht sich das, je nach Gewichtung des Unternehmens im Index, in einem kleinen Kurseinbruch bzw. Dividendensprung im zugehörigen Kursindex bemerkbar. Da in einem Index ein Bündel von Gesellschaften mit unterschiedlichsten Dividendenterminen zusammengefasst ist, machen sich all diese Dividendensprünge, die über das Jahr zeitlich ungleichmäßig verteilt sind, im Index bemerkbar. In Summe spiegeln sich im Index über ein Jahr die gesamten Dividenden aller Gesellschaften wider.

Wie bereits zu Beginn dieses Abschnittes erwähnt, ist die korrekte Einbeziehung der Dividenden in die Optionspreisbildung von entscheidender Bedeutung für die korrekte Berechnung der Optionsprämie. Die Problemlösung ist nicht ganz so einfach.

Würden Sie die Optionspreisermittlung hochpräzise durchführen wollen, so müssten Sie von allen Gesellschaften, bei denen es während der Restlaufzeit der Option zu Dividendenausschüttungen kommt, nicht nur die Höhe aller Dividenden, sondern auch alle Dividendentermine heraussuchen und dann entsprechend der Gewichtung der Gesellschaften im Index adäquat in der Optionspreisbildung berücksichtigen. Dieser Ansatz ist aber für den privaten Optionshändler nicht praktikabel und scheidet aus.

Der für diese Problemstellung am häufigsten verwendete Ansatz ist relativ simpel. Es wird die geschätzte Dividendenrendite des Index (alle Ausschüttungen eines Jahres prozentual auf den aktuellen Indexstand gerechnet) herangezogen. Die Dividendentermine werden nicht benötigt bzw. mit einem Trick umgangen. Im Optionspreismodell, das auch für den Kursindex konzipiert sein muss, wird die Dividende auf die Laufzeit der Option umgerechnet und in der Optionspreisbildung entsprechend berücksichtigt (die Dividende wird über die Zeit linear diskontiert; zum Verfallszeitpunkt ist durch die Diskontierung die Dividende auf 0 abgesunken). Der Schwachpunkt dieser gängigen Methode ist augenscheinlich: Die meisten Dividendentermine liegen im Zeitraum März bis Mai. Zwischen September und Dezember gibt es nur von sehr wenigen Aktiengesellschaften Dividendenzahlungen. Würde man nun mit der genannten Methode den Optionspreis einer Indexoption auf den Kursindex *EURO STOXX 50* mit Hilfe eines Optionspreisrechners, zum Beispiel mit einer Laufzeit vom 18.09.2015 bis 18.12.2015, ermitteln wollen, wird das Resultat erheblich neben seinem korrekten Wert liegen. Wenn man für die Optionspreisberechnung eine Dividendenrendite von 3 % p. a. für den *EURO STOXX 50* annimmt, es aber während der Optionslaufzeit keine Dividendenausschüttungen gibt, so ist im Vorhinein offensichtlich, dass dies zu einem unbrauchbaren Ergebnis führen wird. Bei amerikanischen börsennotierten Gesellschaften ist dieses Problem nicht so gravierend, da diese in der Regel die Dividende in vier Tranchen im Dreimonatsabstand an den Aktionär ausschütten. Bei den europäischen börsennotierten Gesellschaften kommt es meist nur einmal im Jahr (es gibt zwar einige Ausnahmen und ist auch länderspezifisch) zu einer Dividendenzahlung.

Will man ein annähernd brauchbares Ergebnis erzielen, kommt man nicht umhin, die »implizite Dividende« für den Zeitraum der Laufzeit der Option zu bestimmen.

Stehen für die implizite Dividendenbestimmung keine »speziellen« Hilfsmittel zur Verfügung (die mitgelieferte Optionssoftware berechnet die implizite Dividende für einen Kursindex automatisch), so kann man sich mit nachfolgender Faustformel behelfen:

1. Suchen Sie aus der Laufzeitserie, für deren Optionen Sie die implizite Dividende ermitteln wollen, jenen Strike eines Calls, dessen Settlementpreis den zweitkleinsten Wert aufweist. Wir bezeichnen diesen Strike als Stc und die Prämie als Prc.

2. Suchen Sie die Put-Prämie mit dem Strike Stc.

3. Berechnen Sie den Zinsbetrag (rb) für die Optionslaufzeit auf den aktuellen Indexstand. Nehmen Sie für die Verzinsung den risikolosen Zinssatz.

4. Ziehen Sie die Put-Prämie und den bereits berechneten Zins vom Strike Stc ab und addieren die Call-Prämie Prc. Dieses Ergebnis bezeichnen wir als DRef.

5. Die implizite Dividende ist dann der Kurs der Aktie minus DRef.

6. Sollte das Ergebnis negativ sein, so setzen Sie die implizite Dividende auf 0.

Mit dieser Faustformel zur Dividendenbestimmung werden Sie absolut brauchbare Ergebnisse erhalten. Um ein genaues Resultat für die implizite Dividende zu erhalten, wird die Put/Call-Paritätsformel umgeformt.

$$D = S - (K \times e^{-rT} - P + C)$$

In Abbildung 5.15 sind die Dividendensprünge, die in einem Kursindex auftreten, grafisch herausgearbeitet. Die zu bestimmende implizite Dividende für die in der Grafik schematisch aufgezeigten Optionen Opt.1 bis Opt.4 ergibt sich aus der Differenz des Kursindexniveaus zwischen dem Einstiegs- und Verfallszeitpunkt der Option. Da jedoch zum Bewertungszeitraum einer Indexoption diese Dividendensprünge naturgemäß in der Zukunft liegen, muss mit entsprechenden Methoden die implizite Dividende, die erst noch gezahlt werden wird, aus den Optionsdaten gewonnen werden.

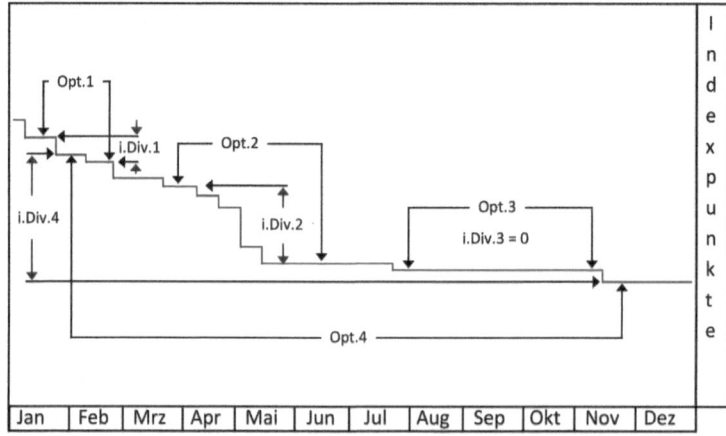

Abbildung 5.15: Dividendensprünge im Kursindex

> **Anmerkung:**
>
> Die implizite Dividende kann auch durch einen Approximationsalgorithmus ermittelt werden. Dabei wird für die ATM-Optionen, Put und Call, die implizite Dividende so lange verändert, bis Put und Call die gleiche implizite Volatilität aufweisen, bzw. IV-Parität herrscht. Manuell ist das kaum zu bewerkstelligen, da hierfür eine hohe Anzahl von Approximationsschritten notwendig ist.

Der Einfluss der Dividenden auf Optionen, die sich auf einen Future beziehen:

Futures sind bereits um eventuelle Dividenden diskontiert, sodass diese auf die Optionen keine Auswirkung haben. Das bedeutet, dass sich bei einem Future, der sich beispielsweise auf eine Aktie bezieht, kein Dividendensprung bemerkbar macht und somit die Option davon unberührt bleibt. Das gilt generell für alle Optionen, deren Underlying ein Future ist, unabhängig davon, auf was sich der Future wiederum bezieht (vgl. Kapitel 12).

6 Die historische Volatilität

> **Vorbemerkung:**
>
> Im vorigen Kapitel 5 wurde die implizite Volatilität beschrieben. Für deren Verständnis musste ein Bezug zur historischen Volatilität hergestellt werden, die kurz erläutert wurde. Da die historische Volatilität u. a. eine wichtige Referenzgröße zur impliziten Volatilität darstellt, wird sie in diesem Kapitel nochmals vertieft abgehandelt.

Volatilität ist ein wichtiger Begriff aus der Finanzmathematik und das Maß für die Schwankungsintensität von Finanzmarktparametern wie Aktienkurse, Futures, Zinsen usw. Die Volatilität errechnet sich aus der annualisierten Standardabweichung der Tagesrenditen über den Betrachtungszeitraum. Neben der historischen Volatilität findet vor allem die Standardabweichung in vielen technischen Indikatoren Verwendung.

Die historische Volatilität ist ein Hilfsmittel, um aus den Daten der Vergangenheit auf die künftige Schwankungsintensität schließen zu können. So wird die historische Volatilität in Value at Risk (VaR) Modellen als Schätzer für zukünftige Schwankungsbreiten und zur Messung des Marktpreisrisikos verwendet. Es wird schnell verständlich, dass zwischen *Volatilität und Risiko ein enger Zusammenhang* besteht.

Besonders für Optionstrader spielt die möglichst präzise Erfassung der historischen Volatilität eine wichtige Rolle, da u. a. mit dieser Angabe ein Optionspreis bewertet werden kann. Oder anders ausgedrückt: Die Gegenüberstellung der historischen mit der impliziten Volatilität ist eine *wichtige Teilinformation*, die darüber Aufschluss gibt, ob eine Option günstig oder überteuert bewertet ist. Dabei ist wichtig zu erwähnen, dass bei einem Vergleich der historischen mit der impliziten Volatilität nur jene Strikes der Optionen herangezogen werden dürfen, die möglichst nahe am Geld liegen. Die Begründung liegt im »Skew« der entsprechenden Options-Laufzeitserie (vgl. Kapitel 11).

Die Höhe der historischen Volatilität ist in entscheidendem Maße vom Underlying abhängig. In der Regel weisen Aktien von hochkapitalisierten Gesellschaften, sogenannten Blue Chips, eine geringere Volatilität als kleinere Gesellschaften auf. Festverzinsliche AAA Wertpapiere sind im Vergleich zu Aktienanlagen unvergleichlich schwankungsärmer, was wiederum den Zusammenhang zwischen Risiko und Volatilität zum Ausdruck bringt.

6.1 Skalierung der Volatilität

Wie ist aber nun eine Volatilitätsangabe zu verstehen? Im Detail kommt es in diesem Punkt immer wieder zu Missverständnissen. Prinzipiell gilt:

1. Der eingestellte Zeitraum für die historische Volatilität ist derselbe, wie für die Zukunftsprojektion angenommen wird. Das heißt, wenn für die historische Volatilität von 30 Tagen beispielsweise 21 % gemessen wird, so geht man davon aus, dass die Volatilität der kommenden 30 Tage sich ebenfalls um die 21 % bewegen sollte. Theorie und Praxis driften in diesem Punkt jedoch erheblich auseinander.

2. Unabhängig vom eingestellten Zeitraum ist die Volatilitätsangabe praktisch ausnahmslos annualisiert angegeben. Um bei dem genannten 30-Tage-Beispiel zu bleiben, würde das bedeuten, dass die gemessene Volatilität dieser 30 Tage auf ein Jahr hochgerechnet wird. Jeder eingestellte Zeitraum einer Volatilitätsmessung entspricht weder prozentual noch absolut der Schwankungsbreite dieses eingestellten Zeitraumes, sondern wird immer auf ein Jahr skaliert. Diese Skalierung ist wichtig, um verschiedene Volatilitätszeiträume – historisch oder implizit – vergleichen zu können.

6.2 Verfahren zur Berechnung der historischen Volatilität

An der und im Umfeld der Börse ist »Volatilität« einer der meist verwendeten Begriffe. Ob technische Analyse, Handelssystementwicklung, Handel, insbesondere Optionshandel, Wertpapieranalyse usw., die Volatilität ist allgegenwärtig und als Risikomaß unabdingbar. Das Beherrschen der genauen Berechnungsmethode ist zwar nicht zwingend erforderlich. Es ist jedoch ratsam, sich damit auseinanderzusetzen, da es einen vertieften Einblick in die Materie gewährt. Eine fundierte, weitreichende Abhandlung der historischen Volatilität findet sich im Fachbuch von Bert Deiters[1] wie auch seiner Finanzseite »DeiFin.de«, dessen Ausführungen auch teilweise in diesem Abschnitt Einzug gehalten haben.[*]

Das für die Beurteilung der vergangenheitsorientierten Wertbewegung genutzte Prinzip (»performance evaluation«) lässt sich vorwärtsschauend auf erwartete (zukunftsbezogene und damit unsichere, zufällige) Werte übertragen, sofern man unterstellt, dass vergangene Renditeausprägungen bestimmend (»indikativ«) für zukünftige Renditeentwicklungen sind. Die Standardabweichung vom Erwartungswert der Rendite steht bei diesem Vorgang dann stellvertretend als Maß für das Risiko der als bekannt vorausgesetzten gesamten Wahrscheinlichkeitsverteilung der Renditen einer Investition. Wie die praktische Anschauung lehrt, erhöhen sich die Renditeerwartungen in dem Grade, in dem das mutmaßliche Risiko steigt, und umgekehrt (»risk/return tradeoff«). Die in der Standardabweichung

---
[1] Deiters, Futures – Eine einführende Gesamtdarstellung.
[*] Nutzung mit freundlicher Genehmigung von Bert Deiters.

gemessene Volatilität eines Kapitalpostens liefert mithin einen praktikablen Anhaltspunkt für die Erwägung, mit welcher Wahrscheinlichkeit sich ein angestrebtes Kursziel erreichen lässt.

Gesetzt den Fall, die Renditeverteilung einer Investition ist an statistische Regelmäßigkeiten gebunden, wie etwa durch die Gauß'sche Normalverteilung zum direkten Ausdruck gebracht, so lässt sich das Risiko vollständig beschreiben. Gehorcht sie der letztgenannten, so gilt demgemäß: Im Bereich [$\mu - 1\sigma$ $\mu + 1\sigma$] liegen 68,268 % der Renditen, im Bereich [$\mu - 2\sigma$ $\mu + 2\sigma$] liegen 95,45 % und im Bereich [$\mu - 3\sigma$ $\mu + 3\sigma$] liegen 99,73 % der Renditen.

Anmerkung:

Statistische Verteilungen beschreiben Zufallsgesetzmäßigkeiten. Bei der Gauß'schen Normalverteilung ist eklatant, dass die Wahrscheinlichkeit dafür, dass die tatsächliche Rendite zwischen +/– einer Standardabweichung vom Erwartungswert liegt, etwa 2/3 beträgt und infolge dessen jeweils etwa 1/6 dafür, dass sie unterhalb bzw. oberhalb dieses Intervalls liegt. Diese Aussage hat jedoch ihrer asymmetrischen Gestalt halber keine Geltung für logarithmierte Normalverteilungen.

Beispiel:

Berechnung der Renditen und der historischen Volatilität der Aktie XY7 aus den festgestellten Schlusskursen:

Zu berechnen sei die historische Volatilität für die XY7-Aktie. Dazu stellen wir beispielhaft die Veränderungsreihe der im soeben abgelaufenen Jahr (einschließlich Dezember des Vorjahres) an der Börse festgestellten Monatsschlusskurse auf (siehe Tabelle 6.1 in der Spalte »Kurs«, es könnten aber ebenso gut die Tages-, Wochen-, Quartals- oder die Kurse jeder beliebigen Zeitperiode der Operation zugrunde gelegt werden).

Monat	Kurs	Rendite	logarithmierte Rendite
Dezember	100,00	–	–
Januar	108,00	8,00 %	7,70 %
Februar	113,40	5,00 %	4,88 %
März	111,70	–1,50 %	–1,51 %
April	116,50	4,30 %	4,21 %
Mai	117,90	1,20 %	1,19 %
Juni	110,00	–6,70 %	–6,94 %
Juli	105,60	–4,00 %	–4,08 %
August	109,30	3,50 %	3,44 %
September	105,80	–3,20 %	–3,25 %
Oktober	102,00	–3,60 %	–3,67 %
November	107,10	5,00 %	4,88 %
Dezember	114,60	7,00 %	6,77 %

Tabelle 6.1: Daten der Aktie XY7 auf Monatsbasis

1. Schritt:

Im ersten Schritt werden die prozentualen Monatsrenditen berechnet (siehe Tabelle 6.1 in der Spalte »Rendite«).

2. Schritt:

Um bei der Kalkulation der Volatilität nicht gegen entscheidungstheoretische Plausibilitätsannahmen zu verstoßen, wird im Schrifttum gefordert, dass dem Investor eine sogenannte »quadratische Bernoulli-Nutzenfunktion« zuzuführen sei und/oder dass die Renditen des Investitionsobjekts statistisch normalverteilt seien. Da logarithmierte (stetige) Aktienrenditen im Gegensatz zu einfachen (diskreten) Renditen ungeschwächt für normalverteilt gelten (siehe nachfolgende Anmerkung), werden in diesem Schritt die Kursverhältnisse aus der Spalte »Rendite« der Tabelle 6.1 mit dem natürlichen Logarithmus logarithmiert (der natürliche Logarithmus hat die Konstante e = 2,71828 ... zur Basis). Als Ergebnis (dann wiederum mit 100 multipliziert) erhalten wir eine Zeitreihe, wie sie der rechten Spalte der Tabelle 6.1 zu entnehmen ist (»logarithmierte Rendite«, in Prozenten, auf zwei Nachkommastellen gerundet).

> **Anmerkung:**
> Die Annahme einer logarithmierten Normalverteilung von Aktienrenditen beachtet die Restriktion, dass der Aktionär niemals mehr Geld verlieren kann, als er für den Kauf seiner Aktien ausgelegt hat. Als eine für den Finanzpraktiker wie den Theoretiker gleichermaßen sich günstig erweisende Eigenschaft logarithmierter Renditen tritt hinzu, dass sie nicht nur den wirklichen Verhältnissen auf den Sekundärmärkten recht nahe kommt, sondern dass sich unter ihrer Beihilfe, zumal bei Grenzwertuntersuchungen, in methodisch schlüssiger, folgerichtiger Weise rechnen lässt.

3. Schritt:

Nachfolgend wird der arithmetische Durchschnitt (Mittelwert) μ der vorliegenden zwölf logarithmierten Monatsrenditen ausgerechnet. Das arithmetische Mittel einer gegebenen Anzahl beobachteter Vergangenheitsrenditen r einer Investition ergibt sich allgemein nach der Formel:

$$\mu = (1/n) * \Sigma\ r_t$$

n : Anzahl der der Rechnung zugrunde liegenden Renditen

rt : Rendite der Betrachtungsperiode t (mit t = 1, ..., n)

Σ : Summensymbol (griechisches Sigma, nach dem achtzehnten Buchstaben des griechischen Alphabets)

Die modifizierte Formel zur Errechnung des logarithmierten Mittelwerts (μ_{ln}) lautet demgemäß:

$$\mu_{ln} = (1/n) \times [\Sigma \ \ln(1 + r_t)]$$

Die Division der Summe der logarithmierten Monatsrenditen (gerundet, in Prozenten) durch zwölf liefert in unserem Beispiel also den gesuchten Mittelwert μ_{ln}:

$$\mu_{ln} = (7{,}70 + 4{,}88 - 1{,}51 + 4{,}21 + 1{,}19 - 6{,}94 - 4{,}08 + 3{,}44 - 3{,}25 - 3{,}67 + 4{,}88 + 6{,}77)/12 = 1{,}135$$

Die durchschnittliche logarithmische Monatsrendite der XY7-Aktie beträgt 1,135 %.

4. Schritt:

Berechnung der Varianz σ^2 und der Standardabweichung σ der logarithmierten Renditen:

Um quantitative Aussagen über das (für sich allein betrachtete) Risiko der XY7-Aktie treffen zu können, ist als Nächstes ihre Varianz zu berechnen. Die Varianz σ^2 ist definiert als die Summe aus den ins Quadrat erhobenen Abweichungen der Einzelausprägungen vom Mittelwert geteilt durch die Zahl der Einzelausprägungen. Zur Ausmittlung der Varianz einer Grundgesamtheit von Werten bedient man sich also allgemein der folgenden Formel:

$$\sigma^2 = (1/n) \times [\Sigma \ (r_t - \mu)^2]$$

wobei unter der Summe die Einzelausprägungen der Grundgesamtheit laufen.

Wird aus einer Stichprobe ein Schätzwert für die Varianz einer Grundgesamtheit gesucht, so zeigt die Statistik, dass zum Ausgleich von Stichprobenschätzfehlern der Nenner, hier: n, um 1 zu vermindern ist, um eine weitgehend erwartungstreue (»unbiased«) Schätzung zu erreichen. Eine solche Anpassung ist insbesondere immer dann vonnöten, wenn – wie hier am Beispiel der XY7-Aktie demonstriert – nur eine mäßige Zahl von Beobachtungswerten vorliegt. So erhalten wir:

$$\sigma^2 = [1/(n - 1)] \times [\Sigma \ (r_t - \mu)^2]$$

Die Varianz wird hierbei bestimmt unter Anwendung des oben errechneten logarithmierten Mittelwertes von $\mu_{ln} = 1{,}135$, indem dieser Wert von den einzelnen logarithmierten Monatsrenditen in Abzug gebracht und daraufhin quadriert und aufsummiert wird. Anschließend wird noch, wie erfordert, durch (n–1) geteilt. Unsere so modifizierte Formel lautet dementsprechend:

$$\sigma^2 = [1/(n - 1)] \times [\Sigma \ (\ln (1 + r_t) - \mu_{ln})^2]$$

Mit den eingesetzten Beispielswerten ergibt sich folgende Varianz:

$$\sigma^2 = [(7{,}70 - 1{,}135)^2 + (4{,}88 - 1{,}135)^2 + (-1{,}51 - 1{,}135)^2 + (4{,}21 - 1{,}135)^2 +$$
$$(1{,}19 - 1{,}135)^2 + (-6{,}94 - 1{,}135)^2 + (-4{,}08 - 1{,}135)^2 + (3{,}44 - 1{,}135)^2 +$$
$$(-3{,}25 - 1{,}135)^2 + (-3{,}67 - 1{,}135)^2 + (4{,}88 - 1{,}135)^2 + (6{,}77 - 1{,}135)^2]/$$
$$11 = 259{,}39/11 = \mathbf{23{,}58}$$

5. Schritt:

Da die gesuchte historische Volatilität eines Investitionsobjekts in der Standardabweichung σ gemessen wird, ist zu ihrer Kalkulation als Nächstes die Quadratwurzel aus der oben berechneten Varianz σ^2 zu ziehen:

$$\sigma = [(1/(n-1)) \times [\Sigma \ (\ln (1 + r_t) - \mu)^2]]^{1/2}$$

bzw. $\sigma = \sqrt{23{,}58} = \mathbf{4{,}856\,\%}.$

Die Standardabweichung (σ) der Monatsrenditen beträgt demnach 4,856 %. Man beachte, dass die Standardabweichung σ im Gegensatz zur Varianz σ^2 inhaltlich vollkommen kommensurabel ist mit ihren Ursprungswerten. Sie hat insbesondere die gleiche Dimension wie die zu ihrer Aufsuchung verwendeten Zahlengrößen. In unserem Rechenbeispiel also die Dimension Prozent.

> **Anmerkung:**
>
> Die Berechnung der Standardabweichung (σ) der logarithmierten Renditen einer Aktie kann alternativ zu Schritt 4 und 5 auch nach der Formel
>
> $$\sigma = [\Sigma r_{\ln}^2 /(n-1) - [(\Sigma r_{\ln})^2 / n \times (n-1)]]^{1/2}$$
>
> erfolgen, wobei $r_{\ln}$ die logarithmierten Renditen der Aktie bezeichnet.

6. Schritt:

Als letzter Schritt wird eine Skalierung durchgeführt. Mit dieser wird die errechnete Volatilität des untersuchten Zeitraums annualisiert bzw. auf ein Jahr skaliert. Wir schreiben hierfür:

$$\sigma_{ann} = \sigma \times \sqrt{n}$$

Die Verwendung der Volatilität als Risikomaß einer Kapitalanlage impliziert, dass das Risiko einer Investition mit sich entfernendem Anlagehorizont nicht linear (degressiv) zunimmt. Oder anders ausgedrückt: das Risiko steigt mit dem Quadrat der Zeit.

Ist die Standardabweichung, wie hier im Beispiel, das Ergebnis monatlicher Renditen, so hat die Multiplikation der (monatlichen) Standardabweichung σ_m demgemäß mit der Wurzel aus zwölf zu erfolgen, d.h. $\sigma_m \times \sqrt{12}$ = gesuchte historische Volatilität σ_{ann} der XY7-Aktie. Das ergibt mit obigen Werten eingesetzt:

$$\sigma_{ann} = \sigma_m \times \sqrt{12} = 4{,}856\,\% \cdot 3{,}4641 = 16{,}8217\,\%$$

Die historische Volatilität der Aktie XY7 beträgt **16,8217 %**.

> **Anmerkungen:**
>
> Da das Kalenderjahr aufgrund von Handelspausen an Wochenenden und Feiertagen je nach Land lediglich über rund 250 Börsenhandelstage verfügt und empirische Befunde überdies darauf hindeuten, dass eher Börsenhandelstage denn Kalendertage für eine angemessene Bestimmung der Volatilität einer Aktie maßgeblich sind, multipliziert man zur Annualisierung der Standardabweichung im Falle vorliegender Tagesrenditen mit der Wurzel aus 250, statt aus 365, d.h. $\sigma_{ann} = \sigma_t \times \sqrt{250}$.

Neben dem Ansatz der »historischen Volatilität« existiert ein zweiter Ansatz, der der künftigen Volatilität gerecht zu werden sucht: die sog. »implizite Volatilität«. Diese lässt sich auf der Grundlage eines Optionspreismodells, wie etwa dem Black-Scholes-Merton-Modell, logisch erschließen, wenn implizit davon auszugehen ist, dass die fragliche Option am Markt eine faire Bewertung erfährt. In diesem Fall gibt sie die allgemeine Markteinschätzung der voraussichtlichen Volatilität durch die Laufzeit der Option wieder. Man erhält die Kennzahl der impliziten Volatilität (kurz: IV), falls existent, aus den hervorgebrachten Optionspreisen des betreffenden Finanzinstruments, indem diese, neben den anderen bekannten Größen, als Preisziffer Eingang in die Optionspreisformel finden. Die gesuchte implizite Volatilität ist hierbei definiert als jene Volatilität σ, bei der sich der theoretische Optionspreis dem tatsächlichen Marktpreis der untersuchten Option (Optionsprämie) gleichstellt.

6.3 Die Volatilität der historischen Volatilität

Betrachtet man den zeitlichen Verlauf der historischen Volatilität, so fällt auf, dass sich diese – je nach Nervosität des Underlyings –, selbst recht volatil verhält. Führt man diese Untersuchung mit verschiedenen Messzeiträumen durch, so erkennt man, dass auch die Änderungsgeschwindigkeit mit abnehmendem Messzeitraum zunimmt. Dieser Effekt kommt in Abbildung 6.1 klar zum Ausdruck.

Abbildung 6.1 zeigt einen einjährigen Aktienchart (oberes Grafikfenster), dessen Volatilität mit drei unterschiedlichen Zeiträumen gemessen wird (unteres Grafikfenster). Die Messzeiträume sind 30, 90 und 250 Tage. Jedem Tagesschlusskurs der Aktie sind drei Volatilitäts-Messergebnisse im unteren Grafikfenster zugeordnet.

Ende Januar liegt die 30-Tagesvolatilität bei ca. 15 % und die 250-Tagesvolatilität bei ca. 37 %. Dann steigt die 30-Tagesvolatilität rapide an und erreicht Ende März die 30 %-Marke. Im Gegensatz dazu fällt im gleichen Zeitraum die 250-Tagesvolatilität auf 31 %.

86 6 Die historische Volatilität

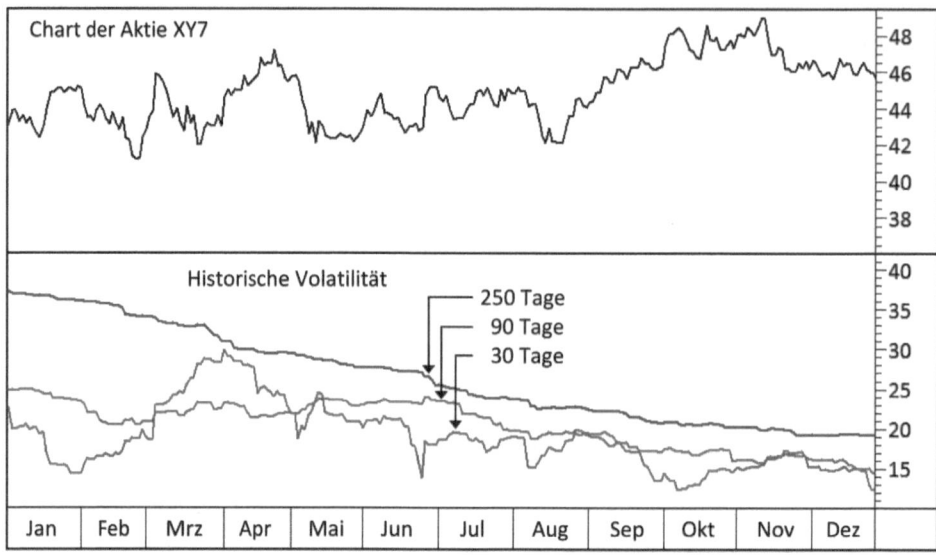

Abbildung 6.1: Verhalten der Volatilität in Abhängigkeit des Messzeitraums

Je kürzer der Messzeitraum der historischen Volatilität gewählt wird, desto schneller und heftiger reagiert die Volatilitätsmessung auf Marktveränderung des Underlyings. Dasselbe Verhalten macht sich auch bei der impliziten Volatilität von Optionen bemerkbar. Das bedeutet: Je kürzer die Restlaufzeit einer Option ist, desto sensibler reagiert die implizite Volatilität auf die Veränderung der Marktverhältnisse des Underlyings.

Grundsätzlich rührt dieser Effekt daher, dass je länger der eingestellte Messzeitraum für die historische Volatilität ist, desto mehr Messwerte fließen in die Berechnung ein, wodurch ein paar wenige, aus der Rolle fallende Messwerte (Tagesschlusskurse) kaum ins Gewicht fallen und somit keinen gravierenden Einfluss auf das Ergebnis der Volatilitätsberechnung haben.

6.4 Defizite der historischen Volatilität

In Abbildung 6.2 wird die Schwäche der historischen Volatilität als Referenz für die künftige implizite Volatilität ersichtlich. Das obere Chartfenster zeigt die Aktie XY7 und das untere Fenster die zugehörige historische Volatilität mit jeweils 30 und 35 Tagen Messzeitraum. Durch ein Einzelereignis von kurzer Dauer am 20. September 2012 wird die historische Volatilität von ca. 24% auf über 37% hochgerissen. Dort verharrt sie genau 30 bzw. 35 Tage – **je nach vorgenommener Einstellung des Zeitraumes** – um dann wiederum blitzartig auf unter 25% abzufallen. Was ist passiert? Dieses extreme »Einzelereignis« am 20. September 2012 führte zu diesem explosionsartigen Anstieg der historischen Volatilität. Diese bleibt genau so lange auf unrealistisch hohem Niveau, bis dieses Einzelereignis (nach 30 bzw. 35 Tagen) aus der Berechnung wieder herausfällt.

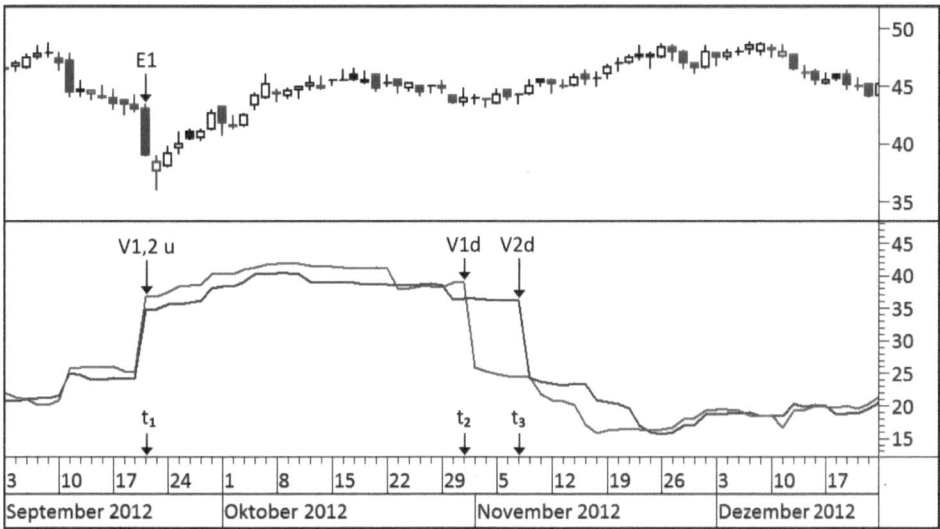

Abbildung 6.2: Extremverhalten der hist. Volatilität durch Einzelereignisse

E1   kurzfristiges Einzelereignis – starker Kursabfall am 20. September 2012 (t1)
V1,2 u   Reaktion der 30- bzw. 35-Tagesvolatilität (t1)
V1d   Reaktion der 30-Tagesvolatilität nach 30 Tagen (t2)
V2d   Reaktion der 35-Tagesvolatilität nach 35 Tagen (t3)
t1   20. September 2012
t2   31. September 2012
t3   7. Oktober 2012

Die Sondersituation vom 20. September 2012 ist längst akzeptiert, der Anleger hat wieder Ruhe gewonnen, und trotzdem zeigt die historische Volatilität immer noch diesen hohen Wert an und bleibt auf irreal hohem Niveau. In solchen Sondersituationen kann die Messung der historischen Volatilität keinesfalls als Referenz zur impliziten Volatilität einer Option herangezogen werden. Wenn man die historische Volatilität als Gradmesser zur Messung der Nervosität des Marktes heranziehen will, muss diese Problemstellung mit anderen Berechnungsmethoden gelöst werden.

6.5 Alternative Berechnungsmethode der historischen Volatilität nach Fend

Die Berechnungsmethode der historischen Volatilität hat in der Praxis einige gravierende Mängel, die zu stark verzerrenden Ergebnissen führen können – insbesondere, wenn man sie als Referenz zur impliziten Volatilität heranziehen will. Um diese Schwachstellen zu umgehen, wurde ein alternatives Berechnungsverfahren entwickelt. Dadurch wird es möglich, nicht nur künftige Kursausschläge besser zu erfassen, sondern auch den »Fair Value« einer Option präziser zu bestimmen. Die Problematik wird durch den nachfolgend gezeigten Ansatz gelöst.

$$\sum_{i=1}^{2n}\left(\frac{2n-i+1}{\sum_{j=1}^{2n} j} \times \frac{\frac{H_{t-i+1} - L_{t-i+1}}{\sqrt{2}}}{\frac{H_{t-i+1} + L_{t-i+1}}{100}} \times \sqrt{\frac{525600}{Thz}} \right)$$

n   Messzeitraum
H   High des Tageskurses bzw. Tageshöchstkurs
L   Low des Tageskurses bzw. Tagestiefstkurs
Thz Dauer eines Handelstages in Minuten

Es wird ausschließlich mit der Summe der Tagesspannen gearbeitet – eine Beziehung zwischen den Differenzen der Tagesschlusskurse wird nicht hergestellt. Bei Betrachtung der Darstellung in Abbildung 6.3 (Vergleich mittleres Fenster und unteres Fenster) wird ersichtlich, dass die Defizite der historischen Volatilität mit der alternativen Berechnungmethode nicht mehr auftreten. Mit dieser Berechnungsmethode kommt man in der Regel näher an die implizite Volatilität von Optionen (ATM) heran. Das ist ein hilfreiches Puzzle für die Lagebeurteilung im Optionshandel.

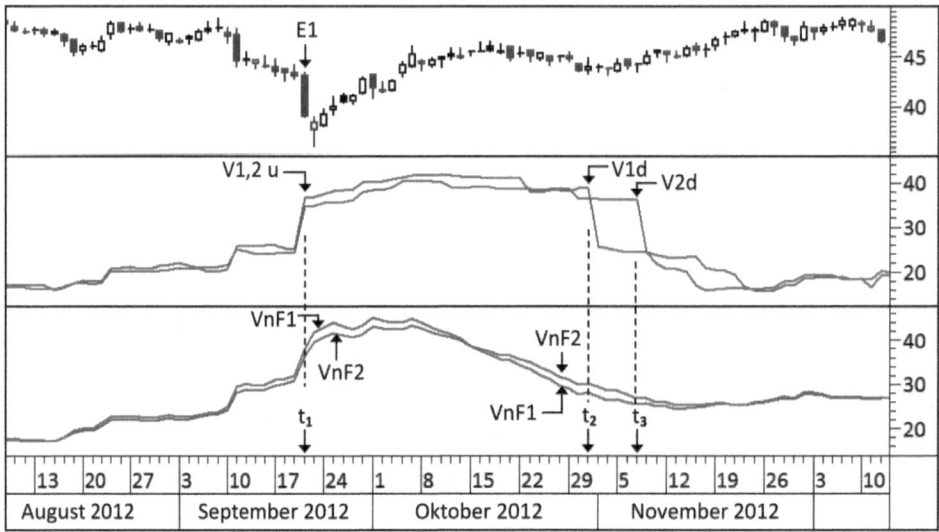

Abbildung 6.3: Historische Volatilität nach Fend

E1   kurzfristiges Einzelereignis – starker Kursabfall am 20. September 2012 (t1)
V1,2 u Reaktion der 30- bzw. 35-Tagesvolatilität (t1)
V1d   Reaktion der 30-Tagesvolatilität nach 30 Tagen (t2)
V2d   Reaktion der 35-Tagesvolatilität nach 35 Tagen (t3)
VnF1   historische Volatilität nach Fend 30 Tage
VnF2   historische Volatilität nach Fend 35 Tage
t1   20. September 2012
t2   31. September 2012
t3   7. Oktober 2012

7 Die Sensitivitätskennzahlen von Optionen: Die (großen) Griechen

Zum Verfallszeitpunkt einer Option wird ihr Wert nur noch vom Bezug des Strikes zum Kurs des Underlyings bestimmt, kurz von ihrem inneren Wert. Während der Laufzeit ist die Optionsprämie das Resultat der entsprechenden Einflussfaktoren auf das Optionspreismodell (Kapitel 5). Für einen Optionshändler ist es von fundamentaler Bedeutung zu wissen, wie sich eine Option während der Laufzeit verhält, wenn sich ein oder mehrere Parameter (Einflussfaktoren) ändern. Es interessiert, wie sich die Option verhält, wenn beispielsweise der Kurs des Underlyings steigt oder sich die implizite Volatilität nach unten entwickelt. Um die Einflüsse auf den Optionspreis durch veränderte Parameter in den Griff zu bekommen, bedient man sich der *Sensitivitätskennzahlen*, den sogenannten »Griechen«. Es gibt fünf wichtige Kennzahlen, die jeder, der sich mit dem Optionshandel beschäftigt, unbedingt beherrschen muss!

Bezeichnung (»Grieche«)	Symbol	Einfluss auf die Kennzahlen der »Griechen«
Delta	Δ	Kursbewegung des Underlyings
Gamma	γ	Veränderung des Deltas
Vega	(K)	Veränderung der impliziten Volatilität
Theta	θ	Veränderung der Restlaufzeit
Rho	R	Veränderung des risikolosen Zinssatzes

Tabelle 7.1: Die »Griechen«

Zur Bestimmung der Griechen bedient man sich technischer Hilfsmittel, im einfachsten Fall eines Optionspreisrechners, die man u. a. auf einschlägigen Internetseiten finden kann.

Im Laufe dieses Kapitels werden des Öfteren absolute und relative Preisveränderungen angesprochen. Eine relative Veränderung stellt immer einen Bezug zu einem anderen Wert her (in den Erläuterungen sind es dann meist prozentuale Angaben). Eine Wertveränderung um einen definierten Betrag ist absolut. Diese Unterscheidung ist fundamental wichtig! Es sei vorweggenommen, dass die Berücksichtigung von relativen und absoluten Wertveränderungen später in der Entwicklung von Strategien eine herausragende Rolle einnehmen wird!

Um im Optionshandel bestehen zu können, ist das detaillierte mathematische Verständnis der Griechen für den angehenden Optionstrader keine unbedingte Voraussetzung (hingegen ist das Verständnis von Einfluss und Auswirkung auf die Optionsprämie unabdingbar). Trotzdem ist es ein zusätzliches Puzzle für ein umfassendes Verständnis der Optionspreistheorie. Die mathematischen Ableitungen für die Griechen werden im Anschluss an die Beschreibungen der beiden Optionspreismodelle von Black-Scholes und dem Binomialmodell von Cox-Ross-Rubinstein in Kapitel 8 behandelt.

7.1 Kennzahlen – nur eine Momentaufnahme

Die »Griechen« geben Aufschluss darüber, wie sich der Optionspreis verändert, wenn sich ein Einflussfaktor bzw. Parameter ändert.

Diese Betrachtung wird für alle Griechen stets ceteris paribus (c.p.) vorgenommen, d.h. alle anderen Einflussfaktoren auf den Preis der Option bleiben gleich.

Die Sensitivitätskennzahlen bzw. Griechen werden aus denselben Parametern berechnet, die auch Eingang in das Optionspreismodell zur Bestimmung der Optionsprämie finden. Bei der Analyse einer Option auf ihre Griechen hat man zu berücksichtigen, dass es sich um eine Momentaufnahme handelt. Die Ergebnisse gelten streng genommen nur für den Moment der Analyse, d.h. jetzt. Morgen sind sie längst Geschichte!

7.2 Der Einfluss der Griechen auf eine Optionsposition

Werden die Griechen mit Hilfe eines Optionspreisrechners ermittelt, so gelten die ermittelten Werte, Optionspreis wie die Griechen, ausschließlich unter folgender Annahme:

- Es handelt sich um den »Kauf« einer Option.
- Der Option wird ein Bezugsverhältnis von 1:1 zu Grunde gelegt.

Wenn nun die Griechen aus einer Optionsposition vorliegen, so hat man mit etwas Erfahrung eine erste Einschätzung, wie die Position auf Änderungen der Einflussfaktoren reagiert. Doch dies für sich allein ist noch keine Aussage, wie der Gesamtwert einer realen Position auf Änderungen reagiert. Hierfür müssen folgende weitere Details der Position berücksichtigt werden.

1. Anzahl der Optionskontrakte

2. Bezugsverhältnis

3. Kauf/Verkauf

Jede Kennzahl muss mit Kontraktanzahl und Bezugsverhältnis multipliziert werden. Des Weiteren muss dann dieses Produkt im Falle eines Verkaufs noch mit (-1) multipliziert werden. Unter der Einhaltung des zuvor genannten Procederes können in einem System mit mehreren Optionen die jeweiligen Griechen der Einzelpositionen addiert werden.

7.3 Delta (Δ)

Die bekannteste Sensitivitätskennzahl ist das Delta. Bei der Entwicklung von Optionssystemen als auch für deren Begleitung im Markt wird das Delta künftig eine herausragende Rolle einnehmen. Mathematisch ist das Delta die erste Ableitung des Optionspreises nach dem Preis des Underlyings (im Falle der Anwendung des Black Scholes Modells vgl. Kapitel 8).

Die Kennzahl Delta (Δ) einer Option gibt an, um wie viel sich die Optionsprämie verändert, wenn der Kurs des Underlyings um eine Einheit steigt.

Das Delta bewegt sich bei einem Call zwischen 0 und 1 und bei einem Put zwischen -1 und 0. Wie in Abschnitt 7.1 bereits beschrieben, ist das Delta ein dynamischer Parameter, d.h. nach einer gewissen Bewegung des Underlyings hat sich das Delta wieder verändert! Ist das Delta einer Optionsposition bekannt, so muss in einem weiteren Schritt die Auswirkung im System berechnet werden. Für die Berechnung des Gesamtdeltas in einem System werden von allen Optionspositionen die Deltas nach dem Procedere, das in Abswchnitt 7.2 beschrieben wurde, addiert (vgl. Tabelle 7.2).

Δ DELTA						
Underlying:	Index					
Kurs:	10240,15					
Einstieg:	19.01.2015					
Verfall:	20.03.2015					
Restlaufzeit:	60 Tage					

Zeile	Delta	Put/Call	Kauf/Verkauf	Kontraktanzahl	Bezugsverhältnis	Auswirkung auf die Position	Auswirkung auf die Position, Berechnung im Detail
1	0,3547	Call	Kauf	9	5	15,96	0,3547 × 9 × 5
2	-0,0998	Put	Kauf	6	5	- 2,99	-0,0998 × 6 × 5
3	0,5359	Call	Verkauf	5	5	-13,40	0,5359 × 5 × 5 × -1
			Gesamtdelta des Optionssystems Σ			-0,43	

Tabelle 7.2: Auswirkung des Deltas in einem Optionssystem

Beträgt das Gesamtdelta eines Optionssystems 0, so hat eine Kursänderung des Underlyings in engem Rahmen (Vorsicht: Gamma) keine Auswirkung auf das Systemresultat.

Man spricht in diesem Fall von einem deltaneutralen »Hedge«.

Beispiel:

Unser Optionssystem besteht aus drei verschiedenen Positionen, so wie es in Tabelle 7.1 der Fall ist. Wenn von den drei Positionen jeweils nur das Delta, die Kontraktanzahl, das Bezugsverhältnis sowie Kauf oder Verkauf bekannt ist, so ist es möglich, *ohne Kenntnis der weiteren Positionsdetails* für jede einzelne Position wie auch für das Gesamtsystem die Auswirkung zu berechnen, wenn ein Kursanstieg von einer Einheit bzw. um 1 erfolgt. Betrachten wir nochmals den Vorgang von Einfluss und Auswirkung auf die erste Position im Detail.

1. Der Kurs des Underlyings steigt um 1 an, beispielsweise von 10240 auf 10241.
2. Dieser Kursanstieg bewirkt eine Optionspreisänderung von 195,10 € auf 195,4547 €. Die Option wurde um 0,3547 € teurer.
3. Jeder Kontrakt bezieht sich auf das Fünffache des Underlyings und im System sind 9 Kontrakte. Die absolute Wertveränderung dieser Position beträgt 0,3547 € × 9 × 5 bzw. 15,96 €.

Steigt der Kurs des Underlyings um eine Einheit bzw. um 1, so wird Position eins um 15,96 € teurer. Würde das Underlying nur um 0,7 steigen, so würde die Optionsposition um 11,17 € teurer werden. Nach diesem Procedere kann man alle drei Positionen in diesem Optionssystem zusammenzählen und erhält ein Gesamtdelta von –0,43. Das bedeutet, dass sich der Gesamtwert um *0,47 € verringert,* wenn der Kurs des Underlyings um 1 steigt.

Beträgt in einem Optionssystem das Gesamtdelta 0, so ist das System vollkommen gehedged. Eine Kursänderung des Underlyings in einem gewissen Bereich hat dann praktisch keine Auswirkung auf den Wert des Gesamtsystems.

Generell gilt für das Delta:
- Das Delta einer Call-Option am Geld (ATM) beträgt annähernd 0,5, und das einer Put-Option annähernd -0,5 (Call-Option knapp über 0,5 und Put-Option knapp über -0,5).
- Je tiefer eine Call-Option ins Geld (ITM) fährt, desto weiter nähert sich ihr Delta dem Wert 1 an.
- Je tiefer eine Put-Option ins Geld (ITM) fährt, desto weiter nähert sich ihr Delta dem Wert -1 an.
- Je weiter eine Put- oder Call-Option aus dem Geld (OTM) fährt, desto weiter nähert sich ihr Delta dem Wert 0 an.

In Abbildung 7.1 wird das Verhalten des Deltas von einer Call-Option (oberes Fenster) und einer Put-Option (unteres Fenster) in Abhängigkeit von drei verschiedenen Laufzeiten grafisch dargestellt (die vertikale Linie, die sich von ATM nach oben erstreckt, deutet den Strike der Option an).

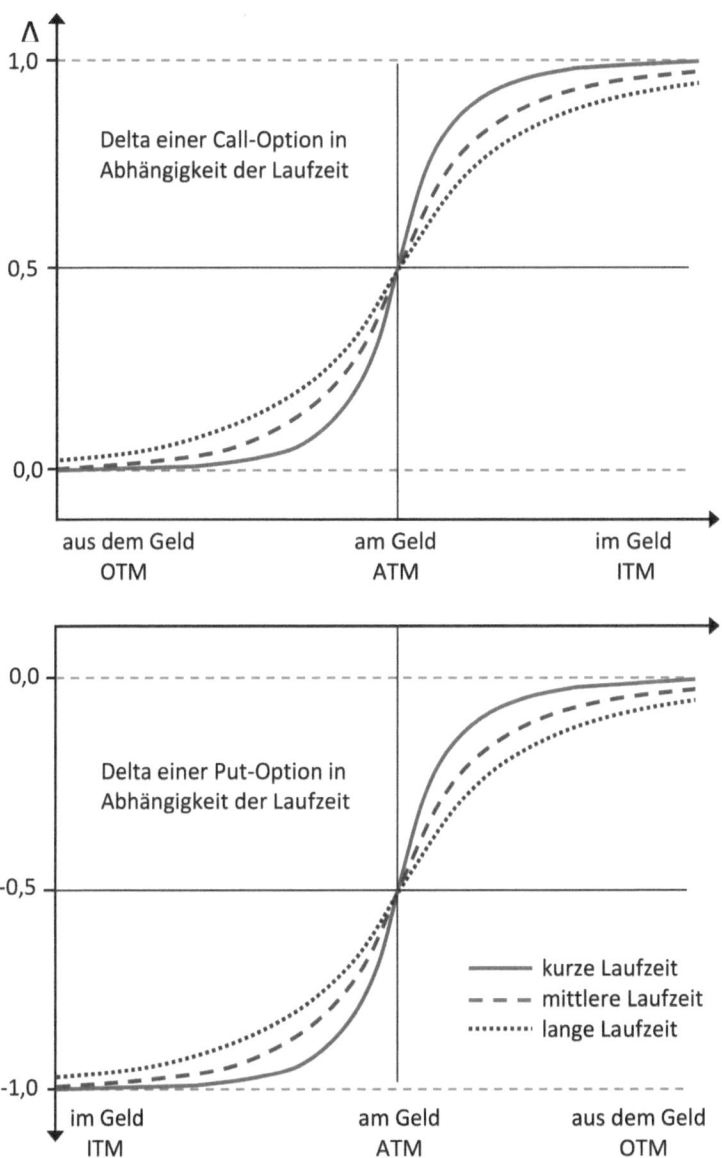

Abbildung 7.1: Delta von Put und Call in Abhängigkeit der Restlaufzeit

Praxisübung I

1. Starten Sie den Vandermart-Tracker und laden Sie die Strategie K7P1a.
2. Lassen Sie in der Strategieentwicklung alles unverändert. Sie sehen, dass die geladenen Optionspositionen jene Kenndaten aufweisen, welche in diesem Abschnitt für die Beschreibung des Deltas herangezogen wurden. Das in jeder Optionszeile ausgewiesene Delta gilt immer ohne Bezugsverhältnis und Kontraktanzahl. Das

Gesamtdelta aller Optionspositionen ist in der Spalte »Delta« in der Höhe des Buttons »CB.« (unter Optionszeile 16) ersichtlich, dessen Wert die Kontraktanzahl, Bezugsverhältnis sowie Kauf und Verkauf aller Positionen berücksichtigt. Das Gesamtdelta weist einen Wert von 0,4321 aus.

3. Öffnen Sie die Strategiesimulation.
4. Stellen Sie den Zeitschieber ganz nach links (Datum zeigt 19.01.2015).
5. Lassen Sie sonst alle Einstellungen unverändert.
6. Ziehen Sie den Zeitschieber ganz nach links (Restlaufzeit zeigt 60 Tage an).
7. Aktivieren Sie das Fadenkreuz, Button »Fk.« links oben. In der Grafikanzeige erscheint zusätzlich die Fadenkreuzanzeige.
8. Bewegen Sie das Fadenkreuz auf der X-Achse, bis Sie dem Einstiegsbereich bei 10240 möglichst nahe kommen. Fixieren Sie das Fadenkreuz mit einem kurzen Click auf die rechte Maustaste.
9. Der Projektionsgraf (rot) weist in engem Rahmen um den Einstiegsbereich praktisch eine Gerade aus, was anzeigt, dass sich das System in einem abgesicherten (Deltahedge) Status befindet. In der Fadenkreuzanzeige ist die oberste Angabe (Dta:) die Anzeige des Gesamtdeltas, was einen Wert von ca. 0,43 bis 0,46 ausweist. Dieses Gesamtdelta bezieht sich auf den eingestellten Projektionszeitraum durch den Zeitschieber.
10. Ziehen Sie den Zeitschieber auf den 16.03.2015 (vier Tage Restlaufzeit). Das Gesamtdelta (Fadenkreuzanzeige) zeigt nun einen Wert von -11,76 an. Diese massive Veränderung ist die Auswirkung durch die Reduktion der Restlaufzeit. Die Projektion zeigt deutlich an, dass bei steigendem Kurs des Underlyings das System erheblich in den Verlust fahren würde. Bei einem Anstieg des Underlyings um 1 würde das System 11,76 € verlieren. Wie sich das Gesamtdelta in Abhängigkeit der Restlaufzeit entwickelt, ist ausschließlich vom Aufbau des Optionssystems abhängig!
11. Lösen Sie wieder die Fixierung des Fadenkreuzes, indem Sie mit der Maus in die Grafikfläche fahren und einen kurzen Rechtsklick durchführen.
12. Wir versuchen nun das System zu hedgen. Aktivieren Sie den Button »Det.« links oben. Fahren Sie mit dem Fadenkreuz auf die Shortposition, die durch einen kleinen rot gefüllten Kreis erkennbar ist, und machen Sie einen kurzen Linksklick (wenn Sie mit dem Fadenkreuz in die Nähe des roten Kreises kommen, so erscheinen Detailinformationen dieser Position). Die Position wird nun mit einem weißen Kreis umrahmt, was anzeigt, dass diese Position für Veränderungen fixiert wurde. Mit der Fixierung werden Detailinformationen am linken oberen Rand der Grafikanzeige ausgeschrieben.
13. Fixieren Sie nun wieder das Fadenkreuz im Einstiegsbereich, so wie Sie es bereits unter Punkt 8 durchgeführt haben.
14. Drehen Sie nun am Mausrad, wodurch sich die Kontraktanzahl der fixierten Position ändert (das wird auch in der Detailanzeige der fixierten Position ersichtlich, die am linken oberen Grafikrand ausgeschrieben wird). Ändern Sie die Kontraktanzahl so lange, bis das Gesamtdelta (erste Angabe in der Fadenkreuzanzeige, »Dta:«) der Null möglichst nahe kommt.
15. Das System ist somit wieder deltaneutral, bzw. kursresistent um den Einstiegsbereich. Machen Sie sich mit den variablen Einflüssen auf ein System vertraut.

7.4 Gamma (γ)

Das Delta ist ein dynamischer Wert, der je nach Marktsituation ständigen Veränderungen unterliegt. Der Grad der Veränderung des Deltas wird mit der Kennzahl »Gamma« beschrieben. Das Gamma könnte auch als Delta des Deltas bezeichnet werden. Mathematisch ist das Gamma die zweite partielle Ableitung der Optionsprämie nach dem Kurs des Underlyings (im Falle der Anwendung des Black-Scholes-Modells vgl. Kapitel 8).

Die Kennzahl Gamma (γ) einer Option gibt an, um wie viel sich das Delta einer Option verändert, wenn der Kurs des Underlyings um eine Einheit steigt.

Für Put und Call gilt: Das Gamma ist größer 0. Delta und Gamma sind wie alle Griechen dynamische Parameter. Die Situation beim Gamma ist insofern etwas schwieriger, als dass es sich um eine Kenngröße handelt, welche die Dynamik einer anderen Kenngröße, nämlich dem Delta, beschreibt. Betrachten wir Tabelle 7.3, in der diese Dynamik des Gammas in Bezug zum Delta herausgearbeitet ist.

γ GAMMA						
Untersuchung des Gammas anhand einer Call-Option						
Underlying:	Aktie					
Einstieg:	20.03.2015					
Verfall:	19.06.2015					
Restlaufzeit:	91 Tage					
IV:	22,14 %					
Zins:	0,042 %					
Zeile	Aktie	Strike	Prämie	Delta	Gamma	Berechnetes Delta für Kurs +1
1	100	105	2,4553	0,3502	**0,0335**	(Kurs 101) 0,3502 + 0,0335 = **0,3837** (Kurs 102) 0,3502 + 0,0335 × 2 = **0,4172** (Kurs 103) 0,3502 + 0,0335 × 3 = **0,4507**
2	101	105	2,8223	0,3840	**0,0342**	(Kurs 102) 0,3840 + 0,0342 = **0,4182** (Kurs 103) 0,3840 + 0,0342 × 2 = **0,4524**
3	102	105	3,2234	0,4184	**0,0346**	(Kurs 103) 0,4184 + 0,0346 = **0,4530**
4	103	105	3,6592	0,4532	**0,0348**	

Tabelle 7.3: Delta in Abhängigkeit des Gammas

In Tabelle 7.3 wurden die Griechen, Delta und Gamma, einer Call-Option mit der Annahme steigender Aktienkurse (100, 101, 102, 103) mit Hilfe eines Optionspreisrechners ermittelt. In der Spalte rechts wurde dann rechnerisch das Delta des nächsthöheren Aktienkurses mit Einbeziehung des Gammas berechnet. Das heißt: In Zeile 1 wurde das Delta für Zeile 2, 3, und 4 berechnet, in Zeile 2 das Delta für Zeile 3 und 4 und in Zeile 3 das Delta für Zeile 4. Wenn wir Zeile 1 näher betrachten und die berechneten Deltas (rechte Spalte) für die Zeilen 2, 3, und 4 mit dem Delta vergleichen, das der Optionspreisrechner ermittelte, so erkennt man gleich die Abweichungen. Die berechnete Abweichung des Deltas für den nächsthöheren Aktienkurs von 101 ist noch recht klein, doch je weiter sich der Kurs von der ursprünglichen Berechnungsbasis von 100 entfernt, desto größer wird die Abweichung. Das hängt damit zusammen, dass auch das Gamma selbst einer Dynamik unterliegt und so gesehen die aufgeführte, rechnerische Ermittlung nur eine Annäherung ist.

In der Praxis werden sowohl das Delta als auch das Gamma (das gilt für alle Griechen) immer mit einem Optionspreisrechner oder mit computergestützten Hilfen ermittelt. Die Berechnungsmethode soll hier ausschließlich den Zusammenhang dieser Kennzahlen verdeutlichen.

Generell gilt für das Gamma, unabhängig ob Put oder Call:
- Das Gamma ist immer größer 0.
- Eine Option, unabhängig ob Put oder Call, deren Strike knapp über dem aktuellen Kurs des Underlyings liegt, weist das höchste Gamma aus (laufzeitabhängig, siehe Abbildung 7.2).
- Für eine am Geld liegende Option (ATM) steigt das Gamma mit abnehmender Restlaufzeit.
- Für eine am Geld liegende Option (ATM) steigt das Gamma mit abnehmender impliziter Volatilität.

Für Optionssysteme gilt:
- Je höher das Gesamtgamma in einem Optionssystem ist, desto massiver ist die Ausprägung des nichtlinearen Verhaltens des Systems um den Einstiegsbereich.
- Ein Optionssystem, welches gammaneutral aufgebaut ist, wird in einem gewissen Bereich, der sich über und unter das Einstiegsniveau des Underlyings erstreckt, eine lineare Funktion aufweisen. Das bedeutet, dass eine Kursbewegung des Underlyings sich relativ linear, oder auch relativ invers linear zum Gesamtsystempreis verhält.
- Ein Optionssystem, das gamma- und deltaneutral aufgebaut ist, wird in einem gewissen Bereich, über und unter dem Einstiegsniveau des Underlyings, nicht oder nur sehr gering auf Kursänderungen des Underlyings reagieren. In diesem Fall werden die anderen Einflussfaktoren, insbesondere das Vega (vgl. Abschnitt 7.5) relevant. Das bedeutet, dass das System in erster Linie auf Änderungen der impliziten Volatilität reagieren wird.

Das Gamma ist jene Kennzahl um die sich das Delta ändert, wenn der Kurs des Underlyings um einen Punkt steigt. Dieser Umstand verursacht bei einer Kursänderung des Underlyings eine laufende Änderung des Deltas. Somit handelt es sich beim Gamma um jenen Faktor, der das nichtlineare Verhalten des Underlyings zur Optionsprämie bewirkt!

Abbildung 7.2 zeigt die schematische Darstellung des Gammas in Abhängigkeit von drei verschiedenen Laufzeiten (die vertikale Linie, die sich von ATM nach oben erstreckt, deutet den Strike der Option an).

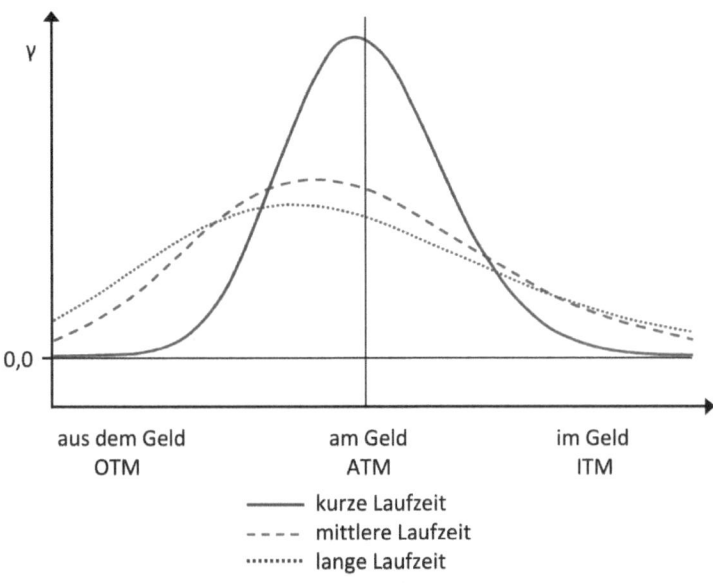

Abbildung 7.2: Gamma einer Call-Option in Abhängigkeit von verschiedenen Laufzeiten

Praxisübung II
1. Starten Sie den Vandermart-Tracker und laden die Strategie K7P2b.
2. Lassen Sie in der Strategieentwicklung alles unverändert. Die Optionspositionen 1 bis 4 bilden einen Ironcondor. Diese Positionen sind rot eingefärbt und bilden die Teilgruppe A. Die Optionsposition 7 ist eine Put-long-Position, welche das Gamma des Ironcondors kompensiert. Diese Position ist grün eingefärbt und gehört zu Teilgruppe B. Die Underlyingposition 1 beinhaltet 100 Aktien, ist grün eingefärbt und gehört ebenfalls zu Teilgruppe B. Teilgruppe B setzt die Gesamtkonstruktion gamma- und deltaneutral. In den unteren Anzeigefeldern sind die Summen der Griechen ersichtlich. Bei den angezeigten Summen der Griechen (nicht jedoch bei den Griechen der Einzelpositionen) sind Bezugsverhältnis, Kontraktanzahl sowie Kauf bzw. Verkauf berücksichtigt, wie es in Abschnitt 7.2 bereits beschrieben wurde. Delta und Gamma wurden so gut wie möglich auf 0 getrimmt (bei den »scheinbar« etwas höheren Werten ist stets Kontraktanzahl und Bezugsverhältnis zu berücksichtigen).
3. Öffnen Sie die Strategiesimulation.
4. Stellen Sie den Zeitschieber ganz nach links (Datum zeigt 19.01.2015).
5. Sie sehen, dass der rote Funktionsgraf um das Einstiegsniveau fast wie eine Gerade verläuft, was auf die delta- und gammaneutrale Kompensation zurückzuführen ist.

6. Bewegen Sie den Volatilitätsregler nach oben und unten und beachten Sie, wie sensibel sich Änderungen der impliziten Volatilität auswirken.
7. Stellen Sie den Volatilitätsregler wieder auf die Ausgangsposition (0).
8. Ziehen Sie den Zeitschieber langsam nach rechts und beachten Sie den roten Funktionsgrafen. Sie sehen, wie sich mit verringernder Restlaufzeit der Funktionsgraf um den Einstiegsbereich zu krümmen beginnt. Das bedeutet, dass eine Optionsstrategie nur für einen gewissen Zeitrahmen zu hedgen ist. Ansonsten sind von Zeit zu Zeit Anpassungen durchzuführen.
9. Aktivieren Sie im Panel »Gruppierung« (links, zweites Panel von oben) den Button »G.tg«. Damit wird die Gruppierung aktiviert. Die Buttons A und B scheinen nun rot auf. Inaktivieren Sie die Gruppe B. In diesem Fall wird nur die Gruppe A, die ausschließlich den Ironcondor aktiviert, grafisch dargestellt. Sie erkennen sofort, wie sich der Funktionsgraf um den Einstieg krümmt. Mit dem Zeitschieber können Sie das Verhalten des Ironcondors vom Einstieg bis zum Verfall simulieren.
10. Aktivieren Sie wieder Gruppe B.
11. Stellen Sie den Zeitschieber auf 30 Tage Restlaufzeit und versuchen Sie, die Positionen der Gruppe B (Strike und Kontraktanzahl von Optionsposition 7 und Kontraktanzahl der Aktienposition) so zu verändern, dass wieder eine gerade, horizontale Funktion um den Einstiegsbereich entsteht. Das ist etwas knifflig und braucht Geduld, ist aber sehr hilfreich, um ein Gefühl für das Verhalten zu entwickeln.

7.5 Vega (K)

Wer der griechischen Sprache mächtig ist, hat sicherlich schon bemerkt, dass das Vega gar nicht zum griechischen Alphabet gehört. Diese Bezeichnung hat sich jedoch in den letzten zwei Dekaden etabliert, und der Begriff »Vega« wird deshalb heute trotzdem zu den Griechen gezählt. Vereinzelt ist in der Fachliteratur dafür das griechische »Kappa« (K) zu finden. Grundsätzlich beschreibt das Vega die Auswirkung auf die Optionsprämie, wenn sich die implizite Volatilität ändert. Die Definition hierfür lautet:

Die Kennzahl Vega einer Option gibt an, um wie viel sich die Optionsprämie verändert, wenn die implizite Volatilität um einen Prozentpunkt steigt.

> **Generell gilt für das Vega, unabhängig ob Put oder Call:**
> - Das Vega ist immer größer 0.
> - Eine am Geld (ATM) liegende Option weist absolut immer das höchste Vega aus.
> - Je weiter die Option im Geld (ITM) oder aus dem Geld (OTM) liegt, desto höher ist das Vega relativ zum Zeitwert der Optionsprämie.
> - Mit abnehmender Restlaufzeit verringert sich das Vega.

- Eine Änderung der impliziten Volatilität einer am Geld liegenden (ATM) Option hat nur einen minimalen bis gar keinen Einfluss auf das Vega.
- Je weiter eine Option im Geld (ITM) oder aus dem Geld (OTM) liegt, desto relativ sensibler reagiert das Vega auf eine Änderung der impliziten Volatilität.

(K) VEGA
Untersuchung des Vegas anhand einer Call-Option
Underlying: Aktie
Einstieg: 20.03.2015
Verfall: 19.06.2015
Restlaufzeit: 91 Tage
Kurs: 100
IV: 25,00 %
Zins: 0,042 %

Zeile	Strike	Prämie	Zeitwert der Prämie	Vega	Vega in % zum Zeitwert	ATM/ITM/OTM
1	80	20,17	0,17	**0,0382**	22,47 %	ITM
2	90	11,32	1,32	**0,1338**	10,14 %	ITM
3	100	4,98	4,98	**0,1988**	3,99 %	ATM
4	110	1,68	1,68	**0,1576**	9,38 %	OTM
5	120	0,44	0,44	**0,0782**	17,77 %	OTM

Tabelle 7.4: Vega in Bezug zum Zeitwert der Optionsprämie

Für die nähere Untersuchung wurde in Tabelle 7.4 das Vega prozentual in Bezug zum Zeitwert der Optionsprämie herausgearbeitet. So können wir erkennen, dass ein Ansteigen der impliziten Volatilität der am Geld liegenden Option (ATM) zwar *absolut* das höchste Vega aufweist, sich die Veränderung jedoch prozentual bzw. *relativ* auf den Zeitwert der Optionsprämie bezogen, am geringsten auswirkt. In den Zeilen 3 bis 5 kommt der Effekt prägnanter zum Ausdruck, da die Optionen keinen inneren Wert aufweisen bzw. der Zeitwert der Optionsprämie entspricht. Das Ansteigen der impliziten Volatilität um einen Prozentpunkt bewirkt eine Verteuerung der Option am Geld (Zeile 3) um 3,99 % und bei der OTM-Option mit Strike 120 (Zeile 5) eine Verteuerung um 17,77 %.

Abbildung 7.3 zeigt die schematische Darstellung des Vegas in Abhängigkeit von drei verschiedenen Laufzeiten (die vertikale Linie, die sich von ATM nach oben erstreckt, deutet den Strike der Option an).

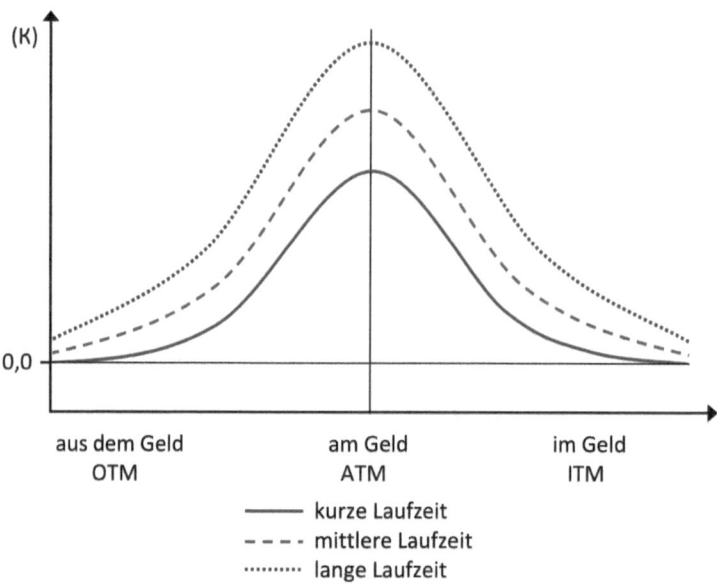

Abbildung 7.3: Vega einer Call-Option in Abhängigkeit der Restlaufzeit

Praxisübung III

Es ist etwas schwierig, das Vega in einem Praxisbeispiel prägnant herauszuarbeiten. Deshalb wurde ein Beispiel gewählt, das die Veränderung der impliziten Volatilität veranschaulicht (implizite Volatilität und Vega stehen in einem engen Zusammenhang).

1. Starten Sie den Vandermart-Tracker und laden die Strategie K7P3a.
2. Die einfache Strategie beinhaltet einen sogenannten long Straddle. Das ist ein Kauf eines Calls und eines Puts mit gleicher Laufzeit und gleichem Strike, der möglichst nahe am Kurs des Underlyings liegen sollte. Lassen Sie in der Strategieentwicklung alles unverändert.
3. Öffnen Sie die Strategiesimulation.
4. Stellen Sie den Zeitschieber ganz nach links (Datum zeigt 19.01.2015).
5. Die Funktion des Verfalls bildet eine Art V ab.
6. Bewegen Sie den Volatilitätsregler nach oben und unten und beachten Sie, wie sensibel sich Änderungen der impliziten Volatilität auswirken.
7. Ziehen Sie den Zeitschieber langsam nach rechts und beachten Sie dabei, wie sich der rote Funktionsgraf allmählich der Verfallsfunktion annähert.
8. Stellen Sie den Voltilitätsregler wieder auf die Ausgangsstellung zurück (mit einem Klick auf die Bezeichnung »res« links unten im Pannel der drei Volitilitätsregler).

9. Aktivieren Sie den Button »H.e.« und beziehen Sie damit die historischen Daten mit ein. Zusätzlich zum roten Projektionsgraf wird jetzt ein Funktionsgraf mit den historischen Settlementdaten des jeweiligen Handelstages eingeblendet. Des Weiteren wird eine weiße vertikale Linie gezeichnet, die den Schlussstand des Underlyings des jeweiligen Handelstages anzeigt und zusätzlich Informationen zur Verfügung stellt, welche direkt am oberen Ende dieser weißen Linie ausgeschrieben werden. Die Informationen von oben nach unten:

U.H.e. (Undelying, Historie einbezogen)

Datum des Handelstages

P/L – Gewinn/Verlust, die sich aktuell aus den historischen Daten ergeben

P/L – Gewinn/Verlust aus der Berechnung des Modells

Fehler zwischen aktuellen Settlementdaten und Modell (Settlements minus Modell)

Wenn Sie nun den Zeitschieber nach rechts fahren, so können Sie für jeden Tag verfolgen, wie sich das Modell (Projektion) zum Modell, das aus den Settlements erstellt wurde, verhält. Die Funktion, die aus den historischen Settlement-Daten erstellt wird, schwankt etwas plus/minus der Projektionsfunktion.

7.6 Theta (θ)

Jede Option besitzt einen gewissen Zeitwert, der im Laufe der Restlaufzeit bis zum Verfall abgebaut wird und zum Verfallszeitpunkt 0 beträgt. Der Kennzahl, die den Zeitwertverlust der Option beschreibt, wurde der griechische Buchstabe Theta (θ) zugewiesen.

Die Kennzahl Theta einer Option gibt an, um wie viel sich die Optionsprämie vermindert, wenn sich die Restlaufzeit um einen Tag verkürzt.

Generell gilt für das Theta, unabhängig ob Put oder Call:
- Das Theta ist immer negativ.
- Eine am Geld (ATM) liegende Option weist immer das höchste (negative) Theta aus.
- Für eine am Geld liegende Option (ATM) steigt das Theta mit abnehmender Restlaufzeit.
- Für eine weit im Geld (ITM) oder aus dem Geld (OTM) liegende Option strebt das Theta mit abnehmender Restlaufzeit (im Gegensatz zu einer ATM-Option) gegen 0!
- Generell steigt das Theta mit zunehmender impliziter Volatilität.

⊖ THETA
Untersuchung des Thetas anhand einer Call-Option

Underlying:	Index
Einstieg 1:	20.06.2014
Einstieg 2:	04.07.2014
Verfall:	18.07.2014
Restlaufzeit 1:	28 Tage
Restlaufzeit 2:	14 Tage
Kurs:	10000
IV:	10,00 %
Zins:	0,2170 %

Zeile	Strike	Prämie	Zeitwert der Prämie	Restlaufzeit	Theta	ATM/ITM/OTM
1	9500	504,91	4,91	28	-0,39	ITM
2	9500	501,01	1,01	14	-0,13	ITM
3	10000	111,32	111,32	28	-2,02	ATM
4	10000	78,53	78,53	14	-2,87	ATM
5	10500	4,53	4,53	28	-0,43	OTM
6	10500	0,42	0,42	14	-0,12	OTM

Tabelle 7.5: Theta mit zwei unterschiedlichen Restlaufzeiten

In den Strategien spielt das Theta eine herausragende Rolle. Alle gekauften Optionen unterliegen diesem Zeitwertverfall. In komplexeren Optionsstrategien werden diese Longpositionen mit Shortpositionen (Verkaufspositionen) kompensiert oder zumindest teilkompensiert. Bei der Strategieentwicklung muss der Zeitwertverlust immer im Auge behalten werden (die vertikale Linie, die sich in Abbildung 7.4 von ATM nach oben erstreckt, deutet den Strike der Option an).

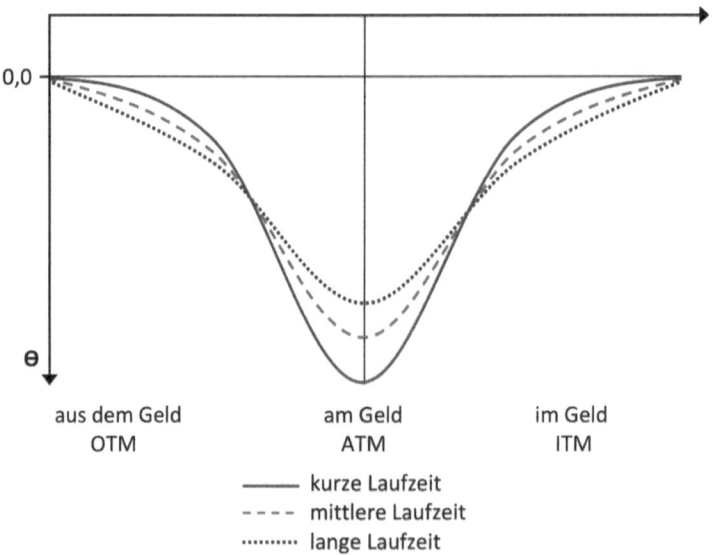

Abbildung 7.4: Theta einer Call-Option in Abhängigkeit der Restlaufzeit

Abbildung 7.4 zeigt die schematische Darstellung des Thetaverlaufs in Abhängigkeit von drei verschiedenen Laufzeiten.

Praxisübung IV

1. Starten Sie den Vandermart-Tracker und laden die Strategie K7P4a.
2. Mit dieser Strategie werden 6 aktive Optionszeilen in die Strategieentwicklung geladen. Es handelt sich dabei um jene Optionen, die in Tabelle 7.5 zur Erklärung herangezogen wurden. Experimentieren Sie nur in der Strategieentwicklung mit den Einflussparametern in den Optionszeilen. Achten Sie darauf, wie die Griechen reagieren, wenn Sie entsprechende Parameter in den Optionszeilen ändern. Üben Sie das so lange, bis Sie im Vorhinein wissen, in welche Richtung sich die Griechen verändern werden.

7.7 Rho – (R)

Der letzte im Bunde der Griechen ist das Rho (R), dessen Kennzahl die Veränderung des risikolosen Marktzinses beschreibt. Es handelt sich hierbei um jenen Einflussfaktor, der im Wesentlichen nur bei längeren Laufzeiten und höheren Zinsen zum Tragen kommt. Veränderungen des Marktzinses gehen meist in kleinen Schritten vonstatten, sodass die Auswirkung auf die Optionsprämie in der Regel nicht wirklich relevant ist.

Die Kennzahl Rho einer Option gibt an, um wie viel sich die Optionsprämie verändert, wenn der risikolose Marktzins um 1 % (100 Basispunkte) steigt.

Für den Call gilt:
- Das Rho ist immer positiv.
- Mit steigendem Zins erhöht sich das Rho (die Optionsprämie wird teurer).
- Je länger die Restlaufzeit, desto größer das Rho.

Für den Put gilt:
- Das Rho ist immer negativ.
- Mit steigendem Zins verringert sich das Rho (die Optionsprämie wird billiger).
- Je länger die Restlaufzeit, desto größer das Rho.

Das Rho spielt bei den Griechen eine untergeordnete Rolle, da es ja nur die Zinsveränderung auf den Optionspreis widerspiegelt. Im Gegensatz dazu ist der risikolose Marktzins zum Zeitpunkt des Markteintritts sehr wohl relevant, jedoch auch nur unter der Voraussetzung, dass die Laufzeit der Option entsprechend lang (ein- oder mehrjährige Optionen) ist und zudem ein adäquates Zinsumfeld gegeben ist.

7.8 Erweiterte Kennzahlen

In der Literatur finden sich des Öfteren zwei weitere Kennzahlen, die hier nicht unerwähnt bleiben sollen. Zum Einen ist es der »Hebel« und zum Anderen das »Omega«. In der Strategieentwicklung spielen sie eher eine zweitrangige Rolle. Diese beiden Kennzahlen sind bei der Bewertung von Optionsscheinen häufiger anzutreffen, was aber nicht mit standardisierten, börsennotierten Optionen zu verwechseln ist.

7.8.1 Der Hebel

Der Hebel ist einfach das Verhältnis von Aktienkurs zu Optionsprämie. Dieser wird gerne bei sogenannten »Turbo-Zertifikaten« angewendet, die im Grunde nichts anderes als ein Aktienkauf auf Kredit sind. Diese »Turbos« sind mit einer zusätzlichen Knock-out-Schwelle versehen, bei deren Unterschreitung das Zertifikat sofort wertlos verfällt.

$$Hebel = \frac{Aktienkurs}{Optionsprämie}$$

7.8.2 Omega (Ω)

Das Omega ist das Produkt aus Hebel und Delta. Die Definition für das Omega lautet:

Die Kennzahl Omega (Ω) einer Option gibt an, um wie viel Prozent sich die Optionsprämie verändert, wenn der Kurs des Underlyings um ein Prozent steigt.

$$Omega = \frac{Aktienkurs \times Delta}{Optionsprämie}$$

8 Die Optionspreismodelle von Black & Scholes und Cox, Ross, Rubinstein

Das grundlegende Verständnis der Optionspreismodelle gehört zum Basiswissen eines jeden professionellen Optionstraders. In der heutigen Zeit ist es zwar selbstverständlich, dass sämtliche Berechnungen mit Hilfe von Computerprogrammen durchgeführt werden, trotzdem sollte man die sich dahinter verbergende Funktionsweise der wichtigsten Optionspreismodelle kennen. Es ist ähnlich wie mit dem Autofahren: Zum Steuern des Wagens ist es zwar ausreichend, die Verkehrsregeln und alle Elemente zum Steuern des Wagens zu beherrschen, von einem Formel-1-Piloten erwartet man aber, dass er weiß, wie ein Benzinmotor funktioniert.

Erst mit Hilfe des Optionspreismodells ist man in der Lage, Optionen anhand ihrer Daten zu analysieren und entsprechend zu beurteilen. Folgende Anforderungen hat das Modell zu erfüllen:

- Ermittlung des »fairen« Optionspreises
- Ermittlung der impliziten Volatilität
- Ermittlung der Griechen (Delta, Gamma, Vega, Theta, Rho)

Eine der entscheidenden Fragen ist wohl, was ein »fairer« Optionspreis bzw. »Fair Value« denn eigentlich sein soll. Eine plausible Antwort auf diese Problemstellung liefert J. Labuszewski in seinem Buch *Trading Options on Futures*:

»Der faire Wert einer Option ist der Preis, zu dem sowohl Käufer als auch Verkäufer statistisch gesehen, über eine ausreichend große Anzahl von Versuchen, ein Break-even-Geschäft erwarten kann.«

Einfach ausgedrückt könnte man auch sagen: Der faire Wert einer Option ist jener Betrag, der bei einer ausreichend großen Zahl von Versuchen unter stets »relativ« gleichen Bedingungen zu einem Nullsummenspiel führt.

8.1 Die Entwicklungsgeschichte der Optionspreismodelle

Mit der korrekten mathematischen Erfassung von Optionspreismodellen beschäftigten sich schon Mathematiker im 18. Jahrhundert. Eine umfassende Abhandlung zu diesem Themengebiet wurde bereits vom Franzosen Louis Bachelier im Jahr 1900 veröffentlicht. Bachelier ist einer der bekanntesten Gründerväter der Finanzmathematik und Vorreiter der Theorie zu stochastischen Prozessen. Bei den von ihm entwickelten Modellen handelte es sich im mathematischen Sinne bereits um »Wiener Prozesse«, die erst fünf Jahre später von Albert Einstein, unabhängig von Bachelier, aufgearbeitet und publik gemacht wurden. Er entwickelte bereits praxistaugliche Formeln für Optionen (Put und Call), bevor dies in einer aufsehenerregenden Arbeit den Mathematikern Black und Scholes 1973 mit höchster

Präzision gelang. Im Jahr 1930 folgten weitere wichtige Arbeiten von John Maynard Keynes zu dieser Thematik (im Jahr 1944 war Keynes der britische Chefunterhändler der Bretton-Woods-Verhandlungen). Keynes arbeitete schwerpunktmäßig in der Grundlagenforschung von Wahrscheinlichkeitsberechnungen und lieferte somit wichtige Impulse für die Optionspreistheorie.

Der entscheidende Durchbruch gelang den amerikanischen Wissenschaftlern Fischer Sheffey Black und Myron Scholes 1973. Für diese hervorragenden Arbeiten erhielten sie 1997 den Nobelpreis für Wirtschaftswissenschaften. Das Optionspreismodell, das unter dem Namen Black-Scholes-Modell bekannt wurde, ist zum wichtigsten Hilfsmittel für die Berechnung sämtlicher Kenndaten »europäischer« Optionen geworden.

Ein weiterer Meilenstein für die Berechnung amerikanischer Optionen war die Entwicklung des Binomialmodells, kurz CRR-Modell, durch die Mathematiker John C. Cox, Stephen Ross und Mark Rubinstein im Jahr 1979. Mit diesem Modell ist es nun möglich, für amerikanische und europäische Optionen mit Dividendenausschüttungen die Kenndaten korrekt zu berechnen.

Neben diesen beiden Modellen wurden im Laufe der letzten Jahre weitere Modelle entwickelt, die jedoch eher ein Nischendasein führen. Dazu zählt beispielsweise die Optionspreisermittlung mit Hilfe des Monte-Carlo-Verfahrens, das für gewisse Märkte seine Berechtigung hat. Sowohl vom Black-Scholes- als auch vom CRR Modell gibt es interessante Weiterentwicklungen, mit denen es gelang, gewisse Schwachstellen zu umgehen. Hervorzuheben sind in diesem Zusammenhang die Arbeiten der Mathematiker Bjerksund[1] und Stensland, denen es gelang, das Black-Scholes-Modell auf Optionen mit amerikanischem Ausübungsrecht auszuweiten (jedoch keine amerikanischen Aktienoptionen, in deren Restlaufzeit Dividenden ausgeschüttet werden). Eine weitere aufsehenerregende Weiterentwicklung des Cox-Ross-Rubinstein-Modells erbrachten Dietmar P. J. Leisen[1] und Matthias Reimer. Sie entwickelten ein Binomialmodell, das mit einer wesentlich geringeren Stepanzahl (Begriff und Funktion der Stepanzahl werden später noch detailliert behandelt) präzisere Ergebnisse hervorbringt als beispielsweise das herkömmliche CRR-Modell. Durch die Umsetzung des Leisen-und-Reimer-Binomialmodells in einen entsprechenden Algorithmus konnte die Rechenzeit für die Optionspreisberechnung ganz erheblich beschleunigt werden, ohne einen Qualitätsverlust in Kauf nehmen zu müssen. Die Effizienz der Algorithmen ist ein entscheidender Faktor, wenn komplexe Modelle in kürzester Zeit berechnet werden müssen.

Die mit großem Abstand meist verwendeten Modelle für Optionspreisberechnungen sind nach wie vor jene von Black-Scholes und von Cox, Ross, Rubinstein, die in Folge detailliert behandelt werden.

---

1 Haug, The complete guide to Option Pricing Formulas.

8.2 Die Unterschiede des Black-Scholes- zum CRR-Modell

Im ersten Moment könnte man sich die Frage stellen, weshalb nicht nur das vorteilhaftere Optionspreismodell zur Diskussion gestellt wird. Dies lässt sich wie folgt beantworten: Jedes Modell hat seine Vor- und Nachteile. Keines der beiden Modelle kann alles. Die Stärken und Schwächen im Detail zeigt Tabelle 8.1.

	Funktionsanforderung an das Optionspreismodell	Black-Scholes-Modell	Cox-Ross-Rubinstein-Modell
1	Performanceindex – europäische Indexoption (Put und Call)	x	x
2	Kursindex – europäische Indexoption (Put und Call)	x	x
3	Aktienoption – europäischer Call ohne Dividende	x	x
4	Aktienoption – europäischer Call mit Dividende	x	x
5	Aktienoption – amerikanischer Call ohne Dividende	x	x
6	Aktienoption – amerikanischer Call mit Dividende	–	x
7	Aktienoption – europäischer Put ohne Dividende	x	x
8	Aktienoption – europäischer Put mit Dividende	x	x
9	Aktienoption – amerikanischer Put ohne Dividende	–	x
10	Aktienoption – amerikanischer Put mit Dividende	–	x
11	Geschwindigkeit der Algorithmen	schnell	langsam
12	Genauigkeit	sehr präzise	situationsabhängig (genügend)

Tabelle 8.1: Vergleich des Black-Scholes-Modells mit dem CRR-Modell

Betrachtet man Tabelle 8.1, so fällt auf, dass sich das Black-Scholes-Modell in zwei Punkten positiv hervorhebt. Das sind zum Einen die Geschwindigkeit, mit der ein Computeralgorithmus die Daten verarbeitet, und zum Anderen die Präzision. Nachteilig bei Black-Scholes ist, dass Optionen mit amerikanischem Ausübungsrecht nicht verarbeitet werden können.

Um die Geschwindigkeit vergleichen zu können, muss für das CRR-Modell eine Annahme bezüglich der sogenannten *Stepanzahl* getroffen werden, die wir hier mit 50 annehmen. Die Stepanzahl beeinflusst in extremem Maß sowohl die Geschwindigkeit als auch die Präzision des CRR-Modells. Je höher die Stepanzahl gewählt wird, desto präziser wird zwar das Ergebnis, führt aber auf der anderen Seite zu einer erheblichen Geschwindigkeitsreduktion (die Rechenzeit steigt zum Quadrat der Stepanzahl). Die angenommenen 50 Steps sind ein guter Kompromiss zwischen Präzision und Geschwindigkeit. Unter dieser Prämisse ist das Black-Scholes-Modell um den Faktor 300-500 schneller als das CRR-Modell. Wenn nun tausende von Optionspreisberechnungen in kürzester Zeit mit dem CRR-Modell gerechnet werden müssen, kann es sehr schnell problematisch werden. Programmtechnisch müssen dann alle nur erdenklichen Register gezogen werden, um das zu bewältigen.

Das zusätzlich neben dem Geschwindigkeitsvorteil positiv hervorstechende Merkmal des Black-Scholes-Modells ist die Genauigkeit der Ergebnisse. Das lässt sich mit wenigen Worten sagen: Black-Scholes ist immer genauer als das CRR-Modell! Da jedoch das Black-Scholes-Modell nicht in der Lage ist, Optionen mit amerikanischem Ausübungsrecht zu verarbeiten, kommt man in diesen Fällen nicht umhin, das CRR-Modell oder ein weiterentwickeltes Binomialmodell wie beispielsweise das von Leisen und Reimer anzuwenden.

8.3 Das Optionspreismodell nach Cox, Ross und Rubinstein – das Binomialmodell

Das Binomialmodell von Cox, Ross und Rubinstein simuliert einen sogenannten »Random Walk«, d.h. einen zufälligen Kursverlauf des Underlyings, was in der Form eines mehrperiodigen binären Prozesses in einer Baumstruktur zum Ausdruck kommt. Betrachten Sie Abbildung 8.1, die ein fundamentales Grundelement des Binomialbaumes darstellt. Im Folgenden wird erklärt, wie auf Grund dieses einfachen Prinzips eine Optionspreisbewertung ermöglicht wird.

Um die Eintrittswahrscheinlichkeit eines Gewinns einschätzen zu können, aus der wiederum die Höhe der Optionsprämie resultiert, muss im Optionspreismodell auf die Verteilung der Renditen des Underlyings zurückgegriffen werden. Was bedeutet das? Es ist uns auf Grund der historischen Volatilität bekannt, dass der Kurs des Underlyings einer permanenten Schwankung unterworfen ist. Daraus kann man ableiten, wie hoch die Kursveränderung, nach oben oder unten, in einem *definierten Zeitintervall* im Schnitt sein müsste. Die Dauer dieses Zeitintervalls bzw. dieser *Periode* entspricht im Binomialmodell einem sogenannten »Step«. Wenn beispielsweise eine Option eine Restlaufzeit von 100 Tagen hat und für das Optionspreismodell 50 Steps angenommen werden, so bedeutet das, dass ein Step die Dauer von zwei Tagen hat. Für diese zwei Tage, was einer Periode von einem Step entspricht, lässt sich nun aus der historischen Volatilität berechnen, wie weit sich der Kurs im Schnitt vom Ausgangspunkt wegbewegen wird. Dabei ist natürlich nicht bekannt, ob die Kursbewegung nach oben oder unten erfolgen wird. So kann für diese zwei Tage ein oberes und unteres Kursziel veranschlagt werden. Beim oberen Kursziel spricht man von einem »Upstep« und beim unteren Kursziel von einem »Downstep«.

8.3.1 Das einperiodige Binomialmodell

> **Vorbemerkung:**
> Um die Erklärungen im nachfolgenden einperiodigen Binomialmodell für den Leser möglichst klar und nachvollziehbar zu halten, wurden gewisse Feinheiten beiseitegelassen. Das ändert jedoch nichts an der fundamentalen Funktion. Die Details werden dann später im mehrperiodigen Binomialmodell behandelt.

Angenommen, der Kurs des Underlyings steht aktuell bei 1000. Da wir den zukünftigen Kursverlauf nicht kennen, ist die Chance 50:50, dass der Kurs steigt bzw. fällt. Wenn wir nun für einen Step eine Kursbewegung von 50 Punkten annehmen, so wird entweder das Kursziel von 1050 (Upstep) oder 950 (Downstep) erreicht.

Dieses einfache Beispiel beinhaltet bereits die grundlegenden Komponenten des binomischen Prinzips. Für diesen Ansatz werden folgende Annahmen getroffen:

- Der Handel im Underlying erfolgt stets in diskreten und immer gleichmäßigen Abständen (Dauer bzw. Periode eines Steps), den sogenannten »aquidistanten« Intervallen.
- Das Underlying bewegt sich pro Periode (Step) um einen fixen Betrag nach oben oder unten. Das bedeutet, es gibt einen konstanten Up- als auch Downstep. Ein Upstep wird mit »u« und ein Downstep mit »d« bezeichnet. »U« und »d« sind die sogenannten Wertänderungsparameter.
- Es wird davon ausgegangen, dass die Volatilität bezogen auf das Underlying während der gesamten Restlaufzeit der Option unverändert bleibt, was bedeutet, dass auch die Eintrittswahrscheinlichkeit eines Gewinns über die gesamte Restlaufzeit konstant bleibt. Die Wahrscheinlichkeit wird mit »p« wie »probability« angegeben.

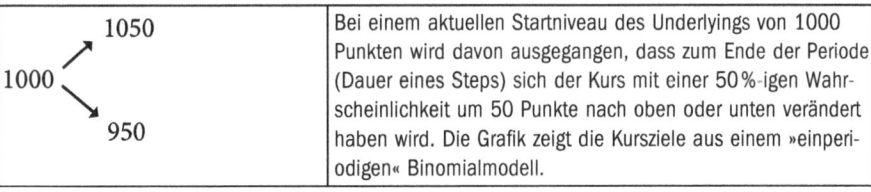

1000 ⟨ 1050 / 950	Bei einem aktuellen Startniveau des Underlyings von 1000 Punkten wird davon ausgegangen, dass zum Ende der Periode (Dauer eines Steps) sich der Kurs mit einer 50%-igen Wahrscheinlichkeit um 50 Punkte nach oben oder unten verändert haben wird. Die Grafik zeigt die Kursziele aus einem »einperiodigen« Binomialmodell.

Abbildung 8.1: Einperiodiges Binomialmodell

Nachdem die obere und die untere Kursmarke bestimmt wurde, kann im nächsten Schritt die Optionsprämie berechnet werden. Unmittelbar vor Verfall der Option entspricht die Optionsprämie dem inneren Wert. Ist die Option aus dem Geld (OTM), so verfällt die Option wertlos. Notiert jedoch der Kurs des Underlyings einer Call-Option (C) zum Verfallszeitpunkt höher als der Strike, so hat die Option einen inneren Wert. In diesem Fall berechnet sich der Preis der Option aus der Differenz von aktuellem Kurs des Underlyings (S) und dem Strike (K).

Somit ergibt sich der Preis einer Call-Option aus dem Maximum von 0 und S-K.

C = max (0, S-K)

Für eine Put-Option verhält es sich umgekehrt. Notiert der Kurs des Underlyings zum Verfallszeitpunkt höher als der oder ist gleich dem Strike, d.h. aus dem Geld (OTM), so verfällt die Option wiederum wertlos. Ist der Kurs des Underlyings tiefer als der Strike, so besitzt die Option einen inneren Wert. Dieser innere Wert ist zugleich der Wert der Put-Option.

P = max (0, K-S)

Wir haben bis jetzt nur eine Optionspreisbestimmung gemacht, die unmittelbar vor Verfall durchgeführt wurde, in der die Optionsprämie dem inneren Wert gleichkommt. Nun stellt sich aber die entscheidende Frage, wie der Wert der Option zu Beginn der Periode sein müsste. Gehen wir zur Beantwortung dieser Frage nochmals zurück zum Beginn unseres Beispiels. Wir erwarten, dass mit einer Wahrscheinlichkeit von 50% der Kurs des Underlyings um 50 Punkte steigen oder auch fallen wird. Um das Beispiel konkret rechnen zu können, müssen noch die Daten für die Option bestimmt werden. Für den Kurs des Underlyings nehmen wir 1000 und für den Strike ebenfalls 1000 an. Um es einfach und verständlich zu halten, lassen wir alle weiteren Details wie Volatilität, Laufzeit, Zinsen usw. weg. Für die Währung wählen wir Euro (funktional jedoch belanglos).

Es ergibt sich somit folgende Formel:

Call = 50% × max[0,(oberes Kursziel - Strike)] + 50% × max[0, (unteres Kursziel-Strike)]

Call = 50% × max[0, (1050-1000)] + 50% × max[0, (950-1000)]Call = 0,5 × max[0, (1050-1000)] + 0,5 × max[0, (950-1000)]

Call = 0,5 × 50 + 0,5 × 0

Call = 25

Für das einperiodige Binomialsystem (ein Step) ergibt sich somit eine Call-Optionsprämie von 25 €. Wie zuvor bereits angesprochen, hängt die Genauigkeit der Ergebnisse von der Anzahl der Steps bzw. Perioden ab. Wenn man weiß, dass 50 Steps ein guter Kompromiss zwischen Präzision und Rechengeschwindigkeit sind, so wird schnell klar, dass dieses Ergebnis, das durch eine Periode zustande kam (ein Step), nicht befriedigend sein kann. Es ist somit zwingend, das Prinzip auf ein mehrperiodiges System auszuweiten.

Wie zu Beginn dieser Ausführungen bereits angesprochen, wurde die Beschreibung möglichst einfach gehalten und die eine oder andere Vereinfachung verwendet. Ein Detail davon ist, dass die künftige Kursabweichung nach oben nicht genau gleich der Kursabweichung nach unten sein darf. Das hängt mit der Lognormalverteilung zusammen, die später noch erläutert wird. Bei einer Kursabweichung von 5% – wie sie in obigem Beispiel angenommen wurde – wären dann die Kursziele wie folgt:

Kurs des Underlyings: 1000

Kursziel oben: 1000 × 1.05 = 1050 (wie zuvor)

Kursziel unten: 1000 / 1.05 = 952,38 (leicht höher)

Im nachfolgenden Mehrperiodenmodell werden alle Einflussfaktoren berücksichtigt. Wichtig ist daher, dass zunächst das Grundprinzip verstanden wurde.

8.3.2 Das mehrperiodige Binomialmodell

Für eine brauchbare Optionspreisberechnung ist das einperiodige Modell viel zu ungenau. Es lässt sich lediglich für eine grundsätzliche Funktionsbeschreibung verwenden. Um präzise Ergebnisse zu erhalten, muss das Prinzip auf ein mehrperiodiges Modell ausgebaut werden. In Abbildung 8.2 ist erkennbar, wie die Erweiterung umgesetzt wurde. Des Weiteren beinhaltet die Grafik alle wichtigen Zahlen, die nötig sind, um das Optionspreismodell anhand von definierten Optionsdaten mühelos nachvollziehen zu können. Da eine tiefgreifende Erklärung der Formeln den Rahmen dieses Buches sprengen würde, muss an dieser Stelle auf entsprechende Fachliteratur[2] verwiesen werden. Abbildung 8.2 zeigt die Baumstruktur eines vierperiodigen Binomialmodells einer Call-Option mit folgenden Daten:

Markt-Typ:	Performanceindex
Optionstyp:	Call
Ausübungsrecht:	europäisch
Kurs des Underlyings:	1000
Strike:	970
Volatilität:	20%
Zins:	6% p.a.
Laufzeit:	92 Tage
Perioden (Steps):	4

---

[2] Haug, The complete guide to Option Pricing Formulas.

Für die Optionsparameter werden allgemein folgende Symbole verwendet, für die bereits die zugehörenden Werte eingesetzt wurden:

Kurs des Underlyings:	S = 1000	Anzahl Perioden (Steps):	n = 4
Strike:	K = 970	Laufzeit:	T = 92/365 = 0,252
Volatilität:	σ = 0,2	Dauer einer Periode:	t = 0,252/4 = 0,063
Zins:	r = 0,06	Eulersche Zahl:	e = 2,7182818 ...

Die Berechnung wird nachfolgend Schritt für Schritt erklärt. Um die Rechnungen nicht ausufern zu lassen, wurden lediglich vier Steps angenommen. Dadurch ist zwar das Ergebnis immer noch mangelhaft, trotzdem ist der grundsätzliche Berechnungsvorgang absolut korrekt. Die Anzahl der Steps lässt sich beliebig erhöhen, ohne dass konzeptionell irgendetwas verändert werden muss.

1. Schritt:

Zuerst müssen die Wertänderungsparameter ermittelt werden, mit deren Hilfe dann jede Kursmarke eines Knotens in der Baumstruktur berechnet werden kann. In Abbildung 8.2 sind diese Knoten (engl. node) als kleine Kreise zu erkennen. Für die Berechnung der oberen Kursmarken wird zuerst der Wertänderungsparameter »u« ermittelt. Dessen Kehrwert ergibt den Wertänderungsparameter »d«, der für die Berechnung der unteren Kursmarken benötigt wird. In der Grafik sind über jedem Knoten zwei Zahlen übereinander eingetragen. Die obere Zahl ist jeweils eine Kursmarke und die untere der zugehörige Erwartungswert.

Formeln für die Wertänderungsparameter »u« und »d«:

$$u = e^{\sigma \sqrt{t}} = 2{,}7182818^{0{,}2 \sqrt{0{,}063}} = 1{,}051480953 \text{ (für obere Kursmarke)}$$

$$d = \frac{1}{u} = 0{,}951039577 \text{ (für untere Kursmarke)}$$

Eine obere Kursmarke ist jeweils das Produkt von Kurs mal dem Wertänderungsparameter »u«. Bei der Ausgangsbasis von 1000 Punkten (Grafik erster Knoten links) ergibt das somit:

1000 × 1,051480953 = 1051,480953 (Kursmarke von K1a)

Eine untere Kursmarke ist das Produkt von der Ausgangsbasis mal dem Wertänderungsparameter »d«:

1000 × 0,951039577 = 951,039577 (Kursmarke von K1b)

Auf diese einfache Art lassen sich nun alle Kursmarken in der Baumstruktur berechnen. Dies lässt sich in Abbildung 8.2 leicht nachvollziehen. Für die Optionspreisberechnung werden jedoch nur die Kursmarken auf der rechten Seite der Baumstruktur benötigt (K4a bis K4e).

2. Schritt:

Nachdem nun die Kursmarken ermittelt wurden, müssen im nächsten Schritt die Startwerte berechnet werden, welche in Folge für das *retrogade* (retrograd bedeutet rückwärts gerichtet. Verfahrenstechnisch beginnt man zum Verfallszeitpunkt und arbeitet sich bis zum Laufzeitbeginn durch) Verfahren der Optionspreisermittlung benötigt werden. Dabei handelt es sich um die inneren Werte der Option, bezogen auf die Kursmarken K4a bis K4e (die Startwerte sind in der Grafik unter den Kursmarken k4a bis k4e aufgeführt).

Startwert $_{K4a\ bis\ K4e}$ = max (Kursmarke - Strike, 0)

Dadurch ergeben sich folgende Startwerte:

K4a = 252,37, K4b = 135,61, K4c = 30, K4d = 0, K4e = 0 (siehe Abbildung 8.2)

3. Schritt:

Für den Rechenvorgang bedarf es noch zweier Wahrscheinlichkeitsparameter, »p_{up}« und »p_{dn}«, und eines Diskontierungsparameters. Diese Parameter werden zu Beginn der Optionspreisberechnung einmalig vorbereitet und kommen in Folge für den kompletten Binomialbaum unverändert zum Einsatz.

Formeln für die Wahrscheinlichkeitsparameter »p_{up}« und »p_{dn}«:

$$p_{up} = \frac{e^{rt} - d}{u - d} = \frac{e^{0,06 \times 0,063} - 0,951039577}{1,051480953 - 0,951039577} = 0,52515784$$

$$p_{dn} = 1 - p_{up} = 1 - 0,52515784 = 0,47484216$$

Der Forwardpreis des Underlyings hat ein Agio, das dem Zinsanteil für die Laufzeit der Option entspricht. Nun muss bei der Berechnung des Erwartungswertes, der ja zeitlich rückwärts gerechnet (»retrograd«) wird, dieser Zinsanteil für jede Periode und somit jeden Knoten entsprechend diskontiert werden.

Formel für den Diskontierungsparameter »df«:

$$df = e^{-rt} = e^{-0,06 \times 0,063} = 0,996227135$$

Somit sind alle Vorarbeiten für die Optionspreisbestimmung abgeschlossen. Mit Hilfe der Wahrscheinlichkeitsparameter, p_{up} und p_{dn} sowie des Diskontierungsparameters »df« können nun alle Erwartungswerte berechnet werden. Der zuletzt gerechnete Erwartungswert ist dann der definitive Optionspreis.

4. Schritt:

Nachdem nun alle Startwerte, die Wahrscheinlichkeitsparameter und der Diskontierungsparameter bekannt sind, werden als Nächstes die Erwartungswerte für die Spalten t3, t2, t1 und t0 (der Erwartungswert t0 ist der definitive Optionspreis) ermittelt. Hierfür muss die Baumstruktur des Binomialmodells von *rechts nach links* (retrograd) schrittweise abgearbeitet werden.

Formel für den Erwartungswert:

$$E_{tn-1} = (E_{up\,(tn)} \times p_{up} + E_{dn\,(tn)} \times p_{dn}) \times df$$

Mit den eingesetzten Werten für den Erwartungswert K3a ergibt sich somit:

(252,37 × 0,52515784 + 135,61 × 0,47484216) × 0,996227135 = 196,18 (gerundet)

Somit können alle Werte von t3 aus den Daten von t4 (Startwerte) berechnet werden. In derselben Weise werden nun die Werte von t2 aus den zuvor berechneten Daten von t3 gewonnen. Das Verfahren wird wiederholt bis zum Wert von t0 (in der Grafik K0a), der den definitiven Optionspreis beinhaltet. Mit dem vierperiodigen Binomialmodell und den angeführten Daten ergibt sich eine Optionsprämie von 66,68 €. Rechnet man diese Option mit einem 50-periodigen Binomialsystem, so erhält man eine Optionsprämie von 65,39 €. Der Fehler liegt somit bei rund 2 %. Die Schwäche des Binomialsystems ist neben der Verarbeitungsgeschwindig-

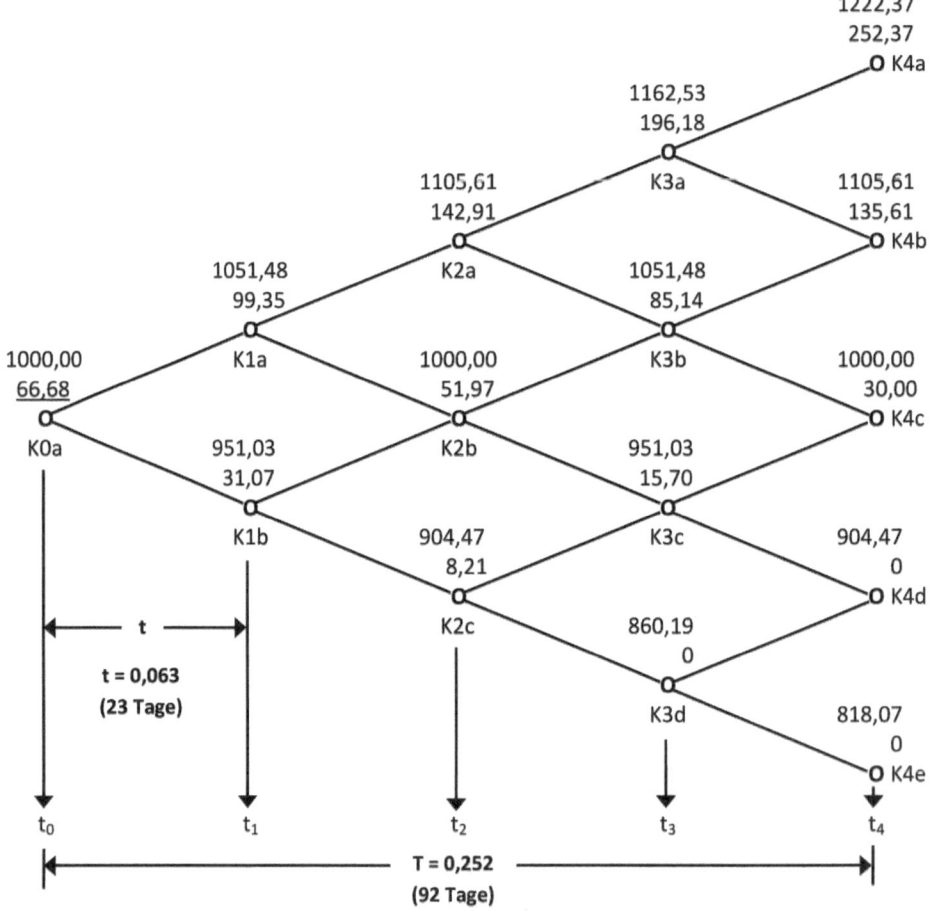

Abbildung 8.2: Vierperiodiger Binomialbaum

keit das Oszillieren des Ergebnisses um den »Sollwert«. Dieses Manko kann nur mit erhöhter Stepanzahl verringert werden, was jedoch mit erheblicher Geschwindigkeitsreduktion einhergeht. Von Vorteil ist jedoch, dass durch eine kleine Erweiterung der Formeln auch Aktienoptionen mit amerikanischem Ausübungsrecht und Dividendenausschüttungen berechnet werden können.

Die Funktionsweise wurde in diesem Beispiel anhand einer Call-Option aufgezeigt. Im Falle einer europäischen Put-Option werden die Startwerte (K4a bis K4e) aus den inneren Werten des Puts ermittelt. Ansonsten ist die Verfahrensweise identisch mit dem einer Call-Option.

8.4 Das Optionspreismodell nach Fischer Black und Myron Samuel Scholes

Im Jahr 1973 stellten die beiden Wirtschaftswissenschaftler Fischer Sheffey Black (geb. 11. Januar 1938; † 30. August 1995) und Myron Samuel Scholes (geb. 1. Juli 1941) ihr finanzmathematisches Modell zur Bewertung von Finanzoptionen vor. Dieses Modell, allgemein bekannt unter Black-Scholes-Modell, revolutionierte den Optionshandel und gilt als Meilenstein der Finanzwirtschaft.

8.4.1 Die grundsätzliche Annahme von Black und Scholes

Das Black-Scholes-Modell geht in seiner Theorie von der Grundannahme aus, dass es möglich sein muss, ein Portfolio, bestehend aus dem Underlying und einer gewissen Anzahl von Optionen, so zu erstellen, dass sich dieses Portfolio durch entsprechende Anpassungen bzw. Umschichtungen über die gesamte Laufzeit der Optionen risikoneutral verhält.

Praktisch setzt sich so ein Portfolio aus dem Kauf des Underlyings und dem Verkauf von zwei Optionen, deren Strikes am Geld liegen (ATM), zusammen. Das Delta des Underlyings beträgt 1 und die Summe der Deltas beider Optionen -1 (Gesamtdelta beider Optionen: 2 × -0,5). Dadurch ist das Delta des Portfolios (Underlying und Optionen) 0 und somit deltaneutral bzw. risikoneutral. Bei Kursänderungen müssen die Instrumente umgeschichtet werden, um die Deltaneutralität beibehalten zu können. Da dies mit einem Underlying und zwei Optionen praktisch nicht möglich ist, geht man in der Theorie davon aus, dass beide Instrumente frei teilbar wären. Um so ein Portfolio etwas praxisbezogener zu veranschaulichen, multiplizieren wir das Portfolio mit 1000, d.h. 1000 mal das Underlying und 2000 verkaufte Call-Optionen am Geld. Steigt der Kurs des Underlyings, so wird das Gesamtdelta des Portfolios positiv. Um nun wieder deltaneutral zu werden, müssen Optionen zurückgekauft werden. Fällt der Kurs, so wird das Gesamtdelta negativ, und somit muss die Kontraktanzahl der Optionen erhöht werden, um wiederum Deltaneutralität zu erlangen. Auf diese Weise hätten Kursveränderungen des Underlyings keinen Einfluss auf den Wert des Portfolios. Dieses deltaneutral gehaltene Portfolio würde über die Laufzeit der Optionen einen Ertrag erwirtschaften, der dem des Marktzinses entspricht.

Kauf Underlying + Verkauf Calls = Ertrag zum risikolosen Marktzins

Werden die Call-Optionen bei Kursänderungen so umgeschichtet, dass das Gesamtkonstrukt immer deltaneutral ist, so bedeutet das nichts anderes als dass das Gesamtdelta der verkauften Calls permanent -1 beträgt (das Underlying hat stets ein Delta von +1). Wenn davon ausgegangen wird, dass solch ein »risikoloses« Portfolio den gleichen Ertrag wie ein Geldmarktkonto erwirtschaftet, so kann daraus eine parzielle Differentialgleichung abgeleitet werden. Diese Ableitung führt schlussendlich zur Black-Scholes-Formel.

8.4.2 Die Anforderungen an das Modell: »keine Möglichkeit der Arbitrage«

Das beschriebene Portfolio kann durch permanente Umschichtungen deltaneutral gehalten werden. Wenn die verkauften Call-Optionen in Summe ein Delta von stets -1 aufweisen, so könnte man die Optionen durch den Verkauf des Underlyings ersetzen. Im Umkehrschluss bedeutet dies, dass sich eine einzelne verkaufte Call-Option durch den Verkauf einer gewissen Stückzahl des Underlyings nachbilden lässt. Daraus folgt weiter, dass der Kauf einer Call-Option sich mit dem Kauf einer bestimmten Stückzahl des Underlyings auf Kredit ebenfalls nachbilden lässt.

Verkauf Call = positiver Ertrag zum risikolosen Marktzins – Verkauf des Underlyings

Kauf Call = negativer Ertrag zum risikolosen Marktzins – Kauf des Underlyings

Die Auszahlungsfunktion einer europäischen Call-Option kann man somit replizieren (nachbilden), indem eine gewisse Stückzahl des Underlyings auf Kredit gekauft wird. Vergleicht man nun den Wert der Call-Option mit dem Duplikationsportfolio, so dürfte es während der gesamten Laufzeit der Option »keine Möglichkeit der Arbitrage« (im Fachjargon »Free Lunch«) geben. Das bedeutet, dass sowohl die Call-Option als auch das Duplikationsportfolio immer den gleichen Wert ausweisen. Nach der Theorie der effizienten Märkte muss der resultierende Ertrag der Positionen dem risikolosen Geldmarkzins entsprechen. Beim Duplikationsportfolio ist entscheidend, dass stets genau die korrekte Stückzahl des Underlyings auf Kredit gekauft wird. Die Problemlösung, die zur Bestimmung dieser Parameter führt, kommt u. a. der Black-Scholes Formel zu.

Begriffserklärung: Arbitrage

Man spricht von Arbitrage, wenn ein handelbares Objekt, das an zwei oder mehreren Börsenplätzen gehandelt wird, unterschiedliche Notierungen zum gleichen Zeitpunkt aufweist. Wenn beispielsweise die Aktie XY am Börsenplatz A zu 100 € notiert und am Börsenplatz B zu 101 €, so ergibt das eine Chance auf ein Arbitragegeschäft. Die Aktie XY wird an der Börse A gekauft und an der Börse B um 1 € teurer verkauft. An der Börse A steigt die Nachfrage, was den Preis hebt, und an der Börse B steigt das Angebot, was den Preis senkt. Dieses Arbitragegeschäft wird so lange durchgeführt, bis sich die Preise von Börse A und B angeglichen haben. Diese Art des Arbitragegeschäfts wird heutzutage mit Computern und spezieller Handelssoftware in wenigen Millisekunden vollautomatisch abgewickelt, sodass ein Händler dagegen keine Chance hat. Eine Arbitrage kann theoretisch auch an *einem* Börsenplatz entstehen, wenn eine gewisse Kombination von Finanzinstrumenten einen risikolosen Gewinn (*free lunch*) ergeben würde, der höher als der aktuelle Marktzins wäre. In der Praxis werden selbst minimalste Arbitragechancen in kürzester Zeit ausgeglichen (automatische Handelssysteme).

8.4.3 Der idealisierte Markt als Grundannahme für das Modell

Black und Scholes haben für die Entwicklung ihres Modells einen idealisierten Markt angenommen. Das zuvor beschriebene risikolose Portfolio (vgl. Abschnitt 8.41) würde unter realistischen Marktbedingungen nicht zufriedenstellend funktionieren, da die Umschichtungen an der Börse, unabhängig davon, ob es sich um Aktien, Optionen, Bonds usw. handelt, immer gewissen Einschränkungen unterworfen wären und niemals reibungslos vonstattengehen könnten. Die theoretischen Voraussetzungen für so einen idealisierten Markt sind:

- Die Märkte sind immer geöffnet, d.h. 24 Stunden am Tag und 7 Tage die Woche.
- Weder beim Einstieg noch bei den Umschichtungen des Portfolios fallen Transaktionskosten, Steuern oder sonstige Kosten an.
- Underlying und Optionen können in jeder teilbaren Einheit gehandelt werden.
- Zinssatz und Volatilität des Underlyings bleiben über die gesamte Laufzeit der Option konstant.
- Jede Order kann unabhängig vom Volumen platziert werden, ohne dass dies eine Auswirkung auf den Kurs des Underlyings hat.
- Es treten keine Kurssprünge, sogenannte »Gaps«, auf.
- Beim Kursverlauf handelt es sich ausschließlich um einen stochastischen Prozess. Das bedeutet, der aktuelle Kurs wird niemals durch einen vorhergehenden Kurs beeinflusst.
- Der Markt bietet niemals die Möglichkeit einer Arbitrage.

Es wird schnell klar, dass diese Idealbedingungen in der Praxis nicht gegeben sind und nur als theoretische Grundannahme dienen, um das Black-Scholes-Modell davon ableiten zu können. Wie beim Cox-Ross-Rubinstein-Modell baut auch das Black-Scholes-Modell auf folgendem Umstand auf:

Ist der Kurs des Underlyings zum Verfallszeitpunkt bekannt, so entspricht die Optionsprämie zum Verfallszeitpunkt dem inneren Wert der Option. Trifft man die Annahme, dass der aktuelle Kurs des Underlyings derselbe sein wird wie zum Verfallszeitpunkt, so muss der innere Wert um den risikolosen Zins diskontiert werden. Die Formel hierfür ist:

Optionsprämie = max[e^{-rT} × (S-K), 0] (europäischer Call)

Wäre der Kurs des Underlyings zum Verfallszeitpunkt bekannt, so könnte man die Black-Scholes-Formel auf den diskontierten inneren Wert (e^{-rT} × (S-K)) reduzieren. Damit das praktikabel wäre, müsste die historische Volatilität bzw. Standardabweichung während der gesamten Laufzeit der Option absolut Null sein, was natürlich vollkommen unrealistisch ist. Im Modell von Black-Scholes wird grundsätzlich jeder Kurs des Underlyings als möglich angenommen. Die Lösung besteht darin, dass aus den verschiedenen Möglichkeiten die zugehörigen Wahrscheinlichkeiten berechnet werden und diese durch einen gewichteten statistischen Mittelwert die Optionsprämie ergeben. Der Gewichtungsgrad wird aus der historischen Normalverteilung der Renditen des Underlyings gewonnen. Bei diesem mathematischen Ansatz stimmt die Optionsprämie aus dem Maximum aus Null und e^{-rT} × (S-K) überein, wobei der Kurs des statistischen Mittelwertes der Normalverteilung dem Kurs des Underlyings entspricht.

8.4.4 Die Black-Scholes-Formel

$$\text{Call} = S \times N(d_1) - K \times e^{-rT} \times N(d_2) \qquad \text{Put} = K \times e^{-rT} \times N(-d_2) - S \times N(-d_1)$$

$$d_1 = \frac{\ln\left(\frac{S}{K}\right) + \left(r + \frac{\sigma^2}{2}\right) \times T}{\sigma \times \sqrt{T}} \qquad d_2 = d_1 - \sigma \times \sqrt{T}$$

- S Kurs des Underlyings
- K Strike
- σ Volatilität
- r risikoloser Marktzins
- T Restlaufzeit der Option in Jahren
- e Eulersche Zahl 2,718281 ...
- ln natürlicher Logarithmus
- N(d) Funktionswert der kumulativen Normalverteilung (an der Stelle d)

Bei der Betrachtung der Formeln für Put und Call fällt auf, dass diese im Wesentlichen aus zwei Gliedern bestehen. Die Formel für den Put unterscheidet sich vom Call lediglich dadurch, dass beim Put diese beiden Glieder vertauscht und d_1 und d_2 mit einem negativen Vorzeichen behaftet sind. Im Folgenden beziehen wir uns auf eine Call-Option. Die beiden Glieder der Formel sind:

(a) $S \times N(d_1)$

(b) $- K \times e^{-rT} \times N(d_2)$

Das erste Glied (a) mit $N(d_1)$ ist einer der zuvor angesprochenen Gewichtungsfaktoren. Dessen Funktionswert beinhaltet die Information, wie die Gewichtung des Underlyings pro Option sein muss, um ein risikoloses Portfolio zu erhalten. Der Funktionswert von $N(d_1)$ ist das sogenannte »Hedgeratio«, das auch direkt dem Delta der Option entspricht bzw. ist. Das zweite Glied (b) beinhaltet die Gegenposition der gekauften Call-Position, die aus einer Kreditaufnahme mit konstantem Zinssatz finanziert wird.

Für eine tiefer greifende mathematische Abhandlung siehe die entsprechende Fachliteratur[3].

---

[3] Haug, The complete guide to Option Pricing Formulas.

9 Die Put/Call-Parität

Die Put/Call-Parität ist ein wichtiger Begriff in der Finanzwirtschaft. Sie besagt, dass Put- und Call-Optionen mit **identischen Ausstattungsmerkmalen** (Laufzeit und Strike) sowohl bezüglich ihrer Prämien als auch bezüglich ihrer jeweiligen IV in einer direkten Beziehung zueinander stehen. Diese Put/Call-Parität dient auch als Ansatz, um die korrekte Berechnungsgrundlage des Underlyings zu überprüfen und gegebenenfalls zu korrigieren.

9.1 Keine Arbitrage

In einem effizienten Markt dürften laut Theorie keine Chancen auf Arbitrage auftreten bzw. diese würden schnellstens ausarbitriert werden. Dies trifft selbstverständlich auch auf Optionen zu. Auch wenn diese Situationen in der Praxis nur selten und wenn, dann nur sehr kurz auftreten, ist es immens wichtig zu verstehen, was sich dahinter verbirgt. Solche *scheinbaren* Chancen auf Arbitrage zwischen Put- und Call-Optionen mit sonst gleichen *Ausstattungsmerkmalen* (Laufzeit und Strike) können folgende Ursachen haben.

- Die Berechnungsgrundlage (Kurs des Underlyings) ist nicht korrekt angenommen.
- Für die Berechnung wird von Put und Call jeweils der Mittelkurs zwischen Bid und Ask angenommen, was auf Grund der momentanen Situation im Orderbuch zu erheblichen Verzerrungen führen kann.
- Die angenommene Dividende ist falsch.
- Eine der Optionen ist sehr tief im Geld, was schnell zu einer falsch ermittelten IV führen kann.
- Die Zeitwerte der Optionsprämien sind nur ein- oder zweistellig verfügbar. Hoch präzise Berechnungen sind somit gar nicht mehr möglich.

Kommen mehrere dieser angeführten Ursachen zusammen, kann der Gesamtfehler erheblich werden, was suggeriert, dass es einen »free lunch« geben könnte.

Für Optionen mit europäischem Ausübungsrecht gilt folgende Paritätsformel:

$$P + S = C + K \times e^{-rT} + D$$

P   Prämie der Put-Option
S   Kurs des Underlyings
C   Prämie der Call-Option
K   Strike (gilt für Put und call)
r   risikoloser Zinssatz
T   Laufzeit in Jahren
D   Summe aller Dividendenzahlungen während der Laufzeit der Optionen

Es ist klar hervorzuheben, dass diese Beziehung nur für Optionen mit europäischem Ausübungsrecht Gültigkeit besitzt. Für Optionen mit amerikanischem

Ausübungsrecht ist eine mathematisch *exakte* Lösung der Gleichung nicht möglich. Das hängt zum Einen mit der jederzeit möglichen Ausübung der Option und zum Anderen mit dem diskreten Berechnungsmodell der Optionspreisfindung bzw. dem Binomialmodell zusammen.

Eine weitere Beziehung kommt in der Parität der impliziten Volatilität zwischen der Put- und der Call-Option zum Ausdruck.

$C_{IV} = P_{IV}$

C_{IV} implizite Volatilität der Call-Option
P_{IV} implizite Volatilität der Put-Option

Wären diese Beziehungen nicht gegeben, so würde das eine Chance auf Arbitrage, sprich »free lunch«, ermöglichen. In der Praxis werden solche Chancen, die auch gewinnbringend gehandelt werden könnten, kaum auszumachen sein. Zum besseren Verständnis soll im nachfolgenden Beispiel die Funktionsweise einer solchen Arbitragestrategie auf Optionsbasis aufgezeigt werden. Für den Aufbau bedarf es des Underlyings und je einer Put- und einer Call-Option. Die Daten der Put-Option wurden *absichtlich* so verändert, dass es zur Verletzung der Put/Call-Parität kommt!

Beispieldaten:

Markt-Typ:	Performanceindex
Ausübungsrecht:	europäisch
Kurs des Underlyings:	10000
Strike:	10000
Zins:	4% p.a.
Laufzeit:	182 Tage
Dividenden:	0 (diese werden beim Performanceindex reinvestiert)
Optionsprämie Call:	661,67
Optionsprämie Put:	**326,84**
Implizite Volatilität Call:	20%
Implizite Volatilität Put:	15%

Da die Implizite Volatilität der Call-Option (20%) höher ist als die der Put-Option (15%), ist die Put/Call-Parität nicht gegeben. Somit kommt es mit den eingesetzten Werten der oben angeführten Formel zu unterschiedlichen Ergebnissen der linken und der rechten Seite. Machen wir die Probe:

Linke Seite: $P + S = 326{,}84 + 10000 = 10326{,}84$

Rechte Seite: $C + K \times e^{-rT} + D = 661{,}67 + 10000 \times 2{,}7182818284^{-0{,}04 \times 182/365}$
$= 10464{,}19$

Differenz: 137,35

Wie Sie sehen, weisen die linke und die rechte Seite der Gleichung unterschiedliche Ergebnisse auf. Die Differenz von 137,35 ist genau jener Betrag, der sich durch das Ausnutzen der Arbitrage mittels einer geeigneten Strategie erwirtschaften lassen würde.

Für das konkrete Beispiel wurden drei verschiedene Szenarien in Bezug auf den Kurs des Underlyings zum Verfallszeitpunkt angenommen. Es wird ein risikoloser Ertrag von 334,83 € zum Verfallszeitpunkt erwirtschaftet. Der Kursstand des Underlyings hat weder während der Restlaufzeit der Optionen noch zum Verfallszeitpunkt einen Einfluss auf die Höhe des Ertrags.

Positionseröffnung		Positionen zum Verfall		
Kauf Underlying	10000,00	8000,00	10000,00	12000,00
Verkauf Call	-661,67	0,00	0,00	-2000,00
Kauf Put	326,84	2000,00	0,00	0,00
Gesamt	9665,17	10000,00	10000,00	10000,00
Gewinn	-	334,83	334,83	334,83

Tabelle 9.1: Simulierte Chance einer Arbitrage

Es ist aber zu berücksichtigen, dass sich dieser risikolose Ertrag aus zwei Komponenten zusammensetzt. Der eine Teilbetrag ist der risikolose Zins, der bei dieser Kombination der Finanzinstrumente *auf jeden Fall* entsteht. Der andere Teilbetrag ergibt sich aus der unterschiedlichen impliziten Volatilität der Put- und Call-Option, was zu einem Ungleichgewicht der Optionsprämien führt. Die Put/Call-Parität ist nicht gegeben. Der risikolose Zinsanteil für diese drei Positionen errechnet sich wie folgt:

risikoloser Zins = $K - K \times e^{-rT}$ = $10000 - 10000 \times 2{,}7182818284^{-0{,}04 \times 182/365}$
= 197,48

reiner Arbitragegewinn = Gesamtgewinn − risikoloser Zins =
334,83 − 197,48 = 137,35

Dieser risikolose Zinsertrag mit diesen drei Positionen kommt durch den Kauf des Underlyings zustande. Würde dieser auf Kredit gekauft, so ergäbe dies ausschließlich einen Gewinn auf Grund der unterschiedlichen Volatilitäten. Der Gewinn, der ausschließlich aus der Arbitrage erwirtschaftet wurde, beträgt 137,35. Dieser Betrag wurde bereits zu Beginn auf simple Art und Weise mit Hilfe der Paritätsformel berechnet.

Rechnen wir das gleiche Beispiel nochmals mit Daten (bezieht sich nur auf die Put-Option), die zu einer korrekten IV-Parität führen.

Optionsprämie Call: 661,67

Optionsprämie Put: **464,19**

Implizite Volatilität Call: 20 %

Implizite Volatilität Put: **20 %**

Durch das Einsetzen der Werte in die Gleichung erhalten wir:

Linke Seite: P + S = 464,19 + 10000 = 10464,19

Rechte Seite: C + K × e^{-rT} + D = 661,67 + 10000 × 2,7182818284$^{-0.04 \times 182/365}$
= 10464,19

Differenz: 0 (keine Chance auf einen Gewinn durch Arbitrage)

Als aufmerksamer Leser werden Sie sich fragen, weshalb das so detailliert behandelt wird, wenn bereits klar ist, dass diese Put/Call-Paritätsverletzung in der Praxis nicht gewinnbringend umgesetzt werden kann. Das hat mehrere Gründe:

1. Es muss Ihnen klar sein, dass im Fall von groben Paritätsverletzungen ein *gravierender Fehler* in der Kette von der Börse über den Broker bis zu Ihren Berechnungen vorliegt! Das bedeutet: Treten sie in einer Form auf, dass sie gewinnbringend gehandelt werden könnten, so müssen Sie hellhörig werden. Der Fehler kann bei Ihnen, am Broker, an der Datenversorgung oder sonst was liegen.

2. Auf der Put/Call-Parität aufbauend wird im folgenden Abschnitt die korrekte Berechnungsgrundlage für die Optionen erläutert. Ist die Berechnungsgrundlage falsch, so sind auch alle Folgeberechnungen nicht in Ordnung.

> **Anmerkung:**
> Selbstverständlich gibt es praxiserprobte Arbitragestrategien, die jedoch nicht auf der Verletzung der Put/Call-Parität beruhen. Diese Strategien basieren auf den unterschiedlichen Volatilitäten unterschiedlicher Strikes und gegebenenfalls unterschiedlicher Laufzeiten.

9.2 Nur eine korrekte Berechnungsgrundlage führt zu einem korrektem Ergebnis

9.2.1 Die Basisdaten

Wenn man eine Option auf ihre Einflussfaktoren (Griechen) analysiert, so ist das wesentlich aufwendiger, als wenn man es nur mit einer Aktie oder einem Index zu tun hat. Bei einer Aktie beispielsweise gilt es nur, den Kurs und eine mehr oder weniger hohe Dividende zu berücksichtigen. Um jedoch eine präzise Analyse einer Option durchführen zu können, braucht es erst einmal die Rohdaten. Diese sind auf den jeweiligen Internetseiten der Terminbörsen zu finden. Auf diesen Seiten finden sich die sogenannten »Settlementpreise« und oft auch die während des Handels zeitverzögerten (15 Minuten) Optionspreise. Die Settlements sind jene Optionsprämien, die der Market-Maker täglich nach Börsenschluss entsprechend seinem Marktmodell für jede Option berechnet. Diese Settlements (tägliche Abrechnungspreise) dienen als Basis, um eine Option zu untersuchen. Sehen wir uns die Rohdaten einer am Geld liegenden (ATM) kurzlaufenden DAX-Option näher an (die Daten wurden von der BSB-Software GmbH, München zur Verfügung gestellt).

Handelstag: 28.01.2015

Markt: DAX

Schlusskurs: 10710,97

Verfall: 20.03.2015 (Restlaufzeit 51 Tage)

Instrument: Call-Option (europäisches Ausübungsrecht)

Währung: Euro

		Optionspreise während der Handelszeit						
A	B	C	D	E	F	G	H	I
Strike	Vers.-Nr.	Eröffnung	Tageshoch	Tagestief	Schluss	Täglicher Abrechnungspreis	Gehandelte Kontrakte	Open Interest
10700	0	320,20	320,20	258,30	295,00	308,90	3211	18197

Tabelle 9.2: Rohdaten einer Option

A Strike (Basispreis)
B Versionsnummer (* k.B.)
C Eröffnungskurs (* k.B.)
D Tageshoch (* k.B.)
E Tagestief (* k.B.)
F Tagesschlusskurs (* k.B.)
G Täglicher Abrechnungspreis - **Settlementpreis**
H Anzahl der Optionskontrakte, die gehandelt wurden (* k.B.)
I Open Interest - Anzahl offener Kontrakte (* k.B)

Jene Angaben, die mit dem Zusatz (* k.B.) versehen sind, haben auf die Optionspreisberechnungen keinen Einfluss! Trotzdem sind sie zu beachten, und ihre Bedeutung wird in einem späteren Abschnitt abgehandelt. Fassen wir zusammen, was wir an Daten haben und was für eine korrekte Analyse noch fehlt:

Handelstag: 28.01.2015

Markt: DAX (Performanceindex)

Schlusskurs: 10710,97 ? (Überprüfen mit Hilfe der Put/Call-Parität)

Verfall: 20.03.2015 (Verfall – Handelstag = 51 Tage Restlaufzeit)

Instrument: Call-Option (europäisches Ausübungsrecht)

Währung: Euro

Strike: 10700

Settlement: **308,90**

Zins: – (dieser fehlt noch gänzlich)

Dividende: – (0) (beim Performanceindex ist die Dividende immer 0. Diese wird in den Index stets reinvestiert)

Wir sehen, dass eine Hauptinformation generell fehlt und zwar der Zins. Besonders bei langlaufenden Optionen (Laufzeit größer als oder gleich einem Jahr) und erhöhtem Zinsniveau ist sein Einfluss gravierend.

9.2.2 Ermittlung des risikolosen Zinssatzes

Der risikolose Zinssatz kann für sämtliche Währungen und Laufzeiten auf diversen Finanzseiten[1] im Internet abgerufen werden. Er muss jedoch sowohl in der entsprechenden Währung existieren, als auch an die Laufzeit der Option angepasst sein. Auf den einschlägigen Internetseiten sind sämtliche Laufzeiten mit zugehörigem Zinssatz zu finden. Die kürzeste Laufzeit ist eine Woche und die längste zwölf Monate bzw. ein Jahr. Da die Restlaufzeit der Option nur selten genau einer der verschiedenen Laufzeiten (in der Regel finden sich zwischen vier und acht verschiedene Laufzeiten auf den entsprechenden Internetseiten) entspricht, muss der gesuchte Zinssatz aus zwei Angaben mittels linearer Interpolation berechnet werden. Wir erhalten folgende Zinsangaben für den 27.5.2015:

Euribor 1 Monat: 0,001 % p.a. (30 Tage)
Euribor 2 Monate: 0,025 % p.a. (60 Tage)

Mit Hilfe dieser Angaben kann durch eine lineare Interpolation der Zinssatz für 51 Tage genau berechnet werden. Der gesuchte Zinssatz beträgt somit **0,0178 %** p.a.

> **Anmerkung:**
> Zum Zeitpunkt der Erstellung dieses Beispiels (28. Mai 2015) befanden sich die Zinssätze sämtlicher relevanter Währungen auf einem historischen Tief. Unter diesen Bedingungen ist es vollkommen irrelevant, ob der Zinssatz 0,025 % oder 0,01 % p.a. beträgt, wie im aktuellen Beispiel gezeigt. Besonders, wenn die Restlaufzeit der Option nur wenige Wochen oder Monate beträgt, sind die Auswirkungen auf die Optionspreisberechnungen vernachlässigbar. Trotzdem sollte der Trader wissen, weshalb er auf welche Daten bei einer Optionsanalyse zu achten hat. Wenn die Höhe der Zinsen wieder ein Niveau erreicht, das einem langjährigen Durchschnitt entspricht, dann wird dieser Einflussfaktor wieder eine maßgebliche Rolle spielen.

9.2.3 Der korrekte Kurs des Underlyings

Der wichtigste Faktor für eine Optionsanalyse ist das Einsetzen des korrekten Kurses des Underlyings in das Optionspreismodell. Nun stellt sich die Frage, welches der korrekte Kurs des Underlyings ist. Diese Frage ist einfach zu beantworten: »*keine Arbitrage*«! Put und Call sollten bei gleichem Strike und gleicher Laufzeit möglichst die gleiche implizite Volatilität aufweisen.

---

1 Vgl. z.B. http://de.global-rates.com/; http://www.bundesbank.de/.

> **Wichtige Anmerkung:**
>
> Die nachfolgende Vorgehensweise für die Ermittlung des korrekten Underlying-Kurses als Inputparameter für das Optionspreismodell gilt ausschließlich für *europäische* Optionen auf folgenden Märkten:
> - Optionen, die sich auf einen Performanceindex beziehen (DAX)
> - Optionen, die sich auf Aktien beziehen, in deren Laufzeit keine Dividenden anfallen

Besonders der Performanceindex DAX ist für den Trader auf Grund des hohen Handelsvolumens bei Futures und Optionen sehr interessant. Der nachfolgend ermittelte genaue Kurs des Underlyings als Berechnungsgrundlage ist dann für alle Optionen (unabhängig von Laufzeit, Strike, Put oder Call) dieses Marktes gültig!

Für die Put-Option wird ebenfalls der Settlementpreis herangezogen. Die Put-Optionsprämie beträgt 315,40 €. Für den Kurs des Underlyings wird der XETRA-Schlusskurs vom 28. Januar 2015 mit 10710,97 Punkten angenommen. In Tabelle 9.3 sind die Angaben für das Optionspreismodell aufgeführt.

	Restlaufzeit in Tagen	Kurs des Underlyings	Strike	Optionsprämie	Zins p.a.	IV
Call	51	10710,97	10700	308,90	0,0178%	18,99
Put	51	10710,97	10700	315,40	0,0178%	20,11

Tabelle 9.3: Test auf Arbitrage

Wenn aus den Daten die implizite Volatilität für Put und Call berechnet wird, so ergeben sich unterschiedliche Werte. Dies suggeriert eine Chance auf einen Arbitragegewinn. Nun wissen wir aber, dass dies auszuschließen ist, besonders bei Settlementpreisen. Das bedeutet, dass der angegebene Kurs vom Underlying (Schlusskurs der letzten Handelssitzung) demnach nicht die korrekte Berechnungsgrundlage ist. Durch Umformen der Paritätsformel können wir jedoch sehr einfach den präzisen Kurs des Underlyings ermitteln:

Die Paritätsformel: $P + S = C + K \times e^{-rT} + D$

Nach der Umformung: $S = C + K \times e^{-rT} + D - P$

Mit den Werten: $308{,}90 + 10700 \times 2{,}7182818284^{-0{,}000178 \times 51/365} + 0 + 315{,}40 = 10693{,}23$

Der präzise Kurs des Underlyings ist ermittelt. Machen wir die Probe. Wird nun mit diesen Daten wiederum die implizite Volatilität für Put und Call berechnet, so muss es zur IV-Parität kommen.

	Restlaufzeit in Tagen	Kurs des Underlyings	Strike	Options-prämie	Zins p.a.	IV
Call	51	10693,23	10700	308,90	0,0178%	19,57
Put	51	10693,23	10700	315,40	0,0178%	19,57

Tabelle 9.4: IV-Parität durch korrekt ermittelte Daten

Wie wir sehen, ist nun perfekte IV-Parität hergestellt. Die Probe hätte auch mit der Gleichung der Paritätsformel durchgeführt werden können (was ja zwangsläufig stimmen muss, da ja mit dieser durch Umformung das Underlying berechnet wurde). Der berechnete Kurs des Underlyings mit 10693,23 Punkten gilt für alle Optionen, d.h. alle Strikes, alle Laufzeiten sowie für Put und Call.

Eine weitere simple Methode zur Ermittlung des Underlyings ist mit Hilfe eines Futures möglich, wenn dieser die gleiche Laufzeit wie die Optionen aufweist. Der Kauf eines Calls und Verkauf eines Puts ergibt einen synthetischen Future. Somit muss der Settlementpreis des Futures mit dem synthetischen Future übereinstimmen. Machen wir kurz die Probe:

Future Settlement März-Kontrakt vom 28.01.2015:   10693,50

$F = K - P + C$ (F = Future synth. Future: Put und Call sollten ATM-Optionen sein)

$10700 - 315,40 + 308,90 = 10693,50$

Wir sehen, dass der Settlementpreis des Futures (F) exakt mit dem des synthetischen Futures übereinstimmt. Der abgezinste Future ist dann wiederum der korrekte Kurs des Underlyings.

$S = F \times e^{-rt} = 10693,50 \times 2,7182818284^{-0,000178 \times 51/365} = 10693,23$

Somit wurde das gleiche Ergebnis mit dem Future erreicht. Zur präzisen Berechnung des Underlyings sollten entweder kurzlaufende Optionen oder der kurzlaufende Future (front) herangezogen werden.

9.2.4 Bestimmung des risikolosen Zinssatzes für langlaufende Optionen

Bei der Entwicklung von Strategien mit sehr langen Laufzeiten (über Jahre) treten noch zwei weitere Probleme mit den genauen risikolosen Zinssätzen auf. Zum Einen sind diese auf den einschlägigen Internetseiten bis maximal zu einem Jahr angegeben. Zum Anderen sollte der Zinssatz verwendet werden, den der Market-Maker in seinem Modell für die Settlementerstellung eingesetzt hat. Auch in diesen Fällen kann der genaue Zinssatz durch Umformung der Paritätsformel ermittelt werden. Voraussetzung ist jedoch, dass der genaue Kurs des Underlyings bereits ermittelt wurde.

$$r = \frac{\ln\left(\dfrac{S+P-C}{K}\right)}{-T}$$

Ln = natürlicher Logarithmus

Nachfolgendes Beispiel soll das verdeutlichen. Es wird derselbe Handelstag (28. Januar 2015) für die Angaben der Settlements angenommen. Dadurch können wir auf den bereits berechneten genauen Kurs des Underlyings (10693,23) zurückgreifen. Die Laufzeit der Optionen beträgt knapp fünf Jahre. Für die Optionen dieser Laufzeitserie wurde jener Strike gewählt, der dem Kurs des Underlyings am nächsten kommt (ATM). Die Daten sind in Tabelle 9.5 aufgeführt.

Einstieg:	28.01.2015			
Verfall:	20.12.2019 (T = 4,8958)			
	Restlaufzeit in Tagen	Kurs des Underlyings	Strike	Optionsprämie
Call	1787	10693,23	10600	2118,60
Put	1787	10693,23	10600	1723,80

Tabelle 9.5: Daten für die Berechnung des langlaufenden Zinssatzes

Setzen wir die Daten in die Zinsformel ein:

$$r = \frac{\ln\left(\frac{10693,23 + 1723,80 - 2118,60}{10600}\right)}{-4,8958} = \frac{\ln(0,97155)}{-4,8958} = \frac{-0,028862}{-4,8958} = 0,005895$$

Der risikolose Zins, den der Market-Maker für diese Optionsserie in seinem Modell angenommen hat, beträgt **0,5895 % p.a.** Wenn Sie mit diesem Beispiel die Probe auf Parität machen, werden Sie feststellen, dass diese exakt gegeben sein wird.

Somit lassen sich alle Zinssätze für diese Währung exakt bestimmen und können auch für alle Optionsmärkte, die in dieser Währung notieren, angewendet werden. Wie bereits erwähnt, wird man für die kürzerlaufenden Zinsen auf die jeweiligen Angaben zurückgreifen, die auf den einschlägigen Internetseiten nachzuschlagen sind.

Abschließende Anmerkung:

In diesem Kapitel wurden die Zusammenhänge der Inputparameter beleuchtet, die Eingang in das Optionspreismodell finden, mit dem der Market-Maker die Settlementpreise erstellt. Mit diesen Angaben kann dann mit Hilfe eines Optionspreisrechners die IV einer jeden Option berechnet werden. Dadurch ist man in Folge in der Lage, den wahrscheinlichsten »fairen« Preis einer Option am folgenden Handelstag »realtime« zu ermitteln. Im aktiven Handel muss dafür dann lediglich der Kurs des Underlyings der aktuellen Situation für die Optionspreisberechnung angepasst werden (hierbei wird jene IV für die Optionspreisberechnung herangezogen, die mit den Settlements des Vortages errechnet wurde). Für Aktien und Indizes werden im aktiven Handel die Underlyings (Aktien wie Indizes) direkt als Inputparameter verwendet. Für den Performanceindex ist es vorteilhaft, den diskontierten Future als Underlying-Inputparameter für die Optionspreisberechnung zu verwenden. Mit dieser unterstützenden Maßnahme sind Sie in der Lage, die auf der Handelsplattform aufscheinenden Optionspreise einzuschätzen bzw. zu vergleichen. Ohne diese Options-Preisreferenz befinden Sie sich im Blindflug!

In der Praxis ist es bei kurzlaufenden Optionen niemals matchentscheidend, ob die Zinsen haargenau stimmen oder etwas daneben liegen, besonders, wenn das Zinsniveau sehr tief ist. Für eine Analyse von Optionen anhand der Settlementdaten ist auch der Schlusskurs von Indizes oder Aktien vollkommen ausreichend, da auch hier die Abweichung zum absolut korrekten Kurs in der Regel recht klein ist. Trotzdem sollte darauf geachtet werden, Fehler so klein als möglich zu halten (Summe aller Toleranzen …).

In den vorangegangenen Erläuterungen wurden für die Bestimmung des korrekten Underlying-Kurses für die Optionspreisanalyse (immer bezogen auf die Settlementpreise) nur europäische Optionen auf den Performanceindex sowie europäische Optionen auf Aktien ohne Dividendenzahlung behandelt. Für alle anderen Indizes sowie für alle Optionsmärkte mit amerikanischem Ausübungsrecht kann die Bestimmung des korrekten Underlying-Kurses aus den Settlementpreisen nur mit komplexen Computeralgorithmen durchgeführt werden. Dies würde jedoch bei Weitem den Rahmen dieses Buches sprengen. Wie aber im vorigen Absatz angemerkt, ist hierfür der Schlusskurs des Underlyings ausreichend. Entscheidend ist, dass Sie die Zusammenhänge verstanden haben, da in den folgenden Kapiteln weiter darauf aufgebaut wird!

10 Der Optionssmile

10.1 Ausprägungsformen der impliziten Volatilität

Untersucht man die impliziten Volatilitäten einer Options-Laufzeitserie, so fällt auf, dass diese je nach Strike unterschiedliche IV-Werte aufweisen. Je nach Art der Ausprägung werden diese als *Smile* (Lächeln), *Skew* (Schielen) oder *Sneer* (spöttisches Lächeln) bezeichnet. Beim Skew und Sneer wird weiter zwischen »Reversese Skew« bzw. »Reverse Sneer« und »Forward Skew« bzw. »Forward Sneer« unterschieden. Abbildung 10.1 zeigt die wichtigsten Formen der IV-Ausprägung.

Betrachten wir die Form des Smiles etwas genauer. Der Kurs des Underlyings steht bei 100. Die IV mit dem Strike 100 (ATM) beträgt 40 % und hat an dieser Marke auch ihren tiefsten Wert. Sowohl bei tiefer als auch höher liegenden Strikes nimmt die IV kontinuierlich zu. Die Form der IV-Ausprägung ist in entscheidendem Maße vom Marktsegment abhängig. Da je nach Markt und auch Marktverfassung diese Form der Ausprägung sich auch über die Zeit verändern kann, tritt in Folge des Öfteren die Situation auf, dass eine klare Zuordnung der Form nicht möglich ist. Ein »Reverse Skew« kann sich allmählich über die Zeit zu einem »Smile« oder »Reverse Sneer« entwickeln. Als grundsätzlichem Oberbegriff spricht man im Fachjargon meist von einem »Optionssmile« oder »Skew«, auch wenn die Form dem nicht ganz entsprechen sollte.

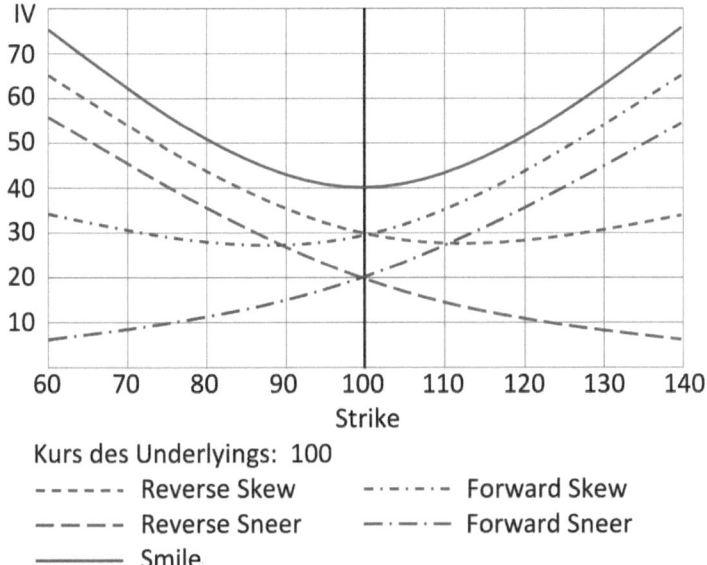

Abbildung 10.1: Typen der IV-Ausprägung

Im Groben können den verschiedenen IV-Ausprägungen der Optionsmärkte folgende Marktsegmente zugeordnet werden (Bezugsangabe ist das Underlying):

Smile: Währungen, Gold liegt meist zwischen einem fast perfekten Smile und einem Skew

Reverse Skew: Aktienindizes, Aktien (kurz- bis mittelfristige Optionslaufzeiten), Rohstoffe

Forward Skew: Volatilitätsfutures

Reverse Sneer: Aktien (mit mittleren bis langen Optionslaufzeiten)

Forward Sneer: Tritt meist nur kurzfristig in Sondersituationen auf

10.2 Die Ursache des Optionssmiles

Über die Ursache für das Auftreten des Optionssmiles gibt es mehrere konkurrierende Theorien, über deren Richtigkeit sich Experten von jeher uneins sind. Im Modell von Black und Scholes wird von einer konstanten Volatilität ausgegangen und dies unabhängig des Strikes einer Laufzeitserie. Somit steht dieses Modell in einem gewissen Widerspruch zur Realität. Vor dem großen Börsencrash im Jahre 1987 war kaum ein Unterschied der IV der verschiedenen Strikes einer Optionsserie zu beobachten. Nach besagtem Crash änderte sich das schlagartig. Eine der Vermutungen über das Auftreten dieses Phänomens ist, dass die Angst vor drohenden Kursabstürzen die aus dem Geld liegenden (OTM) Put-Optionen verteuert, was in Folge zu erhöhten IV-Werten dieser Optionen führt. Befürworter der Effizienzmarkthypothese lehnen diesen Erklärungsansatz strikt ab, da er suggeriert, dass Optionen vom Markt nicht rational gepreist werden.[1] Das Vorhandensein des Smiles ist Fakt, und die Ursache ist für den Trader in der Praxis eher sekundär. Wichtig ist, zu verstehen, wie sich dieses Phänomen auf eine Optionsstrategie auswirkt. Zum Teil kann der Optionssmile mit der Art der Renditeverteilung eines Marktes erklärt werden, was im Nachfolgenden untersucht werden soll.

10.3 Die Häufigkeitsverteilung

In einem ersten Schritt erstellen wir eine sogenannte *Häufigkeitsverteilung*. Dabei handelt es sich um eine Methode, mit der Messdaten erfasst und analysiert werden können. Für die folgende Untersuchung wird der DAX herangezogen. Es wird der Zeitraum von 2005 bis 2012 gewählt, was 2039 Handelstagen entspricht. Aus diesen Daten werden die täglichen Renditen prozentual berechnet. Werfen wir einen Blick auf die Abbildung 10.2. Bereits bei einer oberflächlichen Betrachtung fällt auf, dass in Extremsituationen die Renditen plötzlich um das Vielfache ansteigen können.

---

[1] Shefrin, A behavioral approach to asset pricing.

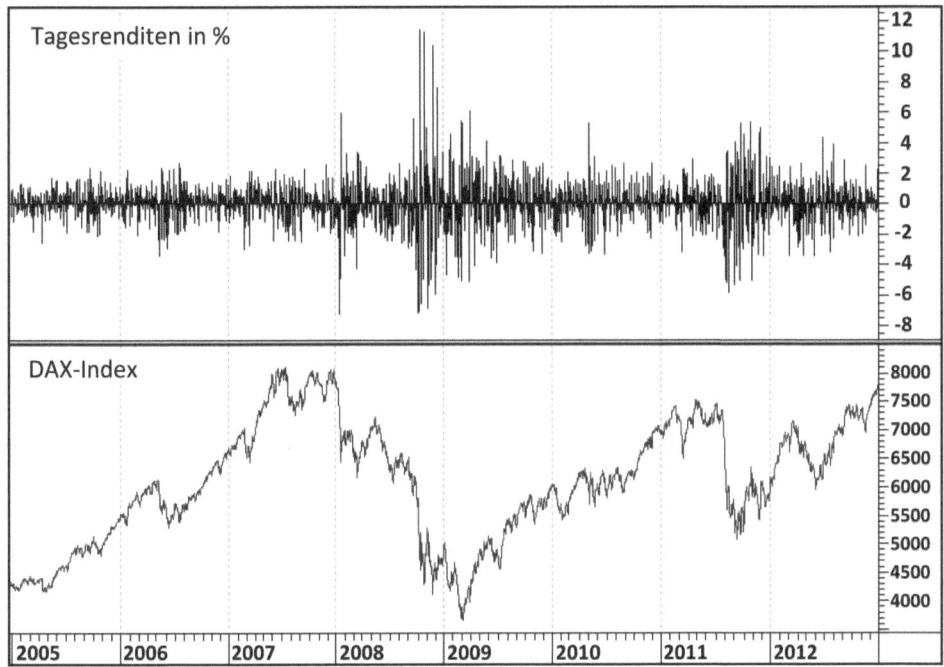

Abbildung 10.2: DAX - Langzeitchart und prozentuale Tagesrenditen

Von den 2039 Messdaten (Schlusskurse des DAX-Index) erhalten wir 2038 prozentuale Renditenwerte. Die höchsten, jedoch sehr wenigen, positiven Renditen liegen bei ca. 10%, die tiefsten negativen Renditen bei ca. -7%, die aber doch häufiger in Erscheinung treten. In einem nächsten Schritt werden Renditeklassen gebildet, die einen Bereich von -10% bis +10% umfassen. Jede Klasse hat eine Bereichsbreite von 0,25%. Beginnend von -10% bis -9,75% wird eine Renditeklasse gebildet, dann von -9,75% bis -9,5% usw., bis zur höchsten positiven Klasse von 9,75% bis 10%. In einem nächsten Schritt wird jeder Klasse die Anzahl der in diesen Bereich fallenden Messwerte zugeordnet. Wenn beispielsweise 60 Messwerte zwischen 1% und 1,25% unter den 2038 Messwerten vorhanden sind, so wird dieser Klasse der Wert 60 zugewiesen. Wir erhalten somit die Häufigkeitsverteilung, wie sie in Abbildung 10.3 dargestellt ist. Auf der X-Achse sind die Tagesrenditen von ca. -7% bis +7% aufgetragen (darunter und auch darüber ist die Häufigkeit in diesen Klassen so gering, dass sie zu 0 tendiert). Auf der Y-Achse ist die Häufigkeit aufgetragen (Y-Skala × 1000). Das Häufigkeitsmaximum konzentriert sich um die Renditeklassen zwischen -0,5% und +0,5%.

Wie Sie erkennen können, folgen die Werte der einzelnen Renditeklassen, besonders an den Rändern, nicht einer sauberen Funktion, sondern verhalten sich »halbstetig«, was auch optisch einen gewissen chaotischen Eindruck vermittelt. Mit Hilfe spezieller mathematischer Methoden wird diese Häufigkeitsverteilung sauber geglättet. Diese Glättung ist dann der sogenannte *Fit der Verteilungsfunkti-*

on (gestrichelte Linie in Abbildung 10.3). Es ist recht gut zu erkennen, dass dieser Fit der Verteilungsfunktion näherungsweise einer »Gauß'schen Glockenkurve« entspricht. In dieser Abbildung ist des Weiteren eine Normalverteilung eingezeichnet (strichpunktierte Linie), deren Parameter, Erwartungswert (μ) und Varianz (σ^2) aus den historischen Daten ermittelt wurden.

Wären die Renditen aus dem besagten Zeitraum normalverteilt, so müsste sich der Fit der Häufigkeitsverteilung mit der Normalverteilung weitestgehend decken bzw. konvergieren. Es wird sofort ersichtlich, dass zum Teil erhebliche Abweichungen, besonders an den Rändern, auftreten. Das heißt nichts anderes, als dass die besonders großen negativen als auch positiven Renditen erheblich häufiger auftreten, als es nach der Normalverteilung der Fall sein sollte. Die Abweichungen an den Rändern werden als »*fat tails*« bezeichnet. Im besonderen Maße stechen die doch recht häufigen großen negativen Renditen hervor. Zum Thema Häufigkeitsverteilung, Normalverteilung finden sich verschiedenste Abhandlungen im Internet. Äußerst hilfreich sind auch Videos[2] (Youtube) zu diesem Thema.

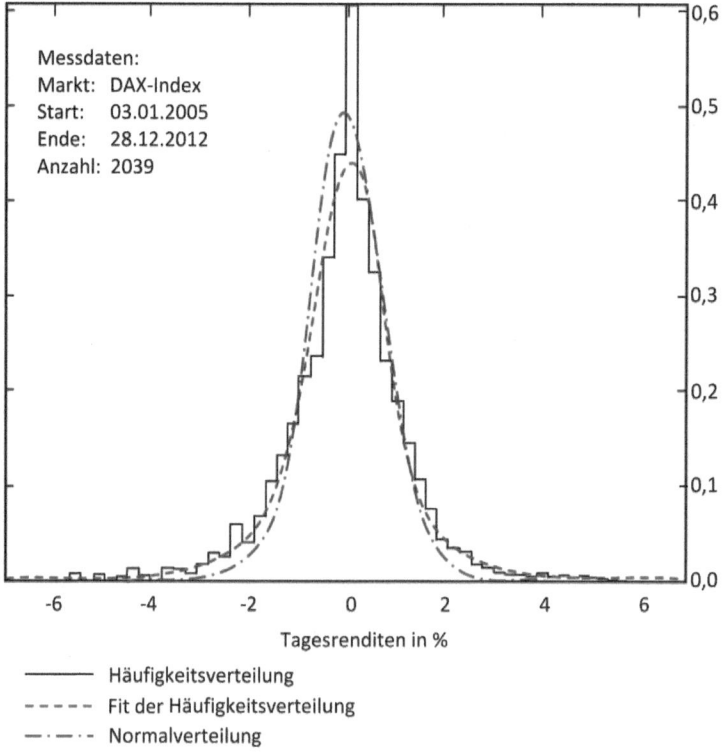

Abbildung 10.3: Häufigkeitsverteilung versus Normalverteilung

---

[2] Vgl. zur Häufigkeits- und Normalverteilung beispielsweise: https://www.youtube.com/watch?v=Ygr5PM_PnOg.

Dem Fakt, dass die Renditen an den Rändern erheblich von der Normalverteilung abweichen, muss bei der Risikobewertung von Optionen Rechnung getragen werden. Somit muss die implizite Volatilität je nach Strike entsprechend der »fat tails«, d.h. den Abweichungen der Normalverteilung vom Fit der Häufigkeitsverteilung, berücksichtigt werden. Daraus folgt, dass die impliziten Volatilitäten einer Optionsserie je nach Strike unterschiedliche Werte aufweisen müssen, um einer adäquaten Risikobewertung gerecht zu werden!

Eine Analyse der impliziten Volatilitäten einer Optionsserie wird am besten anhand der Settlementpreise durchgeführt. In einem ersten Schritt wird die implizite Volatilität einer jeden Option der zu untersuchenden Serie ermittelt. Im zweiten Schritt werden die Daten grafisch aufbereitet, was schlussendlich den Smile bzw. Skew sichtbar macht (Abbildung 10.4). Die folgenden Faktoren beeinflussen maßgeblich die Form des Smiles:

- Marktsegment (der Smile einer Optionsserie, deren Underlying eine Aktie ist, unterscheidet sich erheblich vom Smile einer Optionsserie, deren Underlying ein Volatilitätsfuture ist)
- Historische Volatilität
- Abweichungen vom Fit der Häufigkeitsverteilung zur Normalverteilung: die sogenannten »fat tails«
- Laufzeit der Optionsserie
- Marktverhalten der Akteure

Die Settlementpreise der Optionen, aus denen sich in Folge der Smile rekonstruieren lässt, werden nach dem sogenannten »Marktmodell« des Market-Makers erstellt. Besonders die Marktmodelle für Optionen sind hochkomplex und werden von ausgesuchten Spezialisten entwickelt und gewartet. In der Regel sind die Marktmodelle, insbesondere von Optionen, gut gehütetes Betriebsgeheimnis der Institutionen, die als Market-Maker fungieren. Somit sind zwar wichtige, aber sicherlich nicht alle Einflusskriterien (wie zuvor aufgeführt), mit denen das Marktmodell des Market-Makers gefüttert wird, bekannt. Jedoch bleibt einem Außenstehenden und somit auch dem Trader die genaue Funktionsweise verborgen. Vorhanden sind aber Smile und die historischen Daten der impliziten Volatilitäten sämtlicher Optionen, die der versierte Trader strategisch in seine Planung mit einfließen lassen kann. Des Weiteren sei angemerkt, dass sich die Zielvorgaben des Market-Makers von denen eines Traders oder Hedgefund-Managers unterscheiden. Für den Trader ist entscheidend, den Smile, der ja durch die Daten der Settlements gegeben ist, zu verstehen und für sich entsprechend vorteilhaft zu nutzen.

Die Aufgabe des Market-Makers besteht u.a. darin, eine gewisse Liquidität im Markt zu garantieren. Hierfür muss er laufend eine Kursstellung betreiben und ein Mindestvolumen an Kontrakten der Gegenpartei anbieten als auch abnehmen. Dadurch kann sich der Trader darauf verlassen, dass er Kontrakte auch bei dünnem Handel jederzeit erwerben oder glattstellen kann. Somit ist die Fungibilität des Marktes gegeben, was eine Grundvoraussetzung für einen reibungslosen Handel ist. Der Market-Maker wiederum hat stets darauf zu achten, dass er durch den Handel mit den anderen Teilnehmern nicht in eine Schieflage gerät. Er ist bestrebt, seine Positionen bestmöglich zu hedgen, um sein Risiko auf ein Minimum zu reduzieren. Ein Hedge ist nichts anderes, als das Delta der Gesamtpositionen zu neutralisieren bzw. auf 0 zu stellen. Dadurch wird die Gesamtposition des Market-Makers in gewissen Grenzen immun gegen Kursänderungen des Underlyings. In der einfachsten Form wird das Hedgen mit dem Kauf bzw. Verkauf einer genau berechneten Stückzahl von Futures oder Aktien auf das entsprechende Underlying bewerkstelligt. Das Market-Making, insbesondere im Optionssegment, wird heutzutage vollautomatisch von Computern durchgeführt. Die zur Anwendung kommenden Programme, deren Kern das Marktmodell beinhaltet, sind hochkomplex. Dadurch kann der Market-Maker realtime eine risikoadäquate Preisstellung sämtlicher Optionen eines Marktes gewährleisten. Je besser das Marktmodell die Risiken beim Market-Making abbildet, desto geringer sind die Kosten, um die Positionen, die der Market-Maker in seinem Depot hält, zu hedgen. Da es sich beim bewegten Volumen der gehaltenen Optionen um sehr hohe Summen handeln kann, wird verständlich, dass alles unternommen wird, um die Risiken beim Market-Making mit Hilfe ausgeklügelter Modelle zu minimieren.

10.4 Die Verteilung der Renditen anhand der Restlaufzeit

Betrachtet man den Smile bzw. Skew verschiedener Options-Laufzeitserien eines bestimmten Marktes, so fällt auf, dass diese zwar grundsätzlich eine ähnliche Ausprägung der Form aufweisen. Trotzdem verlaufen die kurzlaufenden Kurven der Optionsserien wesentlich steiler als die langlaufenden Serien (vgl. Abbildung 10.4).

Zum leichteren Verständnis kehren wir zur Abbildung 10.3 zurück. Wir sehen die Häufigkeitsverteilung der *Tagesrenditen* über einen achtjährigen Zeitraum. Aus diesen Daten wurden sowohl der Fit der Häufigkeitsverteilung als auch die Normalverteilung, deren Standardabweichung (σ) sich aus der Streuung der Tagesrenditen ergibt, erstellt. Somit ist unter gewissen Einschränkungen festzuhalten, dass die Funktionen in Abbildung 10.3 die Verteilung der Renditen einer Option mit einer Restlaufzeit von einem Tag darstellen würden. Nun stellt sich aber die Frage, wie die Verteilung der Renditen für Optionen mit einer x-beliebigen Laufzeit zu ermitteln sind. Für die oben besprochene Häufigkeitsverteilung wurden 2038 Tagesrenditen herangezogen. Wollte man das gleiche Verfahren mit der gleichen Anzahl an Messdaten für Jahresrenditen, sprich 250 Handelstage heranziehen, so müsste eine Historie von 2038 Jahren vorhanden sein, was in mehrerlei Hinsicht vollkommen irreal ist. Die Lösung besteht darin, dass die gegebenen Tagesrenditen auf die gewünschte Laufzeit hochgerechnet werden. Da die Renditen zum Quadrat der Zeit steigen, ist eine Umrechnung auf die gewünschte Laufzeit

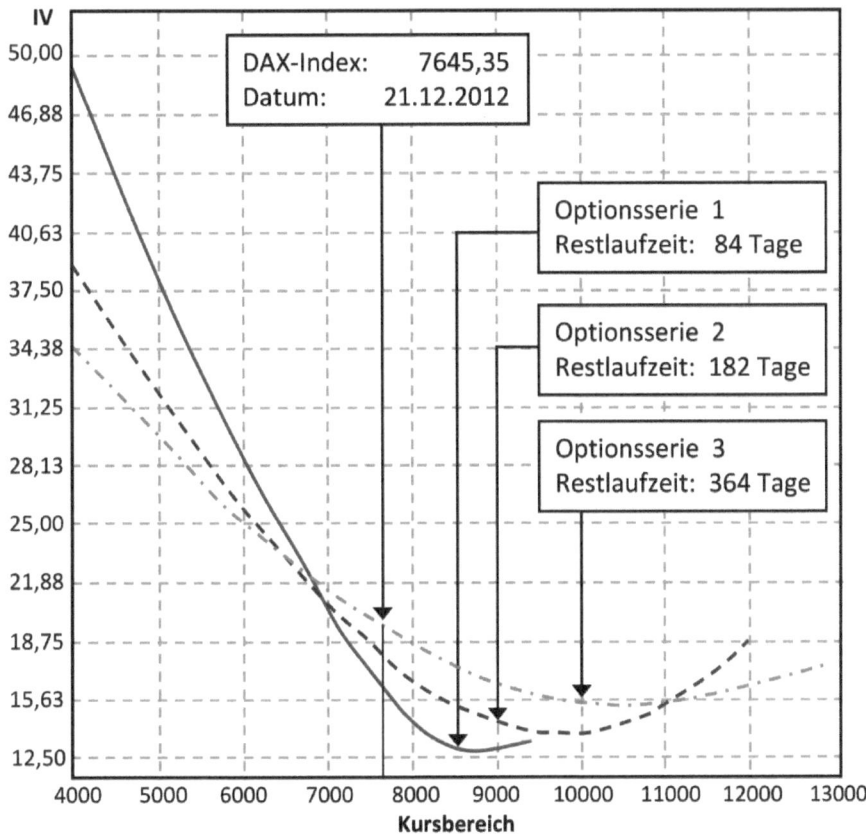

Abbildung 10.4: Skews dreier verschiedener Options-Laufzeitserien

ein simples Unterfangen. Soll die Häufigkeitsverteilung für eine Option mit einer Restlaufzeit von 64 Handelstagen (ca. 90 Kalendertage bzw. drei Monate) erstellt werden, so wären die Prozentangaben in den Renditeklassen (X-Achse in Abbildung 10.3) mit der Wurzel aus 64 bzw. mit 8 zu multiplizieren. So nimmt mit zunehmender Restlaufzeit die Breite der in Abbildung 10.3 gezeigten glockenförmigen Funktionen zu. Durch diese Adjustierung kann in einem nächsten Schritt für jede x-beliebige Restlaufzeit einer Optionsserie die entsprechende Risikobewertung, sprich adäquate Bemessung der impliziten Volatilität, vorgenommen werden, woraus sich eine ganz bestimmte Ausprägung des Smiles bzw. Skews ergibt. Aus Abbildung 10.4 wird ersichtlich, wie sich auf Grund der genannten Einflüsse der Skew mit abnehmender Restlaufzeit verjüngt. Der Skew ist, wie bereits angemerkt, das Resultat des Marktmodells des Market-Makers, dessen Feinheiten für den Trader aus Gründen der Geheimhaltung verborgen bleiben.

10.5 Die Lognormalverteilung

In den Optionspreismodellen wird davon ausgegangen, dass die täglichen Renditen normalverteilt sind – auch wenn diese Annahme auf Grund des vorhandenen Smiles nicht der Realität entspricht. Eine normalverteilte Kurve ist symmetrisch und bringt zum Ausdruck, dass einer definierten prozentualen Kursaufwärtsbewegung eine ebenso hohe prozentuale Kursabwärtsbewegung gegenübersteht. Des Weiteren wird in der Optionspreistheorie (Black-Scholes-Modell) vorausgesetzt, dass die Kurse keine Sprünge bzw. Gaps aufweisen. Unter dieser Prämisse lässt sich die historische Volatilität fortlaufend berechnen, was unter dem Begriff »continously compounded Volatility« zu verstehen ist. Geht man davon aus, dass die Renditen normalverteilt sind, so ist die Folge der laufenden Berechnung eine Lognormalverteilung der Kurse. Die Lognormalverteilung ist gegenüber der Normalverteilung sinnvoll, da negative Kurse weder an den Aktienmärkten noch an den Terminmärkten möglich sind. Aktien können nie mehr als 100 % verlieren, aber theoretisch grenzenlos zulegen (es gibt keinen negativen Logarithmus). Eine Lognormalverteilungs-Kurve verdeutlicht, dass Kursaufschwünge, absolut gemessen, höher ausfallen als Kursabschwünge. Die Lognormalverteilung der Aktienkurse ist identisch mit der Normalverteilung von logarithmierten Aktienkursen.

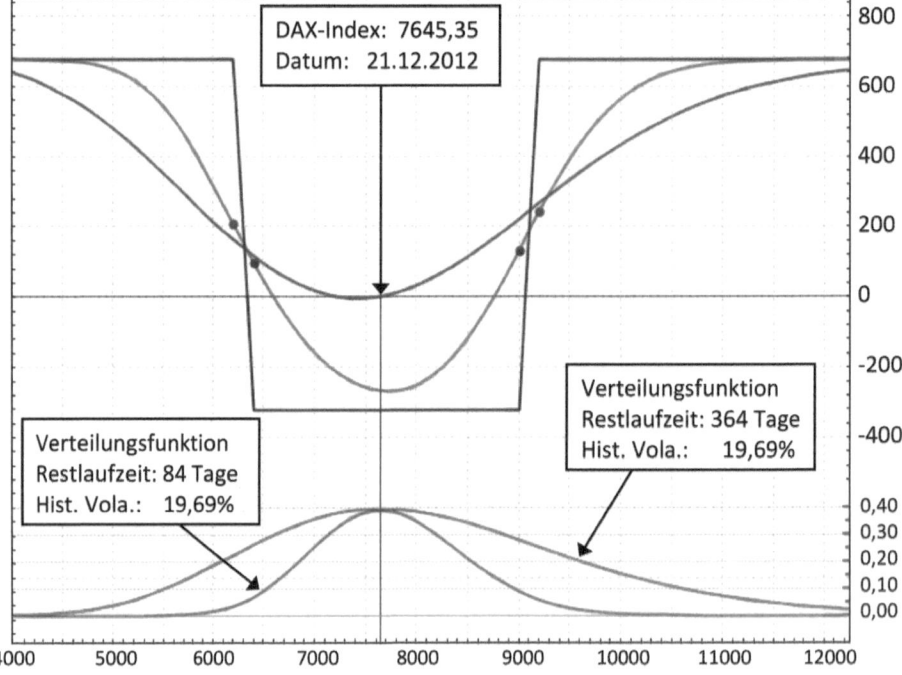

Abbildung 10.5: Lognormalverteilung

In diversen Optionstools, u. a. dem Vandermart-Tracker, gibt es die Möglichkeit, die Lognormalverteilung zusätzlich zum Pay/off einzublenden. Auch wenn diese Verteilungsfunktion mit den bekannten Schwächen behaftet ist (konstante implizite Volatilität über den gesamten Kursbereich und somit Ignorierung des Smiles), wird sie doch oft zur Orientierung herangezogen. Abbildung 10.5 zeigt ein Pay/off mit zugehörender Verteilungsfunktion zum Einstiegszeitpunkt mit einer Restlaufzeit von 364 Tagen und einer Volatilität von 19,69 %. Überdies wird zusätzlich eine Verteilungsfunktion eingeblendet, die sich auf die verbleibende Restlaufzeit von 84 Tagen bezieht.

10.6 Der Smile wandert mit dem Underlying

Wenn sich der Kurs des Underlyings bewegt, so wandert der Skew synchron mit dem Underlying mit. Er verschiebt sich horizontal mit dem Underlying auf der Kursachse (X-Achse). Wird zusätzlich die IV-ATM an- oder abgesenkt, so wird auch der gesamte Skew in gleichem Maße (Y-Achse) angehoben oder abgesenkt. Des Weiteren ist zu beachten, dass sich der Skew mit abnehmender Restlaufzeit zusammenzieht, wie es bereits in Abschnitt 10.3 beschrieben wurde.

Betrachten wir nochmals die Abbildung 10.4. Wir sehen eine *Momentaufnahme* von Skews dreier verschiedener Options-Laufzeitserien. Die IV-ATM der drei Serien weisen unterschiedliche Werte auf, wobei hervorsticht, dass sich mit länger werdender Restlaufzeit auch die IV-ATM erhöht (dieses Muster ist zwar eher die Regel, hat aber keinesfalls Allgemeingültigkeit!). Die spannende Frage ist nun: Was passiert, wenn eine größere Kursbewegung stattfindet? Zum leichteren Verständnis soll dies anhand einer einfachen Strategie auf den DAX-Index, die nur aus dem Kauf einer Put-Option besteht, erklärt werden. Der Strike der Option beträgt 9000 und die Restlaufzeit hat eine Dauer von 168 Tagen. Es wird auf einen fallenden Kurs spekuliert. Dieses Szenario ist in Abbildung 10.6 dargestellt und soll detailliert abgehandelt werden.

In unserem Beispiel gab es einen massiven Kurseinbruch. Ausgehend von 10011,13 Punkten am 4.7.2014 brach der DAX auf 9012,36 Punkte zum 8.8.2014 ein. Der DAX verlor somit in nur 35 Kalendertagen 998,77 Punkte. Die IV-ATM stieg während dieses Kursrutsches von 13,67 % auf 18,14 %. Dieser Anstieg entspricht einer IV-Anhebung von *32,69 %* und ist erheblich! Wenn Sie eine Strategie mit einem kursabwärtsliegenden Gewinnbereich zu Beginn des Absturzes aufgebaut hätten, so wäre es äußerst hilfreich, wenn Sie die IV-Anhebung im Falle des Eintretens des Kursabfalles annähernd kennen würden. *Die IV-Veränderung durch entsprechende Kursbewegungen kann in vielen Fällen annähernd im Vorhinein bestimmt* und simuliert werden. In unserem Beispiel ist das sehr gut möglich! Die Veränderung der IV-ATM, wie sie nach entsprechenden Kursbewegungen auftreten würde, wird in Kapitel 11 explizit behandelt. Wir nehmen es vorläufig als gegeben hin, dass die IV-ATM von 13,67 auf 18,14 ansteigt.

In Abbildung 10.6 sehen wir zwei Kurven. Die untere Kurve ist der Skew vor dem Kursabsturz am 4.7.2014. Die obere Kurve ist der Skew unmittelbar nach dem Absturz am 8.8.2014, d. h. 35 Tage nach dem Einstieg. Bei beiden Kurven ist je ein gefüllter kleiner Kreis bei 9000 eingezeichnet, der die IV-Veränderung der eingesetzten Put-Option vor und nach dem Kursabsturz anzeigt. Man sieht, dass die IV der Option von 17,36 % auf 18,19 % angestiegen (+0,83 %) ist, was einem prozentualen Anstieg von 4,78 % entspricht. Wir halten fest:

Die IV-ATM ist um 32,69 % angestiegen, wogegen die IV der Put-Option nur um 4,78 % zulegte.

Erklärung:

Beim Start am 4.7.2014 betrug der Kursstand 10011,13 Punkte, die IV-ATM 13,67 % und die IV der Option 17,36 %. Die Option lag mit dem Strike von 9000 gut 1000 Punkte vom Kurs des Underlyings entfernt und somit weit OTM. Die stark erhöhte IV der Option gegenüber der IV-ATM war Folge des ausgeprägten Skews. Wäre die IV-ATM nach dem Kursrutsch unverändert geblieben, so würde die IV-ATM bei 9000 Punkten immer noch 13,67 % betragen. Somit wäre die Option dann ATM und würde eine sehr ähnliche IV von ca. 13,67 % aufweisen. Der Skew wäre in diesem Fall nur horizontal nach unten gewandert. Nun hat sich aber in der Realität die IV-ATM während des Kursabfalls sukzessive bis auf 18,14 % erhöht. Das bedeutet, dass es den Skew auf der X-Achse um 998,77 Punkte nach links verschoben hat und gleichzeitig der IV-ATM-Anstieg um 4,47 IV-Punkte den Skew um diesen Betrag nach oben gehoben hat. Dadurch hat die Option, die nun fast perfekt ATM liegt, nur eine unwesentliche IV-Anhebung erfahren. Bei genauer Betrachtung der zwei Kurven in Abbildung 10.6 fällt neben der Verschiebung der Einstandskurve (4.7.2014) auf der X- als auch der Y-Achse auf, dass sich die zweite, obere Kurve (8.8.2014) gemäß der verkürzten Restlaufzeit leicht zusammengezogen bzw. verjüngt hat. Es ist genau das eingetreten, was oben beschrieben wurde!

Datum	Kurs des Underlyings	IV in % ATM	IV in % Option
4.7.2014	10011,13	13,67	17,36
8.8.2014	9012,36	18,14	18,19
Differenz absolut	998,77	4,47	0,83
Differenz in %	9,98	32,69	4,78

Tabelle 10.1: IV-Veränderungen durch Kursabfall

In Tabelle 10.1 wurden die Veränderungen durch den Kursabfall übersichtlich herausgearbeitet. An dieser Stelle ein wichtiger Hinweis:

Es ist ein allgemein verbreiteter Irrglaube, dass sich bei einem starken Kursabfall die IV bzw. implizite Volatilität einer OTM-Put-Option gravierend erhöht. Das kann zwar passieren, wird aber in der Regel bei einer technischen Reaktion, auch wenn sie etwas stärker ausfallen sollte, eher nicht bzw. nur sehr moderat der Fall sein! Bei einem massiven Börsencrash kann zwar die IV einer OTM-Put-Option erheblich anziehen, jedoch niemals in dem Maße, wie die IV-ATM zulegen würde!

Wenn vom Anziehen der IV die Rede ist, so muss unterschieden werden, ob es sich um die IV einer expliziten Option handelt oder ob allgemein vom Anheben bzw. Absenken des Skews ausgegangen wird. Im letzteren Fall wird die Veränderung der IV am Geld (ATM) einer dezidierten Optionslaufzeitserie verstanden.

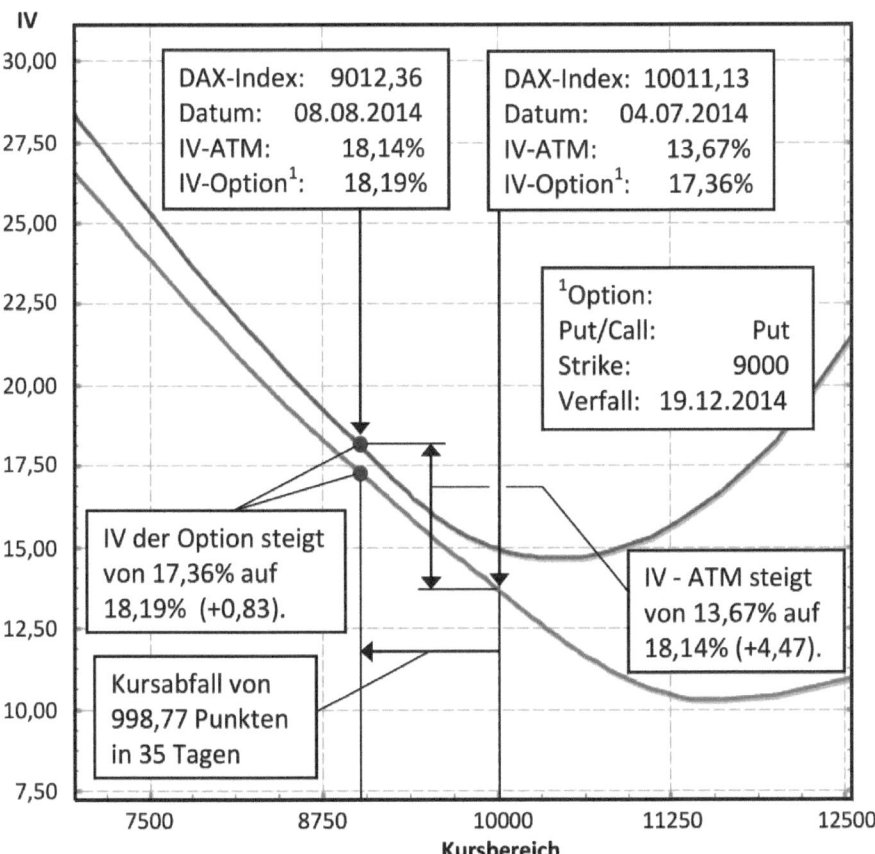

Abbildung 10.6: Änderung des Skews auf Grund eines Kursabfalls

Das dynamische Verhalten des Smiles bzw. Skews kann mit allen relevanten Einflussfaktoren mit dem Vandermart-Tracker simuliert werden. Die grafischen Darstellungsmöglichkeiten vermitteln einen plastischen Eindruck auch unter variablen Bedingungen.

Praxisübung I

1. Starten Sie den Vandermart-Tracker und laden die Strategie K10P1a (die Strategie enthält nur eine Position).

2. Lassen Sie in der Strategieentwicklung alles unverändert.

3. Öffnen Sie die Smile-Modellierung.

4. Stellen Sie vom Drei-Grafikpanelmodus auf den Ein-Grafikpanelmodus um. Klicken Sie auf den Button »3 Fstr«, in dessen Folge sich der Button-Text zu »1 Fstr.« ändert. Unter diesem Button erscheinen nun drei zusätzliche, rosa eingefärbte Buttons mit den Bezeichnungen »A«, »B« und »C«. Im Fenster der Smile-Modellierung befindet sich nun ein großes Grafikpanel, auf dem nun drei Skews zu sehen sind.

5. Deaktivieren Sie den Button »C«. Es sind somit nur die Buttons »A« und »B« rosa eingefärbt und im Grafikpanel verschwindet der dritte Skew.

6. Mit dem Button »A« wird der Skew zum Einstiegsmoment dargestellt bzw. aktiviert. Mit dem Button »B« wird der Skew nach einer frei einstellbaren Zeit dargestellt bzw. aktiviert. In der Grundeinstellung ist der Zeitpunkt für den zweiten Skew (B) auf die halbe Restlaufzeit voreingestellt. Mit dem Button »C« wird der Skew zehn Tage vor Verfall dargestellt bzw. aktiviert (wurde aber bereits deaktiviert).

7. Der Skew »B« wird auf den Zeitpunkt 8. August 2014 festgesetzt. Geben Sie hierfür in das Textfeld »t: A->B« das Datum wie folgt ein: *080814* und quittieren mit der Return-Taste.

8. Der Skew B entspricht nun der Ausprägung vom 8. August unter dem Vorbehalt, dass keine Kurs- und IV-ATM Änderung auftritt.

9. Aktivieren Sie den Button »Sk. av«. Damit wird die automatische Nachskalierung inaktiv.

10. Zoom Sie die Grafik so, dass die X-Achse einen Bereich von ca. 7500 bis 12500 und die Y-Achse einen Bereich von ca. 10 bis 25 überstreicht.

11. Die blauen Punkte in den Skews A und B markieren jeweils den Strike (9000) der Option.

12. Wir führen nun eine Kurssimulation durch, indem wir einen Kursabfall von 10011,13 auf 9012,36 zum 8. August 2014 simulieren, jedoch vorerst ohne die IV-ATM anzuheben. Aktivieren Sie den Button »K-Sim«.

13. Fahren Sie mit dem Cursor in die Grafikfläche. Dadurch wechselt der Cursor zu einem großen Fadenkreuz. Stellen Sie das Fadenkreuz so ein, dass es auf der X-Achse bei ca. 9012 zu stehen kommt, und drücken dann die linke Maustaste. An dieser Position wird nun eine grüne, vertikale Linie zur Orientierung eingeblendet. Währenddessen das Fadenkreuz verschoben wird, läuft der Skew B (mit bereits eingestelltem Zeitpunkt 8. August 2014) synchron mit.

14. Wenn Sie nun das Fadenkreuz bewegen, können Sie die IV-Werte für die Skews A und B zum einen im Grafikfenster ablesen und zum anderen wesent-

lich präziser in der IV-Anzeige auf der linken oberen Fensterseite (IV-A, IV-B, IV-C).

15. Wie klar ersichtlich ist, wäre die IV der Option (Strike 9000) massiv gefallen. Es wurde aber eine Situation simuliert, die die IV-ATM trotz starkem Kursabfall unverändert ließ, was bei dieser Situation unrealistisch ist.

16. Wir stellen nun die realistische Situation nach und erhöhen die IV-ATM zum Zeitpunkt 8. August 2014 auf 18,14 % (zum Einstiegszeitpunkt war die IV 13,67 %). Klicken Sie in das Textfeld mit der Bezeichnung »p.k.IV«. Geben Sie nun den Wert 18,14 ein und quittieren wiederum mit der Return-Taste.

17. Zoomen Sie die Grafik wieder auf die Werte wie unter Punkt 9 beschrieben.

18. Aktivieren Sie den Button »K-Sim.«

19. Fahren Sie mit dem Cursor in die Grafikfläche. Dadurch wechselt der Cursor zu einem großen Fadenkreuz. Stellen Sie das Fadenkreuz so ein, dass es auf der X-Achse bei ca. 9012 zu stehen kommt, und drücken dann die linke Maustaste. An dieser Position wird nun eine grüne, vertikale Linie zur Orientierung eingeblendet. Währenddessen das Fadenkreuz verschoben wird, läuft der Skew B (mit bereits eingestelltem Zeitpunkt 8. August 2014) synchron mit.

20. Wenn Sie nun das Fadenkreuz bewegen, können Sie die IV-Werte für die Skews A und B zum einen im Grafikfenster ablesen und zum anderen wesentlich präziser in der IV-Anzeige auf der linken oberen Fensterseite (IV-A, IV-B, IV-C).

21. Der jetzt dargestellte Skew B entspricht der Situation zum 8. August 2014.

Wie und unter welchen Bedingungen sich die IV-ATM ändert, wird in Kapitel 11 dargestellt. Für diesen wie für viele weitere Fälle (aber keinesfalls für alle Situationen) kann die Änderung der IV-ATM (somit Anhebung/Absenkung des gesamten Skews) recht nahe im Vorhinein bestimmt werden. Im Vandermart-Tracker werden im »großen Smilemodus« alle Daten für die Smile- bzw. Skew-Problematik ohne weitere Eingaben automatisch erfasst (sowie die IV-ATM Anhebung/Absenkung) und in der Strategiesimulation entsprechend berücksichtigt.

10.7 Die Wings

Wie wir in Abschnitt 10.3 gesehen haben, verjüngt sich der Skew mit abnehmender Restlaufzeit, d.h. das linke und das rechte Ende des Skews zieht es kontinuierlich in Richtung Kurs des Underlyings. Dieses Zusammenziehen läuft normalerweise mehr oder weniger synchron mit der Abnahme der Standardabweichung durch die laufend kürzer werdende Restlaufzeit der Option. Wenn jedoch die Enden des Skews durch entsprechende Markteinflüsse angehoben oder abgesenkt werden, so spricht man von einer Wingänderung. Somit haben wir es zum Einen mit dem Zusammenziehen des Skews auf Grund der zuvor besprochenen Abnahme der Restlaufzeit zu tun und zum Anderen mit einer zusätzlich überlagerten

Wingänderung auf Grund von Markteinflüssen. Vom Letzteren soll in diesem Abschnitt die Rede sein.

Abbildung 10.7 zeigt drei Skews aus *einer* Optionsserie, jedoch mit drei verschiedenen Wingeinstellungen, deren Underlying sich auf den DAX bezieht und eine Restlaufzeit von 168 Tagen aufweist. Das Hauptaugenmerk liegt auf einer Put-Option mit Strike 7500. Der Kurs des DAX hat einen Stand von 10011,13 Punkten. Die IV-ATM beträgt 13,67 %. Die durchgezogene Linie zeigt den Skew zum 4.7.2014 und ist die Ausgangsbasis bzw. dient als Referenz für die Winganhebung (gestrichelte Linie) bzw. Absenkung (strichpunktierte Linie). Die Option weist eine IV von 23,91 % und eine Optionsprämie von 20,60 € aus.

Um nun die Frage beantworten zu können, wie sich eine Wingänderung auf die betreffende Option auswirkt, muss zuvor geklärt werden, wie eine solche Änderung gemessen bzw. spezifiziert werden kann. Hierfür gibt es verschiedene Ansätze, wobei wir hier auf jenes Verfahren zurückgreifen, das im Vandermart-Tracker zur Anwendung kommt. Die Sequenz dieses Verfahrens ist wie folgt:

1. Es wird eine Referenz-Kursmarke berechnet, die 10 % unter dem aktuellen Kurs des Underlyings (10011,13) liegt und in unserem Beispiel *9010* beträgt.
2. Es wird die IV einer synthetischen Option an dieser Marke (9010) berechnet. Da es Zufall wäre, wenn diese Marke genau einem Strike der entsprechenden Optionsserie entspricht, bedient man sich der beidseitig angrenzenden Optionen. Somit kann aus den bekannten IVs von vier benachbarten Optionen exakt die IV mittels einer Kurveninterpolation an der Kursmarke bei 9010 bestimmt werden. Die IV dieser synthetischen Option (Strike 9010) beträgt *17,33 %*.
3. Die IV von 17,33 % wird je nach Annahme der Wingänderung um n Punkte angehoben oder abgesenkt. In unserem Beispiel wurde eine Änderung von ± 2 Punkten vorgenommen. Wir beschränken uns hier lediglich auf die Anhebung von 2 Punkten (für die Absenkung gilt dasselbe Verfahren). Wir weisen der synthetischen Option eine IV von 17,33 + 2 bzw. *19,33 %* zu.
4. Es wird der Quotient aus der erhöhten IV der synthetischen Option und der vorhergehenden IV der synthetischen Option berechnet. Dieser bildet später den Multiplikator für die Neuberechnung des Skews: 19,33/17,33 = *1,1154*.
5. Für alle IVs einer Optionsserie gilt:
$IV_{neu, \text{Option n}}$ = (IV-ATM) + ($IV_{\text{Option n}}$ − (IV-ATM)) × 1,1154

Ein entscheidender Punkt bei dem Verfahren ist, dass auf eine definierte Referenz (Strike der synthetischen Option, 9010) die Veränderung gezielt skaliert ermöglicht wird. Ohne diese Skalierung wären Vergleichsmessungen praktisch nicht möglich. Prinzipiell sind der Winganhebung klare Grenzen gesetzt. Wie bereits mehrfach angesprochen, darf keinesfalls die Möglichkeit einer Arbitrage auftreten. Diese wäre jedoch bei einer extremen Winganhebung gegeben! Betrachten wir Tabelle 10.2.

	Kurs des Underlyings	IV	Optionsprämie
Kauf Put, Strike 10000	10011,13	13,71	358,90 €
Verkauf Put, Strike 9900	10011,13	15,53	358,90 €
Aufwand			0,00 €

Tabelle 10.2: Irreale Volatilitätsarbitrage durch extreme Winganhebung

Tabelle 10.2 beinhaltet die Daten eines Bear Put Spreads. Der Aufwand beträgt 0, da die tieferliegende Option mit Strike 9900 eine höhere Volatilität als der darüberliegende Put mit Strike 10000 aufweist. Diese Situation wäre ein sogenannter »free lunch« und durch eine extreme Winganhebung möglich. *Diese Situation entspricht einer Volatilitätsarbitrage, die in der Praxis nie auftreten wird, da die besagte Grenze zur Arbitrage bereits erreicht wurde. Das Wissen über das Überziehen des Skews ist deshalb wichtig, um bei Simulationen, bei denen die Wingänderung Bestandteil einer Strategie ist, nicht Ergebnissen von irrealen Annahmen aufzusitzen.*

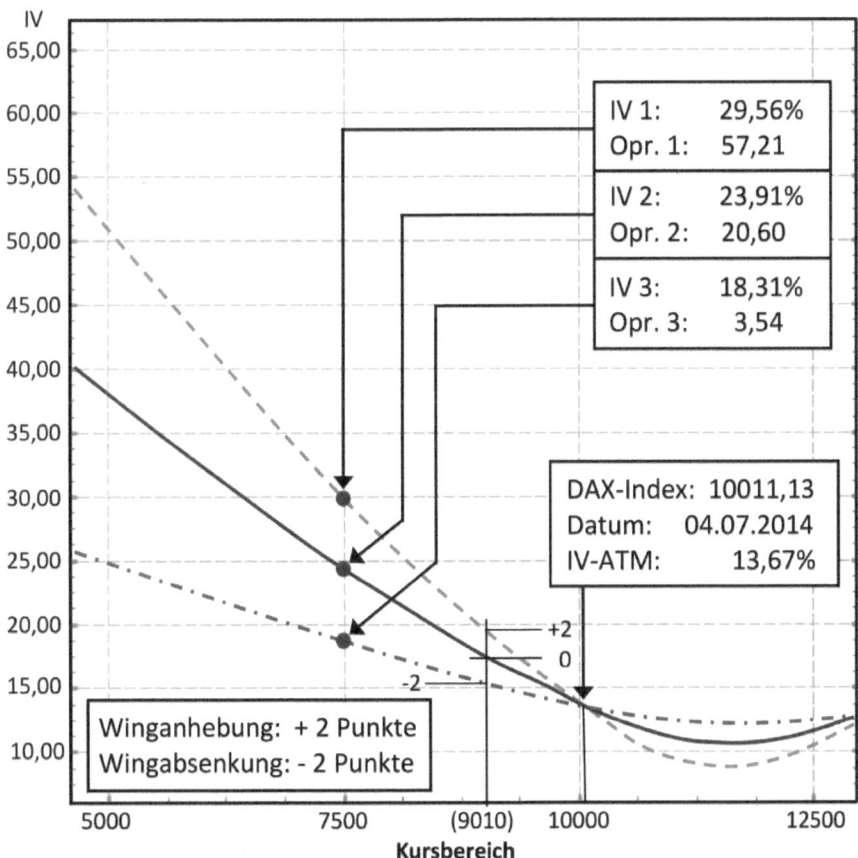

Abbildung 10.7: Veränderung des Skews durch das Anheben und Absenken der Wings

Das Auftreten von Wingänderungen:

- Kleine Wingänderungen treten relativ häufig auf. Diese sollen aber ausschließlich zur Optimierung in Volatilitäts-Arbitragestrategien zum Einsatz kommen. Sie können sich damit nach dem Einstieg in kurzer Zeit einen Vorteil verschaffen.
- Gravierende Wingänderungen kommen sehr selten vor. In der Regel handelt es sich um Anhebungen, die sich über Tage aufbauen. Dieses Ereignis geht meist mit bevorstehenden gefährlichen, weltwirtschaftlichen bzw. krisenhaften Situationen einher. Die Auswirkungen bei OTM-Put-Optionen können exorbitant sein!

Praxisübung II

Anmerkung:

Im Vandermart-Tracker sind zwei Techniken für die Smile-Modellierung integriert. Die sogenannte große und kleine Modellierung. Für die große Smile-Modellierung gilt:

Alle Einstellungen werden im Fenster der »*Smile-Modellierung*« vorgenommen. Änderungen werden sofort im Fenster der Strategiesimulation verarbeitet und in das aktuelle Pay/off übernommen. Der Skew wird in Abhängigkeit der eingestellten Restlaufzeit verjüngt. Da diese Berechnungen mit sämtlichen Einflussfaktoren ungeheuer aufwendig sind, müssen einige Einschränkungen hingenommen werden. Für den »großen Smile« sind dies:

1. Alle Positionen müssen den gleichen Einstiegszeitpunkt haben.

2. Amerikanische Optionen mit Dividendenzahlungen innerhalb der Restlaufzeit sind nicht zugelassen.

Für die »kleine Smile-Modellierung« gilt:

Alle Einstellungen werden im Fenster der »*Strategiesimulation*« vorgenommen. Änderungen werden sofort im gleichen Fenster (Strategiesimulation) verarbeitet und in das aktuelle Pay/off übernommen. *Der Skew wird in Abhängigkeit der eingestellten Restlaufzeit nicht verjüngt.* Es wird immer der Skew einer jeden Option zum Einstiegszeitpunkt herangezogen. Dafür gibt es keine Einschränkungen wie bei der großen Smile-Modellierung.

1. Starten Sie den Vandermart-Tracker und laden die Strategie K10P2a (die Strategie enthält nur eine Position).

2. Lassen Sie in der Strategieentwicklung alles unverändert.

3. Öffnen Sie die Smile-Modellierung.

4. Stellen Sie vom Drei-Grafikpanelmodus auf den Ein-Grafikpanelmodus um. Klicken Sie auf den Button »3 Fstr«, in dessen Folge sich der Button-Text zu »1 Fstr.« ändert. Unter diesem Button erscheinen nun drei zusätzliche, rosa eingefärbte Buttons mit den Bezeichnungen »A«, »B« und »C«. Im Fenster der Smile-Modellierung befindet sich nun ein großes Grafikpanel, auf dem nun drei Skews zu sehen sind.

5. Deaktivieren Sie den Button »C«. Es sind somit nur die Buttons »A« und »B« rosa eingefärbt und im Grafikpanel verschwindet der dritte Skew.

6. Mit dem Button »A« wird der Skew zum Einstiegsmoment dargestellt bzw. aktiviert. Mit dem Button »B« wird der Skew nach einer frei einstellbaren Zeit dargestellt bzw. aktiviert. In der Grundeinstellung ist der Zeitpunkt für den zweiten Skew (B) auf die halbe Restlaufzeit voreingestellt. Mit dem Button »C« wird der Skew zehn Tage vor Verfall dargestellt bzw. aktiviert (wurde aber bereits deaktiviert).

7. Der Skew »B« wird auf den Zeitpunkt 5. Juli 2014 festgesetzt. Geben Sie hierfür in das Textfeld »t: A->B« das Datum wie folgt ein: *050714* und quittieren mit der Return-Taste (anstatt dem Datum können Sie einfach die Zahl 1 eingeben und quittieren).

8. Der Skew B entspricht nun der Ausprägung vom 5. Juli 2014 unter dem Vorbehalt, dass keine Kurs- und IV-ATM Änderung auftritt.

9. Aktivieren Sie den Button »Sk. av«. Damit wird die automatische Nachskalierung inaktiv.

10. Zoomen Sie die Grafik so hin, dass die X-Achse einen Bereich von ca. 5000 bis 15000 und die Y-Achse einen Bereich von ca. 0 bis 55 überstreicht.

11. Die blauen Punkte in den Skews A und B markieren jeweils den Strike (7500) der Option.

12. Wir ziehen nun die Wings um zwei Punkte an.

13. Klicken Sie in das Textfeld mit der Bezeichnung »Wings«. Geben Sie nun den Wert 2 ein und quittieren mit der Return-Taste. Es wird die Änderung des Skews sofort sichtbar.

14. Um die Änderungen im Pay/off sichtbar zu machen, öffnen Sie das Fenster Strategiesimulation (nachfolgende Einstellungen betreffen dieses Fenster).

15. Klicken Sie auf den Button »Sml.« (rechte Seite). Mit diesem wird die Einblendung der Funktionsgrafen der großen Smile-Modellierung aktiviert.

16. Aktivieren Sie den Button »Md.« (unten), mit welchem das Vandermart-Marktmodell aktiviert wird (dadurch wird, falls die große oder kleine Smile-Modellierung aktiviert wird, die IV-ATM Anhebung oder Absenkung zugeschaltet).

17. Deaktivieren Sie den Button »S.M.«. Damit wird das einefache, simple Modell mit deaktiviert.

18. Wenn Sie nun Änderungen in der großen Smile-Modellierung vornehmen, werden diese im Pay/off in der Strategiesimulation sofort sichtbar.

Nachfolgende Praxisübung verdeutlicht das Übersteuern des Skews. Falls der Vandermart-Tracker noch offen ist, so schließen Sie bitte das Haupt- bzw. Eröffnungsfenster, um in eine saubere Grundstellung für die folgende Praxisübung zu kommen.

Praxisübung III

1. Starten Sie den Vandermart-Tracker und laden die Strategie K10P3a (die Strategie enthält eine Long- und drei Shortpositionen).
2. Lassen Sie in der Strategieentwicklung alles unverändert.
3. Öffnen Sie das Fenster der Strategiesimulation.
4. Klicken Sie auf den Button »Arb.« (unten). Mit diesem werden alle Optionspositionen mit den zugehörenden Prämien grafisch sichtbar gemacht.
5. Zoomen Sie die Grafik so hin, dass die Y-Skalierung unten 0 und oben 320 anzeigt. Die X-Skalierung sollte links auf ca. 7200 und rechts bei ca. 12900 stehen.
6. Ziehen Sie den Wing-Regler auf der rechten Seite hoch.

Es wird deutlich, wie mit dem Anziehen des Wing-Reglers die ursprünglich weit OTM liegenden, billigen Put-Positionen teurer werden als der ursprünglich teure ATM-Put, der im Preis fast unverändert bleibt. Im Textfeld rechts des Wing-Reglers sind zwei Textspalten mit Zahlen zu sehen. Die linke Textspalte zeigt die IVs sämtlicher Optionen zum Einstiegszeitpunkt. Die Textspalte rechts zeigt die IVs nach IV- und Wing-Veränderung durch die Regler. Wenn Sie die drei OTM Put-Optionen auf ein annähernd gleiches Preisniveau bringen, wäre eine Arbitragesituation erreicht (die in dieser Form sicherlich *nicht* eintritt). Beachten Sie bitte auch den zusätzlichen Einfluss, wenn der Zeitschieber (Restlaufzeit) verändert wird.

10.8 Die implizite Volatilität am Geld in Bezug zum korrespondierenden Volatilitätsfuture

Besonders, wenn starke Kurseinbrüche an den Aktienmärkten auftreten, wird die ansteigende Volatilität in sämtlichen Foren wie auch Medien (Börsen-TV, Fachzeitschriften usw.) breit und lang diskutiert. Meist wird dann auf das Steigen der Volatilitätsfutures, wie beispielsweise den VIX (Bezug auf die implizite Volatilität der Optionen des S&P) oder den VSTOXX (Bezug auf die implizite Volatilität der Optionen des EURO STOXX 50) verwiesen. Die Basis für die Bewertungen der Volatilitätsfutures setzen sich aus einem Mix der IV von Optionen mit einer ganz bestimmten Gewichtung sowie Laufzeit zusammen. In den vergangenen Erläuterungen wurde wiederholt auf die Veränderung der IV-ATM hingewiesen, die sich in der Regel annähernd synchron zum entsprechenden Volatilitätsfuture verhält, was die »relative Veränderung« der IV betrifft. Der »absolute Wert« der IV-ATM kann jedoch erheblich von dem eines Volatilitätsfutures abweichen. Das bedeutet, dass mit dem Anstieg eines Volatilitätsfutures auch ein »relativ« ähnlicher Anstieg der IV-ATM bei ähnlichen Laufzeiten einhergehen wird.

11 Die Dynamik der impliziten Volatilität

Wie wir in den bisherigen Ausführungen gesehen haben, ist die implizite Volatilität ein vielschichtiger Einflussfaktor, dessen Wert einer laufenden, mehr oder weniger starken Änderung unterliegt. Für bestimmte chart- und zeittechnische Annahmen sind die Gesetzmäßigkeiten, die sich hinter dieser Dynamik verbergen, bekannt und sollten in die strategischen Überlegungen miteinbezogen werden. Neben der Kursbewegung ist auch die kürzer werdende Restlaufzeit ein Kriterium, das stets zu beachten ist. Auch muss immer streng unterschieden werden, ob die Messung der IV am Geld oder an einer dezidierten Option vorgenommen wird. Wie sich die IV längerfristig entwickeln wird, lässt sich zwar nicht mit »Gewissheit« voraussagen, doch gibt es diesbezüglich eine Reihe von Hilfen und Erfahrungswerten, die oft eine recht gute Annäherung erlauben. Es gibt eine Vielzahl von Strategien, in denen eine IV-Änderung keine wirklich relevante Auswirkung auf das System hat, als auch vice versa. Für Strategien, die auf jeden Fall bis zum Verfall gehalten werden, sind IV-Änderungen »nach erfolgtem Einstieg« ohne Relevanz (die IV-Verhältnisse zum Einstiegszeitpunkt können hingegen sehr wohl von gravierender Bedeutung sein).

Wenn künftig von einer IV-Änderung die Rede ist, so ist damit prinzipiell die implizite Volatilität einer synthetischen Option »am Geld« einer bestimmten Laufzeitserie gemeint. Im anderen Fall wird ein direkter Bezug zu einer dezidierten Option hergestellt (vgl. Abschnitt 10.8).

> An dieser Stelle sei nochmals ausdrücklich darauf hingewiesen, dass die Vorherbestimmung der impliziten Volatilität nur in einem Zeitbereich von maximal drei Wochen annähernd bestimmt werden kann. Somit ist die Vorherbestimmung der impliziten Volatilität besonders beim Swingtrading, aber auch bei gewissen Follow-up Aktionen eine große Unterstützung. Eine längerfristige Prognose der impliziten Volatilität ist seriös nur schwer möglich bzw. mit erheblichen Unschärfen verbunden.

11.1 Die Berechnung des Skews für einen definierten Zeitpunkt aus den Settlement Daten

Um die Veränderung der impliziten Volatilität durch erwartete, rasche Kursveränderungen des Underlyings *im Vorhinein* bestimmen zu können, ist das Heranziehen des Skews der Laufzeitserien der eingesetzten Optionen die wohl vielversprechendste Methode. Wie in Kapitel 10 eingehend erläutert wurde, zieht sich der Skew mit abnehmender Restlaufzeit immer weiter zusammen. Um die künftige implizite Volatilität für jeden möglichen Kurs des Underlyings bestimmen zu können, muss als erstes der Skew auf einen definierten künftigen Zeitpunkt transformiert werden. Werfen Sie einen Blick auf Abbildung 11.1, in der drei Skews ersichtlich sind (A, B und C). Der Skew A ist das Resultat aus den Settlement Daten vom 19.9.2014. Der Verfall dieser Optionsserie ist der 21.11.2014, wodurch sich eine Restlaufzeit von 63 Tagen ergibt. Skew B wurde aus den Daten von Skew A auf den Zeitpunkt des 15.10.2014 erstellt, und es verbleibt noch eine Restlaufzeit von 37 Tagen. Skew C wurde ebenfalls aus den Daten von Skew A auf den Zeitpunkt 11.11.2014 erstellt. Die Restlaufzeit beträgt somit nur noch zehn Tage. Skew B und C wurden unter der Annahme eines unveränderten Kurses des Underlyings (9820,52) berechnet.

Die zeitliche Transformation des Skews ist äußerst komplex und kann unmöglich von Hand mit ein paar Berechnungen durchgeführt werden. Im Vandermart-Tracker können all diese Funktionen im Modul »Smilemodellierung« auf Knopfdruck simuliert und grafisch sichtbar gemacht werden. Wer in Excel versiert ist, kann den nachfolgend beschriebenen Algorithmus umsetzen. Den Schlüsselfaktor hierfür bildet das Delta einer jeden Option der zu transformierenden Laufzeitserie. Für die Berechnungen werden nur OTM-Optionen herangezogen, wobei eine Put/Call-Parität vorausgesetzt wird. Die Kenntnis der genauen Funktionsweise dieses Verfahrens ist für das Trading ohne Belang und soll hier nur für den technisch Interessierten in kurzer Form nähergebracht werden.

- Aus den Settlement Daten wird die IV aller OTM-Optionen der zugehörenden Laufzeitserie berechnet. Aus den IVen lässt sich somit der Skew erstellen.
- Die berechneten IVen werden durch eine Glättungsfunktion eventuell minimal nachkorrigiert. Dies ist notwendig, da die IV von gewissen Optionen sozusagen »aus der Reihe tanzen« könnten.
- Es wird von jeder Option der zugehörenden Laufzeitserie das Delta ermittelt.
- Es wird der Strike jeder Option der zugehörenden Laufzeitserie so verändert, dass das Delta bei der Neuberechnung mit dem künftigen Zieldatum dem ursprünglich berechneten Delta entspricht. Somit gibt es einen neuen, synthetischen Strike für jede Option. Dieser neue synthetische Strike ist quasi eine neue synthetische Option. Diese neue synthetische Option mit verändertem Strike hat die IV und das Delta der ursprünglichen Option geerbt, d. h. IV und Delta blieben unverändert. Es entstand nun ein Skew mit dem gewünschten Zieldatum, der jedoch nur synthetische Strikes aufweist und dadurch nicht mit den Originaloptionen übereinstimmt.
- Im letzten Schritt werden für jeden Strike der Originaloptionsserie vier Stützstellen (Strikes der synthetischen Optionen), zwei oberhalb und zwei unterhalb, im neu berechneten Skew mit Zieldatum ausgemacht und eine Kurveninterpolation durchgeführt. Damit kann der Originaloption die präzise IV zum Zieldatum zugewiesen werden (an den Rändern kann sich die Kurveninterpolation zu einer Extrapolation entwickeln, was kritisch werden kann und programmtechnisch entsprechend abgefangen werden muss).

Der beschriebene Algorithmus ist äußerst rechenintensiv und wird im Vandermart-Tracker nur für jene Optionen angewendet, in deren Restlaufzeit keine Divi-

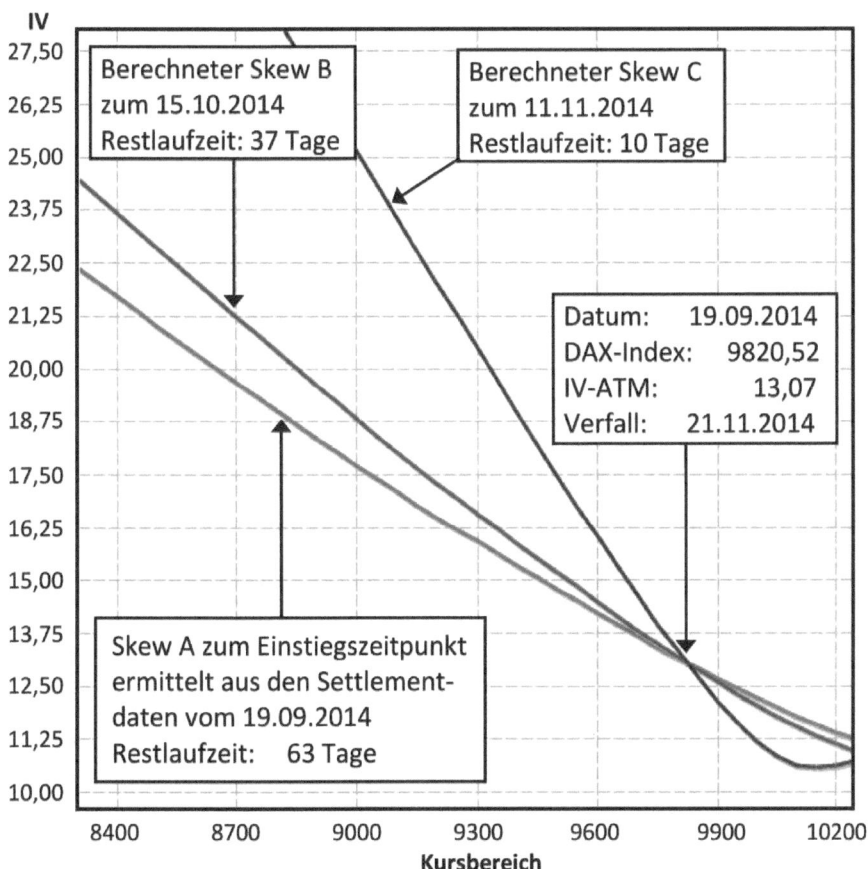

Abbildung 11.1: Berechnung des Skews auf einen definierten Zeitpunkt

denden ausgeschüttet werden. Außerdem muss die Restlaufzeit der Option mindestens zehn Tage betragen. Die zu erwartenden Ergebnisse sind jedoch so gut, dass die angesprochenen Nachteile in den Hintergrund rücken.

Die Transformation des Skews auf ein bestimmtes Zieldatum bildet das Grundelement sämtlicher nachfolgender Erläuterungen in Bezug der künftigen impliziten Volatilität im kürzerfristigen Zeit- bzw. Prognosebereich.

11.2 Die Änderung der impliziten Volatilität auf Grund von schnellen Kursbewegungen

Der Kurs einer Aktie verläuft nicht konstant in eine Richtung, sodass man ein Lineal am Chart anlegen könnte, sondern ist einem stetigen Auf und Ab unterworfen. Diese Schwankungsbreite ist die uns bekannte Volatilität und schlägt sich auch in den impliziten Volatilitäten der gehandelten Optionen des zugehörenden

Underlyings nieder. Dabei ist zu beobachten, dass in der Regel die Kursabschwünge schneller vonstattengehen als die nachfolgenden Kurserholungen. Diese Kursbeschleunigung nach unten hat damit zu tun, dass mit dem Beginn der fallenden Kurse die Angst im Markt zunimmt und der Abverkauf aus Angst vor Verlusten sich stetig erhöht. Beim Kursanstieg geht es eher zögerlich vonstatten, wodurch die Erholung auf das alte Niveau mehr Zeit benötigt. Dies ist auch indirekt eine Erklärung, weshalb die OTM-Put-Optionen eine höhere implizite Volatilität als OTM-Call-Optionen aufweisen, sofern es sich beim Underlying um Aktien handelt. Dieses Kursmuster kommt in Abbildung 11.2 klar zum Ausdruck. Das Ausnutzen dieser Kurseinbrüche ist ein weitverbreiteter Handelsansatz und lässt sich mit Optionen erfolgreich umsetzen.

Die Swingphasen sind in Abbildung 11.2 durch die eingezeichneten Rechtecke 1-4 gekennzeichnet. Brechen die Kurse relativ rasch ein, so geht ein Anstieg der historischen als auch der impliziten Volatilität (ATM) einher. Das Ansteigen der impliziten Volatilität lässt sich bei raschen, zu erwartenden Kurseinbrüchen recht gut bestimmen. Um die Funktionstüchtigkeit des nachfolgend beschriebenen Verfahrens nachweisen zu können, bedienen wir uns historischer Daten, womit ein Vergleich der Prognose mit den real auftretenden Werten, die in der Praxis natürlich in der Zukunft liegen, möglich ist. Für die Beweisführung bedienen wir uns des Swings, der in Abbildung 11.2 im Rechteck Nr. 2 dargestellt ist. Am 19.9.2014 ist die Annahme die, dass es zu einer heftigen Kursbewegung nach *oben* wie nach *unten* kommen könnte. Gefragt ist nun, wie sich die implizite Volatilität (ATM) einer bestimmten Laufzeitserie zu einem bestimmten Datum, das auf den 10.10.2014 festgelegt wird, in Abhängigkeit des Aktienkurses verändern wird.

Um einen Zufallstreffer zu vermeiden, wurden für die Beweisführung der IV-Bestimmung drei verschiedene Laufzeitserien herangezogen. Die nachfolgend angeführten IV-Werte (ATM) beziehen sich auf den Zeitpunkt der Messung bzw. den 19.9.2014.

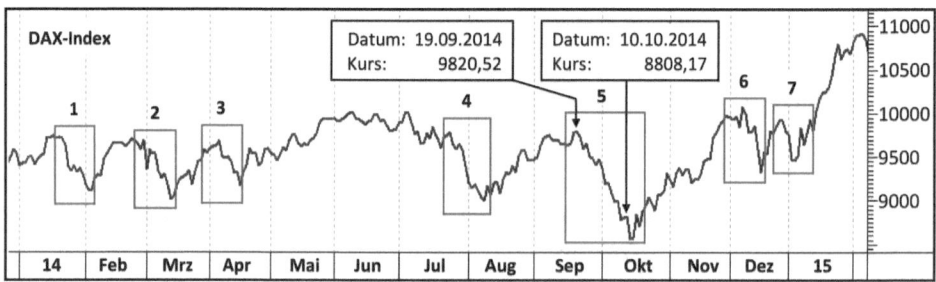

Abbildung 11.2: Swings - kurzfristige Kurseinbrüche

1. Laufzeitserie 1 Verfall Nov. 2014   Restlaufzeit 63 Tage IV 13,07 %

2. Laufzeitserie 2 Verfall Dez. 2014   Restlaufzeit 91 Tage IV 13,78 %

3. Laufzeitserie 3 Verfall März 2015   Restlaufzeit 182 Tage IV 14,78 %

Für die drei Laufzeitserien werden die Skews nach zuvor beschriebenem Verfahren auf den 10.10.2014 transformiert. In Abbildung 11.3 sind die transformierten Skews ersichtlich. Wir können nun anhand der X-Achse, auf welcher der Kursbereich aufgetragen ist, den IV-Wert (ATM) für jede Laufzeitserie und jedes Kursniveau zuordnen. Im Chart von Abbildung 11.3 sehen wir, dass vom 19.9.2014 bis 10.10.2014 ein massiver Kursabfall von 1012,35 Punkten bzw. um 10,3 % stattgefunden hat. Der Aktienkurs beträgt am 10.10.2014 8808,17 Punkte.

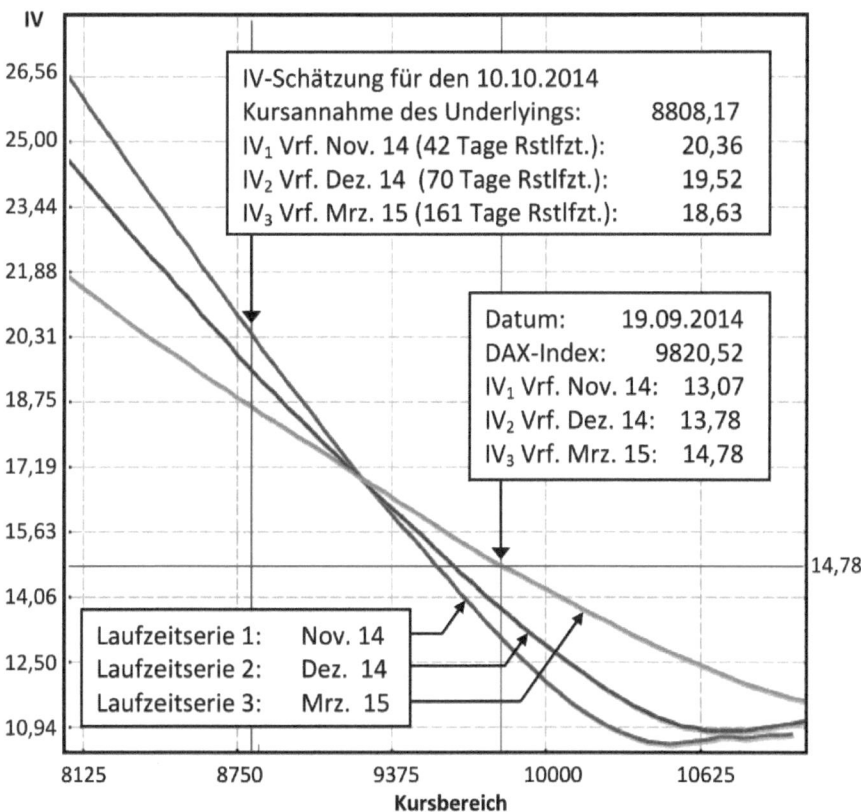

Abbildung 11.3: Ermittlung der künftigen IV bei raschen Kursbewegungen

Die *prognostizierten* IV-Werte mit dem Zieldatum 10.10.2014 für die einzelnen Laufzeitserien sowie dem Kursniveau von 8808,17 Punkten können nun einfach abgelesen werden. Die Ergebnisse der Prognose sind in Tabelle 11.1 in Zeile 2 eingetragen. Zeile 3 beinhaltet zum Vergleich die IV-Werte der drei Laufzeitserien, die aus den *Settlements vom 10.10.2014* ermittelt wurden.

	Zeitpunkt der Messung	Kurs des Underlyings	IV für Serie Nov. 2014	IV für Serie Dez. 2014	IV für Serie Mrz. 2014	Die Ergebnisse basieren auf:
1	19.09.2014	9820,52	13,07%	13,78%	14,78%	Settlements
2	10.10.2014	8808,17	20,36%	19,52%	18,63%	Ermittlung des Skew
3	10.10.2014	8808,17	19,90%	19,18%	18,68%	Settlements

Tabelle 11.1: Soll/Ist-Werte der IV-Ermittlungen

Der Vergleich der prognostizierten Daten (Zeile 2) mit den realen Daten (Zeile 3) konstatiert eine beachtliche Prognose-Qualität. Diese IV-Bestimmung funktioniert selbstverständlich auch bei einer Kurserholung oder einem plötzlichen Ausbruch nach oben bei einer vorhergehender Seitwärtsbewegung. Nun könnte man folgende Einwände bringen:

1. Wer kennt schon das künftige Datum eines Kurseinbruchs?
   Das ist richtig. Daher kann das Datum der Prognose getrost auf ca. eine Woche ab dem Messzeitpunkt eingestellt werden. Wenn die Bewegung dann wirklich kommen sollte, ist der Fehler der Messung deswegen nicht allzu groß, da sich der Skew, abhängig von der Restlaufzeit, nicht blitzartig zusammenzieht. Sobald die Bewegung wirklich erkannt wurde, sollte die Prognose mit den Daten durchgeführt werden, an denen zeitlich der Einbruch begann.

2. Wer kennt schon das künftige Kursniveau?
   Das künftige Kursniveau kennt natürlich niemand. Bekannt ist jedoch die IV für jedes mögliche Kursniveau und jede Laufzeit. Es ist also im Vorhinein bekannt, wie die Parameter unter welchen Bedingungen aussehen *sollten*.

Wenn sich eine Aktie oder ein Index in einer ausgeprägten Konsolidierungsphase befindet, so überprüfen Sie die Veränderungen der impliziten Volatilitäten. Gehen Sie zum Beginn dieser Konsolidierung und führen Sie eine IV-Prognose durch. Die prognostizierten IV-Verhältnisse sollten recht nahe an die IV-Daten, die aus den letzten Settlements berechnet wurden, herankommen (bitte beachten Sie, dass beim Überprüfen mit dem Vandermart-Tracker eine Mindestrestlaufzeit von zehn Tagen benötigt wird). Die Streuung der Resultate ist des Weiteren von der Restlaufzeit abhängig.

Stellen Sie erhebliche Abweichungen der IVs von mehreren Prozenten zwischen Prognose und den letzten IV-Daten, die aus den Settlements berechnet wurden, fest, so zeichnen sich erhöhte Chancen für bestimmte Tradingansätze ab!

Unterscheiden sich die IVen der Ist-Werte jedoch kaum von den Werten der Prognose (selbst wenn diese gegenüber dem Beginn der Konsolidierung *erheblich* gestiegen sein sollten), so liegt alles im Rahmen des Modells des Market-Makers und ergibt für den Trader keinen wirklich relevanten Vorteil, in Bezug auf die »IV-Verhältnisse«. Strategien für diese Sondersituationen werden in späteren Kapiteln detailliert behandelt.

11.2 Die Änderung der impliziten Volatilität auf Grund von schnellen Kursbewegungen

Hinweis: In Abschnitt 10.6 wurde beschrieben, wie sich die IV einer dezidierten Option entwickeln sollte. Bei den Erläuterungen wurde in dem gezeigten Beispiel vorweggenommen, dass die IV-Änderung (ATM) erst in Kapitel 11 bzw. hier behandelt werden würde. Der IV-Anstieg wurde als bekannt vorausgesetzt. Es schien sinnvoll, die Erklärungen hierfür in zwei getrennten Kapiteln zu behandeln, um den Leser durch die doch recht schwierige Thematik nicht zu irritieren bzw. zu überfordern.

Praxisübung I

1. Starten Sie den Vandermart-Tracker und laden die Strategie K11P1a.
2. Lassen Sie in der Strategieentwicklung alles unverändert.
3. Öffnen Sie die Smile-Modellierung.
4. Stellen Sie vom Drei-Grafikpanelmodus auf den Ein-Grafikpanelmodus um. Klicken Sie auf den Button »3 Fstr«. Der Button-Text ändert sich zu »1 Fstr.«. Unter diesem Button erscheinen jetzt drei zusätzliche, rosa eingefärbte Buttons mit den Bezeichnungen »A«, »B« und »C«. Im Fenster der Smile-Modellierung befindet sich nun ein großes Grafikpanel, auf dem nun drei Skews zu sehen sind.
5. Deaktivieren Sie die Buttons »A« und »C«, sodass nur noch der Button »B« rosa eingefärbt ist.
6. Mit dem Button »A« werden die Skews der drei verschiedenen Laufzeitserien zum Einstiegsmoment dargestellt bzw. aktiviert. Mit dem Button »B« werden die Skews nach einer frei einstellbaren Zeit dargestellt bzw. aktiviert. In der Grundeinstellung ist der Zeitpunkt für den zweiten Skew (B) auf die halbe Restlaufzeit der kürzesten, im System vorhandenen, Laufzeitserie voreingestellt. Mit dem Button »C« werden die Skews der drei Laufzeitserien auf das Datum der kürzesten Laufzeitserie im System abzüglich zehn Tagen fix eingestellt.
7. Setzen Sie den Skew »B« auf den Zeitpunkt 10. Oktober 2014 fest. Geben Sie hierfür in das Textfeld »t: A->B« das Datum wie folgt ein: **101014** und quittieren Sie mit der Return-Taste.
8. Der Skew B entspricht nun der Ausprägung vom 10. Oktober 2014.
9. Aktivieren Sie den Button »Sk. av«. Damit wird die automatische Nachskalierung inaktiv.
10. Zoomen Sie die Grafik so hin, dass die X-Achse einen Bereich von ca. 6000 bis 12 000 und die Y-Achse einen Bereich von ca. 5 bis 50 überstreicht.
11. Die blauen Punkte in den Skews markieren jeweils die Strikes (8800) der drei Options-Positionen.
12. Aktivieren Sie das Fadenkreuz mit dem Button »Fk. in«.
13. Fahren Sie mit dem Cursor in die Grafikfläche. Dadurch wechselt der Cursor zu einem großen Fadenkreuz. Stellen Sie das Fadenkreuz so ein, dass es auf der X-Achse bei ca. 8808 steht und drücken Sie dann die rechte Maustaste, wodurch der Cursor eingefroren wird. Wenn Sie nun das Fadenkreuz bewegen, können Sie die IV-Werte für die Skews im Grafikfenster ablesen. Außerdem

können Sie die IV-Werte wesentlich präziser in der IV-Anzeige auf der linken oberen Fensterseite (IV-A, IV-B, IV-C) ablesen. Die präzise Position für das Fadenkreuz kann auch manuell eingegeben werden. Geben Sie hierfür den Kurs von 8808,17 in das Textfeld »Fk. Degb« direkt ein und quittieren Sie mit der Return-Taste. Das Fadenkreuz in der Grafik springt dann exakt an diese Position auf der X-Achse.

Überprüfen Sie verschiedene charttechnische Formationen, indem Sie auf der Basis von historischen Daten Prognosen von künftigen IV-Verhältnissen erstellen und dann mit den real eingetroffenen IV-Werten vergleichen.

11.3 Die Dynamik der impliziten Volatilität in Abhängigkeit der Restlaufzeit

Die Geschwindigkeit, mit der sich die implizite Volatilität (ATM) durch rasche Kursbewegungen des Underlyings ändert, hängt in entscheidendem Maße von der Restlaufzeit der Optionsserie ab. Je kürzer die Restlaufzeit, desto heftiger sind die IV-Änderungen. Dieser Effekt tritt ebenso bei der historischen Volatilität auf und wurde bereits in Abschnitt 6.3 (die Volatilität der historischen Volatilität) behandelt. Dieses Verhalten spiegelt sich auch in den Volatilitäts-Futures wie beispielsweise dem VIX wider. Abbildung 11.4 verdeutlicht diesen Effekt.

Weist die IV einer kürzer laufenden Optionsserie eine höhere IV als die einer länger laufenden Optionsserie auf, so ist das in der Regel eine kurzfristige Situation, die durch entsprechende Strategien vorteilhaft ausgenutzt werden kann. Diese IV-Konstellation tritt meist in stärkeren Kursrücksetzern auf.

Diese Situation ist jedoch meist kurzfristiger Natur. In der Regel ist es so, dass bei einem gemächlichen, ruhigen Kursverlauf des Underlyings die IV mit der kürzesten Laufzeit auch den tiefsten IV-Wert (ATM) aufweist. Für jede nächstlängere Laufzeit erhöht sich auch die IV. Betrachten wir hierfür die in Tabelle 11.2 angeführten IV-Werte (ATM).

Die Messwerte in der Rubrik A der Tabelle 11.2 wurden zu einem Zeitpunkt ermittelt, zu dem sich der Markt in einer gemächlichen Erholungsphase befand (siehe Abbildung 11.2). Mit erhöhter Restlaufzeit steigt auch die IV kontinuierlich an.

Wenn Sie dieses IV-Muster bezogen auf die verschiedenen Laufzeiten ausmachen (überprüfen Sie diese IV-Konstellation von der kürzesten Laufzeit bis zu einer Laufzeit von ca. einem Jahr), können Sie davon ausgehen, dass sich der Markt in einem ausgewogenen, neutralen Zustand befindet.

Treten stärkere Turbulenzen am Markt auf, so werden sich die IV-Verhältnisse so verändern, wie es in der Rubrik B der Tabelle 11.2 ersichtlich ist. Bei einer nachfolgenden Beruhigungsphase des Marktes werden die IV-Verhältnisse immer wieder in den neutralen Marktzustand zurückfinden!

11.3 Die Dynamik der impliziten Volatilität in Abhängigkeit der Restlaufzeit

	Verfall	A gemächlicher, ruhiger Kursverlauf, keine Hektik im Markt Messdatum: 19.9.2014		B Der Markt befindet sich in einer massiven Konsolidierung Messdatum: 10.10.2014	
		Restlaufzeit in Tagen	IV (ATM) in %	Restlaufzeit in Tagen	IV (ATM) in %
1	Okt. 2014	28	12,22	7	23,12
2	Nov. 2014	63	13,07	42	19,91
3	Dez. 2014	91	13,78	70	19,18
4	März 2015	182	14,78	161	18,65
5	Juni 2015	273	15,49	252	18,62
6	Dez. 2015	455	16,86	434	19,13
7	Juni 2016	637	17,75	616	19,48
8	Dez. 2016	819	18,55	798	19,94
9	Juni 2017	1001	19,12	980	20,30
10	Dez. 2017	1183	19,96	1162	20,71
11	Dez. 2018	1554	20,75	1533	21,24

Tabelle 11.2: IV-Verhalten in Abhängigkeit der Marktverfassung

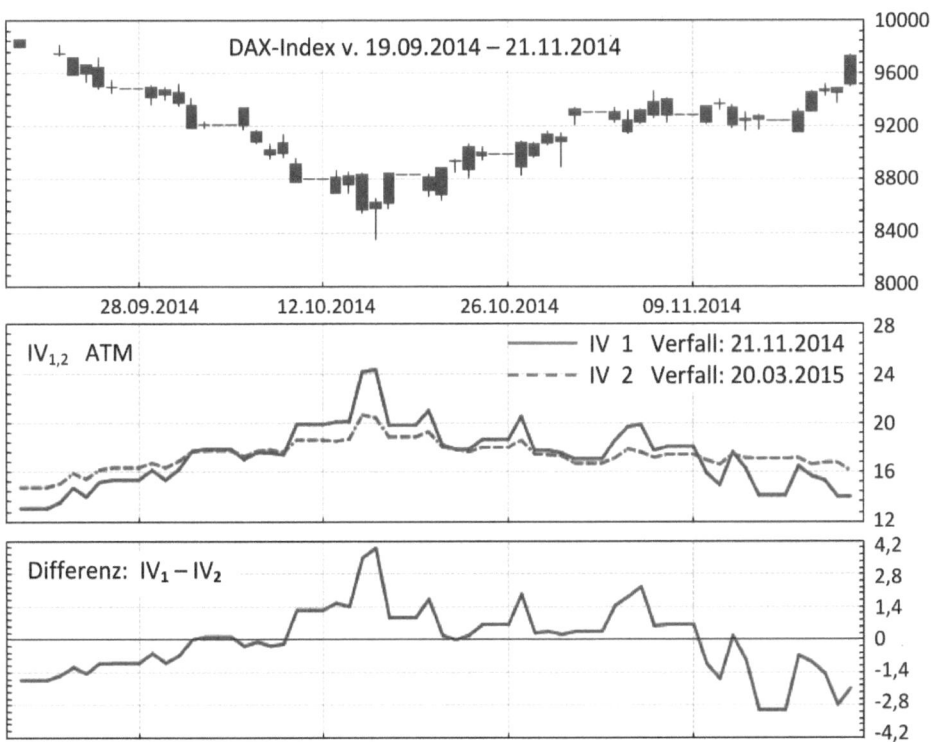

Abbildung 11.4: Änderungsgeschwindigkeit der impliziten Volatilität in Abhängigkeit der Restlaufzeit

11.4 Die implizite Volatilität – billig oder teuer?

In der einschlägigen Fachliteratur liest man immer wieder, dass bei hoher impliziter Volatilität diese scheinbar teure implizite Volatilität verkauft werden sollte sowie vice versa. Aber wann ist denn die implizite Volatilität billig oder teuer? Und mit welchen Kennwerten wird denn was verglichen? Wieso soll denn die implizite Volatilität womöglich teuer sein, nur weil irgendein Volatilitäts-Future gerade angestiegen ist?

Zur Beantwortung dieser Fragen muss zunächst eine IV-Referenz ermittelt werden (ohne Referenz ist ein Vergleich nicht möglich). Suchen Sie den letzten möglichen Zeitpunkt, an dem der Markt eine ruhige, neutrale Marktkonstellation aufweist, wie es in Abschnitt 11.3 beschrieben wurde. Zu diesem Zeitpunkt sollte auch die historische Volatilität ähnliche Werte wie die implizite Volatilität aufweisen. Wichtig dabei ist, dass die Dauer des Messzeitraums für die Messung der historischen Volatilität dem der Options-Restlaufzeit entspricht. Für den Zeitpunkt der IV-Referenzmessung wurde beispielsweise der 19.9.2014 ausgemacht. Tabelle 11.3 zeigt die Situation der historischen und der impliziten Volatilität zum 19.9.2014.

Markt: Kurs: Zeitpunkt der Messung: Verfall: Restlaufzeit:	DAX-Index 9820,52 19.9.2014 19.12.2014 91 Tage	
IV-ATM	Historische Volatilität	Historische Volatilität nach Fend
13,78 %	14,73 %	14,81 %

Tabelle 11.3: Bestimmung der Volatilitätsreferenz

Implizite und historische Volatilität weisen grob ähnliche Werte auf. Somit sind alle Voraussetzungen gegeben, um den IV-Referenzwert festlegen zu können. Dieser beträgt zum 19.9.2014 13,78 %. Der Wert gilt nur für eine relativ kurze Zeit von maximal drei Wochen (ist jedoch von der Laufzeit abhängig und somit sind die drei Wochen ein Orientierungswert) und kann keinesfalls als konstant angenommen werden. Der IV-Referenzwert sollte stets neu gewonnen werden, wenn er für eine Strategieentwicklung oder für eine Follow-up-Aktion von Relevanz ist. Für viele Strategien ist die IV-Referenz nicht wirklich entscheidend und kann sehr oft auch gänzlich entfallen (weitgehend situationsabhängig).

Nachdem der IV-Referenzwert bestimmt wurde, kann dieser mit dem IV-Messwert des entsprechenden Zieldatums verglichen werden. In der Praxis wird dieses Zieldatum, bis auf gewisse Ausnahmen, stets das Datum der letzten Settlement-Daten sein. Für die Messung des Zieldatums wird wie in den vorigen Beispielen der 10.10.2014 angenommen (dadurch wird ein Vergleich der Daten mit diversen

Erklärungen in diesem Kapitel leichter nachvollziehbar). Tabelle 11.4 zeigt die erheblichen Unterschiede zu den Referenzdaten. Es fällt sofort auf, dass durch den Kursrutsch des DAX-Index von 9820,52 auf 8808,17 Punkte die IV erheblich (von 13,78 % auf 19,18 %) gestiegen ist. Auch ist sofort ersichtlich, dass sich die implizite Volatilität recht weit von der historischen Volatilität entfernt hat.

Markt:	DAX-Index	
Kurs:	8808,17	
Zeitpunkt der Messung:	10.10.2014	
Verfall:	19.12.2014	
Restlaufzeit:	70 Tage	
IV-ATM	Historische Volatilität	Historische Volatilität nach Fend
19,18 %	15,47 %	16,48 %

Tabelle 11.4: IV-Messdaten

Die Eingangsfrage dieses Abschnitts in Bezug zur impliziten Volatilität, ob billig oder teuer, kann nun klar beantwortet werden. In der folgenden Zusammenfassung wird Bezug auf das behandelte Beispiel genommen:

1. Um beurteilen zu können, ob die aktuelle IV als »billig« oder »teuer« anzusehen ist, muss als Voraussetzung für einen Vergleich zunächst eine IV-Referenz ermittelt werden. Für die IV-Referenz konnte ein Wert von 13,78 % ermittelt werden.

2. Durch den Kursrutsch stieg die IV von 13,78 % auf 19,18 % an und hat sich somit erheblich verteuert. Es ist im Vorhinein anzunehmen, dass sich im Falle einer Kurserholung die IV wieder annähernd auf den ursprünglichen Wert von ca. 13,78 % zurückbilden wird. Durch einen entsprechenden Tradingansatz kann das relativ einfach ausgenutzt werden (Volatilitätsstrategien).

3. Mit einer zusätzlichen Überprüfung durch die Skew-Transformation (wie in Abschnitt 11.2 beschrieben) erhält man einen IV-Wert von 19,52 %, was sehr nahe am aktuellen IV-Wert von 19,18 % liegt. Das bedeutet, dass der aktuelle IV-Wert nahe am Modell des Market-Makers ist. Das wiederum zeigt, dass die aktuelle, stark angestiegene IV zwar erheblich teurer geworden ist, aber gegenüber dem Modell des Market-Maker im Rahmen liegt und keinesfalls als »überteuert« angesehen werden kann. Wäre die aktuelle IV erheblich, also einige Prozentpunkte über der IV, die sich aus der Skew-Transformation ergibt, so würden sich erhebliche Vorteile bzw. Tradingchancen mit einem ausgezeichneten Chancen-/Risikoprofil ergeben (diese Situationen sind in den Strategiekapiteln detailliert beschrieben).

4. Die aktuelle IV von 19,18 % weicht erheblich von der historischen Volatilität von 15,47 % ab. Den direkten Tradingansatz »historische Volatilität versus implizite Volatilität« zu verwenden, führt zu den laufend adjustierten Hedgestrategien, die primär für den Market-Maker von Relevanz sind. Als Tradingansatz ist diese Technik nicht, bzw. dem Anfänger keinesfalls, anzuraten.

In den Erläuterungen wurde ein rascher Kursabfall behandelt. Die gleichen Mechanismen gelten im Prinzip ebenso für eine Kursausbruch nach oben. Es ist wichtig, im Hinterkopf zu behalten, dass IV-Schätzungen nur für einen relativ kurzen, künftigen Zeitraum (ca. drei Wochen, jedoch laufzeitabhängig) zu prognostizieren sind. IV-Schätzungen auf ein entferntes Datum sind mit erheblichen Unschärfen verbunden und sind somit weitgehend spekulativer Natur.

12 Futures

Jeder, der sich schon einmal mit dem Thema »Terminhandel« beschäftigt hat, ist mit dem Handelsinstrument »Future« in Berührung gekommen. In der Welt der Trader ist der Future das am häufigsten eingesetzte Instrument. Mit dem Kauf eines Futures setzt man auf steigende und dem Verkauf auf fallende Kurse. Es gibt eine Vielzahl von Märkten, in denen Futures als Handelsinstrument zum Einsatz kommen, allen voran die Rohstoff- (Commodities) und Agrarmärkte (Soft-Commodities). Dabei handelt es sich um standardisierte, börsennotierte, unbedingte Terminkontrakte. Die wesentlichen Merkmale der Standardisierung sind die Erfüllungstermine und die Kontraktgrößen (Bezugsverhältnis). Futures sind wichtige Instrumente für das verarbeitende Gewerbe und den Handel, da mit diesen u. a. Preisschwankungen von Rohstoffen während der Laufzeit des Terminkontrakts ausgeglichen werden können, was zu einer erheblichen Verbesserung der Kalkulationssicherheit führt. Die börsennotierten, standardisierten Kontrakte sind Grundvoraussetzung für einen reibungslosen, transparenten Handel. Des Weiteren sind dadurch die Handelskosten sehr gering, was den Marktzugang für den privaten Trader erleichtert. Ein Future-Kontrakt ist durch folgende Eigenschaften charakterisiert:

- einen präzise bestimmten Vertragsgegenstand (Basiswert bzw. Underlying),
- einen fixierten Kaufpreis bei Vertragsabschluss auf den benannten Vertragsgegenstand,
- die Menge des benannten Vertragsgegenstandes (Bezugsverhältnis bzw. Kontraktgröße),
- einen fix vereinbarten in der Zukunft liegenden Erfüllungszeitpunkt,
- die Form der Erfüllung zum vereinbarten Termin:
  - es erfolgt die Lieferung des Vertragsgegenstandes gegen Bezahlung des ursprünglich vereinbarten Preises,
  - die Lieferung erfolgt in Form eines Barausgleiches.

Auch an den Finanzmärkten haben sich Futures auf Wertpapiere an breiter Front durchgesetzt und kommen in den später beschriebenen Strategien mehrfach zum Einsatz. Diese als *Financial Futures* bezeichneten Derivate werden in folgenden Marksegmenten gehandelt:

- Indizes: Stock-Index-Futures (Terminkontrakte auf Börsenindizes)
- Aktien: Single-Stock-Futures (SSF, Terminkontrakte auf Aktien)
- Zinsen: Interest Rate Futures (Zinsterminkontrakte)
- Devisen: Currency Futures (Devisenterminkontrakte)

Generell müssen Käufer und Verkäufer bei Vertragsabschluss eines Futures eine Sicherheitsleistung (Kaution) bei der Börsen-Clearingstelle in bar hinterlegen. Diese Sicherheitshinterlegung wird im Fachjargon als »Margin« bezeichnet. In der Praxis managt der Broker die Margin-Anforderungen für den Investor. Der Broker wiederum ist gegenüber der Börsen-Clearingstelle in der Pflicht. Die Höhe der Margin ist meist ein gewisser Prozentsatz des bewegten Volumens (Kontraktwert × Kontraktanzahl × Bezugsverhältnis) und ist u.a. auch von der Volatilität des Underlyings abhängig. Nach der Positionseröffnung kann sich die Margin (Sicherheitshinterlegung) im Laufe der Zeit auf Grund von Kurs- und Volatilitätsänderungen massiv erhöhen oder reduzieren. Übersteigt die geforderte Margin die vorhandenen Mittel des Investors, so wird dieser vom Broker aufgefordert, den fehlenden Betrag nachzuschießen (Nachschusspflicht). Ist der Investor dazu nicht in der Lage, muss er die Position schließen. Kommt der Investor weder der Aufforderung nach, die fehlenden Mittel nachzuschießen, noch der Aufforderung, die Position glattzustellen, so hat der Broker das Recht, die Position von sich aus zu liquidieren, was er mit Sicherheit auch tun wird.

Futures beinhalten eine gegenseitige (Käufer/Verkäufer) Verpflichtung. Der Käufer *muss* zum Termin die Ware (Vertragsgegenstand) zum vereinbarten Preis abnehmen und der Verkäufer *muss* die Ware liefern. Hier wird schon der entscheidende Unterschied zu den Optionen offenkundig. Der Optionskäufer kann, muss aber nicht ausüben. Er hat somit ein Wahlrecht.

Einer vertragsgemäßen Verpflichtung zum Erfüllungstermin (Lieferung oder Annahme des Handelsgutes) kann der Future-Händler nur durch eine Glattstellung seiner Future-Positionen entgehen!

Da ein großer Teil der Investoren und Spekulanten weder das Handelsgut besitzt, noch ein Interesse an dessen Abnahme hat, wird klar, warum zum Ende des letzten Handelstages die Umsätze an der entsprechenden Terminbörse steigen. Diese Gruppe muss auf jeden Fall danach trachten, ihre Future-Positionen am Ende des letzten Handelstages glattzustellen. Es wird auch verständlich, weshalb das Volumen der offenen Future-Kontrakte ein Vielfaches dessen betragen kann, das physisch als zu Grunde liegende Handelsware vorhanden ist. Die Menge der offenen Kontrakte wird als *Open Interest* (Kurzbezeichnung: OI) bezeichnet. Die Daten für das Open Interest sind auf den Internetseiten der zugehörenden Börsen einzusehen und werden täglich aktualisiert. Das gesamte ausstehende Volumen kann somit laufend aus dem Open Interest berechnet werden.

Ausstehendes Volumen = aktueller Wert des Futures × Bezugsverhältnis × Open Interest

12.1 Unterschiede zwischen Futures und Forwards

Ein Forward entspricht in seiner Ausgestaltung einem Future, d.h. Rechte und Pflichten sind bei beiden Instrumenten identisch. Der gravierende Unterschied liegt in der Art, wie ein Forward gehandelt wird. Der Future ist standardisiert und wird an den Terminbörsen gehandelt, wodurch die volle Fungibilität gegeben ist.

Ein Forward ist nicht standardisiert, sondern eine vertraglich festgeschriebene Vereinbarung zwischen zwei Parteien. Dadurch ist eine individuelle, an die Bedürfnisse der beiden Vertragspartner angepasste Übereinkunft möglich. Das Handelsobjekt, der Erfüllungstermin und der Preis unterliegen somit keinen Restriktionen. Forwards sind wie Futures immer ein Geschäft auf Termin. Die meisten Menschen haben bereits ein solches Forward-Geschäft getätigt, ohne dass ihnen der Charakter eines Termingeschäfts dabei aufgefallen wäre. Beispiel: Sie sehen eine Werbung für eine Wohnanlage, die erst in zwei Jahren fertiggestellt wird. Sie suchen den Makler für diese Anlage auf und entscheiden sich für ein bestimmtes Apartment. Nachdem sämtliche Details geklärt wurden, wird ein Kaufvertrag aufgesetzt, der neben verschiedenen Details den Preis, der bei der Schlüsselübergabe zu entrichten ist, beinhaltet (in der Praxis wird eine Vorauszahlung zu leisten sein). Mit Forwards wird wie bei den Futures ein zukünftiger Preis eines Handelsgutes vertraglich fixiert. Auf Forwards wird in den später beschriebenen Strategien nicht weiter eingegangen, da die Standardisierung nicht gegeben und die Fungibilität (Handelbarkeit der Kontrakte) eingeschränkt ist. Im Gegensatz zu Futures werden Forwards meist zwischen Banken oder institutionellen Investoren abgeschlossen. Private Trader bleiben bei diesen Geschäften meist außen vor. Trotzdem gehört es zum allgemeinen Verständnis eines Traders, den Unterschied zwischen Forwards und Futures zu kennen.

12.2 Future/Forward – Preisbildung

Die detaillierte Preisbildung eines Forwards unterscheidet sich nicht von dem eines Futures. Deshalb wird in den folgenden Erläuterungen nur der Begriff »Future« Verwendung finden, außer wenn es sich klar um einen Forward handelt. Sämtliche Formeln für Futures gelten somit auch für Forwards und umgekehrt. Der Preis eines Futures unterliegt dem freien Spiel des Marktes und wird durch Angebot und Nachfrage an der Terminbörse bestimmt. In der Regel gibt der Kassamarkt die Richtung für den Preis des Futures vor, d.h. der Future bewegt sich tagesaktuell mit einem gewissen Offset (Cost of Carry) annähernd synchron zum Kassamarkt. Da diese Synchronbewegung jedoch nicht exakt 1:1 gegeben ist, kann der Preis des Futures in Bezug zum Kassamarkt auf Dauer nicht unerheblich divergieren. Wichtig ist hierbei zu beachten, dass sich mit näherrückendem Erfüllungstermin der Preis des Futures dem Kassamarkt annähern wird und zum Zeitpunkt der Erfüllung dem Kassapreis (Spot Price) entspricht.

Die Differenz zwischen dem Preis des Futures und dem des Kassamarktes (Spot Price) ist von den Bestandhaltekosten, den sogenannten *Cost of Carry*, abhängig. Unter diesem Begriff ist die Summe aller Kosten und Erträge zu verstehen, die bis zum Erfüllungstermin für den Verkäufer, der im Besitz des Handelsguts ist, anfallen. Anhand der Aufschlüsselung der einzelnen Positionen von Cost of Carry kann der aktuelle, faire Preis des Futures bestimmt werden. Im Unterschied zu Optionen gibt es keine implizite Volatilität als Einflussfaktor. Dadurch unterliegt der Future nicht diesem Kostenfaktor, der ein erhebliches Unsicherheitspotenzial in sich birgt. Der Fachmann ist mit der Hilfe von Daten und Erfahrungswerten in der Lage, die einzelnen Kosten und Erträge recht genau zu bestimmen, mit denen er in Folge den *aktuellen theoretisch fairen Preis* eines Futures ermitteln kann.

Beispiel:

Milchbauer Mayer will seinen Viehbestand vergrößern. Daher möchte er vom Bauer Müller eine Kuh kaufen, will jedoch, dass sie erst in einem Jahr geliefert wird. Nach zäher Verhandlung einigen sie sich auf einen Preis von 1219 Euro und halten die Vereinbarung vertraglich fest. Es handelt sich somit klar um einen Forward. Müller wird wie abgemacht in einem Jahr die Kuh liefern. Bei der Übergabe wird Mayer den vereinbarten Betrag von 1219 Euro an Müller überweisen. Somit wird Müller die Kuh noch ein Jahr lang in seinem Besitz haben. In dieser Zeit fallen für Müller sowohl Kosten als auch Erträge an (Cost of Carry). Durch den Gewinn, den Mayer im kommenden Jahr mit der Kuh noch erwirtschaften wird (er setzt ihn mit 281 Euro an), hat die Kuh für ihn einen aktuellen Marktwert von 1500 Euro. Mit den detailliert aufgeschlüsselten Kosten kann der aktuelle, theoretisch faire Preis des Forwards wie folgt ermittelt werden:

theoretisch fairer Wert des Forwards = Kassapreis (Spot Price) + Bestandhaltekosten (Cost of Carry)

Folgende Aufwände und Erträge werden für Müller bis zum Liefertermin noch zu Buche schlagen:

Aufwand		Ertrag	
Kraftfutter	820,00 €	Milch 10 000 Liter (0,25 €/Liter)	2500,00 €
Grundfutter	980,00 €		
Tierarzt, Medikamente	59,30 €		
Besamung	74,70 €		
Sonstige Kosten	255,00 €		
Finanzierungskosten (risikoloser Zins: 2 % p. a.)	30,00 €		
Gesamtaufwand	**2219,00 €**	**Gesamtertrag**	**2500,00 €**
Cost of Carry: Aufwand - Ertrag = 2219,00 - 2500,00 = - **281,00€**			
Wert des Futures oder Forwards: Kassapreis + Cost of Carry = 1500,00 + (-281,00) = **1219,00 €**			

Tabelle 12.1: Fairer Wert eines Futures oder Forwards

Beträgt der aktuelle Marktpreis einer Kuh 1500 Euro, so hätte der darauf laufende Future oder Forward einen theoretisch fairen Wert von 1219 Euro. In der Aufwandspalte gibt es den Posten Finanzierungskosten, der den risikolosen Zins für das Handelsgut, in diesem Fall die Kuh, beinhaltet und zu den sogenannten Opportunitätskosten zählt. Da der Verkäufer (Bauer Müller) den Kaufpreis erst bei Lieferung in einem Jahr erhält, ist sein Kapital im Handelsgut gebunden. Dadurch hat er für dieses Jahr entgangene Zinsen, da er das Geld noch nicht hat und natürlich auch nicht anlegen kann. Somit werden diese entgangenen Zinsen auf der Aufwandseite geltend gemacht und verteuern den Forward. Als Berechnungsgrundlage für den Zinsanteil wird der aktuell geltende risikolose Zinssatz herangezogen. Für Cost of Carry gilt grundsätzlich folgende Regel:

1. Cost of Carry ist positiv, wenn die Aufwendungen höher als die Erträge sind
2. Cost of Carry ist negativ, wenn die Erträge höher als die Aufwendungen sind

Bei diesem Beispiel wird schnell verständlich, dass der Betrag von Cost of Carry in hohem Maße vom Zeitpunkt des Erfüllungstermins abhängt. Je weiter dieser in der Zukunft liegt, desto massiver fällt der Faktor Cost of Carry ins Gewicht. Daraus folgt weiter, dass mit zunehmender Laufzeit der Future oder Forward teurer wird, wenn Cost of Carry einen positiven Wert aufweist. Bei einem negativen Wert verhält es sich genau umgekehrt. Bei den meisten Commodities gibt es nur einen minimalen oder gar keinen Ertrag, sodass nur die Aufwandseite zum Tragen kommt. Das bedeutet, Cost of Carry ist immer positiv, wodurch mit länger werdender Laufzeit der Wert des Futures oder Forwards zunimmt.

Der aktuell theoretisch fair berechnete Wert eines Futures kann sich vom aktuellen Preis des Futures an der Börse unterscheiden und je nach Differenz und Marktsituation vorteilhaft ausgenutzt werden.

Für *Financial Futures* gilt im Prinzip das Gleiche wie für Commodities (Rohstoffe). Auch hier fließen Aufwand und Ertrag bzw. Cost of Carry in die Kalkulation der Futures mit ein. Tabelle 12.2 zeigt einen Future, der sich auf den Kursindex des EURO STOXX 50 bezieht.

Der Wert des Futures, der sich auf den EURO STOXX 50 bezieht, liegt unter dem Kassapreis, wenn der Wert der Dividende den Wert des risikolosen Zinses übersteigt. Das betrifft ebenso die Single-Stockfutures (SSF), die sich auf Aktien beziehen.

Für Futures auf einen Performanceindex, wie beispielsweise den DAX, besteht die Aufwandseite nur aus dem risikolosen Zins. Die Ertragsseite ist immer Null, da

Markt:	EURO STOXX 50		
Kurs:	3141,28		
Future:			
Einstieg:	19.12.2014		
Verfall:	19.6.2015		
Restlaufzeit:	182 Tage		
Aufwand		**Ertrag**	
Finanzierungskosten (risikoloser Zins)	1,72 €	Dividenden	80,00 €
Cost of Carry: Aufwand - Ertrag = 1,72 - 80,00 = **- 78,28 €**			
Wert des Futures: Kassapreis + Cost of Carry = 3141,28 + (-78,28) = **3063,00 €**			

Tabelle 12.2: Fairer Wert eines Financial-Futures

Dividenden reinvestiert und nicht ausgeschüttet werden. Somit beinhaltet der Betrag von Cost of Carry ausschließlich den Zinsanteil bzw. die Opportunitätskosten. Das hat zur Folge, dass der Future gegenüber dem Underlying mit zunehmender Restlaufzeit teurer werden muss, wie auch Tabelle 12.3 zu entnehmen ist.

Markt:	DAX-Index			
Kurs:	9461,38			
Datum:	19.11.2014			
Einstieg	Verfall	Restlaufzeit in Tagen	Kurs des Futures	Aufwand Zinsanteil
19.11.2014	19.12.2014	30	9462,00	0,62
19.11.2014	20.03.2015	121	9471,50	10,12
19.11.2014	19.06.2015	212	9488,00	26,62

Tabelle 12.3: Wert des DAX-Futures in Abhängigkeit der Restlaufzeit

Beim Betrag der Bestandhaltekosten bzw. Cost of Carry handelt es sich nicht um eine statische Größe. Im Laufe der Zeit können sich aus verschiedensten Gründen einzelne Faktoren ändern, was eine unmittelbare Auswirkung auf den Preis des Futures zur Folge hat.

12.3 Single-Stock-Futures – der »billige« Ersatz für Aktien?

Es gibt inzwischen eine große Anzahl von Single-Stock-Futures (SSF) mit sehr kurzen bis mehrjährigen Laufzeiten, die sich auf Aktien beziehen. Da diese Derivate den relativ gleichen Kursverlauf wie ihr Original aufweisen, ist es eine Überlegung, Single-Stock-Futures anstatt der Aktien für Investments einzusetzen. Im Gegensatz zur Aktie muss nur eine Margin hinterlegt werden, die in der Regel nur einen Bruchteil des Aktieninvestments ausmacht. Dadurch wird nur ein geringerer Betrag des Investmentkapitals gebunden und kann anderwärtig, beispielsweise in festverzinsliche Wertpapiere, investiert werden. Was aber sind die Vor- und Nachteile des Single-Stock-Futures gegenüber dem Original bzw. der Aktie?

An erster Stelle wäre da der Faktor Sicherheit zu erwähnen. Eine Aktie ist *Sondervermögen*! Damit ist der Investor unmittelbarer Teilhaber am Unternehmen, wenn auch nur zu einem sehr geringen Teil. Unabhängig davon, was passieren kann, sei es Inflation, eine Währungsreform, eine Staatspleite oder andere Grausamkeiten, der Aktionär wird stets Anteilseigner des Unternehmens bleiben. Der Aktienbesitzer ist und bleibt Teilhaber am Unternehmen, solange es existiert. Das sieht bei den Derivaten schon etwas kritischer aus. Bei der Investition in das Derivat, dem Single-Stock-Future, hat der Investor nur das *Recht*, die Aktie zum Verfallstermin zu erwerben oder er erhält einen Barausgleich (EUREX: nur Barausgleich bei den Single-Stock-Futures). Mehr nicht! Auch wenn durch die laufend durch die Clearingstelle überwachte Margin eine hohe Sicherheit gegeben sein mag, so ist es äußerst fraglich, was bei einem Extremszenario, wie beispielsweise einem Währungscrash, passieren würde.

Ein weiterer Schwachpunkt ist die Laufzeit. Für ein Langzeitinvestment muss der Single-Stock-Future stets vor Verfall auf eine längere Laufzeit gerollt werden. Bei einem größeren Portfolio kann das nicht nur nervig werden, sondern ist auch mit Kosten und kleineren Reibungsverlusten verbunden. Ein weiterer Punkt ist die Dividende. Der Aktionär ist immer dividendenberechtigt. Der Käufer eines Single-Stock-Futures ist *niemals dividendenberechtigt*! Das ist jedoch nur die halbe Wahrheit, da beim Kauf des Single-Stock-Futures dessen Kurs um die Dividende diskontiert ist, falls es während der Restlaufzeit eine Ausschüttung geben sollte. Somit ist das kein wirklich gravierender Nachteil. Trotz all der Schwachpunkte ist es sinnvoll, Single-Stock-Futures für gewisse Strategien einzusetzen. Dieser Handelsansatz wird später in den Strategiekapiteln in mehreren Beispielen beschrieben.

12.4 Bestimmung der Dividende mit Hilfe von Single-Stock-Futures

Mit Hilfe der Daten von Single-Stock-Futures kann eine Dividendenbestimmung durchgeführt werden. Dafür werden die Kurse jener zwei Futures herangezogen, deren Verfallstermin sich möglichst nahe vor und nach dem Dividendentermin befindet. Tritt eine größere Abweichung zwischen der Dividendenankündigung des Unternehmens und der berechneten Dividende aus den Futures auf, so kann dies gewinnbringend umgesetzt werden (sehr stark abhängig von weiteren Daten und den Abweichungen). Eine erhebliche Abweichung sollte aber auch zur *Vorsicht* mahnen! Tabelle 12.4 zeigt beispielhaft die Allianz, die eine hohe Dividendenrendite aufweist, was den Effekt sehr deutlich in den Zahlen zum Ausdruck bringt. Der Single-Stock-Future vor dem Verfallstermin sollte recht nahe über dem Kurs der Aktie liegen, da ausschließlich der Zinsanteil für die Restlaufzeit zum Tragen kommt. Der Kurs des länger laufenden Single-Stock-Future errechnet sich aus dem Kurs der Aktie plus Zinsanteil minus Dividende.

Markt:	Allianz	
Kurs:	156,65	
Datum:	19.11.2014	
Dividendentermin:	6.5.2016	
Vom Unternehmen angekündigte Dividende:	6,85 €	
Verfall	Restlaufzeit in Tagen	Kurs des Futures
15.04.2016	158	156,72
20.05.2016	193	150,53
Dividende (Futures): 6,19 €		

Tabelle 12.4: Dividendenermittlung aus den Single-Stock-Futures

Der Handel mit Futures ist ein umfangreiches Gebiet, das wie beim Handel mit Optionen eine Vielzahl von Spielarten erlaubt. Des Weiteren gibt es mehrere namhafte Hersteller von Chart-Software, mit denen Future-Handelssysteme entwickelt werden können. Die Auswahl an Fachliteratur[1] zu diesem Thema ist beträchtlich, auf die an dieser Stelle verwiesen werden soll.

---

[1] Vgl. Deiters (2014), Hull (2001).

13 Grundstrategien

Jede komplexe Optionsstrategie setzt sich aus einer oder auch aus mehreren Grundstrategien zusammen. Diese Basiselemente haben ganz spezifische Bezeichnungen, die der Trader kennen sollte. Die meisten dieser Grundstrategien können als Optionskombination, die sich aus mindestens zwei und maximal vier verschiedenen Optionen zusammensetzen, in einer einzelnen Order zusammengefasst und an der Börse lanciert werden. Solch eine Order wird als *Combo-Order* bezeichnet. Die Möglichkeit, Combo-Orders aufzugeben, ist vom jeweiligen Broker abhängig. Bei komplexen Optionsstrategien muss sichergestellt sein, dass die wichtigsten Grundstrategien als Combo-Order vom Broker angenommen werden. Dieser Umstand muss bei der Brokerwahl unbedingt berücksichtigt werden.

Um eine komplexe Optionsstrategie in den Markt bringen zu können, muss zuvor ein Einstiegsplan erstellt werden. Das ist wichtig, um das Risiko zu minimieren und um Reibungsverluste, sprich Slippage, so gut wie möglich zu reduzieren. Die Platzierung der Gesamtstrategie im Markt mit Hilfe von mehreren Combo-Orders kann die Anforderung bezüglich Risiko und Slippage am ehesten erfüllen.

13.1 Reduktion des Risikos beim Einstieg

Nehmen wir an, der Kurs des Underlyings steht bei 100 und es wird eine starke Kursbewegung erwartet, da in Kürze wichtige Unternehmensinformationen bekannt gemacht werden sollen. Schlechte Zahlen könnten eine Krise für das bereits angeschlagene Unternehmen bedeuten. Die Überlegung eines Investors wäre demnach »Hopp oder Top«. Er möchte sowohl auf steigende als auch auf fallende Kurse setzen. Die Wahl fällt auf einen long »Strangle«. Das bedeutet, er kauft einen Call mit Strike 110 kurzer Laufzeit und ebenso einen Put mit Strike 90 mit der gleichen Laufzeit wie der Call. Put wie Call kosten einfachheitshalber 3,00 Euro. Die Gesamtinvestition wäre 6,00 Euro. Weitere Details vernachlässigen wir hier. Der Investor hat nun die Möglichkeit, zwei Einzelorders oder eine Combo-Order aufzugeben. Betrachten wir die verschiedenen Szenarien im Detail.

Szenario I – zwei Einzelorders – beide Orders gehen durch

Es werde zwei Einzelorders, für jede Option eine, aufgegeben. Das Limit wird für den Put wie auch für den Call mit 3 Euro fixiert. Auf der Handelsplattform kann man verfolgen, wie die Mittelkurse beider Positionen leicht um diesen Betrag von 3 Euro schwanken. Nach wenigen Minuten sind beide Orders durch. Die Strategie konnte erfolgreich in den Markt gebracht werden.

Szenario II – zwei Einzelorders – nur eine Order geht durch

Beide Orders sind mit einem Limit von je 3 Euro platziert. Die Ausführung ist noch offen. Der Kurs, der bei 100 stand, bewegt sich plötzlich rasch nach oben. Bei einem Kurs des Underlyings von 102 geht die Order für die Put-Option durch. Der Kurs steigt unaufhörlich mit der Folge, dass die Call-Position immer teurer wird. Am Ende des Handelstages steht der Kurs des Underlyings bei 107. Die Call-Position ist noch offen und hat sich um 2,07 Euro auf 5,07 Euro verteuert. Die Put-Position hat stark an Wert verloren und notiert nur noch bei 1,62 Euro, was einem Verlust von 1,38 Euro entspricht. Bei einem Bezugsverhältnis von 100 sind das 138 Euro.

Szenario III – eine Combo-Order – die Order geht durch

Die Combo-Order beinhaltet beide Optionspositionen, und damit addiert sich auch der Preis. Das Limit für die Combo-Order wird mit 6 Euro fixiert. Die Order geht durch und wir haben die Strategie im Markt wie in Szenario I.

Szenario IV – eine Combo-Order – die Order geht nicht durch

Die Combo-Order ist mit einem Limit von 6 Euro platziert. Der angezeigte Mittelkurs auf der Handelsplattform schwankt ebenfalls um diesen Betrag. Der Kurs des Underlyings steigt plötzlich unaufhaltsam und erreicht bis zum Handelsschluss einen Wert von 107. Der Mittelkurs der Combo-Order auf der Handelsplattform zeigt bereits einen Wert von 6,70 Euro an. Dieser Wert ist bereits weit über dem fixierten Limit. Die Order ist nicht durchgegangen. Es gab keinen sogenannten »fill« (bedeutet, dass eine Ausführung stattgefunden hat). Der Investor wurde vor Schaden bewahrt!

13.2 Reduktion der Slippage

Mit dem Fachbegriff »Slippage« werden gewisse Reibungsverluste bezeichnet, die durch den Ein- bzw. Ausstieg aus einer Position an der Börse entstehen. Auf der Handelsplattform kann man sich von jedem gewünschten Handelsinstrument (Aktie, Future, Option etc.) in »Realtime« den Geld- als auch den Briefkurs anzeigen lassen. Im Fachjargon spricht man von Bid (Geld) und Ask (Brief). Beim Briefkurs handelt es sich um den tiefsten Kurs, für den ein Verkäufer bereit ist, ein gewisses Handelsinstrument zu verkaufen. Beim Geldkurs ist es der höchste Kurs, den ein Käufer bereit ist, für ein Handelsinstrument zu bezahlen. Die Differenz zwischen Geld und Briefkurs wird als Geld-Brief-Spanne bezeichnet. In den weiteren Ausführungen sollen nur noch die Begriffe »Bid« und »Ask« Verwendung finden. Die Differenz wird als »Spread« bezeichnet. Der Kurs zwischen Bid und Ask wird als Mittelkurs bezeichnet.

Nehmen wir an, dass der faire Wert einer Call-Option mit 8,20 Euro berechnet wurde. Diese Option soll geordert werden. Auf der Handelsplattform wird für sie ein Bid von 8,10 Euro und für Ask ein Wert von 8,50 Euro ausgewiesen. Der Spread beträgt somit 0,40 Euro und der Mittelkurs beträgt 8,30 Euro. Somit liegt der Mittelkurs 0,10 Euro über dem fair berechneten Wert. Wenn man nun die Order mit einem Limit von 8,20 Euro eingibt, so könnte das nach einer gewissen Zeit funktionieren, ist jedoch ungewiss. Es könnten sich die Einträge im Orderbuch verschieben, sodass es durchgeht. Wahrscheinlicher ist jedoch, dass ein »fill« durch einen fallenden Kurs des Underlyings zustande kommt. Es ist dann aber Glückssache, ob es klappt oder nicht. Und genau das wollen wir nicht! Glück soll so weit wie möglich ausgeschaltet werden. Der nächste Versuch wäre, das Limit auf 8,30 Euro zu erhöhen. Klappt das nicht recht rasch, wird man das Limit nochmals auf 8,40 Euro anheben. Zwar ist das immer noch keine Garantie, aber die Chancen für einen fill sind damit beträchtlich gestiegen. Muss die Order auf jeden Fall durch (dafür kann es verschiedene Gründe geben), so wird man das Limit auf den aktuellen Ask-Wert setzen. Die Order wird sicherlich gefillt werden. Nun wurde die Option für 8,50 Euro erworben, obwohl das Modell einen Wert von 8,20 Euro vorgegeben hätte. Die Slippage beträgt somit 0,30 Euro für diese einzelne Order. Der gesamte Verlust, der auf Grund der Slippage entstanden ist, berechnet sich pro **Order** wie folgt:

Verlust = Slippage × Kontraktanzahl × Bezugsverhältnis

Die Berechnung des Verlusts auf Grund der Slippage ist unabhängig davon, ob sie durch eine Einzelorder oder eine Combo-Order entstanden ist.

Mit einer Combo-Order reduziert man in vielen Fällen das Risiko einer stärkeren Kursbewegung, da das Gesamtdelta der Kombination wesentlich kleiner ist, als es bei den meisten Einzelorders der Fall wäre. Dadurch ist der Druck auf den Händler schon geringer, die Order sofort durchzubringen, und die Chance, in Summe einen besseren »fill« zu bekommen, ist höher, da eine der Optionen in der Kombination ruhig auch teurer sein kann, wenn eine andere dafür billiger ist. Diese Flexibilität, die hinter den Kulissen der Combo-Order abläuft, wirkt sich in der Regel vorteilhaft auf die Slippage aus.

13.3 Die wichtigsten Optionskombinationen im Detail

Die nachfolgenden Tabellen listen die wichtigsten Optionskonstellationen auf. Da für gewisse Funktionen nicht von allen Teilnehmern die gleichen Begriffe verwendet werden, sind für diese einzelnen Funktionen auch die gebräuchlichsten Fachbegriffe aufgeführt.

In den einzelnen Tabellen ist jeweils nur der Kauf der Optionsstrategie beschrieben. Beim Verkauf drehen sich Angaben und Aussagen um 180 Grad! Das bedeutet, aus Gewinn wird Verlust und umgekehrt. Auch beim Positionsaufbau wird somit aus jeder Kaufposition eine Verkaufsposition bzw. vice versa. Bei den Schaubildern werden jedoch beide Situationen, Kauf und Verkauf der Optionsstrategie, getrennt dargestellt. Sowohl beim Kauf als auch beim Verkauf werden wiederum drei Szenarien aufgezeigt, die sich nur durch verschiedene Kurse des Underlyings in Bezug zur Optionsstrategie unterscheiden. Die aufgeführten Kombinationen sollte ein professioneller Trader im Schlaf beherrschen! Jede komplexe Optionsstrategie lässt sich grundsätzlich in einfache Grundstrategien zerlegen, deren Funktionen relativ leicht zu merken sind. Somit fällt es einem Trader wesentlich leichter, komplexe Strategien zu beherrschen, da es mit Hilfe dieser Funktionsbausteine unvergleichlich leichter fällt, den Überblick zu behalten.

BULL-SPREAD

Bezeichnung 1:	Bull-Spread
Weitere Unterscheidung:	Bull-Call-Spread oder Bull-Put-Spread
Bezeichnung 2:	Bullish-Vertical-Spread
Bezeichnung 3:	Hausse-Spread (wird selten verwendet)

Gewinn und Verlust:

Der Bull-Spread besteht aus zwei Optionspositionen mit zwei verschiedenen Strikes.

Der Gewinn ist auf steigende Kurse des Underlyings ausgerichtet.

Der Gewinn und der Verlust sind begrenzt.

Der maximale Gewinn wird erreicht, wenn der Kurs des Underlyings zum Verfallszeitpunkt den Strike der höher liegenden Option erreicht oder überschreitet.

Der maximale Verlust wird erreicht, wenn der Kurs des Underlyings zum Verfallszeitpunkt den Strike der tiefer liegenden Option erreicht oder unterschreitet.

Besonderheit:
Die Funktion eines Bull-Spreads ändert sich nicht, wenn die Call-Optionen durch Put-Optionen ersetzt werden, wenn sonst alle anderen Eigenschaften wie Strike und Laufzeit unverändert bleiben.

Aufbau der Strategie:
Für den Bull-Spread werden zwei verschiedene Optionspositionen benötigt.
Beide Positionen haben die gleiche Laufzeit.

Aufbau mit Call-Optionen:
1. 1 × Kauf Call-Option mit Strike   X
2. 1 × Verkauf Call-Option mit Strike   X + n

Aufbau mit Put-Optionen: (nur in Sonderfällen)
1. 1 × Kauf Put-Option mit Strike   X
2. 1 × Verkauf Put-Option mit Strike   X + n

KAUF

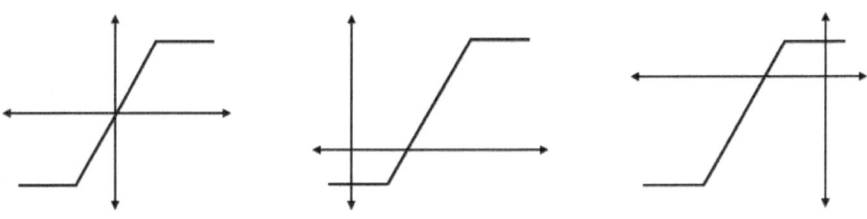

VERKAUF

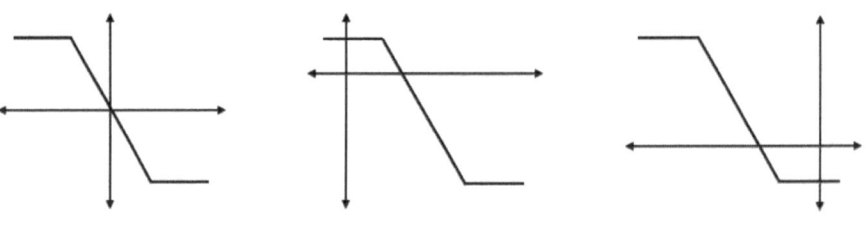

Tabelle 13.1: Bull-Call-Spread

BEAR-SPREAD

Bezeichnung 1:	Bear-Spread
Weitere Unterscheidung:	Bear-Put-Spread oder Bear-Call-Spread
Bezeichnung 2:	Bearish-Vertical-Spread
Bezeichnung 3:	Baisse-Spread (wird selten verwendet)

Gewinn und Verlust:

Der Bear-Spread besteht aus zwei Optionspositionen mit zwei verschiedenen Strikes.

Der Gewinn ist auf fallende Kurse des Underlyings ausgerichtet.

Der Gewinn und der Verlust sind begrenzt.

Der maximale Gewinn wird erreicht, wenn der Kurs des Underlyings zum Verfallszeitpunkt den Strike der tiefer liegenden Option erreicht oder unterschreitet.

Der maximale Verlust wird erreicht, wenn der Kurs des Underlyings zum Verfallszeitpunkt den Strike der höher liegenden Option erreicht oder überschreitet.

Besonderheit:

Die Funktion eines Bear-Spreads ändert sich nicht, wenn die Put-Optionen durch Call-Optionen ersetzt werden und sonst alle anderen Eigenschaften wie Strike und Laufzeit unverändert bleiben.

Aufbau der Strategie:

Für den Bear-Spread werden zwei verschiedene Optionspositionen benötigt.
Beide Positionen haben die gleiche Laufzeit.

Aufbau mit Put-Optionen:
1. 1 × Kauf Put-Option mit Strike   X
2. 1 × Verkauf Put-Option mit Strike X – n

Aufbau mit Call-Optionen: (nur in Sonderfällen)
1. 1 × Kauf Call-Option mit Strike   X
2. 1 × Verkauf Call-Option mit Strike X – n

KAUF

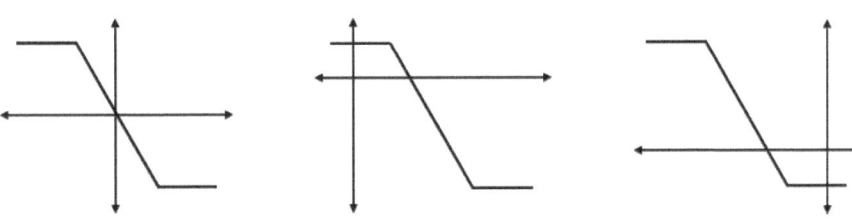

VERKAUF

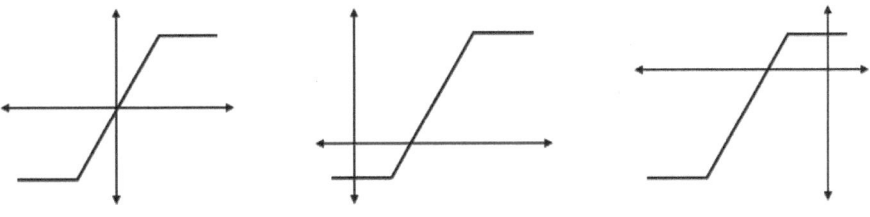

Tabelle 13.2: Bull-Bear-Spread

STRADDLE

Bezeichnung: Straddle

Gewinn und Verlust:

Der Straddle besteht aus zwei Optionspositionen mit gleichen Strikes.

Der Gewinn ist auf stark steigende oder stark fallende Kurse des Underlyings ausgerichtet.

Der Gewinn nach oben ist unbegrenzt.

Der Gewinn nach unten erreicht das Maximum, wenn der Kurs des Underlyings auf null ist.

Der Verlust ist begrenzt.

Der maximale Verlust entsteht dann, wenn zum Verfallszeitpunkt der Kurs des Underlyings genau dem Strike der Put- bzw. Call-Option entspricht. Put und Call haben identische Strikes.

Besonderheit:

Beim Kauf eines Straddles muss eine erhebliche Kursbewegung stattfinden, damit am Laufzeitende ein Gewinn verbucht werden kann.

Beim Verkauf eines Straddles besteht außerhalb des Gewinnbereichs eine gefährliche Verlustgefahr!

Aufbau der Strategie:

Für den Straddle werden zwei verschiedene Optionspositionen benötigt.

Beide Positionen haben die gleiche Laufzeit.

1. 1 × Kauf Call-Option (ATM) mit Strike   X
2. 1 × Kauf Put-Option (ATM) mit Strike   X

Die Strikes von Put und Call sind identisch.

KAUF

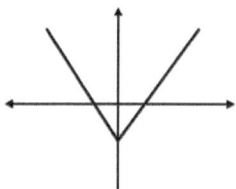 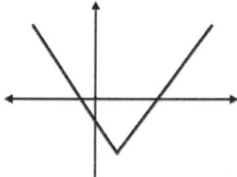 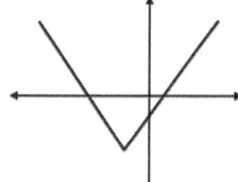

VERKAUF

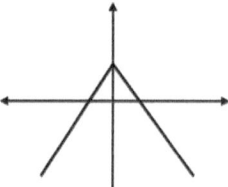 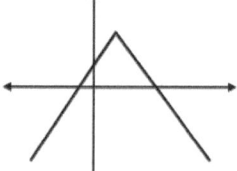 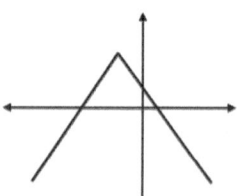

Tabelle 13.3: Straddle

STRANGLE

Bezeichnung:	Strangle

Gewinn und Verlust:

Der Strangle besteht aus zwei Optionspositionen mit zwei verschiedenen Strikes.

Der Gewinn ist auf stark steigende oder stark fallende Kurse des Underlyings ausgerichtet.

Der Gewinn nach oben ist unbegrenzt.

Der Gewinn nach unten erreicht das Maximum, wenn der Kurs des Underlyings auf null ist.

Der Verlust ist begrenzt.

Der maximale Verlust entsteht dann, wenn sich zum Verfallszeitpunkt der Kurs des Underlyings zwischen den beiden Strikes von Put und Call befindet.

Besonderheit:

Beim Kauf eines Strangles muss eine erhebliche Kursbewegung stattfinden, um zu Laufzeitende einen Gewinn verbuchen zu können.

Beim Verkauf eines Strangles besteht außerhalb des Gewinnbereichs eine gefährliche Verlustgefahr!

Aufbau der Strategie:

Für den Strangle werden zwei verschiedene Optionspositionen benötigt.

Beide Positionen haben die gleiche Laufzeit.

1. 1 × Kauf Call-Option (OTM) mit Strike   X + n
2. 1 × Kauf Put-Option (OTM) mit Strike   X − n

KAUF

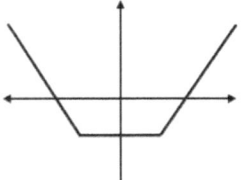 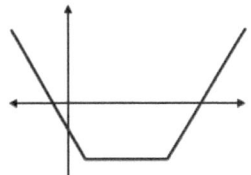 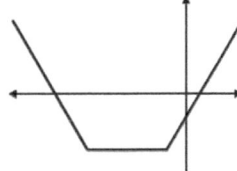

VERKAUF

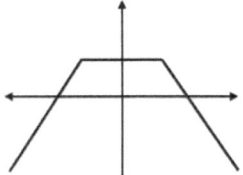 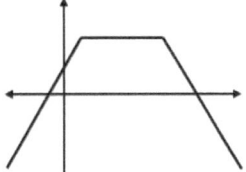 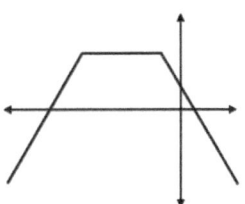

Tabelle 13.4: Strangle

RATIO-CALL-SPREAD

Bezeichnung:	Ratio-Call-Spread **Wichtig:** Der **Verkauf** eines Ratio-Call-Spreads wird als **Call-Ratio-Backspread** bezeichnet.

Gewinn und Verlust:

Der Ratio-Call-Spread besteht aus zwei Optionspositionen mit zwei verschiedenen Strikes.

Der Gewinn ist auf stark steigende Kurse des Underlyings ausgerichtet.

Der Gewinn nach oben ist unbegrenzt.

Der Verlust ist begrenzt.

Der maximale Verlust entsteht dann, wenn sich zum Verfallszeitpunkt der Kurs des Underlyings am Strike der beiden Verkaufs-Call-Positionen befindet (Position 2 im Strategieaufbau).

Besonderheit:
Die beiden Positionen für den Ratio-Call-Spread können so gewählt werden, dass der Strategieaufbau kostenneutral ausfällt. In diesem Fall entsteht kein Verlust, wenn sich zum Verfallszeitpunkt der Kurs des Underlyings gegen die Markterwartung, d. h. nach unten, entwickelt hat.

Aufbau der Strategie:
Für den Ratio-Call-Spread werden zwei verschiedene Optionspositionen benötigt.

Beide Positionen haben die gleiche Laufzeit.

Aufbau mit Call-Optionen:
1. 1 × Kauf Call-Option mit Strike   X
2. 2 × Verkauf Call-Option mit Strike   X + n

KAUF

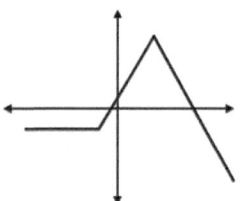 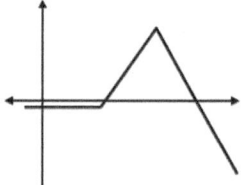 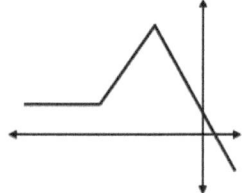

VERKAUF

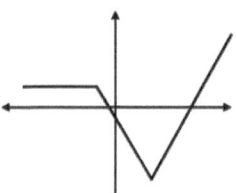 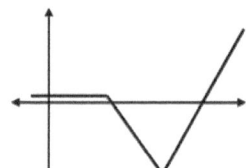 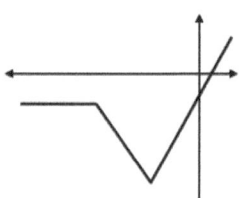

Tabelle 13.5: Ratio-Call-Spread

RATIO-PUT-SPREAD

Bezeichnung: Ratio-Put-Spread
Wichtig: Der **Verkauf** eines Ratio-Put-Spreads wird als **Put-Ratio-Backspread** bezeichnet.

Gewinn und Verlust:

Der Ratio-Put-Spread besteht aus zwei Optionspositionen mit zwei verschiedenen Strikes.

Der Gewinn ist auf stark fallende Kurse des Underlyings ausgerichtet.

Der Gewinn nach unten ist begrenzt.

Der maximale Gewinn wird erreicht, wenn der Kurs des Underlyings Null erreicht.

Der Verlust ist begrenzt.

Der maximale Verlust entsteht dann, wenn sich zum Verfallszeitpunkt der Kurs des Underlyings am Strike der beiden Verkaufs-Put-Positionen befindet (Position 2 im Strategieaufbau).

Besonderheit:

Die beiden Positionen für den Ratio-Put-Spread können so gewählt werden, dass der Strategieaufbau kostenneutral ausfällt. In diesem Fall entsteht kein Verlust, wenn sich zum Verfallszeitpunkt der Kurs des Underlyings gegen die Markterwartung, d. h. nach oben, entwickelt hat.

Aufbau der Strategie:

Für den Ratio-Put-Spread werden zwei verschiedene Optionspositionen benötigt.

Beide Positionen haben die gleiche Laufzeit.

Aufbau mit Put-Optionen:
1. 1 × Kauf Put-Option mit Strike   X
2. 2 × Verkauf Put-Option mit Strike   X − n

KAUF

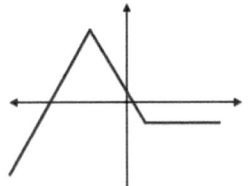 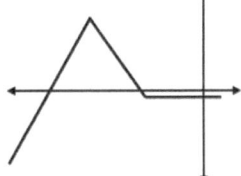 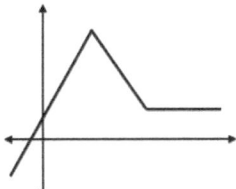

VERKAUF

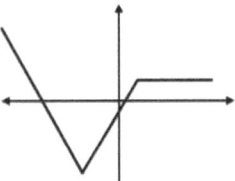 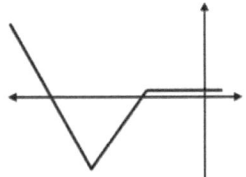 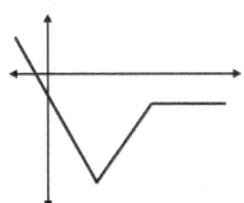

Tabelle 13.6: Ratio-Put-Spread

BUTTERFLY

Bezeichnung: Butterfly

Gewinn und Verlust:

Der Butterfly besteht aus drei Optionspositionen mit drei verschiedenen Strikes.

Der Gewinn ist begrenzt.

Der Butterfly liegt im Gewinn, wenn sich der Kurs des Underlyings um die Optionsposition mit dem mittleren Strike befindet.

Der maximale Gewinn wird erreicht, wenn sich zum Verfallszeitpunkt der Kurs des Underlyings am mittleren Strike der drei Optionspositionen befindet.

Der Verlust ist begrenzt.

Der maximale Verlust entsteht dann, wenn sich zum Verfallszeitpunkt der Kurs des Underlyings am oder oberhalb des oberen Strikes der drei Optionspositionen befindet, oder sich der Kurs des Underlyings am oder unterhalb des untersten Strikes der drei Optionspositionen befindet.

Besonderheit:

Die Funktion eines Butterflys ändert sich nicht, wenn die Call-Optionen durch Put-Optionen ersetzt werden und sonst alle anderen Eigenschaften wie Strike und Laufzeit unverändert bleiben.

Aufbau der Strategie:

Für den Butterfly werden drei verschiedene Optionspositionen benötigt.

Alle Positionen haben die gleiche Laufzeit.

Aufbau mit Call-Optionen:
1. 1 × Kauf Call-Option mit Strike   X
2. 2 × Verkauf Call-Option mit Strike   X + n
3. 1 × Kauf Call-Option mit Strike   X + 2n

Aufbau mit Put-Optionen:
1. 1 × Kauf Put-Option mit Strike   X
2. 2 × Verkauf Put-Option mit Strike   X − n
3. 1 × Kauf Put-Option mit Strike   X − 2n

KAUF

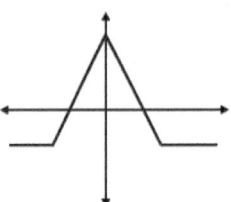 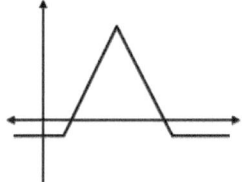 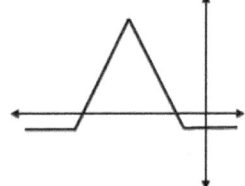

VERKAUF

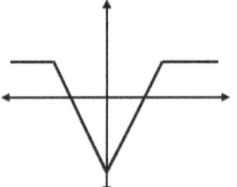 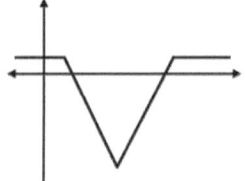 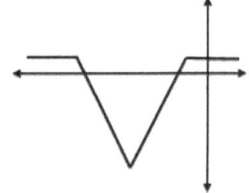

Tabelle 13.7: Butterfly

CONDOR

Bezeichnung:	Condor

Gewinn und Verlust:

Der Condor besteht aus vier Optionspositionen mit vier verschiedenen Strikes.

Der Gewinn ist begrenzt.

Der Condor liegt im Gewinn, wenn der Kurs des Underlyings sich zwischen den zwei Strikes der inneren Optionspositionen befindet.

Der maximale Gewinn wird erreicht, wenn sich zum Verfallszeitpunkt der Kurs des Underlyings zwischen den zwei Strikes der inneren Optionspositionen befindet.

Der Verlust ist begrenzt.

Der maximale Verlust wird erreicht, wenn sich zum Verfallszeitpunkt der Kurs des Underlyings außerhalb der zwei Strikes der äußeren Optionspositionen befindet.

Besonderheit:

Die Funktion eines Condors ändert sich nicht, wenn die Call-Optionen durch Put-Optionen ersetzt werden, wenn sonst alle anderen Eigenschaften wie Strike und Laufzeit unverändert bleiben.

Aufbau der Strategie:

Für den Condor werden drei verschiedene Optionspositionen benötigt.
Alle Positionen haben die gleiche Laufzeit.

Aufbau mit Call-Optionen:
1. 1 × Kauf Call-Option mit Strike X
2. 1 × Verkauf Call-Option mit Strike $X + n$
3. 1 × Verkauf Call-Option mit Strike $X + 2n$
4. 1 × Kauf Call-Option mit Strike $X + 3n$

Aufbau mit Put-Optionen:
1. 1 × Kauf Put-Option mit Strike X
2. 1 × Verkauf Put-Option mit Strike $X - n$
3. 1 × Verkauf Put-Option mit Strike $X - 2n$
4. 1 × Kauf Put-Option mit Strike $X - 3n$

KAUF

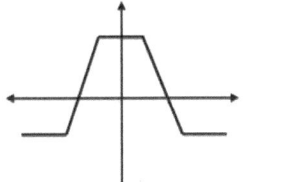 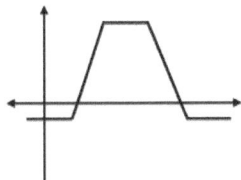 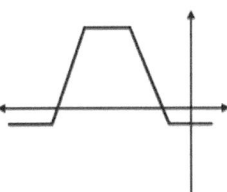

VERKAUF

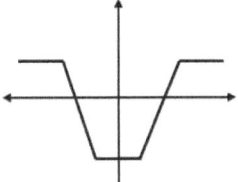 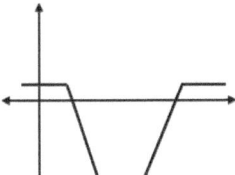 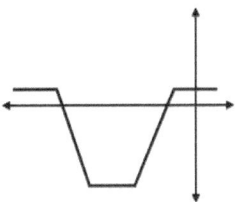

Tabelle 13.8: Condor

CALENDAR-SPREAD

Bezeichnung 1: Calendar-Spread
Bezeichnung 2: Horizontal-Spread
Bezeichnung 3: Time-Spread

Gewinn und Verlust:

Der Calendar-Spread besteht aus zwei Optionspositionen mit gleichem Strike und zwei verschiedenen Laufzeiten.

Der Gewinn ist begrenzt.

Der Calendar-Spread liegt im Gewinn, wenn sich der Kurs des Underlyings am Strike befindet.

Der maximale Gewinn wird erreicht, wenn sich zum Verfallszeitpunkt der Kurs des Underlyings am Strike (ATM) befindet.

Der Verlust ist begrenzt.

Der Verlust tritt tief ITM oder weit OTM auf und ist abhängig von der impliziten Volatilität und dem Kurs des Underlyings.

Besonderheit:

Die Funktion eines Calendar-Spreads ändert sich nicht, wenn die Call-Optionen durch Put-Optionen ersetzt werden und sonst alle anderen Eigenschaften wie Strike und Laufzeit unverändert bleiben.

Aufbau der Strategie:

Für den Calendar-Spread werden zwei verschiedene Optionspositionen benötigt.

Die Positionen haben unterschiedliche Laufzeiten. Klassisch wird der Strike (ATM) angesetzt.

Aufbau mit Call-Optionen:
1. 1 × Verkauf Call-Option kurze Laufzeit mit Strike
2. 1 × Kauf Call-Option mit langer Laufzeit Strike

Aufbau mit Put-Optionen:
1. 1 × Verkauf Put-Option kurze Laufzeit mit Strike
2. 1 × Kauf Put-Option mit langer Laufzeit Strike

KAUF

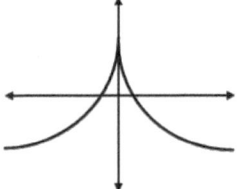 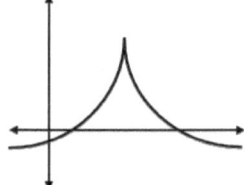 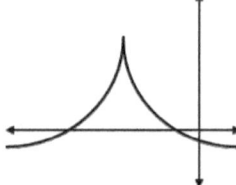

VERKAUF

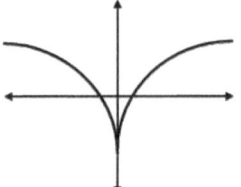 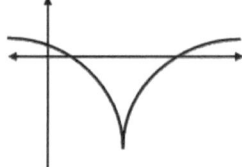 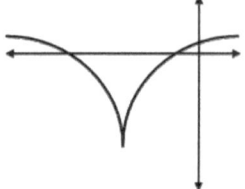

Tabelle 13.9: Calendar-Spread

DIAGONAL-BULL-SPREAD

Bezeichnung: Diagonal-Bull-Spread

Gewinn und Verlust:

Der Diagonal-Bull-Spread besteht aus zwei Optionspositionen mit zwei unterschiedlichen Strikes und zwei unterschiedlichen Laufzeiten.

Der Gewinn ist begrenzt.

Der Diagonal-Bull-Spread liegt im Gewinn, wenn sich der Kurs des Underlyings um die Verkaufsposition bewegt.

Der maximale Gewinn wird erreicht, wenn sich zum Verfallszeitpunkt der Kurs des Underlyings am Strike der Verkaufsposition befindet.

Der Verlust ist begrenzt.

Der Verlust tritt bei starkem Kursabfall oder starker Kurssteigerung auf. Des Weiteren ist der Verlust von der impliziten Volatilität abhängig.

Besonderheit:

Der Diagonal-Bull-Spread reagiert sehr sensibel auf Änderungen der impliziten Volatilität.

Aufbau der Strategie:

Für den Diagonal-Bull-Spread werden zwei verschiedene Optionspositionen mit zwei verschiedenen Laufzeiten benötigt.

Aufbau mit Call-Optionen:
1. 1 × Kauf Call-Option lange Laufzeit mit Strike   X
2. 1 × Verkauf Call-Option mit kurzer Laufzeit Strike   X + n

KAUF

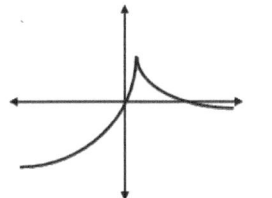 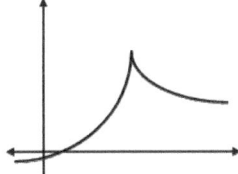 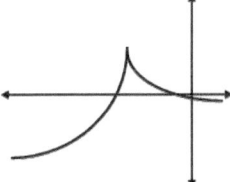

VERKAUF

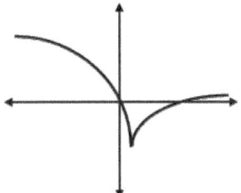 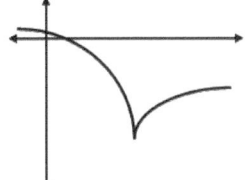 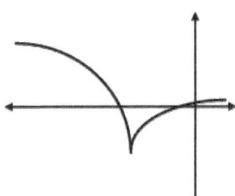

Tabelle 13.10: Diagonal-Bull-Spread

DIAGONAL-BEAR-SPREAD

Bezeichnung: Diagonal-Bear-Spread

Gewinn und Verlust:

Der Diagonal-Bear-Spread besteht aus zwei Optionspositionen mit zwei unterschiedlichen Strikes und zwei unterschiedlichen Laufzeiten.

Der Gewinn ist begrenzt.

Der Diagonal-Bull-Spread liegt im Gewinn, wenn sich der Kurs des Underlyings um die Verkaufsposition bewegt.

Der maximale Gewinn wird erreicht, wenn sich zum Verfallszeitpunkt der Kurs des Underlyings am Strike der Verkaufsposition befindet.

Der Verlust ist begrenzt.

Der Verlust tritt bei starkem Kursabfall oder starker Kurssteigerung auf. Des Weiteren ist der Verlust von der impliziten Volatilität abhängig.

Besonderheit:

Der Diagonal-Bull-Spread reagiert sehr sensibel auf Änderungen der impliziten Volatilität.

Aufbau der Strategie:

Für den Diagonal-Bear-Spread werden zwei verschiedene Optionspositionen mit zwei verschiedenen Laufzeiten benötigt.

Aufbau mit Put-Optionen:
1. 1 × Kauf Put-Option lange Laufzeit mit Strike   X
2. 1 × Verkauf Put-Option mit kurzer Laufzeit Strike   X − n

KAUF

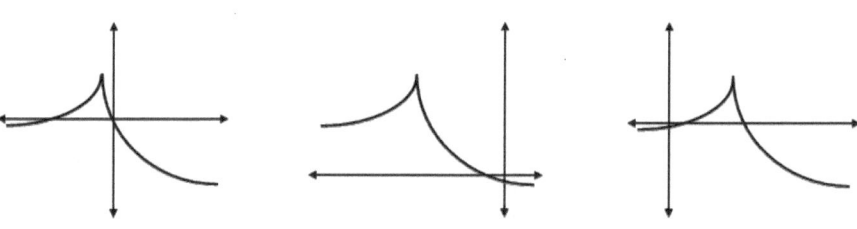

VERKAUF

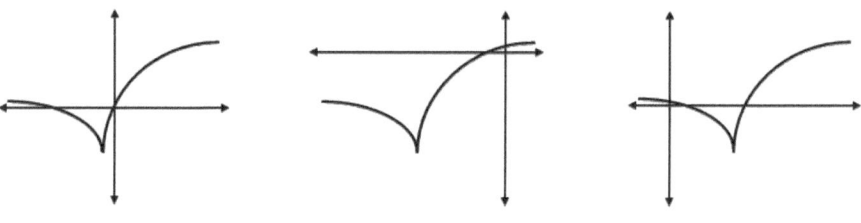

Tabelle 13.11: Diagonal-Bear-Spread

SYNTHETISCHER CALL

Bezeichnung: Synthetischer Call

Gewinn und Verlust:

Die Synthetische Call-Option ist eine Kombination aus einer gekauften Put-Option und einem gekauften Future. Anstatt des Futures kann auch das Underlying direkt, beispielsweise eine Aktie oder ein Indexzertifikat, verwendet werden.

Der Gewinn ist auf steigende Kurse des Underlyings ausgerichtet.

Der Gewinn nach oben ist unbegrenzt.

Der Verlust ist begrenzt.

Das Verhalten entspricht dem einer Call-Option. Ein synthetischer Call bietet unter gewissen Umständen zusätzliche Variationsmöglichkeiten bezüglich Anpassungen bzw. Follow-Up-Aktionen.

Besonderheit:

Es lassen sich mit dem synthetischen Call spezielle Dividendenstrategien fahren.

Aufbau der Strategie:

1. 1 × Kauf Future oder Underlying
2. 1 × Kauf Put-Option

Da das Verhalten eines normalen Calls und eines synthetischen Calls bis auf Ausnahmesituationen (beispielsweise kurz vor einer Dividendenzahlung) identisch ist, kann ein x-beliebiger Strike und eine x-beliebige Laufzeit verwendet werden.

KAUF

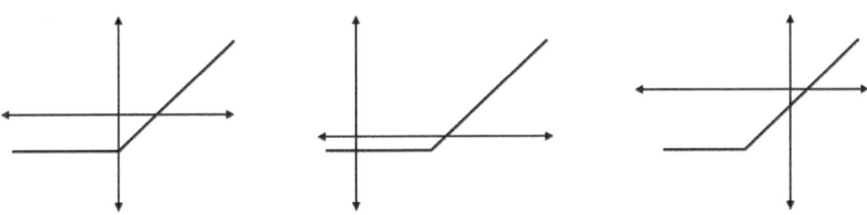

VERKAUF

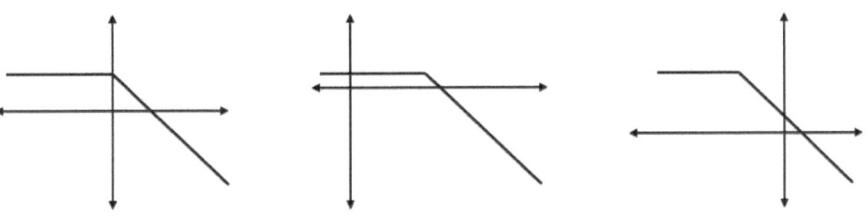

Tabelle 13.12: Synthetischer Call

SYNTHETISCHER PUT

Bezeichnung: Synthetischer Put

Gewinn und Verlust:

Die Synthetische Put-Option ist eine Kombination aus einer gekauften Call-Option und einem verkauften Future. Statt des Futures kann auch das Underlying leerverkauft werden. Dazu kann beispielsweise eine Aktie oder ein Indexzertifikat herangezogen werden.

Der Gewinn ist auf fallende Kurse des Underlyings ausgerichtet.

Der Gewinn nach unten ist begrenzt.

Der maximal mögliche Gewinn würde erreicht, wenn der Kurs des Underlyings null erreichen würde.

Der Verlust ist begrenzt.

Das Verhalten entspricht dem einer Put-Option. Ein synthetischer Put bietet unter gewissen Umständen zusätzliche Variationsmöglichkeiten bezüglich Anpassungen bzw. Follow-Up-Aktionen.

Besonderheit: keine

Aufbau der Strategie:

1. 1 × Verkauf Future oder Underlying
2. 1 × Kauf Call-Option

Da das Verhalten eines normalen Puts und eines synthetischen Puts bis auf Ausnahmesituationen (beispielsweise kurz vor einer Dividendenzahlung) identisch ist, kann ein x-beliebiger Strike und eine x-beliebige Laufzeit verwendet werden.

KAUF

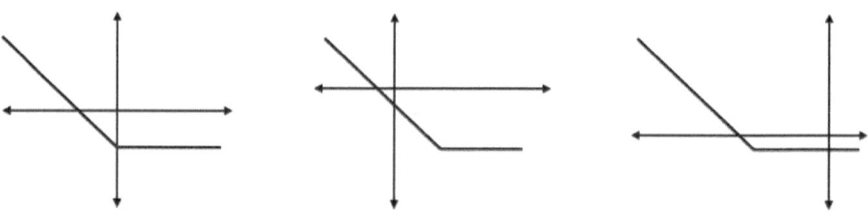

VERKAUF

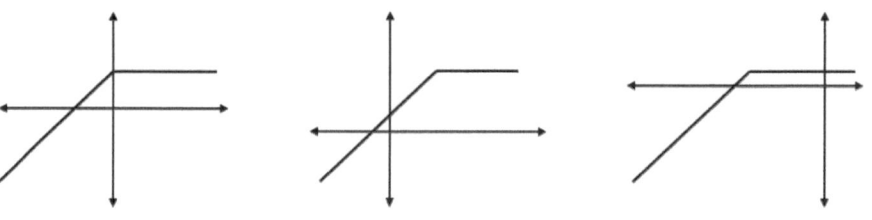

Tabelle 13.13: Synthetischer Put

SYNTHETISCHER LONG

Bezeichnung: Synthetischer Long

Gewinn und Verlust:
Die Funktion entspricht einem Future, der an einer bestimmten Stelle gespreizt ist.

Der Gewinn ist auf steigende Kurse des Underlyings ausgerichtet.

Der Gewinn nach oben ist unbegrenzt.

Der Verlust nach unten ist begrenzt.

Der maximal mögliche Verlust würde erreicht, wenn sich der Kurs des Underlyings bei null befinden würde.

Besonderheit:
Haben die beiden Optionspositionen den gleichen Strike, so entspricht die Funktion exakt der eines Futures wenn außerdem die Laufzeiten der beiden Optionen und die Laufzeit des Futures identisch sind. Des Weiteren müssen die beiden Optionen europäischen Typs sein.

Aufbau der Strategie:
Für den Synthetischen Long werden zwei verschiedene Optionspositionen mit gleicher Laufzeit benötigt. Beide Positionen haben die gleiche Laufzeit.

1. 1 × Kauf Call-Option (OTM) mit Strike   X + n
2. 1 × Verkauf Put-Option (OTM) mit Strike   X − n

KAUF

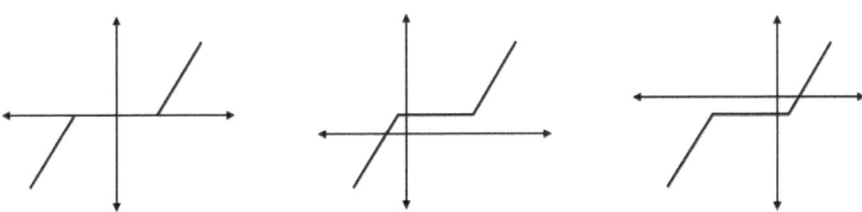

VERKAUF

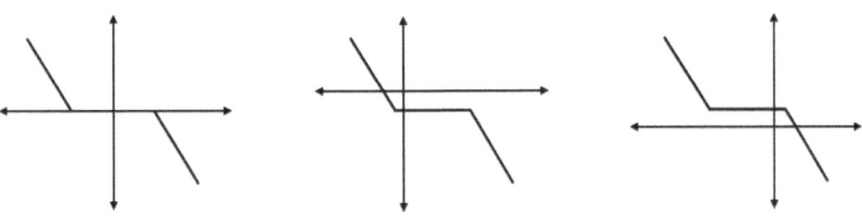

Tabelle 13.14: Synthetisch Long

Praxisübung

1. Starten Sie den Vandermart-Tracker und laden die Strategie K13P1.
2. Lassen Sie in der Strategieentwicklung alles unverändert.
3. Öffnen Sie die Combo-Unterstützung in der Strategieentwicklung mit dem Button »CB.« (dieser Button befindet sich unter dem sechzehnten Options-Aktivierungsbutton).
4. Das Fenster mit der Bezeichnung »COMBO-SUPPORT« wird geöffnet.
5. Aktivieren Sie im neu geöffneten Fenster den Button »open«. Aktivieren Sie die Buttons 1 und 2.
6. Das System sucht nach einer gültigen Kombination und berechnet dann für diese sämtliche Details, die dann im unteren Viertel des Fensters ausgeschrieben werden.

Die Combo-Unterstützung des Vandermart-Trackers beherrscht die wichtigsten Kombinationen, aber leider nicht alle. Dies sei bemerkt, um zu verhindern, dass Sie nicht nach einem eventuellen Fehler suchen, wo keiner ist. Spielen Sie mit der Combo-Unterstützung, bis Sie die wichtigsten Kombinationen beherrschen.

14 Die Margin

Im Terminhandel werden Geschäfte getätigt, bei denen der Austausch des Handelsgutes ebenso wie die Bezahlung erst zu einem bestimmten Termin in der Zukunft erfolgen. Der Preis des Handelsgutes wird dabei bereits zum Zeitpunkt des Geschäftsabschlusses (Positionseröffnung) fixiert. An den Terminbörsen werden nicht die Handelsgüter direkt, sondern nur die Rechte, die sich auf die Handelsware beziehen und in den standardisierten Kontrakten festgeschrieben sind, gehandelt. Nun kann sich während der Zeit bis zum besagten Termin bzw. Verfall der Preis des Handelsgutes erheblich ändern, was in Folge unmittelbar eine Auswirkung auf den Preis des entsprechenden Derivats hat. Je nach Richtung der aktuellen Preisveränderung des Handelsgutes kann es beim Käufer wie auch beim Verkäufer des Terminkontrakts bzw. Derivats zu einem Buchverlust kommen. Die Terminbörse hat u. a. die Aufgabe, sicherzustellen, dass jeder Teilnehmer auch seinen Verpflichtungen stets nachkommen kann. Um dies zu gewährleisten, verlangt die Börse, dass der Trader für gewisse Termingeschäfte (Futures, Verkauf von Optionen) eine Sicherheit in Form von Barmitteln hinterlegt. Diese Sicherheitshinterlegung wird als Margin bezeichnet. Um die Abläufe, die sich hinter der Berechnung und Überwachung der Margin verbergen, zu verstehen, muss man die Funktionsweise einer vollelektronischen Terminbörse näher kennen.

14.1 Grundsätzliche Funktionsweise einer vollelektronischen Terminbörse

Nachfolgend betrachten wir den kompletten Ablauf einer Order: die einzelnen Stationen von der Eröffnung eines Brokerkontos über eine Orderaufgabe bis zur Orderdurchführung und Margin-Belastung sowie deren Überwachung. Als Beispiel wurde die Terminsbörse EUREX gewählt.

1. Ein angehender Trader eröffnet ein Konto bei einem Broker und zahlt 30 000 Euro auf dieses ein (Brokerkonto). Da er auf einen steigenden DAX wettet, entschließt er sich, einen DAX-Future (25 Euro pro Indexpunkt, bewegtes Volumen 250 000 Euro) bei einem Stand von 10 000 Punkten zu kaufen. Der DAX-Future pendelt zu diesem Zeitpunkt um das aktuelle Niveau. Er gibt auf seinem Computer die Order in die Handelsplattform ein und macht als Erstes eine Abfrage bezüglich der »Initial-Margin« (Höhe der geforderten Sicherheitshinterlegung für diese Order) bei seinem Broker. Beim Broker wird für diese Order die Initial Margin berechnet und das Ergebnis zum Trader rückübermittelt. Die geforderte Initial-Margin beträgt in diesem Fall 17 100 Euro. Das entspricht ca. 7 % des bewegten Volumens. Da auf seinem Brokerkonto genügend Liquidität vorhanden ist, übermittelt er den Auftrag mit einem Limit von 10 000 Euro an den Broker.

2. Der Broker übermittelt diesen Auftrag zum Computersystem der EUREX. Der Auftrag wird in das Orderbuch eingetragen und somit für alle Handelsteilnehmer sichtbar.
3. Die Kauforder des Traders weckt das Interesse eines Market-Makers, der einen DAX-Future verkaufen möchte. Er gibt eine Verkaufsorder mit einem Verkaufslimit von 10 000 Euro auf. Somit entspricht das Limit der Kauforder des Traders dem Limit der Verkaufsorder des Market-Makers. Das automatische Computersystem »matcht« die beiden Orders. Der Trade wird ausgeführt bzw. es kommt zum »fill«. Die Ausführungsbestätigung wird zum Broker gesendet, der sie automatisch an den Kunden bzw. Trader weiterleitet. Der Gegenpart des Traders kann ebenso ein anderer Marktteilnehmer sein (Bank, Versicherung, Trader usw.). Der Market-Maker sorgt lediglich für eine Mindestliquidität am Markt.
4. Nachdem die Order ausgeführt wurde, folgt die Geschäftsabrechnung. Diese wird mit dem vollautomatischen Clearingsystem der EUREX abgewickelt. Um sicherzustellen, dass Börsenteilnehmer keine Zahlungsausfälle durch einzelne zahlungsunfähige Teilnehmer erleiden, wird nach folgendem Clearingkonzept verfahren: Es werden an der EUREX grundsätzlich nur kapitalstarke Unternehmen als Clearingmitglieder akzeptiert. Da wären an erster Stelle Banken und Broker zu nennen. Diese tragen im Falle eines Zahlungsausfalls ihrer Kunden (Trader) das volle Risiko bzw. sind in der Pflicht gegenüber der EUREX. Mit diesem Prinzip ist immer gewährleistet, dass der Anspruch des Gegenparts (Trader der Gegenseite) erfüllt werden kann.
5. Täglich nach Börsenschluss erfolgt durch die Clearingbank/Broker eine Bewertung aller offenen Positionen der Konten eines jeden einzelnen Teilnehmers (Traders). Der sich daraus ergebende Gewinn oder Verlust wird dem Kunden bzw. Trader übermittelt. Des Weiteren wird das Margin-Konto im Falle eines Verlusts um diesen Betrag belastet und im anderen Fall entlastet.

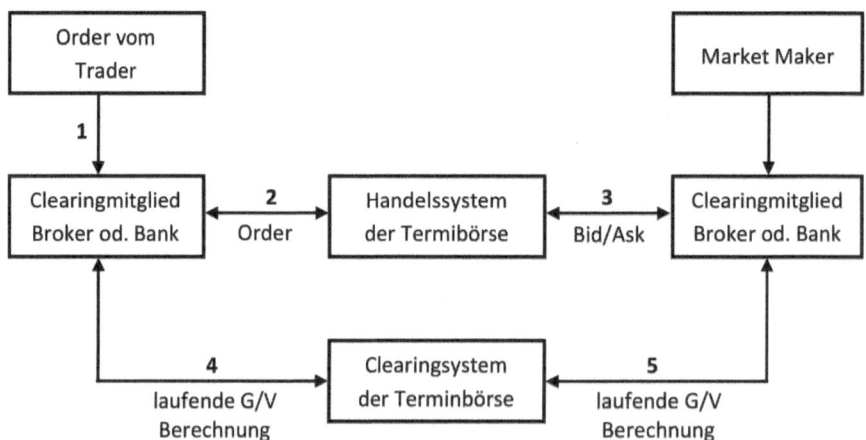

Abbildung 14.1: Grundprinzip der Funktion einer Terminbörse

14.2 Der Margin Call

Die Höhe der Sicherheitshinterlegung bzw. Margin für Handelsinstrumente wie Futures oder Short-Positionen von Optionen ist von mehreren Faktoren abhängig und kann sich laufend ändern. Sollte die geforderte Margin für ein Terminmarkt-Investment (Futures, ungedeckte Short-Positionen von Optionen) auf Grund einer Fehleinschätzung des Marktes durch den Trader nicht mehr ausreichen, so ist bereits eine äußerst kritische Situation eingetreten. In solch einem Fall hat der Broker unverzüglich den Trader zu informieren. Diese Benachrichtigung wird »Margin-Call« genannt und ist bei den Tradern gefürchtet. Sie fordert den Trader auf, einen bestimmten Betrag auf sein Brokerkonto nachzuschießen, um die geforderte Margin wieder abdecken zu können. Kommt der Trader der Nachschusspflicht des Brokers nicht nach oder ignoriert diese, so hat der Broker das Recht, die Position eigenmächtig ohne Nachfrage zu schließen!

> **Wichtig:**
> Fahren Sie mit der Margin-Belastung niemals an die Grenze des zur Verfügung stehenden Tradingkapitals!

14.3 Der Market-Maker garantiert eine Mindestliquidität

Besonders an den Terminmärkten hat der Market-Maker eine fundamental wichtige Position. Er ist Garant für eine Mindestliquidität, die besonders bei umsatzschwachen Märkten von entscheidender Bedeutung ist. Market-Maker sind Börsenhändler, die von Banken, Brokern oder Wertpapierhandelsgesellschaften gestellt werden. Immer öfter kommen heutzutage auch vollautomatische Handelssysteme für das Market-Making zum Einsatz. Ihre Aufgabe ist es, einen oder mehrere Märkte zu betreuen und für diese verbindliche Geldkurse (Bid) und Briefkurse (Ask) zu stellen. Der Market-Maker selbst hat eine eigene Marktmeinung und stellt entsprechend für sich möglichst vorteilhaft (was jedoch nur in einem gewissen engen Rahmen möglich ist) die Kurse gemäß seiner Handelsstrategie. Auf Grund der Aktivität des Market-Makers wird während der Handelsphase eine ausreichende Liquidität auch für umsatzschwache Kontrakte sichergestellt. Durch dieses Prinzip wird die Gefahr vermieden, dass ein Trader/Investor seine offenen Positionen nicht mehr schließen kann, was ansonsten sehr gefährlich werden könnte. Market-Making ist ein eigenes Fachgebiet, zu dem hier auf entsprechende Fachliteratur[1] verwiesen wird.

---

[1] Vgl. Flemisch (2006).

14.4 Die Einflussfaktoren auf die Margin-Belastung

Jede Terminbörse, auch die EUREX, muss sich gegen ein mögliches Ausfallsrisiko ihrer Mitglieder absichern. Dies erfolgt in Form von Sicherheitshinterlegungen bzw. der Margin. Damit werden Risiken abgedeckt, die sich aus offenen Positionen von Derivaten ergeben können. Für die Quantifizierung des Risikos sind folgende Einflussfaktoren bestimmend:

- Typ des Handelsinstruments (Optionen, Futures)
- Falls Optionen, dann Kauf oder Verkaufspositionen
- Falls verkaufte Optionen, dann gedeckt oder ungedeckt
- Aktueller Kurs des Underlyings
- Kontraktwert (Bezugsverhältnis)
- Kontraktanzahl
- Mögliche Gegenpositionen oder gewisse Optionskombinationen
- Volatilität des Underlyings

Mit diesen Einflussfaktoren berechnet ein Computerprogramm mindestens einmal pro Handelstag die Margin-Belastung ihrer Börsenmitglieder. Es wird stets nur ein gewisses Risiko abgedeckt, das je nach offenen Positionen einem bestimmten Betrag, sprich Margin, entspricht. Da weder der Kurs des Underlyings noch die Volatilität konstant ist, verändert sich auch die Höhe der Margin. Einen entscheidenden Einfluss haben auch ganz bestimmte Optionskombinationen, da Short-Positionen durch Long-Positionen gedeckt sein können, was das Risiko und damit die Margin erheblich reduzieren kann. Das gegenseitige Berücksichtigen von Optionspositionen wird *Cross Margining* genannt und von der EUREX angewendet. Das Verfahren zur Bestimmung der Margin-Belastung über das quantifizierte Risiko wird auch als *Risk Based Margining* bezeichnet.

Für die Berechnung der Höhe der geforderten Margin wird folgendes Prinzip angewendet.

1. Aus der historischen Volatilität des Underlyings wird eine prognostizierte Kursspanne für den kommenden Handelstag berechnet. Diese Kursspanne wird als »Margin-Parameter« bezeichnet.

2. Der Margin-Parameter wird mit einem Risikofaktor multipliziert und ergibt das »Margin-Intervall«. Es wird eine obere und untere Kursgrenze ausgemacht, indem das Margin-Intervall zum einen zum Kurs des Underlyings addiert und zum anderen subtrahiert wird. Der Risikofaktor wird so gewählt, dass am folgenden Handelstag der Kurs des Underlyings mit einer Wahrscheinlichkeit von 99 % keine der beiden Kursmarken verlässt. Auf den meisten Internetseiten der zugehörenden Terminbörsen können die Margin-Intervalle sämtlicher Underlyings eingesehen werden.

3. Es wird der größtmögliche Verlust ermittelt, der sich an einer der beiden Kursmarken entwickeln kann. Dafür wird an der unteren wie an der oberen Kursmarke jeweils eine Gewinn-/Verlustberechnung einer »Margin-Klasse« durchgeführt. Eine Margin-Klasse beinhaltet alle Derivate, die sich auf ein bestimmtes Underlying beziehen. Somit ist der Maximalverlust einer Margin-Klasse des Depots erstellt.

4. Das unter 1-3 aufgeführte Procedere wird nun mit allen Margin-Klassen durchgeführt.

5. Die Summe aller Maximalverluste aller Margin-Klassen ist im Prinzip die geforderte »Additional Margin«.

6. Für die gesamte Margin des Depots muss zur Additional Margin noch die »Premium Margin« addiert werden, was jedoch nur die Short-Positionen aller Index- und Aktienoptionen betrifft.

    Premium Margin = Settlement-Preis × Kontraktanzahl × Bezugsverhältnis

7. Um wirklich auf der sicheren Seite zu sein, erhöhen manche Broker die Margin ihrer Kunden um einen brokerspezifischen prozentualen Betrag.

Die präzise Berechnung der Margin ist in vielen Details börsen- als auch brokerspezifisch. Tiefgreifende Ausführungen würden den Rahmen bei Weitem sprengen und bringen dem Trader keine wirklichen Vorteile. Das Ausreizen der Margin sollte der Trader tunlichst vermeiden.

14.5 Die Margin-Typen bei Optionen

Bei Optionen unterscheiden sich die Margin-Typen und die zugehörende Berechnung für die geforderte Höhe der Margin grundsätzlich von denen der Futures. Das hängt damit zusammen, dass Futures immer ein Delta von 1 aufweisen, und es im Gegensatz dazu bei Optionen zwischen 0 und 1 bzw. -1 liegen kann. Auf Grund dessen ist die Risikobewertung u. a. vom Delta abhängig, was sich wiederum unmittelbar auf die Höhe der Margin auswirkt. Ein weiterer gravierender Unterschied besteht darin, dass für Futures sowohl vom Käufer als auch vom Verkäufer eine Sicherheitshinterlegung bzw. Margin gefordert wird, was bei Optionen nur bedingt der Fall ist. Der Käufer einer Option kann niemals mehr als seinen Einsatz verlieren, weshalb auch keine Margin verlangt wird. Des Weiteren ist bei Short-Positionen von Optionen zu unterscheiden, ob diese durch das Underlying gedeckt sind oder nicht. Ein weiterer Einfluss ist die Volatilität und betrifft Futures wie Optionen gleichermaßen. Steigt die Volatilität, so steigt auch die Margin und umgekehrt. Dieser Umstand kann zur Folge haben, dass bei einer ansteigenden Volatilität selbst bei einer Seitwärtsbewegung die Margin ansteigt. Grundsätzlich teilen sich die Margin-Typen für Optionen in zwei Gruppen auf. Die erste deckt Aktien- und Indexoptionen ab und die zweite Optionen auf Futures.

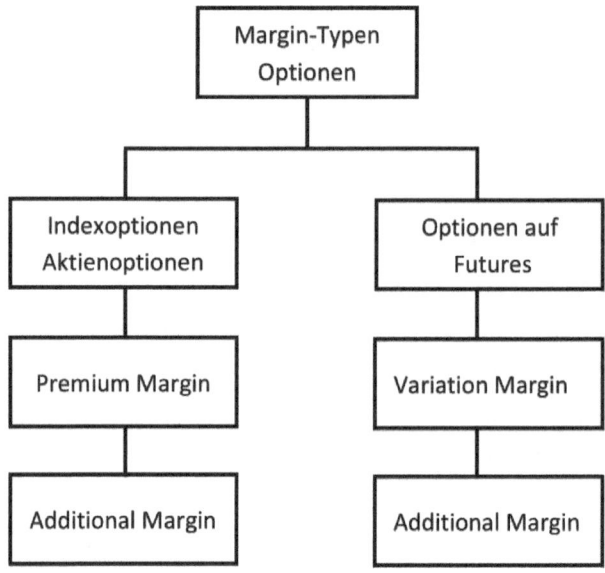

Abbildung 14.2: Margin-Typen bei Optionen

- Premium Margin – Optionen:
  Die Premium Margin betrifft nur den Verkauf von Index- und Aktienoptionen, da bei diesen Optionen die Prämie vom Käufer an den Verkäufer zu entrichten ist.

  Premium Margin = Settlement-Preis × Kontraktanzahl × Bezugsverhältnis

- Additional Margin – Optionen
  Die Additional Margin betrifft nur den Verkauf von Optionen und ist zusätzlich zur Premium Margin zu leisten. Sie deckt die Risiken der künftigen 24 Stunden ab (kommenden Handelstag). Das Prinzip der Berechnung der Additional Margin ist unter Abschnitt 14.4 beschrieben.

- Variation Margin – Optionen
  Die Variation Margin betrifft nur Optionen auf Futures. Für diese Gruppe wird keine Premium Margin gefordert, da das sogenannte »Mark to Market« -Verfahren angewendet wird. Hierbei wird das Brokerkonto täglich mit dem Gewinn/Verlust der Position be- bzw. entlastet.

14.6 Die Margin-Typen bei Futures

Die Margin-Typen von Futures teilen sich in zwei Gruppen auf. Die eine Gruppe ist die sogenannte »Non Spread Future Position«, die andere die »Future Spread Position«. Bei der Non Spread Future Position handelt es sich um eine simple Kauf- oder Verkaufsposition. Bei der Future Spread Position handelt es sich um zwei Futures mit verschiedenen Laufzeiten, wobei der eine Future eine Kaufposition und der andere Future eine Verkaufsposition ist. Für eine Future Spread Position (Spread-Trading) ist das Verlustrisiko unvergleichlich geringer gegenüber einem reinen Long/Short-Ansatz mit Futures.

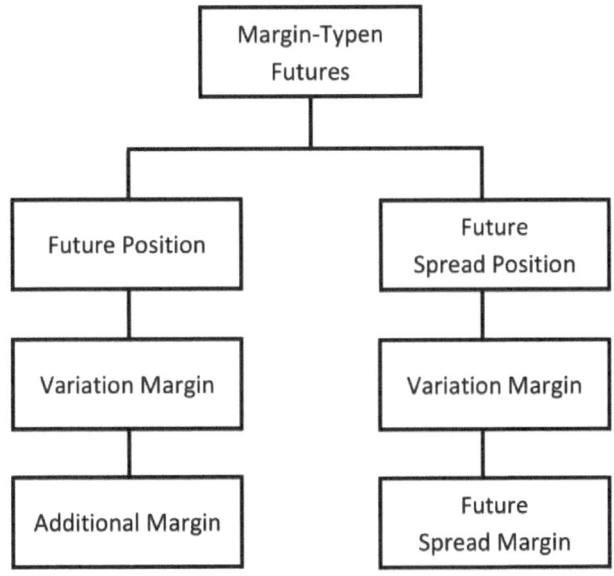

Abbildung 14.3: Margin-Typen bei Futures

- Variation Margin – Futures
  Die Variation Margin betrifft nur Futures und Optionen auf Futures. Für diese Gruppe wird keine Premium Margin gefordert, da das sogenannte »Mark to Market«-Verfahren angewendet wird. Hierbei wird das Brokerkonto täglich mit dem Gewinn/Verlust der Future-Position be- bzw. entlastet.
- Additional Margin – Futures
  Die Additional Margin deckt die Risiken der Futures für die kommenden 24 Stunden ab (kommenden Handelstag). Die Basis für die Berechnung ist das Margin-Intervall (siehe Abschnitt 14.4).
- Future Spread – Margin
  Future Spread-Margin deckt wie die Additional Margin die Risiken der nächsten 24 Stunden ab (kommenden Handelstag). Future-Spreads reagieren wesentlich weniger sensitiv auf Marktbewegungen, wodurch die geforderten Sicherheitsreserven wesentlich geringer ausfallen.

15 Strategieentwicklung

Im Vorfeld der Strategieentwicklung gilt es mehrere fundamentale Punkte abzuklären. Grundvoraussetzung ist eine adäquate technische Ausrüstung. Sie benötigen zum Start zwar keinen Rolls Royce, aber zu Fuß werden Sie Schiffbruch erleiden! Besonders im Optionshandel sind Simulationsprogramme entscheidend für den künftigen Erfolg. Ebenso ist ein Chartprogramm sehr hilfreich, besonders wenn Sie einen technischen Handelsansatz nutzen wollen. Als Nächstes wären die Punkte Positionsgröße, Handelsansatz und Systemlaufzeit zu nennen. Es ist wichtig, dass der Handelsansatz zur Persönlichkeit des Traders/Investors und zu seiner Kontogröße passt.

15.1 Die Positionsgröße

Alle in diesem Buch vorgestellten Strategien sind in der kleinstmöglichen Positionseinheit aufgeführt. Für die Entwicklung einer Strategie ist diese Vorgangsweise Usus. Nach erfolgreicher Fertigstellung wird jede Position mit einem fixen Multiplikator auf die endgültige Größe hochgerechnet. Halten Sie sich auf jeden Fall an die kleinstmöglichen Positionsgrößen, solange Sie nicht sattelfest sind! Die Kunst besteht darin, möglichst keine bzw. nur geringe Verluste in Relation zum Gewinn zu erleiden, wenn Sie sich in der Markteinschätzung geirrt haben sollten. Bei der Strategieentwicklung muss der Fokus primär auf der Verlustvermeidung und erst sekundär auf der Gewinnerzielung liegen. Lassen Sie sich niemals drängen, in den Markt einzusteigen, nur weil er gerade steigt! Ein Trader muss lernen, seine Emotionen oder gar Gier zu beherrschen. Andernfalls wird die Arbeit als Trader nur ein kurzes Intermezzo gewesen sein! Eine Unzahl von angehenden Tradern hat es bereits geschafft, ein großes Konto in ein sehr, sehr kleines zu verwandeln.

Wenn es im Kleinen nicht klappt, dann funktioniert es im Großen schon dreimal nicht!

Mit fortschreitender Lehrzeit und wachsender Erfahrung wird die Positionsgröße schrittweise hochgefahren. Als »grobe« Faustregel gilt für einen konservativen Hedgefund-Manager: Die Positionsgrößen werden so berechnet, dass die Summe der Gewinne aller parallel laufenden aktiven Strategien eine Rendite von 2 % pro Monat erwirtschaften könnten.

15.2 Der Handelsansatz

Der Handelsansatz muss zur Persönlichkeit des Traders und zu seinem Umfeld passen. Es ergibt keinen Sinn, sehr kurzfristige Strategien zu fahren, die einer laufenden Überwachung bedürfen, wenn man berufsbedingt nur zweimal pro Woche drei Stunden Zeit für das Trading zur Verfügung hat. Es ist auch nicht zielführend, wenn ein aktiver Handel angestrebt wird und der Trader sich dann für Strategien mit jahrelangen Laufzeiten entscheidet. Ein weiterer entscheidender Punkt ist die Selektion des Marktes. Dabei ist abzuklären, ob der fundamentale oder charttechnische Aspekt im Vordergrund steht. Sie müssen sich grundsätzlich gut überlegen, welcher Handelsansatz für Sie am besten geeignet ist. In den folgenden Abschnitten werden die einzelnen Handelsansätze in einer umfangreichen Strategiesammlung detailliert erläutert.

15.2.1 Langfristige Strategien

Unter lang- bzw. längerfristigen Strategien versteht man Laufzeiten ab einem Jahr aufwärts. Je langfristiger eine Strategie gewählt wurde, desto unproblematischer wird deren Überwachung. Außerdem wird der Zeitpunkt für Strategieanpassungen, sogenannte Follow-up-Aktionen, unkritischer. Langfristige Engagements sollten auf Grund von fundamentalen Überlegungen eingegangen werden. Wer nicht viel Zeit in das Trading investieren kann oder will, ist mit solchen Strategien gut bedient.

- Zins-Strategien
- Bonus-Strategien
- Capped Bonus-Strategien
- Outperformance-Strategien
- Twin-win-Strategien

Bei den genannten Strategien handelt es sich zum Teil um Nachbauten von allseits bekannten Zertifikaten. Der gravierende Vorteil liegt aber nicht nur in den meist besseren Daten, sondern auch in der hohen Flexibilität während der Laufzeit. Das trägt zu einer massiven Verbesserung des Chancen-/Risikoprofils gegenüber den Zertifikaten bei. Zudem erzielen längerfristige Engagements in der Regel höhere Erträge.

15.2.2 Kurz- bis mittelfristige Strategien

Je kurzfristiger eine Strategie angesetzt wird, desto anspruchsvoller wird deren Überwachung und desto kritischer wird auch das Timing in Bezug auf eventuelle Follow-up-Aktionen. Richtig heiß wird es, wenn zusätzlich an den Kursenden ein Shortüberhang besteht, d. h. wenn ungedeckte Shortpositionen, unabhängig ob Put oder Call, im Spiel sind. Das sollte der Anfänger strikt unterlassen.

- Swing-Strategien (nur mit charttechnischer Unterstützung)
- Strategien auf Volatilitätsmärkte
- Shortselling-Strategien
- Bidirektionale Strategien (Absolut-Return)
- Volatilitäts-Strategien
- Dividendenstrategien

Für alle Kategorien der genannten Strategien, unabhängig davon, ob sie im lang-, mittel- oder kurzfristigen Bereich angesiedelt sind, gibt es eine Vielzahl von Variationen. Die Spielwiese der Optionsstrategien ist schier unbegrenzt. Die Strategieauswahl ist das eine, was Sie durch Follow-up-Aktionen bis zum Ende der Systemlaufzeit daraus machen, das andere. Diese Follow-up-Aktionen haben einen entscheidenden Anteil am Erfolg einer Strategie.

15.3 Die Systemlaufzeit

Unter der Laufzeit eines Optionssystems versteht man die Zeit, die vom Einstiegsdatum bis zum Verfallsdatum der eingesetzten Optionen verstreicht. Diese wird meist in Tagen angegeben. Abbildung 15.1 zeigt einen Iron-Condor, dessen Option mit dem obersten Strike knapp unter dem aktuellen Kurs des Underlyings angesetzt ist. Die Laufzeit aller Optionen beträgt 74 Tage. Die Laufzeit des Optionssystems, die sogenannte *Systemlaufzeit*, ist in diesem Beispiel ebenfalls mit 74 Tagen klar definiert. Der maximale Gewinn auf Verfall beträgt 1 176 Euro, der maximale Verlust 324 Euro. Im optimalen Fall ist der Gewinn um den Faktor 3,63 höher als der Verlust. Wenn nach dem Einstieg der Kurs des Underlyings nur noch nach oben wegschießt, so wird man den vollen Verlust erleiden, wenn man nicht doch noch zuvor aussteigt. Bereits bei der Strategieentwicklung sollte höchstes Augenmerk auf das Chancen-/Risikoprofil gelegt werden. Bedenken Sie immer:

Je besser das Chancen-/Risikoverhältnis eines Systems ist, desto weniger Erfolge brauchen Sie, um Verluste wettzumachen!

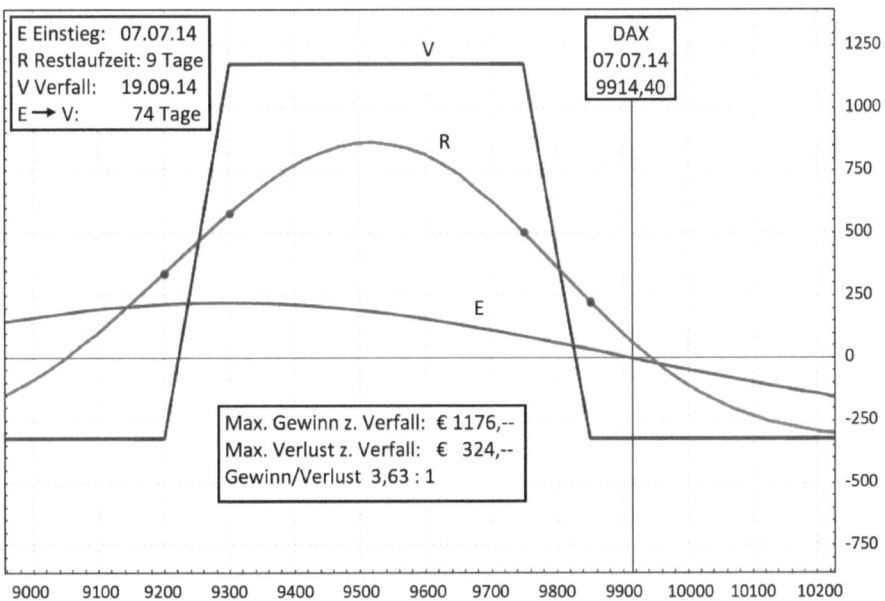

Abbildung 15.1: P/L des Iron-Condors

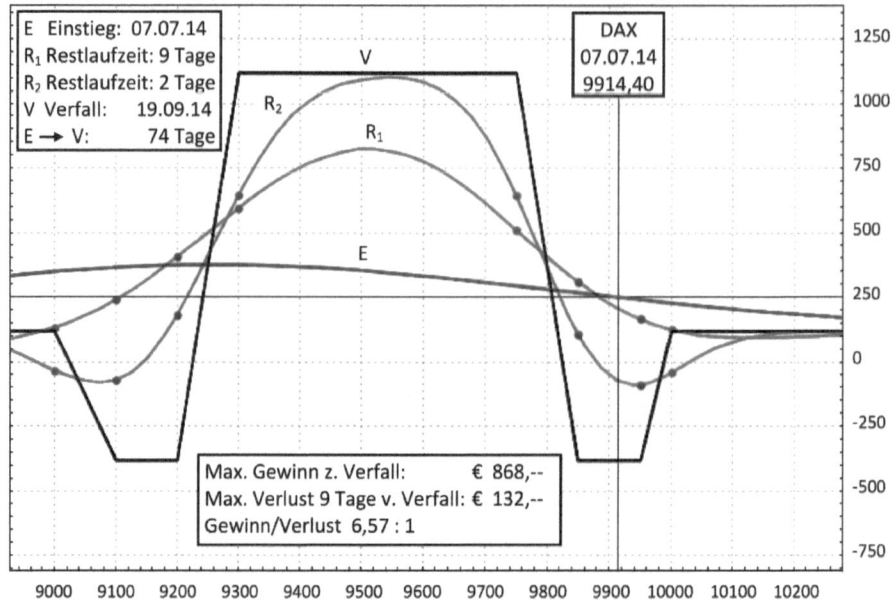

Abbildung 15.2: Modifizierter Iron-Condor mit einer Systemlaufzeit von 65 Tagen

Um das Chancen-/Risikoprofil des Iron-Condors zu verbessern, bedarf es folgender Änderungen.

1. Unterhalb als auch oberhalb des Iron-Condors wird ein schmaler, aber vertiefter Verlustbereich hinzugefügt.

2. Die Systemlaufzeit wird um 9 Tage auf 65 Tage reduziert.

Abbildung 15.2 zeigt den modifizierten Iron-Condor mit einer Systemlaufzeit von 65 Tagen. Die gefährlichen Senken an den beiden Enden des Iron-Condors kommen erst 9 Tage vor Verfall zum Tragen!

Wie Sie sehen, hat sich das Chancen-/Risikoprofil um 80 % gegenüber dem Original verbessert. Sollte in dieser Situation der Kurs des Underlyings nach dem Einstieg nur noch nach oben schießen, so ist der Verlust in Relation zum Maximalgewinn massiv kleiner als beim Original.

Das verbesserte Profil hat jedoch folgende Schwachstelle, die es im Auge zu behalten gilt. Der volle Gewinn wird erst am Laufzeitende erreicht. Nehmen wir an, dass der Kurs 9 Tage vor Verfall bei ca. 9700 stehen würde. Wartet man nur ab, um den vollen Gewinn bei Verfall mitnehmen zu können, so läuft man Gefahr, dass bei einer leichten Kursbewegung nach oben das System tief in den Verlust fahren würde. Diese Gefahr muss im Vorfeld unterbunden werden. Wie das zu bewerkstelligen ist, wird in Abschnitt 15.4 erläutert. Die beiden Senken an den Enden des Iron-Condors werden während der Laufzeit weitestgehend eliminiert. Das wird zwar den Maximalgewinn leicht belasten, aber das Chancen-/Risikoprofil wird nach wie vor massiv über dem Original liegen. Prägen Sie sich nachfolgende Aussage fest ein!

> Beinhaltet ein Optionssystem eine in der Breite begrenzte Senke oder wird diese gezielt eingebaut, so begünstigt es einen zusätzlichen Gewinn außerhalb der Ränder dieser Senke. Die Senke verursacht zwar ein Verlustgebiet im P/L-Diagramm, entscheidend ist jedoch nicht die Höhe dieses Verlusts auf Verfall, sondern zu welchem Zeitpunkt (!) der Verlust zum Tragen kommt! Dementsprechend ist die Systemlaufzeit anzupassen.

Um diesen Zeitpunkt genau ausloten zu können, ist es wichtig, dass die Optionssoftware mit genauen Daten gefüttert wird (siehe dazu Abschnitt 9.2). Vorab soll gezeigt werden, wie sich die Senke negativ auswirken kann, wenn sie nicht während der Laufzeit eliminiert wird. Abbildung 15.3 zeigt das beschriebene Problem, wenn die Senke nicht mit einer Follow-up-Aktion eliminiert wird.

Der obere Chart in Abbildung 15.3 zeigt deutlich, wie sich durch die Abwärtsentwicklung des Underlyings der Gewinn des Systems korrekt laut P/L-Diagramm entwickelt. In den letzten Tagen vor Verfall nähert sich der Kurs des Underlyings jedoch wiederum der Ausgangslage an. Zum Verfallszeitpunkt befindet sich der Kurs des Underlyings in der Senke. Mangels einer klar benötigten Follow-up-Aktion wurde somit aus einem anfänglichen Erfolg ein erheblicher Verlust. Je nach Follow-up-Aktion kann sich die Systemlaufzeit auch wiederum bis zum Verfallszeitpunkt verlängern.

Je nach System kann es mehrere Zeitpunkte für ein Ende der Systemlaufzeit geben. Das bedeutet, dass die Systemlaufzeit besonders bei Arbitragesystemen heikel ist, bei denen Optionen mit zwei oder mehr verschiedenen Verfallszeit-

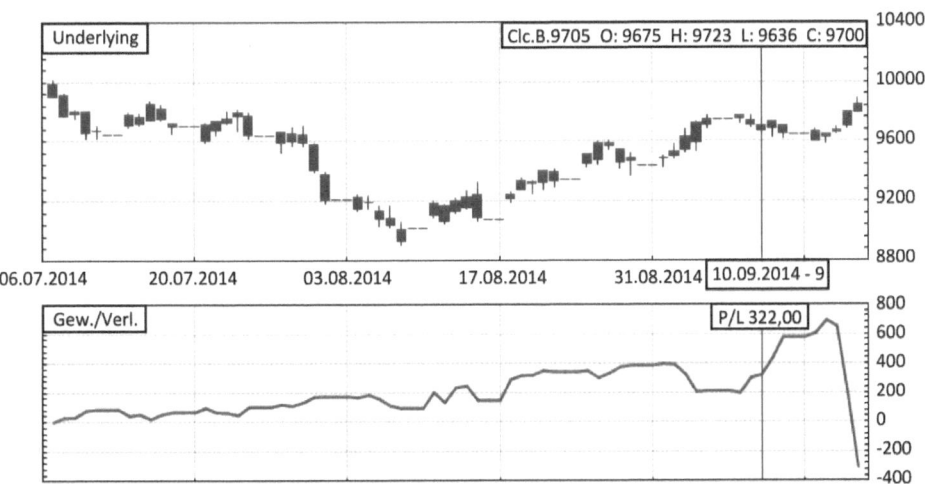

Abbildung 15.3: Auswertung der Strategie des modifizierten Iron-Condors ohne durchgeführte Follow-up-Aktion

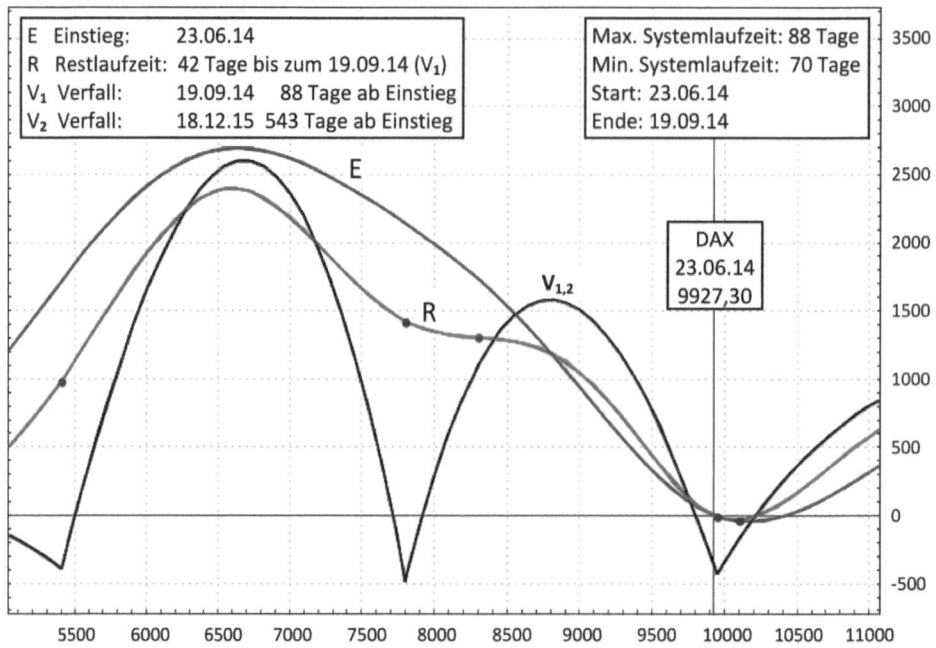

Abbildung 15.4: Die Systemlaufzeit wird mit 70 Tagen festgesetzt

punkten zum Einsatz kommen. Bei Systemen mit verschiedenen Optionslaufzeiten ist für die maximale Systemlaufzeit stets die kürzest laufende Option maßgebend! Betrachten Sie Abbildung 15.4. Die maximale Systemlaufzeit beträgt 88 Tage (Einstieg 23.6.2014, Verfall der kürzest laufenden Option 19.9.2014, Laufzeit 88 Tage). Das kritische Gebiet liegt um den Einstiegsbereich, da dort niemals ein Gewinn erwirtschaftet wird. Wenn sich der Kurs des Underlyings 18 Tage vor Verfall in der Nähe der Ausganglage befindet, so wird es kritisch. In diesem Fall muss das System spätestens nach 70 Tagen Laufzeit bzw. 18 Tage vor Verfall glattgestellt werden. Die Systemlaufzeit wird somit mit 70 Tagen festgesetzt. Aber auch hier gilt, dass es in den vergangenen 70 Tagen möglich gewesen wäre, dieses kritische Gebiet zu eliminieren. Im Kursbereich 7800 sowie 5400 existiert ebenfalls je ein Verlustbereich, der jedoch unproblematisch ist, da dieser erst zum Tragen kommt, nachdem ein ausgeprägter Gewinnhügel auf dem Weg nach unten überwunden wurde. In diesem Fall wäre ein vorzeitiger Ausstieg am Top von einem dieser Gewinnhügel anzuraten.

Praxisübung:

Die gezeigten Strategien können Sie in den Vandermart-Tracker laden und das Verhalten mit dem Laufzeitregler untersuchen. Aktivieren Sie in der Strategiesimulation den Button »H.e.«. Dadurch werden die historischen Daten im P/L-Diagramm zusätzlich eingeblendet.

1. Die Strategie in Abbildung 15.1 hat die Bezeichnung K15P3a.
2. Die Strategie in Abbildung 15.2 hat die Bezeichnung K15P3b.
   (Aktivieren Sie in der Strategiesimulation den Button »E.E.«, dadurch werden die Veränderungen durch die Follow-up-Aktionen im P/L-Diagramm sichtbar.)
3. Die Strategie in Abbildung 15.4 hat die Bezeichnung K15P3d.

Wichtig:

Bei der zuletzt verwendeten Strategie handelt es sich um eine komplexe Arbitragestrategie. Das P/L-Diagramm wirkt äußerst verlockend. Lassen Sie sich als Anfänger keinesfalls verleiten, diese Strategie in den Markt zu bringen! Es setzt eine nicht unerhebliche Erfahrung voraus, um solche Strategien handeln zu können. **Es soll an dieser Stelle ausschließlich als Lehrbeispiel dienen!**

15.4 Follow-up-Aktionen

Es ist wie beim Schach: Die Eröffnung ist wichtig, aber die Züge danach sind das Entscheidende! Die Schachzüge sind im Optionshandel die Follow-up-Aktionen, die nach der Strategieeröffnung bis zum Ende der Systemlaufzeit zu folgen haben und für den Erfolg von immenser Bedeutung sind. Follow-up-Aktionen haben folgende Aufgaben:

- Sichern von bereits aufgelaufenen Gewinnen.
- Mögliche Gefahrenstellen aus dem Markt nehmen.
- Im Verlustfall ein mögliches Anwachsen der Verluste verhindern oder zumindest den Absturz massiv bremsen.
- Neue Gewinnbereiche erstellen oder bestehende ausbauen.

Nachdem eine Strategie erstellt wurde, müssen auch die Schwachstellen, die es in jeder Strategie gibt, mit Hilfe eines Optionssimulators »ausfindig« gemacht werden. Das Auftreten der Problemzonen ist von der Kursebene, der Zeitebene und der Volatilitätsebene abhängig. Welchen Anteil eine jede dieser drei Ebenen dabei einnimmt, hängt maßgeblich vom Strategieaufbau ab.

Dem Systementwickler ist mit Hilfe der Optionssimulation im Vorhinein weitgehend bekannt (!), zu welchem Zeitpunkt und unter welchen Kurs- und Volatilitätsverhältnissen die Strategie in eine Schieflage geraten würde!

Daraus folgt, dass nach der Strategieentwicklung durch die Optionssimulation ersichtlich ist, wann und wie zu reagieren ist. Daraus lassen sich die grundlegenden Handelsregeln ableiten. Erstellen Sie ein Regelset, das über die gesamte Zeit und Kursebene Gültigkeit besitzt. Diese Regeln müssen Antworten auf folgende Problemstellung geben:

- Unter welcher Bedingung (Zeit-, Kurs-, Volatilitätsebene) muss das System modifiziert werden, um welchen Zweck zu erfüllen?
- Wie ist die Ausgestaltung der Follow-up-Aktion, um dem geforderten Zweck bestmöglich zu entsprechen?

Für jede Regel wird die zugehörende Follow-up-Aktion im Groben vorbereitet. Im Detail wird man sie nicht genau ausarbeiten können, da zum Simulationszeitpunkt zwar bekannt ist, wann und wie zu reagieren ist, doch liegen die Daten für die Optionspreise in der Zukunft und sind somit noch nicht verfügbar! Ein adäquater Test ist somit nur mit Hilfe eines Backtests möglich, in dem auch die Follow-up-Aktionen detailliert eingebaut werden können. Trotzdem ist die benötigte Follow-up-Aktion bereits zum Simulationszeitpunkt im Prinzip bekannt (deswegen ist auch nur eine grobe Ausarbeitung möglich!). Wird dann im realen Handel eine Handelsregel schlagend, so ist es zum Einen keine Überraschung und zum Anderen ist bereits definiert, wie zu agieren ist. In der Praxis kommt dann die bereits ausgearbeitete Follow-up-Aktion zum Einsatz, wobei unmittelbar vor der Umsetzung noch der Feinschliff vorgenommen wird.

Nehmen wir hierfür nochmals das Beispiel des optimierten Iron-Condors (siehe Abbildung 15.5) unter die Lupe. Die Schwachstellen zeigen sich als zwei Senken an den äußeren Rändern des Iron-Condors. Diese müssen während der Systemlaufzeit entfernt werden. Gehen wir das Beispiel mit allen Detailangaben durch. Tabelle 15.1 zeigt den Positionsaufbau dieser Strategie. Die acht Positionen lassen sich alle in Bull- und Bear-Spreads zerlegen. Dadurch können Combo-Orders erstellt werden, was das Handling für den Markteintritt wesentlich erleichtert.

Pos.	Handelstag	Kauf/Verk.	Typ	Kontrakte	Strike	Verfall	Prämie	Gesamt
1	7.7.2014	Kauf	Put	3	9850	19.9.14	194,40	-2 916,00
2	7.7.2014	Verkauf	Put	3	9750	19.9.14	161,10	2 416,50
3	7.7.2014	Verkauf	Put	3	9300	19.9.14	69,40	1 041,00
4	7.7.2014	Kauf	Put	3	9200	19.9.14	57,70	- 865,00
5	7.7.2014	Kauf	Call	2	9950	19.9.14	203,20	-2 032,00
6	7.7.2014	Verkauf	Call	2	10000	19.9.14	176,30	1 763,00
7	7.7.2014	Kauf	Put	1	9100	19.9.14	48,10	- 240,50
8	7.7.2014	Verkauf	Put	1	9000	19.9.14	40,30	201,50

Tabelle 15.1: Positionen der Ausgangsstrategie

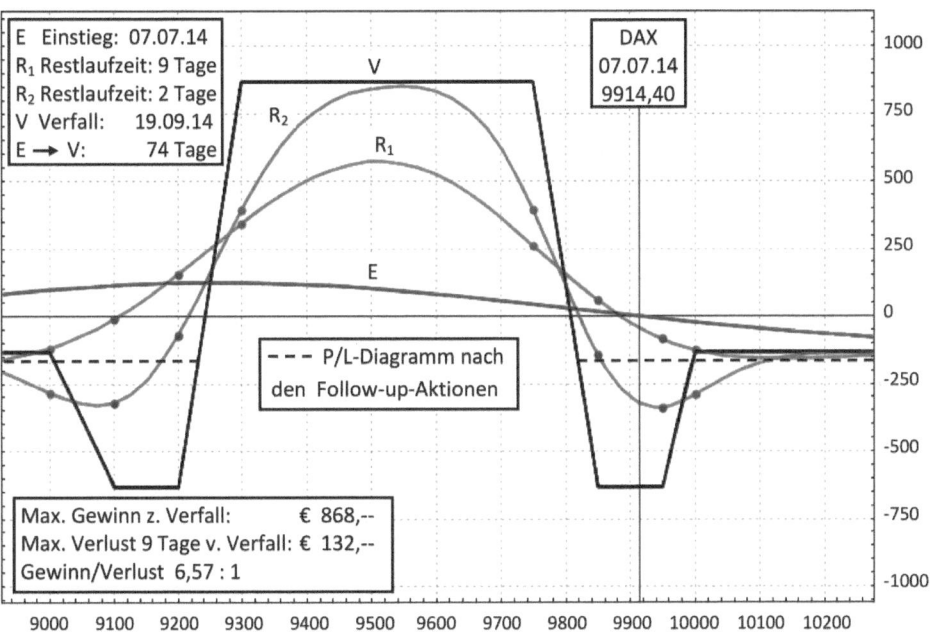

Abbildung 15.5: P/L von optimiertem Iron-Condor – Ausgangslage und Verfallssituation nach erfolgten Follow-up-Aktionen

Die Systemlaufzeit ist mit 65 Tagen festgelegt. Abbildung 15.5 zeigt die Ausgangslage. Die gefährlichen Senken an den Rändern werden mit Hilfe der kommenden Follow-up-Aktionen eliminiert. Die gestrichelte Linie macht das im P/L-Diagramm deutlich. Ab der Marke 9 225 abwärts sowie der Marke 9 815 aufwärts ist dann der Verlust auf -166,50 Euro begrenzt.

Abbildung 15.9 zeigt den Chart und die Gewinnentwicklung nach dem Einstieg. Der Kurs entwickelt sich nach dem Einstieg rasch nach unten. Mit fallendem Kurs des Underlyings und kürzer werdender Restlaufzeit werden die Chancen immer besser, die obere Senke zu eliminieren. Am 14.8.2014 ist eine mögliche Trendumkehr im Chart zu erkennen und die Daten sind immer noch günstig. Die Follow-up-Aktion wird durchgeführt. Maßgeblich für die Umstellung sind Positionen 1, 5 und 6. Position 5 und 6 ergeben einen Bull-Spread, der den größten Teil seines ursprünglichen Wertes verloren hat. Dieser wird glattgestellt. Als Nächstes wird Position 1 nach unten gerollt. »Nach unten rollen« bedeutet in diesem Fall: Position 1 glattstellen und sofort wieder eine Put-Option mit einem tieferen Strike eröffnen. Die Position 1 ist gut im Gewinn und der Zeitwert massiv reduziert. Somit ist die Put-Option mit dem nächst tiefer liegenden Strike nur minimal teurer. Durch das Glattstellen von Position 1 wird ein guter Gewinn mitgenommen, und durch die neu eröffnete Option mit dem tiefer liegenden Strike kann dieser Gewinn nur noch zum Teil verloren gehen. Somit ist auch der Bull-Spread nicht mehr nötig, der zwar nach oben hilfreich war, aber die Senke verursachte. Tabelle 15.2 enthält die Follow-up-Positionen.

Pos.	Handels-tag	Kauf/Verk.	Typ	Kontrakte	Strike	Verfall	Prämie	Gesamt
1	14.8.2014	Verkauf	Call	2	9950	19.9.14	3,90	39,00
2	14.8.2014	Kauf	Call	2	10000	19.9.14	2,90	- 29,00
3	14.8.2014	Kauf	Put	1	9750	19.9.14	535,80	-2679,00
4	14.8.2014	Verkauf	Put	1	9850	19.9.14	628,80	3144,00

Tabelle 15.2: Erste Follow-up-Aktion am 14.8.2014

In der Tabelle 15.2 sind die Positionen 1 und 2 für das Glattstellen des Bull-Spreads und die Positionen 3 und 4 für das Rollen der Put-Option von 9850 auf 9750 verantwortlich. Nach der ersten Follow-up-Aktion hat sich das P/L-Diagramm bereits entscheidend verändert (vgl. Abbildung 15.6).

Die Gefahrenzone der oberen Senke ist nun eliminiert. Nun gilt es noch, das Problem zwischen den Marken 9000 und 9250 in den Griff zu bekommen. Würde sich der Kurs nur noch in diesem kritischen Band bewegen, dann müsste spätestens 9 Tage vor Verfall (Ende der Systemlaufzeit) die Entscheidung über einen Ausstieg getroffen werden. Wie Sie im Chart erkennen können, bewegt sich der Kurs nach der Aktion wieder gemächlich nach oben. Das wird von Vorteil für die Beseitigung der unteren Senke sein. Des Weiteren wird die bevorstehende zweite Follow-up-Aktion mit der bereits sehr geringen Restlaufzeit mit minimalen Reibungsverlusten zu bewerkstelligen sein. Am 11.9.2014 wird die zweite Umstellung durchgeführt (siehe dazu Tabelle 15.3).

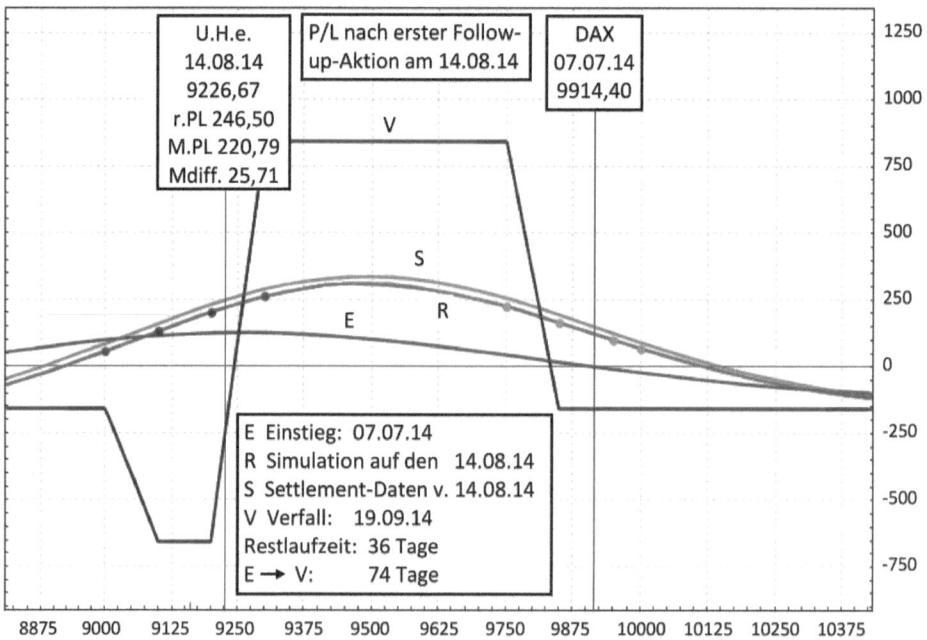

Abbildung 15.6: P/L-Diagramm nach der ersten Follow-up-Aktion am 14.8.2014

Pos.	Handels-tag	Kauf/Verk.	Typ	Kontrakte	Strike	Verfall	Prämie	Gesamt
1	11.9.2014	Verkauf	Put	1	9100	19.9.14	4,20	21,00
2	11.9.2014	Kauf	Put	1	9000	19.9.14	3,30	-16,50
3	11.9.2014	Verkauf	Put	1	9200	19.9.14	5,90	29,50
4	11.9.2014	Kauf	Put	1	9300	19.9.14	8,70	-43,50

Tabelle 15.3: Zweite Follow-up-Aktion am 11.9.2014

Auch hier wird zunächst der Bear-Spread glattgestellt (Positionen 7 und 8 in Tabelle 15.1). Dann wird die Kontraktanzahl der ursprünglichen Positionen 3 und 4 (Tabelle 15.1) von je 3 auf 2 Kontrakte reduziert. Dadurch wird der Verlust, der aus diesen Positionen unter der Kursmarke von 9200 entsteht, um ein Drittel reduziert. Abbildung 15.7 zeigt das P/L-Diagramm nach der zweiten Follow-up-Aktion.

Nach der zweiten Aktion sind die Senken gänzlich verschwunden. Das Chancen-/Risikoprofil ist nach wie vor erheblich besser als das Original des Iron-Condors. Die Systemlaufzeit kann nun wieder auf die volle Länge bis zum Verfall ausgedehnt werden, da die Gefahrenzonen nicht mehr vorhanden sind. Sie könnten ab jetzt in Ruhe bis zum Verfall abwarten. Das P/L-Diagramm zum Verfallszeitpunkt ist in Abbildung 15.8 dargestellt. Zum Zeitpunkt des Verfalls entsprechen die Funktion der Zeitsimulation und die Funktion der eingeblendeten historischen Daten der Verfallsfunktion (die Optionen besitzen zum Zeitpunkt des Verfalls keinen Zeitwert mehr).

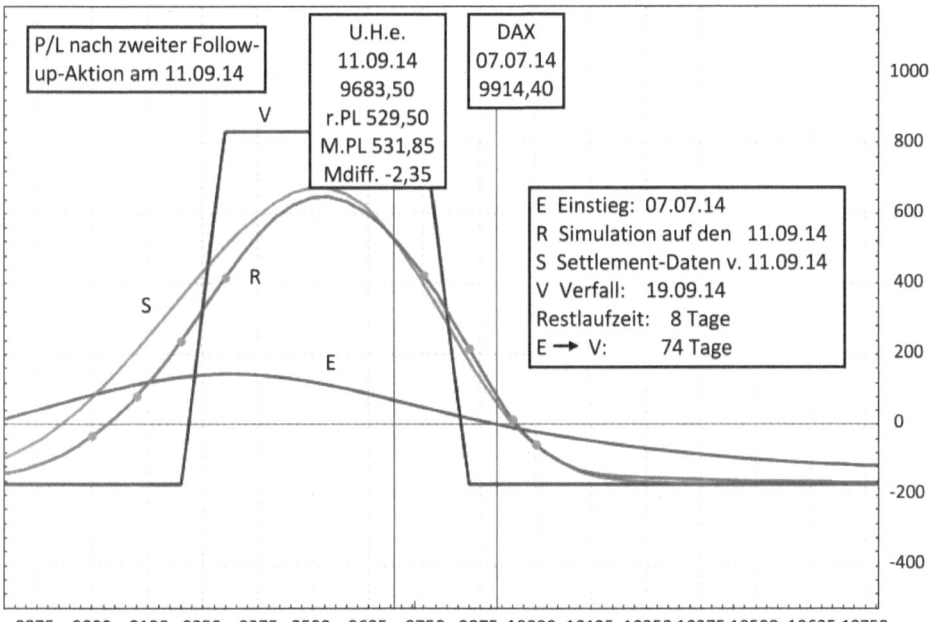

Abbildung 15.7: P/L-Diagramm nach der zweiten Follow-up-Aktion am 11.9.2014

> **Anmerkung:**
>
> Bei Systemen mit verschiedenen Verfallszeitpunkten der eingesetzten Optionen ist dies nicht der Fall. Das hängt damit zusammen, dass jene länger laufenden Optionen, die nach dem Verfall der kurz laufenden Optionen noch im Markt sind, noch einen Zeitwert besitzen. Sind Systeme mit mehreren Verfallszeitpunkten im Spiel, so müssen die länger laufenden Optionen unmittelbar vor dem Verfallszeitpunkt der kurz laufenden Optionen glattgestellt werden, da sonst die Gefahr besteht, mit den Restpositionen des Systems in eine Schieflage zu geraten!

Der versierte Trader wäre vermutlich ausgestiegen, als sich der Kurs in den letzten Tagen vor Verfall auf die obere Flanke des Iron-Condors zubewegte. Es hätte auch die Möglichkeit eines Teilhedges gegeben mit der Folge, dass sich die obere Verlustzone um 100 bis 200 Punkte nach oben verschoben hätte. Die Möglichkeiten sind schier endlos, und alle möglichen Varianten von Follow-ups zu beschreiben, ist praktisch nicht möglich. Es kann hier nur das grundlegende Rüstzeug vermittelt werden. Alles andere kommt mit der Erfahrung.

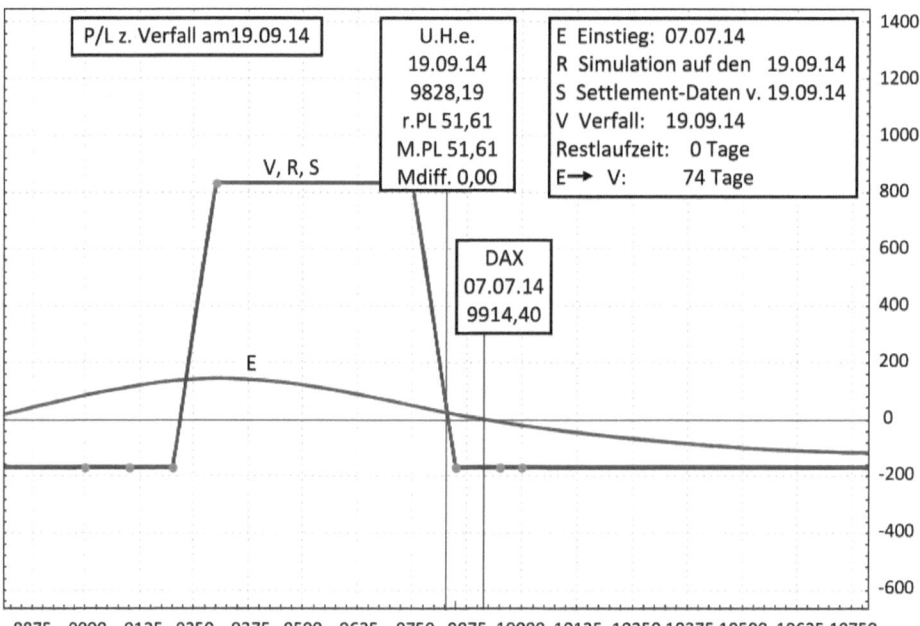

Abbildung 15.8: P/L-Diagramm zum Verfallszeitpunkt am 19.9.2014

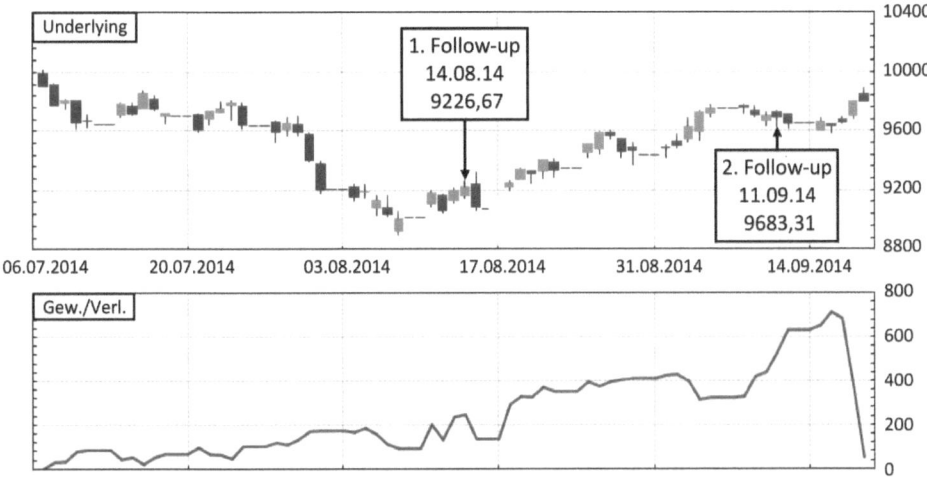

Abbildung 15.9: Chart und Gewinnentwicklung

15.5 Systemtest mittels Backtest

Wurde ein System inklusive dem Regelset für die Follow-up-Aktionen erstellt, so ist es im nächsten Schritt auf Robustheit zu überprüfen. Diese Untersuchung wird mit Hilfe von Backtests durchgeführt. Bei einem Backtest wird das System auf einen in der Vergangenheit liegenden Zeitpunkt transformiert. Das ist bei einem Optionssystem nicht ganz so einfach, da zu diesem frei gewählten Zeitpunkt in der Vergangenheit der Kurs des Underlyings sehr wahrscheinlich vom aktuellen Startniveau abweicht. Deshalb müssen die Strikes und die Laufzeiten so gut wie möglich an die Backtestsituation angepasst werden. Auch ist anzunehmen, dass andere Volatilitätsverhältnisse gegeben waren. Auch wenn eine perfekte Transformation nicht möglich ist, so wird man zumindest annähernd die gleiche Strategie in der Vergangenheit aufbauen können. Da aber ab diesem in der Vergangenheit liegenden Zeitpunkt die Zukunft bekannt ist, lässt sich das System recht gut simulieren. Es zeigt sich auch, wie erfolgreich die Handelsregeln ihren Dienst tun. Um das System auf Herz und Nieren zu überprüfen, sollte der Backtest mit verschiedenen Zeiträumen und Extremverhältnissen durchgeführt werden. Diese Arbeit sollte jeder Options-Trader/-Investor durchführen, auch wenn es mit Mühen verbunden ist. Entsprechen die Backtests nicht Ihren Erwartungen, so sollte das System auf jeden Fall überarbeitet werden.

Der Vandermart-Tracker hat eine automatische Backtestfunktion integriert. Mit dieser Funktion kann ein System auf Knopfdruck auf jeden beliebigen Zeitpunkt innerhalb der vorhandenen Historie transformiert werden. Strikes und Laufzeiten werden automatisch transformiert und angepasst. Man sollte es nach der Transformation noch überprüfen, da ab und zu eine manuelle Nachjustierung notwendig ist. Auf jeden Fall sollte das P/L-Diagramm der transformierten Strategie bestmöglich dem Original entsprechen. Gehen Sie wie folgt vor:

Praxisübung

1. Starten Sie den Vandermart-Tracker und laden die Strategie K15P3e. Es handelt sich dabei um die Strategie K153b (das detailliert behandelte Beispiel) ohne die Optionszeilen für die Follow-up-Aktionen (Zeilen 9 bis 16). Die Follow-up-Aktionen, die in der Strategie K153b eingebaut sind, können in der Vergangenheit unmöglich stimmen und müssen erst durch den Backtest bestimmt werden.
2. Aktivieren Sie den Button Strike/Zeittransformation. Der Button befindet sich am oberen Rand der Strategieentwicklung links von der Birne (Help). Das Icon ist eine Kugel, die – wenn sie aktiviert ist – goldbraun ausgefüllt wird.
3. Öffnen Sie die Marktauswahl und ändern den Handelstag auf den 7.4.2014 (das Datum wird blau hinterlegt). Schließen Sie nun das Fenster der Marktauswahl.
4. Überprüfen Sie den Verfallszeitpunkt der Optionen. Es könnte sein, dass für eine möglichst genaue zeitliche Anpassung auch Weekly-Optionen herangezogen wurden. Sollte dies der Fall sein, so ändern Sie den Verfall der Optionen auf einen regulären Verfallstag (jeweils der dritte Freitag im Monat).
5. Öffnen Sie die Strategiesimulation.
6. Stellen Sie den Zeitschieber ganz nach links (Datum zeigt 7.4.2014). Durch einen Klick auf die Anzeigeschrift über dem Zeitregler springt er automatisch ganz nach links.
7. Aktivieren Sie den Button »H.e.«. Damit werden die historischen Daten mit einbezogen. Zusätzlich zum roten Projektionsgraf wird ein Funktionsgraf mit den historischen Settlement-Daten des jeweiligen Handelstages eingeblendet. Des Weiteren wird eine weiße vertikale Linie gezeichnet, die den Schlussstand des Underlyings des jeweiligen Handelstages anzeigt und zusätzlich Informationen zur Verfügung stellt, welche direkt am oberen Ende dieser weißen Linie ausgeschrieben werden. Die Informationen von oben nach unten:

    U. H. e. (Underlying, Historie einbezogen)

    Datum des Handelstages

    Kurs des Underlyings

    P/L – Gewinn/Verlust, der sich aktuell aus den historischen Settlement-Daten ergibt

    P/L – Gewinn/Verlust aus der Berechnung des Modells

    Fehler zwischen aktuellen Settlement-Daten und Modell (Settlements minus Modell)

Wenn Sie nun den Zeitschieber nach rechts fahren, können Sie jeden Tag mitverfolgen, wie sich das Modell zum Modell mit den Settlements verhält. Die Funktion, die aus den historischen Settlement-Daten erstellt wird, schwankt etwas plus/minus der Modell- bzw. Projektionsfunktion.

Wenn Sie eine Situation ausgemacht haben, an der eine Handelsregel greift, so bauen Sie in der Strategieentwicklung die Follow-up-Aktion ab der Optionszeile 9 aufwärts ein. Beachten Sie, dass Sie in den Optionszeilen der Follow-up-Aktion den zugehörenden Handelstag eingeben.

Gehen Sie wieder in die Strategiesimulation und aktivieren Sie den Button »E.E.«. Er zeigt dann die Zeitschiene, ab der ersten Positionseröffnung. Ansonsten beginnt in der Strategiesimulation die Zeitschiene erst ab der zeitlich letzten Follow-up-Aktion.

Wenn Sie den gesamten Zeitraum der Systemlaufzeit erfolgreich simulieren können, sollten Sie das Gleiche noch mit anderen Zeiträumen testen. Betrachten Sie auch immer die Auswertung des Systems, in welchem die P/L-Kurve mit dem Chart dargestellt wird.

15.6 Kontraktanzahl

Je besser das Chancen-/Risikoprofil einer Strategie ist, desto höher ist in der Regel auch die Kontraktanzahl. Besonders Strategien auf der Basis von Volatilitätsarbitrage, die zusätzlich mit Kompensationsmaßnahmen gegen unerwartete Wingänderungen versehen sind, haben meist eine sehr hohe Kontraktanzahl. Das birgt eine nicht zu unterschätzende Gefahr in sich: Beim Ein- wie Ausstieg ist mit einer gewissen Slippage (Reibungsverlusten) zu rechnen. Je höher die Kontraktanzahl in einem System in Bezug zum erwarteten Gewinn ist, desto gravierender schlagen diese Reibungsverluste zu Buche, was erheblichen Einfluss auf die Performance haben kann! Im Extremfall werden die Gewinne durch die Slippage aufgefressen. Wenn Sie eine Strategie entwickelt haben, so machen Sie stets eine Prüfung bezüglich der Kontraktanzahl. Oft lassen sich durch kleine Änderungen die Positionsgrößen reduzieren, ohne dass ein nennenswerter Nachteil entsteht.

15.7 Erweiterte Outperformance durch das Rollen des Systems

Die im Kapitel 16 vorgestellten Systeme weisen ausnahmslos ein nichtlineares Verhalten in Bezug zum Underlying auf. Insbesondere die langlaufenden Strategien zeichnen sich entweder durch eine Outperformance oder durch einen Sicherheitspuffer ab dem Einstiegsniveau aus. Das bedeutet, dass im Falle der Outperformance kurssteigend mehr gewonnen wird als kursfallend verloren werden kann, wenn man die gleichen prozentualen Abweichungen ab dem Einstiegsniveau annimmt. Bei Systemen mit einem Sicherheitspuffer entsteht kursfallend, bis zu einer bestimmten Kursmarke, kein Verlust.

Betrachten wir hierfür ein System, das eine Outperformance von +100% erzielt, etwas näher. Ein Investor setzt (anstatt auf eine bestimmte Aktie) 100 000 Euro in solch ein Aktien-Outperformance-System ein. Der Aktienkurs zum Einstiegszeitpunkt steht auf 100 und für die Laufzeit des Systems nehmen wir ein Jahr an. Steht der Kurs der Aktie am Ende der Systemlaufzeit auf 200, so wird das Direktinvestment in die Aktie einen Gewinn von 100 000 Euro, das System aber 200 000 Euro erwirtschaftet haben. Mit dem Direktinvestment, sprich der Aktie, wäre der Gewinn nur halb so hoch gewesen. Nun ist es eine Überlegung, den Kapitaleinsatz in das System zu halbieren. Der Kapitaleinsatz wäre somit 50 000 Euro. Dadurch wird im Falle einer Kurssteigerung mit dem System der gleiche Ertrag erwirtschaftet wie mit dem Direktinvestment. Der springende Punkt ist aber, wenn der Kurs fällt. Angenommen, der Kurs der Aktie läge zum Ende der Systemlaufzeit nur noch bei 50 Euro. Das System würde dann einen Verlust von 25 000 Euro aufweisen – im Gegensatz zum Direktinvestment, dessen Verlust 50 000 Euro betragen würde. Beim Direktinvestment müsste der Kurs 100 % zulegen, um den Break-even zu erreichen. Wird nun das System mit einem Kapitaleinsatz von 25 000 Euro gerollt neu aufgesetzt, so muss der Kurs nur 50 % zulegen, um den Break-even, dessen Kapitaleinsatz ja ursprünglich 50 000 Euro betrug, zu erreichen. Das bedeutet, bei einem Kurs von 75 Euro beträgt der Kapitalstand des Systems wieder 50 000 Euro. Außerdem ist man ab diesem Kursniveau in Bezug auf die Performance so investiert, als wenn 100 000 Euro für das Direktinvestment eingesetzt worden wären! Oder anders ausgedrückt: Wenn der Kurs das alte Einstiegsniveau von 100 Euro wieder erreicht, so hat das System bereits einen Gewinn von 25 000 Euro eingefahren. Besonders bei fundamental, lang orientierten Engagements sind solche Systeme hochinteressant. Durch diesen Effekt wird die Outperformance über die Jahre noch zusätzlich erheblich gesteigert.

Bei Outperformance-Systemen ergibt sich noch ein weiterer, positiver Nebeneffekt. Wenn auf Grund der Outperformance, die wir mit +100 % annehmen, der Kapitaleinsatz halbiert werden kann, so würden auch die Kosten für eine simple Sicherung (Kauf einer Put-Option mit Strike bei ca. halbem Kursniveau) um 50 % sinken! Bei einem Totalabsturz von 99,9 % der Aktie wäre somit der Maximalverlust in Bezug zum Direktinvestment nur 25 %.

Besonders bei langlaufenden Systemen kommt sehr oft das Underlying direkt zum Einsatz. In vielen Fällen kann das Underlying durch Futures, oder, falls die benötigten Laufzeiten nicht verfügbar sind, durch synthetische Futures (Kauf einer Call- und Verkauf einer Put-Option mit identischem Strike) ersetzt werden. Dadurch wird lediglich Kapital durch die Margin gebunden, was einem Bruchteil der ursprünglichen Kosten für den Kauf des Underlyings entspricht. Die frei gewordenen Mittel könnten somit in festverzinsliche Wertpapiere investiert werden, was einen kleinen zusätzlichen Performanceschub mit sich bringen würde.

15.8 Auslenkung

In Kapitel 16 werden für Follow-up-Aktionen des Öfteren sogenannte Auslenkungsmarken angegeben. Hierbei handelt es sich um Kursmarken, die durch einen komplexen Algorithmus im Vandermart-Tracker automatisch berechnet werden. Die Verlässlichkeit ist bei kurzen Zeiträumen sehr hoch und sinkt mit zunehmend länger werdenden Laufzeiten. Es ist auf jeden Fall ratsam, diese Auslenkungsmarken für kurzlaufende Systeme mit bis zu sechs Monaten Maximallaufzeit in die Systementwicklung mit einzubeziehen. Die Input-Parameter für die Berechnung sind:

- Historische Volatilität nach Fend
- Maximallaufzeit des Systems
- Historische Kursspannen entsprechend der Maximallaufzeit des Systems

Die Software des Vandermart-Trackers berechnet eine Auslenkungsstrecke, die zum aktuellen Kurs des Underlyings auf- bzw. abgeschlagen wird. Somit ergeben sich eine obere und eine untere »erste« Auslenkungsmarke. Wird die doppelte Auslenkungsstrecke zum aktuellen Kurs auf- bzw. abgetragen, so wird diese als »zweite« Auslenkungsmarke bezeichnet. Das Gleiche gilt für die dritte Auslenkungsmarke. Die Aussagen dieser Auslenkungs- bzw. Kursmarken sind folgende:

1. Mit einer Wahrscheinlichkeit von über 97 % wird der Kurs des Underlyings innerhalb der kommenden Maximallaufzeit eine der beiden ersten Auslenkungsmarken erreichen. Das kann sowohl die obere als auch die untere Marke sein. Selbst wenn der Kurs diese Marken nur für einen Moment »Intraday« erreicht, gilt dies als Treffer! Es ist keine Aussage darüber, ob der Kurs zum Ende der Maximallaufzeit über der oberen oder unter der unteren Auslenkungsmarke stehen wird!

2. Wenn eine der beiden ersten Marken erreicht wurde, so ist die Wahrscheinlichkeit, die erste Marke auf der Gegenseite noch zu erreichen, kleiner als 24 %.

3. Die Wahrscheinlichkeit, die zweite obere oder untere Marke zu erreichen, liegt bei 54 %.

4. Wenn eine der beiden zweiten Marken erreicht wurde, so ist die Wahrscheinlichkeit, die zweite Marke auf der Gegenseite noch zu erreichen, kleiner als 0,07 %.

5. Die Wahrscheinlichkeit, die dritte obere oder untere Marke zu erreichen, liegt bei 19 %.

6. Wenn eine der beiden dritten Marken erreicht wurde, so ist die Wahrscheinlichkeit, die dritte Marke auf der Gegenseite noch zu erreichen, praktisch 0.

Der Vandermart-Tracker beinhaltet noch ein Auswertungsmodul, das die Auslenkung auf die gesamte Historie des entsprechenden Marktes berechnet und auswertet. Je nach Markt und Laufzeit fallen die Ergebnisse unterschiedlich aus. Die meisten Einzeltitel im DAX erreichen in der Regel die obere oder untere erste Auslenkungsmarke mit einer Wahrscheinlichkeit von über 85 %.

Die angeführten Auswertungsangaben wurden für den 18.12.2015 mit dem DAX-Index und einer Laufzeit von 91 Tagen erstellt und statistisch ausgewertet. Am 18.12.2015 stand der DAX bei 10 608 Punkten. Für die kommenden 91 Tage wurde eine Auslenkung von *584,9* Punkten oder *5,51 %* ermittelt.

Um eine »grobe« Vorstellung von der besagten Auslenkungsstrecke ohne Zuhilfenahme des Vandermart-Trackers zu bekommen, kann diese auch mit einer »Faustformel« berechnet werden (die Ergebnisse der Faustformel können jedoch im Einzelfall *erheblich* von der Berechnung des Vandermart-Trackers abweichen). Ermitteln Sie die Prämie einer Put-Option am Geld (ATM). Bei Aktien darf dabei jedoch keine Dividendenausschüttung während der Optionslaufzeit erfolgen (bei der Vandermart-Software spielt das keine Rolle). Für die Prämienermittlung wird für den Kurs des Underlyings der Wert des Strikes eingegeben. Somit wird die Optionsprämie genau am Geld ermittelt. Der Zins wird auf null gestellt. Die daraus berechnete Optionsprämie wird mit 1,36 multipliziert und ist das Ergebnis der Auslenkungsstrecke.

Auslenkungsmarken sind in erster Linie Kursziele, für die oft Follow-up-Aktionen vorgesehen sind. Kursziele sollten, wenn überhaupt, nur dann weiter ausgereizt werden, wenn sich das System bereits in einer Win-win-Situation befindet. Das gänzliche Ignorieren von Kurszielen führt über kurz oder lang zum Scheitern.

15.9 Kosten der Gewinnsicherung

Sinn und Zweck einer Follow-up-Aktion ist u. a., Gewinne zu sichern. Eine Gewinnsicherung ist fast immer mit einer kleinen Reduktion des Maximalgewinns verbunden. **Lassen Sie sich niemals verleiten, eine Gewinnsicherung nur deshalb nicht durchzuführen, weil es etwas kosten könnte!**

15.10 Markteinstieg

Ein Optionssystem wird, abgesehen von Sonderfällen, mit den zuletzt verfügbaren Settlement-Daten entwickelt. Die Settlements stehen aber erst am Folgetag zur Verfügung. Lassen Sie sich davon nicht beirren und erstellen Sie das System in aller Ruhe! Wenn es dann zum Markteintritt kommt, wird das Underlying sehr wahrscheinlich einen veränderten Wert in Bezug zur Underlyingreferenz der Systementwicklung aufweisen. Gehen Sie wie folgt vor.

1. Achten Sie auf den Gesamtpreis der Optionen des Systems. Im Vandermart-Tracker ist es das unterste Preisfeld in der Spalte »Soll/Haben« im Eingabefeld der Optionen.

2. Sollte sich der Kurs des Underlyings massiv verändert haben, so rücken Sie die Strikes aller Optionen um den gleichen Abstand so weit nach oben oder unten, bis die relativen Verhältnisse des entwickelten Systems so gut wie möglich nachgebildet sind. Im Vandermart-Tracker kann das gesamte System auf Knopfdruck nach oben oder unten verschoben bzw. gesteppt werden.

3. Ändern Sie nun den Preis des Underlyings für alle Positionen im System. Geben Sie im Vandermart-Tracker in der obersten aktiven Optionszeile ein Pluszeichen, gefolgt (ohne Leerzeichen) von dem gerade aktuellen Preis (realtime) des Underlyings, ein und quittieren die Eingabe mit der Return-Taste (durch das vorangestellte Pluszeichen werden für alle Positionen alle Underlyingkurse gleichzeitig verändert). Die Änderungen werden im P/L-Diagramm sofort sichtbar.

4. Sollten sich die Veränderungen (Verschieben der Strikes und veränderter Kurs des Underlyings) nachteilig auf das System ausgewirkt haben, so warten Sie ab, bis sich der Kurs des Underlyings erneut verändert hat, und beginnen erneut mit Schritt 2. Bei einer nachteiligen Veränderung ist in der Regel auch der Gesamtpreis der Optionen gestiegen.

5. Ist das P/L-Diagramm zufriedenstellend, so kann im Vandermart-Tracker über die Einstiegsfunktion eine aktuelle Realtimefunktion darüber gelegt werden. Voraussetzung für dieses Feature ist jedoch, dass eine Anbindung an die Handelsplattform von »Interactive Brokers« besteht (Anbindung an weitere Broker folgen).

6. Stehen immer noch alle Ampeln auf Grün, so wird der Einstieg durchgeführt. Halten Sie den Preis für das Gesamtsystem fest.

7. Im aktuellen Modell, mit den möglicherweise veränderten Strikes und dem veränderten Kurs des Underlyings, ändern Sie wiederum alle Kurse des Underlyings auf die ursprüngliche Settlement-Referenz. Geben Sie, wie schon zuvor in der obersten Optionszeile, den ursprünglichen Kurs des Underlyings mit einem vorangestellten Pluszeichen ein und quittieren mit der Return-Taste. Hierfür gibt es auch einen simplen Trick, indem in jeder Optionszeile zweimal auf den Button P oder C geklickt wird.

8. Berechnen Sie die Differenz zwischen dem Modell des Gesamtsystems und dem Kapitaleinsatz, der durch den Einstieg erfolgte. Die Differenz geben Sie in den Vortrag ein. War der Einstieg billiger als im Modell, so ist der Vortrag positiv, ansonsten negativ. Speichern Sie das nun im Markt aktive System ab. Nur die Settlement-Daten bzw. die genauen Daten ergeben eine präzise Grundlage, um die impliziten Volatilitäten zu berechnen, die wiederum eine Grundvoraussetzung für eine verlässliche Simulation sind.

In der Strategiesimulation muss der Vortrag stets aktiviert werden (in der Strategiesimulation kann er manuell zu- und weggeschaltet werden). Mit diesem Modell wird ab jetzt das im Markt aktive System überwacht.

15.11 Restlaufzeit, Systemlaufzeit und Maximallaufzeit

In allen P/L-Diagrammen dieses Buches werden die Begriffe Restlaufzeit, Systemlaufzeit und Maximallaufzeit verwendet.

- Die *Restlaufzeit* ist die Anzahl der Tage vom eingestellten Simulationsdatum bis zum Verfall der kürzest laufenden Option.
- Die *Systemlaufzeit* ist die Anzahl der Tage vom Einstieg bis zu jenem Zeitpunkt, an dem unter ungünstigsten Verhältnissen ausgestiegen werden sollte. Die Systemlaufzeit kann nie länger als die Maximallaufzeit sein. Die Systemlaufzeit kann sich durch Follow-up-Aktionen immer wieder verändern.
- Die *Maximallaufzeit* ist die Anzahl der Tage vom Einstieg bis zum Verfall der kürzest laufenden Option.

15.12 Was tun bei Ausübung?

Die Frage ist, wie hoch die Wahrscheinlichkeit der Ausübung während der Optionslaufzeit ist. Da europäische Optionen während der Optionslaufzeit überhaupt nicht ausgeübt werden können, beziehen sich die nachfolgenden Angaben ausschließlich auf amerikanische Optionen:

- Wenn während der Optionslaufzeit keine Dividenden ausgeschüttet werden, ist die Wahrscheinlichkeit einer Ausübung relativ klein. Das gilt für Put und Call.
- Die Gefahr, dass die Put-Optionen ausgeübt werden, ist bei tiefen Zinsen und kurzen Laufzeiten äußerst unwahrscheinlich.
- Die Gefahr, dass Call-Optionen ausgeübt werden, steigt, je tiefer die Option ins Geld fährt, je höher die Dividende der zugehörenden Aktie ist, je näher der Verfall nach dem Dividendentermin liegt und je näher der Dividendentermin rückt. Eine tief im Geld liegende Option, deren zugehörende Aktie eine hohe Dividende aufweist, deren Ausschüttung in den nächsten Tagen erfolgt und deren Option eine Woche später verfällt, wird mit absoluter Sicherheit ausgeübt!

Wenn ein Käufer einer Aktienoption die Ausübung verlangt und Sie als Verkäufer dieser Option betroffen sind, so ist die erste Frage, ob Sie im Besitz der Aktie sind. Falls ja, so ist das eine klare Sache. Die Aktie wird zum vereinbarten Preis geliefert und die verkaufte Option ausgebucht.

Schwieriger wird es, wenn der Optionsverkäufer nicht im Besitz der Aktie ist. Da es bezüglich der Ausübung immer wieder zu Missverständnissen kommt, soll der gesamte Ablauf anhand eines Beispiels verdeutlicht werden. Um die Nachvollziehbarkeit zu erleichtern, werden nur ganze Zahlen angenommen. Trader A ist der Optionsverkäufer und Trader B der Optionskäufer. Trader A verkauft eine Call-Aktienoption mit Strike 160 um 2,00 Euro. Der Kurs der Aktie steht bei 155.

Der Aktienkurs steigt von 155 auf 165. Irgendein Käufer der Call-Option (Trader B) mit Strike 160 entscheidet sich bei diesem Aktienkurs von 165 zur Ausübung. Der teilt es seinem Broker mit, der es seinerseits der entsprechenden Clearingstelle weiterleitet. Diese wählt ihrerseits durch ein Zufallsverfahren einen Broker aus, von dem mindestens einer seiner Kunden genau diese Option verkauft haben muss. Der Broker wiederum wählt durch sein eigenes Zufallsverfahren einen seiner Kunden (Trader A) mit wiederum genau dieser Option aus, der dann zur Lieferung der Aktie verpflichtet wird. Der Broker informiert diesen Kunden. Wenn der Kunde (Trader A) die Aktie besitzt, so wird die Aktie dem Käufer (Trader B) für den vereinbarten Preis von 160 Euro geliefert (Strike der Option) und die Option wird ausgebucht. Die ursprünglich erhaltene Optionsprämie bleibt auf dem Konto von Trader A. Wenn Trader A die Aktie nicht besitzt, so kauft der Broker von Trader A die Aktie am Markt, um aktuell 165 Euro, auf die Rechnung von Trader A. Die Aktie wird dann dem Trader B geliefert, der 160 Euro bezahlt, was Trader A wieder gegengerechnet wird. Somit hat Trader A einen Verlust von 5,00 Euro durch die Aktie eingefahren. Durch die zuvor erhaltene Prämie der verkauften Call-Option hat er jedoch 2,00 Euro eingenommen, sodass der Verlust für Trader A 3,00 Euro beträgt.

Broker- und börsenspezifisch kann es beim Ablauf der Ausübung kleine Unterschiede geben, was jedoch an der prinzipiellen Gewinn-/Verlustrechnung nichts ändert. Wenn es zur Ausübung kommen sollte, so muss die neue Situation simuliert werden, um einen eventuellen Ausstieg des Gesamtsystems einzuleiten. In nicht wenigen Fällen kann die Ausübung zu einem schnellen Gewinn führen, da der zuvor vorhandene Zeitwert der verkauften Option sofort verfällt.

15.13 Simulation von Follow-up-Aktionen

Um die Wirkung von Follow-up-Aktionen im Vandermart-Tracker klar sichtbar zu machen, bedient man sich am besten der Gruppierungsfunktion. Ordnen Sie einer Follow-up-Aktion eine eigene Gruppe zu (A-D). Dadurch ist es möglich, die Änderung durch die Follow-up-Aktion im P/L-Diagramm auf Knopfdruck an- und abzuschalten. Damit die Größenverhältnisse des P/L-Diagramms durch die automatische Skalierung nicht verzerrt werden, sollte zusätzlich die automatische Skalierung in der Strategiesimulation auf »einfrieren« (Button »Ske« – zweiter von links ganz oben in der Strategiesimulation) gesetzt werden.

16 Strategiesammlung

Dieses Kapitel enthält eine umfangreiche Strategiesammlung. Die Strategien sind grundsätzlich in zwei Hauptgruppen aufgeteilt. Die eine Gruppe behandelt ausschließlich langfristige und die andere Gruppe kurz- bis mittelfristige Strategien. Bei langfristigen Strategien, d. h. ab einem Jahr aufwärts, spielen die fundamentalen Aspekte die entscheidende Rolle. Sie richten sich an ein gänzlich anderes Klientel als die Strategien für den Kurzfristhandel, sprich den typischen Trader. Die langfristigen Strategien sind primär für Vermögensverwalter und Investoren mit meist größerem Vermögen interessant. Lang- wie Kurzfriststrategien lassen sich wiederum in Kategorien einteilen. Für jede Kategorie werden eine oder mehrere Strategien mit Grundaufbau und Follow-ups vorgestellt. Jedes aufgeführte Beispiel kann mit dem Vandermart-Tracker simuliert werden.

16.1 Langfristige Strategien

Unter langfristigen Optionsstrategien versteht man Systeme mit einer Systemlaufzeit von einem Jahr aufwärts. In der Praxis orientiert man sich an einer Obergrenze, die bei maximal drei Jahren liegt. Die Gründe hierfür sind mehrschichtig. Da wäre zum Einen die mangelnde Liquidität zu nennen. Je länger die Laufzeit, desto dünner ist der Handel, mit der Folge, dass der Einstieg mit erheblichen Schwierigkeiten verbunden sein kann. Müssen dann noch hohe Kontraktzahlen gehandelt werden, so erschwert das zusätzlich jede Positionseröffnung oder Umstellung, was eine erhebliche Einschränkung der Flexibilität bedeutet. Ein weiterer Punkt ist das tiefe Gamma, wodurch Follow-up-Aktionen äußerst träge reagieren. Aus diesem Grund werden bei den meisten hier vorgestellten Strategien Laufzeiten von einem Jahr verwendet. Für gewisse Zinsstrategien kommen vereinzelt auch zweijährige Laufzeiten zum Einsatz. In dieser Gruppe kommen Zinsstrategien sowie Strategien, die den Profilen der allseits bekannten Zertifikate entsprechen, zum Einsatz.

16.1.1 Zinsstrategien

Zinsstrategien mit Optionen sind eine sehr konservative Anlageform. Die hier in dieser Kategorie aufgeführten Strategien garantieren zum Ende der Systemlaufzeit stets das eingesetzte Kapital. Im Prinzip handelt es sich um kapitalgarantierte Systeme. Dass naturgemäß diese Strategien nur funktionieren können, wenn ein Mindestzinssatz des risikolosen Zinses gegeben ist, versteht sich von selbst. Da zur Zeit der Erstellung dieses Buches der risikolose Zins gegen Null bzw. im kurzfristigen Bereich sogar negativ ist, werden die Zinssätze für die Optionen künstlich auf 2,75 % p. a. hochgesetzt. Das bedeutet, dass die Systeme mit den Settlement-Daten der EUREX erstellt werden, wobei der besagte Zinssatz im Modell eingesetzt wird. Das hat natürlich Auswirkungen auf den Optionspreis. Die Volatilität bleibt davon unberührt.

16.1.1.1 Zinsstrategie 1 – Gewinnpotenzial kurssteigend

Für diese kapitalgeschützte Zinsstrategie dient der EURO STOXX 50 als Investmentbasis. Die Kapitalgarantie wird mit dem Zins, der als Inputparameter im Optionspreismodell enthalten ist, sowie den Dividenden finanziert. Die Strategie ist auf steigende Kurse des Underlyings ausgerichtet.

Ausgangslage am	20.12.2013						
Investition:	32 999,36 € (Debit)						
Markt:	EURO STOXX 50	Zins:	2,75 % p.a.		Systemlaufzeit:		728 Tage
Kurs:	3 049,35	Dividende:	2 071,00 €		Maximale Laufzeit:		728 Tage
Bezugsverhältnis:	10	(Dividende bezieht sich auf			Maximalgewinn:		4 071,63 €
Optionstyp:	europäisch	Gesamtinvestition)			Minimalgewinn:		71,63 €
Pos.	Handelstag	Kauf/Verk.	Typ	Kontrakte	Strike	Verfall	Prämie	Gesamt
---	---	---	---	---	---	---	---	---
1	20.12.2013	Kauf	Put	1	3 100	18.12.15	346,14	-3 461,43
2	20.12.2013	Verkauf	Call	1	3 300	18.12.15	174,75	1 744,55
3	20.12.2013	Kauf	Call	1	3 100	18.12.15	253,35	-2 533,52
4	20.12.2013	Verkauf	Call	1	3 300	18.12.15	174,45	1 744,55
5	20.12.2013	Kauf	Udl.	10	-	-	-	-30 493,50

Tabelle 16.1: Ausgangslage der Zinsstrategie 1 (Markterwartung: steigend)

Position 5 ist das Investment in den EURO STOXX 50, was als Indexzertifikat erworben werden kann. Position 1 sichert das Indexzertifikat nach unten ab. Position 2 bildet mit Position 5 einen covered Call (Call-Option, die durch das Underlying, in diesem Fall das Indexzertifikat auf den EURO STOXX 50 gedeckt ist). Durch den Verkauf von Position 2 wird der Zeitwert von Position 1 überkompensiert. Das hängt damit zusammen, dass die Call-Option auf- und die Put-Option abgezinst ist. Der gesamte Finanzierungsvorteil wird durch die Positionen 1, 2 und 5 erreicht. Dadurch, dass die Call-Option (Position 2) auf- und die Put-Option abgezinst ist, ergibt das unter Berücksichtigung der Dividenden jenen Betrag, mit dem schlussendlich der Bull-Spread finanziert werden kann. Dieser reicht aus, um noch einen zusätzlichen Bull-Spread zu finanzieren, der sich aus den Positionen 3 und 4 zusammensetzt. Die Positionen 2 und 4 sind identisch und könnten selbstverständlich zusammengenommen werden. Die Aufteilung dient lediglich der besseren Übersichtlichkeit und somit dem einfacheren Verständnis der einzelnen Funktionselemente.

Abbildung 16.1 zeigt die Situation einen Tag vor einer Follow-up-Aktion. Auf Grund der Daten aus der Kurs- und Zeitschiene ist es sinnvoll, die angelaufenen Gewinne wenigstens teilweise zu sichern.

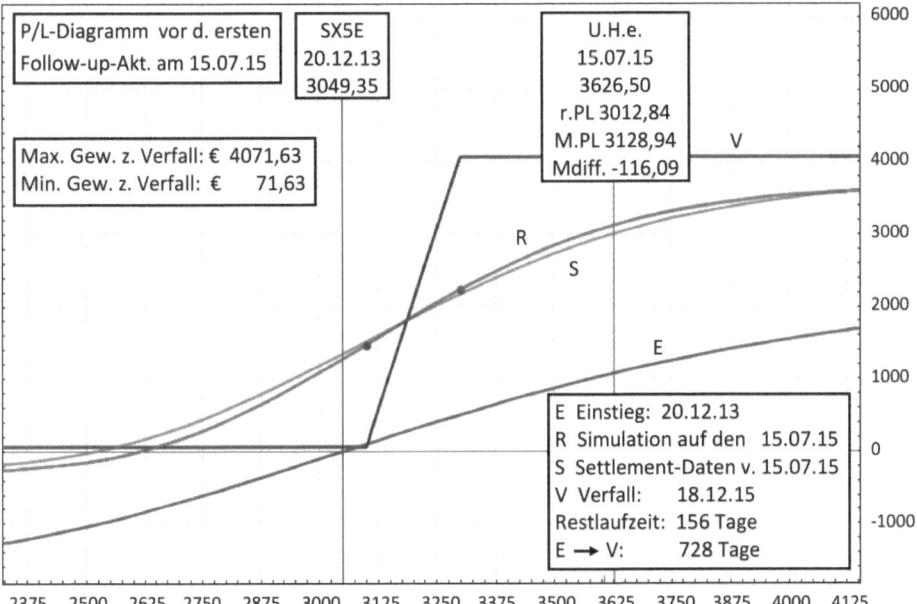

Abbildung 16.1: P/L-Ausgangslage der Zinsstrategie 1 (Markterwartung: steigend)

Follow-up-Aktion am 16.7.2015								
Maximalgewinn: 4 071,63 € → 3 960,56 €								
Minimalgewinn: 71,63 € → 960,56 €								
Pos.	Handels-tag	Kauf/Verk.	Typ	Kontrakte	Strike	Verfall	Prämie	Gesamt
1	16.7.2015	Kauf	Put	1	3 200	18.12.15	42,00	-402,01
2	16.7.2015	Verkauf	Put	1	3 100	18.12.15	30,89	308,94

Tabelle 16.2: Follow-up-Aktion am 16.07.2015

Der Bear-Spread ist so angesetzt, dass er funktional das untere Bein des Bull-Spreads nach oben hebt. Dadurch wird zwar der Maximalgewinn etwas gedämpft, dafür wird aber die Gegenseite bzw. der Minimalgewinn unvergleichlich stärker angehoben.

> Will man stets den Maximalgewinn behalten und ist nicht bereit, ein wenig für die Sicherung abzugeben, wird ein langfristiger Erfolg mit absoluter Garantie ein Wunschtraum bleiben.

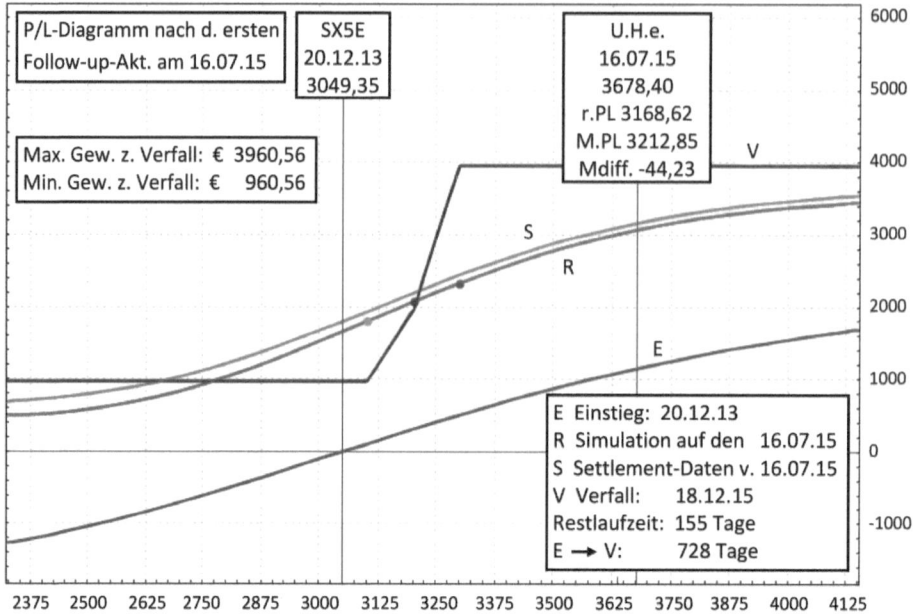

Abbildung 16.2: P/L-nach der Follow-up-Aktion, ein Win-win-Szenario

Diese Strategie kann mit dem Vandermart-Tracker nur mit Einschränkungen simuliert werden. Das hängt damit zusammen, dass in diesem Modell die Zinsen künstlich auf 2,75 % p. a. angehoben wurden, weil sich das Zinsniveau bei der Entstehung dieses Buches praktisch auf Null befand. Werden die historischen Settlement-Daten bei der Simulation mit einbezogen, so sind deren Zinsen korrekt eingepflegt und können manuell nicht verändert werden. Dies führt zu einer größeren Differenz zwischen der Funktion des Simulationsmodells und der Funktion, die aus den Settlement-Daten generiert wird.

Strategiedatei für den Vandermart-Tracker: K16P1_1_1

Zu aktivierende Buttons in der Strategiesimulation: **Div, H. e., E. E.** (Div =Einbeziehen der Dividenden, H. e. = Historische Settlement-Daten einbeziehen, E. E. = P/L Darstellung ab dem ersten Einstieg).

16.1.1.2 Zinsstrategie 2 – Gewinnpotenzial kursfallend

Für diese kapitalgeschützte Zinsstrategie dient wiederum der EURO STOXX 50 als Investmentbasis. Die Kapitalgarantie wird mit dem Zins, der als Inputparameter im Optionspreismodell enthalten ist, und den Dividenden finanziert. Die Strategie ist auf fallende Kurse des Underlyings ausgerichtet. Um kursteigend noch ein kleines Gewinnpotenzial zu ermöglichen, wurde für deren Finanzierung künstlich eine Senke im Einstiegsbereich implementiert. Man beachte eine leicht verkürzte Systemlaufzeit!

Ausgangslage am 20.12.2013								
Investition: 33 733,48 € (Debit)								
Markt:	EURO STOXX 50		Zins:	2,75 % p. a.		Systemlaufzeit:		682 Tage
Kurs:	3 049,35 €		Dividende:	2 071,00 €		Maximale Laufzeit:		728 Tage
Bezugsverhältnis:	10		(Dividende bezieht sich auf Gesamtinvestition)			Maximalgewinn:		3 837,51 €
Optionstyp:	europäisch					Minimalgewinn:		337,51 €
Pos.	Handelstag	Kauf/Verk.	Typ	Kontrakte	Strike	Verfall	Prämie	Gesamt
1	20.12.2013	Kauf	Put	3	3 000	18.12.15	297,69	-8 930,77
2	20.12.2013	Verkauf	Put	3	2 850	18.12.15	234,63	7 038,80
3	20.12.2013	Kauf	Put	1	3 100	18.12.15	346,14	-3 461,43
4	20.12.2013	Verkauf	Call	1	3 200	18.12.15	211,34	2 113,42
5	20.12.2013	Kauf	Udl.	10	-	-	-	-30 493,50

Tabelle 16.3: Ausgangslage der Zinsstrategie 2 (Markterwartung: fallend)

Position 5 ist das Investment in den EURO STOXX 50, was als Indexzertifikat erworben werden kann. Position 3 sichert das Indexzertifikat nach unten ab. Position 4 bildet mit Position 5 einen covered Call (Call-Option, die durch das Underlying, in diesem Fall das Indexzertifikat auf den EURO STOXX 50 gedeckt ist). Durch den Verkauf von Position 4 wird der Zeitwert von Position 3 überkompensiert. Der gesamte Finanzierungsvorteil wird durch die Positionen 3, 4 und 5 erreicht. Dadurch, dass die Call-Option (Position 2) auf- und die Put-Option abgezinst ist, ergibt das mit Berücksichtigung der Dividenden jenen Betrag, mit dem schlussendlich der Bull-Spread finanziert werden kann. Position 3 bildet mit Position 5, dem Underlying, einen synthetischen Long Call (Kauf Call) mit Strike 3 100. Dieser synthetische Call bildet mit dem verkauften Call mit Strike 3 200 (Position 4) einen Bull-Spread und ist somit für das kleine kurssteigende Gewinnpotenzial verantwortlich. Das Hauptaugenmerk liegt jedoch auf den drei Bear-Spreads, die aus den Positionen 1 und 2 bestehen. Die kleine Senke zwischen 2 975 und 3 165 verkürzt die Systemlaufzeit um 46 Tage, was bei diesem langen Zeitrahmen kein relevanter Nachteil ist. Des Weiteren sollten sich in dieser langen Restlaufzeit genügend Möglichkeiten ergeben, um das P/L-Diagramm um diese Senke zu bereinigen.

Bezüglich der Simulationsproblematik mit dem Vandermart-Tracker gilt das Gleiche wie in der vorangegangenen Strategie in Abschnitt 16.1.1.1.

Strategiedatei für den Vandermart-Tracker: **K16P1_1_2**

Zu aktivierende Buttons in der Strategiesimulation: **Div, H. e., E. E.** (Div = Einbeziehen der Dividenden, H. e. = Historische Settlement-Daten einbeziehen, E. E. = P/L Darstellung ab dem ersten Einstieg)

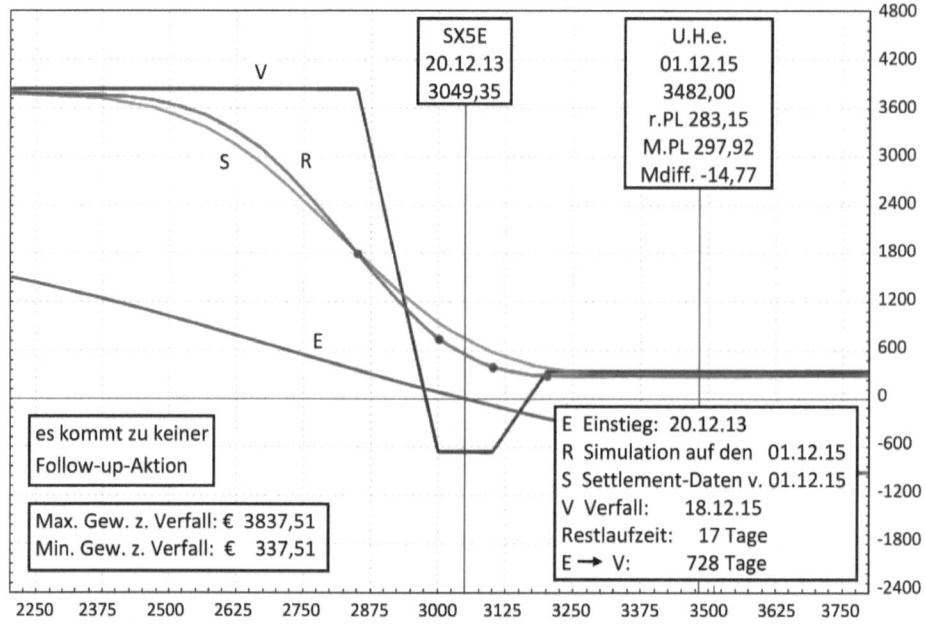

Abbildung 16.3: P/L-Ausgangslage der Zinsstrategie 2 (Markterwartung: fallend)

16.1.2 Strategien auf der Basis von Zertifikaten

Es gibt eine Vielzahl von Zertifikaten, die funktional interessante Optionsstrategien abbilden. Bei einem Zertifikat handelt es sich um ein derivatives Wertpapier, mit dem der Investor an der Entwicklung eines bestimmten Underlyings partizipiert. Dabei kann es sich um einen beliebigen Markt handeln. Zertifikate zählen zur Anlageklasse der Schuldverschreibungen und sind somit niemals Sondervermögen wie beispielsweise eine Aktie. Somit wird der erste Schwachpunkt schon offensichtlich: Schlittert der Emittent in die Insolvenz, so besteht höchste Gefahr, dass die Zertifikate wertlos werden. Ein weiterer gravierender Nachteil ist die starre Struktur im Auszahlungsprofil. Durch diese mangelnde Flexibilität verschenkt man Sicherheit und Performance. Ein weiteres Problem ist die meist hohe Kapitalbindung. Bei den folgenden Strategien kann das Underlying durch Futures ersetzt werden, wodurch auch der Nachteil der hohen Kapitalbindung umgangen werden kann. Die vorgestellten Strategien haben eine Laufzeit von einem Jahr, wobei die Systemlaufzeit je nach Situation etwas kürzer ausfallen kann.

16.1.2.1 Teilabsicherung und Bonuszahlung

Die Strategie hat große Ähnlichkeit mit den bekannten Bonuszertifikaten, die in den verschiedensten Variationen emittiert werden. Grundsätzlich haben diese Zertifikate einen Sicherungsbereich, der vor Kursverlusten schützt. Die untere Kursgrenzmarke ist dabei von der Laufzeit und der Volatilität abhängig. Ein gravierender Nachteil ist die sogenannte Barriere, die zugleich die untere Grenze des

Kurssicherungsbereichs ist. Wird diese Grenze auch nur einmal angetastet, so wird der Schutzmechanismus des Zertifikates sofort wirkungslos und verfällt. Man unterscheidet in dieser Kategorie zwischen den Typen mit und ohne Cap. Ein Cap bedeutet eine Gewinnbegrenzung. Dafür erhält man eine erhöhte Bonuszahlung oder einen erweiterten Kurssicherungsbereich.

Das folgende Beispiel arbeitet im Grundaufbau ohne Cap. Bei einer späteren Follow-up-Aktion wird jedoch eine Gewinnbegrenzung eingebaut. Aber Schritt für Schritt. Tabelle 16.4 zeigt den Grundaufbau und Abbildung 16.4 das P/L-Diagramm der Ausgangslage der Strategie.

Ausgangslage am 23.12.2014 Investition: 34 850,70 € (Debit)							
Markt:	EURO STOXX 50	Zins: 0,32 % p. a. Dividende: 1 043,08 € (Dividende bezieht sich auf Gesamtinvestition)			Systemlaufzeit: 360 Tage Maximale Laufzeit: 360 Tage		
Kurs:	3 192,47						
Bezugsverhältnis:	10						
Optionstyp:	europäisch						
Pos.	Handelstag	Kauf/ Verk.	Typ	Kontrakte	Strike	Verfall	Prämie	Gesamt
1	23.12.2014	Kauf	Put	1	3 500	18.12.15	488,40	-4 884,00
2	23.12.2014	Verkauf	Put	1	2 550	18.12.15	82,80	828,00
3	23.12.2014	Verkauf	Put	5	2 550	18.12.15	82,80	4 140,00
4	23.12.2014	Kauf	Put	5	2 400	18.12.15	60,20	-3 010,00
5	23.12.2014	Kauf	Udl.	10	9 950	-	-	-31 924,70

Tabelle 16.4: Prinzipieller Grundaufbau der Strategie – Ausgangslage

Die Grundinvestition bildet das Basisinvestment in Form eines ETFs oder eines Indexzertifikats. Der Kauf der Put-Option, Position 1, liegt 10 % im Geld, was den Zeitwert der Option reduziert. Mit dem Verkauf von Position 2 ergibt das einen Bear-Spread, mit dem das Basisinstrument bis zur Kursmarke bei 2 550 abgesichert werden kann. Das entspricht einem Sicherungsbereich von 20,1 % bezogen auf den aktuellen Kursstand des Underlyings. Die Positionen 3 und 4 sind 5 verkaufte Bear-Spreads. Der Betrag aus diesem Verkauf ist so hoch, dass zum Einen der Sicherungs-Bear-Spread (Positionen 1 und 2) finanziert werden kann und zum Anderen noch eine Bonuszahlung ausgeschüttet werden kann, falls sich der Kurs des Underlyings zum Verfallszeitpunkt in diesem Sicherungsbereich zwischen den Marken 3 500 und 2 550 befindet. Ab der Kursmarke 3 500 wird zu 100 % an der Wertsteigerung partizipiert. Die Positionsgröße von je 5 Kontrakten der Positionen 3 und 4 wurde in Auslotung der Breite des Sicherheitspuffers so gewählt, dass im Falle des Unterschreitens der Kursmarke von Position 4 der Verlust keinesfalls merklich größer wird, als wenn man nur in das Basisinvestment investiert hätte. Position 2 und 3 könnten zusammengenommen werden und sind nur der Übersichtlichkeit wegen getrennt aufgeführt.

Ein wichtiger Punkt sind noch die Dividenden. Die Dividendenausschüttungen, die durch die Investition in das Basisinvestment auf das Trader-Konto überwiesen werden, sind im P/L-Diagramm mit eingerechnet! Das bedeutet, dass für die Finanzierung der Kurssicherung sowie der Bonuszahlung auch die Dividenden herangezogen werden.

Für diese Strategie ist es sinnvoll, den ETF oder das Indexzertifikat durch einen Future zu ersetzen, besonders dann, wenn die Zinsen sich auf tiefem Niveau befinden. Dadurch kann man die doch erhebliche Summe, die für dieses Basisinstrument aufgewendet wird, beispielsweise in Anleihen investieren, um so einen zusätzlichen Ertrag zu erwirtschaften (was in der Praxis auch nicht ganz einfach ist, da unter diesen Bedingungen keine hohen Zinszahlungen aus den Anleihen zu erwarten sind). Da der Future des EURO STOXX 50 nur mit einer maximalen Laufzeit von neun Monaten zu haben ist, gibt es ein Problem mit der Systemlaufzeit von 360 Tagen. Die Problematik kann mit einem synthetisch aufgebauten Future gelöst werden, d. h. Kauf Call und Verkauf Put mit identischem Strike. Dabei ist funktional die Wahl des Strikes unerheblich.

Tabelle 16.5 zeigt die Umgestaltung des Systems nach einer ersten Optimierung. Wenn Sie sich nun die optimierte Optionsstrategie ansehen, so fällt Folgendes auf: Aus der Investition (Debit) wurde ein Credit. Das bedeutet, dass durch diese Strategie Geld auf das Trader-Konto kommt, was jedoch zur Sicherung der Margin nicht angetastet werden darf. Zum anderen scheint es, als gäbe es nach dieser Optimierung keine Dividenden mehr. Aber das ist nur eine oberflächliche Betrachtung. Der Future auf einen Kursindex ist um die Dividenden bereinigt. Das heißt, der Wert des synthetischen Futures ist um die Höhe der Dividenden, die während der Restlaufzeit ausgeschüttet werden, billiger als das Basisinvestment (das gilt generell für Futures, deren Underlying ein Kursindex ist). Zum Verfallszeitpunkt wird der Future genau den Wert des Basisinvestments angenommen haben. Das Gleiche gilt auch für einen Future, der synthetisch aufgebaut ist. Durch diesen Trick wird indirekt der Dividendenvorteil mitgenommen! Weiter wird in Tabelle 16.5 deutlich, dass der Strike für den Verkauf der Put-Option (Position 6), der Teil des synthetischen Futures ist, so gewählt wurde, dass er dem Strike der gekauften Put-Option von Position 1 entspricht. Der Grund für die Wahl des Strikes der Option von Position 6 hängt direkt mit der Position 1 zusammen, wie man in einem weiteren Optimierungsschritt der Strategie gleich sehen wird.

Ein Blick auf Tabelle 16.5 zeigt, dass sich die Strategie weiter vereinfachen lässt. So heben sich die Positionen 1 und 6 gegenseitig auf. Des Weiteren können die Positionen 3 und 4 zusammengefasst werden. Tabelle 16.6 zeigt die endgültig optimierte Ausgangslage der Strategie.

Ausgangslage am 23.12.2014
Investition: 1 089,00 € (Credit)

Markt:	EURO STOXX 50	Zins:	0,32 % p.a.	Systemlaufzeit:	360 Tage
Kurs:	3 192,47 €	Dividende:	0,00 €	Maximale Laufzeit:	360 Tage
Bezugsverhältnis:	10	(indirekter Dividendenvorteil des synthetischen Futures)			
Optionstyp:	europäisch				

Pos.	Handelstag	Kauf/Verk.	Typ	Kontrakte	Strike	Verfall	Prämie	Gesamt
1	23.12.2014	Kauf	Put	1	3 500	18.12.15	488,40	-4 884,00
2	23.12.2014	Verkauf	Put	1	2 550	18.12.15	82,80	828,00
3	23.12.2014	Verkauf	Put	5	2 550	18.12.15	82,80	4 140,00
4	23.12.2014	Kauf	Put	5	2 400	18.12.15	60,20	-3 010,00
5	23.12.2014	Kauf	Call	1	3 500	18.12.15	86,90	-869,00
6	23.12.2014	Verkauf	Put	1	3 500	18.12.15	488,40	4 884,00

Tabelle 16.5: Erste Optimierung – Grundaufbau der Strategie – Ausgangslage

Ausgangslage am 23.12.2014
Investition: 1089,00 € (Credit)

Markt:	EURO STOXX 50	Zins:	0,32 % p.a.	Systemlaufzeit:	360 Tage
Kurs:	3192,47 €	Dividende:	0,00 €	Maximale Laufzeit:	360 Tage
Bezugsverhältnis:	10				
Optionstyp:	europäisch				

Pos.	Handelstag	Kauf/Verk.	Typ	Kontrakte	Strike	Verfall	Prämie	Gesamt
1	23.12.2014	Verkauf	Put	6	2 550	18.12.15	82,80	4 140,00
2	23.12.2014	Kauf	Put	5	2 400	18.12.15	60,20	-3 010,00
3	23.12.2014	Kauf	Call	1	3 500	18.12.15	86,90	-869,00

Tabelle 16.6: Zweite Optimierung – Grundaufbau der Strategie – Ausgangslage

Der Gesamtaufbau wurde in Tabelle 16.6 ganz entscheidend vereinfacht. Die drei Positionen könnten in zwei Combo-Orders zerlegt werden.

Wie im Chart (Abbildung 16.4, oberstes Fenster) zu sehen ist, bricht kurz nach dem Einstieg der Kurs des Underlyings in wenigen Tagen von 3 192,47 auf 3 026,79 Punkte ein. Es erscheint vorteilhaft, die Call-Option von 3 500 auf 3 150 zu rollen. Somit wird man zu 100 % kurssteigend ab 3 150 Punkten von der Aufwärtsbewegung partizipieren, was etwas unter dem ursprünglichen Einstiegslevel liegt. Das Rollen nach unten verringert zwar die eventuelle Bonuszahlung, doch der Sicherheitspuffer bleibt immer noch leicht über der Nulllinie erhalten. Tabelle 16.7 zeigt die Positionen für die erste Follow-up-Aktion.

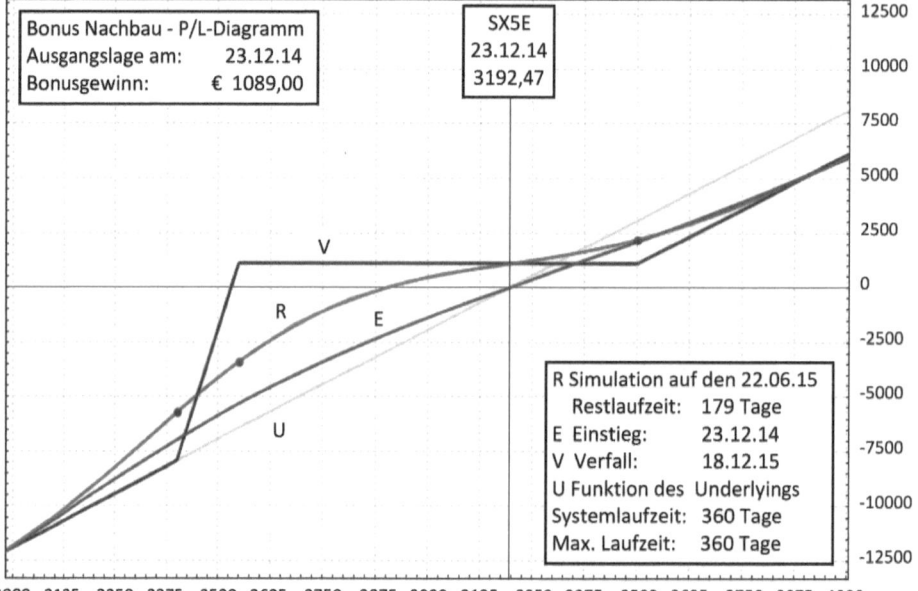

Abbildung 16.4: P/L-Diagramm der Ausgangslage der Strategie

Follow-up am 07.01.2015 Kurs: 3026,79 €								
Pos.	Handelstag	Kauf/Verk.	Typ	Kontrakte	Strike	Verfall	Prämie	Gesamt
1	7.1.2015	Kauf	Call	1	3150	18.12.15	141,60	-1 416,00
2	7.1.2015	Verkauf	Call	1	3 500	18.12.15	47,40	474,00

Tabelle 16.7: Positionen für die erste Follow-up-Aktion

In der Abbildung 16.5 ist das P/L-Diagramm nach der ersten Follow-up-Aktion zu sehen. Es handelt sich um einen simplen Bull-Spread, der sich in der Praxis mit einer Combo-Order umsetzen lässt. Durch den Kursabschwung ist dieser Bull-Spread, der eine tiefere Partizipationsschwelle für Kurssteigerungen ermöglicht, wesentlich billiger geworden als zum Einstiegszeitpunkt.

Nach der ersten Follow-up-Aktion beginnt ein rasanter Kursanstieg. Bei ca. 3 800 Punkten scheint die Luft sehr dünn zu werden. Der Kurs pendelt auf hohem Niveau nur noch seitwärts. Es scheint vorteilhaft zu sein, einen Cap anzusetzen. Das limitiert zwar den Gewinn, im Gegenzug erhält man dafür noch eine relativ hohe Prämie von 2 151 Euro für die verkaufte Option, die am Geld angesetzt wird.

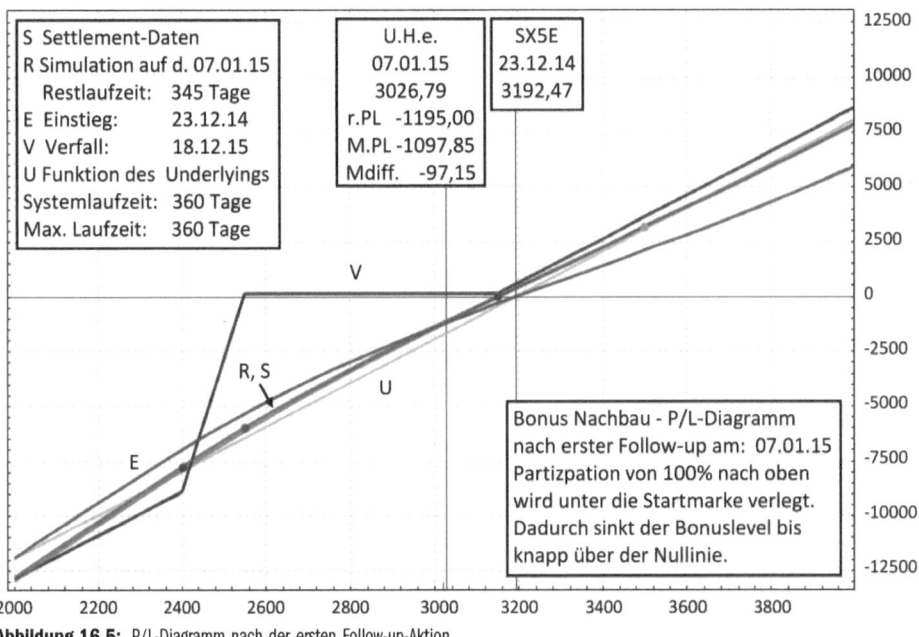

Abbildung 16.5: P/L-Diagramm nach der ersten Follow-up-Aktion

Tabelle 16.8 zeigt die Position für die nächste Follow-up-Aktion:

Follow-up am 16.4.2015 Kurs: 3751,72 €								
Pos.	Handelstag	Kauf/Verk.	Typ	Kontrakte	Strike	Verfall	Prämie	Gesamt
1	16.4.2015	Verkauf	Call	1	3700	18.12.15	215,10	2151,00

Tabelle 16.8: Position für die zweite Follow-up-Aktion

Abbildung 16.6 zeigt das P/L-Diagramm nach der zweiten Follow-up-Aktion. Nach der zweiten Follow-up-Aktion ist der Vorteil gegenüber dem Direktinvestment unverkennbar. Die Verfallsfunktion über dem Einstiegslevel wird erst bei ca. 3950 Punkten von der Funktionsgeraden des synthetischen Futures geschnitten. Das bedeutet, dass der Maximalgewinn mit knapp 22 % ein sehr gutes Ergebnis ist, wenn man in Betracht zieht, dass unterhalb dieser Kursmarke die Strategie erheblich besser als das Direktinvestment abschneidet. Nun gilt es nur noch eine letzte Gefahr, aus der noch ein Verlust entstehen könnte, zu bannen.

Nach der zweiten Follow-up-Aktion beginnt der Kurs, sich wieder nach unten zu entwickeln. Der Gefahrenbereich ab der Marke 2550 abwärts ist zwar noch weit entfernt, trotzdem erscheint es sinnvoll, diese Gefahr sicherheitshalber aus dem System zu nehmen. Da der aktuelle Kurs doch noch weit von der Gefahrenzone entfernt ist und sich die Restlaufzeit auf 184 Tage schon fast halbiert hat, sind die Positionen für die benötigte Follow-up-Aktion mit einem minimalen Kostenaufwand zu bewerkstelligen.

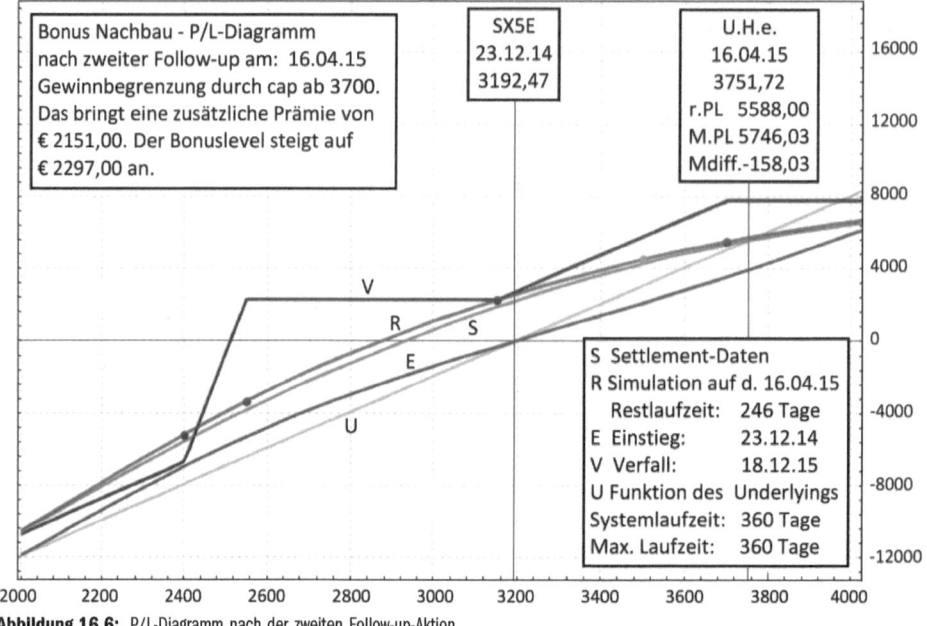

Abbildung 16.6: P/L-Diagramm nach der zweiten Follow-up-Aktion

Tabelle 16.9 zeigt die Position für die letzte Follow-up-Aktion:

Follow-up am 17.6.2015 Kurs: 3428,76 €								
Pos.	Handelstag	Kauf/Verk.	Typ	Kontrakte	Strike	Verfall	Prämie	Gesamt
1	17.6.2015	Kauf	Put	6	2550	18.12.15	24,20	-1452,00
2	17.6.2015	Verkauf	Put	5	2400	18.12.15	16,00	800,00

Tabelle 16.9: Positionen für die dritte und letzte Follow-up-Aktion

Wie in Abbildung 16.7 zu erkennen ist, befindet sich die Strategie in einer Win-win-Situation. Im schlechtesten Fall beträgt der Gewinn 1 646 Euro, im besten Fall 7 146 Euro. Ein Verlust ist nicht mehr möglich!

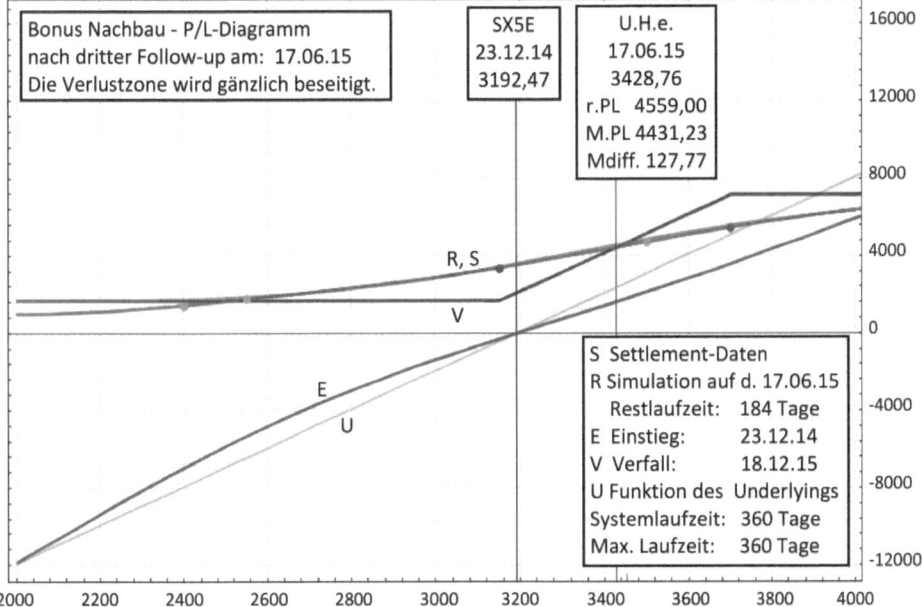

Abbildung 16.7: P/L-Diagramm nach der dritten Follow-up-Aktion

Fazit:

Anhand der detaillierten Erklärung des Nachbaus eines typischen Bonuszertifikats mit den gewinnsichernden Follow-up-Aktionen wurden die entscheidenden Vorteile gegenüber dem Original verdeutlicht. Prinzipiell kann dieses Investmentprinzip auch auf Aktien angewendet werden. Für die meisten Blue-Chips gibt es auch Single-Stock-Futures mit einer Vielzahl von Laufzeiten. Dadurch wird der Aufbau eines synthetischen Futures obsolet, was die Übersichtlichkeit und auch das Verständnis erleichtert. Ein weiterer Punkt, der für Aktienoptionen spricht, sind die wesentlich kleineren Beträge der Optionsprämien, wodurch zwar die Höhe der Gewinne massiv abgesenkt, aber auch das Verlustrisiko entsprechend reduziert wird. Besonders Anfänger sollten das beherzigen! Der Nachteil besteht in den relativ geringeren Abständen der Strikes, was ein sauberes Austarieren der Strategie erschwert und somit in die Strategieentwicklung mehr Zeit investiert werden muss.

Der EURO STOXX 50 wurde deshalb als Beispiel ausgewählt, da sich zum Einen die Abstände der Strikes recht eng aneinanderreihen, was eine präzise Feinabstimmung der Strategie erleichtert, und sich zum Anderen die guten Dividendenrenditen vorteilhaft auf das System auswirken.

230 16 Strategiesammlung

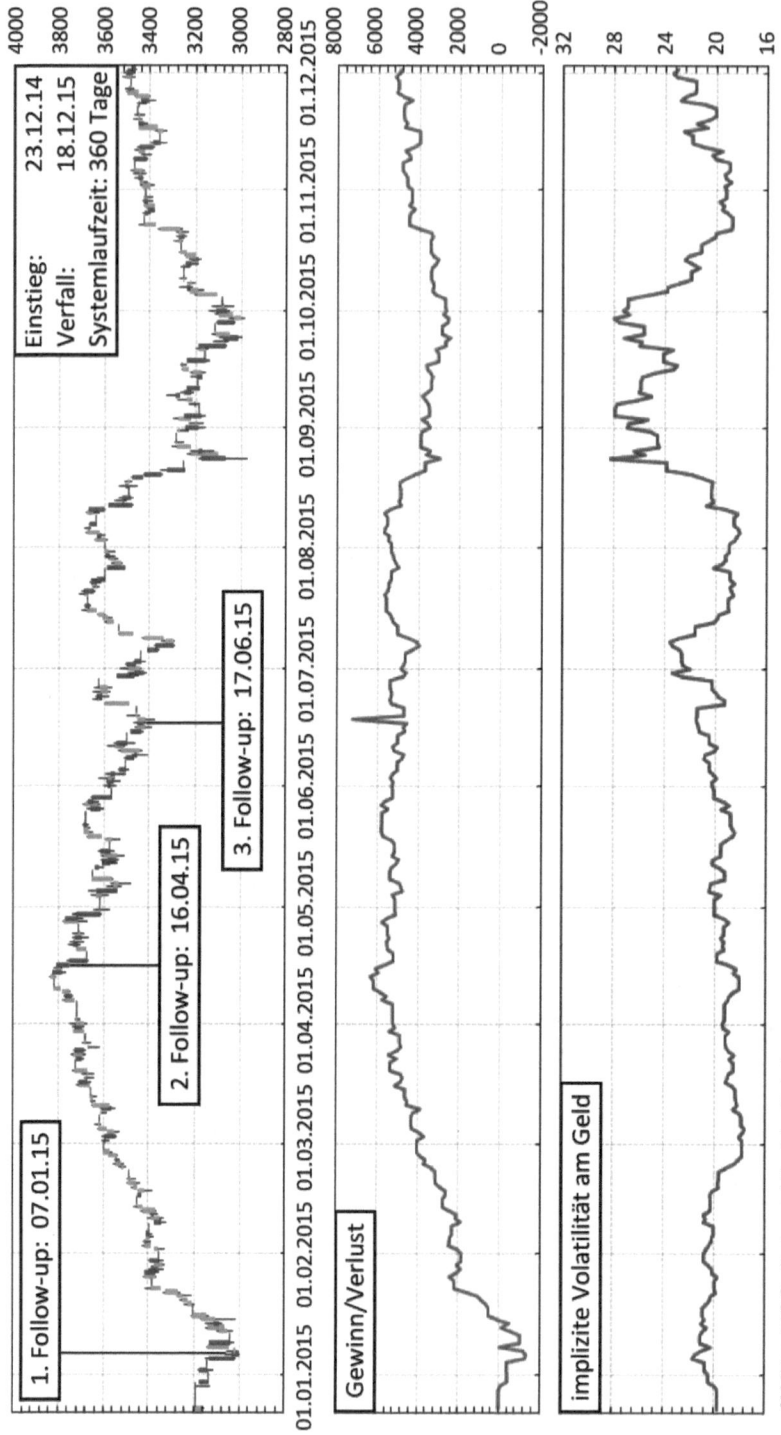

Abbildung 16.8: Gewinnentwicklung der Strategie

Praxisübung: Simulation der Strategie mit dem Vandermart-Tracker

Die Strategie kann mit dem Vandermart-Tracker simuliert werden. Hierfür sind drei Strategiedateien vorgesehen.

Aktivieren Sie für die Simulationen folgende Buttons in der Strategiesimulation: **Div, H.e., E.E.** (Div = Einbeziehen der Dividenden, H.e. = Historische Settlement-Daten einbeziehen, E.E. = P/L-Darstellung ab dem ersten Einstieg).

1. Die originale Grundstrategie: **K16P1_2_1_a1** (entspricht dem Aufbau der Tabelle 16.4)
2. Die erste Optimierung der Grundstrategie: **K16P1_2_1_a2** (entspricht dem Aufbau der Tabelle 16.5)
3. Die zweite Optimierung der Grundstrategie: **K16P1_2_1_a3** (entspricht dem Aufbau der Tabelle 16.6)

In der Strategiesimulation kann das Underlying eingeblendet werden. Für die Strategie K16P1_2_1_a1 müssen Sie dann lediglich den Button U-1 auf der linken Seite der Strategiesimulation aktivieren.

Für die Strategien K16P1_2_1_a2 und K16P1_2_1_a2 müssen Sie sich mit einem Trick behelfen, da die Strategie selbst gar kein Underlying beinhaltet. Gehen Sie wie folgt vor: Aktivieren Sie in der Strategieentwicklung unten im Feld Underlying die Basiswerte von Zeile 1 und 2. Stellen Sie die Zeile 1 auf Kauf und Zeile 2 auf Verkauf. Funktional heben sich beide Positionen zwar auf, doch nun können die Funktionen beider Underlyings als Kauf und als Verkauf in der Strategiesimulation sichtbar gemacht werden. Aktivieren Sie nun in der Strategiesimulation den Button U-1.

16.1.2.2 Modifizierte Teilabsicherungsstrategie

Die unter Abschnitt 16.1.2.1 vorgestellte Strategie, bei der es sich im Prinzip um einen Nachbau eines Bonuszertifikats handelt, hat neben ihren unbestrittenen Vorteilen einen großen Schwachpunkt: Wenn sich der Kurs des Underlyings nur nach unten entwickelt, so wird man unterhalb des Sicherungsbereichs nicht besser gestellt sein als mit dem Direktinvestment. Durch eine leichte Umstellung kann das verhindert werden. Leider hat dieser Vorteil auch seine Schattenseiten. Die Nachteile sind:

1. Der Bereich des Sicherheitspuffers wird etwas kleiner.
2. Die Bonuszahlung auf Verfall innerhalb des Sicherheitspuffers wird fast Null.

Diese Nachteile wiederum können mit Follow-up-Aktionen wieder wettgemacht werden, wenn sich der Kurs erwartungsgemäß nach oben entwickelt. Das folgende Beispiel ist auf steigende Kurse ausgerichtet und dient als Ausgangsbasis für verschieden ausgestaltete Follow-up-Aktionen. Es wurde bewusst ein Zeitraum ausgewählt, bei dem es nach dem Einstieg zu fallenden Notierungen kommt, d.h. die Kursentwicklung gegen die Markterwartung startet.

Erfolgreich wird man nur sein und bleiben können, wenn jene Situationen beherrscht werden, bei denen sich der Trader/Investor in der ursprünglichen Markteinschätzung geirrt hat!

Tabelle 16.10 zeigt den Grundaufbau, Abbildung 16.9 das P/L-Diagramm, nachdem die Strategie bereits gut zwei Monate im Markt ist. Zu diesem Zeitpunkt ist der Markt bereits um 17,4 % gefallen. Abbildung 16.10 zeigt den Chart mit der Auswertung von Gewinn und Verlust des Gesamtsystems sowie das Verhalten der impliziten Volatilität am Geld. Da die Erstellung dieses Beispiels noch vor dem Ende der Systemlaufzeit erfolgte, konnte leider nicht die gesamte Historie dargestellt werden.

Ausgangslage am 17.7.2015							
Investition:	45,00 € (Debit)						
Markt:	EURO STOXX 50	Zins:	0,15 % p.a.		Systemlaufzeit:	336 Tage	
Kurs:	3671,10 €	Dividende:	0,00 €		Maximale Laufzeit:	336 Tage	
Bezugsverhältnis:	10						
Optionstyp:	europäisch						
Pos.	Handelstag	Kauf/Verk.	Typ	Kontrakte	Strike	Verfall	Prämie	Gesamt
1	17.7.2015	Kauf	Put	4	3100	17.6.16	102,80	-4 112,00
2	17.7.2015	Verkauf	Put	4	3250	17.6.16	142,10	5 684,00
3	17.7.2015	Kauf	Call	1	3800	17.6.16	161,70	-1 617,00

Tabelle 16.10: Grundaufbau der Sicherungsstrategie - Ausgangslage

Der Grundaufbau ist mit nur drei Positionen denkbar einfach. Die Call-Option von Position 3 generiert die Gewinne bei Kurssteigerungen. Der Verkauf des Bear-Spreads finanziert Position 3 und ist zudem auch für den Sicherheitspuffer kursfallend verantwortlich. Funktional entspricht die Investition dem Kursindex mal Bezugsverhältnis, auch wenn der Aufwand nur mit einem Betrag von 45 Euro zu Buche schlägt. Natürlich muss auch das entsprechende Kapital für die benötigte Margin auf dem Konto vorhanden sein. Das bewegte Volumen, an dem Sie an einer Aufwärtsbewegung zu 100 % partizipieren, beträgt jedoch 36 710 Euro. An einer Abwärtsbewegung partizipiert die Strategie zwar ebenfalls zu 100 % im negativen Sinne, aber nur bis zu einem Kursverlust von 16,3 %. Um in den Genuss der vollen Partizipation von 100 % zu kommen, muss die Strategie ab dem Einstiegslevel von 3671 Punkten 3,5 % auf 3800 Punkte zulegen, was in Anbetracht einer Systemlaufzeit von 336 Tagen keine gravierende Einschränkung ist. Der Sicherheitspuffer ist im Vergleich zum vorigen Beispiel unter Abschnitt 16.1.2.1 mit 11,4 % doch empfindlich geschrumpft. Ein sofortiges Ansetzen eines Caps würde zwar den Sicherheitsbereich wieder strecken, dafür aber die Gewinne begrenzen. Mit ein wenig Übung ist es keine Hexerei, die Strategie nach seinen Bedürfnissen optimal anzupassen. Man sieht, dass nach einer massiven Abwärtsbewegung des Underlyings der Verlust zum 29.9.2015 sich nur halb so groß ausnimmt, als wenn direkt in den Basiswert (ETF oder Indexzertifikat) investiert worden wäre.

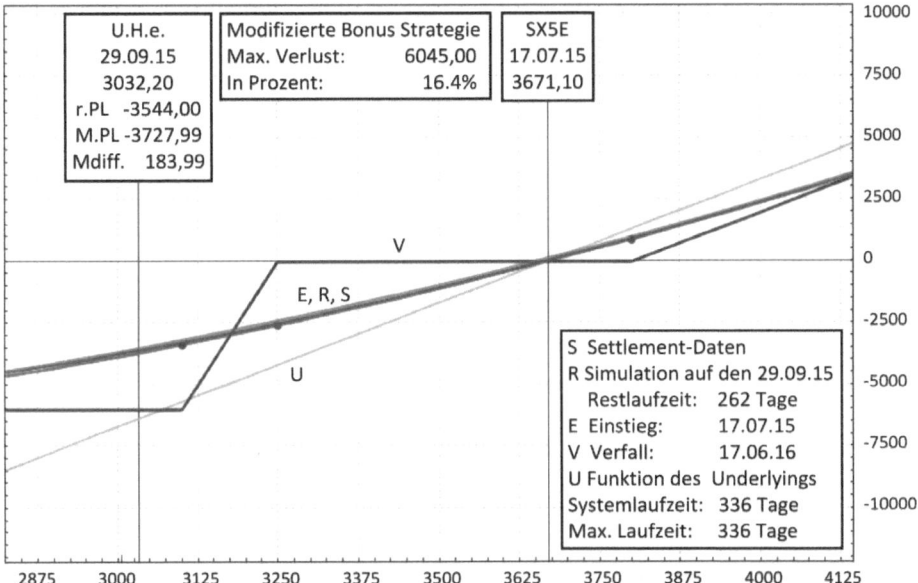

Abbildung 16.9: P/L-Diagramm der Strategie zum 29.09.2015. Funktional ist die Strategie praktisch unverändert zur Ausgangslage.

Nach dem Einstieg könnte man sich zurücklehnen und einfach nur den Verfall abwarten. Sie werden bei einer Aufwärtsbewegung nur minimal schlechter als mit dem Direktinvestment dastehen. Bei einer Abwärtsbewegung wird die Strategie aber auf jeden Fall gegenüber dem Direktinvestment in den Basiswert eine Outperformance erzielt haben. Nun könnte man sagen, dass das kein besonders guter Trost wäre. *Doch, ist es!* Denn, wenn Sie die Strategie nach Ablauf wieder neu aufgesetzt haben, dann haben Sie weniger Geld verloren als mit dem Direktinvestment, und somit wird durch das erhalten gebliebene Kapital mehr Geld zur Verfügung stehen. Dadurch werden bei einer kommenden Aufwärtsbewegung die Verluste schneller kompensiert, als es mit dem Direktinvestment in den Basiswert der Fall sein würde!

Die Grundstrategie kann mit Follow-up-Aktionen wesentlich verbessert werden. In den folgenden Ausführungen werden verschiedenste Szenarien vorgestellt, wobei die Ausgangslage stets dieselbe ist. Die grundlegende Frage ist, wann und ab welcher Kursmarke eine Follow-up-Aktion im Falle einer Abwärtsbewegung die Sachlage verbessert.

1. Wenn der Kurs die Marke der gekauften Put-Option (Position 1) erreicht oder unterschreitet, sollte die Follow-up-Aktion erfolgen (trotzdem auf den Zeitpunkt achten).

2. Je später der Zeitpunkt ist, desto vorteilhafter lässt sich die Aktion gestalten. Das Systemlaufzeitende wird sich etwas verkürzen. Mit der Follow-up-Aktion wird der Bear-Spread leicht nach oben gerollt. Die Zone des Sicherungspuffers sollte möglichst nicht oder nur minimal unter die Nullinie fallen.

3. Je tiefer die implizite Volatilität am Geld ist, desto vorteilhafter kann das P/L-Diagramm gestaltet werden.

Praxisübung:

Die Grundstrategie kann mit dem Vandermart-Tracker simuliert werden (diese Hauptpositionen sind immer der Gruppe A zugeordnet).

Strategiedatei für den Vandermart-Tracker: K16P1_2_2_a1.

Aktivieren Sie in der Strategiesimulation den Button: H.e. (Historische Settlement-Daten einbeziehen).

Einblenden des Underlyings wie unter Abschnitt 16.1.2.1.1 beschrieben.

16.1.2.2.1 Szenario A – Follow-up-Aktion

Die Grundstrategie entspricht der, die unter Abschnitt 16.1.2.2.1 beschrieben wurde. Sie wird hier nicht nochmals aufgeführt. Tabelle 16.11 enthält somit ausschließlich die Positionen für die erste Follow-up-Aktion von Szenario A.

Follow-up am 22.9.2015 aktueller Kurs: 3 076,05 € Einstiegskurs: 3 671,10 €				Systemlaufzeit nach Follow-up: 314 Tage ursprüngliche Systemlaufzeit: 336 Tage				
Pos.	Handelstag	Kauf/Verk.	Typ	Kontrakte	Strike	Verfall	Prämie	Gesamt
1	22.9.2015	Kauf	Put	4	3250	17.6.16	390,10	-15 604,00
2	22.9.2015	Verkauf	Put	4	3100	17.6.16	301,70	12 068,00
3	22.9.2015	Verkauf	Put	12	3350	17.6.16	458,10	54 972,00
4	22.9.2015	Kauf	Put	12	3300	17.6.16	423,30	-50 796,00
5	22.9.2015	Kauf	Call	1	3500	17.6.16	55,80	-558,00

Tabelle 16.11: Positionen der ersten Follow-up-Aktion für Szenario A

16.1 Langfristige Strategien

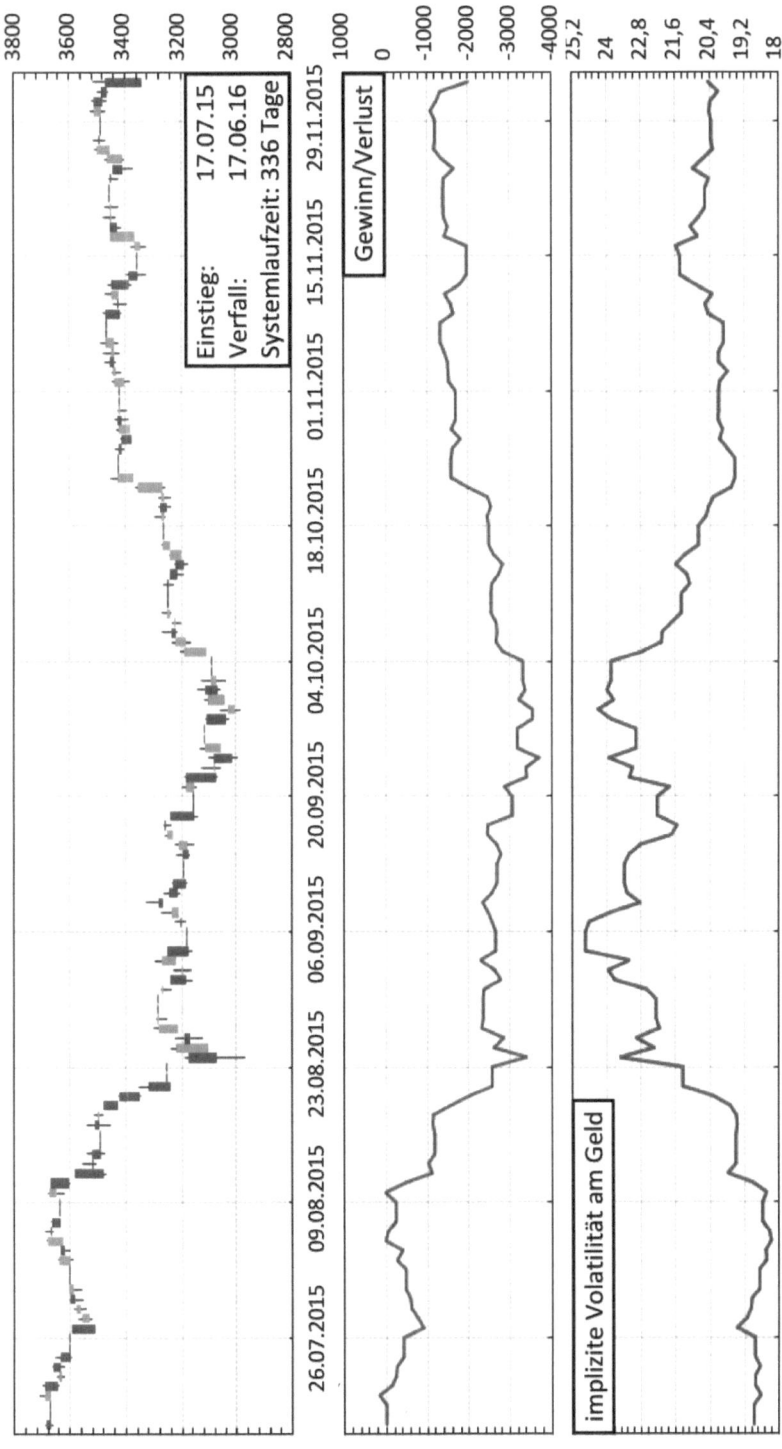

Abbildung 16.10: Auswertung der Grundstrategie

Abbildung 16.11 zeigt das P/L-Diagramm der Follow-up-Aktion, die am 22.9.2015 nach einem Kurseinbruch durchgeführt wurde. Die untere Kursmarke für den Sicherheitsbereich hat sich von 3 250 auf 3 350 bzw. 100 Punkte nach oben verschoben, und die Systemlaufzeit hat sich um 22 Tage auf 314 Tage verkürzt. Die Vorteile sind jedoch gravierend. Erholt sich der Kurs auf 3 500 Punkte, was noch unter dem ursprünglichen Einstiegsniveau liegt, partizipiert das System ab dieser Marke bereits mit 100 %. Wenn die Einstiegsmarke von 3 671,10 Punkten wieder erreicht wird, hat das System dank dieser Follow-up bereits einen passablen Gewinn. Zusätzlich wird die ursprüngliche Partizipation von 100 % ab der Marke 3 800 nicht verändert. Das hat zur Folge, dass sich die Partizipation ab der Marke 3 800 auf 200 % verdoppelt hat! Besonderes Augenmerk gilt der Systemlaufzeit. Um die ursprünglichen Schwachstellen (Verlustbereich) keinesfalls zu verschlechtern, war eine leichte Verkürzung der Systemlaufzeit um 22 Tage notwendig. Wenn sich gegen Ende der Systemlaufzeit der Kurs in der Nähe der Marke 3 135 befindet, muss ausgestiegen werden! Die Situation am 26.5.2016, bzw. 22 Tage vor Verfall, ist in der Abbildung 16.12 herausgearbeitet.

Prasixübung:

Strategiedatei für den Vandermart-Tracker: **K16P1_2_2_a2**.

Aktivieren Sie für die Simulationen folgende Buttons in der Strategiesimulation: **H.e., E.E.** (H.e. = Historische Settlement-Daten einbeziehen, E.E. = P/L-Darstellung ab dem ersten Einstieg).

Zur Einblendung des Underlyings siehe letzten Absatz der Praxisübung auf S. 231.

Szenario A – zweite Follow-up-Aktion

Die Strategie hat sich nach der ersten Follow-up-Aktion bereits stark verbessert. Was aber, wenn nach dem zuvor ereigneten Kursrutsch eine Erholung einsetzen würde? Solche Gegenbewegungen sind nach starken Einbrüchen sehr häufig zu beobachten. Wenn man den Einbruch fundamental vermutet und nur eine Gegenbewegung erwartet, was dann? Wenn eine Gegenbewegung einsetzt, dann wird das sehr wahrscheinlich in kurzer Zeit passieren. Nach dieser Überlegung würde es Sinn machen, den Sicherheitspuffer mit einem Bonus auszustatten. Diese Überlegung wird mit der zweiten Follow-up-Aktion umgesetzt. Tabelle 16.12 enthält ausschließlich die Positionen für die Follow-up-Aktion Nr. 2 von Szenario A. Abbildung 16.13 zeigt das P/L-Diagramm nach dieser zweiten Follow-up-Aktion.

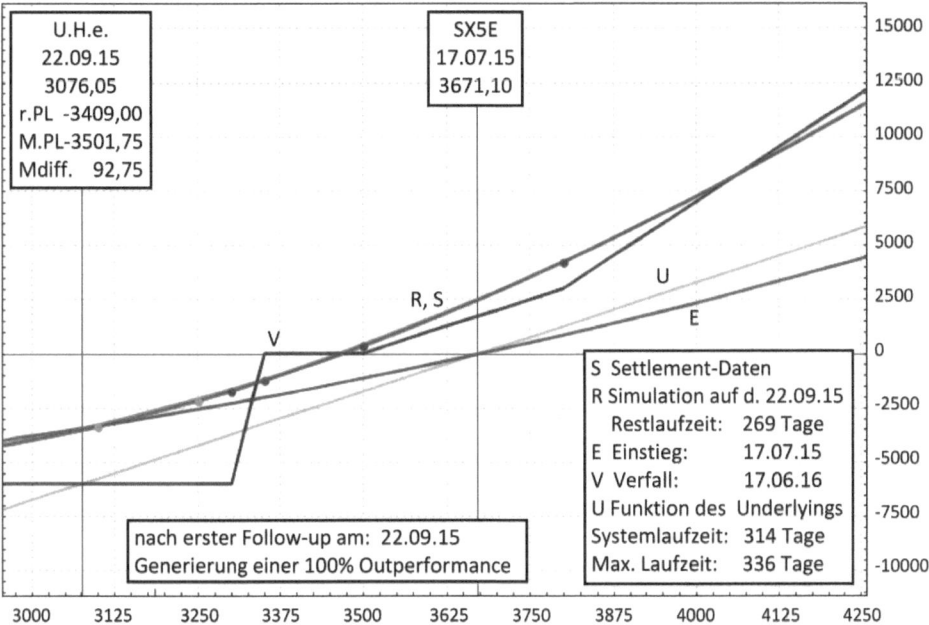

Abbildung 16.11: P/L-Diagramm nach der ersten Follow-up-Aktion des Szenarios A

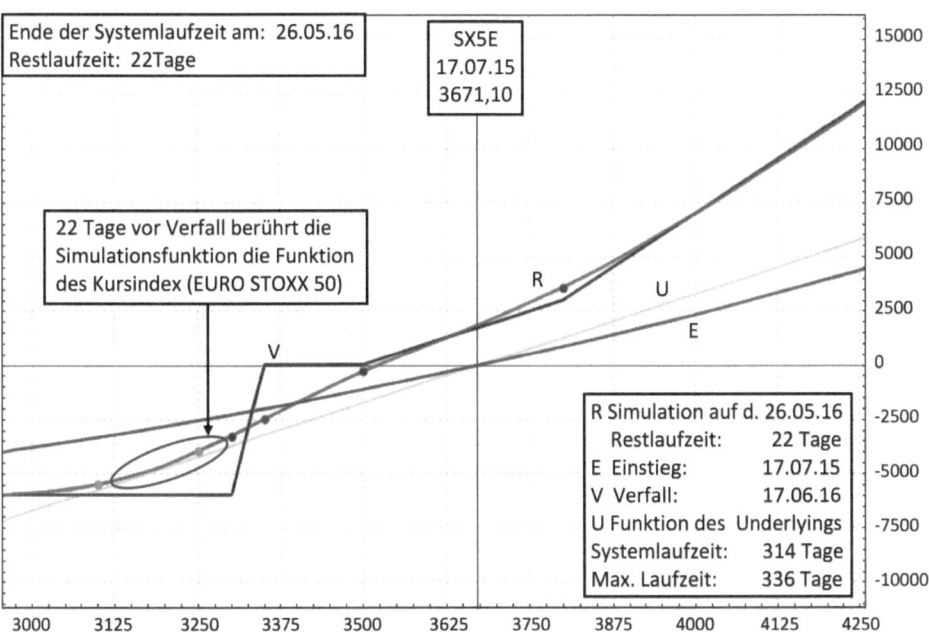

Abbildung 16.12: P/L-Diagramm des Szenarios A zu Systemlaufzeitende am 26.5.2016 bzw. 22 Tage vor Verfall

Follow-up am 30.11.2015				Systemlaufzeit nach Follow-up:		335 Tage		
aktueller Kurs: 3 506,45 €				ursprüngliche Systemlaufzeit:		336 Tage		
Einstiegskurs: 3 671,10 €				Generierter Bonus im Sicherheitspuffer: 1 761,00 €				
Pos.	Handelstag	Kauf/Verk.	Typ	Kontrakte	Strike	Verfall	Prämie	Gesamt
1	30.11.2015	Verkauf	Call	1	3 500	17.6.16	172,40	1 724,00

Tabelle 16.12: Position der zweiten Follow-up-Aktion für Szenario A

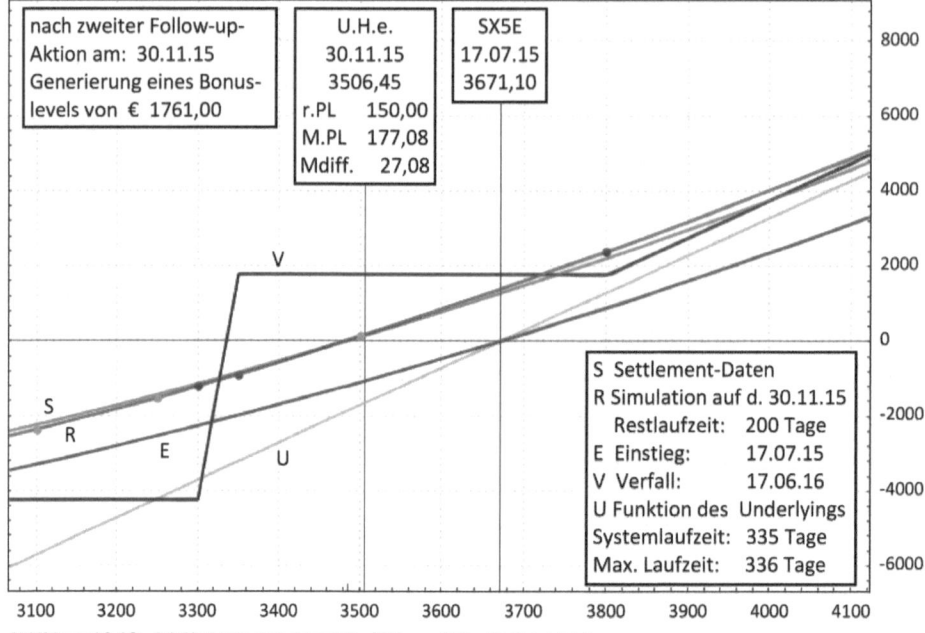

Abbildung 16.13: P/L-Diagramm nach der zweiten Follow-up-Aktion des Szenarios A

Durch die zweite Follow-up-Aktion hat sich die Systemlaufzeit wieder verlängert, beträgt nun 335 von maximal 336 Tagen und ist nicht der Rede wert.

Wenn sich kurz vor Verfall der Kurs im Bereich des Sicherheitspuffers befindet, stehen die Chancen gut, den Verlustbereich durch eine letzte Follow-up-Aktion gänzlich zu beseitigen. Man beachte auch, dass bereits durch die zweite Follow-up-Aktion der Verlustbereich um den Bonusbetrag von 1 761 Euro auf -4 239 € um ein Drittel reduziert wurde.

Praxisübung:

Strategiedatei für den Vandermart-Tracker: K16P1_2_2_a2a.

Aktivieren Sie für die Simulationen folgende Buttons in der Strategiesimulation: H.e., E.E. (H.e. = Historische Settlement-Daten einbeziehen, E.E. = P/L-Darstellung ab dem ersten Einstieg).

Zur Einblendung des Underlyings siehe letzten Absatz der Praxisübung auf S. 231.

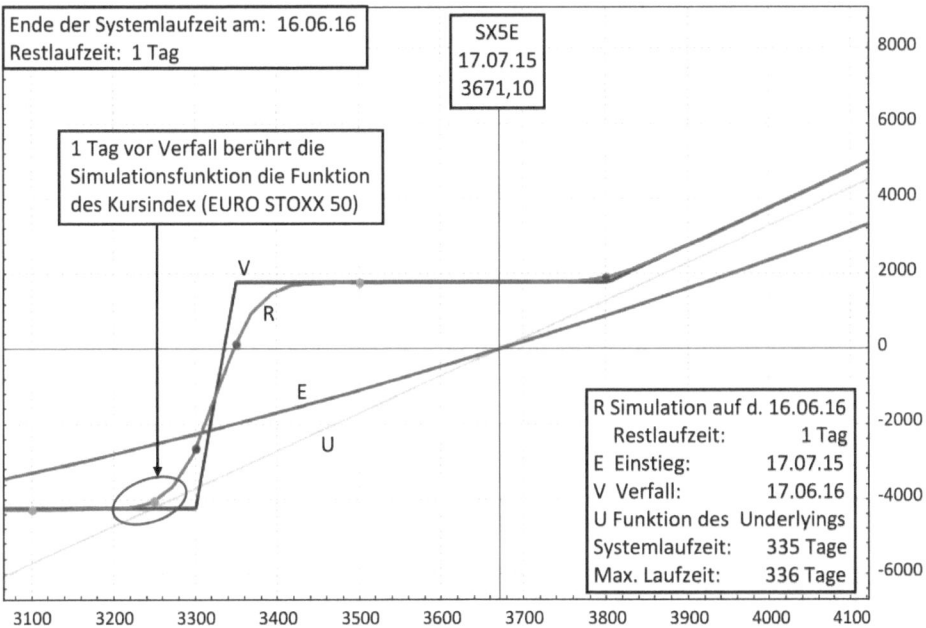

Abbildung 16.14: P/L-Diagramm des Szenarios A zu Systemlaufzeitende am 16.6.2016 bzw. 1 Tag vor Verfall

16.1.2.2.2 Szenario B – Follow-up-Aktion

Auch hier entspricht die Grundstrategie jener, die im Abschnitt 16.1.2.2 beschrieben wurde und wird hier nicht nochmals aufgeführt. Tabelle 16.13 enthält somit ausschließlich die Positionen für die erste Follow-up-Aktion von Szenario B.

Follow-up am 22.9.2015 aktueller Kurs: 3 076,05 € Einstiegskurs: 3 671,10 €				Systemlaufzeit nach Follow-up: 314 Tage ursprüngliche Systemlaufzeit: 336 Tage				
Pos.	Handelstag	Kauf/ Verk.	Typ	Kontrakte	Strike	Verfall	Prämie	Gesamt
1	22.9.2015	Kauf	Put	4	3250	17.6.16	390,10	-15 604,00
2	22.9.2015	Verkauf	Put	4	3100	17.6.16	301,70	12 068,00
3	22.9.2015	Verkauf	Put	12	3350	17.6.16	458,10	54 972,00
4	22.9.2015	Kauf	Put	12	3300	17.6.16	423,30	-50 796,00
5	22.9.2015	Kauf	Call	2	3500	17.6.16	55,80	-1 116,00
6	22.9.2015	Verkauf	Call	2	3700	17.6.16	26,00	520,00

Tabelle 16.13: Positionen der ersten Follow-up-Aktion für Szenario B

Die Follow-up-Aktion zielt darauf ab, bei einer möglichen Gegenbewegung eine massive Outperformance bereits unter dem ursprünglichen Einstiegsniveau zu erreichen, ohne die Verlustbedingungen zu verschlechtern. Diese Extremforderung kann aber nur mit der Einschränkung erreicht werden, dass die Höhe der Outperformance begrenzt wird. Der Bereich liegt zwischen den Marken 3 500 und 3 700 und beträgt 200 %. Erreicht der Kurs wiederum das Einstiegsniveau, beträgt der Gewinn auf Verfall bereits 10,89 %. Ab der Marke von 3 800 wird wiederum eine Partizipation von 100 % erreicht. Um dieses P/L-Diagramm zu ermöglichen, musste die Systemlaufzeit erneut um 22 Tage verkürzt werden. Das Szenario zum Laufzeitende des Systems ist identisch zum vorigen Beispiel (nur kritisch im Bereich 3 100) und in Abbildung 16.12 dargestellt. Das P/L-Diagramm nach dieser Follow-up-Aktion zeigt Abbildung 16.15.

Praxisübung:

Strategiedatei für den Vandermart-Tracker: K16P1_2_2_a3.

Aktivieren Sie für die Simulationen folgende Buttons in der Strategiesimulation: H.e., E.E. (H.e. = Historische Settlement-Daten einbeziehen, E.E. = P/L-Darstellung ab dem ersten Einstieg).

Zur Einblendung des Underlyings siehe letzten Absatz der Praxisübung auf S. 231.

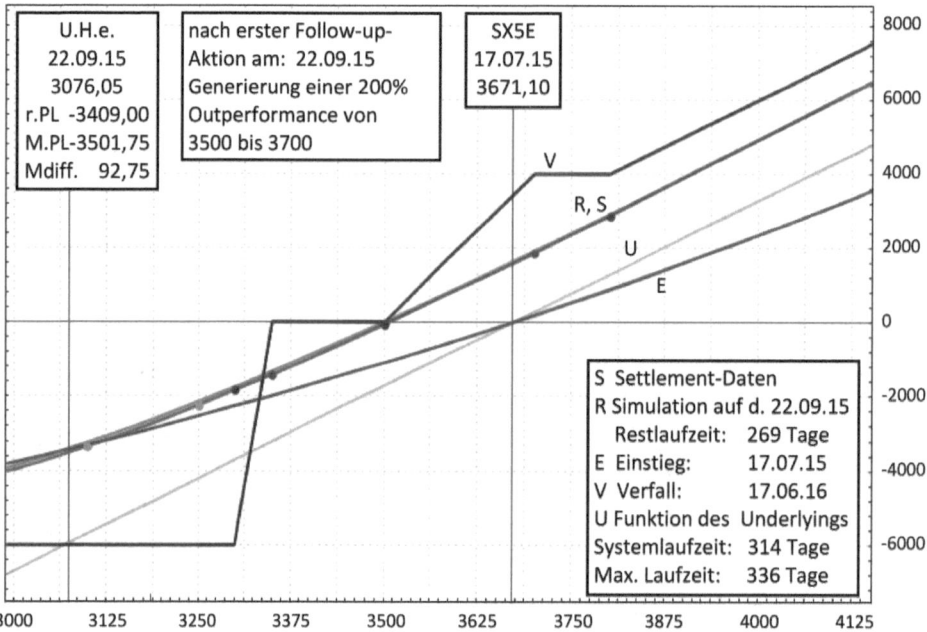

Abbildung 16.15: P/L-Diagramm nach der ersten Follow-up-Aktion des Szenarios B

Szenario B – zweite Follow-up-Aktion

Auch in diesem Szenario B hat sich die Strategie nach der ersten Follow-up-Aktion bereits erheblich verbessert. Bei einer erfolgten Kurserholung ist es eine Überlegung wert, einen zweiten Outperformancebereich zu generieren, um im wahrscheinlichen Zielgebiet zusätzliche Gewinne erzielen zu können. Die Grundforderung ist wiederum, dass sich der Verlustfall nicht verschlechtern darf. Um diese

Forderung zu erfüllen, muss jedoch auch bei der zweiten Outperformancestufe ein Cap gesetzt werden (jedoch nur für die zweite Outperformancestufe). Sollte aber wider Erwarten der Kurs so stark ansteigen, dass er selbst nach dem Überfahren der ersten und der zweiten Outperformancestufe immer noch weiter nach oben klettert, so sollte trotzdem noch die 100 % Performance beibehalten werden und keinesfalls kurssteigend gegenüber dem Direktinvestment schlechter abschneiden. Tabelle 16.14 enthält die Positionen für die Follow-up-Aktion Nr. 2 von Szenario B. Abbildung 16.16 zeigt das zugehörige P/L-Diagramm nach erfolgter Follow-up-Aktion. Auch hier muss zum Ende der Systemlaufzeit ein Auge auf die Marke um 3 100 geworfen werden. Sollte sich dann der Kursindex in diesem Bereich bewegen, so ist 22 Tage vor Verfall der Ausstieg dringend anzuraten!

Generell sei angemerkt, dass die Schwachstelle bezüglich des Verlustbereiches während der Systemlaufzeit so gut wie möglich eliminiert werden sollte.

Follow-up am 30.11.2015 aktueller Kurs: Einstiegskurs:			3506,45 € 3671,10 €	Systemlaufzeit nach Follow-up: 314 Tage ursprüngliche Systemlaufzeit: 336 Tage Generierung von zweitem Outperformancebereich				
Pos.	Handelstag	Kauf/ Verk.	Typ	Kontrakte	Strike	Verfall	Prämie	Gesamt
1	30.11.2015	Kauf	Call	1	3 800	17.6.16	62,10	−621,00
2	30.11.2015	Verkauf	Call	2	3 950	17.6.16	32,80	656,00
3	30.11.2015	Kauf	Call	1	4 350	17.6.16	4,90	−49,00

Tabelle 16.14: Positionen der zweiten Follow-up-Aktion für Szenario B

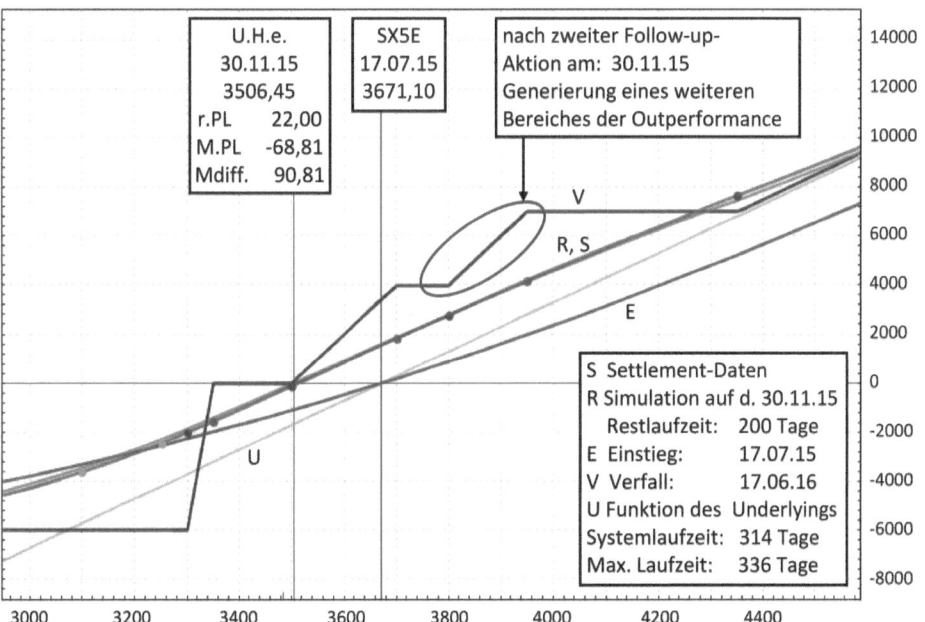

Abbildung 16.16: P/L-Diagramm nach der zweiten Follow-up-Aktion des Szenarios B

> **Praxisübung:**
>
> Strategiedatei für den Vandermart-Tracker: K16P1_2_2_a3a.
>
> Aktivieren Sie für die Simulationen folgende Buttons in der Strategiesimulation: H. e., E. E. (H. e. = Historische Settlement-Daten einbeziehen, E. E. = P/L-Darstellung ab dem ersten Einstieg)
>
> Zur Einblendung des Underlyings siehe letzten Absatz der Praxisübung auf S. 231.

16.1.2.3 Outperformancestrategien

Die Gruppe der Outperformancestrategien zählt sicherlich zu den interessantesten Ansätzen im längerfristigen Bereich. Der entscheidende Vorteil ist, dass die Partizipation kurssteigend massiv höher ausfällt als kursfallend. So interessant der Ansatz auch erscheint, es darf nicht vergessen werden, dass die Outperformance nicht zum Nulltarif zu haben ist! Bei sämtlichen Strategien dieser Kategorie wird die Dividende für den Aufwand der zusätzlichen Optionspositionen herangezogen und kann dadurch nicht unmittelbar vereinnahmt werden.

Outperformance bedeutet eine höhere Partizipation ab dem Einstiegsniveau. Bei einer Partizipation von 200 % hat dies zur Folge, dass bei einer Reduktion der Investition um 50 % das gleiche Ergebnis erzielt wird wie mit der ursprünglichen Direktinvestition (jedoch ohne Berücksichtigung der Dividenden). Dabei ist es wichtig, zu beachten, dass bei fallenden Kursen die Optionskonstellation so erstellt wird, dass sie niemals schlechter als das Original abschneidet!

Wie effektiv die Outperformance im Detail umgesetzt werden kann, hängt von verschiedenen Einflussfaktoren ab. Je nach Markt und Marktumfeld können die Bedingungen auch so schlecht sein, dass eine Umsetzung überhaupt nicht praktikabel ist! Die wichtigsten Parameter sind:

- die Dividendenrendite,
- die implizite Volatilität,
- die Laufzeit, und
- die Art der Ausprägung des Skews (strategieabhängig).

Ein besonders wichtiger Punkt ist die Laufzeit. Die Prämie einer europäischen Option am Geld ohne Dividende und einem Zinssatz von 0 % p. a. steigt zum Quadrat der Zeit (diese Annahme ist rein theoretisch). Bei einer amerikanischen Option mit Dividendenzahlungen steigt die Prämie noch langsamer an (abhängig von der Höhe der Dividende und dem Zins). Im Gegensatz dazu ist der Dividendenanteil zum Einen von der Höhe der Dividende selbst abhängig und zum Anderen von der Anzahl der Ausschüttungen während der Optionslaufzeit. Da bei der Outperformance immer mindestens eine Call-Option am Geld eingesetzt werden muss und die Dividende den Zeitwert der Optionen finanziert, spielt dieser Umstand eine entscheidende Rolle. Tabelle 16.15 verdeutlicht die Beziehungen von Laufzeit, Gesamtbetrag der Dividenden und Optionsprämie.

| Kurs des Underlyings: | 100,00 | Dividendenrendite: | | 5% | | |
| Zins: | 0,33 % p.a. | Reguläre Dividendenzahlung: | | 1 × p.a. | | |
Restlaufzeit in Tagen	Optionsprämie am Geld – ATM	Implizite Volatilität	Dividende in Euro	Anzahl Dividendenzahlungen	Gesamtbetrag der Dividenden	Differenz Dividenden/Optionsprämie
365 (1 Jahr)	5,86 €	20	5,00 €	1	5,00 €	-0,86 €
730 (2 Jahre)	7,52 €	20	5,00 €	2	10,00 €	2,48 €
1460 (4 Jahre)	9,11 €	20	5,00 €	4	20,00 €	10,89 €

Tabelle 16.15: Beziehung zwischen Laufzeit, Gesamtbetrag der Dividenden und Optionsprämie

Unter der Annahme, dass die Volatilität der verschiedenen Laufzeiten konstant 20 % betragen würde, könnte mit einer Dividendenzahlung, die einmal pro Jahr ausgeschüttet wird, eine Call-Option am Geld mit einer Laufzeit von einem Jahr nicht gänzlich finanziert werden. Es bleibt ein Minus von 0,86 Euro. Bei einer Laufzeit von zwei Jahren wäre die Call-Option bereits problemlos finanzierbar. Es bleibt von der Dividende sogar noch ein Betrag von 2,48 Euro erhalten. Bei einer vierjährigen Laufzeit ist der Aufwand für die Finanzierung der Call-Option bereits kleiner als die Hälfte des gesamten Dividendenbetrags. Daraus lässt sich folgender Schluss ziehen:

> Je länger die Laufzeit für eine Outperformancestrategie gewählt wird, und je höher die Dividendenrendite und je tiefer die implizite Volatilität am Geld ist, desto effektiver kann das System konzipiert werden.

Auf Grund dieser Rahmenbedingungen ist es nicht sehr sinnvoll, eine Laufzeit von unter einem Jahr zu wählen. Auf der anderen Seite sollten aus bereits früher erwähnten Gründen (vgl. Abschnitt 15.2.1) auch keine Systeme mit Laufzeiten von über zwei Jahren zum Einsatz kommen. Die nachfolgenden Beispiele beschränken sich somit auf Systeme mit ein- und zweijährigen Laufzeiten.

Bei Outperformancestrategien muss generell darauf geachtet werden, ob diese mit einem Cap versehen werden sollen oder nicht. Sollte keine Gewinnbegrenzung bzw. kein Cap gefordert werden, so wird die Sache nochmals schwieriger. In diesem Fall sollte die Laufzeit auf zwei Jahre angehoben werden.

Da für diese Kategorie von Strategien die Dividenden eine maßgebliche Rolle spielen, kommen nur Aktien und Kursindizes für die Umsetzung in die nähere Wahl. Der Performanceindex DAX ist hier außer vor, da die Dividenden nicht ausgeschüttet, sondern reinvestiert werden.

16.1.2.3.1 Outperformance ohne Cap

Unter Outperformance ohne Cap sind Systeme zu verstehen, die ab dem Einstiegsniveau kurssteigend eine höhere Partizipation als das Direktinvestment generieren. Des Weiteren wird erwartet, dass diese Outperformance *nicht begrenzt* wird. Bei fallenden Kursen sollte ab dem Einstiegsniveau der Verlust zum Systemlaufzeitende keinesfalls größer als der des Direktinvestments sein (Dividenden werden nicht berücksichtigt). Bei dieser Kategorie spielt die implizite Volatilität eine herausragende Rolle. Sie sollte möglichst tief sein (je tiefer die implizite Volatilität, desto billiger die Optionsprämie), da ausschließlich Call-Optionen gekauft werden, die wiederum durch die Dividenden finanziert werden. Diese Call-Optionen werden möglichst am oder leicht aus dem Geld angesetzt. Wie bereits ausführlich beschrieben, ist die implizite Volatilität am Geld am tiefsten, wenn eine ruhige gemächliche Seitwärts- bis Aufwärtsbewegung vonstattengeht.

Für das Underlying kann eine Aktie oder deren Derivat, ein Single-Stock-Future (SSF), als Basisinvestment herangezogen werden. Wie in den vorigen Beispielen gezeigt wurde, ist der Einsatz des Derivats eine Überlegung wert. Von Vorteil ist nicht nur, dass dadurch kein großes Kapital (Belastung des Kontos nur durch die Margin) gebunden wird, sondern auch der Zusammenhang mit der Verlässlichkeit der Dividendenzahlung. Beim Kauf der Aktie liegt die Dividendenzahlung in der Zukunft und es gibt keine Garantie, dass sie ausgeschüttet wird. Im Gegensatz dazu ist der Wert des Single-Stock-Futures beim Markteintritt um die Dividende diskontiert. Somit fällt die Unbekannte bezüglich der Dividendenzahlung weg. Auf der anderen Seite ist das *Zinsumfeld* zu beachten. Das Preismodell des Single-Stock-Futures beinhaltet auch den risikolosen Zins, sodass dessen Einsatz nur in einem tiefen Zinsumfeld von Vorteil ist. Funktional gibt es keinen Unterschied zwischen der Aktie und dem Derivat, dem Single-Stock-Future. Für nachfolgendes Beispiel wählen wir die Aktie der Allianz (ALV) als Basisinvestment. Die einzelnen Positionen sind der Tabelle 16.16 zu entnehmen.

Ausgangslage am 1.12.2014					Outperformance 1:	ab Marke 140	+ 100%	
Investition:		15 006,00 (Debit)			Outperformance 2:	ab Marke 160	+ 200%	
Markt:	Allianz (ALV)	Zins:		0,33 % p. a.	Systemlaufzeit:		746 Tage	
Kurs:	137,45 €	Dividende p. a.: 6,26 €			Maximale Laufzeit:		746 Tage	
Bezugsverhältnis:	100	(Dividende bezieht sich auf						
Optionstyp:	amerikanisch	Gesamtinvestition)						
Pos.	Handelstag	Kauf/ Verk.	Typ	Kontrakte	Strike	Verfall	Prämie	Gesamt
1	1.12.2014	Kauf	Call	1	140	16.12.16	8,96	-896,00
2	1.12.2014	Kauf	Call	1	160	16.12.16	3,65	-365,00
3	1.12.2014	Kauf	Udl.	100	-	-	-	-13 745,00

Tabelle 16.16: Outperformance in zwei Stufen

In Abbildung 16.17 wird der extreme Effekt der Outperformance sichtbar. Ab dem Einstiegsniveau kursfallend sind die Funktionen des Underlyings und des Verfalls konvergent (deckungsgleich). Kursaufwärts läuft die Funktion des Verfalls gegenüber der Funktion des Underlyings extrem nach oben weg.

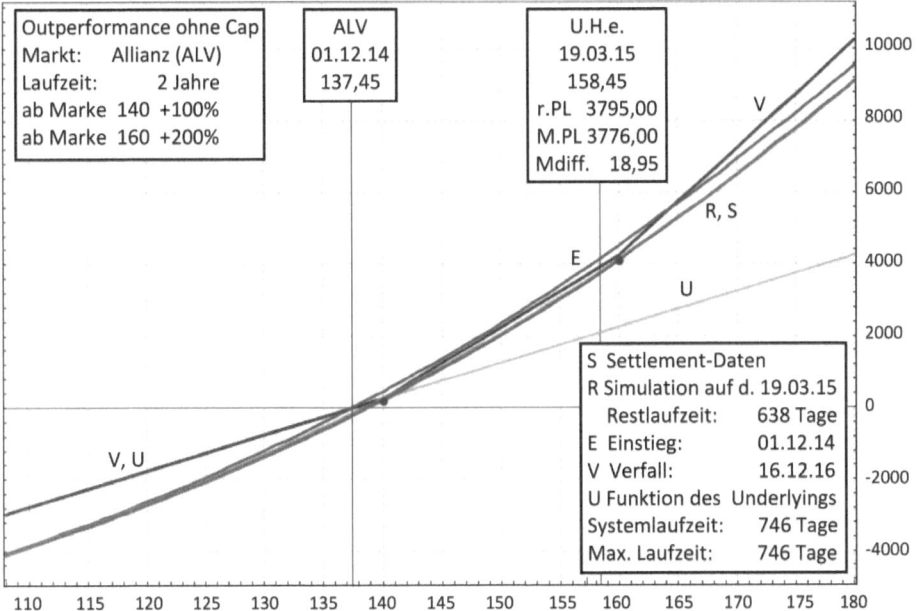

Abbildung 16.17: Outperformance – ab Marke 140: 100 % – ab Marke 160: 200 %

Verlustabsicherung durch Follow-up-Aktion

Um die Outperformance von 200 % zu erreichen, muss der Kurs von 137,45 auf 160 zulegen, was einem Anstieg von 16,4 % entspricht und innerhalb der Systemlaufzeit von zwei Jahren mühelos zu erreichen sein wird. Wird diese Marke erreicht oder überschritten, könnte eine Gewinnsicherung sinnvoll sein. Dies wird in der nachfolgend aufgeführten Follow-up-Aktion durchgeführt. Wie bei jeder Gewinnsicherung oder Verlustvermeidungsaktion ist etwas vom erreichten Gewinn abzugeben. Ohne diese kleinen Einbußen ist das unmöglich! Tabelle 16.17 zeigt die benötigten Einzelpositionen. In Abbildung 16.18 ist das P/L-Diagramm nach der Follow-up-Aktion zu sehen.

Follow-up am 2.4.2015 aktueller Kurs: 163,50 Einstiegskurs: 137,45				Restlaufzeit nach Follow-up: 624 Tage				
Pos.	Handelstag	Kauf/Verk.	Typ	Kontrakte	Strike	Verfall	Prämie	Gesamt
1	2.4.2015	Verkauf	Call	1	140	16.12.16	24,59	2 459,00
2	2.4.2015	Kauf	Put	1	120	16.12.16	4,36	–436,00

Tabelle 16.17: Gewinnsicherung und Verlustvermeidung

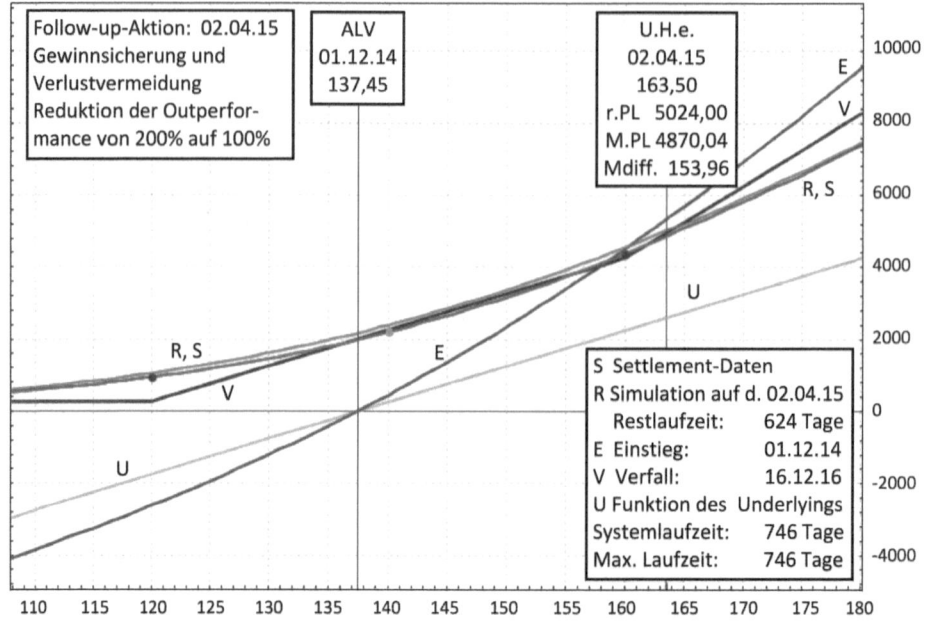

Abbildung 16.18: Gewinnsicherung und Verlustvermeidung

Die Aktion wird durchgeführt, sobald die Optionspreise der Positionen für die Follow-up-Aktion ein P/L-Diagramm erlauben, in dem ein Verlust auf Verfall ausgeschlossen werden kann. Ein Nachteil ist, dass für diese Sicherheit die Outperformance von +200 % auf +100 % reduziert werden muss. Es ist aber immer noch eine ausgezeichnete Situation für den Investor! Des Weiteren hat sich beim Einstiegsniveau ein ansehnlicher Gewinn entwickelt, der höher ausfällt als die Summe der Dividendenausschüttungen, die während der Restlaufzeit noch anfallen.

Praxisübung:

Strategiedatei für den Vandermart-Tracker: **K16P1_2_3_a1**.
Aktivieren Sie für die Simulationen folgende Buttons in der Strategiesimulation: **Div, H.e., E.E.** (Div = Einbeziehen der Dividenden, H.e. = Historische Settlement-Daten einbeziehen, E.E. = P/L-Darstellung ab dem ersten Einstieg).

Zur Einblendung des Underlyings siehe letzten Absatz der Praxisübung auf S. 231. Versuchen Sie, das Underlying durch einen Future auszutauschen. Achten Sie darauf, dass die Laufzeit des Futures mit der Laufzeit der Optionen übereinstimmt.

16.1.2.3.2 Outperformance mit Cap

Eine Outperformancestrategie mit Cap lässt sich wesentlich leichter erstellen als eine unbegrenzte Outperformance. Das hängt damit zusammen, dass verkaufte Call-Optionen die gekauften Call-Optionen, die die Outperformance generieren, in entscheidendem Maße gegenfinanzieren. Dadurch wird das System wesentlich unabhängiger von der Höhe der impliziten Volatilität. Denn ist die gekaufte Call-Option sehr teuer, so ist die verkaufte Call-Option, deren Strike recht nahe über dem Strike der gekauften Call-Option liegt, ebenfalls entsprechend teuer. Die Rede ist von einem simplen Bull-Spread. Die Begrenzung der Gewinne bei Outperformance mit Cap muss keinesfalls durchgehend sein, sondern kann ab einem höheren Niveau wieder fortgesetzt werden. Die Begrenzung hat einen Vorteil: Im wahrscheinlichen Gewinnbereich kann die Partizipation wesentlich höher ausfallen als ohne Cap! Als Underlying wird wiederum die Aktie der Allianz herangezogen. Tabelle 16.18 zeigt den Grundaufbau der Ausgangslage.

Ausgangslage am 1.12.2014					Outperformance 1: ab Marke 140 und 150 + 100 %			
Investition: 14 380,00 (Debit)					Outperformance 2: ab Marke 160 + 200 %			
Markt: Allianz (ALV)			Zins: 0,33 % p.a.		Systemlaufzeit: 382 Tage			
Kurs: 137,45 €			Dividende p.a.: 6,28 €		Maximale Laufzeit: 382 Tage			
Bezugsverhältnis: 100			(Dividende bezieht sich auf					
Optionstyp: amerikanisch			Gesamtinvestition)					
Pos.	Handelstag	Kauf/ Verk.	Typ	Kontrakte	Strike	Verfall	Prämie	Gesamt
1	1.12.2014	Kauf	Call	2	140	18.12.15	6,59	-1 318,00
2	1.12.2014	Verkauf	Call	3	150	18.12.15	3,33	999,00
3	1.12.2014	Kauf	Call	2	160	18.12.15	1,58	-316,00
4	1.12.2014	Kauf	Udl.	100	-	-	-	-13 745,00

Tabelle 16.18: Outperformance mit Cap

Die Positionen 2 und 3 sind ein Bull-Spread mit einem Shortüberhang, d.h. eine zusätzliche Call-Verkaufsposition, die allerdings durch das Underlying bzw. die Aktie gedeckt ist. Position 2 (Shortposition) ist die Ursache für die streckenweise Gewinnbegrenzung zwischen den Marken 150 und 160. Diese drei verkauften Kontrakte (Position 2) sind der Grund, weshalb die hohe Outperformance auch bei einjährigen Laufzeiten bei hoher Volatilität ab der Marke 140 funktioniert! Die Outperformance zwischen den Marken 140 und 150 beträgt + 200 %. Ab der Marke 160 wird jedoch die Outperformance mit + 100 % Partizipation fortgesetzt.

Abbildung 16.19 zeigt das P/L-Diagramm der Ausgangslage. Zwischen den Marken 150 und 160 beträgt die Partizipation 0 %! Durch die zwei nachgeschalteten Call-Optionen mit Strike 160 wird die Partizipation dann wieder auf + 100 % hochgefahren. Diese zwei gekauften Optionen mit Strike 160 sind auch die Ursache dafür, dass die Einstiegsfunktion (E) als auch der Funktionsgraf für die Simulation (R) ab dem Ausgangsniveau leicht gekrümmt nach oben ansteigt und über die »gesamte Strecke« kursaufwärts das Underlying (U) um knapp 100 % outperformt. Diese Funktion hält sich fast unverändert bis ca. 45 Tage vor Verfall.

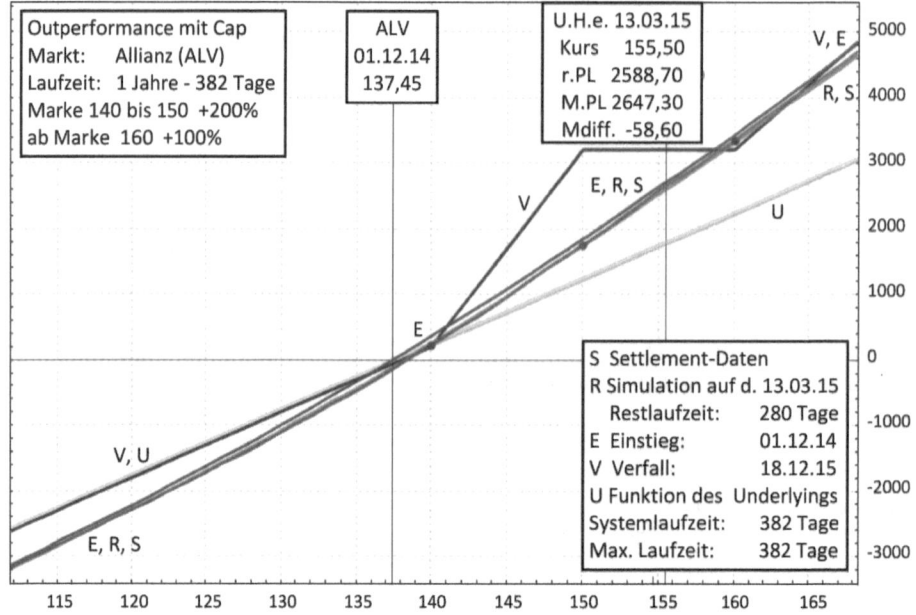

Abbildung 16.19: Ausgangslage für Outperformance mit Cap

Erste Follow-up-Aktion – Verlustabsicherung

Der Kurs zieht gemächlich nach oben und erreicht am 16.3.2015 knapp die Marke von 160. Es ist eine Überlegung, mit Hilfe einer Follow-up-Aktion eine Verlustvermeidung durchzuführen. Tabelle 16.19 zeigt die benötigten Einzelpositionen und Abbildung 16.19 das zugehörige P/L-Diagramm.

Follow-up am 16.3.2015 aktueller Kurs: 159,95 Einstiegskurs: 137,45				Restlaufzeit nach Follow-up: 277 Tage				
Pos.	Handelstag	Kauf/Verk.	Typ	Kontrakte	Strike	Verfall	Prämie	Gesamt
1	16.3.2015	Verkauf	Call	1	140	18.12.15	20,79	2 079,00
2	16.3.2015	Kauf	Put	1	120	18.12.15	1,54	-154,00

Tabelle 16.19: Verlustvermeidung

Eine der zwei Call-Optionen mit Strike 140, die tief im Geld liegen, wird glattgestellt. Dadurch gäbe es eine Unterdeckung von einer der drei verkauften Optionen mit Strike 150, wenn nicht die Call-Optionen mit Strike 160 bereits vorgesehen worden wäre. Das bedeutet, dass eine der beiden Call-Optionen mit Strike 160 nun die fehlende Deckung übernimmt. Dadurch sinkt zwar die Outperformance von +100% bzw. einer Partizipation von 200% auf eine Partizipation von 100%, aber dafür wird nach unten ein zusätzlicher, beträchtlicher Gewinnhügel aufgebaut! Auch sonst werden die Bedingungen nicht schlechter. Vergleichen Sie vor und nach der Follow-up-Aktion das Gebiet um die Marke 150. Kursabwärts wird mit einer Put-Option ab der Marke 120 gesichert. Ein Verlust ist ab jetzt ausgeschlossen.

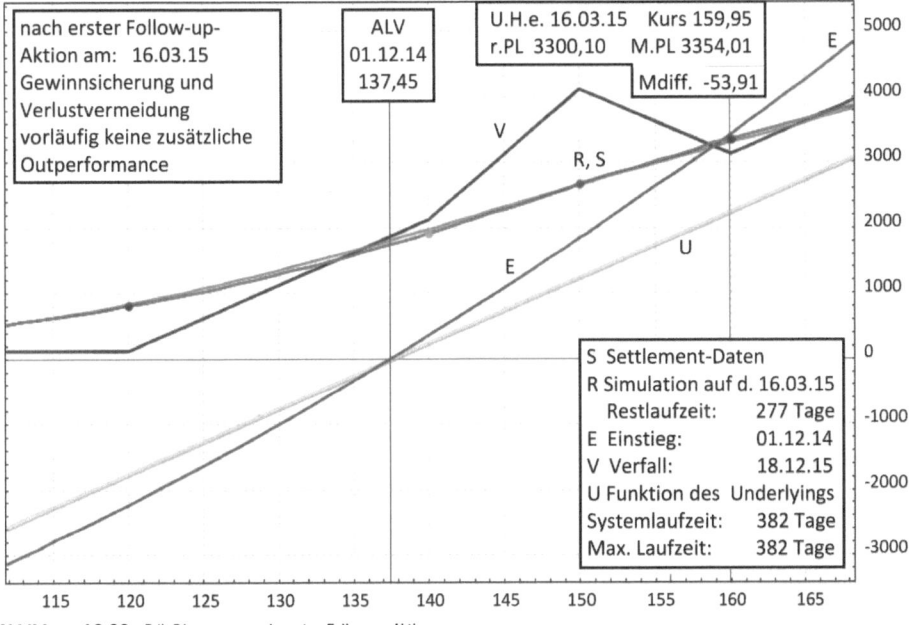

Abbildung 16.20: P/L-Diagramm nach erster Follow-up-Aktion

Zweite Follow-up-Aktion: Rückgewinnung der + 100 %-Outperformance ab Marke 160

Der Kurs ist durch das allgemeine Marktumfeld mit nach unten gezogen worden. Für den Fall einer Erholung ist eine Überlegung, bei der alten Marke von 160 die Outperformance von + 100 % wieder herzustellen. Tabelle 16.20 zeigt die benötigten Einzelpositionen, Abbildung 16.21 das zugehörige P/L-Diagramm.

Follow-up am 29.9.2015				Restlaufzeit nach Follow-up:		80 Tage		
aktueller Kurs:		137,30 €						
Einstiegskurs:		137,45 €						
Pos.	Handelstag	Kauf/Verk.	Typ	Kontrakte	Strike	Verfall	Prämie	Gesamt
1	29.9.2015	Kauf	Call	1	160	18.12.15	0,51	−51,00

Tabelle 16.20: Rückgewinnung der Outperformance ab der Marke 160

Durch die bereits stark gekürzte Restlaufzeit und den weiten Abstand vom Kurs des Underlyings zum Strike der Call-Option ist die Prämie so billig, dass dieses letzte Glücksspiel riskiert werden kann. Durch diese Aktion steigt der Funktionsgraf wiederum massiv über die Verfallsfunktion, wenn der Kurs sich rasch erholen sollte! So wäre in diesem Fall der Gewinn bei der Marke von 160 über 1 000 Euro über der Verfallsfunktion, die bereits selbst schon erheblich über der Funktion des Direktinvestments liegt.

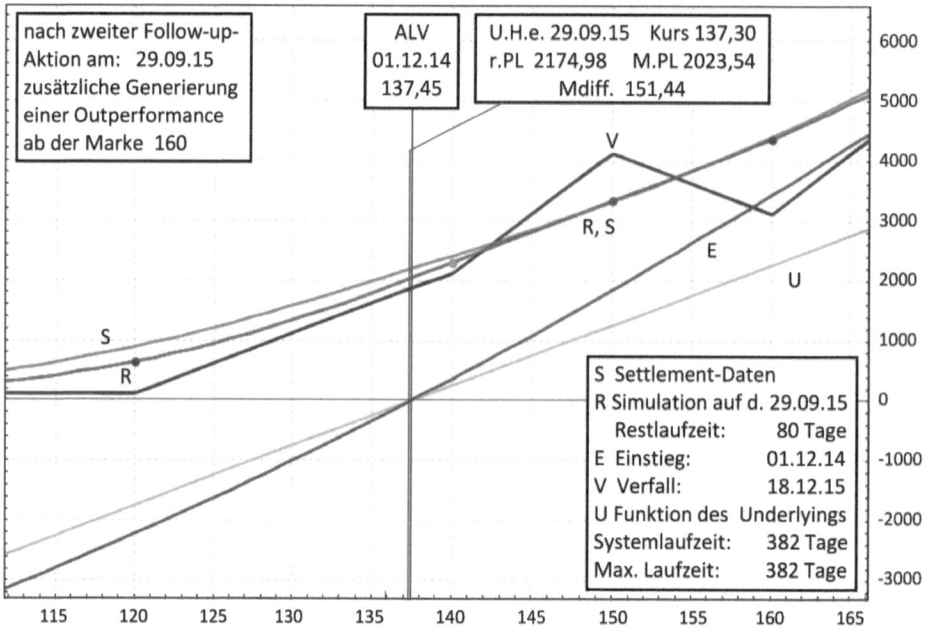

Abbildung 16.21: P/L-Diagramm nach der zweiten Follow-up-Aktion

Versuchen Sie mit der Software die zweite Follow-up-Aktion (Gruppe »C« im Vandermart-Tracker) herauszunehmen, und Sie werden über den Unterschied verblüfft sein. In Abbildung 16.22 ist die Auswertung des Systems zu sehen.

Praxisübung:

Strategiedatei für den Vandermart-Tracker: **K16P1_2_3_b1**.

Aktivieren Sie für die Simulationen folgende Buttons in der Strategiesimulation: **Div, H.e., E.E.** (Div = Einbeziehen der Dividenden, H.e. = Historische Settlement-Daten einbeziehen, E.E. = P/L-Darstellung ab dem ersten Einstieg).

Zur Einblendung des Underlyings siehe letzten Absatz der Praxisübung auf S. 231. Versuchen Sie auch, das Underlying durch einen Future auszutauschen. Achten Sie darauf, dass die Laufzeit des Futures mit der Laufzeit der Optionen übereinstimmt.

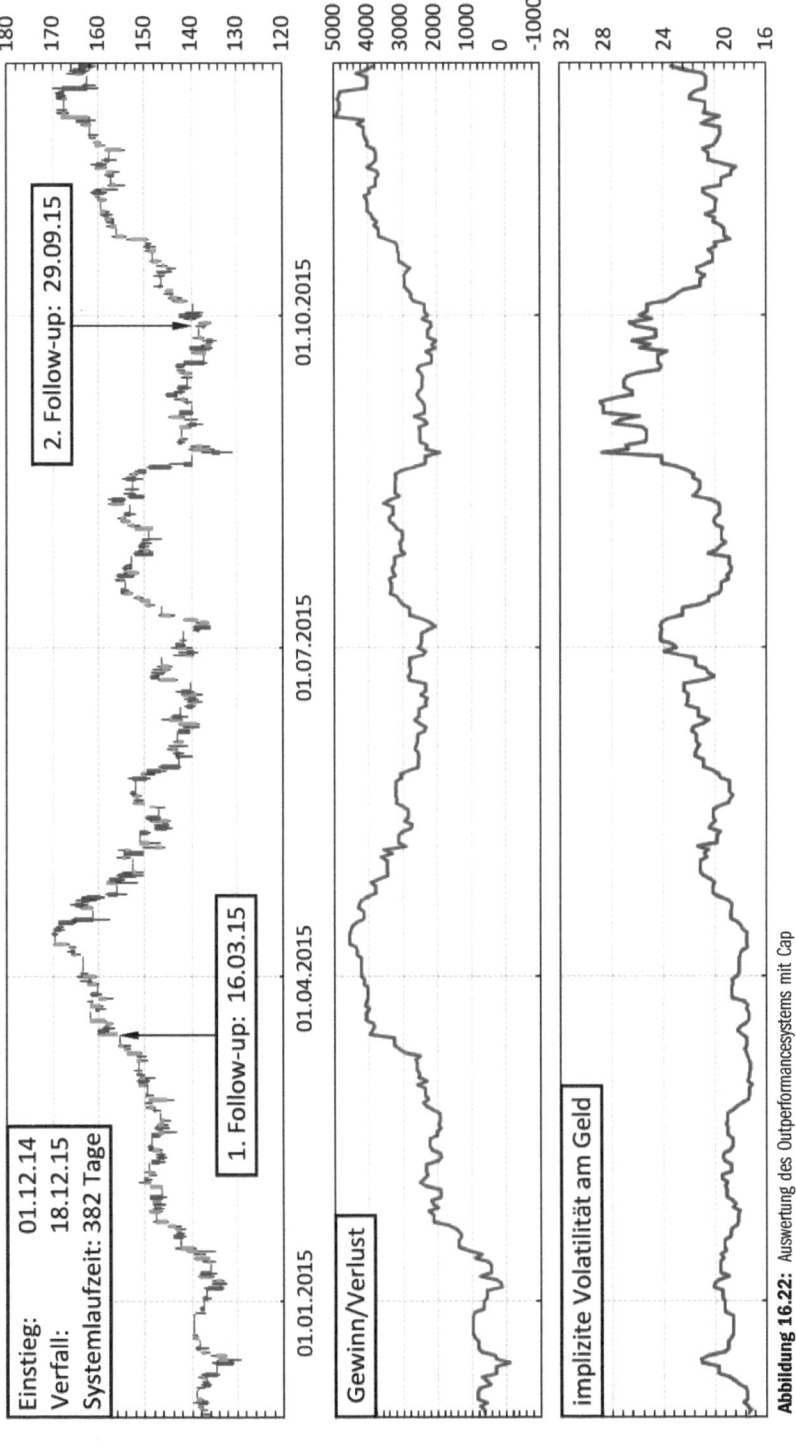

Abbildung 16.22: Auswertung des Outperformancesystems mit Cap

16.1.2.4 Twin-win-Strategien

Die sogenannten Twin-win-Typen zählen zu den bidirektionalen Strategien. Darunter ist zu verstehen, dass vom Ausgangsniveau in beide Richtungen ein Gewinn erzielt werden soll. So verlockend solche Ansätze auch sind, ist zu bedenken, dass man nicht alles haben kann. Diese Strategien sind nur mit gewissen Performance-Einschränkungen umzusetzen. Auch bei diesen Systemen sollte die Dividendenrendite so hoch wie möglich sein und die Laufzeit mindestens ein Jahr betragen. Die nachfolgend vorgestellte Strategie hat eine gewisse Ähnlichkeit mit einem Bonuszertifikat. Abbildung 16.26 zeigt die Gewinn-/Verlustentwicklung des Systems über die gesamte Laufzeit inklusive beider Follow-up-Aktionen. Als Underlying wurde die Aktie von Daimler gewählt. Tabelle 16.21 zeigt die Positionen für den Grundaufbau.

Ausgangslage am 17.6.2014 Investition: 14512,34 € (Debit)						Partipation kurssteigend 100% – kein Cap		
						Gewinnbegrenzung kursfallend zwischen den Marken 56 und 66		
						Maximalgewinn kursfallend:		487,66 €
Markt: Daimler (DAI) Kurs: 69,65 € Bezugsverhältnis: 100 Optionstyp: amerikanisch			Zins: 0,50% p.a. Dividende p.a.: 2,33 € (Dividende bezieht sich auf Gesamtinvestition)			Systemlaufzeit: 340 Tage Maximale Laufzeit: 367 Tage		
Pos.	Handelstag	Kauf/Verk.	Typ	Kontrakte	Strike	Verfall	Prämie	Gesamt
1	17.6.2014	Kauf	Put	3	72	19.6.15	8,84	-2652,00
2	17.6.2014	Verkauf	Put	1	66	19.6.15	5,57	557,00
3	17.6.2014	Verkauf	Put	10	56	19.6.15	2,11	2110,00
4	17.6.2014	Kauf	Put	8	52	19.6.15	1,33	-1064,00
5	17.6.2014	Kauf	Udl.	200	-	-	-	-13930,00

Tabelle 16.21: Twin-win – kursfallend ist der Gewinn begrenzt

Der Maximalgewinn kursfallend wurde mit 487 Euro begrenzt und ist etwas höher als die Summe der Dividenden, die während der Laufzeit ausgeschüttet werden. Die Systemlaufzeit wurde auf 340 Tage festgelegt. Am Tag 340 ist der Gewinn am Einstiegsniveau noch knapp größer als die Dividenden, die für die Finanzierung des Twin-win-Systems herhalten mussten. Kursabwärts sind somit bis zur Kursmarke 52 Einnahmen in der Höhe der Dividenden sicher und es gibt zugleich einen beträchtlichen Sicherheitspuffer von 25%. Unter der Marke 52 verhält sich das System auf Verfall wie eine Aktie, was den Verlust betrifft. Kurssteigend konnte eine 100%-Partizipation erzielt werden. Die vorhandenen Schwachstellen werden im Laufe der Zeit durch Follow-up-Aktionen weitgehend beseitigt. Abbildung 16.23 zeigt die Ausgangslage (Einstiegsfunktion E). Kurssteigend fällt auf, dass auf Verfall der Kurs erst von 69,65 auf 72 steigen muss, bevor er in den Genuss der 100%-Partizipation kommt. Dies ist eben der Preis für den Gewinn und den Sicherheitspuffer von 25% auf der fallenden Kursseite.

Kurz nach dem Einstieg kommt es zu stark fallenden Notierungen. Es wird eine Follow-up-Aktion durchgeführt, um die 100%-Partizipation bereits ab dem ursprünglichen Einstiegsniveau zu ermöglichen. Der Simulationsgraf (R) in Abbildung 16.23 macht die Situation am 9.10.2014, einen Tag vor der geplanten Follow-up-Aktion, sichtbar. Tabelle 16.22 zeigt die benötigten Einzelpositionen, Abbildung 16.24 das zugehörige P/L-Diagramm nach der durchgeführten Follow-up-Aktion.

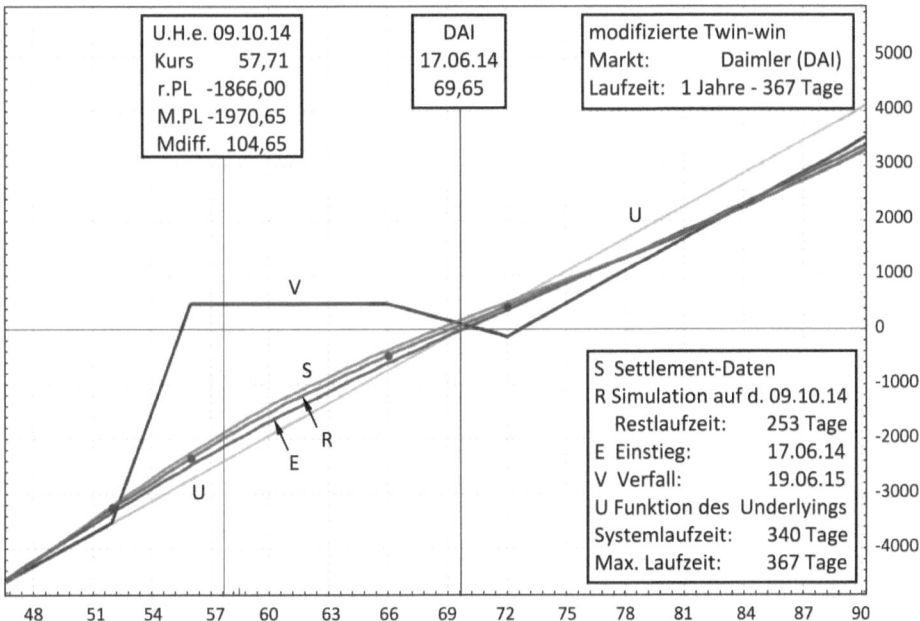

Abbildung 16.23: Twin-win - Ausgangslage

Follow-up am 10.2.2015 aktueller Kurs: 56,01 € Einstiegskurs: 137,45 €					Restlaufzeit nach Follow-up: 277 Tage			
Pos.	Handelstag	Kauf/Verk.	Typ	Kontrakte	Strike	Verfall	Prämie	Gesamt
1	10.10.2014	Verkauf	Put	3	72	19.6.15	18,27	5 481,00
2	10.10.2014	Kauf	Put	3	70	19.6.15	16,39	-4 917,00

Tabelle 16.22: Umstellung der 100%-Partizipation von der Marke 72 auf 70

Es wird ersichtlich, wie sich nach der erfolgten Umstellung der Funktionsgraf verändert. Zum Einen wurde die Partizipationsrate von 100% von 72 auf 70 abgesenkt. Zum Anderen konnte der Verlust auf Verfall in diesem Bereich auf knapp über null angehoben werden. Gerade im Zeitbereich des Endes der Systemlaufzeit, die auf 351 Tage verlängert wurde, ist das vorteilhaft, wenn sich der Kurs auf Einstiegsniveau befinden sollte, da die Simulationsfunktion (R) um dieses Kursniveau noch einen Gewinn ausweisen wird, der höher als die Dividendenausschüttung ist.

Nach der ersten Follow-up-Aktion zieht der Kurs gemächlich nach oben und fährt innerhalb von drei Monaten noch erheblich in den Gewinnbereich. Nun ist zu überlegen, wie die Gefahr an der Kursunterseite gebannt werden kann. Dazu wird eine zweite Follow-up-Aktion vorbereitet. Tabelle 16.23 zeigt die benötigten Einzelpositionen, Abbildung 16.25 das zugehörige P/L-Diagramm nach der durchgeführten zweiten Follow-up-Aktion.

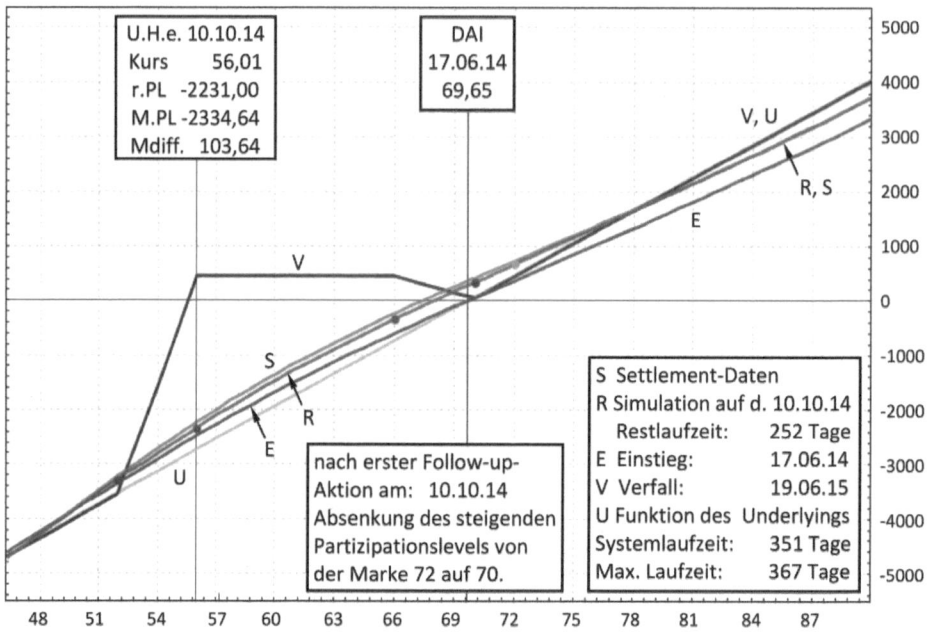

Abbildung 16.24: Twin-win nach der ersten Follow-up-Aktion am 10.10.2014

Follow-up am 10.2.2015 aktueller Kurs: 82,16 € Einstiegskurs: 137,45 €				Restlaufzeit nach Follow-up: 129 Tage				
Pos.	Handelstag	Kauf/Verk.	Typ	Kontrakte	Strike	Verfall	Prämie	Gesamt
1	10.2.2015	Kauf	Put	10	56	19.6.15	0,30	-300,00
2	10.2.2015	Verkauf	Put	8	52	19.6.15	0,19	152,00
3	10.2.2015	Kauf	Put	1	70	19.6.15	1,76	-176,00
4	10.2.2015	Verkauf	Put	1	68	19.6.15	1,39	139,00

Tabelle 16.23: Twin-win nach der ersten Follow-up-Aktion am 10.2.2015

Die Gefahr an der Kursunterseite ab der Marke 56 abwärts konnte gänzlich beseitigt werden. Ein weiterer wichtiger Punkt ist, wie gravierend sich die Simulationsfunktion (R) um das Einstiegsniveau nach oben gezogen hat. Sollte es nach der zweiten Follow-up-Aktion nochmals zu einem Kursabfall kommen, so wird im Einstiegsbereich noch ein Gewinn ausgewiesen, der mehr als doppelt so hoch ist wie die Dividendenausschüttung! Aus diesem Grund wurde auch die Systemlaufzeit auf 333 Tage abgesenkt. Für diese Vorteile der zweiten Follow-up-Aktion musste der Gewinn auf der steigenden Kursseite um ca. 200 Euro abgesenkt werden (kurssteigend Funktion U zu V beachten).

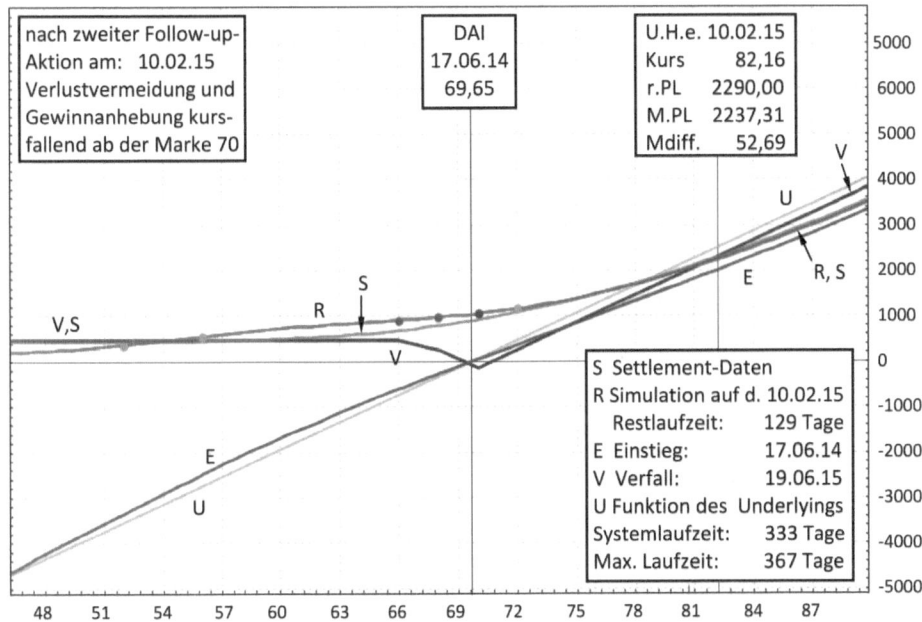

Abbildung 16.25: Twin-win nach der zweiten Follow-up-Aktion am 10.2.2015

Praxisübung:

Strategiedatei für den Vandermart-Tracker: **K16P1_2_4_a1**.

Aktivieren Sie folgende Buttons in der Strategiesimulation: **Div, H.e., E.E.**
(Div = Einbeziehen der Dividenden, H.e. = Historische Settlement-Daten einbeziehen. E.E. = P/L-Darstellung ab dem ersten Einstieg).

Zur Einblendung des Underlyings siehe letzten Absatz der Praxisübung auf S. 231. Versuchen Sie auch, das Underlying durch einen Future auszutauschen. Achten Sie darauf, dass die Laufzeit des Futures mit der Laufzeit der Optionen übereinstimmt.

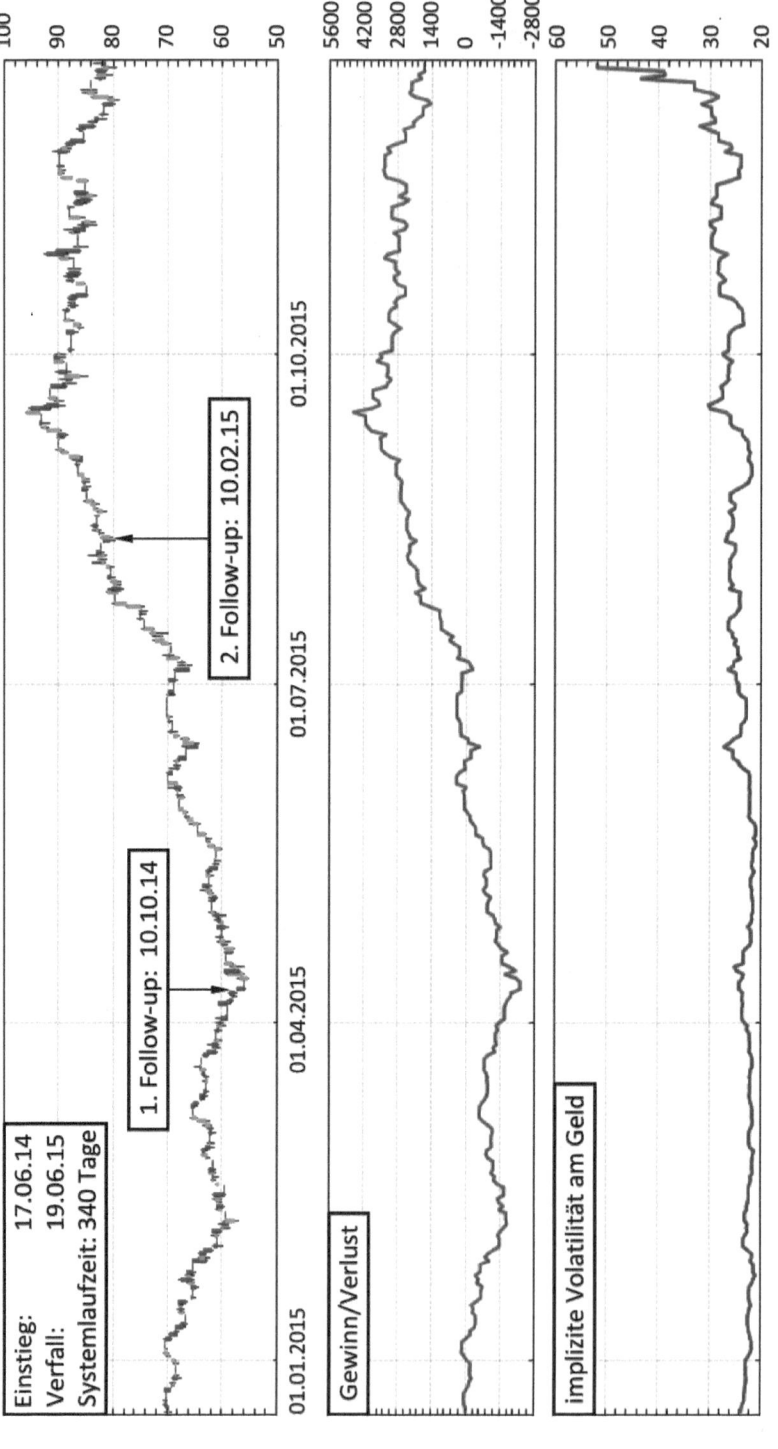

Abbildung 16.26: Auswertung des Twin-win-Systems

16.2 Kurz- bis mittelfristige Strategien

Kurz- bis mittelfristige Strategien werden eher den typischen Trader als den fundamental orientierten Investor ansprechen. Je kürzer der Zeithorizont gewählt wird, desto wichtiger werden charttechnische Aspekte. Auch das Traden auf unternehmensspezifische News oder auch die Präsentation der Geschäftsentwicklung auf einer Hauptversammlung einer Aktiengesellschaft fällt in diese Kategorie. Unter kurzlaufenden Optionsstrategien versteht man Laufzeiten bis zu drei Monaten, unter mittelfristig drei Monate bis maximal ein Jahr.

Sowohl die Strategieerstellung, wie auch die Follow-up-Aktionen unterscheiden sich im Vergleich zu langfristigen Konzepten ganz erheblich. Im Kurzfristbereich werden in vielen Fällen für Ein- und Ausstiege Indikatoren oder Handelssysteme zur Unterstützung herangezogen. Oft befinden sich solche Systeme nur wenige Tage im Markt. Das hat zur Folge, dass der Gewinn oder Teilgewinn entweder sehr schnell gesichert oder die Strategie glattgestellt werden muss. Somit sind solche Strategien so zu konzipieren, dass im Falle der richtigen Markteinschätzung Gewinne durch die Kursbewegung auch sehr schnell aufgebaut werden. Keinesfalls dürfen sich Gewinne nur langsam über die Zeit entwickeln, da sonst die Gefahr besteht, dass durch eine Gegenbewegung des Underlyings alles wieder zunichte gemacht wird. Der Optionshandel im kurzfristigen Zeitbereich ist auf jeden Fall zeitaufwendiger und anspruchsvoller als die Erstellung und Überwachung der zuvor beschriebenen Langfriststrategien.

16.2.1 Swing-Trading

Beim Swing-Trading wird versucht, durch das Ausnutzen von Kursschwankungen Gewinne zu erzielen. Der Zeitbereich, der hierfür genutzt wird, ist in hohem Maße von der Handelstechnik abhängig. Ein aktiver Day-Trader, der ausschließlich mit Futures arbeitet, wird versuchen, im Laufe eines Handelstages durch erwartete bzw. erhoffte Kursbewegungen in die eine oder andere Richtung mehrere Trades umzusetzen. Das erfordert extreme Konzentration, Erfahrung, aufwendige technische Unterstützung und auch ein Quäntchen Glück. Mit Optionen wäre das undenkbar und würde überhaupt keinen Sinn machen. Mit einer Optionsstrategie müssen mehrere Positionen in und aus dem Markt gebracht werden, was zu erheblichen Reibungsverlusten bzw. Slippage und hohen Spesen führen würde. Ein weiterer Grund ist, dass eine durchschnittliche Tagesbewegung durch das Underlying viel zu klein ausfallen würde, um daraus nennenswerte Gewinne zu erzielen. Für das Swing-Trading mit Optionen sind Systemlaufzeiten zwischen einem und drei Monaten anzusetzen. Das heißt deswegen nicht, dass das System bis zum Ende der Systemlaufzeit im Markt bleiben muss. Ganz im Gegenteil. Sobald der Kurs das Zielgebiet erreicht, wird entweder ausgestiegen oder ein Teilausstieg durchgeführt. Besonderes Augenmerk sollte auf das Chancen-/Risiko-Verhältnis gelegt werden. Die Systemlaufzeit kann dafür im Extremfall auch auf die Hälfte der Gesamtlaufzeit (Restlaufzeit von Einstieg bis Verfall) verkürzt werden.

Beim Swing-Trading sind der richtige Ein-/Ausstiegszeitpunkt und die Marktrichtung maßgebliche Faktoren. Aus diesem Grund ist eine Chartsoftware für diese Handelstechnik zu empfehlen (siehe Abschnitt 3.4). Auch wenn eine gewisse Einarbeitungszeit in diese Programme aufgewendet werden muss, so ist der Erfolg doch auch von der Qualität der generierten Signale abhängig. Eine perfekte Signalgebung gibt es nicht, wird es auch nie geben und sollte daher auch nicht angestrebt werden. Ziel ist die bestmögliche Orientierung, mehr nicht! Der Rest wird mit einem guten Chancen-/Risikoprofil der Strategie erledigt und Schwachstellen bestmöglich mit Follow-up-Aktionen bereinigt. Eine wichtige Unterstützung für die Bestimmung von Kurszielen ist die »Auslenkung«, die bereits in Kapitel 15 beschrieben wurde. Falls Ihnen diese Funktion nicht mehr geläufig sein sollte, lesen Sie bitte nochmals nach, da in den kommenden Beschreibungen des Öfteren darauf Bezug genommen wird. Auf Details der Signalgenerierung wird in diesem Buch nicht eingegangen, da es bei Weitem den Rahmen sprengen würde.

16.2.1.1 Swing-Trading-System A

Für das nachfolgende Swing-Tradingsystem wurde ein simples Setup für das Timing gewählt. Als Markt wird der EURO STOXX 50 gewählt. Die einzelnen Kriterien für den Einstieg sind:

- Mindestens die letzten 15 Handelstage befinden sich in einem engen, steigenden Trendkanal,
- es kommt zu einem Durchbruch nach unten am oberen Ende dieses Trendkanals (16.7.2014),
- der gewichtete 9-Tage-Durchschnitt zeigt einen fallenden Wert und bricht ebenfalls am oberen Ende des Trendkanals nach unten aus, und
- der Beschleunigungsindikator (Accelerator) durchbricht die Nulllinie von oben nach unten.

Auf Grund des charttechnischen Durchbruchs nach unten aus einem recht steil nach oben laufenden Trendkanal wird mit einer größeren Abwärtsbewegung gerechnet. Der fallende gewichtete 9-Tage-Durchschnitt und der Beschleunigungsindikator dienen als zusätzliche Bestätigung des Signals.

Es wird ein kurzlaufendes, auf fallende Kurse ausgerichtetes System mit einer Laufzeit von drei Monaten erstellt. Als unteres Kursziel wird die erste, untere Auslenkungsmarke, die einen Wert von 3 125 Punkten ausweist, herangezogen. Die Auslenkung ergibt einen Wert von 150,33 Punkten, was 4,59 % vom Kurswert des Underlyings entspricht. Tabelle 16.24 zeigt den Grundaufbau.

16.2 Kurz- bis mittelfristige Strategien

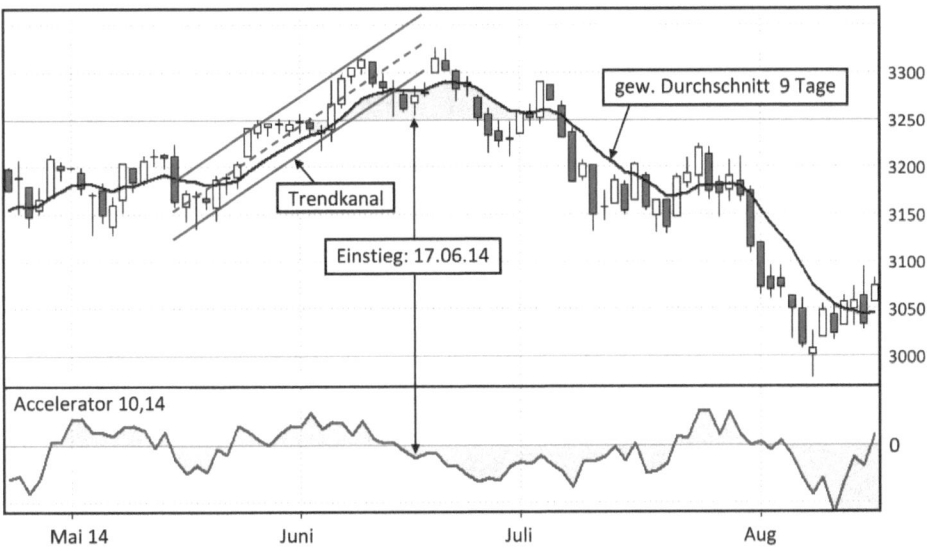

Abbildung 16.27: Charttechnische Entscheidung - Ausbruch nach unten

Ausgangslage am 17.6.2014 Investition: 629,00 € (Debit)						Swing-System fallend Kursziel: 3 125,00			
Markt: EURO STOXX 50 Kurs: 3 275,33 Bezugsverhältnis: 10 Optionstyp: europäisch			Zins: 0,23 % p. a.			Systemlaufzeit: 77 Tage Maximale Laufzeit: 94 Tage			
Pos.	Handelstag	Kauf/ Verk.	Typ	Kontrakte	Strike	Verfall	Prämie	Gesamt	
1	17.6.2014	Kauf	Put	1	3 275	19.9.14	98,10	-981,00	
2	17.6.2014	Verkauf	Put	1	3 125	19.9.14	48,90	489,00	
3	17.6.2014	Kauf	Call	1	3 300	19.9.14	77,90	-779,00	
4	17.6.2014	Verkauf	Call	1	3 325	19.9.14	65,70	657,00	
5	17.6.2014	Kauf	Call	1	3 575	19.9.14	5,50	-55,00	
6	17.6.2014	Verkauf	Call	1	3 600	19.9.14	4,00	40,00	

Tabelle 16.24: Ausgangslage - Swing-System fallend

Abbildung 16.28 zeigt das P/L-Diagramm zur Ausgangslage des Swing-Systems. Des Weiteren zeigt die Grafik die Situation einen Tag vor einer Follow-up-Aktion (am Folgetag wird das Kursziel erreicht). Die Einstiegsfunktion (E) zieht kursfallend sofort nach oben. Das ist bei Swing-Systemen fundamental wichtig! Sie können bei kurzfristigen Swing-Systemen nicht warten, bis sich über die Zeit erst ein Gewinn entwickelt. Die Gewinnentwicklung muss mit der Kursbewegung kommen! Eine Einstiegsfunktion, die mehr oder wenig horizontal verläuft, ist deltaneutral, d. h. gehedged, und das ist für diesen Handelsansatz eher problematisch. Die untere Auslenkungsmarke bei 3 125 ist das angestrebte Kursziel. Wird diese erreicht, so muss entweder ausgestiegen werden oder es wird versucht, durch eine

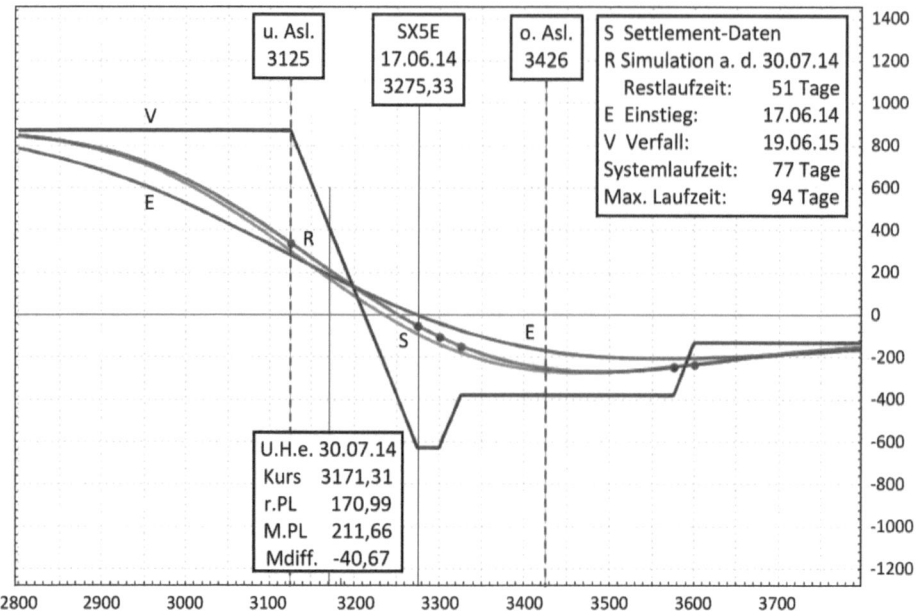

Abbildung 16.28: P/L-Diagramm – Ausgangslage des Swing-Systems

Follow-up-Aktion die Gewinne zu sichern und zusätzliche Gewinnchancen aufzubauen. Die obere Kursmarke mit 3426 Punkten ist ebenfalls eingezeichnet und auch eine wichtige Orientierungshilfe. Die Wahrscheinlichkeit, dass die obere oder untere Auslenkungsmarke während der Systemlaufzeit erreicht wird, liegt bei über 90 %. Als erreicht gilt auch, wenn *eine der beiden Marken, wenn auch nur Intraday,* kurz angetastet wird. Wird eine der Marken erreicht, so ist die statistische Chance, die Marke auf der Gegenseite noch zu erreichen, bei maximal 20 %! Es ist äußerst wichtig, diese Zahlen im Hinterkopf zu behalten. Diese Marken werden mit einem aufwendigen Algorithmus auf der Basis von historischen Daten automatisch berechnet (vgl. Kapitel 15). Wenn – wie in diesem Beispiel – wider Erwarten die obere Auslenkungsmarke erreicht wird, so muss das untere Kursziel aufgegeben werden! In diesem Fall muss versucht werden, den Verlust so klein wie möglich zu halten. Entweder durch einen sofortigen Ausstieg oder durch eine Follow-up-Aktion, mit der eine Verlustreduktion versucht wird. Am 31.7.2014 wird das Kursziel erreicht. Es folgt eine Follow-up-Aktion. Tabelle 16.25 zeigt die hierfür benötigten Positionen.

Follow-up am 31.7.2014 aktueller Kurs: 3 117,53 Einstiegskurs: 3 275,33				Restlaufzeit nach Follow-up: 50 Tage Systemlaufzeit: 74 Tage				
Pos.	Handelstag	Kauf/ Verk.	Typ	Kontrakte	Strike	Verfall	Prämie	Gesamt
1	31.7.2014	Verkauf	Put	1	2 925	19.9.14	26,20	262,00
2	31.7.2014	Kauf	Put	1	2 825	19.9.14	15,00	-150,00
3	31.7.2014	Verkauf	Put	1	3 275	19.9.14	172,30	1 723,00
4	31.7.2014	Kauf	Put	1	3 250	19.9.14	153,50	-1 535,00
5	31.7.2014	Kauf	Call	2	3 300	19.9.14	11,50	-230,00
6	31.7.2014	Verkauf	Call	2	3 325	19.9.14	7,80	156,00

Tabelle 16.25: Erste Follow-up-Aktion nach Erreichen des Kursziels am 31.7.2014

Abbildung 16.29 zeigt das P/L-Diagramm unmittelbar nach der ersten Follow-up-Aktion. Damit wurde der erste Zielgewinn eingefahren und gesichert. Die ursprüngliche Hauptposition, der Bear-Spread mit den Strikes 3 275 und 3 125 wurde mit einem weiteren Verkauf eines Bear-Spreads (Positionen 1 und 2) zu einem leicht verzogenen Iron-Condor erweitert. Durch die Einnahme des verkauften Bear-Spreads wird ein zusätzlicher Bull-Spread gekauft, der ein Gewinnpotenzial auf der Kursoberseite ab der Marke 3 325 sichert. Um die Verlustsenke im Einstiegsbereich zu reduzieren, wurde die Put-Option mit Strike 3 275 auf 3 250 hinuntergerollt (Positionen 3 und 4). Mit dieser Follow-up-Aktion wurde die Simulationsfunktion (R) annähernd in der Höhe des angelaufenen Gewinns gehedged und die Chance auf wesentlich höhere Gewinne eröffnet. In dieser Situation kann das Swing-System bedenkenlos gehedged werden, da der Grundgewinn bereits eingefahren wurde! Vorsicht ist geboten, wenn der Kurs stark absinken sollte. Bevor das jedoch passieren kann, wird zum Einen etwas Zeit vergehen, was wiederum vorteilhaft wäre (bei Kursstillstand erhöht sich täglich ein wenig der Gewinn durch den Zeitwertverlust der Verkaufspositionen, der höher ist als der Zeitwertverlust der Kaufpositionen), und zum Anderen wird kursabwärts erst ein Gewinnhügel überschritten, bevor es mit den Gewinnen wieder nach unten geht.

Nach der ersten Follow-up-Aktion zieht der Kurs seitwärts, aber tendenziell leicht nach unten. In der Nähe des Gewinnhügels wird eine zweite Follow-up-Aktion durchgeführt, siehe Tabelle 16.26.

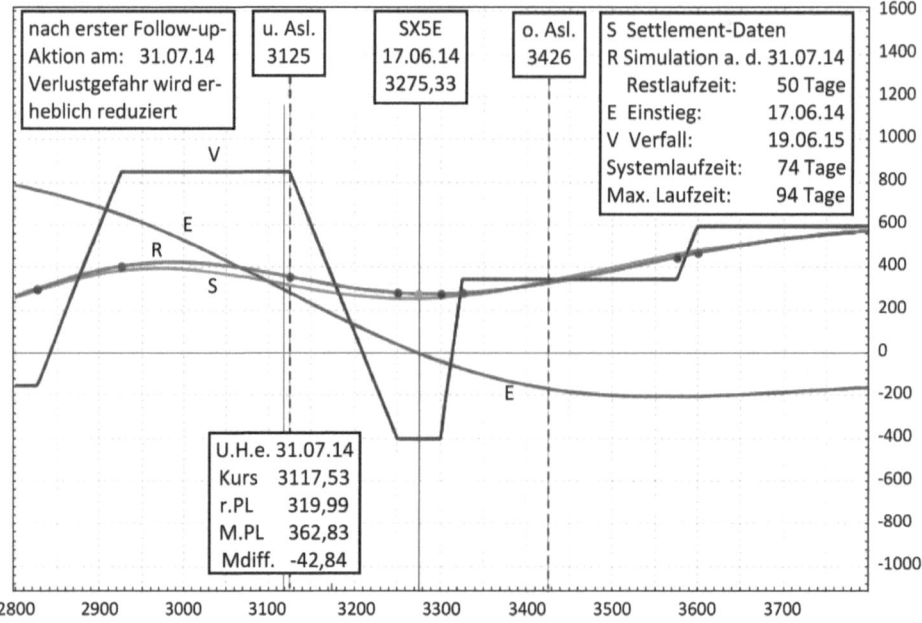

Abbildung 16.29: Swing-System nach der ersten Follow-up-Aktion am 31.7.2014

Follow-up am 12.8.2014 aktueller Kurs: 3 024,65 Einstiegskurs: 3 275,33					Restlaufzeit nach Follow-up: 38 Tage Systemlaufzeit: 90 Tage			
Pos.	Handelstag	Kauf/ Verk.	Typ	Kontrakte	Strike	Verfall	Prämie	Gesamt
1	12.8.2014	Verkauf	Put	1	3250	19.9.14	228,60	2 286,00
2	12.8.2014	Kauf	Put	1	3125	19.9.14	125,10	-1 251,00
3	12.8.2014	Kauf	Put	1	2925	19.9.14	36,40	-364,40
4	12.8.2014	Verkauf	Put	1	2825	19.9.14	18,60	186,00

Tabelle 16.26: Zweite Follow-up-Aktion am 12.8.2014

Da seit der ersten Follow-up-Aktion etwas Zeit vergangen ist und sich der Kurs in Richtung des unteren Gewinnhügels (siehe Abbildung 16.29) näherte, ist der Gewinn noch etwas angestiegen. Mit der zweiten Follow-up-Aktion wird jegliche Gefahr gebannt und die Chance auf höhere Gewinne ist nach wie vor gegeben. Mit den Positionen 1 bis 4 wird der leicht verzogene Iron-Condor glattgestellt. Somit sind nur noch zwei Bull-Spreads im Spiel. Abbildung 16.30 zeigt die Situation nach der durchgeführten zweiten Follow-up-Aktion.

Es setzt die Gegenbewegung ein. Wie aus der Statistik der Auslenkungsmarken bekannt ist, ist die Chance, die obere Auslenkungsmarke doch noch zu erreichen, viel zu klein, um darauf zu spekulieren. Als Ausstiegsziel wird die Einstiegsmarke festgelegt. Wird diese noch erreicht, so wird der Gewinn erheblich gesteigert. Falls nicht, ist das Gewinnziel trotzdem erreicht. Wenn das System im Volumen größer

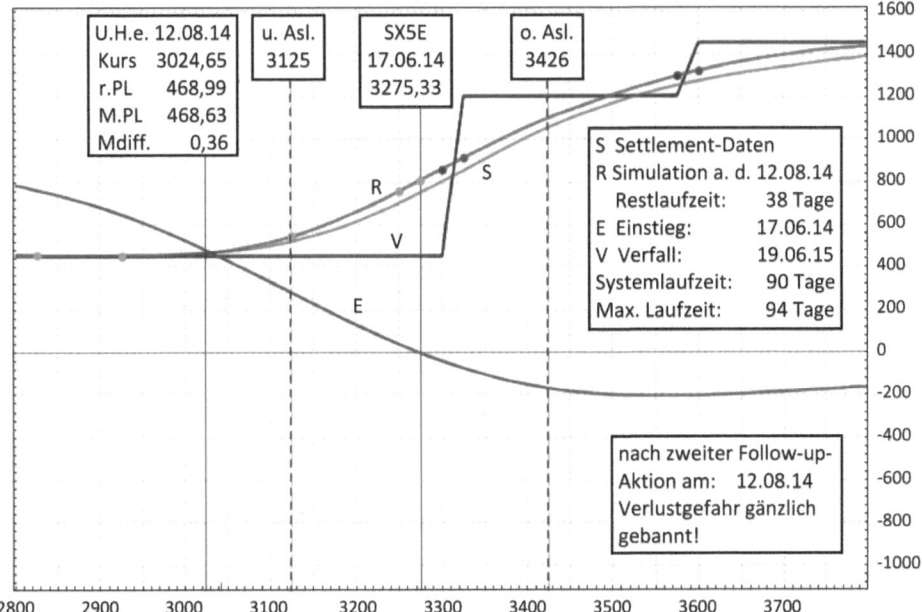

Abbildung 16.30: Swing-System nach der zweiten Follow-up-Aktion am 12.8.2014

aufgebaut ist, ist es auf jeden Fall sinnvoll, einen Teilausstieg auf dem Weg zum ursprünglichen Einstiegsniveau vorzunehmen. Am 4.9.2014 wird das Einstiegsniveau wieder erreicht. Das bedeutet: Ausstieg! Die Gewinnentwicklung ist in der Abbildung 16.31 zu sehen.

Praxisübung:

Strategiedatei für den Vandermart-Tracker: **K16P2_1_1_a**.

Aktivieren Sie für die Simulationen folgende Buttons in der Strategiesimulation: **H.e., E.E.** (H.e. = Historische Settlement-Daten einbeziehen, E.E. = P/L-Darstellung ab dem ersten Einstieg).

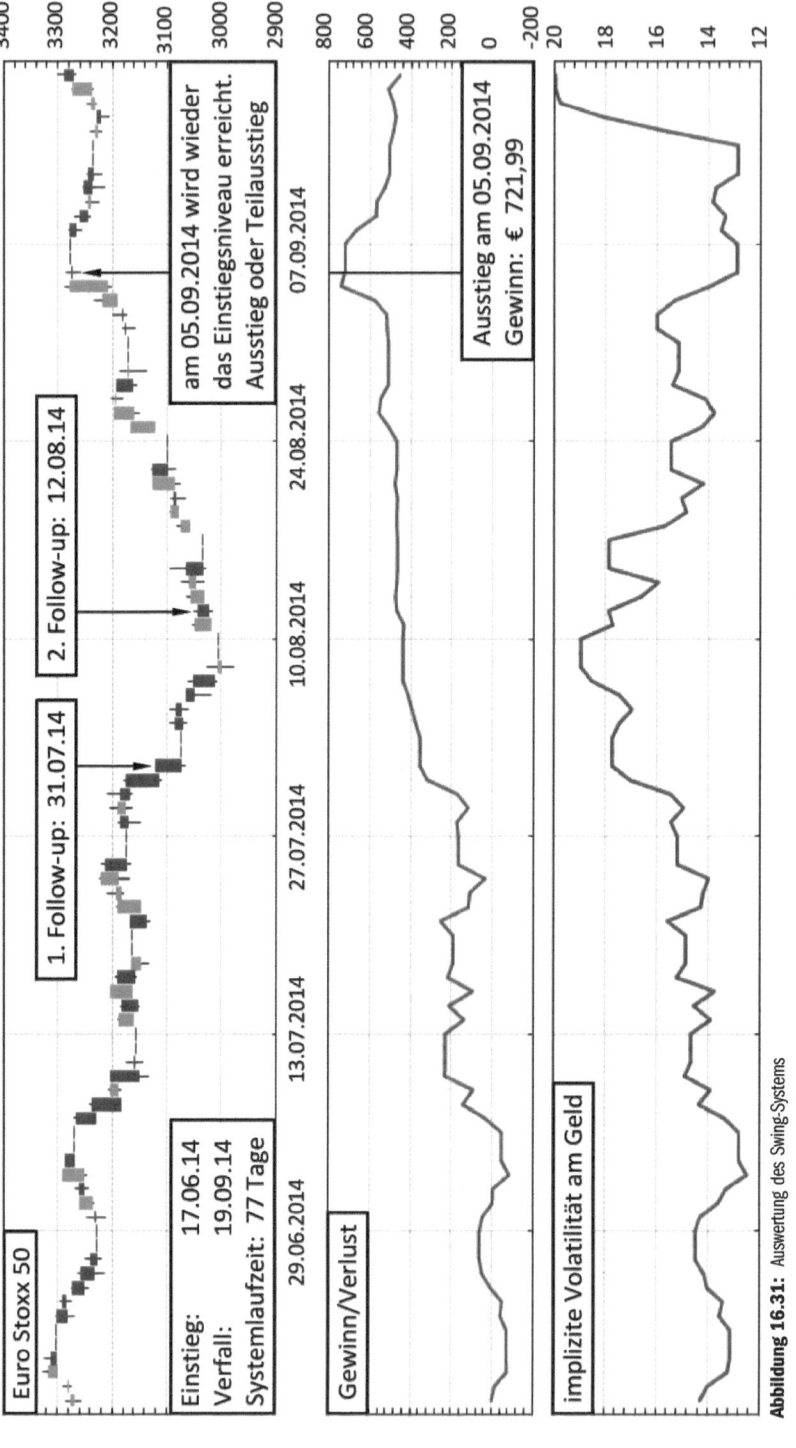

Abbildung 16.31: Auswertung des Swing-Systems

16.2.1.2 Swing-Trading-System B – fallend

Für das nachfolgend vorgestellte Swing-Tradingsystem werden für die Follow-up-Aktionen die Auslenkung und ein Indikator herangezogen. Als Markt wird der DAX-Index gewählt. Die Markteinschätzung ist auf fallende Notierungen ausgerichtet.

Das Setup für den Einstieg beruht ausschließlich auf technischer Analyse und ist in Abbildung 16.32 dargestellt. Die einzelnen Kriterien für den Einstieg bestehen aus einer 21-Tage-Linie (gewichteter Durchschnitt), einem mittelfristig eingestellten MACD-Indikator sowie einem kurzfristig eingestellten Slow-Stochastic-Indikator:

- Der gewichtete Durchschnitt mit einer Dauer von 21 Handelstagen muss eine seitwärts bis fallende Tendenz aufweisen und ist die erste grobe Orientierung.
- Der MACD-Indikator mit der Einstellung 12,26,9 (eine typische Grundeinstellung) liegt über der Nulllinie (durchgezogene Linie), und die Trigger-Funktion (gestrichelte Linie) liegt über der Grundfunktion (durchgezogene Linie) des MACD.
- Der Indikator »Slow Stochastic« mit der Einstellung 5,4,4 dient zur Feinabstimmung und bewegt sich zwischen den Werten 0 und 100. Für eine fallende Indikation steht das Signal auf grün, wenn die Hauptfunktion (durchgezogene Linie) entweder die Marke 80 von oben nach unten durchbricht oder wenn sich die Hauptfunktion über der Marke von 80 befindet und von der Triggerfunktion (gestrichelte Linie) von unten nach oben durchbrochen wird (für einen steigend erwarteten Markt gilt die 20-er Marke. Ansonsten ist die Auswertung dieses Indikators seitenverkehrt zum Beschriebenen vorzunehmen).

Am 7.7.2014 sind alle drei Bedingungen erfüllt (siehe Details in Kapitel 15, Markteinstieg, auf der Basis von »end of day«-Daten).

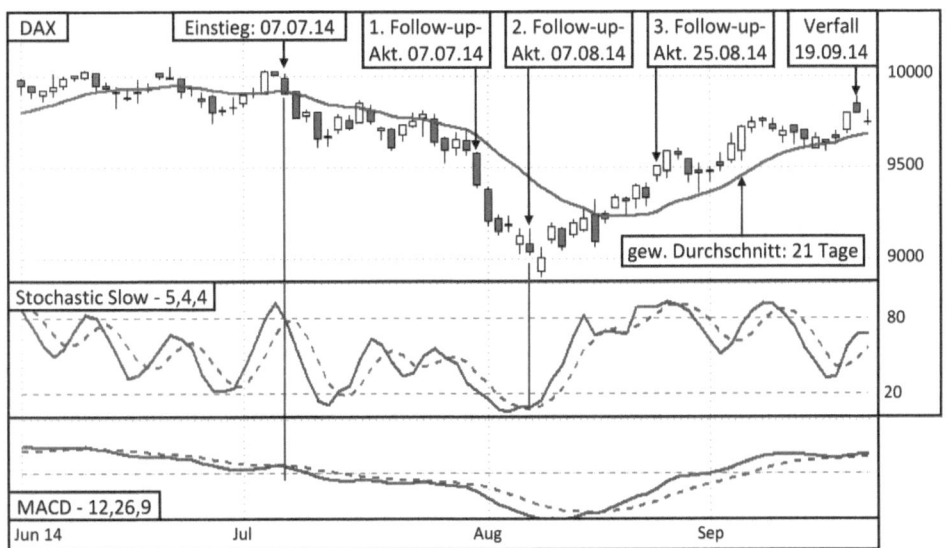

Abbildung 16.32: Kriterien für den Einstieg sowie Follow-up-Aktionen

Betrachtet man einen längerfristigen Chart, so fällt auf, dass typische Swings relativ häufig vorkommen. Den Kurseinbrüchen folgte meist eine Gegenbewegung. Beim Swing-Trading mit Optionssystemen muss diesem Fakt besondere Aufmerksamkeit geschenkt werden. Die Gegenbewegung muss stets in der Planung berücksichtigt werden. Tabelle 16.27 zeigt den Grundaufbau, Abbildung 16.33 das P/L-Diagramm der Ausgangslage. Die Simulationsfunktion ist auf den 30.7.2014 eingestellt (einen Tag vor der ersten Follow-up-Aktion).

Ausgangslage am 7.7.2014 Investition: 626,50 € (Debit)						Swing-System fallend Erstes Kursziel: 9 476 (untere Auslenkung)			
Markt:	DAX		Zins: 0,20 % p. a.			Systemlaufzeit:		64 Tage	
Kurs:	9 914,40					Maximale Laufzeit:		74 Tage	
Bezugsverhältnis:	5								
Optionstyp:	europäisch								
Pos.	Handelstag	Kauf/ Verk.	Typ	Kontrakte	Strike	Verfall	Prämie	Gesamt	
1	7.7.2014	Kauf	Call	1	9 600	19.9.14	440,20	-2 201,00	
2	7.7.2014	Verkauf	Call	1	9 700	19.9.14	365,30	1 826,50	
3	7.7.2014	Kauf	Put	2	9 500	19.9.14	100,90	-1 009,00	
4	7.7.2014	Verkauf	Put	2	9 300	19.9.14	69,40	694,00	
5	7.7.2014	Verkauf	Put	3	8 600	19.9.14	21,10	316,50	
6	7.7.2014	Kauf	Put	3	8 450	19.9.14	16,90	-253,50	

Tabelle 16.27: Ausgangslage – Swing-System fallend

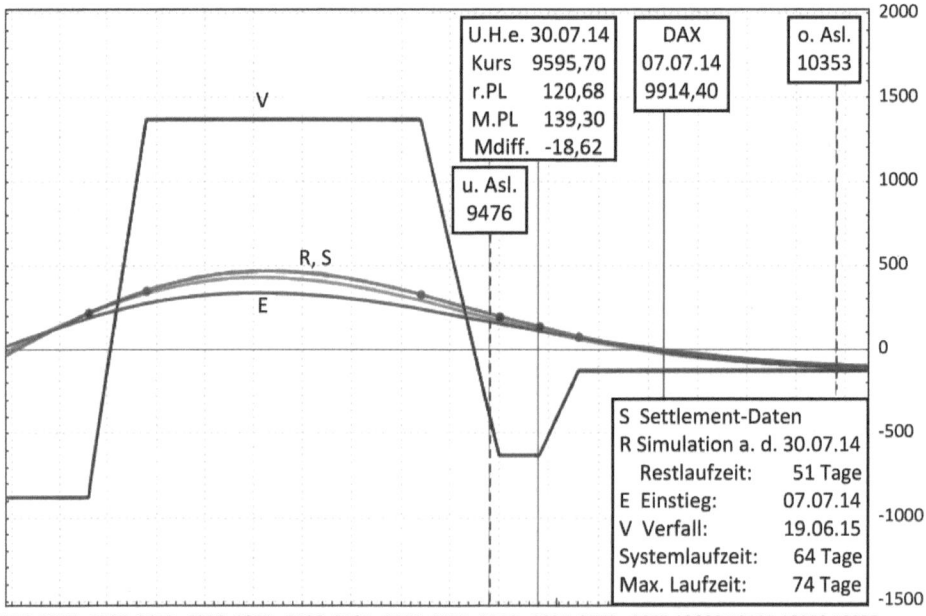

Abbildung 16.33: Ausgangslage

Der Verlust, der kurssteigend entstehen kann, ist auf 126,32 Euro begrenzt. Wegen der Senke im Bereich von 9 450 bis 9 700 wurde die Systemlaufzeit vorerst von 74 auf 64 Tage begrenzt. Die untere Auslenkungsmarke, der wir bis zur ersten Follow-up-Aktion besonderes Augenmerk schenken, liegt bei 9 476. Wird diese Marke erreicht, wird als Erstes die Verlustgefahr, die kurssteigend entstehen würde, reduziert. Am 31.7.2014 wird diese Marke erreicht. Die benötigten Positionen können gleich nach dem Einstieg mit berechnetem Limit (Vorgehensweise siehe Kapitel 15) in den Markt gelegt werden, wobei es sich um einen simplen Bull-Spread handelt. Tabelle 16.28 zeigt die benötigten Positionen für die erste Follow-up-Aktion, Abbildung 16.34 das zugehörige P/L-Diagramm.

Nach der ersten Follow-up-Aktion wurde durch die Erweiterung des Systems mit einem Bull-Spread die Verlustgefahr für die aktuelle Systemlaufzeit auf der steigenden Seite gebannt. Als Nächstes konzentrieren wir uns auf die kommende Follow-up-Aktion, die den ersten Teilgewinn bringen sollte.

Follow-up am 31.7.2014 aktueller Kurs: 9 415,80 Einstiegskurs: 9 914,40				Restlaufzeit nach Follow-up: 50 Tage Systemlaufzeit: 64 Tage				
Pos.	Handelstag	Kauf/Verk.	Typ	Kontrakte	Strike	Verfall	Prämie	Gesamt
1	31.7.2014	Kauf	Call	1	9 750	19.9.14	80,40	-402,00
2	31.7.2014	Verkauf	Call	1	9 800	19.9.14	66,00	330,00

Tabelle 16.28: Erste Follow-up-Aktion nach dem Erreichen der unteren Auslenkungsmarke

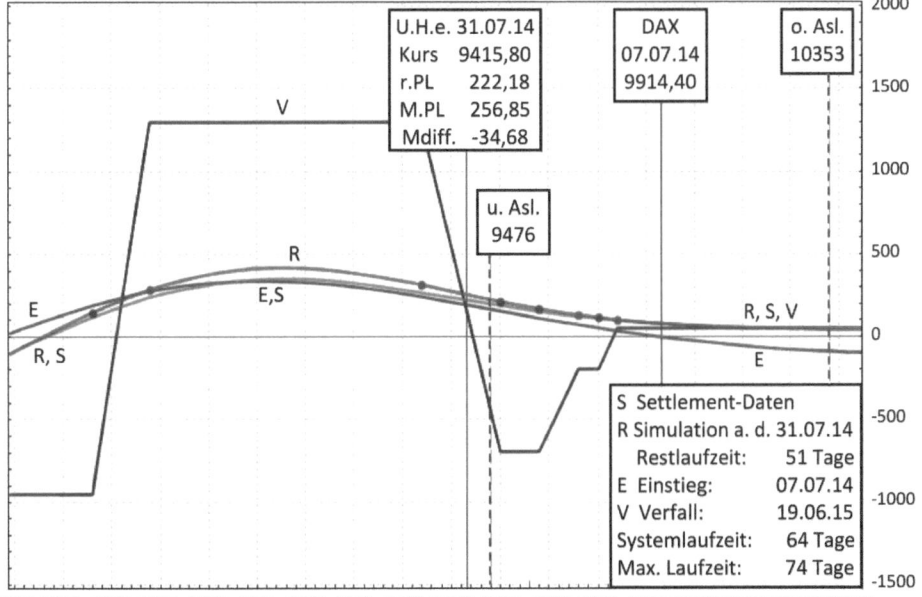

Abbildung 16.34: P/L-Diagramm nach der ersten Follow-up-Aktion am 31.7.2014

Es gibt zwei Kriterien, wann diese Aktion durchzuführen ist:

- Der Kurs des Underlyings geht so weit nach unten, dass der Gewinn wieder zu fallen beginnt (das Underlying überschreitet den Gewinnhügel nach unten).
- Der »Slow Stochastic«-Indikator (durchgezogene Linie) wird von der Triggerfunktion (gestrichelte Linie) von unten nach oben geschnitten oder der Indikator durchbricht von unten nach oben die 20er-Marke. Zusatzbedingung ist, dass bei Auflösung der folgenden Follow-up-Aktion ein Gewinn erhalten bleibt.

Am 7.8.2014 kommt diese Konstellation auf Grund der Indikation des Slow-Stochastic-Indikators zum Tragen. Für eine mögliche Gegenbewegung wird die ursprüngliche Hauptfunktion, die aus den Positionen 3 bis 6 (siehe Tabelle 16.27) der Ausgangslage besteht, aufgelöst und das maximale Gewinnpotenzial weiter ausgebaut (Tabelle 16.29, Positionen 5 und 6). Die Positionen für die zweite Follow-up-Aktion sind in der Tabelle 16.29 aufgeführt.

Follow-up am 7.8.2014 aktueller Kurs: 9 038,81 Einstiegskurs: 9 914,40				Restlaufzeit nach Follow-up: 43 Tage Systemlaufzeit: 74 Tage				
Pos.	Handelstag	Kauf/ Verk.	Typ	Kontrakte	Strike	Verfall	Prämie	Gesamt
1	7.8.2014	Verkauf	Put	2	9 500	19.9.14	507,40	5 074,00
2	7.8.2014	Kauf	Put	2	9 300	19.9.14	362,90	-3 629,00
3	7.8.2014	Kauf	Put	3	8 600	19.9.14	91,40	-1 371,00
4	7.8.2014	Verkauf	Put	3	8 450	19.9.14	67,10	1 006,50
5	7.8.2014	Kauf	Call	1	9 750	19.9.14	15,40	-77,00
6	7.8.2014	Verkauf	Call	1	9 800	19.9.14	12,00	60,00

Tabelle 16.29: Die zweite Follow-up-Aktion wird auf Grund der Indikation des Slow-Stochastic-Indikators ausgelöst

Die 6 Positionen lassen sich auf drei Combo-Orders reduzieren (Positionen 1 und 2, Positionen 3 und 4, Positionen 5 und 6). Da ab jetzt ein durchgehendes Gewinnpotenzial besteht, kann die Systemlaufzeit wieder auf 74 Tage erhöht werden. Das System befindet sich ab jetzt in einer ausgesprochen guten Win-win-Situation. Abbildung 16.35 zeigt das aktuelle P/L-Diagramm.

Wenn man die Simulationsfunktion betrachtet, so fällt auf, dass der Gewinn in Richtung des Ausgangsniveaus bei 9 914,40 Punkten recht steil nach oben zieht. Die Chance, dass die obere Auslenkungsmarke noch erreicht werden könnte, ist marginal. Dass das Ausgangsniveau wieder erreicht wird, ist absolut möglich, aber äußerst unsicher. Dass die untere Auslenkungsmarke erreicht wird, ist selbst bei einer kleineren Gegenbewegung sehr gut möglich. Somit dient diese Marke als Trigger für die letzte Follow-up-Aktion. Dabei wird ein weiterer Teilgewinn mitgenommen. Dadurch wird der Gewinn kursfallend angehoben. Kurssteigend wird durch diese Aktion zwar der Maximalgewinn etwas reduziert, ist aber immer noch höher als kursfallend. Die Positionen für die dritte Follow-up-Aktion sind in Tabelle 16.30 aufgeführt. Abbildung 16.36 zeigt das zugehörige P/L-Diagramm.

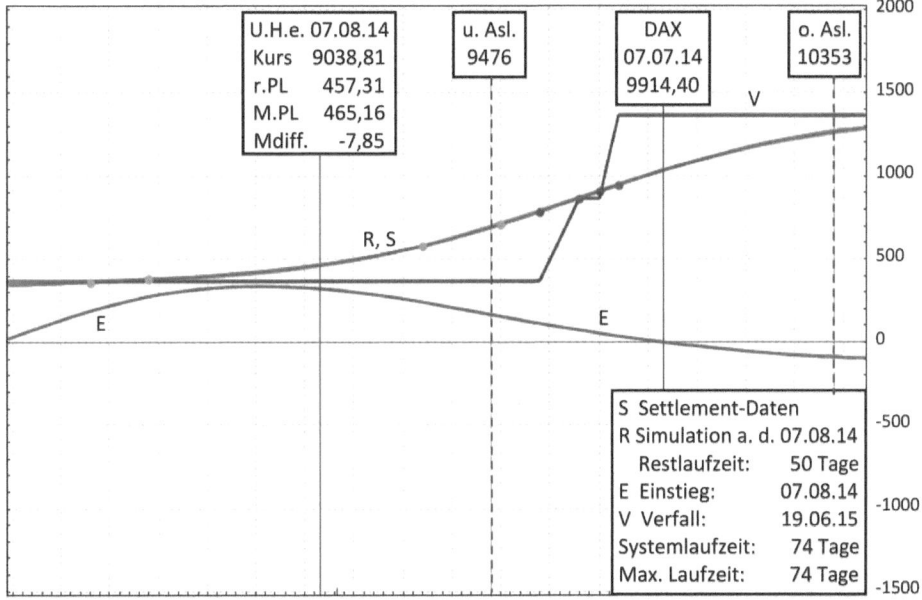

Abbildung 16.35: P/L-Diagramm nach der zweiten Follow-up-Aktion am 7.8.2014

Follow-up am 25.8.2014 aktueller Kurs: 9 497,28 Einstiegskurs: 9 914,40				Restlaufzeit nach Follow-up: 25 Tage Systemlaufzeit: 74 Tage				
Pos.	Handelstag	Kauf/Verk.	Typ	Kontrakte	Strike	Verfall	Prämie	Gesamt
1	25.8.2014	Verkauf	Call	1	9 600	19.9.14	90,60	453,00
2	25.8.2014	Kauf	Call	1	9 700	19.9.14	52,00	-260,00

Tabelle 16.30: Dritte Follow-up-Aktion, nachdem die untere Auslenkungsmarke durch eine Gegenbewegung wieder erreicht wurde

Nach dieser Aktion wird nur noch bis zum Verfall gewartet. Erreicht der DAX die Marke von 9 800 Punkten, so wird der Maximalgewinn von 1058,18 Euro erwirtschaftet. Das bedeutet ein Profit-/Loss-Ratio von 8,4:1. Im schlechteren Fall ist immerhin noch ein Gewinn von 558,18 Euro (Profit-/Loss-Ratio von 4,4:1) zu verbuchen. Wenn man bedenkt, dass der Maximalverlust nur 126,32 Euro betragen hätte, so ist das ein respektables Ergebnis.

Zum Zeitpunkt des Verfalls der Septemberoptionen am 19.9.2014 ging der DAX mit 9 828,19 Punkten aus dem Rennen. Es wurde der Maximalgewinn (Profit-/Loss-Ratio 8,4:1) eingefahren. In Abbildung 16.37 ist die Gewinnauswertung des Swing-Systems B über die Zeit ersichtlich.

270 16 Strategiesammlung

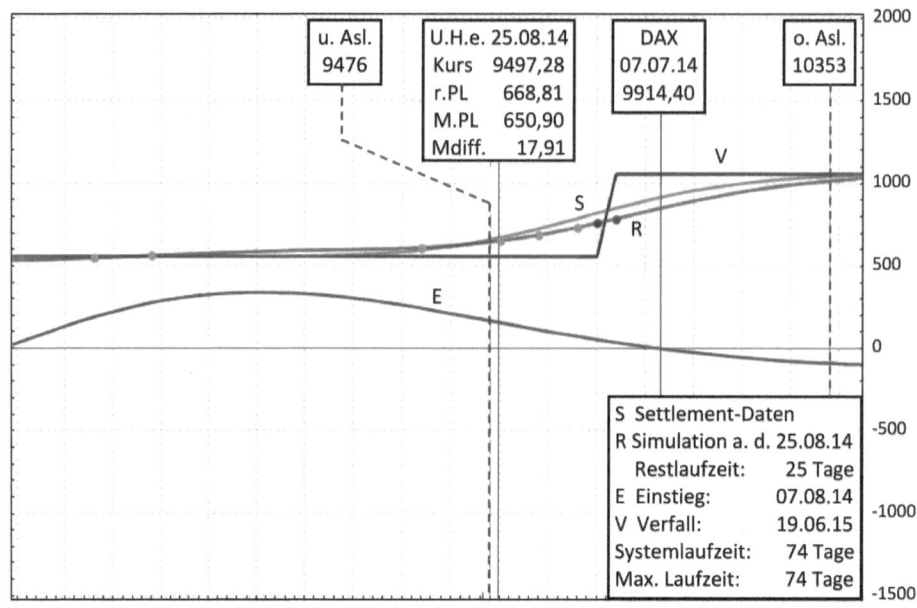

Abbildung 16.36: P/L-Diagramm nach der dritten Follow-up-Aktion am 25.8.2014

Praxisübung:

Strategiedatei für den Vandermart-Tracker: **K16P2_1_2_a**.

Aktivieren Sie für die Simulationen folgende Buttons in der Strategiesimulation: **H. e., E. E.** (H. e. = Historische Settlement-Daten einbeziehen, E. E. = P/L-Darstellung ab dem ersten Einstieg).

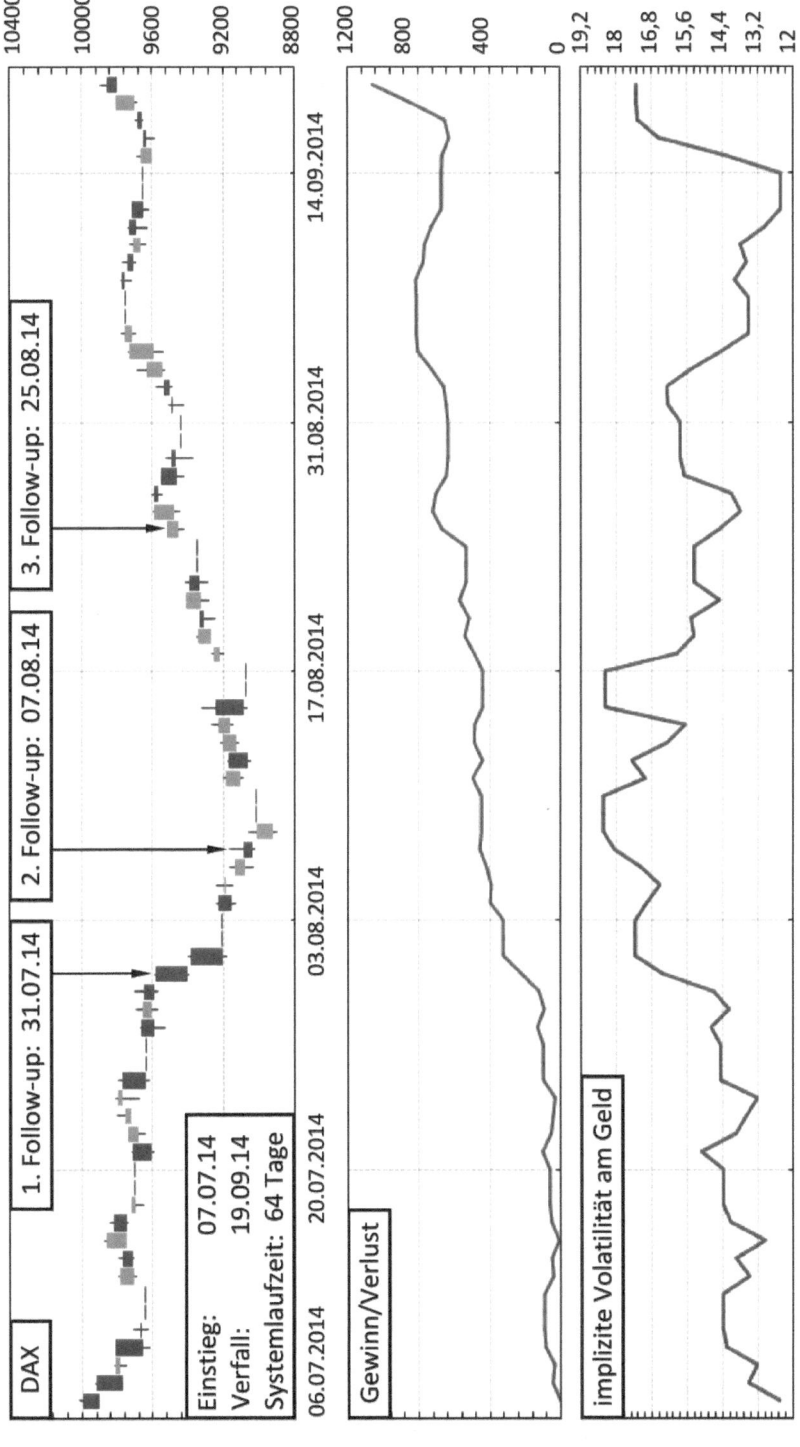

Abbildung 16.37: Auswertung des Swing-Systems B

16.2.1.3 Swing-Trading-System B – steigend

Das Swing-System B kann auch sehr leicht auf steigende Kurse ausgerichtet werden. In Tabelle 16.31 sind die Positionen für ein steigendes Swing-System aufgeführt.

Ausgangslage am 7.7.2014 Investition: 130,00 € (Debit)			Swing-System steigend Erstes Kursziel: 10353 (obere Auslenkung)					
Markt: DAX Kurs: 9914,40 Bezugsverhältnis: 5 Optionstyp: europäisch			Zins: 0,20 % p.a.			Systemlaufzeit: 54 Tage Maximale Laufzeit: 74 Tage		
Pos.	Handelstag	Kauf/Verk.	Typ	Kontrakte	Strike	Verfall	Prämie	Gesamt
1	7.7.2014	Verkauf	Call	1	10150	19.9.14	108,30	541,50
2	7.7.2014	Kauf	Call	1	10250	19.9.14	74,10	-370,50
3	7.7.2014	Kauf	Call	2	10350	19.9.14	48,20	-482,00
4	7.7.2014	Verkauf	Call	2	10550	19.9.14	18,10	181,00

Tabelle 16.31: Ausgangslage – Swing-System steigend

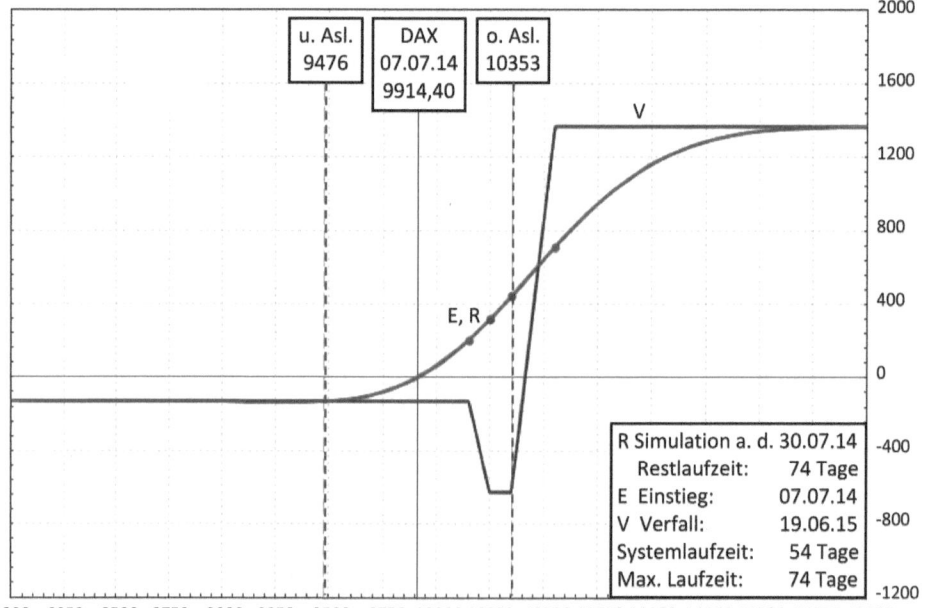

Abbildung 16.38: Ausgangslage

Abbildung 16.38 zeigt das P/L-Diagramm, das auf einen steigenden Markt abzielt. Dabei fällt auf, dass ab der Kursmarke 10550 aufwärts ein konstanter Gewinn anfällt. Das hängt direkt mit der Ausprägung des Skews zusammen. Durch einen Skew, wie er bei Optionen auf Aktienindizes oder auch bei Aktienoptionen typisch ist, werden Systeme, die auf einen steigenden Markt abzielen, eher begünstigt (es hängt jedoch auch mit dem Aufbau des Systems zusammen). Die Vorgehensweise für die Follow-up-Aktionen ist »seitenverkehrt betrachtet« die gleiche wie für die vorgestellten fallenden Swing-Systeme. Aus diesem Grund soll auf eine weitere ausführliche Beschreibung hier verzichtet werden.

Praxisübung:

Strategiedatei für den Vandermart-Tracker: K16P2_1_3_a.

Aktivieren Sie für die Simulationen folgende Buttons in der Strategiesimulation: H.e., E.E. (H.e. = Historische Settlement-Daten einbeziehen, E.E. = P/L-Darstellung ab dem ersten Einstieg).

16.2.2 Strategien auf Volatilitäts-Futures

Optionen, die sich auf Volatilitäts-Futures beziehen, weisen im Vergleich zu Optionen auf Aktienindizes, Aktien oder Rohstoffmärkte erhebliche Unterschiede auf. Ein Volatilitäts-Future misst die implizite Volatilität von Optionen, die sich wiederum auf einen bestimmten Markt beziehen. Der Wert eines Volatilitäts-Futures berechnet sich nach einer speziellen Formel aus den impliziten Volatilitäten von ATM- und OTM-Optionen, die sich meist auf einen Aktienindex beziehen. Die Berechnungsformeln für die Ermittlung der Werte der verschiedenen Volatilitäts-Future-Märkte sind unterschiedlich. Die Details sind meist auf der Internetseite der zugehörenden Börse nachzulesen. Die Optionsmärkte auf Volatilitäts-Futures weisen folgende Merkmale auf:

- Die implizite Volatilität von Optionen, die sich auf einen Volatilitäts-Futures beziehen, sind meist sehr hoch (im Vergleich zu Optionen auf einen Aktienindex).
- Die implizite Volatilität einer Option, die sich auf einen Volatilitäts-Future bezieht, steigt mit höher werdendem Strike (Forward Sneer).
- In der Regel steigt der Wert des Volatilitäts-Futures, wenn der Markt, auf den er sich bezieht, fällt (negative Korrelation).

Abbildung 16.39 zeigt den »Forward Sneer« des Volatilitäts-Futures VSTOXX, der sich auf die impliziten Volatilitäten der Optionen des EURO STOXX 50 bezieht.

Betrachtet man den Sneer der Abbildung 16.39, so fällt auf, dass kurssteigend die implizite Volatilität stark steigt. Kursfallend fällt die implizite Volatilität erst weiter ab, um dann wiederum stark zu steigen. Der erneute Anstieg ab der Marke 15 kursfallend hat folgenden Grund: Die Prämie der Put-Option mit Strike 15 weist den tiefstmöglichen Settlement-Preis bzw. Minimumpreis auf. Da dieser Wert der Put-Prämien nicht unterschritten wird, kommt es rechnerisch bei Optionen mit tieferliegenden Strikes zwangsläufig zu steigenden impliziten Volatilitäten.

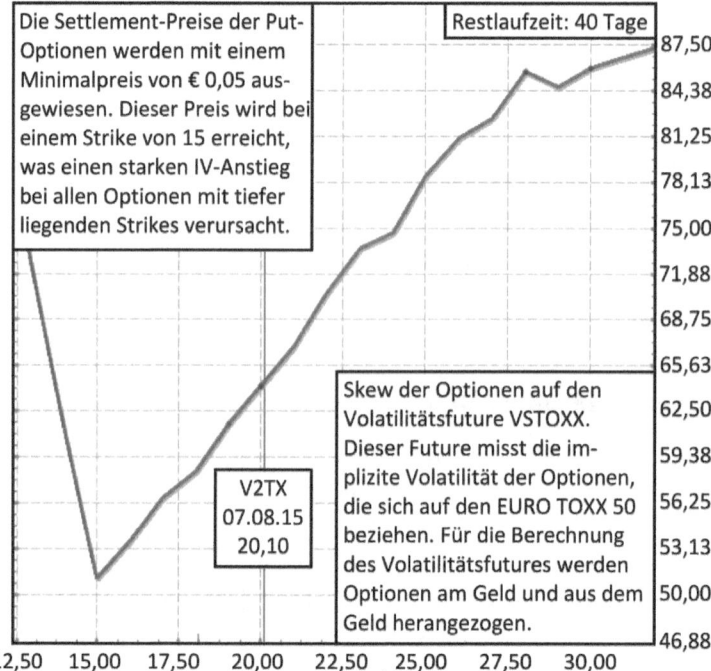

Abbildung 16.39: Forward Sneer der Optionen auf den VSTOXX

Der bekannteste amerikanische Volatilitätsmarkt ist der VIX. Er bezieht sich auf die Index-Optionen des S&P 500. An der EUREX wird der Volatilitäts-Future VSTOXX gehandelt, der sich auf den EURO-STOXX 50 bezieht. Bei ausgeprägten Forward Sneers, wie es bei Optionsserien auf Volatilitäts-Futures der Fall ist, lassen sich Strategien, die auf steigende Notierungen des Volatilitäts-Futures setzen, mit einem außergewöhnlich guten Chancen-/Risiko-Verhältnis (CRV) erstellen. Somit ist es eine Überlegung wert, anstatt auf einen fallenden Aktienindex zu setzen, eine Strategie zu erstellen, die auf einen steigenden Volatilitätsfuture setzt, der sich wiederum auf den Aktienindex bezieht. Somit wird die negative Korrelation zwischen Aktienindex und dessen Volatilitäts-Future genutzt. Der Zusammenhang wird in Abbildung 16.42 deutlich. Das obere Fenster zeigt den Chart des EURO STOXX 50 und das darunterliegende Fenster den Chart des VSTOXX (Volatilitätsfuture). Tabelle 16.32 zeigt den Aufbau einer Strategie, die auf den steigenden VSTOXX abzielt, Abbildung 16.40 das zugehörige P/L-Diagramm der Ausgangslage.

Die Positionen 2 und 3 könnten zusammengenommen werden, doch durch die Aufschlüsselung wird das System transparenter. Auch ist sofort ersichtlich, dass es sich um Bull- und Bear-Spreads handelt, die durch Combo-Orders aufgegeben werden können. Abbildung 16.40 zeigt das P/L-Diagramm der Ausgangslage und zugleich die Simulation auf den 28.8.2015. Der Maximalverlust innerhalb der Systemlaufzeit beträgt 45,00 Euro und der Maximalgewinn 654,37 Euro (wobei es unwahrscheinlich ist, dass dieser hohe Gewinn erreicht wird).

16.2 Kurz- bis mittelfristige Strategien

Ausgangslage am 7.8.2015 Investition: 145,00 € (Debit)			System auf steigenden VSTOXX					
Markt: VSTOXX Kurs: 20,10 Bezugsverhältnis: 100 Optionstyp: europäisch			Systemlaufzeit: 33 Tage Maximale Laufzeit: 40 Tage					
Pos.	Handelstag	Kauf/ Verk.	Typ	Kontrakte	Strike	Verfall	Prämie	Gesamt
1	7.8.2015	Kauf	Call	1	20	16.9.15	1,75	-175,00
2	7.8.2015	Verkauf	Call	1	28	16.9.15	0,40	40,00
3	7.8.2015	Verkauf	Call	3	28	16.9.15	0,40	120,00
4	7.8.2015	Kauf	Call	3	30	16.9.15	0,25	-75,00
5	7.8.2015	Kauf	Put	1	20	16.9.15	1,65	-165,00
6	7.8.2015	verkauf	Put	1	19	16.9.15	1,10	110,00

Tabelle 16.32: Ausgangslage - Strategie auf steigenden VSTOXX

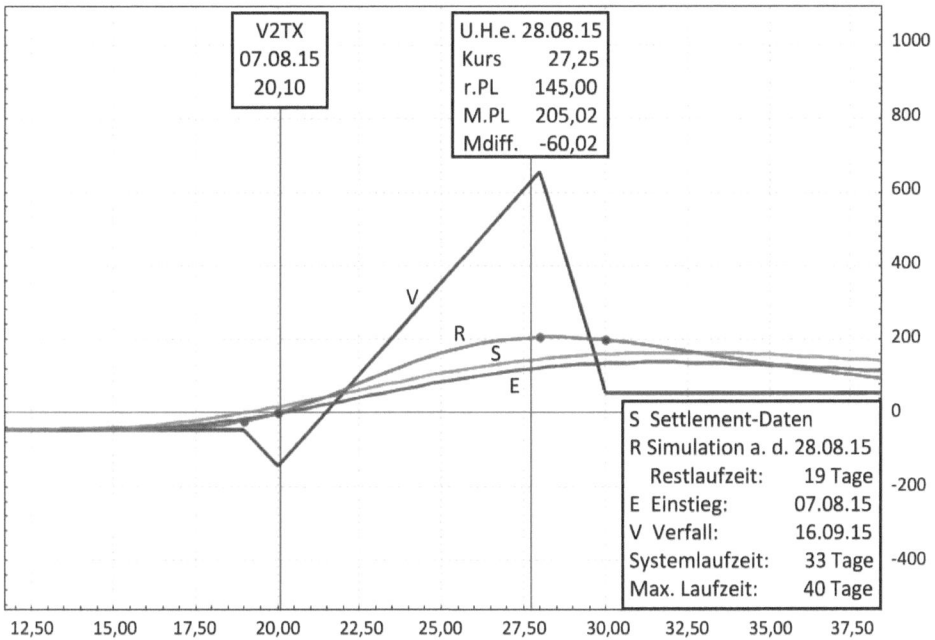

Abbildung 16.40: Ausgangslage des Systems

Die Ursache für das äußerst gute Chancen-/Risikoprofil liegt zum Einen in der künstlich eingebauten Senke um den Einstiegsbereich (nach unten zeigendes Dreieck) und zum Anderen an dem ausgeprägten Forward Sneer. Nach dem Einstieg fällt der Aktienindex ab, was zum Anstieg des Volatilitäts-Futures führt. Am 31.8.2015 wird eine Follow-up-Aktion bei einem Kurs von 28,85 durchgeführt. Dabei wird lediglich eine Call-Option nach oben gerollt. Tabelle 16.33 zeigt den Aufbau der Follow-up-Aktion, Abbildung 16.41 das P/L-Diagramm.

Die Follow-up-Aktion kann mit einer Combo-Order durchgeführt werden (Verkauf eines Bull-Spreads). Für die Praxis kann das Limit für die Order im Vorhinein berechnet und aufgegeben werden. Dadurch reicht auch ein kurzer Kursausschlag während des Handels (Intraday), um die Aktion auszulösen. Abbildung 16.41 zeigt das P/L-Diagramm nach der Follow-up-Aktion. Jeglicher Verlustbereich konnte ausgeschlossen werden.

Follow-up am 31.8.2015 aktueller Kurs: 28,85 Einstiegskurs: 20,10				Restlaufzeit nach Follow-up: 16 Tage Systemlaufzeit: 33 Tage				
Pos.	Handelstag	Kauf/Verk.	Typ	Kontrakte	Strike	Verfall	Prämie	Gesamt
1	31.8.2015	Verkauf	Call	1	20	16.9.15	9,05	905,00
2	31.8.2015	Kauf	Call	1	22	16.9.15	7,40	-740,00

Tabelle 16.33: Es wird nur eine Call-Option nach oben gerollt

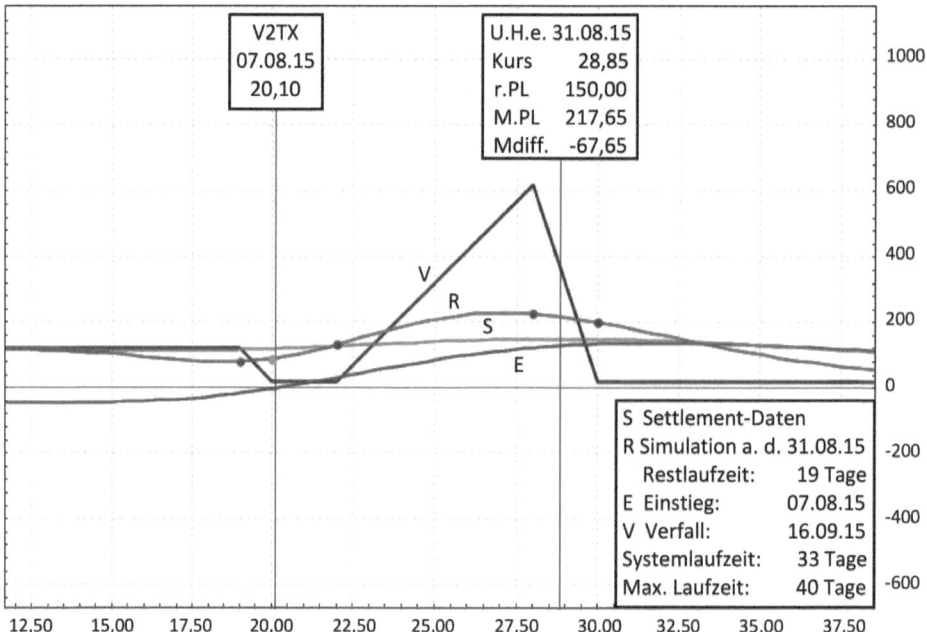

Abbildung 16.41: Der Verlustbereich konnte gänzlich beseitigt werden

Praxisübung:

Strategiedatei für den Vandermart-Tracker: **K16P2_2_1_a**.

Aktivieren Sie für die Simulationen folgende Buttons in der Strategiesimulation: H.e., E.E. (H.e. = Historische Settlement-Daten einbeziehen, E.E. = P/L-Darstellung ab dem ersten Einstieg).

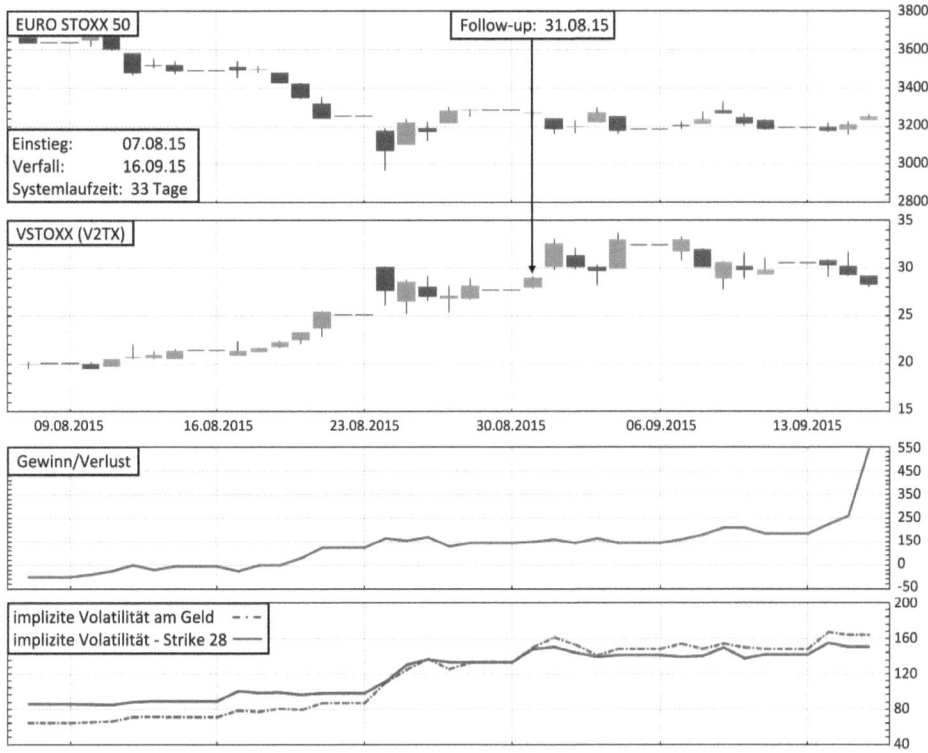

Abbildung 16.42: Auswertung des Systems

16.2.3 Short-Selling mit Put-Optionen

Der Short-Selling-Ansatz ist bei vielen, meist angehenden Optionstradern ein Thema, das auch in Fachforen immer wieder diskutiert wird. Meist geht es um das Verkaufen von Put-Optionen aus dem Geld (OTM) auf Indizes. Somit besteht die gesamte Strategie aus einer einzigen Position. Das erscheint sehr simpel und verlockend. Durch den Skew ist die implizite Volatilität höher als bei Call-Optionen bei gleichem Abstand vom Kurs des Underlyings zum Strike und erhält dadurch eine höhere Prämie. Bewegt sich der Kurs nur langsam in die Richtung des Strikes der Put-Option, so gewinnt man trotzdem, und bei Kursstillstand oder bei steigendem Kurs ist der Erfolg garantiert. Fällt der Kurs stark ab, ohne dass die Reißleine gezogen wird, dann wird es bitter. In vielen Fällen ist damit die Karriere als Trader beendet. Wenn man schon diesen Ansatz fahren will, so ist es sehr zu empfehlen, eine Sicherung in Form einer zusätzlich gekauften Put-Option unterhalb des Strikes der verkauften Put-Option zu platzieren. Das kostet zwar etwas Rendite, schützt den Trader, im Fall der Fälle, vor einer Katastrophe. Verzichtet man auf diese Sicherung und es kommt zu einem Kurssturz, so ist es fast nicht mehr möglich, mit effektiven Gegenmaßnahmen zu reagieren. Mit einer Sicherung stellt sich die Situation jedoch ganz anders dar. Abbildung 16.43 zeigt das P/L-Diagramm mit und ohne Sicherung.

Ob mit oder ohne Sicherung: Das System bricht bei einem Kursabfall sofort nach unten aus! Ohne Sicherung (V-1, R, S, E-1) wird die Funktion kursfallend immer steiler. Mit der Sicherung (V-2, E, S, R-2) ist der Verlust im Vergleich zum Gewinn zwar immer noch extrem hoch, aber begrenzt. In diesem Abschnitt wird ausschließlich Short-Selling mit Put-Optionen und Sicherung behandelt. Diesen Ansatz ohne Sicherung abzuhandeln, ist definitiv nicht sinnvoll. Auch wird nur ein Follow-up-Konzept gezeigt für den Fall, dass das System in den Verlust fährt. Tritt der Kurs auf der Stelle oder steigt, erübrigt sich eine weitere Diskussion.

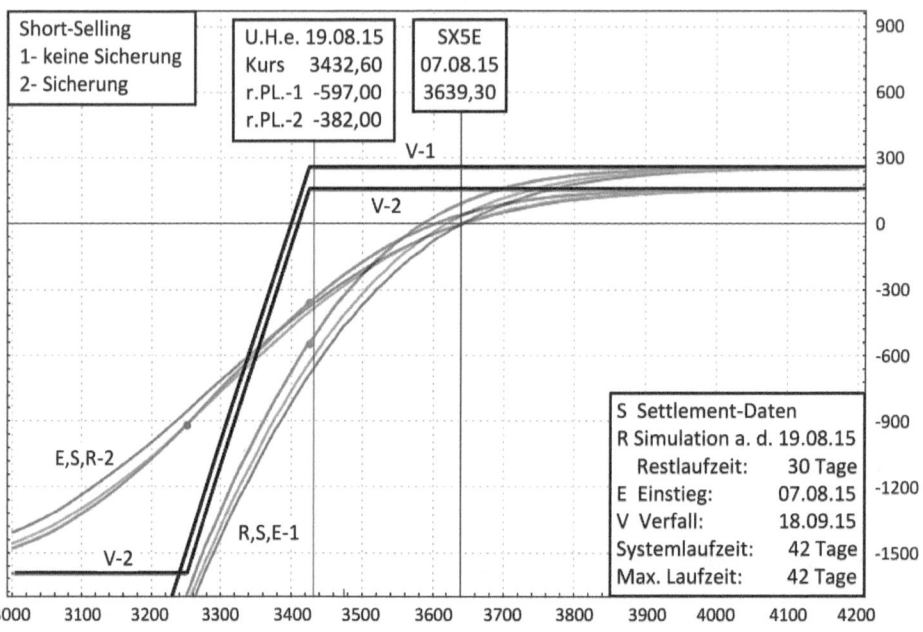

Abbildung 16.43: Short-Selling mit und ohne Sicherung

Ausgangslage der Strategie:

Ausgangslage am 7.8.2015 Investition: 157,00 € (Credit)	Short-Selling mit Put-Optionen		
Markt: EURO STOXX 50 Kurs: 3 639,30 Bezugsverhältnis: 10 Optionstyp: europäisch	Zins: 0,00 % p.a. (Zins ist zum Erstellungs-Zeitpunkt leicht negativ)	Systemlaufzeit: 42 Tage Maximale Laufzeit: 42 Tage	

Pos.	Handelstag	Kauf/Verk.	Typ	Kontrakte	Strike	Verfall	Prämie	Gesamt
1	7.8.2015	Verkauf	Put	1	3425	18.9.15	25,40	254,00
2	7.8.2015	Kauf	Put	1	3250	18.9.15	9,70	-97,00

Tabelle 16.34: Short-Selling mit Put-Optionen mit Sicherung

Wenn es zum Kursabfall kommt und in der Folge das System in den Verlust fährt, so hat der Trader drei Möglichkeiten:

- Hoffen und beten, dass der Kurs wieder steigt. Keine weitere Diskussion …!
- Verlust akzeptieren und aussteigen.
- Follow-up-Aktion durchführen.

Die Position wird bei der doppelten unteren Auslenkungsmarke angesetzt (siehe Kapitel 15, Auslenkung). Position 2, die als Sicherung dient, wird so berechnet, dass die Prämie ca. ein Drittel der Prämie von Position 1 beträgt. Die Laufzeit sollte mindestens einen Monat betragen. In Abbildung 16.43 ist die Situation am 19.8.2015 dargestellt(V-2, E, S, R-2). Zu diesem Zeitpunkt ist das System seit 10 Tagen im Markt, und der Kurs ist während dieser Zeit stark gefallen. Er befindet sich nun sehr nahe am Strike der verkauften Put-Option, wodurch das System mit 382 Euro in die Verlustzone geraten ist. Es wird eine Follow-up-Aktion durchgeführt. Die Positionen für die erste Follow-up-Aktion sind in Tabelle 16.35 aufgeführt. Abbildung 16.44 zeigt das zugehörige P/L-Diagramm.

Follow-up am 19.8.2015 aktueller Kurs: 3 432,60 Einstiegskurs: 3 639,30				Restlaufzeit nach Follow-up: 30 Tage Systemlaufzeit: je nach Situation bleiben ca. 10 Tage für eine Zusatzanpassung oder Ausstieg				
Pos.	Handelstag	Kauf/Verk.	Typ	Kontrakte	Strike	Verfall	Prämie	Gesamt
1	19.8.2015	Verkauf	Put	1	3 425	18.9.15	85,10	851,00
2	19.8.2015	Kauf	Put	2	3 425	16.10.15	116,80	-2 336,00
3	19.8.2015	Verkauf	Call	2	3 625	18.9.15	18,20	364,00
4	19.8.2015	Kauf	Call	2	3 625	16.10.15	38,50	-770,00
5	19.8.2015	Kauf	Call	1	3 750	18.9.15	4,70	-47,00

Tabelle 16.35: Erste Follow-up-Aktion verhindert weiteren Absturz

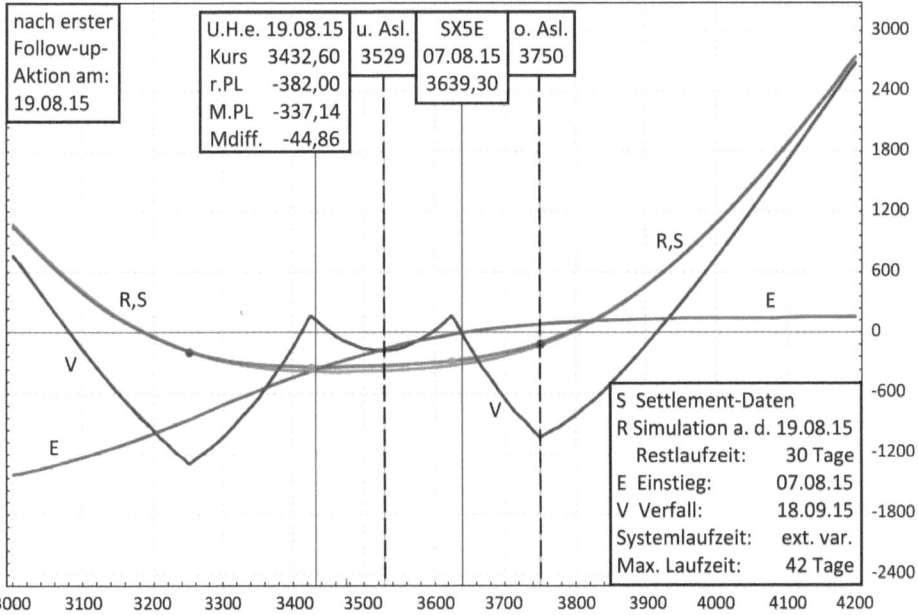

Abbildung 16.44: Follow-up-Aktion verhindert weiteren Absturz – Gewinnchance ist immer noch gegeben

Diese Follow-up-Aktion ist nicht ganz einfach und sollte nur von geübten Tradern in Betracht gezogen werden. **Ansonsten: Ausstieg!** Die ursprüngliche verkaufte Put-Option wurde verdoppelt und zu einem Calendar-Spread erweitert.

Zwei weitere Calendar-Spreads wurden beim Einstiegsniveau angesetzt, und eine zusätzlich gekaufte Call-Option wurde an der oberen Auslenkungsmarke platziert. Die Gefahr ist vorerst gebannt. Bei dem vorigen Kursabfall dürften die impliziten Volatilitäten am Geld angezogen haben, was sich in der jetzigen Situation vorteilhaft auswirkt (die implizite Volatilität kurzlaufender Optionen am Geld ändert sich bei einem Kursabfall stärker als die der länger laufenden Optionen). Trotzdem ist bei Calendar-Spreads stets eine gewisse Vorsicht angebracht, da es sich hierbei um »erheblich labile Volatilitätsschaukeln« handelt.

Nach der ersten Follow-up-Aktion kommt es zu einem weiteren massiven Kursabfall. Die ursprüngliche Sicherung wird nun zu einem Bear-Spread ausgebaut. Dadurch erhält man eine recht hohe Prämieneinnahme durch die zusätzlich verkaufte Put-Option. Die ursprünglich beim Einstieg verkaufte Put-Option wurde durch die gerade erfolgte Aktion zu einem Calendar-Spread adaptiert, wodurch die Sicherung, die bei der Ausgangslage vorgesehen war, nicht mehr notwendig ist. Die Position für die zweite Follow-up-Aktion ist in Tabelle 16.36 aufgeführt. Abbildung 16.45 zeigt das zugehörige P/L-Diagramm.

Follow-up am 21.8.2015 aktueller Kurs: 3 256,00 Einstiegskurs: 3 639,30				Restlaufzeit nach Follow-up: 28 Tage Systemlaufzeit: 38 Tage				
Pos.	Handelstag	Kauf/Verk.	Typ	Kontrakte	Strike	Verfall	Prämie	Gesamt
1	21.8.2015	Verkauf	Put	1	3 425	18.9.15	64,30	643,00

Tabelle 16.36: Die zweite Follow-up-Aktion ergibt noch eine gute Chance zu einem Gewinn

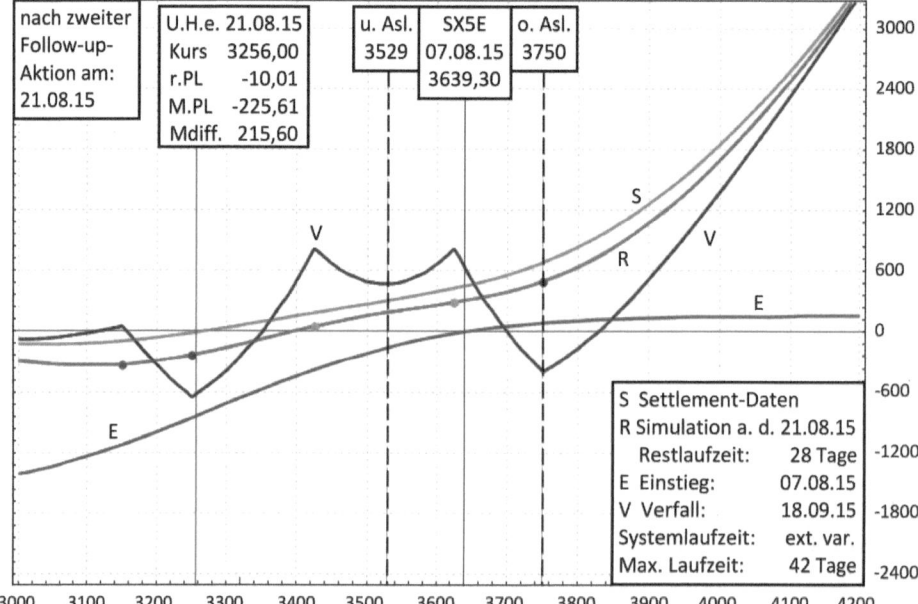

Abbildung 16.45: Die zweite Follow-up-Aktion hat die Gewinnchance massiv verbessert

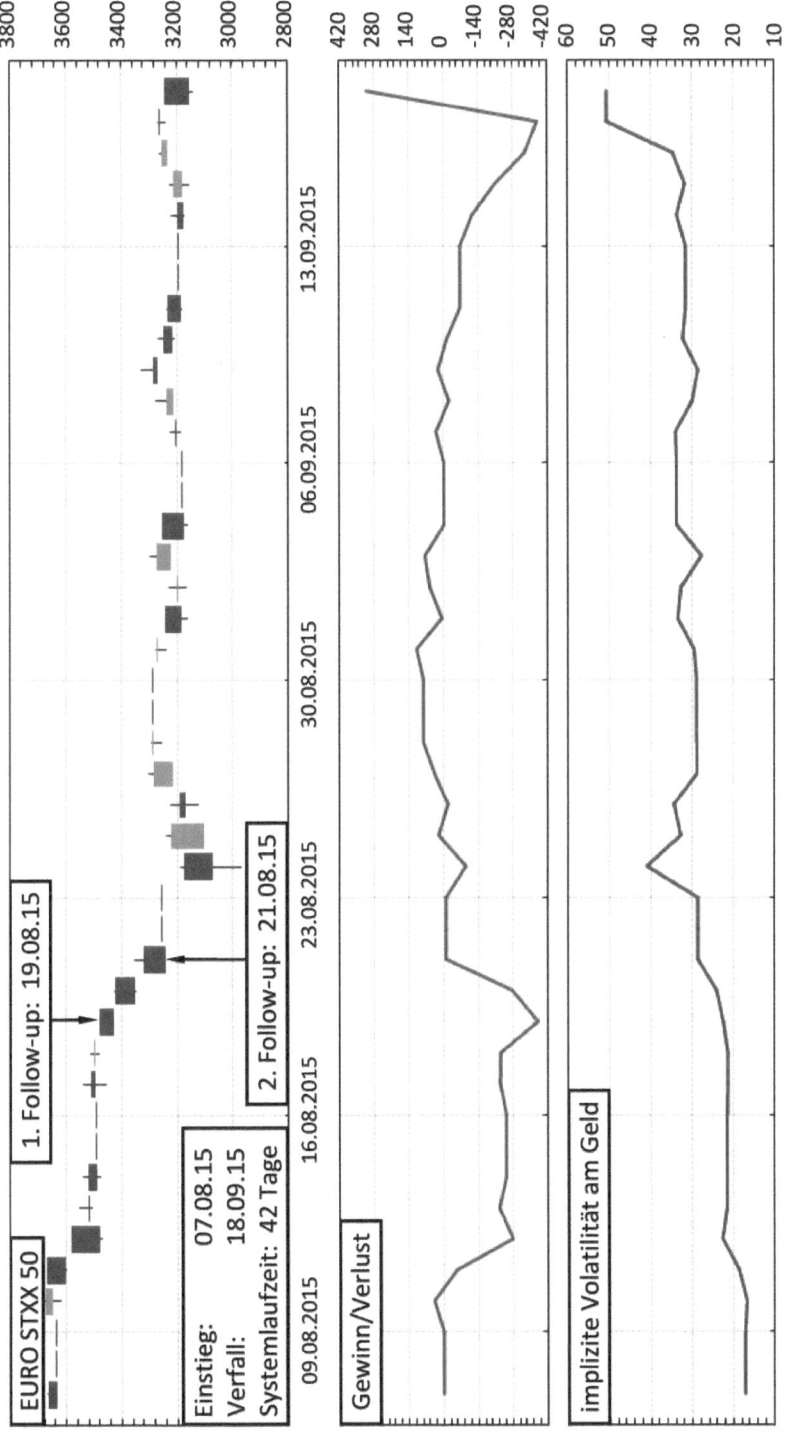

Abbildung 16.46: Auswertung des Systems

Durch diese zweite Follow-up-Aktion hat sich die Lage erheblich verbessert. Der theoretisch maximal mögliche Gewinn liegt nun bei 800 Euro (obwohl es unwahrscheinlich ist, diesen hohen Gewinn einfahren zu können). Simuliert man das System mit Hilfe des Vandermart-Trackers sowohl nach der ersten als auch nach der zweiten Follow-up-Aktion, so fällt auf, dass es mehrere Situationen gab, in denen sich der ursprüngliche Verlust erheblich reduziert hat. Der vorsichtige Trader würde in solch einem Fall das System glattstellen.

Praxisübung:

Strategie: K16P2_3_1_a.

Aktivieren Sie für die Simulationen folgende Buttons in der Strategiesimulation: H.e., E.E. (H.e. = Historische Settlement-Daten einbeziehen, E.E. = P/L-Darstellung ab dem ersten Einstieg).

16.2.4 Bidirektionale Strategien mit Calendar-Spreads

Mit »Calendar-Spreads« lassen sich sehr interessante Strategien aufbauen. Leider haben sie aber auch einen Schwachpunkt, der unbedingt beachtet werden muss. Calendar-Spreads reagieren äußerst empfindlich auf Änderungen der impliziten Volatilität. Diesem Umstand muss beim praktischen Einsatz höchste Aufmerksamkeit gewidmet werden.

> Die nachfolgend aufgeführten Strategien dürfen nur zum Einsatz kommen, wenn das Marktumfeld zum »Einstiegszeitpunkt« einen ruhigen, gemächlichen Verlauf aufweist. Keinesfalls sollte der Einstiegszeitpunkt während einer Konsolidierung erfolgen.

In den Abschnitt 11.3 (die Dynamik der impliziten Volatilität in Abhängigkeit der Restlaufzeit) und 11.4. (die implizite Volatilität – billig oder teuer) können Sie nachlesen, woran ein ruhiger Markt zu erkennen ist.

16.2.4.1 Einfache bidirektionale Strategien mit zwei Calendar-Spreads

Die folgende Strategie sollte eine relativ kurze Laufzeit von einem Monat haben. Sie besteht lediglich aus zwei Calendar-Spreads und lässt sich mit zwei Combo-Orders umsetzen. Ein Calendar-Spread besteht prinzipiell aus zwei Optionen mit zwei verschiedenen Laufzeiten. Die kurze Laufzeit sollte ca. einen Monat und die längere annähernd zwei Monate betragen. Insgesamt besteht die Strategie aus vier Optionen, die alle aus dem Geld (OTM) liegen. Tabelle 16.37 zeigt den Aufbau, Abbildung 16.47 das P/L-Diagramm.

Ausgangslage am 2.4.2015			System mit Calendar-Spreads – bidirektional					
Investition:	889,50 € (Debit)							
Markt:	DAX		Zins: 0,042 % p. a.			Systemlaufzeit:	40 Tage	
Kurs:	11 978,92					Maximale Laufzeit:	43 Tage	
Bezugsverhältnis:	5							
Optionstyp:	europäisch							
Pos.	Handelstag	Kauf/Verk.	Typ	Kontrakte	Strike	Verfall	Prämie	Gesamt
1	2.4.2015	Verkauf	Call	1	12 500	15.5.15	103,00	515,00
2	2.4.2015	Kauf	Call	1	12 500	19.6.15	195,40	-977,00
3	2.4.2015	Verkauf	Put	1	11 300	15.5.15	125,10	625,50
4	2.4.2015	Kauf	Put	1	11 300	19.6.15	210,60	-1 053,00

Tabelle 16.37: Ausgangslage – Bidirektionale Strategie mit Calendar-Spreads

Für den praktischen Aufbau der Strategie sollten die beiden Calendar-Spreads einzeln aufgebaut werden. Beginnend mit den Call-Optionen sind die Strikes so zu platzieren, dass der linke Verlustbereich bestmöglich an der Einstiegsmarke beginnt. Danach werden die Call-Optionen deaktiviert, um dann die Put-Seite zu erstellen. Auch hier werden die Strikes so gewählt, dass der rechte Verlustbereich an der Einstiegsmarke beginnt. Danach werden die Call-Optionen wiederum aktiviert und das ausgewiesene P/L-Diagramm muss Abbildung 16.47 entsprechen. Für eine Systemlaufzeit von 40 Tagen ist der Gewinnbereich von 1 750 DAX-Punkten schon erheblich. In Abbildung 16.49 ist die Gewinnentwicklung zu sehen. Das oberste Fenster zeigt den Chartverlauf und das mittlere die zugehörende Gewinnentwicklung dieses Systems. Trotz des großen Gewinnbereichs besteht der Schwachpunkt darin, dass bei einer extremen Kursbewegung das System in den Verlust fährt. Dafür ist der simple Aufbau von Vorteil.

Praxisübung:

Strategie: K16P2_4_1_a.

Aktivieren Sie für die Simulationen folgende Buttons in der Strategiesimulation: H. e., E. E. (H. e. = Historische Settlement-Daten einbeziehen, E. E. = P/L-Darstellung ab dem ersten Einstieg).

Wenn der mittlere Volatilitätsregler in der Strategiesimulation verändert wird, so sind die Auswirkungen auf das P/L-Diagramm sofort zu erkennen. Zum Einstiegszeitpunkt sollten die impliziten Volatilitäten am Geld (ATM) möglichst tief sein.

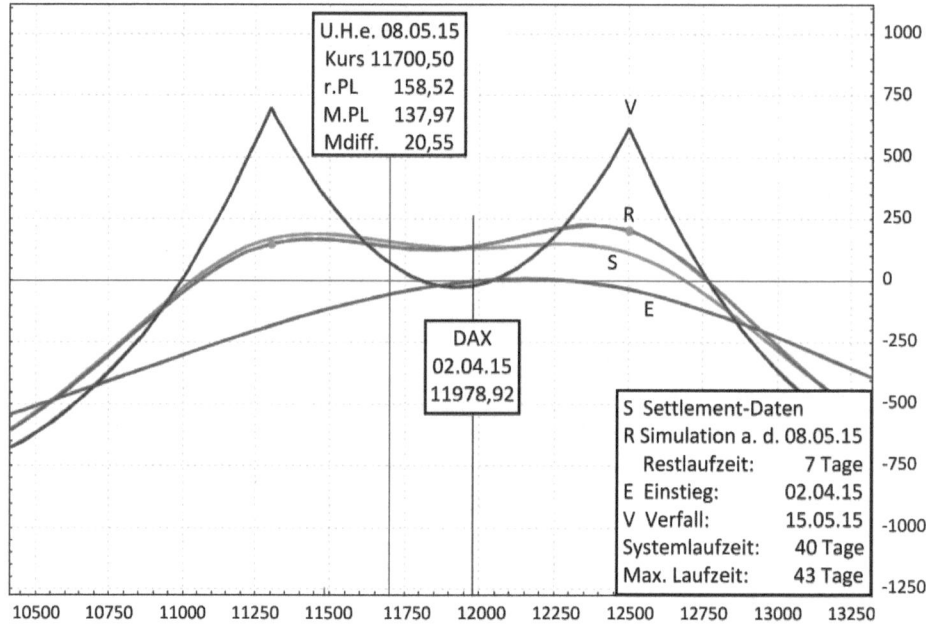

Abbildung 16.47: Ausgangslage – Bidirektionale Strategie mit Calendar-Spreads, der Gewinnbereich umfasst 1 750 Dax-Punkte

16.2.4.2 Bidirektionale Strategien mit Time-Spreads

Für die nachfolgend aufgeführte Strategie gilt bezüglich des Einstiegszeitpunkts das Gleiche wie zuvor schon erläutert. Die Erstellung der Strategie ist erheblich schwieriger und erfordert wesentlich mehr Zeitaufwand. Um diese schon recht schwierige Aufgabe bewältigen zu können, wurde der Vandermart-Tracker mit allen nur erdenklichen Hilfen ausgestattet. Deshalb ist es wichtig, dass der Anwender dieses Werkzeug durch und durch beherrscht. Ohne jegliches Hilfsmittel ist die Chance, das folgende System erfolgreich zu erstellen, sehr gering.

Das System hat wiederum zwei Laufzeiten, wobei die längere annähernd doppelt so lang wie die kürzere sein sollte, die in diesem Fall 43 Tage beträgt. Es kommt im Grundaufbau ein Diagonal-Spread und ein Ratio-Time-Spread (2:3) zum Einsatz. Der Gewinnbereich überstreicht eine Spanne von 1 640 Punkten. Für eine Systemlaufzeit von 40 Tagen ist das nach wie vor erheblich. Der Verlustbereich kursfallend ist wesentlich kleiner als in der vorhergehenden Strategie. Mit einer kleinen zusätzlichen Modifikation, auf die wir später noch zu sprechen kommen, kann dieser praktisch auf null gesenkt werden. Der Verlustbereich kurssteigend ist jedoch kritischer: Kommt es nach dem Einstieg recht rasch zu einer Kursrallye, so sollte die Strategie spätestens ab dem Beginn des oberen Verlustbereichs (steigenderKurs) glattgestellt und neu aufgesetzt werden. In diesem oberen Kursbereich ist die Gefahr zu groß, dass mit kürzer werdender Restlaufzeit der Gewinn wieder abgegeben wird und sich allmählich ein Verlust bildet. Der nachfolgend aufgeführte Grundaufbau soll als Vorlage und Orientierung dienen. Diese Strategie muss für den jeweils eingestellten Zeitrahmen, der sich zwangsläufig aus den Verfallstagen ergibt, sowie an die aktuell vorherrschenden IV-Verhältnisse angepasst werden. Es ist daher praktisch nicht möglich, hierfür eine genaue Anleitung zu geben. Trotzdem gibt es mehrere klare Angaben, an denen sich der Systementwickler orientieren kann:

- Der Einstiegszeitpunkt muss einen ruhigen gemächlichen Verlauf aufweisen.
- Die Laufzeit der länger laufenden Optionen sollte doppelt so lang wie die der kürzer laufenden Optionen sein.
- Die Kontraktanzahl pro Position sollte *keinesfalls* verändert werden (bei größerem Einsatz ist die jeweilige Kontraktanzahl entsprechend zu multiplizieren).
- Das System sollte nur auf Aktienindizes angewendet werden, da die relativen Abstände der Strikes in der Regel enger sind als bei Aktienoptionen.
- Durch eine Veränderung des Strikes der Put-Verkaufsoption könnte der Verlust kursfallend gänzlich vermieden werden. Das sollte aber besser unterlassen werden, da die Probleme im Einstiegsbereich und kurssteigend unangenehm zunehmen können. Die Beseitigung des unteren Verlustbereichs kann mit einem simplen Bear-Spread erreicht werden.

Für die Entwicklung des Systems können im Grafikfenster der Strategiesimulation die verschiedenen Strikes der Optionen verschoben werden, wodurch sich sofort sämtliche Funktionsgrafen ändern. Eine weitere starke Unterstützung ist die mögliche Selektierung von Funktionsgruppen. Dadurch können ganze Funktionsblöcke nach links oder rechts verschoben oder auch deren Kontraktanzahl verändert werden (beim Verschieben werden alle Strikes einer Gruppe in gleichem Maße auf Knopfdruck nach unten oder oben verschoben. Die Kontraktanzahl kann mit Hilfe des Mausrades ebenfalls relativ für die gesamte Gruppe verändert werden. Hierfür wird das kleinste gemeinsame Vielfache für die selektierte Gruppe berechnet und entsprechend der Mausraddrehung multipliziert). Tabelle 16.38 zeigt den Aufbau des Systems, Abbildung 16.48 das P/L-Diagramm, und Abbildung 16.49 die Gewinnentwicklung (drittes und unterstes Fenster).

Ausgangslage am 2.4.2015					Bidirektionales System mit Calendar- und Time-Spreads			
Investition:	1 955,00 € (Debit)							
Markt:	DAX	Zins: 0,042 % p.a.			Systemlaufzeit: 40 Tage			
Kurs:	11 978,92				Maximale Laufzeit: 43 Tage			
Bezugsverhältnis:	5							
Optionstyp:	europäisch							
Pos.	Handelstag	Kauf/Verk.	Typ	Kontrakte	Strike	Verfall	Prämie	Gesamt
1	2.4.2015	Verkauf	Call	2	12 450	15.5.15	117,00	1 170,00
2	2.4.2015	Kauf	Call	3	12 700	19.6.15	135,30	-2 029,50
3	2.4.2015	Verkauf	Put	1	11 550	15.5.15	179,00	895,00
4	2.4.2015	Kauf	Put	1	11 900	19.6.15	398,10	-1 990,50

Tabelle 16.38: Ausgangslage – Bidirektionale Strategie mit Calendar- und Time-Spreads

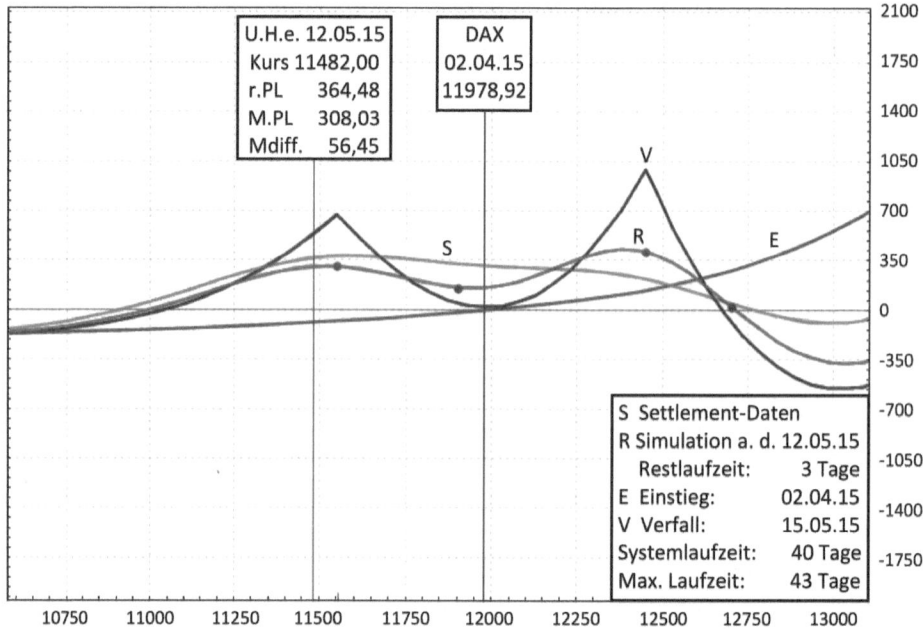

Abbildung 16.48: Ausgangslage und Simulation der bidirektionalen Strategie mit Calendar- und Time-Spreads auf den 12.5.2015

Praxisübung:

Strategie: **K16P2_4_2_a** – Grundaufbau.

Strategie: **K16P2_4_2_b** – enthält die Erweiterung, um den Verlustbereich kursfallend zu beseitigen.

Strategie: **K16P2_4_2_c** – enthält die Erweiterung, um den Verlustbereich kursfallend gänzlich zu beseitigen und den Verlustbereich kurssteigend zu reduzieren. Die Reduktion des Verlustbereichs kurssteigend geht jedoch auf Kosten des Gewinnpotenzials und sollte gut überlegt sein.

Aktivieren Sie für die Simulationen folgende Buttons in der Strategiesimulation: H.e., E.E. (H.e. = Historische Settlement-Daten einbeziehen, E.E. = P/L-Darstellung ab dem ersten Einstieg).

Wird der mittlere Volatilitätsregler in der Strategiesimulation verändert, so sind die Auswirkungen auf das P/L-Diagramm sofort zu erkennen. Zum Einstiegszeitpunkt sollten die impliziten Volatilitäten am Geld (ATM) möglichst tief sein.

16.2 Kurz- bis mittelfristige Strategien

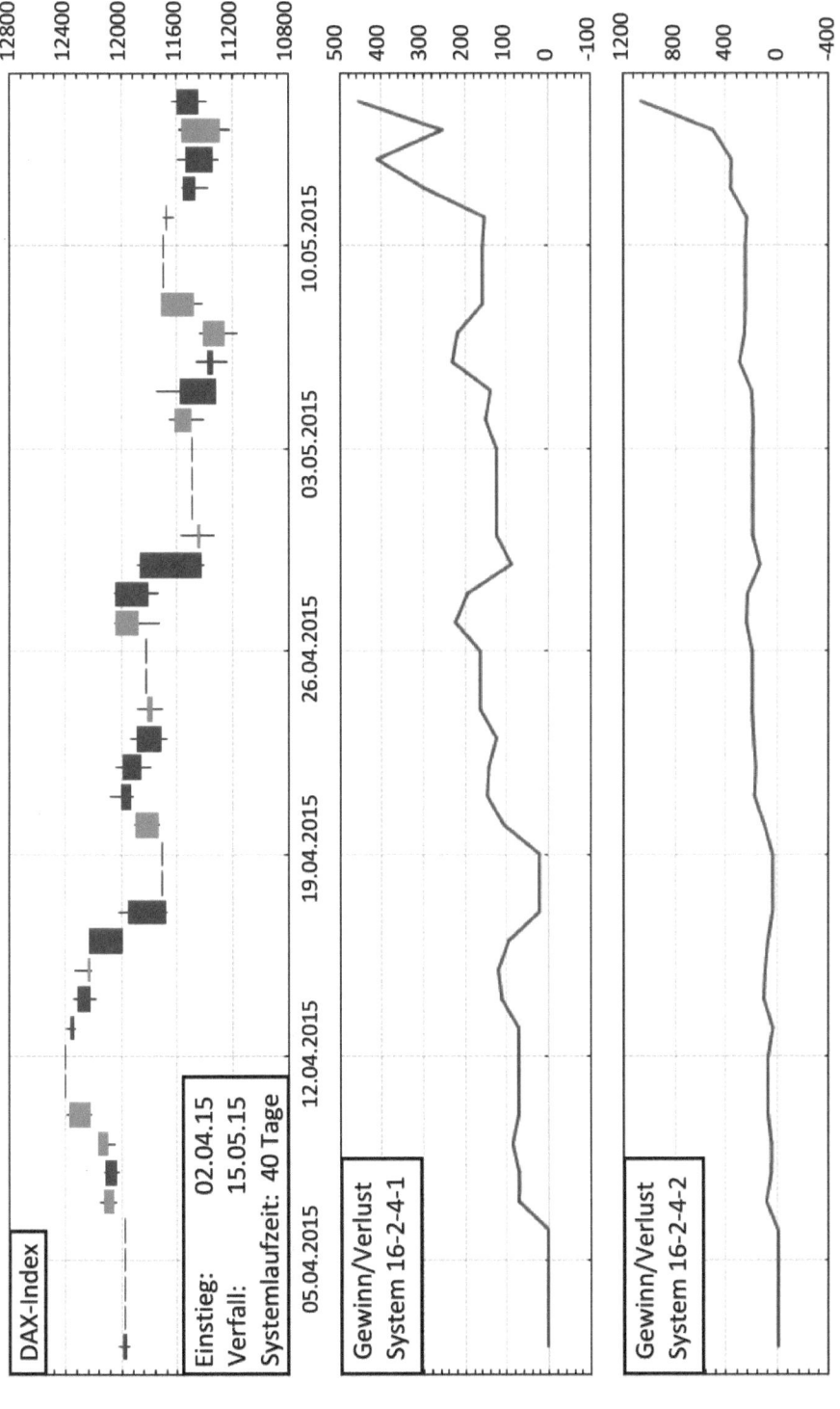

Abbildung 16.49: Auswertung der Systeme aus den Abschnitten 16.2.4.1 und 16.2.4.2

16.2.5 Volatilitätsstrategien mit Time-Spreads

Die nachfolgend aufgeführte Strategie zielt auf Änderungen der impliziten Volatilität ab. Der Effekt der Volatilitätsänderung kommt auch in den vorangegangenen Strategien (Abschnitt 16.2.4) zum Tragen. Mit der folgenden Strategie wird jedoch versucht, den Simulationsgrafen (R) um den Einstiegsbereich möglichst delta- und gammaneutral zu halten. Zusätzlich zieht es die Funktion an den Rändern mehr oder weniger symmetrisch hoch, was sich bei einer starken Kursbewegung positiv bemerkbar macht. Für diese Strategie muss die Systemlaufzeit auf annähernd halbe Maximallaufzeit reduziert werden, um im Falle eines Ausbleibens einer Volatilitätsänderung mit gleichzeitigem Kursstillstand ein zu starkes Absinken in die Verlustzone zu vermeiden. Auch hier gilt für den Markteinstieg, dass ein möglichst ruhiges Marktumfeld gegeben sein sollte. Für die Entwicklung des Systems gilt prinzipiell das Gleiche, was unter Abschnitt 16.2.4.2 diesbezüglich bereits erwähnt wurde. Der Grundaufbau dient auch in diesem Fall nur als Vorlage und kann nur eine Orientierungshilfe sein. Tabelle 16.39 zeigt den Aufbau des Systems, Abbildung 16.50 das P/L-Diagramm der Ausgangslage.

Ausgangslage am 7.8.2015 Investition: 473,50 € (Debit)			Volatilitätsstrategie: Steigende implizite Volatilität, Ratio-Time-Spreads					
Markt: DAX Kurs: 11 494,50 Bezugsverhältnis: 5 Optionstyp: europäisch			Systemlaufzeit: 21 Tage Maximale Laufzeit: 42 Tage					
Pos.	Handelstag	Kauf/ Verk.	Typ	Kontrakte	Strike	Verfall	Prämie	Gesamt
1	7.8.2015	Verkauf	Call	1	12 250	18.9.15	29,70	148,50
2	7.8.2015	Kauf	Call	2	12 550	16.10.15	35,80	-358,00
3	7.8.2015	Verkauf	Put	1	10 600	18.9.15	50,40	252,00
4	7.8.2015	Kauf	Put	2	10 150	16.10.15	51,60	-516,00

Tabelle 16.39: Ausgangslage – Volatilitätsstrategie

Die Strategie zielt in erster Linie auf eine steigende implizite Volatilität und in zweiter Linie auf eine Kursbewegung ab.

Diese Strategie kann im Gegensatz zu den vorhergehenden invertiert werden, d. h. aus Kauf wird Verkauf sowie vice versa. Dadurch kann auf eine fallende implizite Volatilität gesetzt werden. In diesem Fall muss aber versucht werden, die beidseitig fallenden Funktionsenden so weit wie möglich auseinanderzuziehen, um im Falle einer heftigen Bewegung, was nach einer starken Abwärtskorrektur meist der Fall ist (Gegenbewegung nach oben), nicht in den Verlustbereich zu fahren.

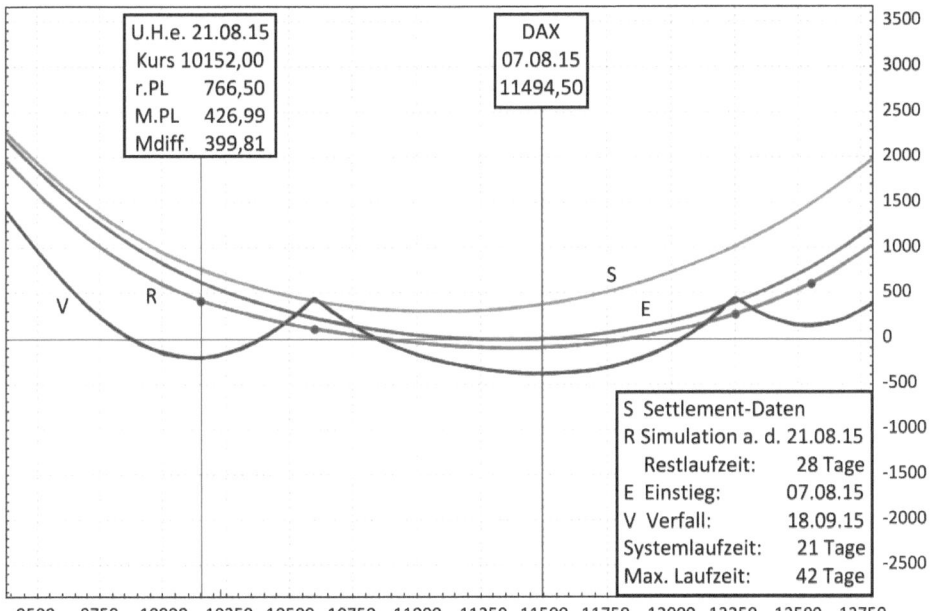

Abbildung 16.50: Ausgangslage – Volatilitätsstrategie

Nach dem Einstieg kommt es zu einer Abwärtsbewegung, verbunden mit einem massiven Anstieg der impliziten Volatilität. Es wird eine Follow-up-Aktion durchgeführt. Tabelle 16.40 zeigt die hierfür nötige Einzelposition.

Follow-up am 24.8.2015 aktueller Kurs: 9 630,50 Einstiegskurs: 11 494,50				Restlaufzeit nach Follow-up: 25 Tage Systemlaufzeit: 42 Tage				
Pos.	Handelstag	Kauf/Verk.	Typ	Kontrakte	Strike	Verfall	Prämie	Gesamt
1	24.8.2015	Verkauf	Put	1	9 700	18.9.15	419,30	2 096,50

Tabelle 16.40: Verkauf einer Call-Option mit kurzer Laufzeit

Durch diese Follow-up-Aktion wird der Verlustbereich gänzlich beseitigt und zudem ein hohes Gewinnpotenzial gesichert. Abbildung 16.51 zeigt das P/L-Diagramm, Abbildung 16.52 die Gewinnentwicklung über die Zeit.

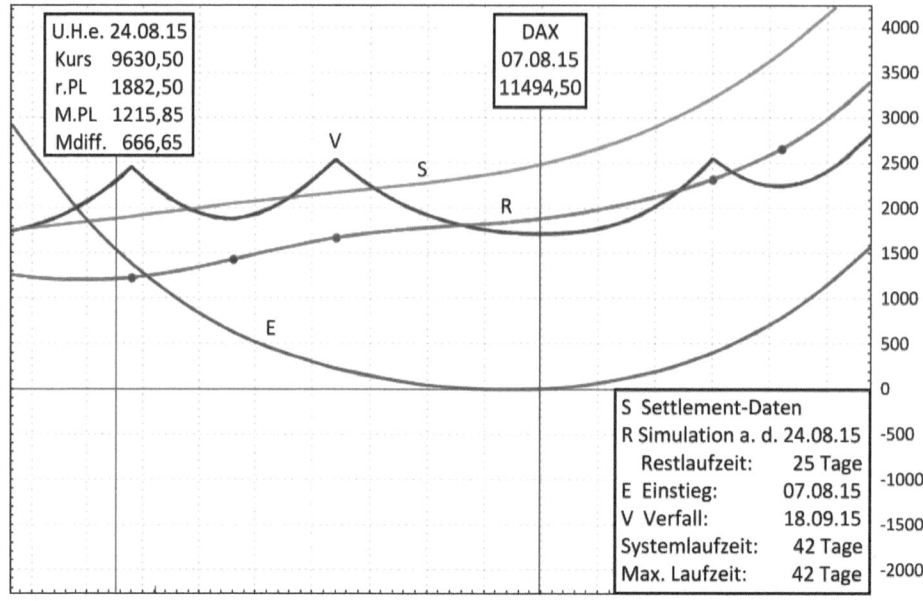

Abbildung 16.51: Volatilitätsstrategie nach erfolgter Follow-up-Aktion

Praxisübung:

Strategie: K16P2_5_1_a.

Aktivieren Sie für die Simulationen folgende Buttons in der Strategiesimulation: H.e., E.E. (H.e. = Historische Settlement-Daten einbeziehen, E.E. = P/L-Darstellung ab dem ersten Einstieg).

Wird der mittlere Volatilitätsregler in der Strategiesimulation verändert, so sind die Auswirkungen auf das P/L-Diagramm sofort zu erkennen. Zum Einstiegszeitpunkt sollten die impliziten Volatilitäten am Geld (ATM) möglichst tief sein.

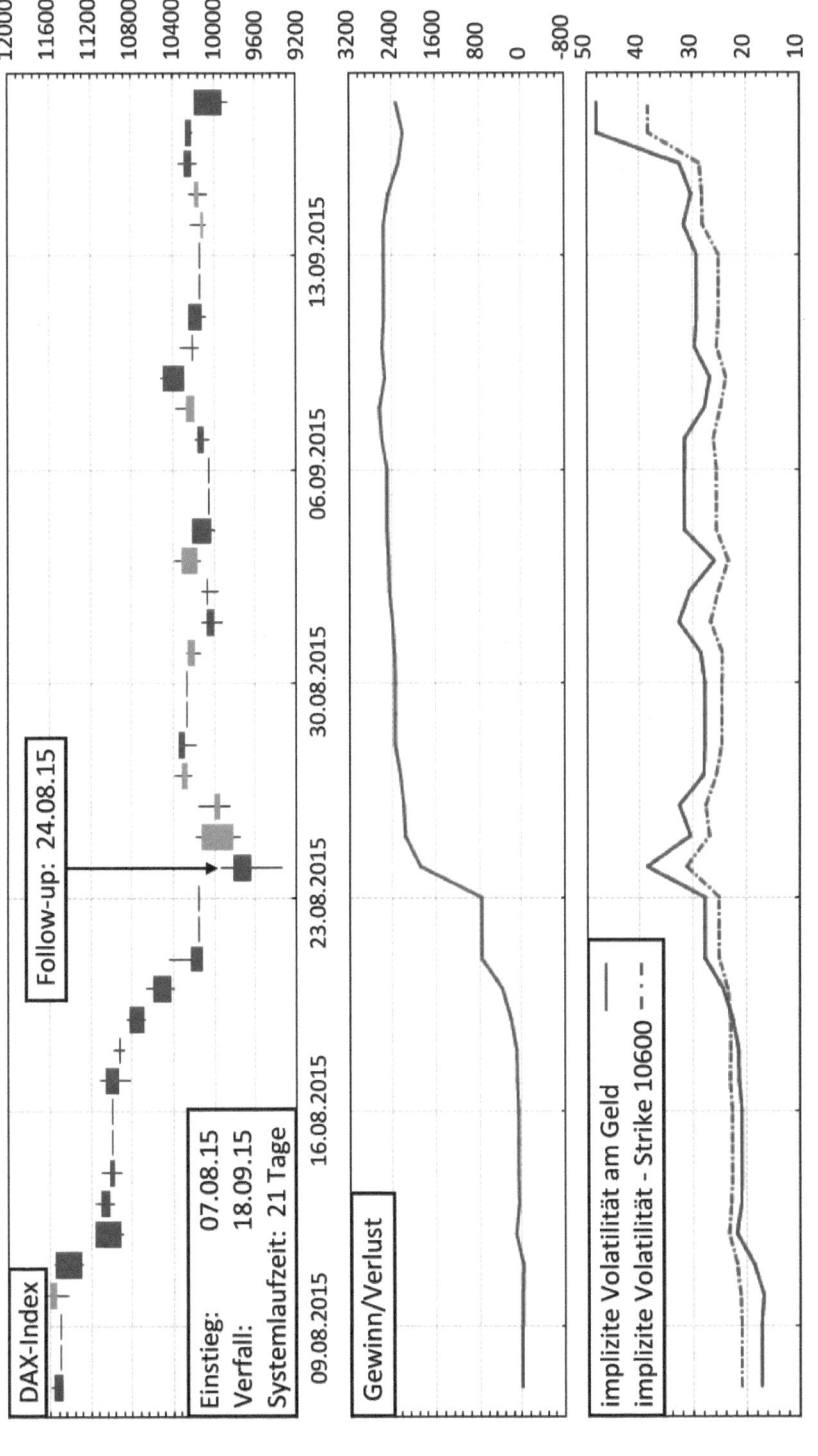

Abbildung 16.52: Auswertung des Systems

16.2.6 Dividendenstrategien

Dividendenstrategien zielen darauf ab, aus dem Dividendensprung einen Nutzen zu ziehen. Was auf den ersten Blick so einfach scheint, ist bei näherer Betrachtung ein schwieriges Unterfangen. Ansätze, mit denen kein gutes Chancen-/Risiko-Verhältnis (CRV) zu erreichen ist, sind nicht sinnvoll. In genau diese Kategorie aber fallen Dividendenstrategien und sie werden aus diesem Grund hier nicht näher ausgeführt. Trotzdem ein paar Worte dazu:

Auf der Hauptversammlung einer Aktiengesellschaft werden neben den nackten Zahlen auch der Geschäftsverlauf und die Zukunftsaussichten des Unternehmens erörtert. Dadurch entsteht bereits einige Tage, im Extremfall einige Wochen, vor der Hauptversammlung eine gewisse Erwartungshaltung, die sich auch in der impliziten Volatilität der Optionen, die sich auf dieses Unternehmen beziehen, niederschlägt. Das bedeutet, die implizite Volatilität »sollte« ansteigen. Unmittelbar nach der Hauptversammlung sind die Fakten auf dem Tisch. Damit ist die Unsicherheit aus dem Markt und die implizite Volatilität der Optionen geht blitzartig wieder zurück. Dieser Effekt macht sich jedoch, wenn überhaupt, nur in jenen Optionen bemerkbar, die unmittelbar nach der Hauptversammlung verfallen. Bei länger laufenden Optionen ist dieser Effekt in der Regel kaum mehr auszumachen und schon gar nicht gezielt praktisch zu nutzen.

So liest und hört man immer wieder, dass ein 10 bis 14 Tage vor der Hauptversammlung gekaufter Straddle eine interessante Strategie wäre, die einen Tag vor der Hauptversammlung, bei noch hoher impliziter Volatilität, glattgestellt wird. Vorsicht! Damit der Straddle in die Gewinnzone fährt, muss der implizite Volatilitätsanteil an Wert mehr zulegen als durch den Zeitwertverlust abgebaut wird, oder der Kurs der Aktie muss sich so stark bewegen, dass der Straddle so oder so an Wert gewinnt. In vielen Backtests hat sich gezeigt, dass es sich hierbei um ein extrem unsicheres Unterfangen handelt. Läuft der Aktienkurs stark in eine Richtung, so hätte der Straddle auch ohne die kommende Hauptversammlung an Wert gewonnen. Tritt der Kurs nur auf der Stelle, so ist in vielen Fällen der Zeitwertverlust größer als das, das durch die steigende implizite Volatilität gewonnen wird. Der Straddle fährt in den Verlust.

Das Gegenstück dieses Ansatzes wäre der Verkauf eines Strangles. Entschließt man sich für diesen einfachen Ansatz, so sollte der Einstieg ein oder zwei Tage vor dem Dividendentermin erfolgen. Der verkaufte Strangle wird unmittelbar nach der Dividendenausschüttung glattgestellt. Der Verfallstermin der Optionen sollte wiederum so knapp wie möglich nach der Dividendenausschüttung liegen. Dieser Ansatz funktioniert recht oft. Aber auch hier gibt es einen gravierenden Schwachpunkt: Sollte es auf der Hauptversammlung eine Überraschung geben, egal ob positiv oder negativ, besteht die Gefahr eines massiven blitzartigen Kursausbruchs. Der verkaufte Strangle fährt tief in den Verlust. Das ist somit auch keine brauchbare Lösung!

Nun könnte man auf den Gedanken kommen, die unter Abschnitt 16.2.5 aufgezeigte Volatilitätsstrategie einzusetzen. Leider ist das auch eine Fehlüberlegung. Wie bereits erläutert, macht sich der Effekt, der auf Grund der Hauptversammlung zustande kommt, nur bei jenen Optionen spürbar bemerkbar, die unmittelbar nach der Hauptversammlung bzw. nach dem Dividendensprung verfallen. Bei der Volatilitätsstrategie sind aber immer zwei Laufzeiten im Spiel. Der Gewinn bzw. Verlust geht auf das Konto der länger laufenden Optionen und bei diesen kommt der Effekt auf Grund der Hauptversammlung ja nicht merklich zum Tragen. Somit scheidet auch dieser Ansatz aus!

16.2.7 Volatilitätsarbitrage-Strategien

Unter dem Begriff »Arbitrage« versteht man grundsätzlich das zeitgleiche Ausnutzen von Preisunterschieden. Entscheidend ist, dass sich diese Preisunterschiede stets auf den gleichen Markt beziehen. Die bekannteste Methode besteht im zeitnahen (möglichst gleichzeitig) Kauf und Verkauf einer Aktie an zwei verschiedenen Börsenplätzen.

Beispiel:

Die Aktie XY wird am Börsenplatz Stuttgart zu 50 Euro angeboten und in Frankfurt zu 51 Euro nachgefragt. Somit ist in diesem Fall ein Arbitragegeschäft möglich, was einem risikolosen Gewinn gleichkommt (ein sogenannter »free lunch«).

Meist ist das Zeitfenster für solch einen Trade nur sehr kurz. Außerdem sind die realisierbaren Gewinne in der Regel sehr klein. In der Praxis ist diese Handelstechnik für den privaten Trader nur in seltenen Fällen möglich und daher als grundsätzlicher Handelsansatz keine Alternative. Das hängt damit zusammen, dass in der heutigen, schnelllebigen Informationsgesellschaft vollautomatisierte computergestützte Handelsprogramme die Märkte nach Arbitragemöglichkeiten scannen und gegebenenfalls das Arbitragegeschäft eigenständig durchführen. Dieses sogenannte »Ausarbitrieren« wird so lange durchgeführt, bis sich die Preisdifferenzen der verschiedenen Börsenplätze angeglichen haben. Dieser Ansatz ist somit primär den Institutionellen vorbehalten, die sich auch die nötige Infrastruktur leisten können.

Ein weiterer Ansatz dieser Kategorie ist die »Cash and Carry Arbitrage« (wird auch als Kassa-Future-Arbitrage bezeichnet). In diesem Fall wird die Kursdifferenz zwischen dem Kassamarkt und dem Terminmarkt genutzt. Dieser Ansatz kann nur angewendet werden, wenn der Terminkurs eines Underlyings gegenüber dem Kassakurs überhöht ist. Der Arbitrageur kauft das Underlying und verkauft dieses wiederum gleichzeitig auf Termin. Das Underlying wird bis zur Fälligkeit des Terminverkaufs gehalten.

> **Beispiel:**
>
> Kauf der Aktie YZ zu 100 Euro. Es wird keine Dividende ausgeschüttet. Gleichzeitig wird die Aktie auf Termin für 104 Euro verkauft. Der Terminkontrakt hat eine Laufzeit von einem Jahr. Für den Kauf der Aktie leiht sich der Arbitrageur das Geld mit einem Zins von 2 % p. a. Zur Fälligkeit nach einem Jahr begleicht der Arbitrageur seine Schuld, die dann 102 Euro betragen wird. Es bleibt somit ein Gewinn von 2 Euro. Auch dieser Ansatz ist für den privaten Trader in der Praxis recht schwierig. Zum Einen muss erst eine Chance für eine Cash-and-Carry-Arbitrage gefunden werden, zum Anderen sind die Gewinne auch hier meist eher dürftig.

Einen weiteren interessanten Handelsansatz im Segment Arbitrage ist die »**Volatilitätsarbitrage**«. Für diesen Ansatz gibt es mehrere Methoden.

1. Es wird ein Portfolio erstellt, indem das Underlying gekauft und mit dem Kauf von Put-Optionen deltaneutral abgehedged wird. Zusätzlich wird ein Volatilitätsfuture, der sich auf das gekaufte Underlying bezieht, verkauft. Es ist elementar wichtig, dass die Kontraktanzahl des Futures so gewählt wird, dass der Preisanstieg der Optionsprämie bei Erhöhung der impliziten Volatilität um 1 % die gleiche Preisänderung des Futures hervorruft, wenn der Wert des Futures ebenfalls um 1 % verändert wird! Damit ist gewährleistet, dass der Preis des deltaneutralen Portfolios sich synchron zum Preis des Futures entwickelt, wenn beide Elemente (Portfolio und Volatilitätsfuture) der gleichen Volatilitätsänderung unabhängig von der Richtung unterliegen. Es darf in diesem Fall kein Gewinn entstehen (Hedge). Nimmt die implizite Volatilität der Optionen gegenüber dem Volatilitätsfuture zu, so entsteht ein Gewinn und umgekehrt. Wird das Portfolio isoliert betrachtet, so entspricht die Funktion dem Kauf eines Straddles. Das hat zur Folge, dass eine starke Kursbewegung das Portfolio in den Gewinn hievt. Auf der anderen Seite unterliegen die gekauften Put-Optionen einem Zeitwertverfall, was dazu führt, dass beim Ausbleiben einer massiven Kursbewegung oder auch bei unveränderter Differenz der Volatilitäten zwischen Future und Optionen das System allmählich in die Verlustzone abgleitet. Die Erwartungshaltung des Arbitrageurs ist, dass sich der Wert des Volatilitätsfutures *gegenüber* der impliziten Volatilität der Optionen *nach unten* entwickelt. Ist die Erwartungshaltung umgekehrt, so werden sämtliche Positionen gedreht, d. h. aus Kauf wird Verkauf und vice versa.

2. Das gleiche Prinzip, wie unter Punkt 1 beschrieben, kann auch mit Call-Optionen realisiert werden. Das Portfolio setzt sich aus dem Kauf des Underlyings und dem Verkauf von Call-Optionen zusammen. Die Kontraktanzahl der Optionen wird wiederum so gewählt, dass sich in Kombination mit dem Underlying eine deltaneutrale Funktion ergibt. Der Volatilitätsfuture wird gekauft. Die Erwartungshaltung des Arbitrageurs ist, dass sich der Wert des Volatilitätsfutures *gegenüber* der impliziten Volatilität der Optionen *nach oben* entwickelt.

Das deltaneutrale Portfolio entspricht funktional dem Verkauf eines Straddles, was bei einer heftigen Kursbewegung kritisch werden kann.

3. Dieser Ansatz wird ausschließlich mit Optionen umgesetzt. Funktional beruht dieses Prinzip auf den unterschiedlichen impliziten Volatilitäten einer Optionsserie, die sich auf Grund des Skews ergeben (siehe Kapitel 10 und 11). Mit dieser Handelstechnik kann ein ausgezeichnetes Chancen-/Risikoprofil erreicht werden, doch soll nicht verschwiegen werden, dass sie auch ihre nicht zu unterschätzenden Schwachstellen hat.

Ansatz 1 und 2 beruhen grundsätzlich auf dem gleichen Prinzip: Es wird der Wert des Volatilitätsfutures gegen die implizite Volatilität der Optionen, die zum Abhedgen des Underlyings herangezogen werden, ausgenutzt. Da Volatilitätsfutures nur auf Indizes als standardisierte Kontrakte an den Terminbörsen gehandelt werden, ist die Marktauswahl doch sehr eingeschränkt. Des Weiteren kommt erschwerend hinzu, dass der Trader recht viel Erfahrung braucht, um einen erfolgsversprechenden Einstieg zu finden. Er muss in der Lage sein, die Diskrepanz der Volatilitätsverhältnisse zwischen Future und Optionen richtig einzuschätzen. Besonders für den Anfänger ist das ein äußerst schwieriges Unterfangen. Aus den besagten Gründen wird in diesem Abschnitt nur Methode 3 im Segment Volatilitätsarbitrage eingehend behandelt werden.

Für die folgenden Erläuterungen wird als Underlying der DAX-Index herangezogen. Die Optionsserien weisen einen ausgeprägten Skew in der Form auf, dass kursfallend die implizite Volatilität erheblich ansteigt (Reverse Skew). Hat man es mit einem *Reverse Skew* zu tun, wie es sowohl bei Aktien als auch bei Aktienindizes meist der Fall ist, kann die Gewinnausrichtung einer Volatilitätsarbitrage nur kursfallend optimal genutzt werden. Bei einem Forward Skew, wie er beispielsweise bei den Volatilitätsmärkten auftritt, ist es umgekehrt, bzw. die Gewinnausrichtung der Strategie ist dann kurssteigend auszurichten.

> **Wichtiger Hinweis:**
> Die nachfolgend vorgestellte Volatilitäts-Arbitrage-Strategie beinhaltet einen Shortüberhang auf der Put-Seite. Das hat zur Folge, dass ein extremer Kurssturz auch zu größeren Verlusten führen kann. Sollte diese Situation eintreten, so muss der Trader schnell die entsprechenden Gegenmaßnahmen einleiten, um die Gefahr zu bannen. Diese Handelstechnik sollte erst angewendet werden, wenn bereits auf Erfahrungen im Optionshandel zurückgegriffen werden kann. Der Anfänger sollte diesen Handelsansatz vorerst nur mit dem Vandermart-Tracker simulieren!

Tabelle 16.41 zeigt den Aufbau des Systems, Abbildung 16.53 das zugehörige P/L-Diagramm. Bei dieser Strategie kommen zwei verschiedene Laufzeiten zum Einsatz. Die Positionen 1 bis 3 bilden den Hauptbestandteil der Volatilitätsarbitrage. Position 1 und 2 sind Kaufpositionen, die durch die Verkaufsposition 3 finanziert werden. Die implizite Volatilität der Kaufpositionen (Positionen 1 und 2) mit 13,27 % bzw. 13,74 % ist wesentlich tiefer als die der Verkaufsposition (Position 3) mit 18,09 %. Dieser erhebliche IV-Unterschied macht die Kaufpositionen *relativ* billiger als die Verkaufsposition. Somit leitet sich die Volatilitätsarbitrage aus dem gleichzeitigen Eingehen von Optionspositionen mit großen IV-Unterschieden ab. Die Positionen 4 und 5 sind ein simpler Bull-Spread und eine rein unterstützende Maßnahme, um die Strategie kurssteigend weitgehend über Wasser zu halten.

Ausgangslage am 19.6.2014 Investition: 632,50 € (Debit)			Volatilitätsarbitrage Gewinnausrichtung: kursfallend						
Markt: DAX Kurs: 10 004,94 Bezugsverhältnis: 5 Optionstyp: europäisch			Zins: 0,22 % p.a.				Systemlaufzeit: 92 Tage Maximale Laufzeit: 183 Tage		
Pos.	Handelstag	Kauf/ Verk.	Typ	Kontr.	Strike	IV	Verfall	Prämie	Gesamt
1	19.6.2014	Kauf	Put	1	10000	13,27	19.9.14	260,60	-1303,00
2	19.6.2014	Kauf	Put	1	10250	13,74	19.12.14	517,90	-2589,50
3	19.6.2014	Verkauf	Put	5	9000	18,09	19.12.14	136,30	3407,50
4	19.6.2014	Kauf	Call	1	10500	11,37	19.9.14	66,00	-330,00
5	19.6.2014	Verkauf	Call	1	10650	10,91	19.9.14	36,50	182,50

Tabelle 16.41: Ausgangslage - Volatilitätsarbitrage

Diese Strategie zu erstellen ist nicht ganz trivial und bedarf einiger Übung. Des Weiteren darf das Timing des Einstiegszeitpunktes nicht außer Acht gelassen werden. Auf diesen Punkt wird nach den Detailerklärungen noch näher eingegangen. Halten Sie sich bei der Strategieentwicklung an nachfolgende Vorlage:

- Wählen Sie eine Systemlaufzeit zwischen minimal einem Monat und maximal drei Monaten (die Laufzeit der kurzlaufenden Optionen entspricht der Systemlaufzeit).
- Setzen Sie die Laufzeit der langlaufenden Optionen so an, dass diese mindestens der 1,5-fachen und maximal der doppelten Laufzeit der Systemlaufzeit beträgt.
- Der Strike von Position 1 wird am Geld (ATM) angesetzt.
- Als Anhaltspunkt für den Strike von Position 2 addieren Sie die Optionsprämie von Position 1 zum Kurs des Underlyings.
- Wählen Sie den Strike für Position 3 *unbedingt* so, dass die Einstiegsfunktion ab dem Einstiegsniveau kursfallend leicht ansteigt, bevor sie nach unten in den negativen Bereich abkippt.
- Sollte die Verfallsfunktion (Ende der Systemlaufzeit) ab dem Einstiegsniveau kurssteigend nicht in den negativen Bereich abkippen, so ist die Strategie perfekt gelungen und Sie können auf einen zusätzlichen Bull-Spread (Positionen 4 und 5) verzichten. Wenn das nicht der Fall ist, so platzieren Sie knapp über

jenem Kursniveau einen Bull-Spread, an dem die Strategie in den negativen Bereich abgleitet.
- Halten Sie sich auf jeden Fall an die Kontraktanzahl. Erhöhen Sie *keinesfalls* die Kontraktanzahl von Position 3 (die Tabelle mit dem Strategieaufbau beinhaltet in Bezug zur Kontraktanzahl stets die kleinstmögliche Systemeinheit).

Wie die P/L-Grafik in Abbildung 16.53 zeigt, bildet die Strategie einen weiten Gewinnbereich von knapp 1500 Punkten aus. Für eine Systemlaufzeit von 92 Tagen ist das beträchtlich. Kurssteigend bleibt das System immer auf bzw. über der Nulllinie (es gibt zwar einen Minimalverlust im Bereich von 10 500, der jedoch erst wenige Tage vor Systemlaufzeitende zum Tragen kommt. In diesem Fall wird das System noch im positiven Bereich glattgestellt).

Die Einstiegsfunktion läuft kursfallend ab dem Einstiegsniveau erst minimal nach oben, bevor sie bei ca. 9 250 Punkten in den negativen Bereich schlittert. Diese Reserve von ca. 750 Punkten im positiven Bereich ist wichtig, um bei einem raschen Kurssturz unmittelbar nach dem Einstiegszeitpunkt nicht sofort in die Verlustzone zu geraten. Der Schnittpunkt, an dem die Verlustzone beginnt, wird kontinuierlich mit abnehmender Systemlaufzeit nach unten verschoben. Um dem Risiko eines rasanten Kurssturzes entgegenzuwirken, könnten auch kurzlaufende Put-Optionen (weekly-options) mit einem Strike von 9 000 eingesetzt werden. Auf jeden Fall ist zu verhindern, dass das System ungebremst in den Sturzflug übergehen kann, d. h. entweder durch eine passende Sicherung oder durch das Glattstellen des Systems.

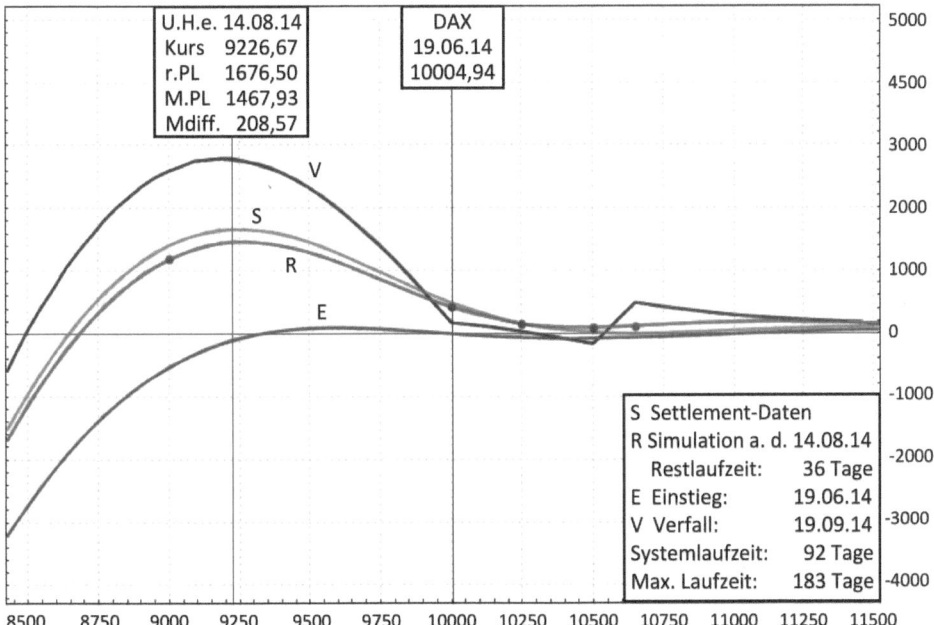

Abbildung 16.53: P/L der Volatilitäts-Arbitrage-Strategie

Ein Punkt, der beim Einstieg beachtet werden sollte, ist der momentane Gesamtpreis des Systems. Sowohl wegen der zwei verschiedenen Options-Laufzeiten als auch wegen des Überhangs von Put-Verkaufspositionen (5 Kontrakte) gegenüber den Put-Kaufpositionen (2 Kontrakte) reagiert das System, selbst bei Kursstillstand, etwas volatil. Dieser Umstand kann vorteilhaft genutzt werden. Wenn Sie den Vandermart-Tracker nutzen, gehen Sie wie folgt vor:

- Erstellen Sie im Vandermart-Tracker die Strategie wie bereits beschrieben.
- Rufen Sie im Fenster der Strategieentwicklung die Marktauswahl auf und setzen Sie die erstellte Strategie um ca. 10 Handelstage zurück (nach dem Test wird die Strategie wieder auf den letzten Tag der vorhandenen Settlement-Daten umgestellt).
- Aktivieren Sie das Fenster »Strategiesimulation«. Aktivieren Sie in diesem den Button »historische Daten mit einbeziehen«.
- Stellen Sie den Zeitschieber an den Start (großer Schieberegler ganz nach links).
- Bewegen Sie den Zeitschieber langsam nach rechts bis zu den letzten Settlement-Daten. Beachten Sie den Funktionsgrafen der Settlement-Daten in Bezug zur Funktion des Simulationsgrafen als auch die Anzeige für Gewinn und Verlust der Simulation wie auch der Settlement-Daten.
- Erhöht sich beim Datum der letzten Settlement-Daten merklich der Gewinn, der durch die Settlement-Daten berechnet wird, gegenüber dem Gewinn, der durch die Simulation berechnet wird, so steigen Sie *nicht* ein.
- Vermindert sich beim Datum der letzten Settlement-Daten merklich der Gewinn, der durch die Settlement-Daten berechnet wird, gegenüber dem Gewinn, der durch die Simulation berechnet wird, so ist ein Einstieg *sehr empfehlenswert*. Sie haben einen kurzfristigen temporären Vorteil.
- Entspricht zum Zeitpunkt der letzten Settlement-Daten der Gewinn, der durch die Settlement-Daten berechnet wird, annähernd dem Gewinn, der durch die Simulation berechnet wird, so können Sie problemlos einsteigen, haben jedoch keinen temporären Vorteil.

Abbildung 16.54 zeigt das Verhalten der Strategie über die gesamte Systemlaufzeit. Das oberste Fenster zeigt den Candle-Stick-Chart. Im zweiten Fenster von oben ist die Gewinnentwicklung ersichtlich. Im dritten Fenster von oben wird für die Positionen 2 und 3 der Verlauf der impliziten Volatilität dargestellt. Im untersten Fenster ist nochmals der Verlauf von Position 3 aufgeführt, sowie die implizite Volatilität am Geld der länger laufenden Optionsserie (das betrifft die Positionen 2 und 3) ersichtlich.

Praxisübung:

Strategiedatei für den Vandermart-Tracker: **K16P2_7_1_a**.

Aktivieren Sie für die Simulationen folgende Buttons in der Strategiesimulation: H.e., E.E. (H.e. = Historische Settlement-Daten einbeziehen, E.E. = P/L-Darstellung ab dem ersten Einstieg).

16.2 Kurz- bis mittelfristige Strategien

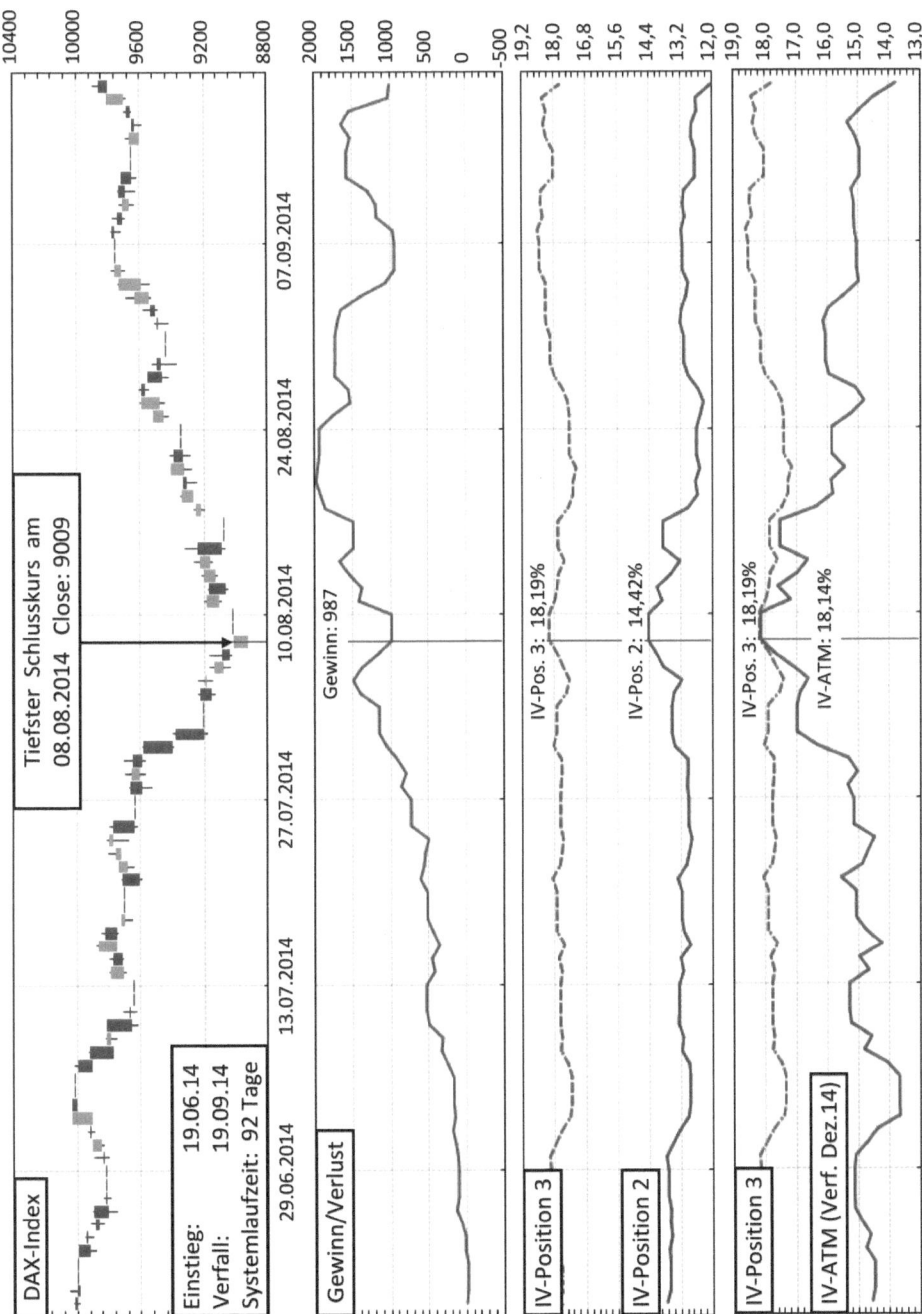

Abbildung 16.54: Auswertung des Systems

17 Algorithmen

17.1 Überblick und Hinweise

Heutzutage sind viele Menschen im Umgang mit Computern sehr versiert und in der Lage, selbst Programme zu schreiben. Bei manchem Trader besteht der Wunsch, eigene Trading-Ideen mit Hilfe selbstgeschriebener Programme am Rechner zu simulieren. Müssen für die Umsetzung Algorithmen für Optionspreisberechnungen entwickelt werden, kann das zu einem äußerst aufwendigen Unterfangen werden. Besonders heikel wird es, wenn amerikanische Optionen mit Dividenden berechnet werden sollen. Die nachfolgend aufgeführten Algorithmen sollen dem interessierten Leser die Entwicklungsarbeit erleichtern. Diese Algorithmen sind auf maximale Geschwindigkeit getrimmt, ohne dafür Qualitätseinbußen hinnehmen zu müssen! Für eine erste Überprüfung wurde auch eine simple Testroutine integriert. Bitte beachten Sie auch die nachfolgenden Hinweise:

Datumsangaben

Die Optionsberechnungen weisen einige Besonderheiten auf. Ein entscheider Unterschied zu den meisten publizierten Algorithmen besteht bei den Angaben zur Laufzeit. Verlangt wird die Angabe des Einstiegsdatums und des Verfallsdatums, aber keine (wie sonst üblich) definierte Laufzeit in Tagen. Das erleichtert die Arbeit ungemein, wenn mehrere Zeitpunkte verarbeitet werden müssen (Einstieg, Dividende, Verfall, Projektion usw.). Das Datumsformat ist etwas unkonventionell und stets vom Typ »Integer« (8 Byte). Dadurch werden dem Jahr, Monat und Tag immer eine fixe Breite innerhalb dieser Integer-Variablen zugewiesen.

Beispiel:

Format: yyyy – mm – dd
24. November 2014   →   &H20141124
14. Februar 2015   →   &H20150214

Datumsdifferenzen

Für sämtliche Optionsberechnungen müssen Zeitdifferenzen berechnet werden. Für diese Aufgabe sind zwar in den verschiedensten Entwicklungstools entsprechende Routinen vorgesehen. Diese genügen aber nicht den geforderten Geschwindigkeitsanforderungen. Aus diesem Grund sind ebenfalls schnelle Algorithmen für die Zeitbestimmung zwischen zwei Datumsangaben aufgeführt. Im Grundprinzip wird jedes Datum in die sogenannte »Julianische Zahl« transformiert. Mit dieser können Zeitdifferenzen sehr schnell durch Addition und Subtraktion berechnet werden. Nach der Berechnung wird die »Julianische Zahl« wieder in das reguläre Datum zurücktransformiert.

Parameterübergabe

Die Parameter für die Berechnungen werden in einer strukturierten Variablen mit der Bezeichnung »ODATEN« übergeben. Der Aufruf für die wichtigsten Berechnungen ist stets eine Subroutine, wobei die Übergabe von »ODATEN« mittels einer Referenz (ByRef) erfolgt. Die Rückgabe der Berechnungsergebnisse erfolgt wiederum durch das Einschreiben in »ODATEN«. Damit wird maximale Geschwindigkeit bei der Parameterübergabe erreicht (für diese Fälle wurde bewusst der Funktionsaufruf vermieden).

Berechnungsergebnisse

Die aufgeführten Algorithmen beschreiben am Ende ihres Aufrufs immer eine Zustandsvariable. Dadurch soll erkannt werden, ob die Aufgabe ordnungsgemäß erledigt werden konnte oder nicht. In die Zustandsvariable »zo.Erg« wird ein »o« eingeschrieben, wenn das Ergebnis o.k. ist, und ein »e«, wenn ein Fehler aufgetreten ist oder die Berechnung auf Grund der Eingaben keine Lösung hergibt.

Berechnung des Optionspreises

Der Aufruf für die Optionspreisberechnung ist »OptBrchngn«. Ein Eingabeparameter, der als »Detailblock« bezeichnet wird, beinhaltet sämtliche Informationen bezüglich des Optionstyps. Dadurch erkennt die Berechnungsprozedur »OptBrchngn« selbstständig, welcher Algorithmus für die Optionspreisberechnung anzuwenden ist. Das Ergebnis steht in der Variablen »zo.Pr«. Das Binomialmodell arbeitet regulär mit nur 50 Steps (Var.: »nIter«). Damit erreicht dieses hochgezüchtete Binomialmodell bereits ein sehr präzises Ergebnis (max. 200 Steps zulässig).

Berechnung der impliziten Volatilität

Der Aufruf für die Berechnung der impliziten Volatilität aus einer Optionsprämie ist »IVbrchn«. Für die Berechnung werden die Daten genauso eingegeben wie bei der Prämienberechnung. Der Unterschied liegt nur darin, dass anstatt der impliziten Volatilität die Optionsprämie »zo.Pr« eingegeben werden muss. Die berechnete implizite Volatilität ist nach dem Aufruf in der Variablen »zo.IV« eingeschrieben.

Berechnung der impliziten Dividende für einen Kursindex

Der Aufruf für das Berechnen der impliziten Dividende eines Kursindizes ist »ImplizDividende«. Der Strike sollte möglichst ATM bzw. am Geld gewählt werden (die Unterschiede sind minimalst bei einer anderen Auswahl des Strikes). Einstiegsdatum und Projektionsdatum müssen identisch sein. In die Variable »zo.Pr« muss die Prämie der Call-Option und in »zo.PrP« die Prämie der Put-Option eingeschrieben werden. Nach dem Aufruf wird das Ergebnis in »zo.IDiv« eingeschrieben.

Berechnung der impliziten Dividende für eine Aktie

Der Aufruf für die Berechnung der impliziten Dividende einer Aktie ist »ImplizDividende« (wie beim Kursindex). Die Unterscheidung zwischen Kursindex und Aktie erfolgt durch den Detailblock. Der Strike sollte mindestens 20 % über dem aktuellen Kursniveau liegen. In die Variable »zo.Pr« muss die Prämie der Call-Option und in »zo.PrP« die Prämie der Put-Option eingeschrieben werden. Nach dem Aufruf wird das Ergebnis in »zo.IDiv« eingeschrieben.

Berechnung des impliziten Zinssatzes

Der Aufruf für das Berechnen des impliziten Zinssatzes p. a. ist »ImplZinsbrchn«. Die Anwendung dieser Zinsermittlungsmethode unterliegt gewissen Einschränkungen im Hinblick auf die Marktauswahl:

- Die Optionen beziehen sich auf einen Performanceindex.
- Die Optionen haben ein europäisches Ausübungsrecht und beziehen sich auf Aktien. Während der Optionslaufzeit dürfen keine Dividenden ausgeschüttet werden.

Besonders für sehr langlaufende Optionen ist es sonst sehr schwierig, den genauen risikolosen Zins zu bestimmen.

Geschwindigkeit

Die Messung wurde mit einem handelsüblichen PC mit Vierkernprozessor und einer Taktfrequenz von 2,8 GHZ durchgeführt.

- Ca. 3 Mikrosekunden für die Berechnung einer Optionsprämie durch Anwendung des BS-Modells inklusive sämtlicher Zeitdifferenzberechnungen.
- Ca. 300 Mikrosekunden für die Berechnung einer Optionsprämie durch Anwendung des Binomialmodells mit 50 Schritten (Steps) und inklusive sämtlicher Zeitdifferenzberechnungen.

17.2 Quellcode

Der Quellcode wurde in der Programmiersprache Visual-Basic erstellt. Für den geübten Programmierer sollte es kein Problem sein, den Code auf C++ oder artverwandte Sprachen zu transformieren.

```
====================================================================
' Der Detailblock beinhaltet die relevanten Informationen
' um Optionen auf sämtliche Typen von Underlyings berechnen
' zu können. Beim Aufbau des Detailblocks handelt es sich um eine
' interne Vandermart-Norm.
'
' D E A 0 3 5 A _ 1 A
' ^ ^ ^ ^ ^ ^ ^ ^ ^ ^
' 1 2 3 4 5 6 7 8 9 10
'
' Erklärung Char. 1 - 10
'    1-2  Länderkennung (aus der ISIN-Nr.)
'
' *    3  Underlyingtyp auf den sich das Derivat bezieht
'         (siehe Referenzliste zu den Underlyings)
'
'      4  Terminmarktinstrument welches sich auf den
'         Underlyingtyp bezieht
'         O   Option
'         F   Future
'
'    5-7  Detailinformation über Option oder Future
'    5-6  Verfallsinformation für Option ODER Future
'      5  Woche des Verfalls im entsprechenden Monat
'      6  Wochentag des Verfalls 1 = Montag, 7=Sonntag
'         Beispiel:
'         35 Regulärer monatlicher Verfall, dritter Freitag im Monat
'         15 Weekly, erster  Freitag im Monat
'         25 Weekly, zweiter Freitag im Monat
'         45 Weekly, vierter Freitag im Monat
'         55 Weekly, fünfter Freitag im Monat
'
' *    7  Hat keine Bedeutung, wenn es sich um einen Future
'         handelt
'         A amerik. Ausübungsrecht
'         E europ.  Ausübungsrecht
'
'      8  Reserve
'
'   9-10  Börse: (interne Vandermart-Norm, 1A => EUREX)
'
```

```
'       ----------------------
'       Referenzliste zu den Underlyings:
'       ----------------------
'       A  Aktie (mit eventueller Dividende)
'       B  Reserve
'       C  Kursindex (SMI,EURO STOXX 50, STOXX 50)
'       D  Reserve
'       E  Performanceindex  (DAX)
'       F  Zins-Future  (Bund, Bobl, Schatz)
'       G  Index-Future
'       H  Commodities (Future)
'       I  Currencies (Future)
'       J  Reserve
'
'================================================================




Option Strict On
Imports System.Math
Imports System.IO



Public Structure ODaten         ' ALLE DATEN FÜR DIE BERECHNUNG
                                ' EINER OPTION
    Dim ODtlbl As String        ' Detailblock

    Dim hdt As Integer          ' Handelstag-Einstieg
                                ' (f. Kursindex relevant)
    Dim Prjd As Integer         ' Prjktinsdtm.(Laufzt.in
                                ' Tagen=Vrf-Prjktnstg)
    Dim Vrf As Integer          ' Verfallstag

    Dim DDiv() As Integer       ' Datum d.nächsten Dividenden-
                                ' zahlung(en)
    Dim IDiv As Single          ' Dividende

    Dim nIter As Integer        ' Anzahl Steps, des Binomial-
                                ' modells

    Dim PC As Char              ' Put - Call
    Dim Stk As Single           ' Strike
```

```
        Dim KU1 As Single           ' Kurs des Underlyings
        Dim Zins As Single          ' Zins
        Dim Coc As Single           ' Cost of carry
        Dim IV As Single            ' IV 8implizite Volatilität)
        Dim Pr As Single            ' Optionsprämie

        Dim BzvhO As Single         ' Bezugsverhältnis Optionen
        Dim bs As Char              ' buy/sell
        Dim Ka As Integer           ' Kontraktanzahl
        Dim ges As Single           ' Gesamtpreis

        Dim EOAIMR As Single        ' Prozentsatz v. Underlying
                                    ' für ATM-Angabe
        Dim OAITM As Char           ' Beinhaltet O - A - I
                                    ' für OTM,ATM,ITM


        Dim PrP As Single           ' Put-Prämie f. Berechnung
                                    ' d. impl. Dividende

        Dim Erg As Char             ' Ergebnis "o"=o.k./"e"=Fehler
    End Structure



Public Class OptBrchngn

' HILFE ZUM TEST DER ALGORITHMEN

Private Sub TestBerechnung()
    Dim Zo As ODaten
    Zo = Nothing
    Dim Dt(6) As Integer

    Zo.hdt = &H20160108         'Einstiegstag (nur für Kursindex
                                'relevant)
    Zo.Prjd = &H20160108        'Projektionstag
    Zo.Vrf = &H20201218         'Verfall

    Dt(0) = &H20160506          '1. Divid.-Dtm. - eurp. Aktien
                                'nur ein Divdt.
    Dt(1) = 0 '&H20101120       '2. Divid.-Dtm. - am. Aktien vier
                                'Divdt.
    Dt(2) = 0 '&H20131120       '3. Dividendendatum
```

```
    Dt(3) = 0   '&H20140220     '4. Dividendendatum
    Dt(4) = 0                   'letztes Dividendendatum mit 0
                                'abschließen
    Zo.DDiv = Dt
    Zo.IDiv = 6.27              'Dividende

    Zo.ODtlbl = "DEE035E_1A"    'Detailbl. (Performance-
                                'index, eurp. Optionen)
    Zo.KUl = 9859.5             'Kurs des Underlyings
    Zo.Stk = 9800               'Strike
    Zo.PC = CChar("C")          'C = Call,    P = Put
    Zo.IV = 22.69               'implizite Volatilität
    Zo.Zins = 0                 'Zins p.a. in %
    Zo.Coc = 0                  'Cost of Carry in %
    Zo.Pr = 2126                'Optionsprämie

    Zo.BzvhO = 5                'Bezugsverhältnis
    Zo.Ka = 1                   'Kontraktanzahl
    Zo.bs = CChar("b")          'b = buy,   s = sell
    Zo.nIter = 50               'Anzahl Steps im Binomialmodell
                                '(max. 200)
    Zo.EOAIMR = 1.5             'grenze in % was +- als ATM
                                'akzeptiert wird

    Zo.PrP = 1738.6             'Put-Prämie - Brchng.
                                'impl. Divid.u. impl. Zins

    Dim i As Integer
    Dim VarTest As Single       'Testvariable

    For i = 1 To 1
        OPrsnbrchn(Zo) : VarTest = Zo.Pr
        'IVbrchn(Zo) : VarTest = Zo.IV
        'ImplizDividende(Zo) : VarTest = Zo.IDiv
        'ImplZinsbrchn(Zo) : VarTest = Zo.Zins
    Next
End Sub

'Aufruf der Form
Private Sub Form1_Load(ByVal sender As Object, ByVal e As
EventArgs) Handles MyBase.Load
TestBerechnung()
End Sub
```

```vb
'--------------------------------------------------------------
' Optionsdaten: Optionspreis neu berechnen
' Übergabe: Optionsparameter in »ODATEN«
' Rückgabe: »ODATEN« durch Ref.-Var
' Veränderte Daten:   Optionspreis und Gesamtoptionspreis
' Gesamtoptionspreis: Optionspr. x Kontraktanz. x Bezugsvh.
' x +-1 buy/sell
'--------------------------------------------------------------

Public Sub OPrsnbrchn(ByRef zo As ODaten)
    Dim Datog As Integer = &H20501231   'Obergrenze:  31.12.2050
    Dim Datug As Integer = &H19800101   'Untergrenze: 01.01.1980

    Dim Rlfzt, Glfzt As Integer         'Restlaufzeit in Tagen
    Dim DDiv(6) As Integer              'Dividendentermin(e)
    Dim BDiv(6) As Single               'Dividenden
    Dim SDDiv(130) As Integer           'Divid.-Termine während
                                        'der Restlfzt.
    Dim TDDiv(130) As Single            'Dividendentermine
                                        'normiert
    Dim TBDiv(130) As Single            'Dividenden als
                                        'Prozentsatz aufbrt.
    Dim SuaDiv, SuaDive As Single       'Summe aller Dividenden
    Dim AzDiv As Integer                'Anzahl Dividenden während
                                        'Restlfzt.
    Dim PDiv As Single                  'Dividendenrendite in %

    Dim EzgDiv As Integer = zo.DDiv.Length - 1 'Endzeiger
    v. DDiv() u. BDiv
    Dim i, j, k As Integer              'diverse Zälervariablen

    Dim T As Single                     'Restlaufzeit d. Option
                                        '(ein Jahr = 1)
    Dim Zins As Single                  'Zins f. Berechnung
                                        'in % p.a.
    Dim Coc As Single                   'Cost of carry  f.d.
                                        'Berechnung %
    Dim r As Single                     'Zins/100
    Dim b As Single                     'Cost of carry/100
    Dim v As Single                     'entspricht IV/100
    Dim UTp As Char                     'Underlyingtyp
    Dim EAOr As Char                    'europ./merik. Ausübungs-
                                        'recht d. Opt.
```

```
  zo.Erg = CChar("e")           'Brchnng.-Ergbn. M. e
                                'Fehler vorinit.
  zo.Pr = 0                     'Optionsprämie vorinit.

'Test auf Handelstag und Projektionstag
'Relevant ist schlussendlich nur der Projektionstag
'außer bei einem Kursindex!

'Test, ob Handelstag realistisch
If zo.hdt < Datug Or zo.hdt > zo.Prjd Then zo.hdt = zo.Prjd

'Test, ob Projektionstag realistisch
 If zo.Prjd < Datug Or zo.Prjd > Datog Then Exit Sub

'Test, ob Verfall realistisch
If zo.Vrf < Datug Or zo.Vrf > Datog Then Exit Sub

'Test, ob Projektion hinter Verfall
If zo.Prjd > zo.Vrf Then zo.Prjd = zo.Vrf : zo.hdt = zo.Vrf

'hdt bzw. Einstieg muss kleiner gleich Projektionstag sein
If zo.hdt > zo.Prjd Then zo.hdt = zo.Prjd

Rlfzt = Dtdf(zo.Prjd, zo.Vrf) 'Restlaufzeit bzw.
                              'Systemlaufzeit brchn.
Glfzt = Dtdf(zo.hdt, zo.Vrf)  'Gesamtlaufzeit berechnen

'Restlaufzeit der Option ist 0. Es wird nur der innere
'Wert berechnet
If Rlfzt <= 0 Then             'Restlaufzeit 0
   zo.Pr = 0 : Rlfzt = 0

   If zo.PC = CChar("C") Then   'Optionsprämien hat nur
                                'inneren Wert
     If zo.KU1 > zo.Stk Then zo.Pr = zo.KU1 - zo.Stk
   Else
     If zo.KU1 < zo.Stk Then zo.Pr = zo.Stk - zo.KU1
   End If

   BkbsOAI(zo)
   Exit Sub
End If
```

```
'Restlaufzeit > 15 Jahre - unrealistisch!
If Rlfzt > 5475 Then Exit Sub      'Abbruch

T = CSng(Rlfzt/365)    'Normierung der Restlaufzeit auf
                       '1 für ein Jahr
v = zo.IV/100                      'Normierung der IV auf 1
UTp = CChar(Mid(zo.ODtlbl, 3, 1)) 'Underlyingtyp
                                  '(Erklrng. Detailblock)
EAOr = CChar(Mid(zo.ODtlbl, 7, 1))'europ./amerik.
                                  'Ausübungsrecht (E/A)


'-------------------------------------
'Test, ob es sich um Aktien handelt
If UTp = "A" Then

  'Zins und Cost of carry bestimmen
  Zins = zo.Zins : Coc = zo.Zins
  r = Zins/100 : b = r

  'Falls kein Dividendentermin oder keine Dividende
  'vorhanden,
       'dann wird die Dividendenbestimmung sofort
       'abgebrochen
  If zo.DDiv(0) < Datog And zo.DDiv(0) > Datug And
  zo.IDiv > 0 Then

    'Endmarke sicher init.
    For i = 0 To EzgDiv
      If i > 0 And zo.DDiv(i) = 0 Then EzgDiv =
      i - 1 : Exit For
    Next

    'Falls durch eine Rückrechnung der Historie ein
    'Dividendentermin
    'in der Zukunft liegt, so muss er zurückgerechnet
    'werden
    Dim RDiv As Integer
    For i = 0 To EzgDiv
      RDiv = zo.DDiv(i)
      Do Until RDiv <= zo.Prjd
        RDiv = DtneE(RDiv, -365)
      Loop
```

```
      zo.DDiv(i) = DtneE(RDiv, 365)
    Next

    'Dividendentermine ab dem Projektionstag auflisten
    For i = 0 To EzgDiv
      j = zo.DDiv(i)
      Do Until j >= zo.Prjd
        j = DtneE(j, 365)
      Loop
      DDiv(i) = j
      BDiv(i) = zo.IDiv
    Next

    'Dividendentermine ordnen
    If EzgDiv > 0 Then
      For i = 0 To EzgDiv - 1
        For j = 0 To EzgDiv - 1
          If DDiv(j) > DDiv(j + 1) Then
            k = DDiv(j) : DDiv(j) = DDiv(j + 1) : DDiv(j + 1) = k
          End If
        Next
      Next
    End If

    'Wenn nächster Dividendentermin hinter dem Verfall liegt,
    'dann wird keine Dividendenberechnung durchgeführt
    If DDiv(0) <= zo.Vrf Then
      'Dividendenliste innerhalb der gesamten Laufzeit.
      'der Option
      'vorbereiten. Dividenden als Prozentsatz vom Underlying
      'einschreiben.
      j = 0 : k = 0 : AzDiv = 0 : PDiv = BDiv(0)/zo.KUl
      Do
        For i = 0 To EzgDiv
          SDDiv(j) = DtneE(DDiv(i), 365 * k)
          TBDiv(j) = PDiv

          If SDDiv(j) <= zo.Vrf Then
            AzDiv = AzDiv + 1
          Else
            k = -10
            Exit For
          End If
```

```
      j = j + 1
   Next
   k = k + 1
Loop Until k < 0
SDDiv(j) = 0 : TBDiv(j) = 0  'Endmarke mit 0 init.

'Test, ob eine Dividendenkorrektur durchgeführt werden muss.
'Wenn die Summe aller Dividenden 50% des Underl. Überschreit
'dann wird die Summe aller Dividenden auf 50% des Wertes des
'Underlyings beschränkt. Es handelt sich um eine irreale
'Situation!

SuaDiv = AzDiv * PDiv
If SuaDiv > 0.5 Then
   i = 0
   Do
      TBDiv(i) = CSng(0.5)/CSng(AzDiv)
      i = i + 1
   Loop Until SDDiv(i) = 0
End If


'Dividendentermin(e) normieren - 1 Jahr entspricht 1
For i = 0 To AzDiv - 1
   j = Dtdf(zo.Prjd, SDDiv(i))  'Datumsdiff. in Tagen zwischen
   TDDiv(i) = CSng(j)/365       'Prjktinsdtm. u Vrf.
Next



'----------------------------------
'Optionsberechnung von amerik. Optionen mit Dividenden.
'Es kommt das Binomialmodell zum Einsatz.

If EAOr = CChar("A") Then
   zo.Pr = VDMbinom(EAOr, zo.PC, zo.KUl, zo.Stk, T, r, b, _
                    v, AzDiv, TDDiv, TBDiv, zo.nIter)
   If zo.Pr < 0 Then Exit Sub 'Prämienberechnung nicht möglich
   BkbsOAI(zo)
   Exit Sub
End If


'Optionsberechnung europ. Option auf Aktien (BS-Modell).
'Wenn Gesamtdividende halben Kurs übersteigt, so wird
'die Dividende auf max. 50% des Kurses verändert
```

```
      SuaDive = AzDiv * BDiv(0)
      If SuaDive > zo.KUl/2 Then SuaDive = zo.KUl/2
      zo.Pr = BSModell(zo.PC, zo.KUl - SuaDive, zo.Stk, T, r, b, v)
      BkbsOAI(zo) : Exit Sub
    End If
  End If


'Für die Optionsberechnung sind KEINE Dividenden zu
'berücksichtigen.
'Amerik. Aktien-Optionen OHNE Dividendenausschüttung abhandeln.
'Für amerik. Put-Optionen kommt das Binomialmodell zum
'Einsatz.
      'Für amerik. Call-Optionen kommt das BS-Modell
      'zum Einsatz.

If EAOr = CChar("A") Then
  If zo.PC = CChar("P") Then
    AzDiv = 0
    zo.Pr = VDMbinom(EAOr, zo.PC, zo.KUl, zo.Stk, T, r, b, v, _
                AzDiv, TDDiv, TBDiv, zo.nIter)
                'Binomial
    If zo.Pr < 0 Then Exit Sub 'Prämienberechnung nicht möglich
  Else
    zo.Pr = BSModell(zo.PC, zo.KUl, zo.Stk, T, r, b, v)
  End If
  BkbsOAI(zo)
  Exit Sub
End If


'Europ. Aktien-Optionen OHNE Dividenden abhandeln.
'Für Put Und Call-Optionen kommt das BS-Modell zum
'Einsatz.
If EAOr = CChar("E") Then
  zo.Pr = BSModell(zo.PC, zo.KUl, zo.Stk, T, r, b, v)
  BkbsOAI(zo)
  Exit Sub
End If

  Exit Sub
End If              'Aktien sind abgehandelt
```

```vb
'-------------------------------------
'Test, ob es sich um einen PERFORMANCE-INDEX handelt wie z.B. DAX
If UTp = "E" Then
  Zins = zo.Zins : r = Zins/100 : b = r
  zo.Pr = BSModell(zo.PC, zo.KUl, zo.Stk, T, r, b, v)
  BkbsOAI(zo)
  Exit Sub
End If


'Test, ob es sich um einen KURS-INDEX handelt
'wie z.B. SMI, EOS, FUTSI
'kontinuierliche Dividendenzahlung (impl. Divid)
If UTp = "C" Then

'Dividende vom Kursindex auf Restlaufzeit berechnen
'Test ob Dividende in Relation zum Underl. irreal ist
Dim KiDiv As Single = (zo.IDiv/CSng(Glfzt)) * CSng(Rlfzt)
Dim KiK As Single = zo.KUl
If (KiK - KiDiv) <= KiK/4 Then KiDiv = KiK/4
  Zins = zo.Zins : r = Zins/100 : b = r
  zo.Pr = BSModell(zo.PC, zo.KUl - KiDiv, zo.Stk, T, r, b, v)
  If zo.Pr < 0 Then zo.Pr = 0
  BkbsOAI(zo)
  Exit Sub
End If


'Test, ob es sich um Optionen auf Zins-Futures handelt wie
'Bund, Schatz, Bobl
If UTp = "F" Then
  r = 0 : b = 0
  If EAOr = CChar("E") Then
    zo.Pr = BSModell(zo.PC, zo.KUl, zo.Stk, T, r, b, v)
  Else
    If zo.PC = CChar("P") Then
      AzDiv = 0
      zo.Pr = VDMbinom(EAOr, zo.PC, zo.KUl, zo.Stk, T, r, b, v, _
                       AzDiv, TDDiv, TBDiv, zo.nIter)
                      'Binomial
      If zo.Pr < 0 Then Exit Sub
    Else
      zo.Pr = BSModell(zo.PC, zo.KUl, zo.Stk, T, r, b, v)
    End If
  End If
```

```
      BkbsOAI(zo) : Exit Sub
   End If

   'Test, ob es sich um Optionen auf Index-Futures handelt
   If UTp = "G" Then
      Zins = zo.Zins : r = Zins/100 : b = 0
      If zo.Coc <= 0 Then
         Zins = 0 : r = 0 : Coc = 0 : b = 0
      Else
         Zins = zo.Zins : r = Zins/100
         Coc = zo.Coc : b = Coc/100  'Zins und Cost of Carry
         init
      End if
      If EAOr = CChar("E") Then
         zo.Pr = BSModell(zo.PC, zo.KU1, zo.Stk, T, r, b, v)
      Else
         If zo.PC = CChar("P") Then
            AzDiv = 0
            zo.Pr = VDMbinom(EAOr, zo.PC, zo.KU1, zo.Stk, T, r, b, v, _
                        AzDiv, TDDiv, TBDiv, zo.nIter)
                        'Binomial
            If zo.Pr < 0 Then Exit Sub 'Berechnung nicht möglich
         Else
            zo.Pr = BSModell(zo.PC, zo.KU1, zo.Stk, T, r, b, v)
         End If
      End If
      BkbsOAI(zo)
      Exit Sub
   End If

   'Test, ob es sich um Optionen auf Commodity-Futures handelt
   'Beachtung von Cost of Carry
   If UTp = "H" Then
      If zo.Coc <= 0 Then
         Zins = 0 : r = 0 : Coc = 0 : b = 0
      Else
         Zins = zo.Zins : r = Zins/100
         Coc = zo.Coc : b = Coc/100  'Zins und Cost of Carry
                                     'init
      End If
      If EAOr = CChar("E") Then
         zo.Pr = BSModell(zo.PC, zo.KU1, zo.Stk, T, r, b, v)
      Else
```

```
      If zo.PC = CChar("P") Then
        AzDiv = 0
        zo.Pr = VDMbinom(EAOr, zo.PC, zo.KUl, zo.Stk, T, r, b, v, _
                         AzDiv, TDDiv, TBDiv, zo.nIter)
                         'Binomial
        If zo.Pr < 0 Then Exit Sub 'Berechnung nicht möglich
      Else
        zo.Pr = BSModell(zo.PC, zo.KUl, zo.Stk, T, r, b, v)
      End If
    End If
    BkbsOAI(zo)
    Exit Sub
  End If

  'Test, ob es sich um Optionen auf Currency-Futures handelt
  '(wie Commodities). Beachtung von Cost of Carry.
  If UTp = "I" Then
    If zo.Coc <= 0 Then
      Zins = 0 : r = 0 : Coc = 0 : b = 0
    Else
      Zins = zo.Zins : r = Zins/100
      Coc = zo.Coc : b = Coc/100 'Zins und Cost of Carry
      init.
    End if
    If EAOr = CChar("E") Then
      zo.Pr = BSModell(zo.PC, zo.KUl, zo.Stk, T, r, b, v)
    Else
      If zo.PC = CChar("P") Then
        AzDiv = 0
        zo.Pr = VDMbinom(EAOr, zo.PC, zo.KUl, zo.Stk, T, r, b, v, _
                         AzDiv, TDDiv, TBDiv, zo.nIter) 'Binomial
        If zo.Pr < 0 Then Exit Sub
      Else
        zo.Pr = BSModell(zo.PC, zo.KUl, zo.Stk, T, r, b, v)
      End If
    End If
    BkbsOAI(zo) : Exit Sub
  End If

End Sub
```

```
'---------------------------------------
' Bezugsverhältnis, Kontraktanzahl, Buy/Sell
' OTM, ATM, ITM abhandeln
'---------------------------------------

Private Sub BkbsOAI(ByRef zo As ODaten)
    Dim sh1, sh2, sho, shu As Single
    zo.Erg = CChar("o")

    'Gesamtbetrag aus der Prämie berechnen
    'Gesamt = Prämie * Kontraktanzahl * Bezugsverhältnis *
    '            +-1 (sell = -1, buy = 1)
    sh1 = zo.Pr * zo.BzvhO * CSng(zo.Ka)
    If zo.bs = CChar("b") Then sh1 = 0 - sh1
    zo.ges = sh1

    'Am Geld, im Geld, aus dem Geld
    'ATM, ITM, OTM
    sh2 = zo.KUl/100 * zo.EOAIMR
    sho = zo.KUl + sh2 : shu = zo.KUl - sh2
    If zo.Stk > shu And zo.Stk < sho Then
       zo.OAITM = CChar("A")
       Exit Sub
    Else
       zo.OAITM = CChar("I")
       If zo.PC = CChar("C") And zo.Stk >= sho Then
          zo.OAITM = CChar("O")
          Exit Sub
       End if
       If zo.PC = CChar("P") And zo.Stk <= shu Then
          zo.OAITM = CChar("O")
          Exit Sub
       End if
    End If
End Sub
```

```
'================================================================
'Binomialmodell, amerik. und europ. Optionen MIT Dividendenzahlungen
'Optionsberechnung durchführen
'================================================================

Public Function VDMbinom(ByVal EAOr As Char, ByVal PC As Char, _
                        ByVal S As Single, ByVal X As Single, _
                        ByVal T As Single, ByVal r As Single, _
                        ByVal b As Single, ByVal v As Single, _
                        ByVal AzDiv As Integer, ByRef TDDiv() As Sing
                        ByRef TBDiv() As Single, ByVal n As Integer)
                        As Single

    Dim OptWert(220) As Single
    Dim St(220) As Single
    Dim d1, d2, kena, kenb As Single
    Dim abz, bbz As Single
    Dim u, d, p, pa, p1, pa1, bel, uk As Single
    Dim dt, Df As Single
    Dim i, j, m, z As Integer
    Dim Pim As Single
    Dim GesDivid As Single
    Dim AnzDiv(130) As Single
    Dim s1, s2 As Single

    'Dividendenvorverarbeitung
    GesDivid = 1
    If AzDiv > 0 Then
      For i = 0 To AzDiv - 1
        AnzDiv(i) = Int(TDDiv(i)/T * n)
        GesDivid = GesDivid * (1 - TBDiv(i))
      Next
    End If

    n = n Or &H1 'nur ungerade Anzahl Steps zulässig
    If PC = "C" Then z = 1 Else z = -1 'Put/Call Entscheidung

    'Parameter, um den oszillierenden Effekt
    'des Binomialmodells zu kompensieren
    d1 = CSng((Log(S/X) + (b + v ^ 2/2) * T)/(v * Sqrt(T)))
    If d1 >= 0 Then kena = 1 Else kena = -1
    d2 = CSng(d1 - v * Sqrt(T))
    If d2 >= 0 Then kenb = 1 Else kenb = -1
```

```
s1 = CSng(n + 1/3 + 0.1/(n + 1)) : s2 = CSng(n + 1/6)
abz = CSng(0.5 + kena * (0.25 - 0.25 * Exp(-(d1/s1) ^ 2 * s2)) ^ 0.5)
bbz = CSng(0.5 + kenb * (0.25 - 0.25 * Exp(-(d2/s1) ^ 2 * s2)) ^ 0.5)

'Das Modell kann nicht gerechnet werden - Fehlermeldung und Abbruch!
If abz = 0 Or bbz = 0 Then Return -1

dt = T/n
Df = CSng(Exp(-r * dt))
p = bbz : pa = 1 - p
p1 = p * Df : pa1 = pa * Df
bel = CSng(Exp(b * dt))
u = (bel * abz)/bbz : uk = 1/u
d = (bel - p * u)/pa

For i = 0 To n                           'Optionswert zum Verfall
  St(i) = CSng(S * u ^ i * d ^ (n - i) * GesDivid)
  OptWert(i) = Max(0, z * (St(i) - X))
Next

For j = n - 1 To 0 Step -1

  'Berücksichtigung der Dividenden
  If AzDiv > 0 Then
    For m = 0 To AzDiv
      If j = AnzDiv(m) Then
        For i = 0 To j
          St(i) = St(i)/(1 - TBDiv(m))
        Next i
      End If
    Next m
  End If

  'Binomialbaum abarbeiten
  For i = 0 To j

    St(i) = St(i + 1) * uk
    Pim = (p1 * OptWert(i + 1) + pa1 * OptWert(i))

    If EAOr = "E" Then
      OptWert(i) = Pim
    Else
      s1 = St(i) - X
```

```
            If z < 0 Then s1 = 0 - s1
            If s1 > Pim Then OptWert(i) = s1 Else OptWert(i) = Pim
         End If

      Next
   Next

   Return OptWert(0)
End Function



'==================================================================
'BS-Modell ohne Dividende für europ. Optionen
'==================================================================
Public Function BSModell(ByVal CPFl As Char, ByVal S As Single, _
                        ByVal X As Single, ByVal T As Single, _
                        ByVal r As Single, ByVal b As Single, _
                        ByVal v As Single) As Single

   Dim d1, d2 As Single
   Dim s1, s2, s3, cnd1, cnd2 As Single
   Dim Praemie As Single

   s1 = v * CSng(Sqrt(T))
   d1 = CSng((Log(S/X) + (b + v ^ 2/2) * T)/s1)
   d2 = d1 - s1

   s2 = CSng(Exp((b - r) * T))
   s3 = CSng(Exp(-r * T))
   cnd1 = CND(d1)
   cnd2 = CND(d2)

   If CPFl = "C" Then
      Praemie = S * s2 * cnd1 - X * s3 * cnd2
   Else
      Praemie = X * s3 * (1 - cnd2) - S * s2 * (1 - cnd1)
   End If

   Return Praemie
End Function
```

'----------------------------------
'   V E R T E I L U N G S F U N K T I O N
'----------------------------------

```
Function CND(ByVal Y As Single) As Single
    Dim X As Single = Y
    Dim Erg As Single
    Dim L As Single
    Dim K1, K2, K3, K4, K5 As Single
    Const a1 = 0.31938153
    Const a2 = -0.356563782
    Const a3 = 1.781477937
    Const a4 = -1.821255978
    Const a5 = 1.330274429
    Const sqp = 0.39894228035862012


    If X < 0 Then L = 0 - X Else L = X
    If L > 37 Then
      If X >= 0 Then Return 1
      Return 0
    End If

    K1 = 1/CSng((1 + 0.2316419 * L))
    K2 = K1 * K1 : K3 = K2 * K1 : K4 = K3 * K1 : K5 = K4 * K1
    Erg = CSng(1 - sqp * Exp(-L * L * 0.5) * _
              (a1 * K1 + a2 * K2 + a3 * K3 + a4 * K4 + a5 * K5))

    If X < 0 Then Erg = (1 - Erg)

    Return Erg
End Function
```

'----------------------------------
' IV aus vorhandenem Optionspreis berechnen
' Übergabe: Optionspaket »ODATEN«
' Rückgabe: ByRef
'----------------------------------

```
Public Sub IVbrchn(ByRef zo As ODaten)
    Const IVmax As Single = 500        'IV > IVmax wird nicht akzeptier
    Const IVmin As Single = 1.5        'IV < IVmin wird nicht akzeptier
    Dim AzApr As Integer = 8           'Anzahl Aproximationsschritte
    Dim nItera As Integer = 7          'Steps d. Binomialmdl. 1.Annäher
    Dim nIter As Integer = zo.nIter    'alte Einstellung zwischenspeich
    Dim Pr As Single = zo.Pr
    Dim IDivAlt As Single = zo.IDiv    'Dividende zwischenspeichern
    Dim IVo, IVu, IVv As Single
    Dim df As Single
    Dim i As Integer
    Dim IV1, IV2, Pr1, Pr2, IVE As Single
    Dim s1, s2 As Single
    Dim Res As Char
    
    'Kann nur noch inneren Wert haben - Zeitwert 0
    'IV 0, da keine Restlaufzeit mehr
    If zo.Prjd >= zo.Vrf Then
      zo.Erg = CChar("o")
      zo.IV = 0
      Exit Sub
    End If
    
    Res = CChar("o")
    Do
      'Schnellstmögliches grobes Anfahren der IV mit
      'wahrscheinlichem Wertebereich mit geringer Stepzahl
      IVo = 0 : i = 0
      Do
        i = i + 1
        IVu = IVo : IVo = IVo + 15 : zo.IV = IVo
        OPrsnbrchn(zo)
      Loop Until zo.Pr > Pr Or IVo > IVmax
      
      'IV ist irrealistisch hoch! Abbruch
      If IVo > IVmax Then Res = CChar("e") : Exit Do
      
      'Anfahren mit geringer Stepzahl. Aproximation bis Fehler kleiner
      IVv = (IVo + IVu)/2 : df = (IVo - IVu)/4 : i = -1
      Do
        i = i + 1 : zo.IV = IVv
        OPrsnbrchn(zo)
        If zo.Erg = CChar("e") Then 'Fehler durch zu tiefe IV
```

```
      IVv = IVv + df
      zo.IV = IVv
      df = df/2
    Else
      If Pr > zo.Pr Then IVv = IVv + df Else IVv = IVv - df
      df = df/2
    End If

  Loop Until i >= AzApr

  'Feinjustierung
  zo.nIter = nIter

  'falls Fehler bei der letzten Berechnung auftrat
  If zo.Erg = CChar("e") Then
    OPrsnbrchn(zo)
    If zo.Erg = CChar("e") Then Res = CChar("e") : Exit Do
  End If

  'Stepzahl hochfahren auf normale Einstellung
  OPrsnbrchn(zo) : Pr1 = zo.Pr : IV1 = zo.IV
  If zo.Erg = CChar("e") Then IVE = IV1 : Exit Do 'Erg. bereits o.k.
  IV2 = IV1 + df : zo.IV = IV2
  OPrsnbrchn(zo) : Pr2 = zo.Pr
  If zo.Erg = CChar("e") Then IVE = IV1 : Exit Do 'Erg. bereits o.k.

  'Präzises Ergebnis durch Interpolation herleiten
  If Abs(Pr1 - Pr) < 0.001 Then IVE = IV1 : Exit Do 'Erg.
  bereits o.k.
  s1 = (Pr2 - Pr1)/(Pr1 - Pr)
  If s1 = 0 Then 'TEST >!<
    IVE = IV1 : Exit Do
  End If
  s2 = (IV2 - IV1)/s1
  IVE = IV1 - s2

Loop Until Res = CChar("o")

'PROBE bzw. (nur zum Test)
'zo.IV = IVE : zo = OPrsnbrchn(zo) : s1 = zo.Pr

If Res = CChar("o") And IVE >= IVmin Then
  zo.IV = IVE              'IV-Ergebnis eintragen
```

```
        zo.nIter = nIter           'alte Stepanzahl rückspeichern
        zo.Pr = Pr                 'alten Preis rückspeichern
        zo.IDiv = IDivAlt          'alte Dividende rückspeichern
        zo.Erg = CChar("o")        'Berechnung o.k.
        Exit Sub
    End If

    'Irreale IV-Verhältnisse
    zo.nIter = nIter               'alte Stepanzahl rückspeichern
    zo.Pr = Pr                     'alten Preis rückspeichern
    zo.IDiv = IDivAlt              'alte Dividende rückspeichern
    zo.Erg = CChar("e")            'Fehler, IV nicht berechenbar
    zo.IV = IVmin
    Exit Sub

End Sub


'---------------------------------------
' Zins aus den Optionen berechnen.
' Es werden hierfür Put und Call ATM
' als Grundlage herangezogen.
' Übergabe: Optionspaket "ODATEN"
' Rückgabe: ByRef
'---------------------------------------

Public Sub ImplZinsbrchn(ByRef zo As ODaten)

    Dim Ti As Integer = Dtdf(zo.Prjd, zo.Vrf) 'Laufzeit d. Option in T
    Dim T As Single = 0 - (CSng(Ti)/365)
    Dim s0 As Single = (zo.KU1 + zo.PrP - zo.Pr)/zo.Stk
    Dim s1 As Single = CSng(Log(s0))
    Dim r As Single = (s1/T) * 100
    zo.Zins = r

End Sub


'---------------------------------------
' Optionsdaten: Implizite Dividende berechnen
' 1. Kursindex - Strikeauswahl ATM
' 2. Aktie - Strikeauswahl min. 20% über aktuellem Kurs des Underlying
' Übergabe: Optionspaket "ODATEN"
' Rückgabe: ByRef
'---------------------------------------
```

```
Public Sub ImplizDividende(ByRef zo As ODaten)

'Erste Annäherung an die implizite Dividende
    Dim Divid As Single = zo.KU1 - (zo.Stk - zo.PrP + zo.Pr)
    Dim FlDiv As Integer = 0
    Dim r As Single = zo.Zins
    Dim T As Integer = Dtdf(zo.hdt, zo.Vrf)   'Laufzeit der Option in Tagen
    Dim S As Single = zo.KU1                  'Kurs des Underlyings
    Dim Fehlmin As Single = S/10000           'Untergrenze der Aproximation
    Dim zc As ODaten = zo
    Dim CallPreis As Single = zo.Pr
    Dim zp As ODaten = zo
    Dim PutPreis As Single = zo.PrP
    Dim Fehl, Fehls, Fehlo As Single
    Dim i, j As Integer
    Dim s2 As Single

    zp.PC = CChar("P")
    zp.Pr = zo.PrP
    zc.PC = CChar("C")

    'Kursindex (SMI, EUROSTOX50...)
    If Mid(zo.ODtlbl, 3, 1) = CChar("C") Then

       'Implizite Dividende durch Umformung der Put/Call-Parität
       Dim Methode As Char = CChar("N") 'Methode der Berechnung (N/D)
       If Methode = CChar("N") Then
          Dim eul As Single = 2.718281
          Dim tk As Single = CSng(T)/365
          Dim r1 As Single = r/100
          Dim Zi As Single = CSng(eul ^ (-r1 * tk))
          zo.IDiv = zo.KU1 - (zo.Stk * Zi - zo.PrP + zo.Pr)
          If zo.IDiv < 0 Then zo.IDiv = 0
          zo.Erg = CChar("o")
          Exit Sub
       End If

       s2 = (S/200 * r) * (CSng(T)/365)
       Fehl = (Divid + s2)
       If Fehl > S/2 Then Fehl = S/2
       Fehls = Fehl : i = 0

       Do
```

```
      i = i + 1
      If FlDiv = 0 Then
        Fehls = Fehls/2
      Else
        Fehls = Fehls * CSng(0.9)
        FlDiv = 0
      End if
      Fehlo = Fehl                              'Implizite Dividende

      zc.IDiv = Fehl : IVbrchn(zc)              'IV des Calls berechnen
      zp.IDiv = Fehl : IVbrchn(zp)              'IV des Puts berechnen

      If zc.Erg = "e" Then Fehl = Fehl + Fehls : FlDiv = 1 : Continue
      If zp.Erg = "e" Then Fehl = Fehl - Fehls : FlDiv = 1 : Continue
      If (zp.IV < zc.IV) Then
        Fehl = Fehl - Fehls
      Else
        Fehl = Fehl + Fehls
      End if

    Loop Until (i >= 24) Or (zc.Erg = "o" And zp.Erg = "o" _
              And Abs(zc.IV - zp.IV) < 0.0001)

    If Fehlo < 0 Then Fehlo = 0
    zo.IDiv = Fehlo
    If zc.Erg = CChar("o") And zp.Erg = CChar("o") Then
      zo.Erg = CChar("o")
    Else
      zo.Erg = CChar("e")
    End if
  End If


  'Aktie
  If Mid(zo.ODtlbl, 3, 1) = CChar("A") Then

    Fehls = zo.KU1/250
    Fehl = 0 - Fehls

    For j = 0 To 5

      'Dividende hochfahren
```

```
            Fehls = Fehls/2 : i = 0
            Do
              i = i + 1 : Fehl = Fehl + Fehls
              If Fehl < 0 Then Fehl = 0
              zc.IDiv = Fehl : IVbrchn(zc)            'IV des Calls berechnen
              zp.IDiv = Fehl : IVbrchn(zp)            'IV des Puts berechnen
            Loop Until zc.IV > zp.IV Or i > 50 Or zp.Erg = "e"
            If Fehl <= 0 Then Fehl = 0


            'Dividende zurückfahren
            Fehls = Fehls/2 : i = 0
            Do
              i = i + 1 : Fehl = Fehl - Fehls
              If Fehl < 0 Then Fehl = 0
              zc.IDiv = Fehl : IVbrchn(zc)            'IV des Calls berechnen
              zp.IDiv = Fehl : IVbrchn(zp)            'IV des Puts berechnen
            Loop Until zc.IV < zp.IV Or i >= 3 Or Fehl <= 0
            If Fehl <= 0 Then Fehl = 0


            If zc.Erg = CChar("o") And zp.Erg = CChar("o") _
               And Fehls < Fehlmin Then Exit For 'Erg. o.k.

        Next

        'negative Dividende darf nicht auftreten!
        zo.Erg = CChar("o")
        If Fehl < 0 Then Fehl = 0 : zo.Erg = CChar("e")
        zo.IDiv = Fehl
    End If
End Sub



    '================================================================
' Datumsdifferenz berechnen
' Übergabe 1:      Startdatum     Format:&H20090215  15.Februar 2009
' Übergabe 2:      Enddatum       Format:&H20090217  17.Februar 2009
' Rückgabewert:    Differenz in Tagen     Ergebnis: 2 Tage
'================================================================

Public Function Dtdf(ByVal St As Integer, ByVal Nd As Integer) As Integer
    Const Datog As Integer = &H20501231      'Obergrenze: Datums-Grenztest
    Const Datug As Integer = &H19800101      'Untergrenze: Datums-Grenz-
                                             'test
```

```vbnet
        'Datumsgrenzen testen - falls nicht o.k., dann Abbruch
        If St > Datog Or St < Datug Or Nd > Datog Or Nd < Datug Then Return

        Dim DSt As Double = JD(St)
        Dim DNd As Double = JD(Nd)
        Dim erg As Integer = CInt(DNd - DSt)
        Return erg
    End Function



    '================================================================
    ' Spezifisches Datum berechnen:
    ' Zu einem Datum wird eine Integer-Zahl, die positiv oder negativ
    ' sein kann, addiert. Daraus ergibt sich ein neues Datum.
    ' Das errechnete neue Datum (zu diesem Übergabedatum +- n Tage)
    ' ist der Rückgabewert
    ' Übergabe 1:     Startdatum      Format:&H20090215   15.Februar 2009
    ' Übergabe 2:     in n Tagen      +- n Tage (2)
    ' Rückgabewert:   neues Datum     Format:&H20090217   17.Februar 2009
    '================================================================

    Public Function DtneE(ByVal St As Integer, ByVal Nt As Integer) As Int
        Const Datog As Integer = &H20501231 'Obergrenze: Datums-Grenztest
        Const Datug As Integer = &H19800101 'Untergrenze: Datums-Grenztest

        If St > Datog Or St < Datug Then Return 0 'Irreale Datumsangabe
        If Abs(Nt) > 10000 Then Return St        'Irrealer Zeitab-
                                                 'stand (≈27 Jahre)

        Dim Diff As Double = CDbl(Nt)
        Dim DSt As Double = JD(St)
        Dim Erg As Integer = GC(DSt + Diff)
        Return Erg
    End Function




    'Datum Gregor ==> Julian
    Private Function JD(ByVal St As Integer) As Double
        Dim Tag, Mon, Jahr, i, j As Integer
        Tag = (St And &HFF) - ((St >> 4) And &HF) * 6
        Mon = ((St >> 8) And &HFF) : If Mon >= &HA Then Mon = Mon - 6
```

```
    Dim ff As Integer = St >> 16
    j = 1 : Jahr = 0
    For i = 0 To 3
       Jahr = Jahr + (ff And &HF) * j
       j = j * 10 : ff = ff >> 4
    Next

    Dim y As Double = CDbl(Jahr)
    Dim m As Double = CDbl(Mon)
    Dim d As Double = CDbl(Tag)

    Dim extra As Double = 100.0 * y + m - 190002.5
    Dim rjd As Double = 367.0 * y
    rjd = rjd - Math.Floor(7.0 * (y + Math.Floor((m + 9.0)/12.0))/4.0)
    rjd = rjd + Math.Floor(275.0 * m/9.0) + d + 1721013.5 - 0.5 * _
                       extra/Math.Abs(extra) + 0.5

    Return rjd + 0.25
End Function



'Julian ==> Gregor
Private Function GC(ByVal rjd As Double) As Integer
    Dim a As Double = rjd
    Dim g, b, c, D, e As Integer

    If rjd >= 2299161 Then
       g = CInt(Math.Floor((rjd - 1867216.25)/36524.25))
       a = rjd + 1 + g - Math.Floor(g/4)
    End If

    b = CInt(Math.Round(a + 1524))
    c = CInt(Math.Floor((b - 122.1)/365.25))
    D = CInt(Math.Floor(365.25 * c))
    e = CInt(Math.Floor((b - D)/30.6001))

    Dim Day As Integer = CInt(b - D - Math.Floor(30.6001 * e))
    Dim Month As Integer = e - 13
    If e < 14 Then Month = e - 1

    Dim Year As Integer = c - 4715
    If Month > 2 Then Year = c - 4716
```

```
'Rückverwandlung in das Hexformat
Dim x, y, h0, Jahrh As Integer
x = Year : Jahrh = 0
For i = 0 To 3
   y = x
   x = x  10
   h0 = (y - x * 10) << i * 4
   Jahrh = Jahrh Or h0
Next

Dim Monh As Integer = Month
If Monh >= 10 Then Monh = Monh + 6

Dim Tagh As Integer = Day + (Day  10) * 6

Dim Erg As Integer = Jahrh << 16 Or Monh << 8 Or Tagh
Return Erg

End Function

End Class
```

18 Der Vandermart-Tracker

Auf der diesem Buch beigefügten CD befindet sich u. a. eine *eingeschränkte Version* der Optionssoftware »Vandermart-Tracker«. Mit ihrer Hilfe können alle Beispiele, die im Buch behandelt werden, simuliert werden. Des Weiteren befinden sich auf der CD zusätzliche Lernhilfen, wie beispielsweise Links zu interessanten Videoclips zum Fachgebiet »Optionshandel«.

Nach dem Einlegen der CD in den Rechner startet diese automatisch. Auf dem Bildschirm erscheint die Eröffnungsmaske wie in Abbildung 18.1 dargestellt.

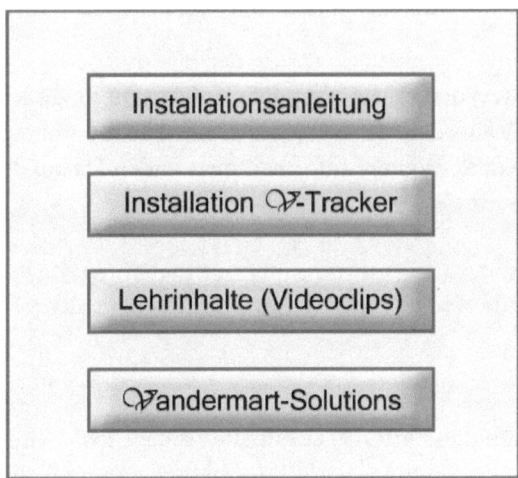

Abbildung 18.1: Einstiegsmaske für die Installation des Vandermart-Trackers

Installation des Vandermart-Trackers

Lesen Sie sich zunächst die Installationsanleitung sorgfältig durch. Danach starten Sie den Installationsprozess, indem Sie auf den Button »Installation V-Tracker« klicken. Beim ersten Starten des Vandermart-Trackers werden alle für den Betrieb benötigten Ordner angelegt. Der Hauptordner, mit der Bezeichnung VDM, wird auf der Festplatte C: angelegt. Danach werden Sie zur Registrierung aufgerufen. Da es sich um eine eingeschränkte Version handelt, müssen Sie im Feld Kundennummer Ihre E-Mail-Adresse eingeben. Anschließend klicken Sie auf den Button »senden«. Sie erhalten dann per Mail einen Freischaltungscode, der dann im Registrierungsfenster eingegeben werden muss. Die E-Mail mit der Anwort kann bis zu zwei Minuten dauern. Schließen Sie keinesfalls während des Registrierungsvorgangs das Registrierungsfenster. Nach Eingabe des Freischaltungscodes klicken Sie nochmals auf den Button »senden«. Der Registrierungsvorgang ist abgeschlossen. Sie können das Fenster wieder schließen (Details sind in der Installationsanleitung beschrieben).

Einschränkungen der CD-Version

In der Version, die diesem Buch beigefügt ist, ist der Zugriff auf die Börsendaten limitiert. Es können keine aktuellen Daten geladen werden. Die Historie endet mit dem 8. März 2016.

Das folgende Feature ist in der CD-Version ebenfalls blockiert: Die Software enthält eine Kommunikationseinheit, mit der per Knopfdruck eine Strategie auf einen Server geladen wird. Zum Einen können andere User die Strategie in einem Internetbrowser ansehen und besprechen, was in einem dezentralen Team von Vorteil ist, und zum Anderen können User, die ebenfalls mit dem Vandermart-Tracker arbeiten, die Strategie direkt vom Server in den Vandermart-Tracker laden.

Die eingeschränkte Version kann auf eine Vollversion umgestellt werden. Damit ist im Falle eines Kaufs der Software keine Deinstallation mit nachfolgender Neuinstallation notwendig. Weitere Informationen finden Sie auf der Homepage von Vandermart-Solutions.

> Wichtiger Hinweis zu Dateneingaben beim Vandermart-Tracker:
> Alle Eingaben müssen mit der Enter-Taste quittiert werden!

Lehrinhalte

Mit einem Klick auf den Button »Lehrinhalte (Videoclips)« wird ein Browserfenster geöffnet. Hier finden Sie weitere Informationen zum Fachgebiet, sowie verschiedenste Links zu lehrreichen Videoclips.

19 Der Strategy Advisor

von Dr. Ricco Cozzio

19.1 Einleitung und Überblick

Das Entwickeln von erfolgreichen Handelsstrategien ist ein komplexes und arbeitsintensives Unterfangen. Know-how, Erfahrung und beste technische Ausstattung sind wichtige Voraussetzungen für optimalen Erfolg. Der *Strategy Advisor* ist ein Zusatzmodul[1] zum *Vandermart Tracker*, das dem Trader ausgefeilte technische Unterstützung bei der Planung, Optimierung und Nachbearbeitung von Optionsstrategien bietet. Es dient ihm als sogenannter »Intelligenter Assistent«, der ihn bei komplexen Aufgaben mit Hilfe von Expertenwissen und Algorithmen aus dem Forschungsgebiet der »Künstlichen Intelligenz« unterstützt. Inzwischen ist es zunehmend »State of the Art«, solche Methoden beim Optionshandel einzusetzen.

Die nachfolgenden Ausführungen beschreiben die Funktionen dieses »Intelligenten Assistenten für Optionsstrategien« und zeigen, wie diese konkret für Aufgabenstellungen des Traders eingesetzt werden können. Dabei werden folgende Themen abgedeckt:

- Strategieoptimierung:
  - Was sind geeignete Bewertungskriterien zur Beurteilung der Qualität einer Strategie?
  - Wie kann eine Optionsstrategie verbessert werden?
- Maßgeschneiderte Strategien für Vermögensverwalter:
  - Welche Strategien decken Kundenbedürfnisse wie Outperformance oder Kapitalschutz ab?
  - Wie können solche Strategien auf spezifische Situationen adaptiert werden?
- Follow-up-Aktionen:
  - Was kann ich tun, wenn sich meine Strategie bereits im Markt befindet?
  - Wie kann ich aufgelaufene Buchgewinne sichern oder Risiken verkleinern?
- Technologie:
  - Wie ist ein »Intelligenter Assistent« aufgebaut?
  - Was unterscheidet ihn von »normaler« Software?

Alle Themen werden mit konkreten Praxisbeispielen ergänzt, die dem Trader den Einsatz des Werkzeugs im täglichen Handel demonstrieren und die mit Hilfe der Demo-Software nachvollzogen werden können.

---

1 Der *Strategy Advisor* kann auch unabhängig vom *Vandermart Tracker* eingesetzt werden. Über eine technische Schnittstelle zum Datenaustausch via Dateien können auch andere Software-Programme einfach angebunden werden.

19.2 Was ist ein »Intelligenter Assistent«?

Das Gebiet der sogenannten »Künstlichen Intelligenz« (KI) hat sich schon sehr früh mit allgemeinen Problemlösungsstrategien befasst. Prominente Beispiele dafür sind die Lösung von Planungsaufgaben für Roboter (welche Aktionen muss der Roboter ausführen, um ein bestimmtes Ziel zu erreichen, z.B. eine Tasse auf den Tisch zu stellen) oder das Schachspiel gegen einen erfahrenen Spieler[2].

> »Künstliche Intelligenz« ist ein Forschungsgebiet, in dem versucht wird, Mechanismen zu entwerfen, mit denen Maschinen oder Computer intelligentes Verhalten entwickeln können.

Die Methoden, die dabei erarbeitet wurden, bestehen aus der Kombination von generischen Lösungsalgorithmen mit fachspezifischem Wissen, das den Algorithmen geeignet zur Verfügung gestellt wird. Später wurden diese durch Lernverfahren erweitert, mit denen moderne Systeme Fachwissen selbstständig erweitern und kontinuierlich verbessern können. Ziel ist es, einem künstlichen Agenten (z.B. einem Roboter oder Computer-Programm) Menschen-ähnliche Fähigkeiten zu verleihen, die typischerweise Intelligenz voraussetzen.

Nach anfänglichen Erfolgen stagnierte die Entwicklung und das Gebiet der »KI« verschwand allmählich aus den Schlagzeilen. Es wandelte sich zu einer technisch ausgerichteten Engineering-Disziplin, die sich intensiv mit anderen Fachgebieten wie Mathematik oder Linguistik austauschte. Erst mit den enormen Fortschritten bei der Rechenleistung heutiger Hardware, einigen spektakulären Meilensteinen wie dem Sieg eines Schachprogramms gegen den Schachweltmeister oder dem Erfolg des Systems »Watson« von IBM bei dem TV-Quiz »Jeopardy«, sowie den aktuellen Investitionen von Firmen wie Google und Amazon in die Robotik kam das Thema »Künstliche Intelligenz« wieder zurück auf die Titelseiten.

Im Finanzbereich wurden Methoden der »Künstlichen Intelligenz« vor allem zur Kursprognose eingesetzt, wo lernfähige Systeme wie neuronale Netzwerke dem Trader einen Vorteil verschaffen sollen. Der hier gewählte Ansatz, direkt bei den Optionsstrategien anzusetzen, um die Gewinnwahrscheinlichkeiten zugunsten des Traders zu beeinflussen, wurde bisher noch nicht untersucht. Hierbei werden Methoden und Algorithmen zu einem Software-Modul kombiniert, das wir als »Intelligenten Assistenten« bezeichnen.

Allgemein kann ein »Intelligenter Assistent« wie folgt beschrieben werden:

> Ein »Intelligenter Assistent« ist ein Agent, in der Regel eine Software, der für einen Benutzer oder in seinem Auftrag Aufgaben erledigt, die eine bestimmte Lösungskomplexität verlangen und den Benutzer erheblich entlasten. Vielfach werden dazu

---

[2] Vgl. Görz/Schneeberger/Schmid (2013).

Fähigkeiten wie Spracherkennung, Mustererkennung, Planung etc. benötigt, welche mit Hilfe von Methoden der sogenannten »Künstlichen Intelligenz« implementiert werden, d. h. spezialisierte Algorithmen, mit denen Computer ähnliche Aufgaben lösen können, wie sie der Mensch mit Hilfe seiner höheren kognitiven Fähigkeiten meistern kann.

Auf die Technologie zur Implementation eines »Intelligenten Assistenten« wird im Abschnitt 19.4 detaillierter eingegangen. Die folgenden Ausführungen fokussieren zunächst auf den praktischen Nutzen für den Trader.

19.3 Welche Unterstützung erhalte ich?

Der Trader muss beim Handel mit Optionen eine Reihe anspruchsvoller Aufgaben erfüllen und dies häufig auch unter einem gewissen Zeitdruck. Ein »Intelligenter Assistent« kann in vielen Bereichen Unterstützung bieten. Dazu lohnt es sich, einen Blick auf den typischen Lebenszyklus einer Optionsstrategie zu werfen:

- **Markteinschätzung:**
  In dieser Phase wird der Markt im Hinblick auf die aktuelle Situation und die Zukunftserwartung analysiert, u. a. in Bezug auf den aktuellen Trend, die Volatilität des Basiswerts und die Volatilitätsstruktur der zugehörigen Optionen. Der Trader wählt einen bestimmten Zeithorizont und bildet sich eine Meinung zur Marktentwicklung. Üblicherweise setzt er dazu technische und fundamentale Analyse ein, um das wahrscheinlichste Zukunftsszenario der Entwicklung auf den Zeithorizont hin abzuschätzen.
- **Strategieentwurf:**
  Hat sich der Trader für ein Szenario entschieden, das er mit einer Optionsstrategie gewinnbringend abbilden will, z. B. eine fallende/steigende oder eine Seitwärtsstrategie, so muss er eine konkrete Strategie entwerfen, die diese Einschätzung abbildet und gleichzeitig auf die aktuelle Situation optimiert ist.
  Der *Strategy Advisor* bietet dazu folgende Funktionen:
  - **Übertragung einer Standard-Strategie auf die aktuelle Marktsituation:**
    Für Vermögensverwalter wurde eine Bibliothek von Standardstrategien erstellt, die auf einen beliebigen Basiswert adaptiert und anschließend anhand der aktuellen Marktsituation nachoptimiert werden können. Dadurch kann sich der Trader auf Knopfdruck z. B. eine Outperformance-Strategie erstellen lassen. Details dazu werden in Kapitel 22 vorgestellt.
  - **Strategieoptimierung:**
    Eine Strategie kann nach einer Reihe von Kriterien optimiert werden, z. B. nach Gewinnwahrscheinlichkeit, Erwartungswert oder anderen Kennzahlen einer Strategie. Dazu werden die Strikes und die Kontraktanzahl der Optionen einer Strategie angepasst. Siehe dazu das folgende Kapitel 20.

- **Strategietransformationen:**
  Der *Strategy Advisor* bietet die Möglichkeit, eine Optionsstrategie zu vereinfachen oder den Kapitalbedarf zu minimieren, während gleichzeitig das Auszahlungsprofil der Strategie erhalten bleibt.
- **Eine Strategie in den Markt bringen:**
  Ist eine passende Strategie entworfen worden, muss diese möglichst kostengünstig und risikoarm in den Markt gebracht werden. Das kann bei einer komplexen Strategie eine anspruchsvolle Aufgabe sein. Zum Einen können in der Regel nur Strategieelemente als Ganzes in den Markt gebracht werden, die vom Markt oder dem Broker als Paket mit einem Gesamtpreis angeboten werden (z. B. Straddle, Vertical etc.), und zum Anderen bleibt der Markt nicht stehen und kann sich somit auch gegen den Trader bewegen, was wiederum die Kosten der Strategie erhöht.
  Für diese Aufgabe ist das »Order-Modul« des *Vandermart Trackers* zuständig, das den Trader bei der Aufgabe unterstützt, eine Strategie optimal im Markt zu platzieren.
- **Monitoring:**
  Befindet sich eine Optionsstrategie im Markt, so verändert sich die Bewertung ständig. Periodisch sollte der aufgelaufene Gewinn oder Verlust überprüft und mit der Erwartung abgeglichen werden. Dazu bietet der *Vandermart Tracker* eine Reihe von Standardfunktionen, wie die grafische Anzeige der zeitlichen Entwicklung von Gewinn/Verlust einer Strategie.
- **Follow-up-Aktionen:**
  Da eine Optionsstrategie jederzeit adaptiert werden kann, dient das Monitoring auch dazu, festzustellen, ob und wann eine Strategie angepasst werden soll. In folgenden Situationen drängt sich eine Anpassung in Form einer Follow-up-Aktion auf:
  - Die Optionsstrategie hat einen ansehnlichen Buchgewinn akkumuliert und der Trader möchte einen Teil dieses Gewinns sichern. Zugleich hat die Strategie noch ein Restpotenzial, das nicht durch eine vorzeitige Liquidation eliminiert werden soll.
  - Der Markt läuft gegen die Optionsstrategie und die Verlustrisiken steigen soweit, dass sich eine Anpassung zur weiteren Risikoverminderung aufdrängt. Zugleich besteht die Chance, dass sich die Verluste im Vergleich zu einer sofortigen Liquidation wieder deutlich vermindern oder sogar in einen Gewinn umwandeln könnten.
  - Die Marktsituation verändert sich in kurzer Zeit stark und Sicherungsmaßnahmen drängen sich auf, um die Optionsstrategie bis zur Beruhigung abzusichern.

  Für obige Szenarien bietet der *Strategy Advisor* eine automatische Generierung von Follow-up-Aktionen an, um situationsgerechte Strategieanpassungen vorzunehmen, mit dem Ziel, das Restpotenzial einer Strategie im Vergleich zur sofortigen Liquidation optimal zu nutzen. So ist es beispielsweise bei aufgelaufe-

nen Gewinnen häufig möglich, die Restrisiken einer Strategie vollständig zu eliminieren, womit diese gefahrlos bis zum Verfall gehalten werden kann.
- Liquidation:
Die letzte Phase einer Optionsstrategie ist die Liquidation, entweder durch aktiven Verkauf der Restposition, oder indem das Verfallsdatum der Optionen erreicht wird. Hier kann ebenfalls wieder das »Order-Modul« des *Vandermart Trackers* eingesetzt werden, um die restlichen Optionen aus dem Markt zu nehmen.

19.4 Technologie

In Abschnitt 19.2 wurde bereits auf die Verbindung zwischen »Intelligenten Assistenten« und dem Gebiet der »Künstlichen Intelligenz« eingegangen. Die Technologie eines »Intelligenten Assistenten« bedient sich aus dem Werkzeugkasten der Algorithmen und Methoden, die bei der Forschung auf diesem Gebiet entwickelt wurden. Der hier verwendete »Intelligente Assistent für Optionsstrategien« nutzt dabei folgende Methoden und Algorithmen:

- Algorithmen zur automatisierten Planung, wie sie beispielsweise auch in der Robotik eingesetzt werden. Damit kann ein intelligenter Assistent die Aktionen planen, die er ausführen muss, um ein bestimmtes Ziel zu erreichen.[3]
- Optimierende Suchalgorithmen zur Suche nach dem Optimum aus einer großen Menge von möglichen Alternativen.[4]
- Codierung von domänenspezifischem Fachwissen zu Optionsstrategien in einer Regelbasis, die von den Suchalgorithmen eingesetzt werden kann.[5]
- Mustererkennung innerhalb der Struktur einer Optionsstrategie, um effizient die relevanten Teile der Regelbasis identifizieren und einsetzen zu können.
- Heuristiken, um die Suche nach Lösungen effizient in die Richtung des Optimums zu steuern, sodass mit vertretbarem Rechenaufwand qualitativ gute Ergebnisse erreicht werden können.[6]

Abbildung 19.1 illustriert die Zusammenarbeit der entsprechenden Komponenten.

- Benutzeroberfläche:
Die Benutzeroberfläche dient der Kommunikation zwischen Mensch und Maschine. Diese kann selber sehr komplex sein, insbesondere falls sie Kommunikation in natürlicher Sprache erlaubt (siehe Assistenzsysteme wie »Siri« von Apple oder »Cortana« von Microsoft). Im Falle des Assistenten für Optionsstrategien wird eine grafische Benutzeroberfläche angeboten, die eine Auswahl der zu lösenden Aufgabe erlaubt und die Ergebnisse als Vorschläge in grafischer Form präsentiert.

---

[3] Georgievski/Aiello (2014).
[4] Edelkamp/Schrödl (2011).
[5] Mc Millan (2012).
[6] Edelkamp/Schrödl (2011).

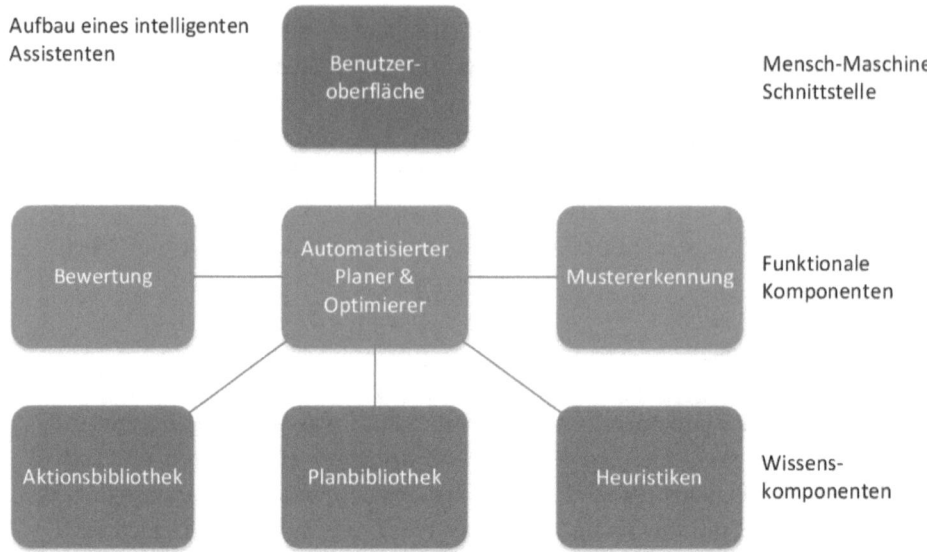

Abbildung 19.1: Schematischer Aufbau des »Intelligenten Assistenten«

- **Automatisierter Planer & Optimierer:**
  Das ist das Kernstück der Software, das die Aufgabenbeschreibung entgegennimmt und daraus mit Hilfe der Wissenskomponenten Lösungsvorschläge generiert. Es handelt sich um einen strukturierten heuristischen Suchalgorithmus, der aus einer gegebenen Ausgangsstrategie anhand der verfügbaren Planmuster und Aktionen aus der Plan- bzw. Aktionsbibliothek Kandidaten für verbesserte Optionsstrategien generiert. Dieser Prozess wird so lange iteriert, bis anhand der Bewertungskriterien ein Optimum gefunden wird.
  Bei bestimmten Planmustern, z. B. bei der Generierung von Follow-up-Aktionen, wird zusätzlich Mustererkennung eingesetzt, um die anwendbaren Aktionen, z. B. für Bull- oder Bear-Spreads zu identifizieren.
- **Bewertung:**
  Diese Komponente berechnet die in Abschnitt 20.2 beschriebenen Gütekriterien und kombiniert sie zu einer Gesamtbewertung der Optionsstrategie. Dabei wird die Optimierung mit mehreren Kriterien unterstützt.[7]
- **Mustererkennung:**
  Diese Komponente ermöglicht die Zerlegung einer Optionsstrategie in relevante Teilpositionen und erkennt anwendbare Spezialregeln, die in der Plan- oder Aktionsbibliothek abgelegt sind.
- **Aktionsbibliothek:**
  Diese Bibliothek stellt die Aktionen zur Verfügung, die auf eine Optionsstrategie angewendet werden können, um gewünschte Veränderungen vorzunehmen. Hier sind die in Abschnitt 20.3 beschriebenen Transformationen abgelegt, die der Planer zur Strategieanpassung einsetzen kann.

---

[7] Dasgupta (2004).

- **Planbibliothek:**
Diese Bibliothek enthält die Planmuster, die der Planer einsetzen kann, um die gestellten Aufgaben mit Hilfe der Aktionen aus der Aktionsbibliothek zu lösen. Dafür werden sogenannte hierarchische Tasknetzwerke als Mittel zur Beschreibung von Planmustern eingesetzt, wie sie im Buch von Ilce Georgievski mit dem Titel »An Overview of Hierarchical Task Network Planning«[8] beschrieben werden. Diese Planmuster werden vom Planer als Steuerungselement eingesetzt, damit der Suchraum nach dem Optimum möglichst eingeschränkt wird und die Lösungssuche überhaupt praktikabel mit den vorhandenen Rechenressourcen durchgeführt werden kann.

- **Heuristiken:**
Neben der Steuerung der Lösungssuche mit Hilfe von Planmustern werden zusätzlich noch Heuristiken eingesetzt, um die Suche möglichst effizient in Richtung Optimum zu steuern. Dazu wird Beam-Search eingesetzt, das die Suche auf eine Menge von erfolgversprechenden Kandidaten kanalisiert.[9]

Das Zusammenspiel der beschriebenen Komponenten zur Suche nach Lösungsvorschlägen für eine vom Anwender gestellte Aufgabe kann durch folgenden Algorithmus zusammengefasst werden:

1. *Gegeben:*
   - *Optionsstrategie S*
   - *Aufgabe A*
   - *Planbibliothek PB*
   - *Aktionsbibliothek AB*
   - *Kandidatenmenge K (leer)*
   - *Lösungsmenge L (leer)*
   - *Obergrenze N der Anzahl Kandidaten*
   - *Obergrenze M der Anzahl Lösungen*

2. *Beginne mit Kandidaten K = {S}*

3. *Bestimme den Plan P aus PB, der der Aufgabe A entspricht*

4. *Für jeden Kandidaten O aus K:*
   - *Entferne O aus K*
   - *Bestimme die Menge der nächsten Aktionen aus Plan P, welche für O ausgeführt werden können*
   - *Falls die Menge leer ist, füge O der Lösungsmenge L hinzu*
   - *Andernfalls generiere mit den ausgewählten Aktionen alle neuen Kandidaten T aus O*
   - *Bewerte die Kandidaten T anhand der Bewertungskriterien und füge sie zur Menge K hinzu*

---

[8] Georgievski/Aiello (2014).
[9] Edelkamp/Schrödl (2011).

5. Ordne die Kandidaten anhand ihrer Bewertungen und behalte nur die besten N Kandidaten in K

6. Falls K leer ist, dann beende die Suche und präsentiere die M besten Lösungen aus L als Lösungsvorschläge. Falls K nicht leer ist, dann wiederhole die Schritte ab 4.

Dieser Algorithmus beschreibt die Problemlösungsstrategie des »Intelligenten Assistenten« in stark vereinfachter Form, sollte aber ein einfaches Verständnis der Funktionsweise einer solchen Software ermöglichen. Andere Systeme können sich in Details stark vom *Strategy Advisor* unterscheiden, der Aufbau und die Funktionsweise sind aber vergleichbar.

Die Leistungsfähigkeit eines »Intelligenten Assistenten« hängt maßgeblich von den Wissenskomponenten ab. Firmen wie Apple und Google arbeiten intensiv daran, durch zusätzliche Lernkomponenten und Nutzerdaten ihre eigenen Systeme stetig zu verbessern. Entsprechende Fortschritte sind bereits bei der Verarbeitung der natürlichen Sprache zu erkennen, die diese Systeme zur Kommunikation einsetzen. Weitere Erfolge sind in naher Zukunft auch durch geschickte Nutzung des immensen Wissens des Internets zu erwarten (Stichwort »Big Data«). Es ist allerdings noch ein weiter Weg bis zum »allgemeinen intelligenten Assistenten«, der seinen Nutzen nicht nur in eng definierten Domänen wie beim »Strategy Advisor« beweisen kann.

20 Strategieoptimierung mit Intelligenten Assistenten

von Dr. Ricco Cozzio

20.1 Ziele: Was will ich mit einer Optimierung erreichen?

Das Ziel einer Strategieoptimierung besteht darin, diejenigen Eigenschaften einer Strategie zu verbessern, die direkt die Erfolgschancen der Strategie bestimmen.

Aus Sicht des Traders weist eine gute Optionsstrategie in der Regel folgende Eigenschaften auf:

- Die Erfolgschancen sind möglichst gut (hohe Gewinnwahrscheinlichkeit).
- Im Mittel wird möglichst viel Gewinn erwirtschaftet (Erwartungswert ist positiv und möglichst groß).
- Der prozentuale Gewinn zum Kapitaleinsatz ist möglichst groß (erwarteter ROI hoch).
- Die Verlustrisiken sind möglichst klein (Gewinnuntergrenze möglichst hoch).

Weitere wünschenswerte Eigenschaften können vom Strategietyp abhängen (z.B. für eine steigende/fallende Strategie):

- Die Strategie sollte möglichst früh die Gewinnzone erreichen (z.B. positives Theta oder Gamma).
- Die Zone des größten Verlustes sollte möglichst erst nach Durchschreiten einer Gewinnzone erreicht werden (erlaubt Reaktion und eventueller Ausstieg mit geringen Verlusten bei ungünstigem Verlauf).
- Bei ungünstiger Marktentwicklung sollte die Strategie möglichst mit kleinem oder gar keinem Verlust liquidiert werden können.
- Der Verlustbereich bildet sich erst gegen das Verfallsdatum der Optionen aus.

Diese Liste kann um weitere individuelle Kriterien erweitert werden. Dabei fällt auf, dass es schwerlich eine Optionsstrategie gibt, die alle Kriterien gleichzeitig erfüllt – sprich, den »heiligen Gral« der Optionsstrategien gibt es in der Realität nicht.

Bei der Erfüllung aller Kriterien einer perfekten Optionsstrategie gerät der Entwickler in einen klassischen Zielkonflikt. Ein möglicher Ausweg besteht darin, die einzelnen Kriterien zu gewichten und zu einer Gesamtbewertung zu akkumulieren. Damit können Präferenzen des Traders bezüglich einzelner Kriterien berücksichtigt werden. Alternativ kann die Optimierung auch versuchen, alle Kriterien gleichzeitig zu verbessern, was mit einer sogenannten Multi-Kriterien-Optimierung erreicht werden kann (Pareto-Optimierung[1]). Das Besondere an der gleichzeitigen Optimierung mehrerer Kriterien ist, dass es in der Regel kein eindeutiges Optimum gibt, sondern gleich eine Menge von optimalen Lösungen. Aus diesem Grund ist es auch sinnvoll, dem Trader mehrere Vorschläge zur Auswahl vorzulegen, aus denen er dann anhand seiner Präferenzen die für ihn beste Strategie auswählen kann.

20.2 Optimierungskriterien: Wie bewerte ich eine Strategie?

Im vorhergehenden Abschnitt wurden bereits einige Gütekriterien genannt, mit deren Hilfe verschiedene Optionsstrategien objektiv bewertet und verglichen werden können. Im Wesentlichen geht es darum, Chancen und Risiken quantitativ zu messen, damit sie in die Gesamtbewertung einer Strategie einfließen können. In der Praxis haben sich folgende Kriterien bewährt:

- **Gewinnwahrscheinlichkeit:**
  Die Wahrscheinlichkeit, dass die Optionsstrategie einen Gewinn oder zumindest keinen Verlust erwirtschaftet. Dazu misst man den Anteil der Wahrscheinlichkeitsverteilung des Basiswerts, wo das Auszahlungsprofil der Strategie einen Gewinn ausweist. Die Wahrscheinlichkeitsverteilung wird jeweils ausgehend vom Einstiegsdatum bis zur kürzesten Laufzeit der Optionen berechnet, basierend auf dem Preis und der Volatilität des Basiswerts zum Einstiegsdatum.
- **Erwartungswert:**
  Der im Mittel zu erwartende Gewinn einer Optionsstrategie. Dies entspricht dem um die Wahrscheinlichkeit gewichteten Gewinn anhand des Auszahlungsprofils der Strategie[2].

$$E(f(U)) = \int_0^\infty f(u) * p(u) du$$

u = Preis des Basiswerts
f(u) = Auszahlungsfunktion der Optionsstrategie
p(u) = Wahrscheinlichkeitsdichtefunktion des Basiswerts
E(f(U)) = Erwartungswert der Auszahlungsfunktion

- **Erwarteter »Return on Investment« (ROI):**
  Bestimmt den erwarteten Gewinn in Prozent des eingesetzten Kapitals. Da sich Strategien auf Grund von Verkaufspositionen auch selbst finanzieren können, wird für den Parameter »Investment« das Maximum aus eingesetztem Kapital und Verlustrisiko eingesetzt. Dieses Kriterium ist mit Vorsicht anzuwenden, da es bei Strategien mit einem Verlustrisiko nahe der Nulllinie innerhalb des betrachteten Wahrscheinlichkeitsfensters dazu neigt, einen großen Wert zu erreichen. Bei einer Multi-Kriterien-Optimierung tendiert es somit dazu, alle anderen Gütekriterien zu dominieren, was die Ergebnisse einseitig beeinflusst.

---
1 Vgl. Dasgupta (2004).
2 Vgl. Reehl (2005).

- **Gewinnuntergrenze:**
  Entspricht dem Minimum des Auszahlungsprofils über einen bestimmten Wertebereich. Dazu wird ein Bereich von beispielsweise +/- 3 Stunden-Abweichungen vom Einstiegskurs gewählt (für Worst-Case-Analysen kann der Bereich weiter ausgedehnt werden). Die Gewinnuntergrenze entspricht normalerweise auch dem maximalen Verlustrisiko.
- **Gewinnobergrenze:**
  Wenn auch weniger wichtig als die Untergrenze, so ist doch auch die Obergrenze des Gewinns interessant, da sie das maximale Gewinnpotenzial angibt.
- **»Griechen«:**
  Für bestimmte Strategie-Typen wie steigende/fallende Strategien kann es auch von Bedeutung sein, zusätzliche Kriterien wie das Theta (Zeitwertverfall) oder Delta/Gamma (Steigung/Krümmung) in der *Ausgangssituation* zu berücksichtigen.
- **Robustheit:**
  Bei Optionsstrategien mit mehreren Optionslaufzeiten kann sich das Auszahlungsprofil (bezogen auf das erste Verfalldatum) ungünstig verändern, wenn sich die Volatilitätskurve der beteiligten Optionen verschiebt. Dies kann bei einer Optimierung berücksichtigt werden, indem verschiedene Szenarien simuliert und dann die Gütekriterien wie Gewinnwahrscheinlichkeit gemittelt werden oder nur der schlechteste Wert berücksichtigt wird (Worst-Case-Szenario).

Da bei Optionsstrategien das Auszahlungsprofil zum Markteintritt bereits feststeht, die Kursentwicklung aber nicht bekannt ist und sogar in hohem Maße zufällig verläuft, spielt die Wahrscheinlichkeit bei den Gütekriterien eine wichtige Rolle.

Bei fallenden oder steigenden Strategien, die eine klare Marktrichtung bevorzugen, ist es sinnvoll, auch die Gütekriterien nach der Marktrichtung aufzuteilen. Beispielsweise könnten die Optimierungskriterien für eine steigende Strategie wie folgt lauten:

- Maximiere den Erwartungswert der Strategie für steigende Kurse, und gleichzeitig
- minimiere das Verlustpotenzial für fallende Kurse (oder anders ausgedrückt: maximiere die Gewinnuntergrenze für fallende Kurse).

Damit lassen sich dann auch Randbedingungen formulieren, die von einer Strategie erfüllt werden sollten, z. B. die Forderung nach einer maximalen Verlustgrenze oder einem positiven Theta bei Markteintritt.

20.3 Strategieanpassungen: Wie erreiche ich eine Verbesserung?

Im letzten Kapitel haben wir Gütekriterien kennengelernt, mit denen einzelne Optionsstrategien bewertet und miteinander objektiv verglichen werden können. Welche Mittel stehen uns nun zur Verfügung, um eine Strategie in eine gewünschte Richtung zu verbessern?

Das Stichwort dazu heißt Strategie-Transformation. Das bedeutet, dass eine Optionsstrategie in eine andere transformiert wird, indem bestimmte Modifikationen vorgenommen werden. Hinzufügen oder Entfernen eines Puts oder Calls ist ein einfaches Beispiel einer solchen Transformation, das Konzept ist jedoch etwas allgemeiner zu verstehen:

Bei einer komplexen Optionsstrategie ist für eine Optimierung nicht nur das Auszahlungsprofil wichtig. Die Überlegungen des Traders bei der Komposition der Strategie aus Teilpositionen mit einer konkreten Funktion sind ebenso wichtig. Einzelne Gruppen von Optionen sollten bestimmte Funktionen erfüllen, wie beispielsweise Generierung eines Zeitwertgewinns, Absicherung einer Verlustzone oder Finanzierung einer anderen Teilposition. Es ist sinnvoll, eine Optionsstrategie anhand solcher Funktionsgruppen zu strukturieren, da hiermit der Zweck einer einzelnen Option im Kontext erkennbar bleibt und dies bei einer Strategieoptimierung eine nützliche Information darstellt.

Eine Strategieoptimierung soll sich an der Vorgabe des Traders orientieren und nur Veränderungen an der Strategie vornehmen, die den Charakter der Strategie beibehalten. Das bedeutet, dass die Form des Auszahlungsprofils einzelner Funktionsgruppen erhalten bleiben soll, die Strikes der Optionen innerhalb der Gruppe jedoch verschoben werden können. Ebenfalls können ganze Funktionsgruppen gegeneinander verschoben werden, um die optimale Position zu ermitteln. Wir nennen solche Strategie-Transformationen »strukturerhaltende Transformationen«, da sie sich an die Struktur der Optionsstrategie halten, die der Trader vorgegeben hat:

Eine *strukturerhaltende Transformation* wird so definiert, dass in einer Funktionsgruppe von Optionen die Skalierung der Kontrakte sowie die Strikes der Optionen angepasst werden können, jedoch unter Beachtung folgender Regeln:

- **Verschiebung von Strikes:**
  - Die Strikes der Optionen können so verschoben werden, dass die Ordnung der Strikes innerhalb einer Funktionsgruppe gleich bleibt.
  - Optionen einer Funktionsgruppe mit gleichem Strike haben auch nach der Transformation den gleichen Strike.

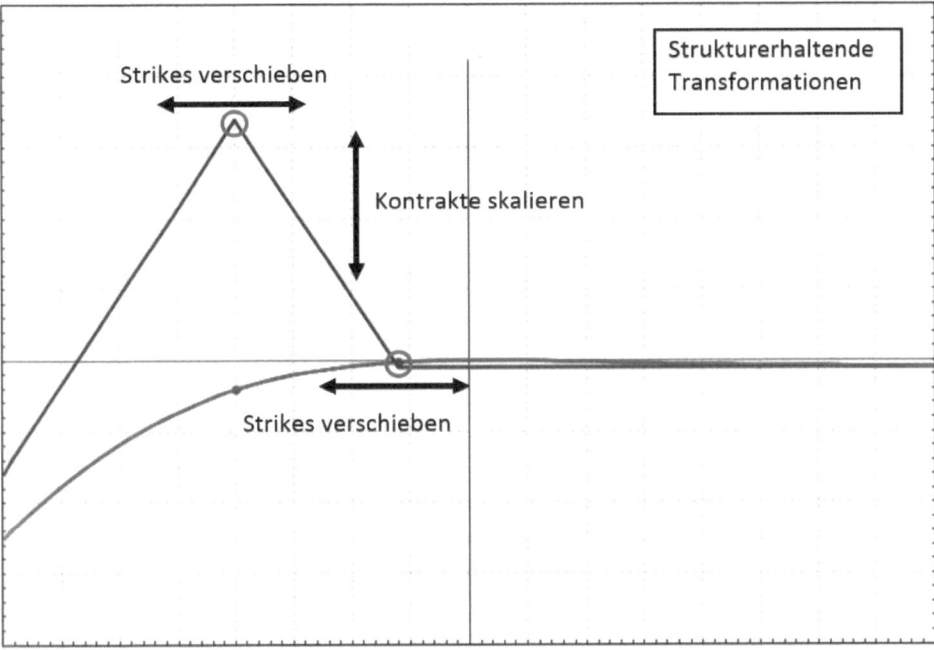

Abbildung 20.1: Strukturerhaltende Transformationen

- **Skalierung von Kontrakten:**
  - Eine Funktionsgruppe kann als Ganzes skaliert werden, indem alle Kontrakte der Gruppe mit der gleichen (positiven) Zahl multipliziert werden.
  - Kontrakte innerhalb einer Funktionsgruppe können so skaliert werden, dass die Form des Auszahlungsprofils der Gruppe erhalten bleibt (z. B. nur Skalierung von linearen Teilstücken wie Bull- oder Bear-Spreads).
  - Das Vorzeichen der Kontraktanzahl bleibt bei einer Skalierung unverändert (kein Wechsel von Long auf Short oder umgekehrt).

Zur Skalierung von Kontrakten ist anzumerken, dass dieses Mittel vorsichtig einzusetzen ist, da es zu Verzerrungseffekten führen kann. Einige Bewertungskriterien, wie die Gewinnwahrscheinlichkeit, sind unempfindlich gegenüber der Skalierung der Kontraktanzahl der gesamten Strategie, andere hingegen, wie der Erwartungswert, können um ein Vielfaches ansteigen. Dadurch entsteht bei einer Optimierung der Anreiz, die Kontraktanzahl hochzuschrauben, da dies die Bewertung verbessert. Das ist aber nicht unbedingt wünschenswert. Es ist sinnvoller, die relative Gewichtung einzelner Elemente zueinander zu variieren, was durch die Skalierung ganzer Funktionsgruppen oder einzelner Teilstücke der Auszahlungsfunktion erreicht wird.

Das Konzept der Strategie-Transformationen kann noch weiter verallgemeinert werden, indem man auch Operationen zulässt, die die Struktur einer Strategie verändern. Dies kann beispielsweise das Hinzufügen von geeigneten Funktionselementen zum Zweck einer Absicherung oder des Hedgings sein. Ein relevantes

Thema sind auch sogenannte Folgeaktionen, mit denen eine Strategie, die bereits im Markt aktiv ist, angepasst werden kann. Solche Themen werden später behandelt.

Für die Strategieoptimierung setzt der *Strategy Advisor* aber nur strukturerhaltende Transformationen ein, um ein bestehendes Design des Traders zu optimieren und dabei nicht den Charakter der Strategie völlig zu verändern.

20.4 Welche Optimierungen helfen dem Trader?

Aus Sicht des Traders lassen sich folgende Szenarien mit konkretem Nutzen beim täglichen Optionshandel identifizieren:

- Optimierung zur gezielten Verbesserung einer Eigenschaft wie der Gewinnwahrscheinlichkeit.
- Generische Optimierung, die auf die meisten Optionsstrategien anwendbar ist und eine ausgewogene Verbesserung der wichtigsten Eigenschaften bietet.
- Optimierungsvarianten, die auf einen bestimmten Strategietyp maßgeschneidert sind.
- Optimierung für besondere Szenarien, wie z.B. Optimierung auf ein Zieldatum, für ein Teilportfolio oder unter Berücksichtigung von Volatilitätsveränderungen.

Aus diesen Erkenntnissen können folgende Optimierungsvarianten abgeleitet werden, die auch vom *Strategy Advisor* angeboten werden:

1. **Einfache Optimierung (nur 1 Gütekriterium)**
    - Gewinnmaximierung nach ROI
    - Maximierung der Gewinnwahrscheinlichkeit
    - Gewinnmaximierung nach Erwartungswert
    - Maximierung der Gewinnuntergrenze (Minimierung des Verlustes)
2. **Mehrfache Optimierung (> 1 Gütekriterien)**
    - Optimierung nach *Standardkriterien*:
      Diese Optimierung kombiniert die Gütekriterien ROI, Gewinnwahrscheinlichkeit, Erwartungswert und Gewinnuntergrenze (siehe obige Bemerkung zum Einsatz von ROI als Gütekriterium).
    - Optimierung nach *Basiskriterien*:
      Diese Optimierung kombiniert die Gütekriterien Gewinnwahrscheinlichkeit, Erwartungswert, Gewinnuntergrenze und Gewinnobergrenze. Dieser Satz von Gütekriterien vermeidet die potenziellen Probleme des Kriteriums ROI, die die Ergebnisse verzerren können.
3. **Spezialvarianten:**
    - Optimierung auf ein *spezifisches Zieldatum*:
      Die Standardvarianten optimieren eine Strategie ausgehend vom letzten Handelsdatum der Optionen auf einen Zeithorizont des ersten Verfallsdatums. Diese Optimierungsvariante ermöglicht die Wahl eines beliebigen

Zieldatums innerhalb der kürzesten Laufzeit, was bei Strategien nützlich ist, die z. B. einige Tage vor dem Verfallsdatum liquidiert werden sollten.
- Optimierung auf *Termine vor Verfall*:
Hier wird auf mehrere Zieltermine vor dem Verfallsdatum optimiert und davon werden wiederum die besten Ergebnisse ausgewählt. Somit wird dem Trader auch das geeignetste Zieldatum für seine Strategie präsentiert, wann er seine Strategie mit dem besten Ergebnis liquidieren soll.
- Optimierung eines *Teilportfolios*:
Falls der Trader seiner Optionsstrategie ein zusätzliches Element wie z. B. eine Absicherung hinzugefügt hat, so kann er mit dieser Variante gezielt nur dieses Element optimieren, ohne die restliche Strategie zu verändern.
- Optimierung mit *Skalierung der Kontraktanzahl*:
Die vorgestellten Varianten verändern in der Regel die Strikes der Optionen einer Strategie, um Verbesserungen zu erreichen. Diese Variante skaliert zusätzlich die Kontraktanzahl der Optionen bzw. verändert die Steigung der einzelnen Elemente des Auszahlungsprofils. Dieses Mittel sollte vorsichtig eingesetzt werden, da bei einigen Gütekriterien grundsätzlich eine höhere Kontraktanzahl bevorzugt wird, weil sich dadurch die Bewertung, z. B. der Erwartungswert, verbessert. Es geht hier aber vor allem um die relative Kontraktanzahl einzelner Elemente einer Strategie zueinander, die eine qualitative Verbesserung der Strategie bringen soll.

4. **Maßgeschneiderte Optimierung für spezifische Strategietypen:**
   - **Optimierung für steigende/fallende Strategien mit Trendberücksichtigung:**
   Diese Optimierungsvariante ist wie folgt auf Strategien für eine klare Marktrichtung spezialisiert:
   - *Trendberücksichtigung*:
   Eine marktneutrale Betrachtung der Kursentwicklung geht davon aus, dass sich der Kurs zufällig um den aktuellen Kurs als Mittelwert der Wahrscheinlichkeitsverteilung bewegt. Hat sich bei der Kursentwicklung aber ein Trend etabliert, so entspricht dies einer Verschiebung des Mittelwerts der Wahrscheinlichkeitsverteilung in Richtung des prognostizierten Zielkurses. Falls die Einschätzung des Trends korrekt ist, so ist es natürlich von Vorteil, die Optionsstrategie auf der Basis der veränderten Wahrscheinlichkeitsverteilung zu optimieren, da dies einem anderen Risikoprofil entspricht. Der Effekt einer solchen Optimierung ist, dass der Gewinn in Erwartung der Trendfortsetzung optimiert wird und entgegen dem Trend etwas höhere Verlustrisiken eingegangen werden.
   Der *Strategy Advisor* schlägt für diese Optimierung einen Zielkurs als Ergebnis einer Trendanalyse vor, wobei dieser Zielkurs vom Trader übersteuert werden kann. Für die Trendanalyse ermittelt der *Strategy Advisor* zunächst den aktuellen Trend mit Hilfe von Trendindikatoren aus der Technischen Analyse. Im zweiten Schritt wird mit Hilfe der historischen Daten die Häu-

figkeit einer korrekten Trendprognose berechnet. Zuletzt wird dann der Zielkurs so platziert, dass die Wahrscheinlichkeitsverteilung zur historischen Genauigkeit der Trendprognose passt.

Beispiel: Wird ein steigender Trend ermittelt und zeigen die historischen Daten, dass diese Prognose zu 60 % korrekt war, so wird der Zielkurs so festgelegt, dass 60 % der Wahrscheinlichkeitsverteilung über dem aktuellen Kurs liegen (und 40 % darunter).

- *Gütekriterien für steigende/fallende Strategien:*
  Neben den üblichen Gütekriterien wie Gewinnwahrscheinlichkeit, Erwartungswert, Gewinnobergrenze und Gewinnuntergrenze werden zusätzlich das Delta (Steigung) und Theta (Zeitwertverfall) zum Einstiegszeitpunkt bewertet. Dies dient zur Belohnung von Strategien, die bei korrekter Markteinschätzung relativ schnell Gewinne erzielen. Zusätzlich berücksichtigt die Optimierung noch die Randbedingung, dass der Verlust bei ungünstiger Entwicklung entgegen der Markteinschätzung eine Schwelle nicht überschreiten soll. Damit werden Strategien mit asymmetrischem Risikoprofil präferiert, die bei einer erwarteten Kursentwicklung Gewinne generieren, aber auch robust sind gegenüber einer ungünstigen Marktentwicklung.
- *Optimierung für Seitwärts- bzw. marktneutrale Strategien:*
  Hier wird analog der Optimierung für steigende/fallende Strategien mit zusätzlichen Gütekriterien und Randbedingungen gearbeitet, um marktneutrale Strategien zu begünstigen, die Gewinne in beide Richtungen oder bei stagnierenden Kursen generieren.

5. **Berücksichtigung von Szenarien mit Volatilitätsveränderungen:**
   Bei Strategien mit Optionen mehrerer Laufzeiten ist normalerweise das erste Verfallsdatum das Zieldatum zur Optimierung des Auszahlungsprofils. Im Unterschied zu Strategien mit nur einer Laufzeit ist aber das Auszahlungsprofil zu diesem Zeitpunkt nicht statisch, sondern hängt von der Volatilitätskurve der länger laufenden Optionen ab. Es ist deshalb sinnvoll, bei einer Optimierung auch die Robustheit gegenüber Veränderungen der impliziten Volatilitäten im Sinne einer Worst-Case-Simulation zu berücksichtigen. Folgende Varianten werden angeboten:
   - **Optimierung mit Simulation von steigender und fallender Volatilität:**
     Die Gütekriterien werden dreimal bewertet, das erste Mal mit der impliziten Volatilität der Originalstrategie, das zweite Mal mit 50 % höherer und das dritte Mal mit 50 % tieferer impliziter Volatilität. Aus diesen drei Szenarien wird dann für die Optimierung der jeweils ungünstigste Wert berücksichtigt.
   - **Optimierung mit Simulation der Veränderung der Volatilität anhand der Marktrichtung:**
     Das Vorgehen entspricht der obigen dreifachen Bewertung mit dem Unterschied, dass für steigende Volatilität nur fallende Kurse und für fallende Volatilität nur steigende Kurse berücksichtigt werden. Dies passt zu Basiswerten

wie Aktienindizes, die üblicherweise dieses Verhalten an den Tag legen (bei fallenden Kursen steigt die implizite Volatilität der Optionen und bei steigenden Kursen fällt sie).

Wie man sieht, ist es nicht immer einfach, für eine bestimmte Optionsstrategie die richtige Optimierungsvariante auszusuchen. Es lohnt sich deshalb, mit verschiedenen Varianten zu experimentieren.

Folgende Faustregeln lassen sich für die Auswahl der Optimierungsvariante empfehlen:

- Die meisten Strategien lassen sich mit der *mehrfachen Optimierung* bereits deutlich verbessern. Dabei sollte man die Lösungsvorschläge jeweils nach den einzelnen Gütekriterien sortieren und das Auszahlungsprofil optisch überprüfen.
- Soll ein einzelnes Gütekriterium stark betont werden, so kann man in einem zweiten Schritt eine *Nachoptimierung mit einer einfachen Optimierung*, z.B. nach Gewinnwahrscheinlichkeit, durchführen. Dieses Vorgehen ist zu empfehlen, da die Strategie nach der ersten Optimierung bereits eine gewisse Qualität und Ausgewogenheit erreicht hat.
- Falls eine Optionsstrategie klar eine bestimmte Marktrichtung bevorzugt und dabei Verluste in der Gegenrichtung zu minimieren versucht, so sind die *Varianten für fallende/steigende Strategien* am besten geeignet.
- Dasselbe gilt für Strategien, die sowohl fallende als auch steigende Märkte abdecken wollen. Hier wird die *Variante für Seitwärts- bzw. marktneutrale Strategien* empfohlen.
- Bei Strategien mit mehreren Laufzeiten empfiehlt es sich, auch die *Varianten mit Simulation von Volatilitätsveränderungen* zu testen. Dies führt in der Regel zu robusteren Strategien, die weniger sensitiv gegenüber ungünstiger Entwicklung der impliziten Volatilitäten sind.

> Einen wichtigen Punkt darf der Nutzer beim Einsatz von Optimierungsmethoden mit Intelligenten Assistenten aber nie vergessen:
>
> Eine Optimierung kann keine Wunder bewirken. Die Qualität und die Möglichkeiten der Ausgangsstrategie sind entscheidend für das Potenzial einer Strategie. Insbesondere bei sehr einfachen Lehrbuchstrategien mit ein bis drei Optionen sind die Ergebnisse einer Optimierung häufig unbefriedigend und auch nicht unbedingt intuitiv. Das liegt daran, dass diese Strategien häufig schlechte Kennzahlen im Hinblick auf Gewinnwahrscheinlichkeiten oder Erwartungswert (z.B. negativ) aufweisen und eine Optimierung vor allem versucht, die Risiken zu minimieren, ohne dabei wirklich attraktive Strategien zu generieren. Das kann zu extremen Ergebnissen führen, z.B. zu Optionen, deren Strikes an den Rand der Wahrscheinlichkeitsverteilung verschoben werden, da dort das Chance/Risiko-Verhältnis am besten scheint.

20.5 Fallbeispiele

20.5.1 Fallbeispiel 1

Ausgangslage:

Nach der Sommerpause 2013 sind Sie kurzfristig pessimistisch für den Aktienmarkt eingestellt und möchten mit einer fallenden Optionsstrategie auf den Euro-Stoxx-50 (SX5E) von einer solchen Entwicklung profitieren.

Strategie-Setup:

Starten Sie den *Vandermart Tracker* und geben Sie im Fenster »Strategieentwicklung« folgende Strategie ein (oder laden Sie die Datei »SX5E_2013-08-20_2013-09-20_fallend.txt«).

Pos.	Handelsdatum	Kauf/Verkauf	Typ	Kontrakte	Strike	Verfallsdatum	Prämie	Preis
1	20.8.2013	Verkauf	Put-Option	10	2600	18.10.2013	29,10	2910
2	20.8.2013	Kauf	Put-Option	5	2800	18.10.2013	86,60	-4330
3	20.8.2013	Verkauf	Put-Option	1	3100	20.9.2013	311,20	3112
4	20.8.2013	Kauf	Put-Option	2	2800	20.9.2013	58,40	-1168
						Gesamtpreis (ohne Spesen)		524 (Guthaben)

Tabelle 20.1: Positionen der fallenden Strategie für den Euro-Stoxx-50-Index

Das Auszahlungsprofil der Strategie zeigt Abbildung 20.2.

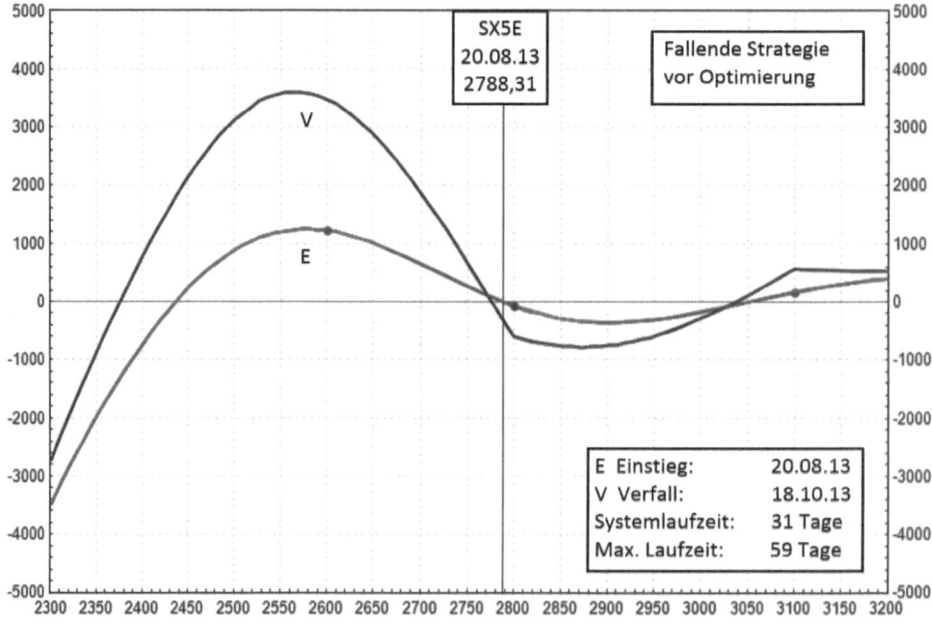

Abbildung 20.2: Kurzfristige fallende Strategie für den Euro-Stoxx-50-Index

Die Strategie kombiniert einen Put-Ratio-Spread von zwei Monaten Laufzeit mit einem Put-Backspread mit einem Monat Laufzeit. Der Gewinnhügel in fallender Kursrichtung soll den Gewinn bringen, falls die Markterwartung bestätigt wird, bei steigendem Kurs hingegen soll möglichst kein Verlust entstehen. Die aktuelle Strategie weist aber noch einen relativ großen Verlustbereich auf und soll deshalb optimiert werden.

Optimierung:

Wählen Sie nun im *Strategy Advisor* im Navigationsbereich oben zuerst das »Home-Symbol« und anschließend die Aufgabe »Strategie-Optimierung«. Klicken Sie nun mit der Maus auf die Variante »Optimierung der Strategie nach mehreren Kriterien (Basiskriterien)« und drücken Sie auf »Start«. Nach der Optimierung wählen Sie den ersten Vorschlag und drücken Sie auf den Knopf »Übertragen«. Anschließend wechseln Sie wieder zum Strategie-Fenster, wo Sie nun die aktualisierte Liste von Positionen sehen (vgl. Tabelle 20.2).

Pos.	Handels-datum	Kauf/Verkauf	Typ	Kontrakte	Strike	Verfalls-datum	Prämie	Preis
1	20.8.2013	Verkauf	Put-Option	10	2 600	18.10.2013	29,10	2 910
2	20.8.2013	Kauf	Put-Option	5	2 775	18.10.2013	75,80	-3 790
3	20.8.2013	Verkauf	Put-Option	1	3 100	20.9.2013	311,20	3 112
4	20.8.2013	Kauf	Put-Option	2	2 700	20.9.2013	26,50	-530
						Gesamtpreis (ohne Spesen)		1 702 (Guthaben)

Tabelle 20.2: Optimierte Strategie

Das neue Auszahlungsprofil zeigt Abbildung 20.3.

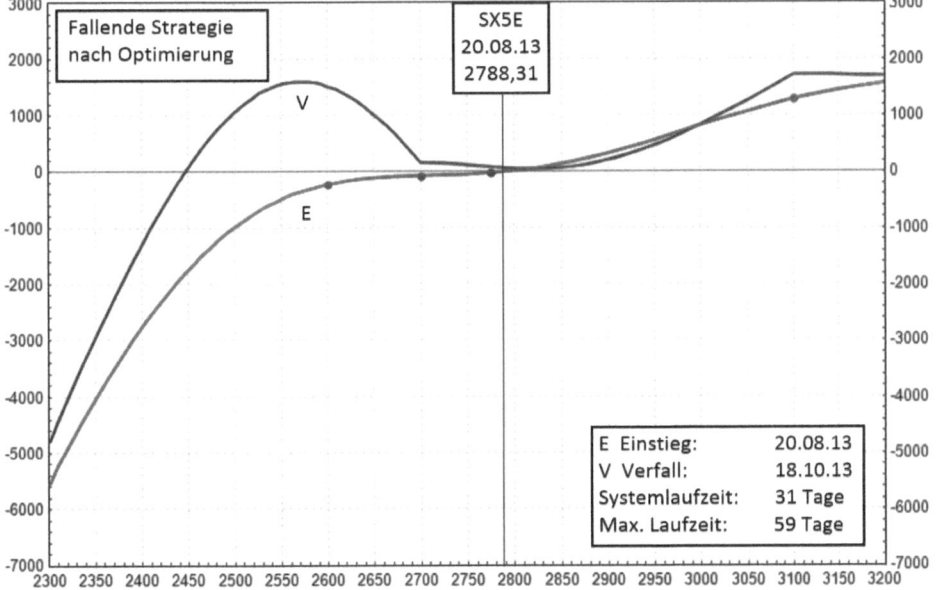

Abbildung 20.3: Optimierte fallende Strategie für den Euro-Stoxx-50-Index

Die optimierte Variante eliminiert den Verlustbereich in der Mitte, dafür ist sie zu Beginn der Laufzeit empfindlicher gegen fallende Kurse.

Entwicklung:

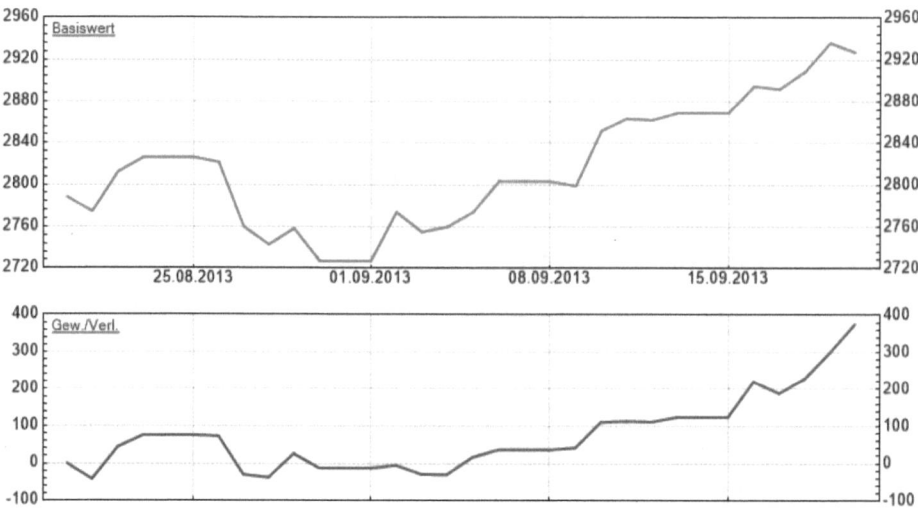

Abbildung 20.4: Entwicklung der Strategie bis zum Verfallstermin

Abbildung 20.4 zeigt die nachfolgende Entwicklung. Der EuroStoxx-50-Index fällt bis September tatsächlich ein wenig. Das reicht aber nicht aus, dass sich nach unten bereits ein Gewinnhügel ausbilden kann. Anschließend dreht der Kurs wieder nach oben und endet per Verfall sogar mit einem Kursgewinn. Da die Optimierung die Strategie nach oben verbessert werden konnte, schließt sie nun mit einem Gewinn von ca. 376 Euro statt einem Verlust.

20.5.2 Fallbeispiel 2

Ausgangslage:

Sie rechnen für das Jahr 2015 mit steigenden Aktienkursen wegen der Nullzinspolitik der Notenbanken und entwerfen eine steigende Optionsstrategie für den DAX-Index.

Strategie-Setup:

Starten Sie den *Vandermart Tracker* und geben Sie im Fenster »Strategieentwicklung« folgende Strategie ein (oder laden Sie die Datei »DAX_2015-01-21_2015-06-19_steigend.txt«):

Pos.	Handels-datum	Kauf/Verkauf	Typ	Kontrakte	Strike	Verfalls-datum	Prämie	Preis
1	21.1.2015	Kauf	Call-Option	3	11 100	19.6.2015	179,20	-2 688
2	21.1.2015	Verkauf	Call-Option	2	11 200	19.6.2015	151,30	1 513
3	21.1.2015	Verkauf	Call-Option	6	11 700	19.6.2015	55,90	1 677
4	21.1.2015	Kauf	Call-Option	5	12 000	19.6.2015	28,20	-705
5	21.1.2015	Kauf	Call-Option	2	12 300	19.6.2015	13,80	-138
						Gesamtpreis (ohne Spesen)		-341

Tabelle 20.3: Positionen der steigenden Strategie für den DAX-Index

Das Auszahlungsprofil der Strategie zeigt Abbildung 20.5.

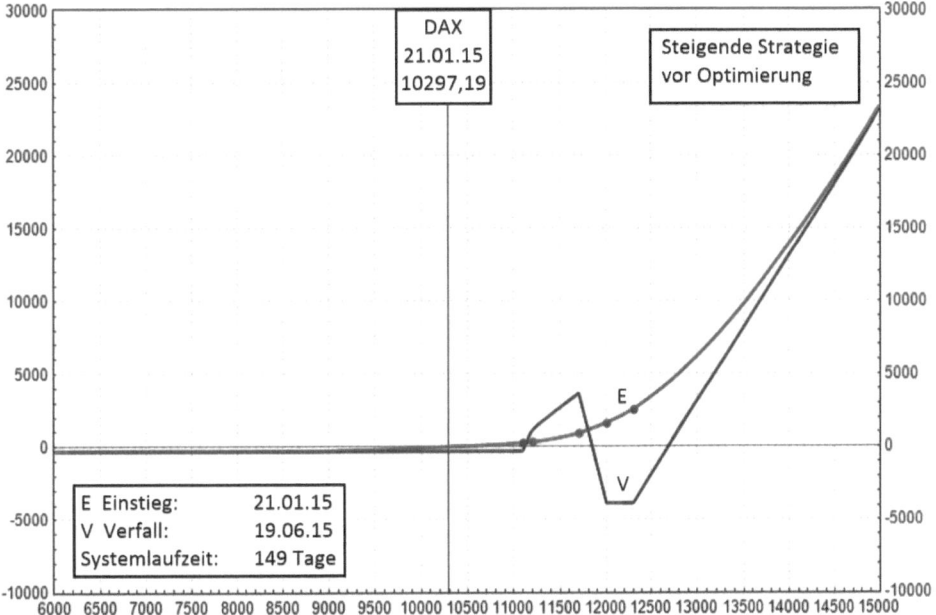

Abbildung 20.5: Steigende Strategie für den DAX-Index

Die Strategie besteht aus einem modifizierten Call-Backspread mit einem vorgelagerten Call-Ratio-Spread. Die Idee der Strategie besteht darin, bei schnell steigendem Kurs mit dem Backspread einen Gewinn zu generieren. Falls die Kursbewegung aber nur klein ist, so soll der vorgelagerte Gewinnhügel immer noch einen Gewinn ermöglichen. Bei einer ungünstigen Kursentwicklung nach unten soll die Strategie ohne Verlust verfallen. Dies ist aber noch nicht der Fall, weshalb die Strategie noch optimiert werden soll.

Optimierung:

Wählen Sie im *Strategy Advisor* im Navigationsbereich oben zuerst das »Home-Symbol« und anschließend die Aufgabe »Strategie-Optimierung«. Klicken Sie nun mit der Maus auf die Variante »Optimierung der Strategie nach mehreren Kriterien (Basiskriterien)« und drücken Sie auf »Start«. Nach der Optimierung wählen Sie den ersten Vorschlag und drücken Sie auf den Knopf »Übertragen«. Anschließend wechseln Sie wieder zum Strategie-Fenster, wo Sie nun die aktualisierte Liste von Positionen sehen (vgl. Tabelle 20.4).

Pos.	Handels-datum	Kauf/Verkauf	Typ	Kontrakte	Strike	Verfalls-datum	Prämie	Preis
1	21.1.2015	Kauf	Call-Option	3	11100	19.6.2015	179,20	-2 688
2	21.1.2015	Verkauf	Call-Option	2	11200	19.6.2015	151,30	1 513
3	21.1.2015	Verkauf	Call-Option	6	11400	19.6.2015	104,60	3 138
4	21.1.2015	Kauf	Call-Option	5	11600	19.6.2015	69,60	-1 740
5	21.1.2015	Kauf	Call-Option	2	12100	19.6.2015	22,30	-223
						Gesamtpreis (ohne Spesen)		0

Tabelle 20.4: Optimierte Strategie

Das neue Auszahlungsprofil zeigt Abbildung 20.6.

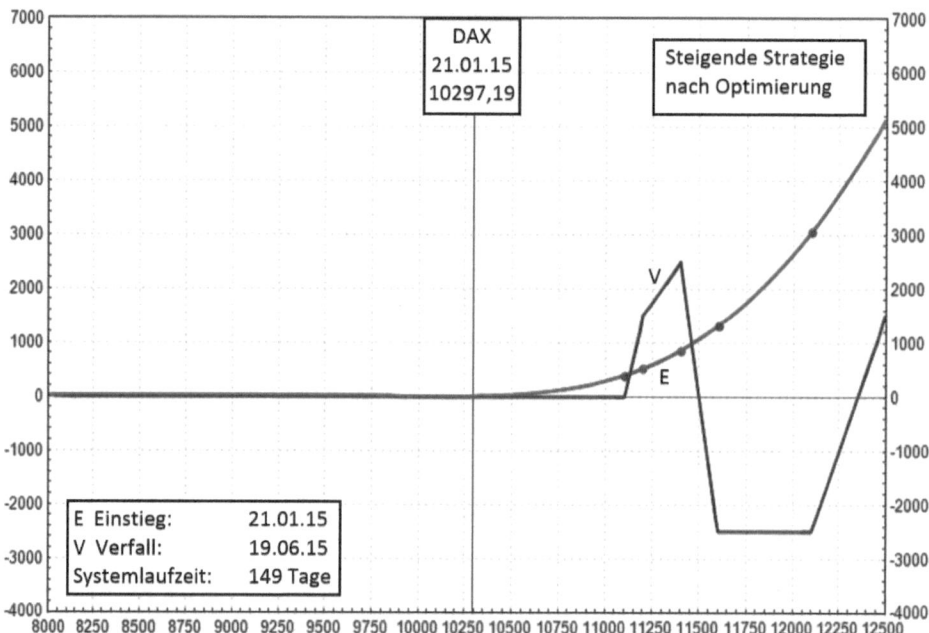

Abbildung 20.6: Optimierte steigende Strategie für den DAX-Index

Die optimierte Variante eliminiert den Verlustbereich nach unten und erhöht die Anfangssteigung bei steigenden Kursen.

Entwicklung:

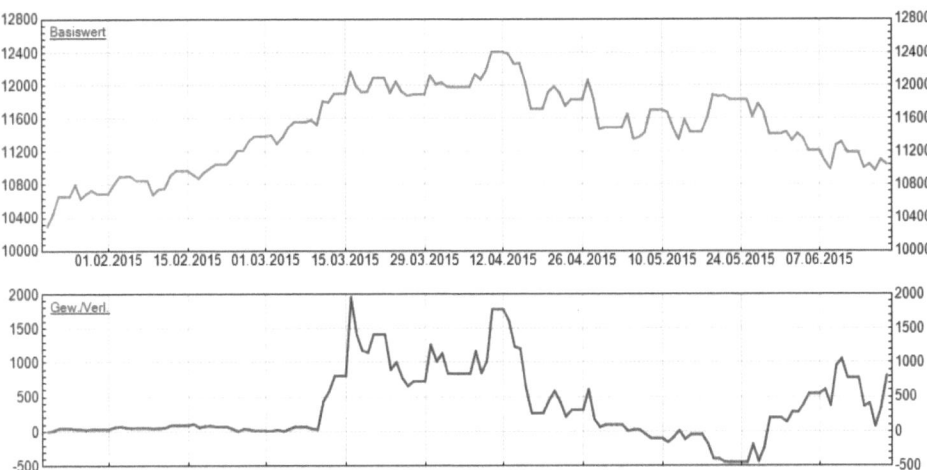

Abbildung 20.7: Entwicklung der Strategie bis zum Verfallstermin

Wie Abbildung 20.7 zeigt, steigt der DAX-Index tatsächlich in kurzer Zeit kräftig, wodurch ein Buchgewinn von ca. 1 025 Euro entsteht. Anschließend gibt der Kurs allerdings wieder nach und am Ende bleibt nur noch ein Gewinn von 815 Euro übrig.

21 Maßgeschneiderte Strategien für Vermögensverwalter

von Dr. Ricco Cozzio

Vermögensverwalter sind in Bezug auf das Risikomanagement der Depots ihrer Kunden gefordert. Optionsstrategien können hier als Zusatz zu Aktiendepots einen wertvollen Beitrag leisten, indem sie wie entsprechende Zertifikate funktionieren, dem Vermögensverwalter dabei aber die vollständige Kontrolle ermöglichen. Es ist somit für Trader und Vermögensverwalter vorteilhaft, auf Knopfdruck maßgeschneiderte Zertifikate generieren zu lassen. Im Vergleich zu käuflichen Zertifikaten sind in der Regel die Kosten geringer und es bestehen umfangreiche Anpassungsmöglichkeiten.

Der *Strategy Advisor* bietet dazu eine Strategiebibliothek mit nützlichen Standardstrategien für Vermögensverwalter, kombiniert mit zusätzlichen Funktionen zur Anpassung auf eine neue Marktsituation:

- Übertragung einer Strategie auf einen anderen Zeitpunkt und Basiswert:
  Eine gespeicherte Strategie lässt sich auf einen anderen Zeitpunkt projizieren, indem in etwa dieselben Restlaufzeiten der Optionen gewählt und die Strikes der Optionen so angepasst werden, dass sie prozentual in etwa den gleichen Abstand zum Kurs des Basiswerts haben wie zum Zeitpunkt der gespeicherten Strategie.
  Analog lässt sich dabei auch der Basiswert ersetzen. Schwierigkeiten entstehen, wenn keine passenden Laufzeiten oder Strikes zur Verfügung stehen.
- Nachoptimierung:
  Da durch die Übertragung nur eine grobe Approximation der Originalstrategie erstellt wird und die Volatilitätskurve zum neuen Zeitpunkt ebenfalls stark abweichen kann, empfiehlt es sich, die übertragene Strategie nachzuoptimieren (siehe Kapitel 20).

Dieses Funktionsmodul für Vermögensverwalter kombiniert die Funktionen Strategiebibliothek, Strategieübertragung sowie Nachoptimierung für den täglichen Einsatz in einem praktischen Modul. Damit lassen sich einem Aktiendepot Optionsstrategien hinzufügen, die einen klaren Mehrwert generieren. Im Gegensatz zu herkömmlichen strukturierten Produkten behält ein Vermögensverwalter damit die vollständige Kontrolle und kann bei entsprechender Marktentwicklung auch Anpassungen, z.B. eine Gewinnsicherung, vornehmen.

21.1 Strategietypen

In den folgenden Abschnitten werden einige Optionsstrategien vorgestellt, die sich sehr gut für Vermögensverwalter eignen, die Aktiendepots für ihre Kunden verwalten. Diese Optionsstrategien bieten im direkten Vergleich zum alleinigen Halten des Basiswerts (Aktie) deutliche Vorteile in Bezug auf das Chancen-/Risiko-Profil. Sie können somit mit dem Ziel der Rendite-Steigerung oder der Risikoverminderung einem Aktiendepot überlagert werden.

21.1.1 Outperformance

Eine Outperformance-Strategie zeichnet sich dadurch aus, dass bei steigendem Kurs die Partizipation am Gewinn des Basiswerts höher als 100 % ist. Idealerweise verhält sich die Strategie bei fallendem Kurs annähernd identisch zum Basiswert. Ein solches asymmetrisches Auszahlungsprofil bietet folgende Vorteile:

- Der Erwartungswert ist höher, da Gewinne in der Regel größer sind als Verluste (die Gewinnwahrscheinlichkeit hingegen bleibt gegenüber dem Basiswert gleich).
- Da die Partizipation am Kursgewinn des Basiswerts größer ist als 100 % (z. B. 200 %), kann für einen gleich großen Gewinn der Kapitaleinsatz reduziert werden (z. B. 50 %), was wiederum die Risiken entsprechend senkt.
- Verläuft die Marktentwicklung positiv und es baut sich ein Buchgewinn auf, so lässt sich die Strategie durch eine Follow-up-Aktion anpassen (siehe Kapitel 22). Häufig kann dabei die Verlustzone eliminiert oder sogar ein Minimalgewinn gesichert werden. Dies ist ein großer Vorteil gegenüber strukturierten Produkten, bei denen keine solchen Einflussmöglichkeiten bestehen. Tritt ein solcher Fall ein, geht es allenfalls noch um die Renditeoptimierung, die Strategie kann aber im Prinzip ohne weitere Beobachtung bis zum Verfallsdatum der Optionen sich selbst überlassen werden.

Diese Vorteile sind natürlich nicht kostenlos zu haben, was für alle in diesem Kapitel vorgestellten Strategien gilt. Die überlagerten Optionen müssen finanziert werden, was bei Aktien in der Regel durch einen Anteil der ausbezahlten Dividenden erfolgt. Somit muss die Laufzeit auch so gewählt werden, dass mindestens ein Dividendentermin in die Laufzeit der Strategie fällt. Es zeigt sich, dass die Finanzierung mit längerer Laufzeit in der Regel günstiger ausfällt, weshalb eine Laufzeit von einem bis drei Jahren gewählt werden sollte. Weitere Details zum Thema Finanzierung der Strategien werden im Abschnitt 21.2 erklärt.

Der *Strategy Advisor* bietet nun zwei Varianten von Outperformance-Strategien an: Die erste Variante hat nach oben keine Gewinnbegrenzung (Cap), während die zweite Variante mit einer Gewinnbegrenzung arbeitet.

Verfügt der Basiswert über ein großes Kurspotenzial, sollte die erste Variante gewählt werden. Die zweite Strategie mit Cap hingegen eignet sich eher für ein begrenztes Kurspotenzial, da sie den Gewinn im Kursbereich mit größter Wahrscheinlichkeit optimiert und dafür zusätzliche Gewinne bei einer außerordentlichen Kurssteigerung opfert.

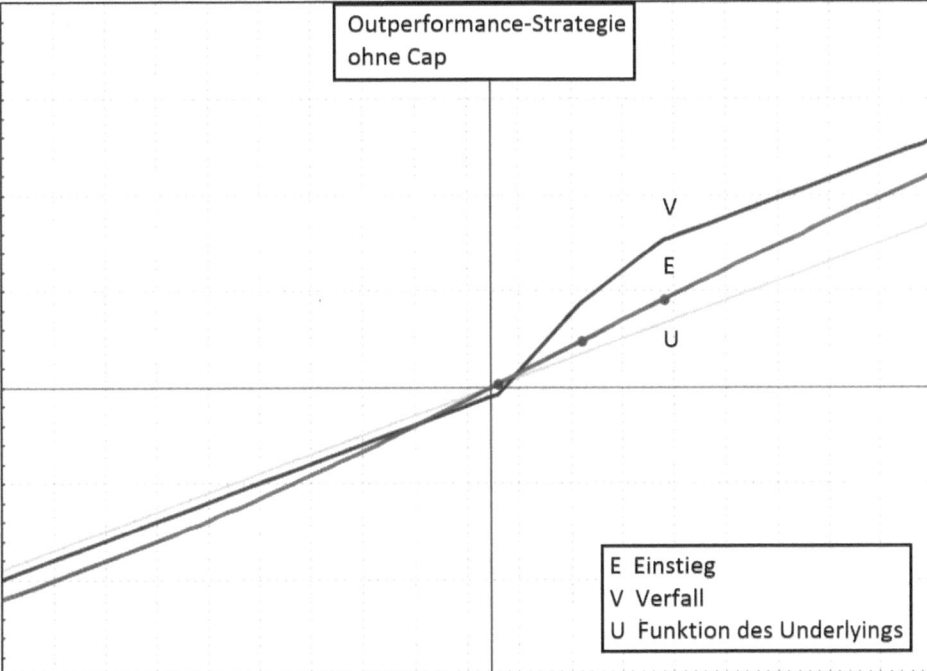

Abbildung 21.1: Outperformance-Strategie ohne Cap

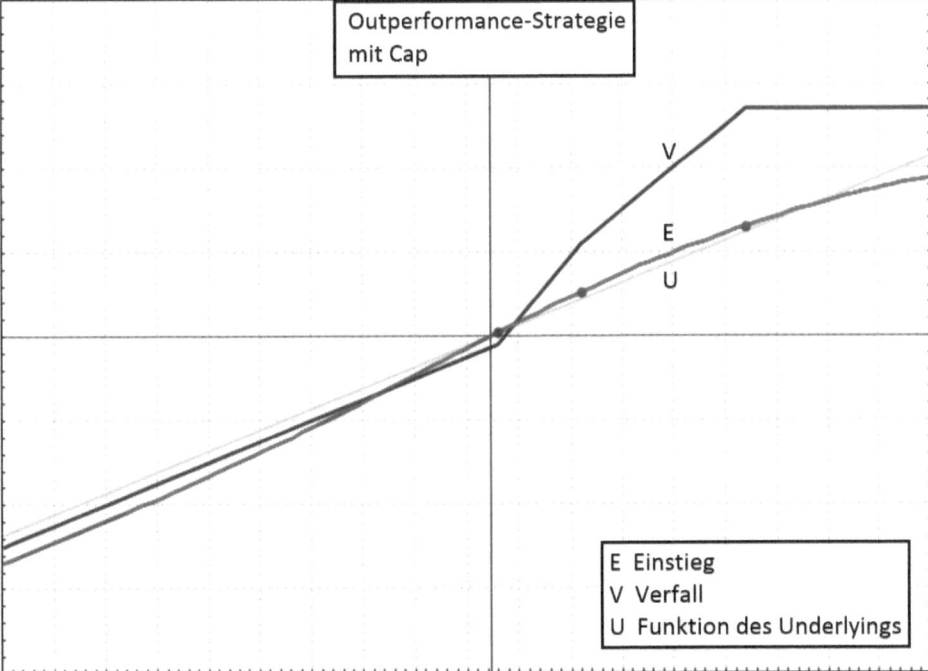

Abbildung 21.2: Outperformance-Strategie mit Cap

21.1.2 Absicherung

Absicherungsstrategien bieten sich dann an, wenn der Trader oder Vermögensverwalter eher mögliche Verluste vermeiden als Gewinne steigern will. Alle Kapitalschutzprodukte gehören in diese Kategorie, ebenso ein einfacher Put als Schutz gegenüber fallenden Kursen. Dies führt wiederum zu einem asymmetrischen Auszahlungsprofil mit folgenden Vorteilen:

- Die Gewinnwahrscheinlichkeit steigt, falls fallende Kurse in einem bestimmten Bereich vollständig abgesichert werden können.
- Der Erwartungswert steigt, da die Verluste im Mittel kleiner sind als die Gewinne. Sie sind auf jeden Fall kleiner als bei einem direkten Kauf des Basiswerts.
- Wie bei der Outperformance-Strategie bereits beschrieben, lässt sich bei günstiger Marktentwicklung die Strategie entsprechend anpassen, wobei sich meist ein Minimalgewinn sichern lässt.

Die Absicherung ist bei längeren Laufzeiten der Strategie (ein bis drei Jahre) in der Regel wirksamer, da sie sich effizienter finanzieren lässt. Ein Nachteil der Absicherungsstrategien ist, dass die Absicherung erst gegen Laufzeitende ihre Wirksamkeit entfaltet. Fällt der Kurs jedoch relativ früh nach Markteintritt, so entsteht ein Buchverlust analog dem Basiswert (vergleichbares Delta), der unter Umständen bis zum Laufzeitende »ausgesessen« werden muss.

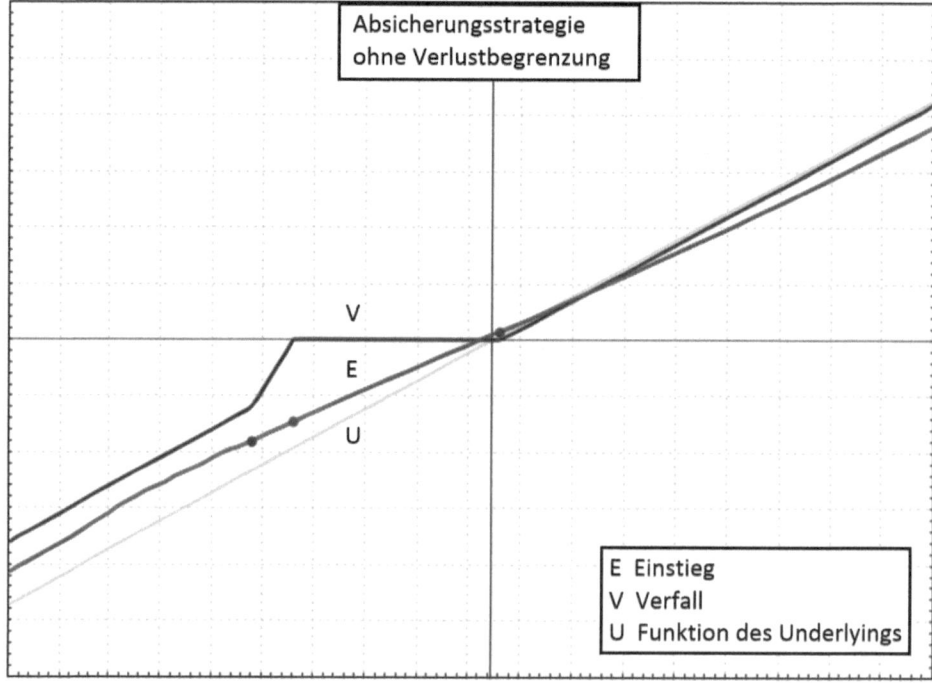

Abbildung 21.3: Absicherungsstrategie ohne absolute Verlustbegrenzung

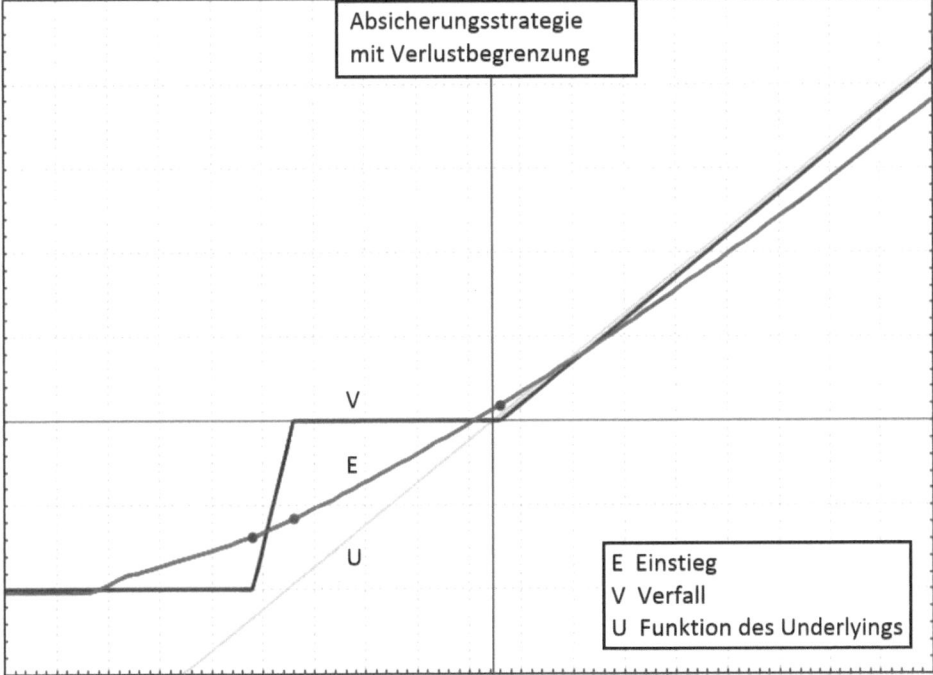

Abbildung 21.4: Absicherungsstrategie mit Verlustbegrenzung

Der *Strategy Advisor* bietet wiederum zwei Varianten von Absicherungsstrategien: Die erste Variante reduziert den möglichen Verlust gegenüber dem Basiswert markant, verfügt aber nicht über eine absolute Verlustgrenze nach unten. Dies wird erst mit der zweiten Strategievariante sichergestellt.

21.1.3 Beidseitiger Gewinn

Die Gruppe der »Twin-Strategien« versucht, auch in einem begrenzten Bereich fallender Kurse Gewinne zu erzielen, was gleichzeitig die Gewinnwahrscheinlichkeit und den Erwartungswert erhöht. Der Verlust sollte im ungünstigen Fall nicht größer als beim Basiswert sein. Der *Strategy Advisor* bietet drei Varianten von »Twin-Strategien« an:

Die erste Variante partizipiert zu 100 % am Kursgewinn nach oben ohne Gewinnbegrenzung und liefert in einem begrenzten Bereich ebenfalls einen Gewinn bei fallenden Kursen bis zu einer fixen Schwelle. Unterhalb der Schwelle fällt ein Verlust analog dem Basiswert an.

Die zweite und dritte Variante reduzieren den Gewinn bei fallenden Kursen zugunsten einer Outperformance-Komponente bei steigenden Kursen. Variante zwei optimiert dabei den Gewinn im wahrscheinlichen Kursbereich mit Hilfe eines Cap, während die dritte Variante darauf verzichtet und nach oben volle Partizipation am Kursgewinn bietet.

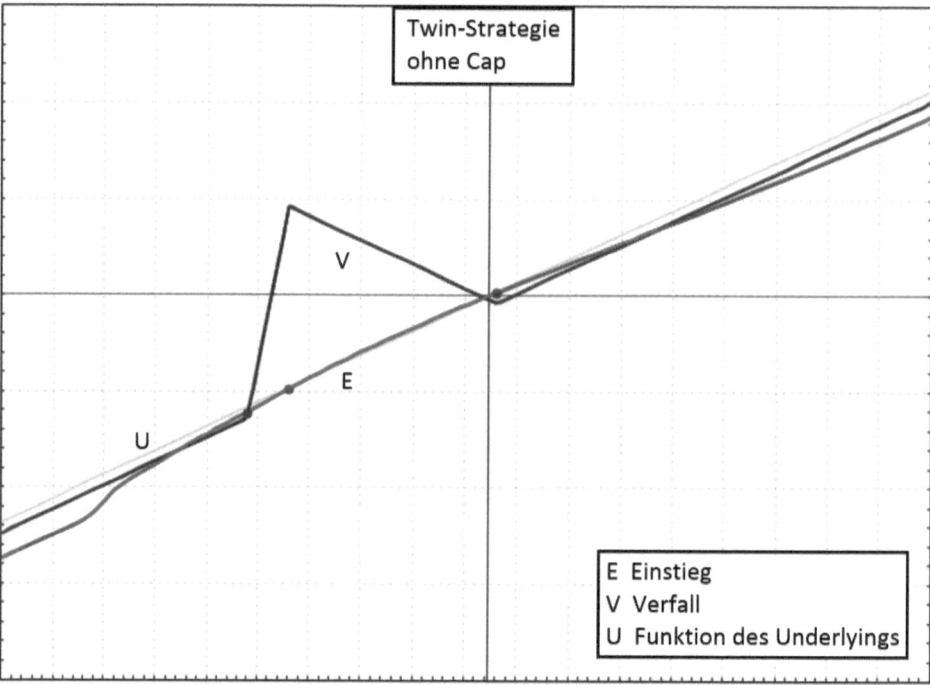

Abbildung 21.5: Twin-Strategie ohne Cap

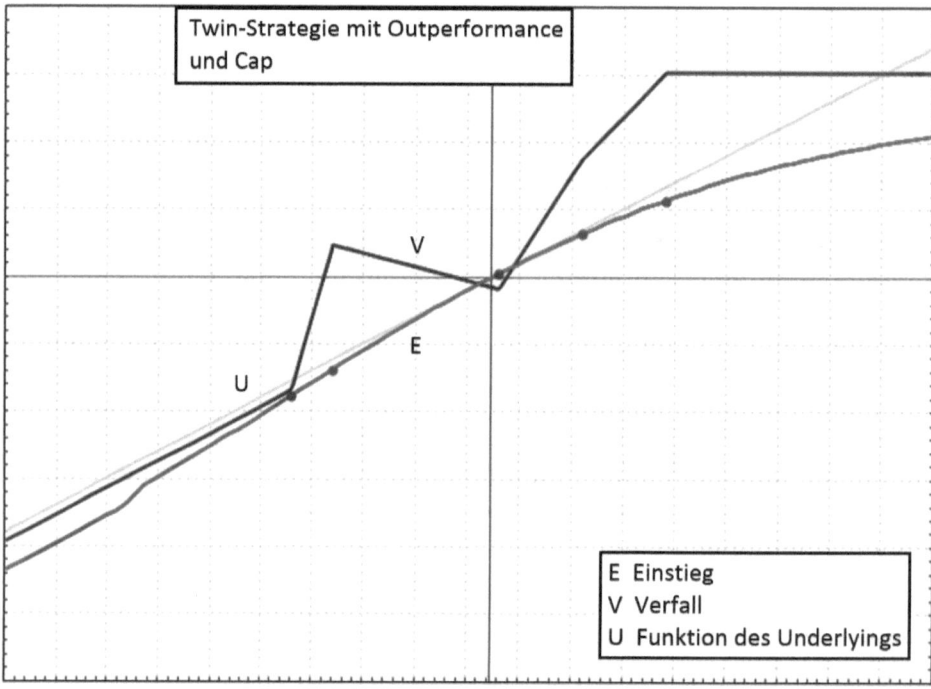

Abbildung 21.6: Twin-Strategie mit Outperformance und Cap

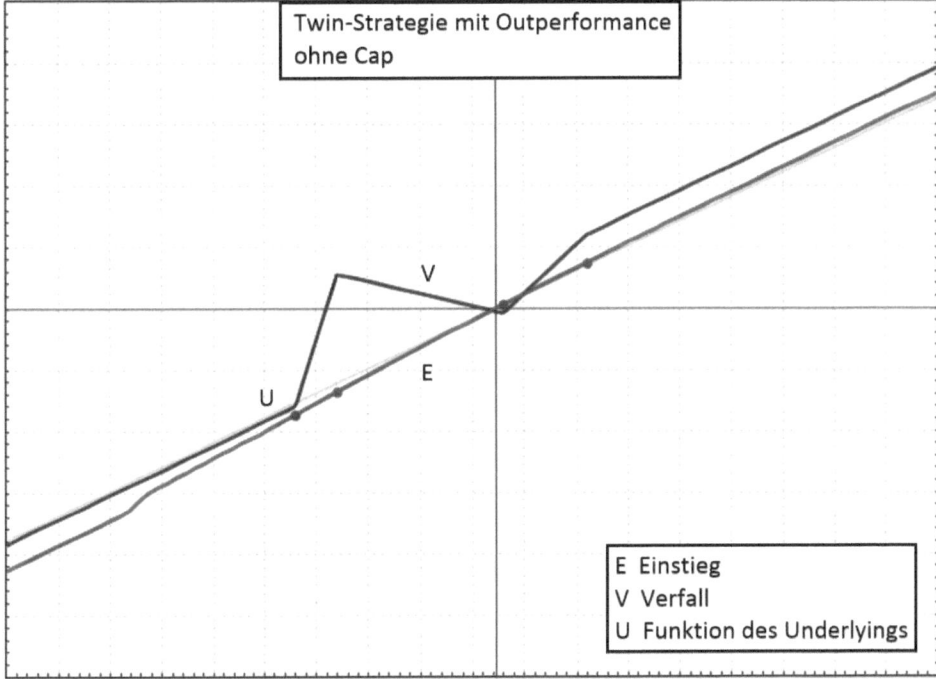

Abbildung 21.7: Twin-Strategie mit Outperformance ohne Cap

Diese Strategien bieten alle attraktive Auszahlungsprofile, sie haben aber den gleichen Nachteil wie die Absicherungsstrategien: Der Gewinnbereich nach unten bildet sich erst spät gegen Laufzeitende der Strategie aus, sodass bei fallenden Kursen über eine längere Zeit Buchverluste anfallen, die quasi »ausgesessen« werden müssen.

Die »Twin-Strategien« haben gegenüber den Outperformance- oder Absicherungsstrategien den zusätzlichen Nachteil, dass die Finanzierung der Optionen schwieriger ist, weshalb die idealen Auszahlungsprofile in der Regel nur bei günstigen Konditionen bezüglich Dividenden und impliziten Volatilitäten der Optionen zu erreichen sind.

21.2 Finanzierung

Die beschriebenen Optionsstrategien sind anwendbar auf Finanzinstrumente mit Renditeausschüttung wie Aktien oder entsprechende ETF. Die Finanzierung der Optionen erfolgt direkt über einen Anteil der Bar-Ausschüttung oder indirekt über die implizite Dividende im Future oder den Optionspreisen.

21.2.1 Dividenden

Werden die Optionsstrategien einer Aktie als Basiswert überlagert, so wird an den Besitzer der Aktie während der Laufzeit der Optionsstrategie ein bestimmter Betrag als Dividende ausgeschüttet. Falls die Laufzeit mehrere Jahre beträgt, so sind das in der Regel auch mehrere Dividendenzahlungen. Bei der Planung der Optionsstrategie lässt sich der Dividendenbetrag über die gesamte Laufzeit abschätzen, indem man die implizite Dividende als Schätzwert nimmt, die in den Optionspreisen eingepreist ist. Schaut man sich das Optionspreismodell für Basiswerte mit einer Ausschüttung genau an, so stellt man fest, dass sich Call-Optionen um den Dividendenbetrag verbilligen und Put-Optionen entsprechend verteuern. Diese Eigenschaft wird in den Optionsstrategien zusammen mit den Dividendenzahlungen zur Konstruktion des gewünschten Auszahlungsprofils benutzt.

$p + S = c + K \cdot e^{-rT} + D$	p = Preis der Put-Option S = Aktienkurs c = Preis der Call-Option K = Strike der Optionen r = Risikoloser Zinssatz T = Laufzeit der Optionen in Jahren D = Diskontierte Dividendenzahlungen während Laufzeit

Im Strategie-Fenster des *Vandermart Tracker* sind die impliziten Dividenden bei Aktienoptionen neben den übrigen Kennzahlen explizit ausgewiesen.

21.2.2 Futures

Single-Stock-Futures (SSF) auf Aktien sind eine gute Alternative zum Besitz der Aktien selber. Die Optionsstrategien können analog mit einem SSF als Basiswert konstruiert werden. Im Gegensatz zur expliziten Dividendenzahlung beim Besitz der Aktie wird die Dividende beim SSF analog den Optionen direkt eingepreist. De facto kauft man den SSF also um diesen Betrag günstiger, während zum Verfallszeitpunkt des Futures der Preis identisch zur Aktie sein wird.

$F = \left[S - PV(D) \right] \cdot e^{r(T-t)}$	F = Preis des Future zum Zeitpunkt t S = Aktienkurs r = Risikoloser Zinssatz T = Laufzeit des Future in Jahren D = Dividendenzahlungen während der Laufzeit $PV(D)$ = Abdiskontierter Wert (»Present Value«) der Dividendenzahlungen während der Laufzeit

Die Laufzeit des Future sollte möglichst mit der Laufzeit der Optionen übereinstimmen. Falls dies nicht möglich ist, so ist der nächstfolgende Verfallstermin für den Future zu wählen.

Ein SSF hat gegenüber dem direkten Kauf der Aktie den Vorteil, dass der Kapitaleinsatz geringer ist. Die Differenz kann dann zusätzlich zinstragend angelegt werden.

21.2.3 Synthetischer Future

Falls zu einer Aktie als Basiswert Europäische Optionen zur Verfügung stehen, so gibt es noch eine weitere Alternative zum Direktkauf der Aktie, den sogenannten »synthetischen Future«. Dieser besteht aus dem Verkauf eines Puts (Short Put) und dem Kauf eines Calls (Long Call), wobei beide Optionen den selben Strike und dieselbe Laufzeit aufweisen müssen. Dieses Konstrukt hat ein äquivalentes Auszahlungsprofil wie ein Future mit derselben Laufzeit, daher der Name »synthetischer Future«.

$c - p = S - K \cdot e^{-rT} - D$	p = Preis der Put-Option S = Aktienkurs c = Preis der Call-Option K = Strike der Optionen r = Risikoloser Zinssatz T = Laufzeit der Optionen in Jahren D = Diskontierte Dividendenzahlungen während Laufzeit

Wie aus der Put-Call-Parität der Optionen ersichtlich ist, entspricht der Preis eines »synthetischen Future« analog dem echten SSF einer um die Dividendenzahlung reduzierten Aktie. Man bekommt also auch hier wieder die Aktie mit einem entsprechenden Discount, der für die Finanzierung der Optionsstrategie verwendet werden kann. Diese Konstruktion funktioniert nur mit Europäischen Optionen, da hier kein Risiko einer vorzeitigen Ausübung des verkauften Put besteht. Der Vorteil liegt wie beim SSF beim reduzierten Kapitaleinsatz mit der Möglichkeit, den Restbetrag in ein Zinspapier zu investieren.

21.3 Beispiele

21.3.1 Outperformance: Fallbeispiel 1

Ausgangslage:

In Ihrem Aktiendepot befinden sich 100 BMW-Aktien. Sie beurteilen die Aussichten für BMW über die nächsten zwei Jahre als gut und möchten die Aktienposition mit einer Outperformance-Optionsstrategie überlagern. Sie entscheiden sich für eine Strategie ohne Cap, da Sie mit einer überdurchschnittlichen Performance der Aktie rechnen.

Strategie-Setup:

Starten Sie den *Vandermart Tracker* und anschließend den *Strategy Advisor* mit dem Knopf »Ad« unten links im Fenster der Strategieentwicklung. Wählen Sie die Aufgabe »Optimierung von Aktienportfolios« und klicken Sie mit der Maus auf »Outperformance-Strategie 1«. Geben Sie anschließend folgende Angaben in der Eingabemaske ein und drücken Sie auf den Knopf »Start«:

- Börse: EUREX_1
- Symbol: DE BMW
- Typ: Aktie
- Verfallstyp: Amerikanisch
- Startdatum: 27.6.2013
- Laufzeit: 19.6.2015 (722 Tage)

Sie erhalten nun eine Liste von Vorschlägen für eine Outperformance-Strategie mit der Aktie von BMW. Wählen Sie die erste Strategie in der Liste und drücken auf den Knopf »Übertragen«. Im Strategiefenster erscheint die in Tabelle 21.1 dargestellte Liste von Positionen.

Pos.	Handels-datum	Kauf/Verkauf	Typ	Kontrakte	Strike	Verfalls-datum	Prämie	Preis
1	27.6.2013	Kauf	Call-Option	2	68	19.6.2015	8,67	-1 734
2	27.6.2013	Verkauf	Call-Option	1	76	19.6.2015	5,80	580
3	27.6.2013	Verkauf	Call-Option	1	84	19.6.2015	3,81	381
4	27.6.2013	Kauf*	Aktie BMW	100			67,29	-6 729
* Die BMW-Aktien befinden sich bereits in Ihrem Portfolio und müssen nicht erworben werden						Gesamtpreis (ohne Spesen)		€ -7 502

Tabelle 21.1: Positionen der Outperformance-Strategie für BMW

Das Auszahlungsprofil der Gesamtstrategie unter Berücksichtigung der Dividendenzahlungen sieht aus wie in Abbildung 21.8 dargestellt.

Per Verfallsdatum ergibt sich bis zum Kurs von 76 eine dreifache Partizipation am Kursgewinn, von 76 bis 84 eine doppelte und bei noch höheren Kursen anschließend eine einfache Partizipation. Finanziert wird die Optionsstrategie durch die erwarteten Dividenden der Aktien über die zwei Jahre von 527 Euro.

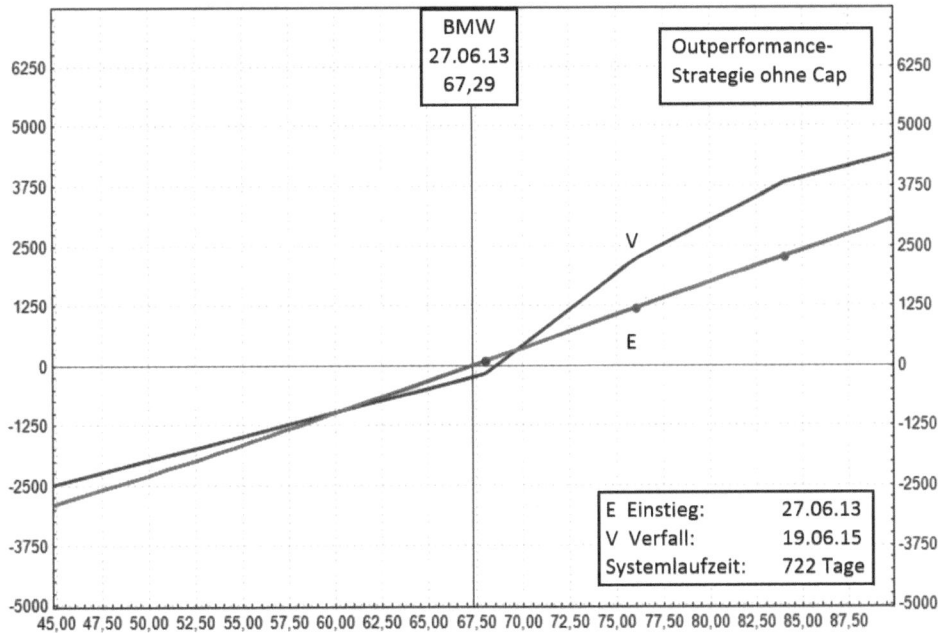

Abbildung 21.8: Outperformance-Strategie für BMW mit zwei Jahren Laufzeit

Entwicklung:

Die Entwicklung des Kurses der BMW-Aktie verläuft wie erwartet. Per Juli 2014 hat sich der Kursverlauf ergeben, wie er in Abbildung 21.9 dargestellt ist.

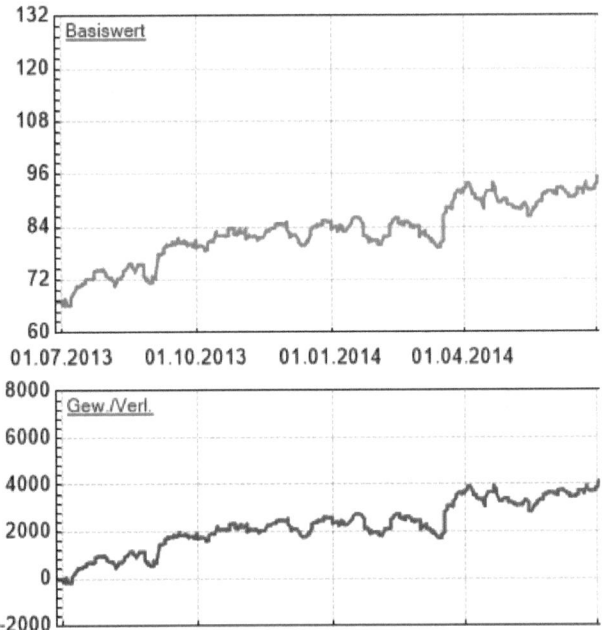

Abbildung 21.9: Verlauf des Aktienkurses von BMW und des Buchgewinns der Optionsstrategie

Follow-up:

Dem Kursgewinn von 28 (41 %) steht ein Buchgewinn von 4000 Euro (53 %) gegenüber. Es drängt sich nun eine Follow up-Aktion zum Zweck der Gewinnsicherung auf.

Wählen Sie nun im Navigationsbereich des *Strategy Advisors* oben zuerst das »Home-Symbol« und anschließend die Aufgabe »Follow-up-Aktion zur Portfolioverbesserung« aus. Klicken Sie nun mit der Maus auf die Variante »Follow-up-Aktion für normalisiertes Portfolio mit Spezialregeln« und geben Sie in der Parametertabelle folgende Werte ein:

- Zieldatum: 31.7.2014
- Transaktionskosten: 0,5 (Spread in Punkten)

Nachdem Sie auf »Start« gedrückt haben, erscheint die in Abbildung 21.10 gezeigte Grafik für den ersten Vorschlag für eine Follow-up-Aktion.

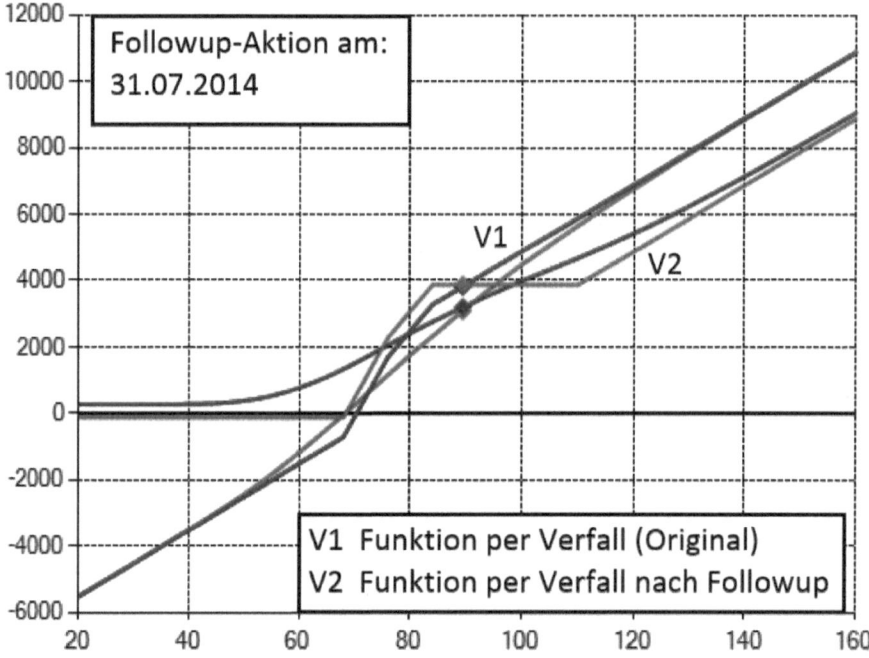

Abbildung 21.10: Vorschlag für eine Follow-up-Aktion per 31.7.2014

Drücken Sie nun auf den Knopf »Übertragen« und wechseln Sie zum Strategie-Fenster, wo Sie nun die aktualisierte, in Tabelle 21.2 gezeigte Liste von Positionen sehen. Das neue Auszahlungsprofil zeigt Abbildung 21.11.

Pos.	Handels-datum	Kauf/Verkauf	Typ	Kontrakte	Strike	Verfalls-datum	Prämie	Preis
1	27.6.2013	Kauf	Call-Option	2	68	19.6.2015	8,67	-1 734
2	27.6.2013	Verkauf	Call-Option	1	76	19.6.2015	5,80	580
3	27.6.2013	Verkauf	Call-Option	1	84	19.6.2015	3,81	381
4	27.6.2013	Kauf	Aktie BMW	100			67,29	-6 729
5	31.7.2014	Verkauf	**Call-Option**	1	84	**19.6.2015**	9,83	983
6	31.7.2014	Kauf	**Call-Option**	1	110	**19.6.2015**	1,26	-126
7	31.7.2014	Kauf	**Put-Option**	1	68	**19.6.2015**	1,22	-122
						Gesamtpreis (ohne Spesen)		€ -6917

Tabelle 21.2: Anpassungen der Outperformance-Strategie per 31.7.2014

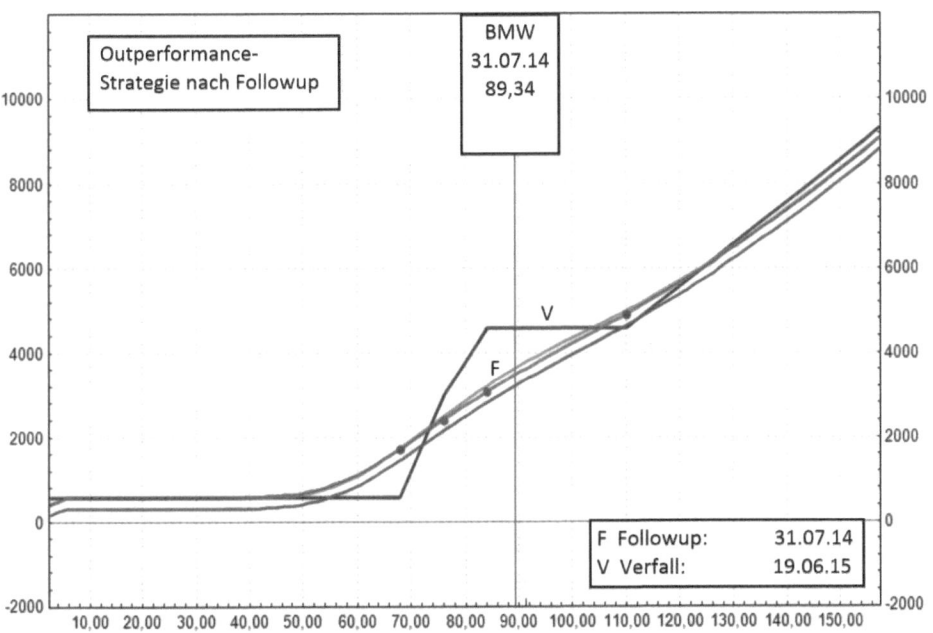

Abbildung 21.11: Outperformance-Strategie für BMW nach Follow-up-Aktion

Wie man in der Grafik sieht, beträgt der Minimalgewinn unter Einbezug der Dividenden nun ca. 560 Euro (7.4%, ohne Spesen), womit das Risiko eines Verlustes mit der Follow-up-Aktion eliminiert werden konnte.

Weitere Entwicklung:

Abbildung 21.12: Weitere Entwicklung nach der Follow-up-Aktion bis zum Laufzeitende

Der Kurs von BMW entwickelt sich nach einer Schwächephase wieder positiv, weshalb sich der Buchgewinn der Strategie nochmals steigert. Per Verfall der Optionen ergibt sich ein Gesamtgewinn von 4 560 Euro. Ein etwas früherer Ausstieg um Ende März 2015 hätte einen Gewinn von über 5 000 Euro generiert.

21.3.2 Outperformance: Fallbeispiel 2

Ausgangslage:

Sie interessieren sich für den Ausblick von Allianz (ALV) und kommen zu dem Schluss, dass die Aussichten über die nächsten drei Jahre positiv sind. Sie entscheiden sich für eine Outperformance-Strategie als Alternative zu einem reinen Aktienkauf und wählen eine Strategie mit Cap, da Sie nicht mit einer außerordentlichen Performance der Aktie rechnen.

Strategie-Setup:

Starten Sie den *Vandermart Tracker* und anschließend den *Strategy Advisor* mit dem Knopf »Ad« unten links im Fenster der Strategieentwicklung. Wählen Sie die Aufgabe »Optimierung von Aktienportfolios« und klicken Sie mit der Maus auf »Outperformance-Strategie 2«. Geben Sie anschließend folgende Angaben in der Eingabemaske ein und drücken Sie auf den Knopf »Start«:

- Börse: EUREX_1
- Symbol: DE ALV
- Typ: Aktie
- Verfallstyp: Amerikanisch
- Startdatum: 27.9.2012
- Laufzeit: 18.12.2015 (1177 Tage)

Sie erhalten nun eine Liste von Vorschlägen für eine Outperformance-Strategie mit Cap mit der Allianz-Aktie. Sortieren Sie nun die Liste aufsteigend nach Gewinnwahrscheinlichkeit und wählen Sie die erste Strategie in der Liste (Strategie 4) mit der Maus und drücken anschließend auf den Knopf »Übertragen«. (Die Strategie wurde ausgewählt, da sie ein ausgewogenes Verhältnis zwischen Risiko und Ertrag bietet.) Es wurde explizit nicht die Strategie mit dem größten Risikopuffer gewählt (Sie können aber gerne Ihre eigenen Selektionskriterien anwenden). Im Strategiefenster erscheint nun die in Tabelle 21.3 dargestellte Liste von Positionen:

Pos.	Handels-datum	Kauf/Verkauf	Typ	Kontrakte	Strike	Verfalls-datum	Prämie	Preis
1	27.9.2012	Kauf	Call-Option	2	92	18.12.2015	13,77	-2 754
2	27.9.2012	Verkauf	Call-Option	1	100	18.12.2015	10,62	1 062
3	27.9.2012	Verkauf	Call-Option	2	120	18.12.2015	5,62	1 124
4	27.9.2012	Kauf	Aktie ALV	100			93,36	-9 336
						Gesamtpreis (ohne Spesen)		€ -9 904

Tabelle 21.3: Positionen der Outperformance-Strategie für ALV

Das Auszahlungsprofil der Gesamtstrategie unter Berücksichtigung der Dividendenzahlungen zeigt Abbildung 21.13.

Per Verfallsdatum ergibt sich bis zum Kurs von 100 eine dreifache Partizipation am Kursgewinn, von 100 bis zum Cap von 120 noch eine doppelte und ab dem Cap keine weitere Partizipation mehr. Der mögliche Maximalgewinn beträgt somit 6 837 Euro. Finanziert wird die Optionsstrategie durch die erwarteten Dividenden der Aktien über die drei Jahre von 1 213 Euro.

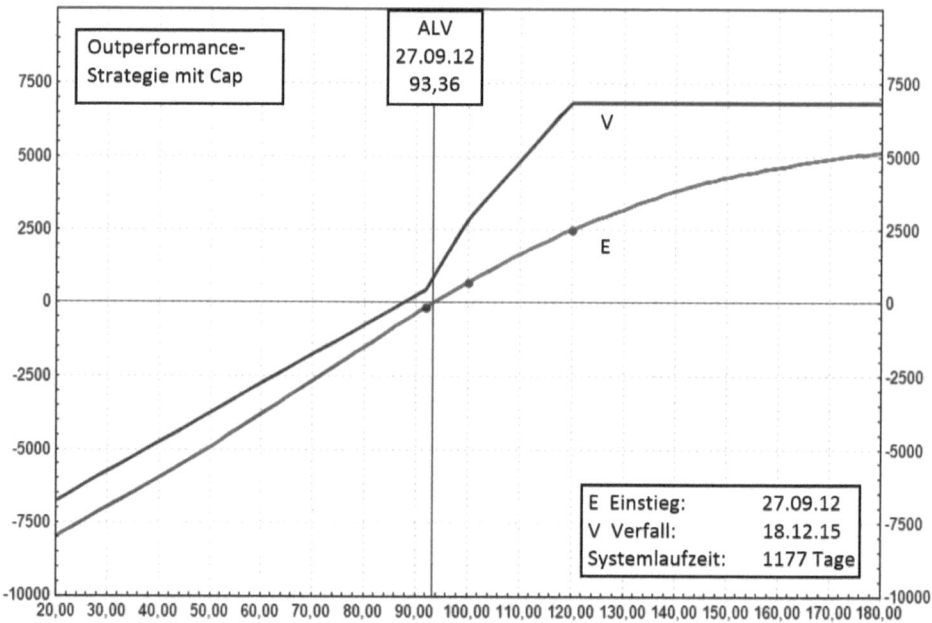

Abbildung 21.13: Outperformance-Strategie für ALV mit drei Jahren Laufzeit

Entwicklung:

Der Kurs der Allianz-Aktie entwickelt sich positiv, per Dezember 2014 zeigt sich der in Abbildung 21.14 dargestellte Kursverlauf.

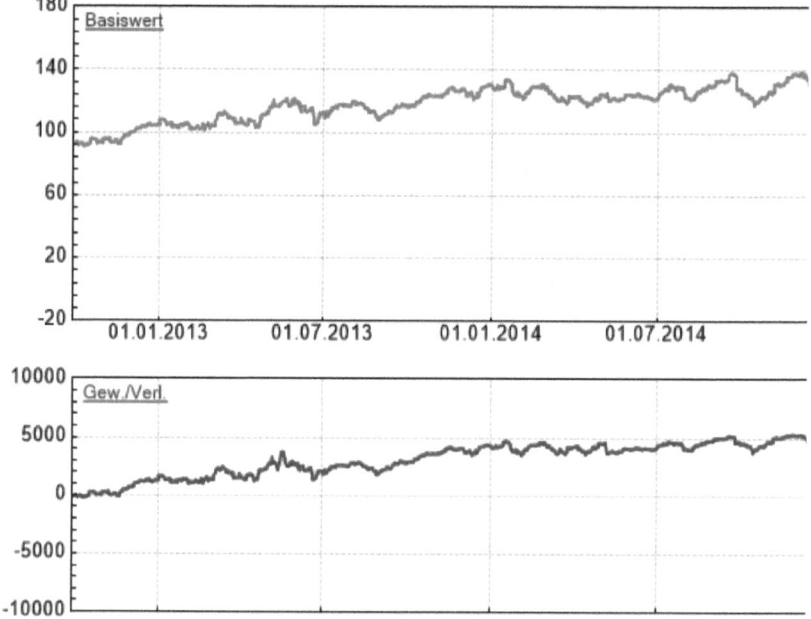

Abbildung 21.14: Verlauf des Aktienkurses von ALV und des Buchgewinns der Optionsstrategie

Follow-up:

Der Kurs von 138 hat den Cap bereits deutlich übertroffen und dem Kursgewinn von 35 (37%) steht ein Buchgewinn von 6000 Euro (60%) gegenüber. Für die Restlaufzeit von einem Jahr (33%) ist nur noch ein Zusatzpotenzial von ca. 800 Euro an möglicher Gewinnsteigerung vorhanden (11%), weshalb entweder die Liquidation der Strategie oder zumindest eine Follow-up-Aktion zur Gewinnsicherung vorgenommen werden sollte.

Für die Evaluation einer Follow-up-Aktion gehen Sie wie folgt vor: Wählen Sie nun im Navigationsbereich des *Strategy Advisor* oben zuerst das »Home-Symbol« und anschließend die Aufgabe »Follow-up-Aktion zur Portfolioverbesserung«. Klicken Sie nun mit der Maus auf die Variante »Follow-up-Aktion für normalisiertes Portfolio mit Spezialregeln« und geben Sie in der Parametertabelle folgende Werte ein:

- Zieldatum: 19.12.2014
- Transaktionskosten: 0,5 (Spread in Punkten)

Nachdem Sie auf »Start« gedrückt haben, erscheint der in Abbildung 21.15 dargestellte erste Vorschlag für eine Follow-up-Aktion.

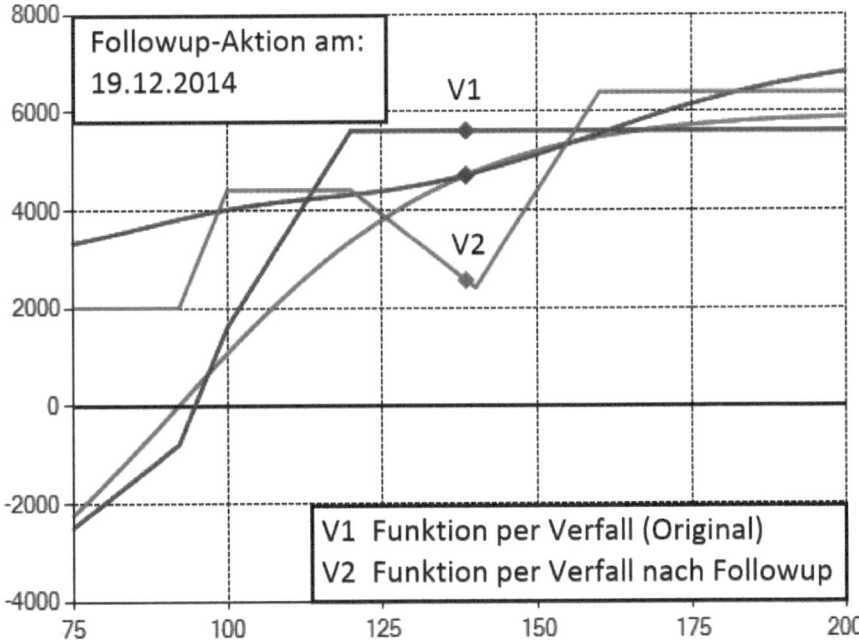

Abbildung 21.15: Vorschlag für eine Follow-up-Aktion per 19.12.2014

Drücken Sie nun auf den Knopf »Übertragen« und wechseln Sie zum Strategie-Fenster, wo Sie nun die aktualisierte Liste von Positionen sehen (siehe Tabelle 21.4).

Pos.	Handels-datum	Kauf/Verkauf	Typ	Kontrakte	Strike	Verfalls-datum	Prämie	Preis
1	27.9.2012	Kauf	Call-Option	2	92	18.12.2015	13,77	-2 754
2	27.9.2012	Verkauf	Call-Option	1	100	18.12.2015	10,62	1 062
3	27.9.2012	Verkauf	Call-Option	2	120	18.12.2015	5,62	1 052
4	27.9.2012	Kauf	Aktie ALV	100			93,36	-9 336
5	19.12.2014	Kauf	Put-Option	1	92	18.12.2015	1,03	-103
6	19.12.2014	Verkauf	Put-Option	2	100	18.12.2015	1,69	338
7	19.12.2014	Kauf	Put-Option	1	120	18.12.2015	5,51	-556
8	19.12.2014	Kauf	Put-Option	3	140	18.12.2015	14,52	-4 356
9	19.12.2014	Verkauf	Put-Option	2	160	18.12.2015	29,56	5 912
						Gesamtpreis (ohne Spesen)		Euro -9 336

Tabelle 21.4: Anpassungen der Outperformance-Strategie per 19.12.2014

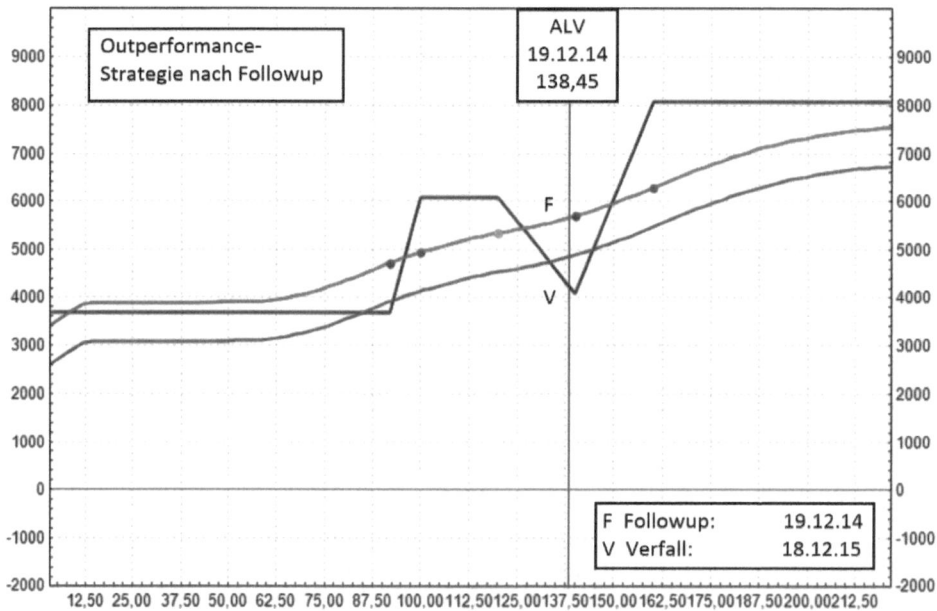

Abbildung 21.16: Outperformance-Strategie für ALV nach Followup-Aktion

Das neue Auszahlungsprofil zeigt Abbildung 21.16. Wie man in der Grafik sieht, beträgt der Minimalgewinn unter Einbezug der Dividenden nun ca. 3 677 Euro (36 %, ohne Spesen). Außerdem wurde das maximale Gewinnpotenzial auf 8 077 € erhöht. Gegenüber einer sofortigen Liquidation und Gewinnmitnahme bietet diese Variante somit eine Teilsicherung des Gewinns mit zusätzlichem Potenzial. Es liegt an Ihnen, für welche Variante Sie sich in einem solchen Fall entscheiden.

Weitere Entwicklung:

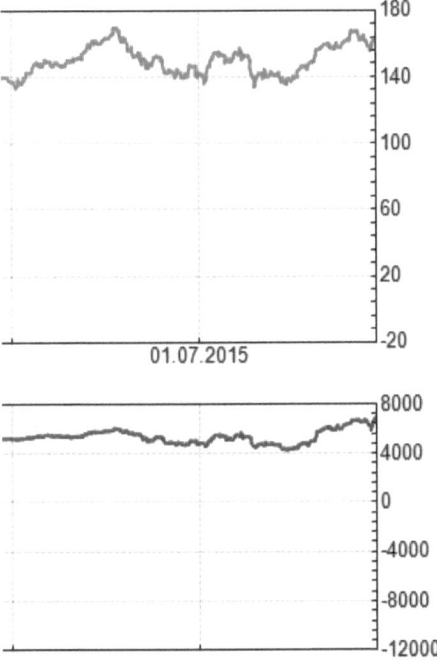

Abbildung 21.17: Weitere Entwicklung nach der Follow-up-Aktion bis zum Dezember 2015

Wie Abbildung 21.17 zeigt, entwickelt sich der weitere Verlauf des Kurses von ALV positiv, mit einer Schwächephase ab April 2015, die bis Dezember wieder aufgeholt wird. Per Verfall am 18.12.2015 wird der Maximalgewinn der Strategie von 8077 Euro erreicht (inklusive erhaltenen Dividenden).

21.3.3 Absicherung: Fallbeispiel 1

Ausgangslage:

In Ihrem Portfolio halten Sie 100 Daimler-Aktien (DAI) als langfristige Investition. Für das nächste Jahr beurteilen Sie die Kraftfahrzeugbranche aber als schwankungsanfällig und Sie möchten deshalb einen potenziellen Verlust mit einer Absicherungsstrategie abfedern.

Strategie-Setup:

Starten Sie den *Vandermart Tracker* und anschließend den *Strategy Advisor* mit dem Knopf »Ad« unten links im Fenster der Strategieentwicklung. Wählen Sie die Aufgabe »Optimierung von Aktienportfolios« und klicken Sie mit der Maus auf »Absicherungsstrategie 1«. Geben Sie anschließend folgende Angaben in der Eingabemaske ein und drücken Sie auf den Knopf »Start«:

- Börse: EUREX_1
- Symbol: DE DAI
- Typ: Aktie
- Verfallstyp: Amerikanisch
- Startdatum: 15.9.2014
- Laufzeit: 18.12.2015 (459 Tage)

Sie erhalten nun eine Liste von Vorschlägen für eine Absicherungsstrategie mit der Daimler-Aktie. Sortieren Sie die Liste absteigend nach Gewinnwahrscheinlichkeit und wählen Sie die zweite Strategie in der Liste (Strategie 5). Drücken Sie anschließend auf den Knopf »Übertragen«. Im Strategiefenster erscheint nun die in Tabelle 21.5 dargestellte Liste von Positionen.

Pos.	Handels-datum	Kauf/Verkauf	Typ	Kontrakte	Strike	Verfalls-datum	Prämie	Preis
1	15.9.2014	Kauf	Put-Option	1	72	18.12.2015	13,24	-1324
2	15.9.2014	Verkauf	Put-Option	3	52	18.12.2015	2,53	759
3	15.9.2014	Kauf	Put-Option	2	44	18.12.2015	0,94	-188
4	15.9.2014	Kauf*	Aktie DAI	100			63,06	-6306
* Die Daimler-Aktien befinden sich bereits in Ihrem Portfolio und müssen nicht erworben werden						Gesamtpreis (ohne Spesen)		Euro -7059

Tabelle 21.5: Positionen der Absicherungsstrategie für DAI

Das Auszahlungsprofil der Gesamtstrategie unter Berücksichtigung der Dividendenzahlungen ist in Abbildung 21.18 dargestellt.

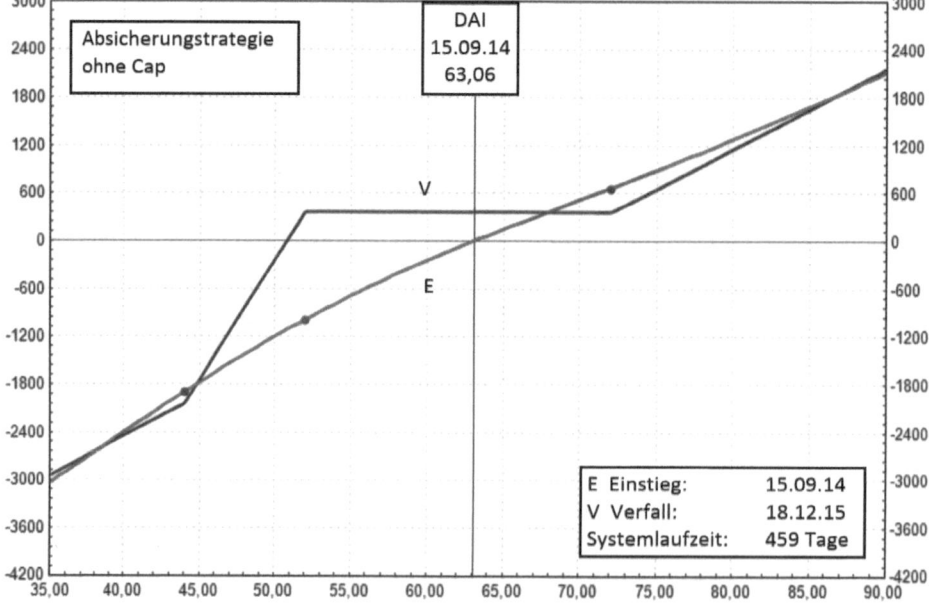

Abbildung 21.18: Absicherungsstrategie für DAI mit einem Jahr Laufzeit

Per Verfallsdatum ist die Strategie abwärts bis zum Kurs von 52 mit garantiertem Minimalgewinn von 358 Euro inklusive Dividenden (5 % mit Buffer bis -17 %) abgesichert. Ab einem noch tieferen Kurs von 44 (-30 %) steigt der Verlust auf das Niveau des direkten Aktienbesitzes. Nach oben bleibt der Gewinn auf der Höhe des Minimalgewinns bis zum Kurs von 72. Ab dieser Schwelle partizipiert man wieder zu 100 % am Gewinn der Aktie. Finanziert wird die Absicherung in der Optionsstrategie teilweise durch die erwarteten Dividenden der Aktien über ein Jahr von 217 Euro.

Entwicklung:

Der Kurs der Daimler-Aktie entwickelt sich einigermaßen positiv, bis die Daimler-Aktie anschließend durch den VW-Betrugsskandal ebenfalls in Mitleidenschaft gezogen wird. Nach einer Jahresendrallye zeigt sich bis Dezember 2015 der in Abbildung 21.18 dargestellte Kursverlauf.

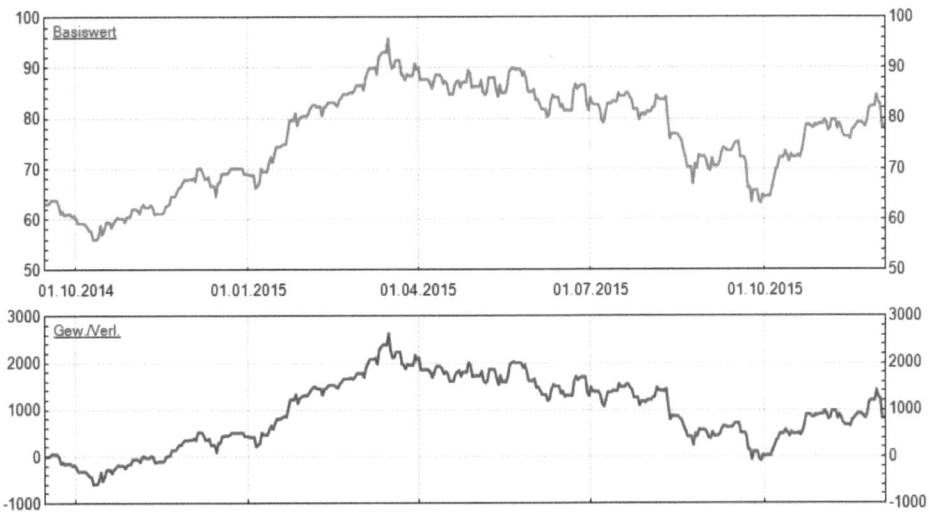

Abbildung 21.19: Verlauf des Aktienkurses von Daimler und des Buchgewinns der Optionsstrategie

Per 4.12.2015 beträgt der Buchgewinn 1 046 Euro inklusive vereinnahmter Dividenden (14,8 %). Dies ist weniger, als mit der Aktie ohne Absicherung erreicht worden wäre.

Follow-up:

Ab April 2015 stagniert die Entwicklung des Kurses der Daimler-Aktie, nachdem sie eine Rallye bis 96 (+52 %) hingelegt hatte. Zu diesem Zeitpunkt drängt sich eine Follow-up-Aktion zur Gewinnsicherung auf.

Für die Evaluation einer Follow-up-Aktion gehen Sie wie folgt vor: Wählen Sie nun im Navigationsbereich des *Strategy Advisor* oben zuerst das »Home-Symbol« und anschließend die Aufgabe »Follow-up-Aktion zur Portfolioverbesserung«.

Klicken Sie nun mit der Maus auf die Variante »Follow-up-Aktion für normalisiertes Portfolio« und geben Sie in der Parametertabelle folgende Werte ein:

- Zieldatum: 13.4.2015
- Transaktionskosten: 0,5 (Spread in Punkten)

Nachdem Sie auf »Start« gedrückt haben, erscheint die in Abbildung 21.20 dargestellte Grafik für den ersten Vorschlag für eine Follow-up-Aktion.

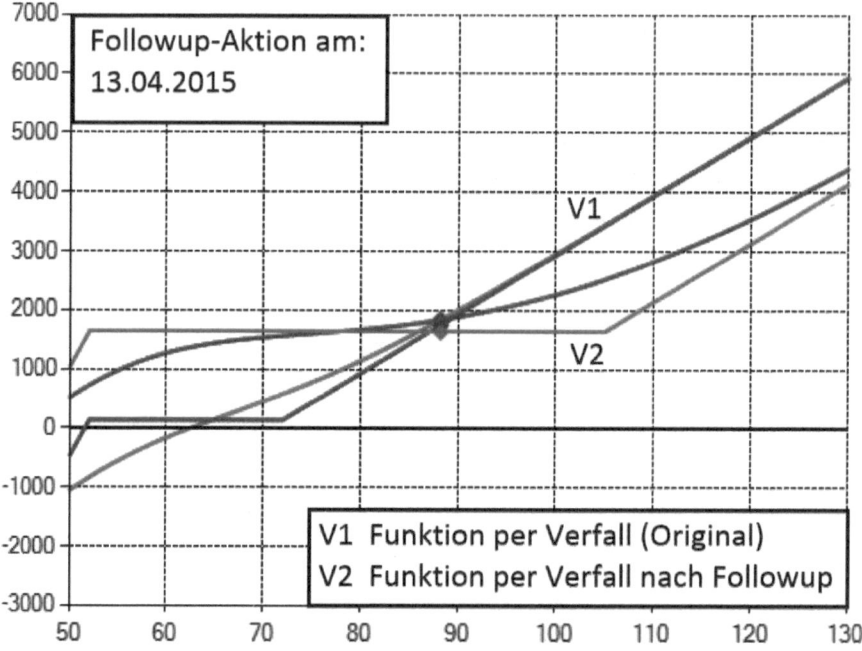

Abbildung 21.20: Vorschlag für eine Follow-up-Aktion per 13.4.2015

Drücken Sie nun auf den Knopf »Übertragen« und wechseln Sie zum Strategie-Fenster, wo Sie nun die aktualisierte Liste von Positionen sehen (siehe Tabelle 21.6).

Pos.	Handelsdatum	Kauf/Verkauf	Typ	Kontrakte	Strike	Verfallsdatum	Prämie	Preis
1	15.9.2014	Kauf	Put-Option	1	72	18.12.2015	13,24	-1324
2	15.9.2014	Verkauf	Put-Option	3	52	18.12.2015	2,53	759
3	15.9.2014	Kauf	Put-Option	2	44	18.12.2015	0,94	-188
4	15.9.2014	Kauf*	Aktie DAI	100			63,06	-6306
5	**13.4.2015**	**Verkauf**	**Call-Option**	**1**	**72**	**18.12.2015**	**17,92**	**1792**
6	**13.4.2015**	**Kauf**	**Call-Option**	**1**	**105**	**18.12.2015**	**1,90**	**-190**
						Gesamtpreis (ohne Spesen)	Euro	-5557

Tabelle 21.6: Anpassungen der Absicherungsstrategie per 13.4.2015

Das neue Auszahlungsprofil zeigt Abbildung 21.21. Wie man in der Grafik sieht, wurde durch die Follow-up-Aktion der Minimalgewinn bis zur Schwelle von 52 auf einen Wert von 1 960 Euro (27 %, inklusive Dividenden, ohne Spesen) angehoben.

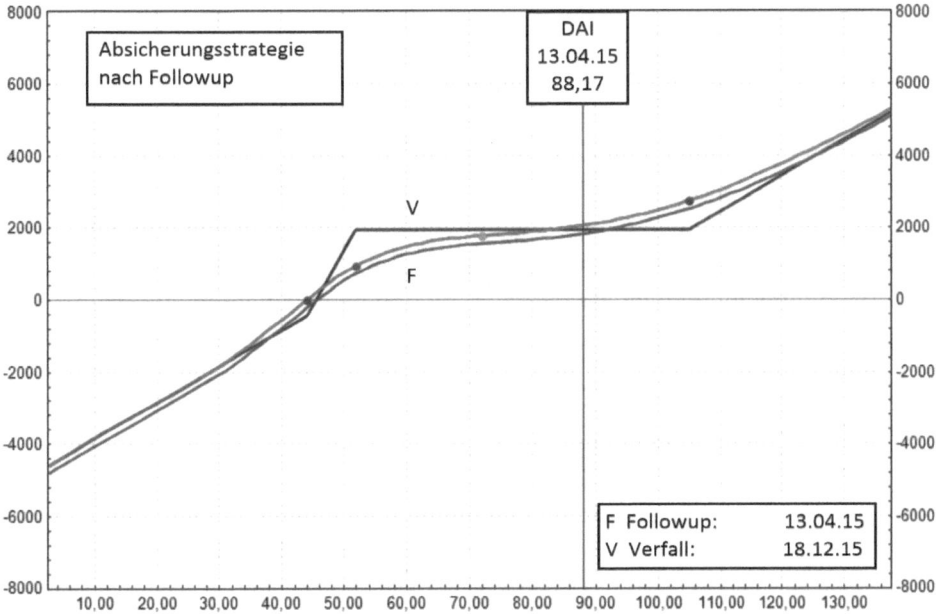

Abbildung 21.21: Absicherungsstrategie für DAI nach Follow-up-Aktion

Weitere Entwicklung:

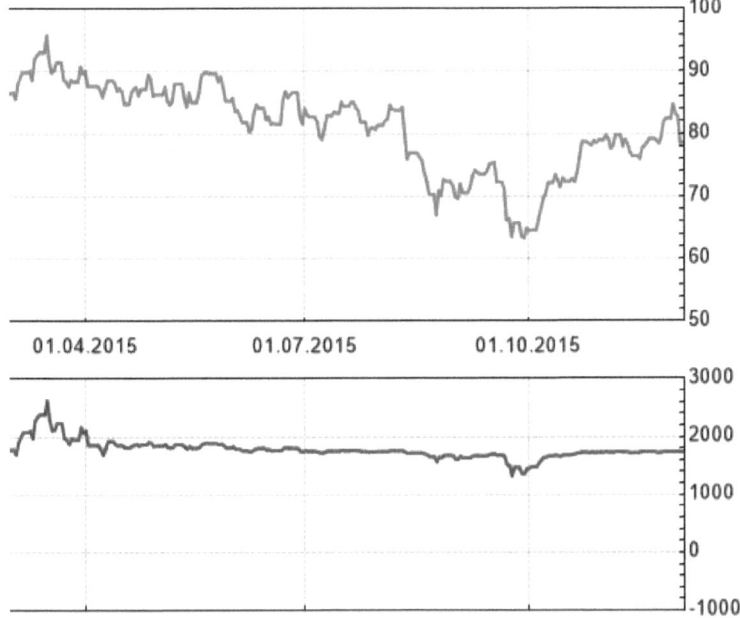

Abbildung 21.22: Weitere Entwicklung nach der Follow-up-Aktion bis zum Dezember 2015

Nach der Follow-up-Aktion erfolgt ein späterer Einbruch der Daimler-Aktie, als der VW-Skandal bekannt wird. Dieser Kursrückgang schlägt aber nicht auf den Gewinn der Strategie durch, da hier die Absicherung ihre Wirkung entfaltet. Insofern hat sich hier sowohl die Absicherung als auch die Follow-up-Aktion gelohnt (siehe Abbildung 21.22).

21.3.4 Absicherung: Fallbeispiel 2

Ausgangslage:

Sie rechnen mit einer weiterhin guten Entwicklung der Lufthansa-Aktie (LHA) und möchten deshalb ein Zertifikat erstellen, das Ihnen sowohl eine Beteiligung am steigenden Aktienwert, aber auch eine gewisse Absicherung gegen fallende Marktkurse erlaubt. Um den Kapitaleinsatz gering zu halten, entscheiden Sie sich für ein Investment in einen Single-Stock-Future (SSF) Terminkontrakt auf LHA anstelle der Aktie.

Strategie-Setup:

Starten Sie den *Vandermart Tracker* und anschließend den *Strategy Advisor* mit dem Knopf »Ad« unten links im Fenster der Strategieentwicklung. Wählen Sie die Aufgabe »Optimierung von Aktienportfolios« und klicken Sie mit der Maus auf »Absicherungsstrategie 2«. Geben Sie anschließend folgende Angaben in der Eingabemaske ein und drücken Sie auf den Knopf »Start«:

- Börse: EUREX_1
- Symbol: DE LHA
- Typ: Future
- Verfallstyp: Amerikanisch
- Startdatum: 7.5.2014
- Laufzeit: 19.6.2015 (408 Tage)

Sie erhalten nun eine Liste von Vorschlägen für eine Absicherungsstrategie mit dem Lufthansa-SSF. Wählen Sie die erste Strategie in der Liste und drücken Sie anschließend auf den Knopf »Übertragen«. Im Strategiefenster erscheint nun die in Tabelle 21.7 dargestellte Liste von Positionen.

Pos.	Handels-datum	Kauf/Verkauf	Typ	Kontrakte	Strike	Verfalls-datum	Prämie	Preis
1	7.5.2014	Kauf	Put-Option	1	20	19.6.2015	3,48	-348
2	7.5.2014	Verkauf	Put-Option	5	14	19.6.2015	0,65	325
3	7.5.2014	Kauf	Put-Option	5	12	19.6.2015	0,27	-135
4	7.5.2014	Kauf*	Future LHA	1		18.12.2015	17,67	0
* Die Futures auf LHA haben keine Anfangskosten, werden aber täglich als Gewinn/Verlust belastet und zusätzlich wird ein Margin-Betrag zur Deckung verlangt.						Gesamtpreis (ohne Spesen)		Euro -158 (Maximaler Verlust beträgt 925 Euro)

Tabelle 21.7: Positionen der Absicherungsstrategie für LHA

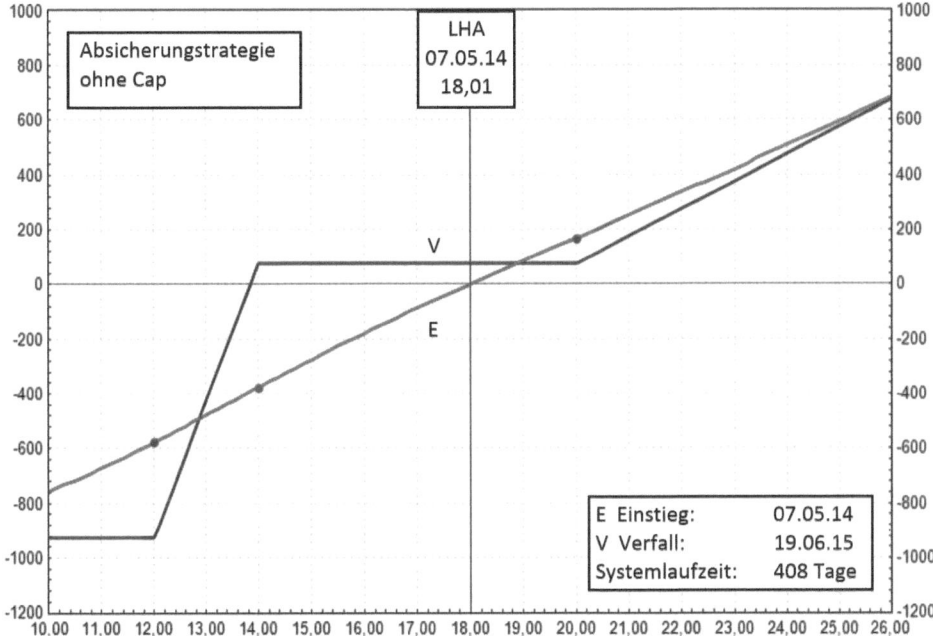

Abbildung 21.23: Absicherungsstrategie für LHA mit einem Jahr Laufzeit

Das Auszahlungsprofil der Gesamtstrategie zeigt Abbildung 21.23. Per Verfallsdatum ist die Strategie abwärts bis zum Kurs von 14 abgesichert mit garantiertem Minimalgewinn von 75 Euro (8% mit Buffer bis -20%). Ab der Limite von 12 (-32 %) ist der Maximalverlust von 925 Euro erreicht. Nach oben bleibt der Gewinn auf der Höhe des Minimalgewinns bis zum Kurs von 20. Ab dieser Schwelle partizipiert man wieder zu 100 % am Gewinn der Aktie. Finanziert wird die Absicherung in der Optionsstrategie teilweise durch die erwarteten Dividenden von 34 Euro, die diesmal nicht ausgeschüttet werden, sondern bereits im verbilligten Preis der Futures enthalten sind.

Entwicklung:

Der Kurs der Lufthansa-Aktie entwickelt sich bereits kurz nach Markteintritt entgegen den Erwartungen schlecht und die Strategie erreicht nie die Gewinnzone. Kurz vor dem Ende der Laufzeit fällt der Kurs nochmals tiefer, bis unter die untere Schwelle, sodass per Verfall der Maximalverlust erreicht wird (siehe Abbildung 21.24).

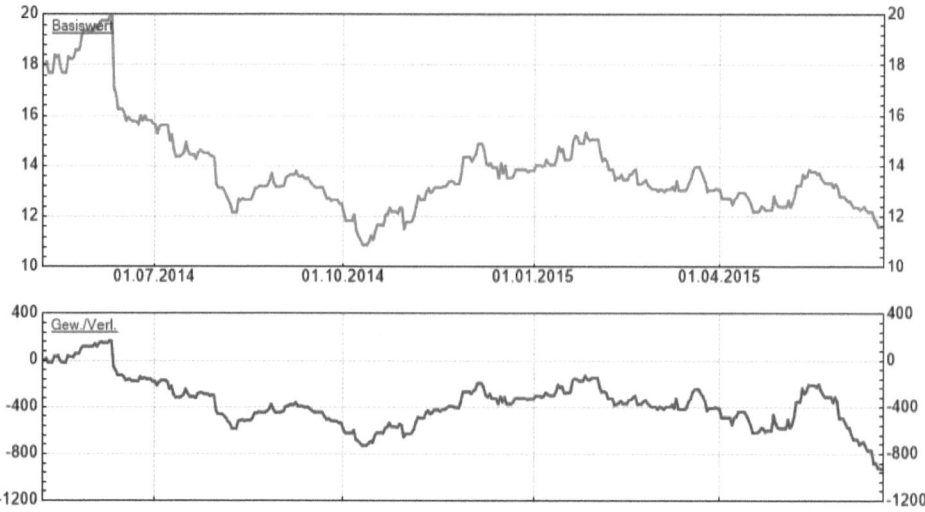

Abbildung 21.24: Verlauf des Aktienkurses von Lufthansa und des Buchverlusts der Optionsstrategie

Follow-up:

Da sich die Strategie meist in der Verlustzone befindet, stellt sich die Frage, ob eine Follow-up-Aktion zur Verlustminimierung rückblickend die Situation verbessert hätte. Im April 2015, einen Monat vor Verfall, erholt sich die Strategie zum letzten Mal ein wenig. Hier wäre der Zeitpunkt noch einmal passend gewesen, mit geringem Verlust auszusteigen. Alternativ schauen wir uns eine mögliche Follow-up-Aktion an.

Für die Evaluation einer Follow-up-Aktion gehen Sie wie folgt vor: Wählen Sie nun im Navigationsbereich des *Strategy Advisor* oben zuerst das »Home-Symbol« und anschließend die Aufgabe »Follow-up-Aktion zur Portfolioverbesserung«. Klicken Sie nun mit der Maus auf die Variante »Follow-up-Aktion für normalisiertes Portfolio« und geben Sie in der Parametertabelle folgende Werte ein:

- Zieldatum: 15.5.2015
- Transaktionskosten: 0 (Spread in Punkten)

Nachdem Sie auf »Start« gedrückt haben und die Lösungsvorschläge angezeigt werden, sortieren Sie die Vorschläge absteigend nach der Untergrenze des Gewinns und selektieren Sie die erste Lösung mit der Maus (Strategie 20). Es erscheint die in Abbildung 21.25 dargestellte Grafik.

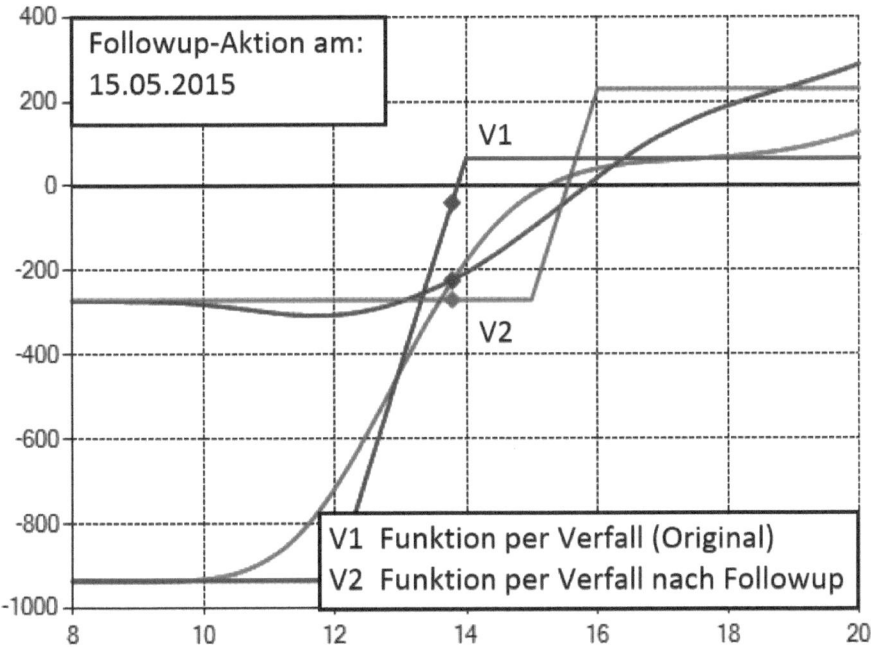

Abbildung 21.25: Vorschlag für eine Follow-up-Aktion per 15.5.2015

Drücken Sie nun auf den Knopf »Übertragen« und wechseln Sie zum Strategie-Fenster, wo Sie nun die aktualisierte Liste von Positionen sehen (siehe Tabelle 21.8).

Pos.	Handels-datum	Kauf/Verkauf	Typ	Kontrakte	Strike	Verfalls-datum	Prämie	Preis
1	7.5.2014	Kauf	Put-Option	1	20	19.6.2015	3,48	-348
2	7.5.2014	Verkauf	Put-Option	5	14	19.6.2015	0,65	325
3	7.5.2014	Kauf	Put-Option	5	12	19.6.2015	0,27	-135
4	7.5.2014	Kauf	Future LHA	1		18.12.2015	17,67	0
5	15.5.2015	Verkauf	Call-Option	5	12	19.6.2015	1,87	935
6	15.5.2015	Kauf	Call-Option	5	14	19.6.2015	0,44	-220
7	15.5.2015	Kauf	Call-Option	5	15	19.6.2015	0,15	-75
8	15.5.2015	Verkauf	Call-Option	5	16	19.6.2015	0,05	25
						Gesamtpreis (ohne Spesen)		Euro 507 (Guthaben)

Tabelle 21.8: Anpassungen der Absicherungsstrategie einen Monat vor Verfall

Das neue Auszahlungsprofil zeigt Abbildung 21.26. Wie man in der Grafik sieht, wurde durch die Follow-up-Aktion der Maximalverlust reduziert und auf einen Wert von 260 Euro (28 %) angehoben. Es besteht aber bis zum Verfall noch das Potenzial, dass der Verlust vollständig aufgeholt wird.

384 21 Maßgeschneiderte Strategien für Vermögensverwalter

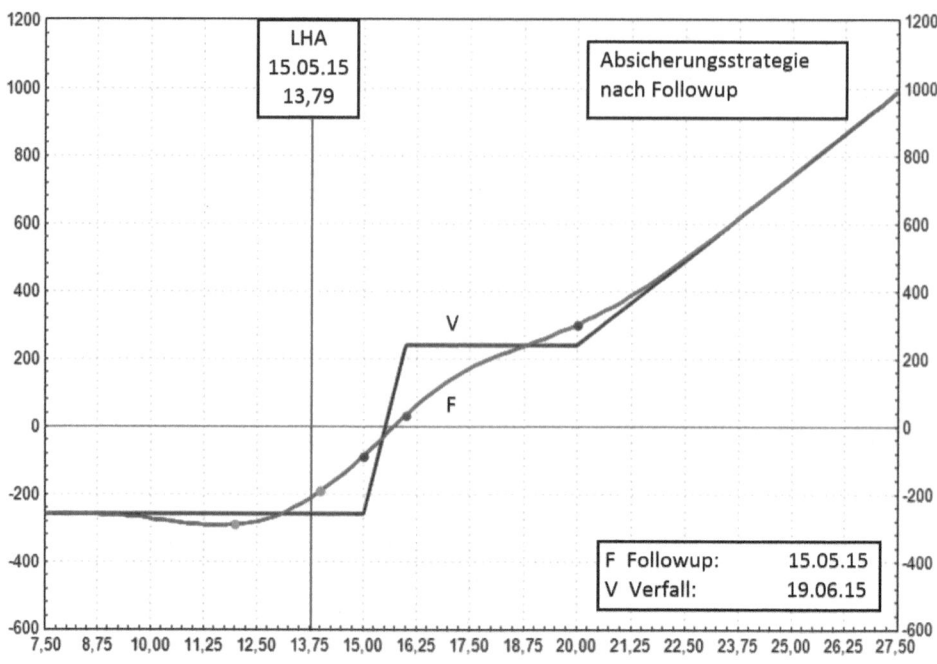

Abbildung 21.26: Absicherungsstrategie für LHA nach Follow-up-Aktion

Weitere Entwicklung:

Abbildung 21.27: Weitere Entwicklung nach der Follow-up-Aktion

Leider hat sich die Lufthansa-Aktie nach der Follow-up-Aktion nicht wie erhofft erholt (siehe Abbildung 21.27), weshalb am Ende der Maximalverlust von 260 Euro realisiert werden musste. Dieser Verlust ist aber deutlich geringer als derjenige ohne eine entsprechende Follow-up-Aktion.

21.3.5 Beidseitiger Gewinn: Fallbeispiel 1

Ausgangslage:

Sie analysieren die Aussichten von BMW für die nähere Zukunft und kommen zum Schluss, dass sich eine Investition in eine Premium-Brand wie BMW lohnen könnte, diese aber auch mit einigen Unsicherheiten verbunden ist. Sie entscheiden sich deshalb für eine zweiseitige Strategie, welche auch in einem bestimmten Bereich fallender Kurse noch einen Gewinn generiert. Zusätzlich wählen Sie statt dem Aktienkauf die indirekte Variante mit der Replikation über den synthetischen Future aus Put- und Call-Optionen, mit dem Ziel, das gebundene Kapital zu minimieren.

Strategie-Setup:

Starten Sie den *Vandermart Tracker* und anschließend den *Strategy Advisor* mit dem Knopf »Ad« unten links im Fenster der Strategieentwicklung. Wählen Sie die Aufgabe »Optimierung von Aktienportfolios« und klicken Sie mit der Maus auf »Twin-Performance-Strategie 1«. Geben Sie anschließend folgende Angaben in der Eingabemaske ein und drücken Sie auf den Knopf »Start«:

- Börse: EUREX_1
- Symbol: DE BMW
- Typ: Synthetischer Future
- Verfallstyp: Europäisch
- Startdatum: 2.2.2015
- Laufzeit: 18.12.2015 (319 Tage)

Sie erhalten nun eine Liste von Vorschlägen für eine Twin-Performance-Strategie für BMW. Sortieren Sie die Liste aufsteigend nach Erwartungswert, wählen Sie die erste Strategie in der Liste (Strategie 6) und drücken Sie auf den Knopf »Übertragen«. Im Strategiefenster erscheint die in Tabelle 21.9 dargestellte Liste von Positionen.

Pos.	Handels-datum	Kauf/Verkauf	Typ	Kontrakte	Strike	Verfalls-datum	Prämie	Preis
1	2.2.2015	Kauf	Put-Option	2	105	18.12.2015	11,81	-2362
2	2.2.2015	Verkauf	Put-Option	12	88	18.12.2015	4,59	5508
3	2.2.2015	Verkauf	Put-Option	10	84	18.12.2015	3,58	-3580
4	2.2.2015	Kauf*	Call-Option	1	100	18.12.2015	11,14	-1114
5	2.2.2015	Verkauf*	Put-Option	1	100	18.12.2015	9,23	923

* Diese beiden Optionen entsprechen dem synthetischen Future für die BMW-Aktien

Gesamtpreis (ohne Spesen): EUR -625

Tabelle 21.9: Positionen der Twin-Performance-Strategie für BMW

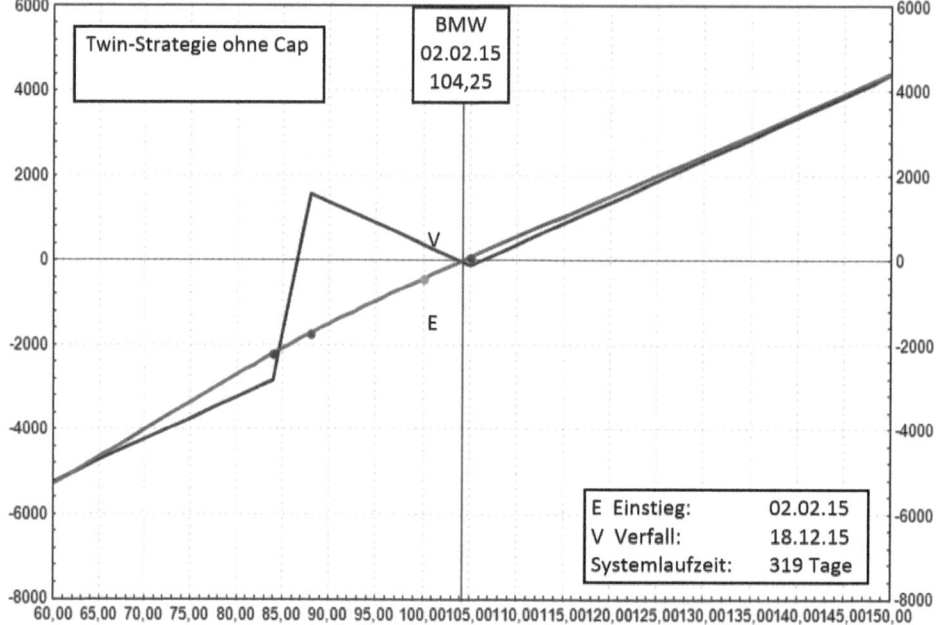

Abbildung 21.28: Twin-Performance-Strategie für BMW mit einem Jahr Laufzeit

Das Auszahlungsprofil der Gesamtstrategie zeigt Abbildung 21.28. Per Verfallsdatum ergibt sich bei steigenden Kursen eine Partizipation von 100 % am Kursgewinn und bei fallenden Kursen bis zur Schwelle von 88 ebenso ein Gewinn entsprechend der Höhe des Kursverlusts. Unterhalb der Schwelle von 88 beginnt allerdings der Verlustbereich, wobei ab einem Kurs von 84 abwärts der Verlust annähernd dem der Aktie entspricht. Die Finanzierung der Strategie findet analog dem Single-Stock-Future teilweise durch die Verbilligung der Optionen des synthetischen Futures in der Größenordnung der impliziten Dividenden von 248 Euro statt (siehe auch Abschnitt 4.2.3).

Entwicklung:

Der Kurs der BMW-Aktie entwickeln sich zunächst positiv, ab Mitte März sinkt der Kurs allerdings stetig, und im September wirkt sich zusätzlich der VW-Skandal negativ aus (siehe Abbildung 21.29).

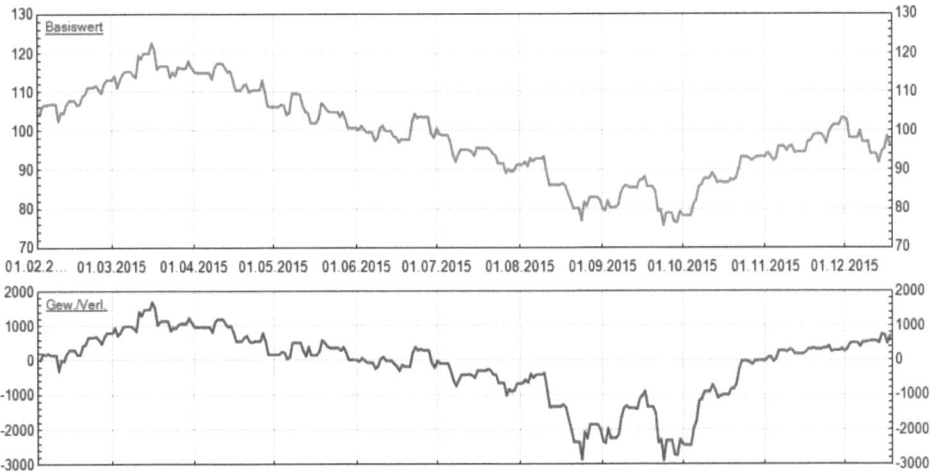

Abbildung 21.29: Verlauf des Aktienkurses von BMW und des Buchgewinns der Optionsstrategie

Der Verlauf des Buchgewinns bzw. -verlusts der Strategie entwickelt sich bis gegen Ende parallel zum Kurs der BMW-Aktie. Dies illustriert damit einen Nachteil dieser Strategie, der sich auch in den Momentaufnahmen per 1.9. und zu Beginn des Dezembers zeigt (siehe Abbildung 21.30): Der Gewinnhügel auf der fallenden Seite der Strategie bildet sich erst gegen Ende der Strategie aus, womit bei fallenden Kursen entsprechende Geduld gefragt ist und immer die Möglichkeit des Überschießens in den Verlustbereich besteht.

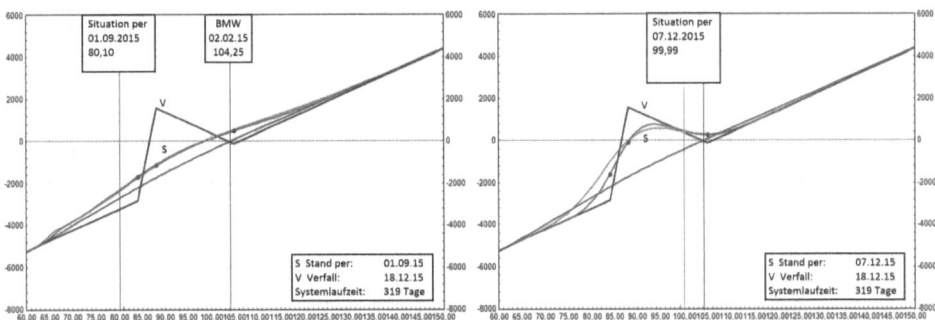

Abbildung 21.30: Situation per 1.9.2015 und per 7.12.2015

Per 7.12.2015 besteht ein Buchgewinn von 409 Euro, der sich nun noch bis zum Verfall weiter verbessern kann.

Follow-up:

Es soll hier noch demonstriert werden, welche Verbesserung durch eine frühe Follow-up-Aktion erreicht werden kann, nachdem ein entsprechender Buchgewinn entstanden ist. Betrachten wir dazu die Situation per 1.4.2015, nachdem sich die frühe Kursrallye abgeflacht hat und der Aktienkurs von BMW in eine Seitwärtsbewegung übergegangen ist.

Wählen Sie nun im Navigationsbereich des *Strategy Advisor* oben zuerst das »Home-Symbol« und anschließend die Aufgabe »Follow-up-Aktion zur Portfolioverbesserung«. Klicken Sie nun mit der Maus auf die Variante »Follow-up-Aktion für normalisiertes Portfolio« und geben Sie in der Parametertabelle folgende Werte ein:

- Zieldatum: 1.4.2015
- Transaktionskosten: 0,5 (Spread in Punkten)

Nachdem Sie auf »Start« gedrückt haben, erscheint die in Abbildung 21.31 dargestellte Grafik für den ersten Vorschlag für eine Follow-up-Aktion.

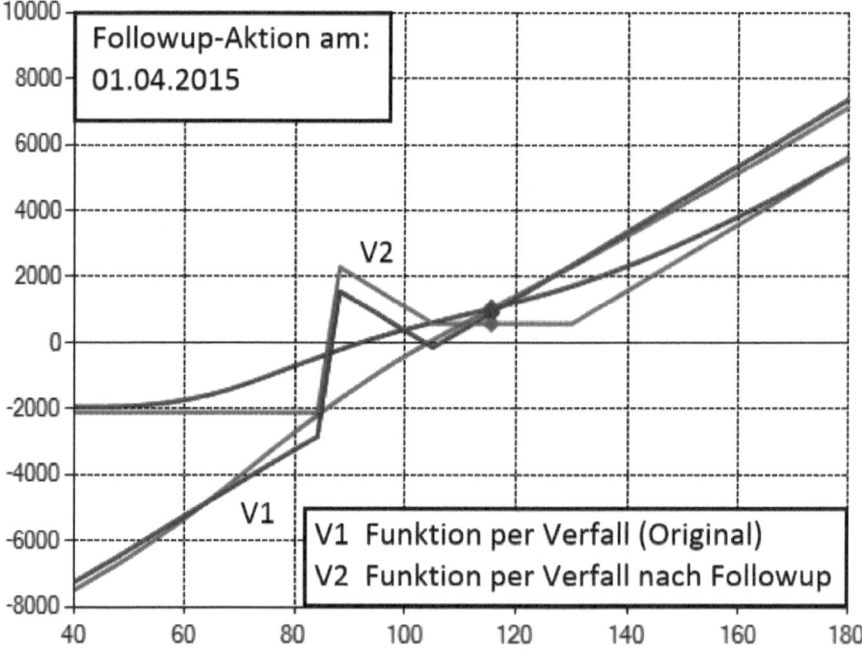

Abbildung 21.31: Vorschlag für eine Follow-up-Aktion per 1.4.2015

Drücken Sie nun auf den Knopf »Übertragen« und wechseln Sie zum Strategie-Fenster, wo Sie nun die aktualisierte Liste von Positionen sehen (siehe Tabelle 21.10).

Pos.	Handels-datum	Kauf/Verkauf	Typ	Kontrakte	Strike	Verfalls-datum	Prämie	Preis
1	2.2.2015	Kauf	Put-Option	2	105	18.12.2015	11,81	−2362
2	2.2.2015	Verkauf	Put-Option	12	88	18.12.2015	4,59	5508
3	2.2.2015	Verkauf	Put-Option	10	84	18.12.2015	3,58	−3580
4	2.2.2015	Kauf*	Call-Option	1	100	18.12.2015	11,14	−1114
5	2.2.2015	Verkauf*	Put-Option	1	100	18.12.2015	9,23	923
6	1.4.2015	**Verkauf**	**Call-Option**	**1**	**105**	**18.12.2015**	**14,62**	**1462**
7	1.4.2015	**Kauf**	**Call-Option**	**1**	**130**	**18.12.2015**	**4,22**	**−422**
8	1.4.2015	**Kauf**	**Put-Option**	**1**	**84**	**18.12.2015**	**1,66**	**−166**
						Gesamtpreis (inklusive 150 Euro Spesen)		Euro 99 (Guthaben)

Tabelle 21.10: Anpassungen der Twin-Performance-Strategie per 1.4.2015

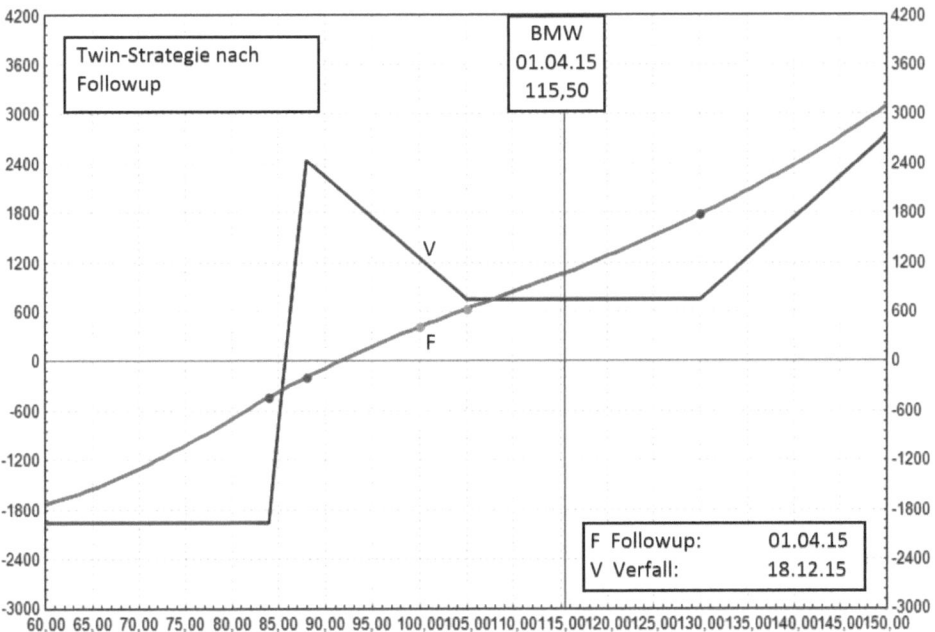

Abbildung 21.32: Twin-Performance-Strategie für BMW nach Follow-up-Aktion

Das neue Auszahlungsprofil nach der Follow-up-Aktion (siehe Abbildung 21.32) sichert einen Teil des Gewinns für den Gewinnbereich und gleichzeitig wird der mögliche Verlust außerhalb des Gewinnbereichs begrenzt.

Weitere Entwicklung:

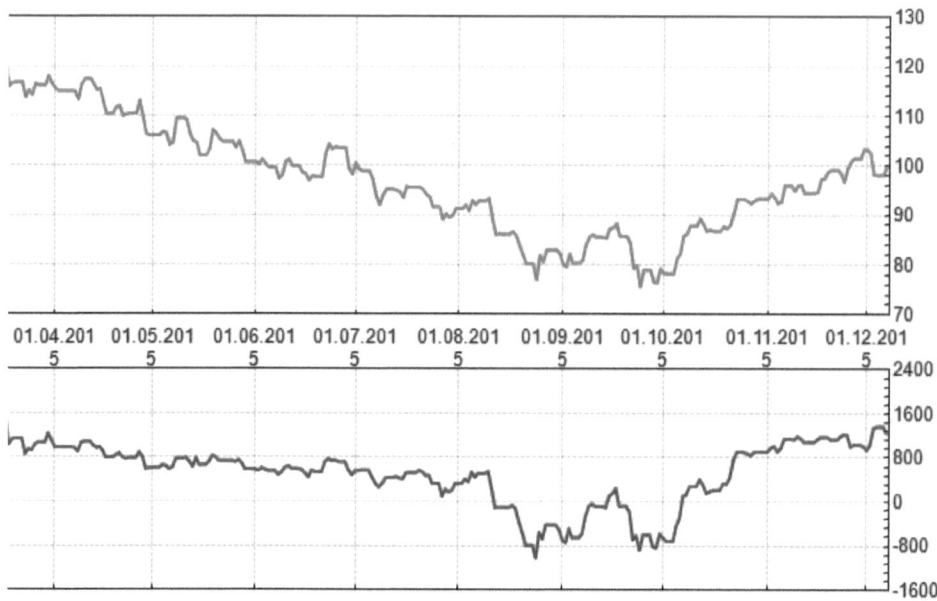

Abbildung 21.33: Weitere Entwicklung nach der Follow-up-Aktion bis zum Laufzeitende

Wie man an der neuen Auswertung sieht (siehe Abbildung 21.33), hat die Follow-up-Aktion positive Auswirkungen auf die weitere Entwicklung. Insbesondere kommt die Strategie nach dem VW-Schock wieder schneller in den Gewinnbereich und schließt per Verfall am 18.12.2015 mit einem Gewinn von 1 578 Euro ab, der deutlich höher als der Gewinn ohne die Follow-up-Aktion ist.

21.3.6 Beidseitiger Gewinn: Fallbeispiel 2

Ausgangslage:

Sie analysieren in Ihren Weihnachtsferien die wirtschaftlichen Aussichten für die nähere Zukunft und kommen zum Schluss, dass sich in der Banken-Branche die Situation nach der Finanzkrise allmählich stabilisiert und eine Erholung wahrscheinlich ist. Sie entscheiden sich, in Aktien der Deutschen Bank (DBK) zu investieren, diese Investition aber mit einer längerfristigen Optionsstrategie zu ergänzen, um die Abwärtsrisiken etwas abzufedern. Dazu wählen Sie eine beidseitige Strategie mit Cap.

Strategie-Setup:

Starten Sie den *Vandermart Tracker* und anschließend den *Strategy Advisor* mit dem Knopf »Ad« unten links im Fenster der Strategieentwicklung. Wählen Sie die Aufgabe »Optimierung von Aktienportfolios« und klicken Sie mit der Maus auf »Twin-Performance-Strategie 2«. Geben Sie anschließend folgende Angaben in der Eingabemaske ein und drücken Sie auf den Knopf »Start«:

- Börse: EUREX_1
- Symbol: DE DBK
- Typ: Aktie
- Verfallstyp: Amerikanisch
- Startdatum: 3.1.2012
- Laufzeit: 16.12.2016 (1809 Tage)

Sie erhalten nun eine Liste von Vorschlägen für eine Twin-Performance-Strategie für DBK. Sortieren Sie die Liste aufsteigend nach Erwartungswert, wählen Sie die letzte Strategie in der Liste (Strategie 10) und drücken Sie auf den Knopf »Übertragen«. Im Strategiefenster erscheint die in Tabelle 21.11 abgebildete Liste von Positionen.

Pos.	Handels-datum	Kauf/Verkauf	Typ	Kontrakte	Strike	Verfalls-datum	Prämie	Preis
1	3.1.2012	Kauf	Put-Option	6	32	16.12.2016	11,48	-6888
2	3.1.2012	Verkauf	Put-Option	29	24	16.12.2016	7,76	22504
3	3.1.2012	Kauf	Put-Option	23	20	16.12.2016	6,08	-13984
4	3.1.2012	Kauf	Call-Option	8	32	16.12.2016	10,31	-8248
5	3.1.2012	Verkauf	Call-Option	4	36	16.12.2016	8,70	3480
6	3.1.2012	Verkauf	Call-Option	8	40	16.12.2016	7,27	5816
7	3.1.2012	Aktie DBK		400			30,68	-12272
						Gesamtpreis (ohne Spesen)		Euro -9592

Tabelle 21.11: Positionen der Twin-Performance-Strategie für DBK

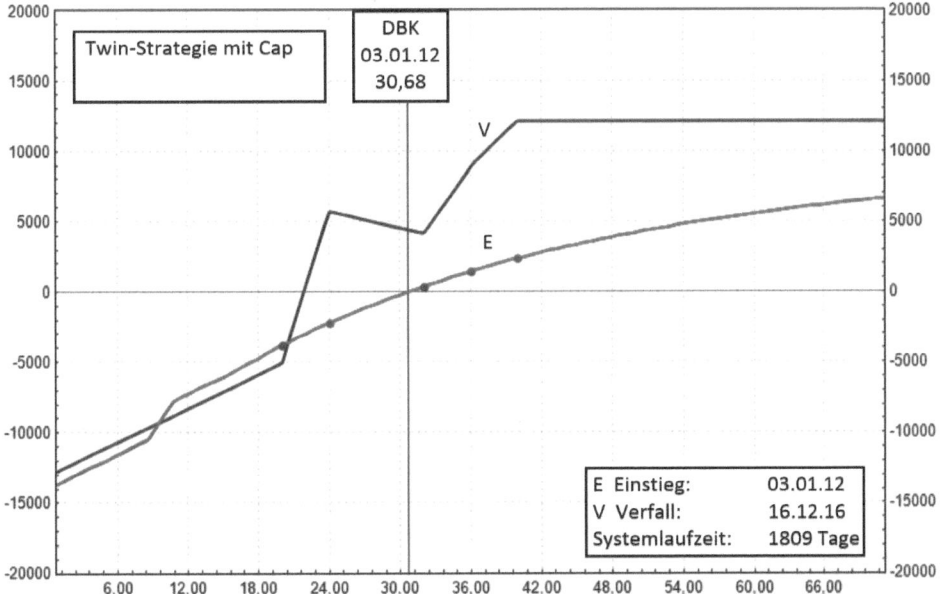

Abbildung 21.34: Twin-Performance-Strategie für DBK mit 5 Jahren Laufzeit

Das Auszahlungsprofil der Gesamtstrategie zeigt Abbildung 21.34. Per Verfallsdatum ergibt sich bei steigenden Kursen eine Partizipation von bis zu 300% am Kursgewinn bis zum Cap von 40. Bei gleichbleibenden oder fallenden Kursen bis zur Schwelle von 24 fällt ebenfalls ein Gewinn an. Unterhalb der Schwelle von 24 beginnt der Verlustbereich, wobei ab einem Kurs von 20 abwärts der Verlust annähernd dem der Aktien entspricht. Die Finanzierung der Strategie findet über die erwarteten Dividenden von 897 Euro statt.

Entwicklung:

Die Aktien der Deutschen Bank entwickeln sich 2012 ziemlich volatil und gehen 2013 in eine Seitwärtsphase über. Per Ende 2013 wurde bereits ein Buchgewinn erreicht (siehe Abbildung 21.35).

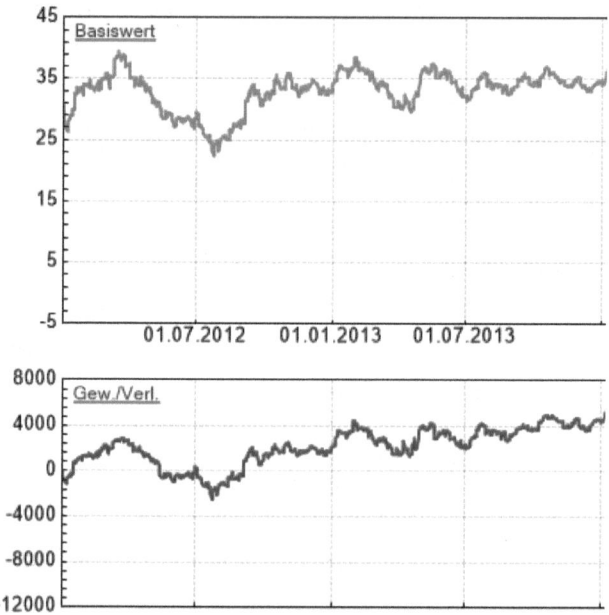

Abbildung 21.35: Verlauf des Aktienkurses von DBK und des Buchgewinns der Optionsstrategie

Follow-up:

Ende 2013 entscheiden Sie sich für eine Follow-up-Aktion, um einen Teil des aufgelaufenen Gewinns zu sichern.

Wählen Sie im Navigationsbereich des *Strategy Advisor* oben zuerst das »Home-Symbol« und anschließend die Aufgabe »Follow-up-Aktion zur Portfolioverbesserung«. Klicken Sie nun mit der Maus auf die Variante »Follow-up-Aktion für normalisiertes Portfolio« und geben Sie in der Parametertabelle folgende Werte ein:

- Zieldatum: 3.1.2014
- Transaktionskosten: 0,5 (Spread in Punkten)

Nachdem Sie auf »Start« gedrückt haben, erscheint die in Abbildung 21.36 dargestellte Grafik für den ersten Vorschlag für eine Follow-up-Aktion.

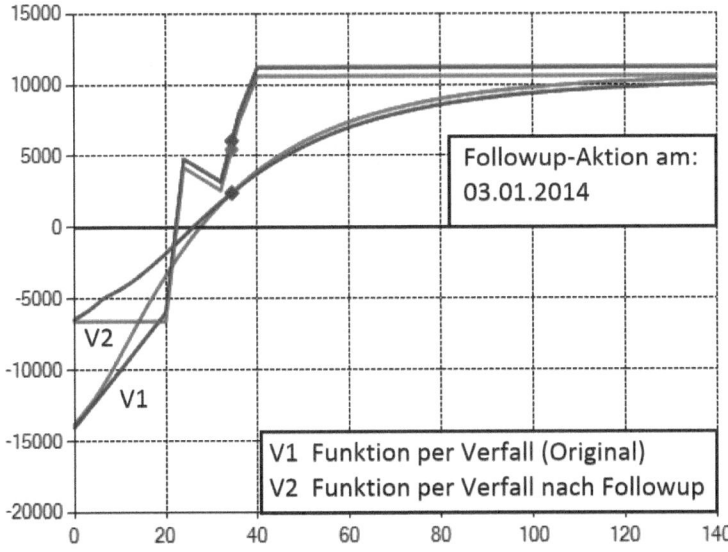

Abbildung 21.36: Vorschlag für eine Follow-up-Aktion per 3.1.2014

Drücken Sie nun auf den Knopf »Übertragen« und wechseln Sie zum Strategie-Fenster, wo Sie nun die aktualisierte Liste von Positionen sehen (siehe Tabelle 21.12).

Pos.	Handels-datum	Kauf/Verkauf	Typ	Kontrakte	Strike	Verfalls-datum	Prämie	Preis
1	3.1.2012	Kauf	Put-Option	6	32	16.12.2016	11,48	-6888
2	3.1.2012	Verkauf	Put-Option	29	24	16.12.2016	7,76	22504
3	3.1.2012	Kauf	Put-Option	23	20	16.12.2016	6,08	-13984
4	3.1.2012	Kauf	Call-Option	8	32	16.12.2016	10,31	-8248
5	3.1.2012	Verkauf	Call-Option	4	36	16.12.2016	8,70	3480
6	3.1.2012	Verkauf	Call-Option	8	40	16.12.2016	7,27	5816
7	3.1.2012	Aktie DBK		400			30,68	-12272
8	3.1.2014	1.03	Put-Option	4	20	16.12.2016	1,03	-412
						Gesamtpreis (inklusive 200 Euro Spesen)	Euro	-10204

Tabelle 21.12: Anpassungen der Twin-Performance-Strategie per 3.1.2014

Das neue Auszahlungsprofil zeigt Abbildung 21.37. Die Follow-up-Aktion begrenzt den maximalen Verlust auf 6404 Euro, indem zusätzliche, nun billigere Put-Optionen hinzugefügt werden. Das übrige Auszahlungsprofil bleibt gleich.

394 21 Maßgeschneiderte Strategien für Vermögensverwalter

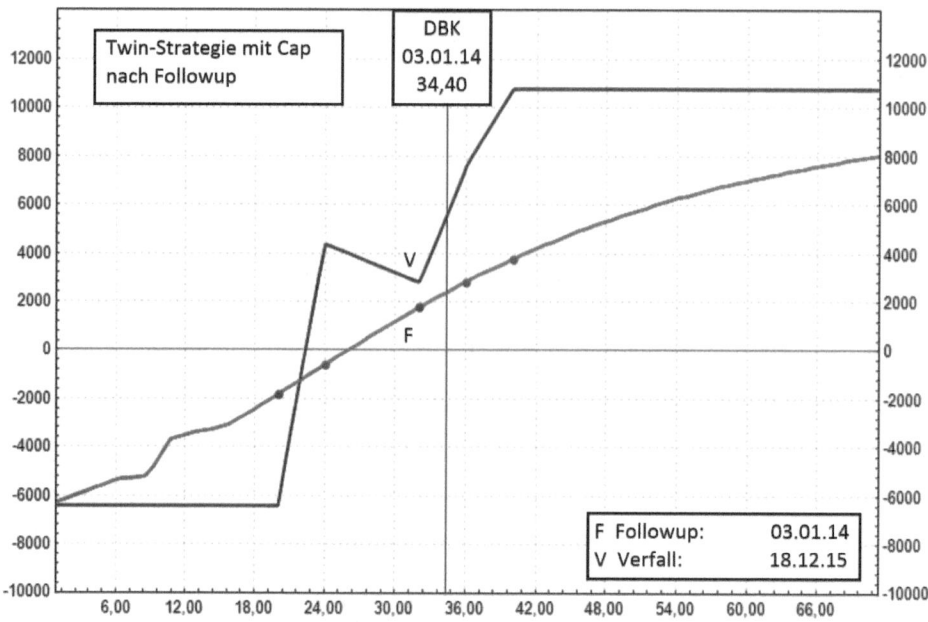

Abbildung 21.37: Twin-Performance-Strategie für DBK nach Follow-up-Aktion

Weitere Entwicklung:

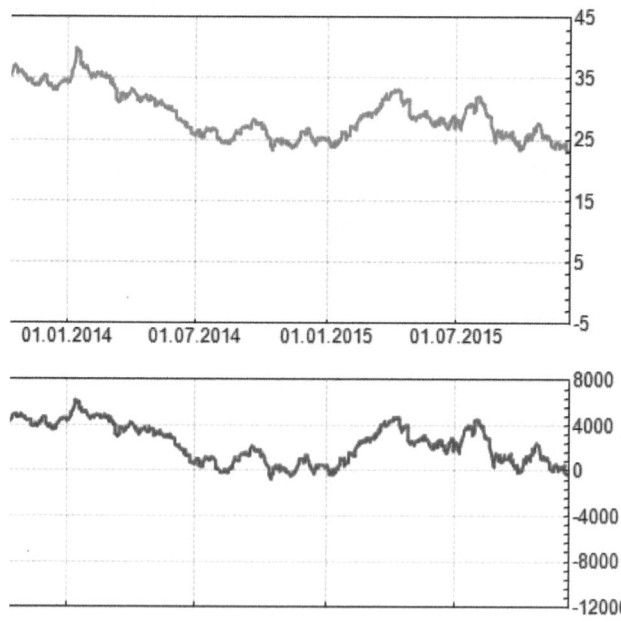

Abbildung 21.38: Weitere Entwicklung nach der Follow-up-Aktion bis Dezember 2015

Die weitere Entwicklung der Deutsche-Bank-Aktie ist weiterhin volatil und der Buchgewinn fällt auch mehrfach wieder bis auf die Nullgrenze. Wie Abbildung 21.39 zum Stand vom 7.12.2015 illustriert, schneidet die Optionsstrategie aber wesentlich besser ab als die direkte Investition in die Aktie.

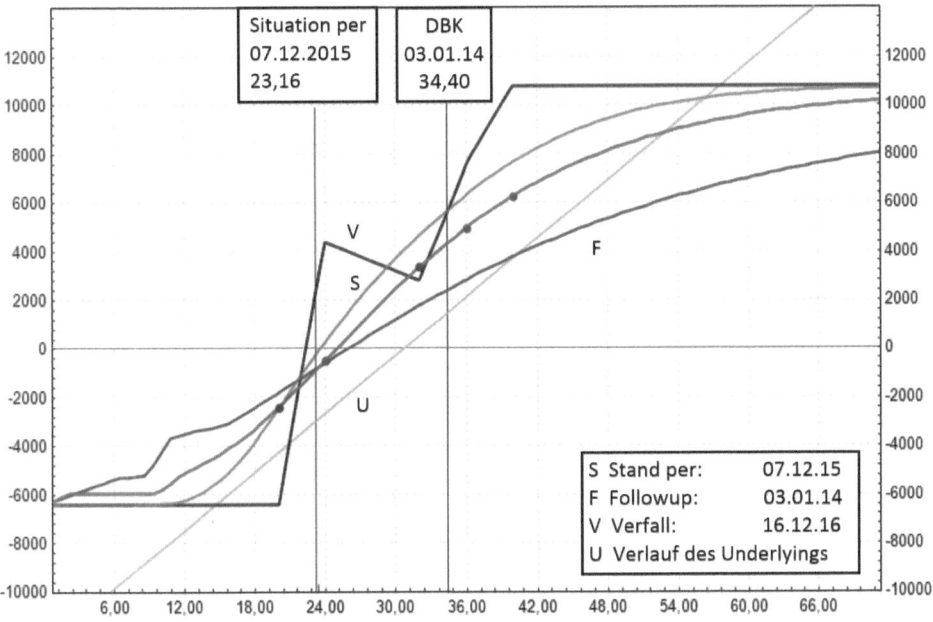

Abbildung 21.39: Zwischenstand per 7.12.2015 im Vergleich zur Aktie

22 Follow-up-Aktionen

von Dr. Ricco Cozzio

Die nachfolgenden Ausführungen beschäftigen sich mit der Frage, was ein Trader während der Laufzeit einer Optionsstrategie tun kann, um den Erfolg der Strategie zu verbessern. Obwohl der Verlauf der Marktentwicklung nicht beeinflusst werden kann, kann ein Trader je nach Entwicklung mehr tun, als nur auf das Verfallsdatum zu warten. In diesem Kapitel werden Follow-up-Aktionen zur Strategieanpassung diskutiert: wann sie zum Einsatz kommen sollten, und was konkret zu tun ist.

22.1 Ziele: Was soll mit einer Strategieanpassung erreicht werden?

Nach dem Markteintritt sollte der Trader den Verlauf der Gewinnentwicklung der Optionsstrategie bis zum Verfallsdatum beobachten und gegebenenfalls mit seiner Erwartung abgleichen. Dies muss nicht täglich geschehen, in der Regel braucht es Geduld und Zeit, bis eine Strategie ihre gewünschten Eigenschaften ausbildet. Das kann manchmal auch erst gegen Ende der Laufzeit der Fall sein.

Sobald die täglichen Settlement-Preise der Optionen bekannt sind, kann eine zuverlässige Bewertung der Strategie vorgenommen werden (natürlich kann auch eine Intraday-Bewertung mit aktuellen Kursen erfolgen, diese ist aber schwankungsanfälliger). Dabei wird ein Buchgewinn oder -verlust der Strategie bis zu diesem Zeitpunkt ausgewiesen.

Eine Optionsstrategie kann grundsätzlich jederzeit vor Ablauf der Laufzeit liquidiert werden, womit der aktuelle Buchgewinn oder -verlust realisiert wird. Dies muss abgewogen werden gegenüber den Alternativen, die Strategie weiterlaufen zu lassen oder sie anzupassen. Da sich der Markt inzwischen bewegt hat, hat sich auch das Chancen-/Risiko-Profil verändert.

Das Ziel einer Strategie-Anpassung sollte sein, die Chancen gegenüber dem Status quo zu erhöhen oder das Risiko zu senken. Das läuft auf Anpassungen zur Gewinnsicherung oder zur Risikoverminderung hinaus, wobei sich der Trader folgender Regel bewusst sein muss:

> Es gibt keine Chancen ohne Risiko. Weiteres Gewinnpotenzial bedeutet auch ein zusätzliches Verlustpotenzial gegenüber der aktuellen Situation. Nur eine Liquidation der Strategie stellt sicher, dass keine Verschlechterung eintreten kann.

Um entscheiden zu können, ob eine Strategie angepasst oder sogar liquidiert werden soll, sollte sich der Trader bei größeren Änderungen der Bewertung folgende Fragen beantworten:

- Im Falle eines *Buchgewinns*:
  - Was ist das maximale Gewinnpotenzial der Strategie?
  - Wo in Bezug auf die Laufzeit und den Gewinn steht die Strategie aktuell?
  - Hat die Strategie ausreichend Restpotenzial, dass es sich lohnt, das Risiko eines Rückschlags weiterhin einzugehen?

    Wird ein Buchgewinn z.B. in der Höhe des Erwartungswerts zu Markteintritt der Strategie schon früh während der Laufzeit erreicht, so ist es sinnvoll, einen Teil des Gewinns zu sichern und das Restpotenzial optimal auszuschöpfen. Dies gilt insbesondere für Strategien, deren Gewinnpotenzial nach oben offen ist, z.B. eine Outperformance-Strategie. Eine frühe Liquidation der Strategie würde unnötig zusätzliches Potenzial vergeuden. Falls aber das Gewinnpotenzial beschränkt ist und dazu eventuell noch eine relativ lange Laufzeit nötig ist, um es auszuschöpfen (z.B. eine Strategie mit Cap, bei der der Buchgewinn schon relativ nahe am Cap steht), so kann eine Liquidation die bessere Lösung sein.
  - Wo sind die Risiken der Strategie?
  - Können die Risiken vermindert oder eliminiert werden, sodass die Strategie weiterhin ausreichend Gewinnpotenzial behält?

    Der optimale Fall besteht darin, eine Strategie so anzupassen, dass ein minimaler Gewinn garantiert und das Verlustpotenzial eliminiert wird. Dieser »Lock-in« eines Gewinnminimums erlaubt es dem Trader, die restliche Laufzeit ruhig abzuwarten und den geeigneten Zeitpunkt zur Gewinnmitnahme abzuwarten. Er kann dann auch bereits neue Positionen eingehen, da das Risiko aus der Strategie vollständig eliminiert wurde. Allenfalls ist für diesen Zweck eine Strategieanpassung interessant, die gebundenes Kapital freimacht, z.B. durch den Ersatz einer Aktie durch den synthetischen Future.
- Im Falle eines *Buchverlusts*:
  - Was ist das maximale Verlustpotenzial der Strategie?
  - Wie groß sind die Chancen, dass die Strategie in die Gewinnzone zurückkehrt?
  - Kann ich das Verlustpotenzial reduzieren und gleichzeitig noch ein Gewinnpotenzial erhalten?

    Jede Strategie hat ihre Risiken und auch Phasen von Buchverlusten sind durchaus normal, insbesondere zu Beginn der Laufzeit einer Strategie. Übersteigen diese aber ein für den Trader akzeptables Limit, so kann eine Strategieanpassung zur Risikoverminderung angebracht sein. Dies ist vor allem dann der Fall, wenn die Strategie ungedeckte Short-Positionen enthält und damit das Risiko nicht bereits begrenzt ist. Dabei ist aber zu berücksichtigen, dass eine Absicherung bzw. Verlustbegrenzung grundsätzlich zum Strategie-

Design gehört und schon bei Markteintritt vorhanden sein sollte. Eine Anpassung zu einem Zeitpunkt, zu dem bereits ein größerer Buchverlust eingetreten ist, kann zu einem »Lock-In« des Verlusts führen, also zu einer Situation, in der keine Möglichkeit mehr besteht, dass die Strategie den Verlust signifikant vermindern oder sogar eliminieren kann. In einem solchen Fall kann die Liquidation der bessere Weg sein und Restkapital frei machen, um eine der Marktsituation besser angepasste neue Position einzugehen.

In den folgenden Ausführungen wird nun beschrieben, welche Follow-up-Aktionen zur Gewinnsicherung oder Risikoverminderung zur Verfügung stehen und welchen Funktionsumfang der *Strategy Advisor* hierfür bietet.

22.2 Aktionen: Welche Strategieanpassungen sind sinnvoll?

Bei der Strategieoptimierung haben wir uns auf eine Untermenge von möglichen Modifikationen einer Strategie konzentriert, die deren grundsätzliche Struktur intakt halten. Bei einer Strategie, die bereits im Markt ist, sehen die Ausgangslage und das Ziel anders aus. Das Spektrum von sinnvollen Strategieanpassungen ist größer, da theoretisch beliebige Teilpositionen entfernt oder hinzugefügt werden können. Gleichzeitig sollte die Situation mit einer Anpassung nicht verschlechtert werden. Vergleicht man die Ziele Gewinnsicherung und Risikoverminderung miteinander, so haben sie beide gemeinsam, dass keine zusätzlichen Risiken hinzugefügt, sondern Risiken nur verlagert oder möglichst entfernt werden sollen.

Der *Strategy Advisor* analysiert eine Optionsstrategie und deren Bewertung zu einem Stichdatum und schlägt mögliche Follow-up-Aktionen zur Verbesserung vor. Dazu geht er wie folgt vor:

1. Das Optionsportfolio wird auf das Stichdatum hin normalisiert, d.h. falls möglich vereinfacht.

2. Die Struktur der Strategie bzw. deren Auszahlungsprofil wird analysiert und in mögliche Teilpositionen zerlegt (z.B. Zerlegung in Bull- und Bear-Spreads). Dazu wird die Strategie auf Muster in einer Regeldatenbank abgesucht (Mustererkennung).

3. Für die Teilpositionen werden mögliche Anpassungen anhand einer Regeldatenbank gesammelt. Die Regeln sind auf der Basis von Domänen-Wissen zum Optionshandel zusammengestellt worden (Beispiele siehe unten).

4. Die möglichen Anpassungen werden einzeln und in Kombinationen anhand der Gütekriterien wie Erwartungswert, Minimalgewinn und Gewinnwahrscheinlichkeit bewertet (siehe Kapitel 20) und die besten Vorschläge werden dem Trader zur Auswahl präsentiert.

Das Verfahren zur Generierung von Follow-up-Aktionen verwendet Elemente der Strategieoptimierung, zusätzlich wird noch mit einer Regelbasis und Mustererkennung gearbeitet. In der Regelbasis werden elementare Anpassungen von einfachen Positionen aus zwei bis vier Optionen abgebildet, wie sie in der Literatur beschrieben werden, z. B. Bull- und Bear-Spreads, Calendar-Spreads, Ratio-Spreads etc. Es werden nur Anpassungen berücksichtigt, die unseren Kriterien der Risikoverminderung entsprechen.

Die folgenden Ausführungen zeigen Beispiele von Strategieanpassungen, die als Bausteine verwendet werden.

22.2.1 Delta-Hedging

Delta-Hedging ist eine relativ einfache, aber nur kurzfristig wirksame Methode, den aktuellen Buchgewinn oder -verlust im Hinblick auf Bewegungen des Basiswerts einzufrieren. Dazu wird das Delta der aktuellen Position berechnet und anschließend die Gegenposition an Kontrakten des Basiswerts gekauft bzw. verkauft, womit das Delta zu Null neutralisiert wird. Für einen kurzen Zeitraum und geringe Kursbewegungen funktioniert diese Methode, da aber Optionen nichtlineare Finanzinstrumente sind, nehmen die Abweichungen mit der Zeit zu und es baut sich wieder ein Delta auf. Somit ist bei Delta-Hedging eine regelmäßige Anpassung notwendig.

Diese Methode zur Risikoneutralisierung ist sinnvoll einsetzbar, wenn sich der Markt schnell und heftig gegen die Position bewegt und die Risiken für weitere Verluste durch ein hohes Delta stark ansteigen. Ein Delta-Hedge ist dann einfach und schnell umsetzbar. Es gibt aber keine Absicherung gegenüber Gamma, Theta oder Vega, d. h. gegen Risiken im Hinblick auf Zeitwertverluste oder Volatilitätsänderungen.

Der *Strategy Advisor* setzt selber kein Delta-Hedging ein, dies kann aber direkt mit dem *Vandermart Tracker* durchgeführt werden.

22.2.2 Gewinnsicherung

Gewinnsicherung bedeutet, dass die Optionsstrategie einen Buchgewinn angehäuft hat und nun Anpassungen erfolgen sollen, sodass ein Teil dieses Buchgewinns sofort vereinnahmt oder spätestens bei Verfall eingenommen werden kann. Der Buchgewinn kann von der Gesamtstrategie auf Teilpositionen oder sogar auf einzelne Optionen heruntergebrochen werden. Der *Strategy Advisor* zerlegt die Strategie in folgende Elemente und prüft mögliche Anpassungen, hierzu einige Beispiele:

- Einzelne Long- oder Short-Optionen (Puts oder Calls), die quasi alleine dastehen: Sinnvolle Anpassungen sind »Rollen«, d. h. Verschieben des Strikes durch Verkauf der Option und Kauf derselben Option mit anderem Strike, sowie Umwandlung in einen Bull- oder Bear-Spread. Einzelne Short-Optionen, die nahe dem maximalen Gewinnpotenzial liegen, sollten eher liquidiert und der Gewinn mitgenommen, statt näher zum Marktkurs gerollt werden, da Rollen in diesem Fall das Risiko erhöhen würde.

- Bull- oder Bear-Spreads:
Falls ein Bull-oder Bear-Spread bereits einen großen Teil seines maximalen Gewinnpotenzials ausgeschöpft hat, drängt sich eine Anpassung auf. Dazu können eine oder auch beide Optionen des Spreads gerollt werden, sodass der Minimalgewinn höher liegt als beim Original-Spread. Zusätzlich kann auch noch ein entgegengesetzter Bear-oder Bull-Spread angehängt werden, um eine Zusatzprämie einzunehmen (siehe Abbildung 22.1).

- Ratio-Spreads:
Der Ratio-Spread ist insofern eine heikle Position, als die Anzahl der Short-Kontrakte größer als die der Long-Kontrakte ist, womit potenziell höhere Risiken verbunden sind. Außerdem benötigt er eine gewisse Zeit, bis sich der Gewinnhügel ausbildet, und bis dahin kann der Kurs des Basiswerts über das Ziel hinausschießen. Der Ratio-Spread benötigt somit eine intensivere Beobachtung und bei einer günstigen Entwicklung drängen sich Anpassungen auf, die sowohl einen Teilgewinn sichern als auch das Risiko der offenen Short-Kontrakte reduzieren. Dazu eignet sich das Rollen des Ratio-Spreads weg vom Marktkurs, idealerweise so, dass zuerst ein Gewinnhügel bis zum Verlustbereich überschritten werden muss (siehe Abbildung 22.1), oder der Ratio-Spread kann in eine Position umgewandelt werden, die die Short-Kontrakte absichert. Dies kann ein Bull- oder Bear-Spread, aber auch ein Butterfly-Spread sein.

- Calendar-Spreads bzw. Spreads mit zwei Laufzeiten:
Diese Positionen bestehen aus Optionen zweier unterschiedlicher Laufzeiten, die zusammen neue Möglichkeiten der Gestaltung eines Auszahlungsprofils bieten. Wie bereits erwähnt ist das Auszahlungsprofil per erstem Verfallsdatum dabei aber nicht garantiert und es bestehen zusätzliche Risiken im Hinblick auf Volatilitätsveränderungen. Der einfachste Weg, Follow-up-Aktionen für solche Optionsstrategien mit mehreren Laufzeiten zu generieren, besteht darin, jede Laufzeit einzeln zu betrachten und die Ergebnisse zu kombinieren. Dies ist auch das normale Vorgehen des *Strategy Advisor*. Da bei diesen Spreads aber gerade die Kombination von Optionen zweier Laufzeiten die Haupteigenschaft ausmacht, kann es sinnvoll sein, bei der Planung von Follow-up-Aktionen diese auch durch eigene Regeln abzudecken. Da eine gewisse Ähnlichkeit mit Bull- und Bear-Spreads besteht, wurden die entsprechenden Regeln des *Strategy Advisor* für diese Calendar-Spreads adaptiert (siehe Beispiele unten).

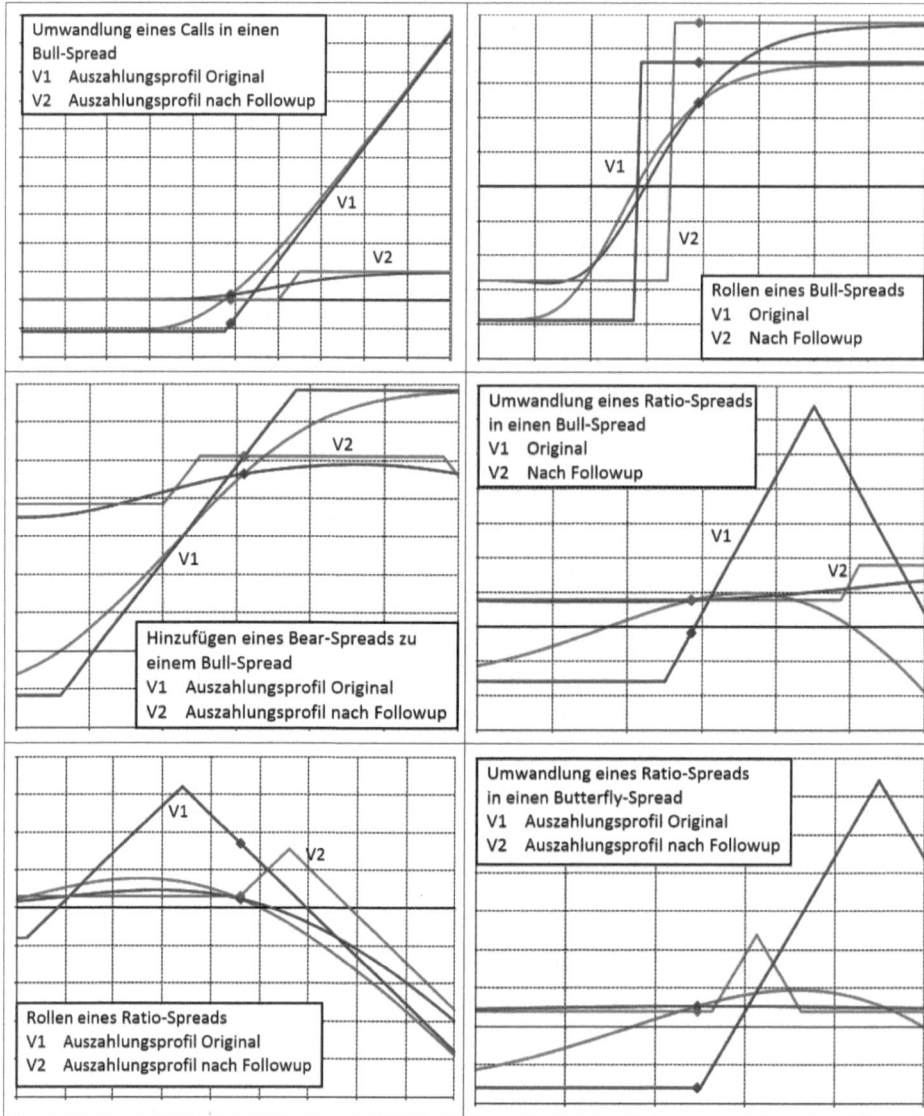

Abbildung 22.1: Beispiele für Follow-up-Aktionen zur Gewinnsicherung

Jede der beschriebenen Modifikationen kann bei entsprechender Kontraktanzahl der Position auch nur auf eine Teilposition angewendet werden, was die Gewinnmitnahme durch Liquidation miteinschließt. Dies ist ein einfaches Mittel, wie ein Teil des Gewinns gesichert und trotzdem noch zusätzliches Restpotenzial für weitere Gewinne erhalten werden kann.

Jede Anpassung einer Optionsstrategie verursacht Kosten in Form von Broker-Spesen, sowie durch die Preisspanne zwischen An- und Verkaufspreisen der Optionen (Bid-Ask-Spread). Diese Kosten müssen berücksichtigt werden, da Anpassungen nur sinnvoll sind, wenn die Gewinnsicherung diese Kosten deutlich übersteigt.

22.2.3 Risikoverminderung

Ist über die Zeit ein Buchverlust aufgelaufen, so steht der Trader vor der Entscheidung, ob er der Strategie mehr Zeit geben will, oder ob er eine Anpassung vornehmen soll. Falls sich seine Markteinschätzung verändert hat oder sich der Kurs des Underlying an einem kritischen Punkt befindet, an dem die Verluste schnell größer werden können, ist eine Anpassung zur Risikoverminderung angebracht. Es soll hier allerdings nochmals an den Grundsatz erinnert werden, dass Absicherungsmaßnahmen zum Strategie-Design gehören. Sie sollten nicht erst dann erfolgen wenn »das Haus bereits brennt«. Es sollte also gar nicht zu einer Situation kommen, in der unerwartet große Verluste entstehen können.

In einer akuten Risikosituation und einem hektischen Markt ist ein Delta-Hedge am einfachsten anzubringen. Komplexere Anpassungen der Optionen sind dann schwierig oder nur mit hohen Kosten in den Markt zu bringen. Falls die Situation am Markt aber relativ normal ist, können auch Optionen zur Absicherung benutzt werden. Grundsätzlich generiert jede Absicherung Kosten, die das Gewinnpotenzial der Optionsstrategie verringern. Im Extremfall führt das zu einem »Lock-In« von Buchverlusten. Das bedeutet, die Strategie kann gar keinen Gewinn mehr erzielen, sondern gegenüber der aktuellen Situation nur noch den Buchverlust verkleinern. Aus diesem Grund muss immer auch abgewogen werden, ob noch genug Restpotenzial übrigbleibt, dass sich ein Festhalten an der Position weiterhin lohnt. Andernfalls ist es besser, die Position zu liquidieren und den Verlust zu realisieren. Es folgen nun wieder einige Beispiele von Strategie-Anpassungen zum Zweck der Risikoverminderung:

- Einzelne Long- oder Short-Optionen (Puts oder Calls):
  Bei Short-Optionen ist die wichtigste Anpassung eine Umwandlung in einen Bull- oder Bear-Spread, da damit ein potenziell unbegrenzter Verlust in einen bekannten maximalen Verlust umgewandelt wird. Dieselbe Maßnahme hat bei Long-Optionen die Wirkung, dass durch den zusätzlichen Verkauf einer Short-Option die eingenommene Prämie den potenziellen Verlust verkleinert. Gleichzeitiges Rollen der Long-Option kann Sinn machen, um die Gewinnschwelle wieder näher an den Marktkurs zu bringen.
- Bull- oder Bear-Spreads:
  Ist die Gewinnschwelle bei einem Bull-oder Bear-Spread zu weit vom Marktkurs entfernt, drängt sich eine Anpassung auf. Dazu rollt man die Short-Option näher an den Marktkurs heran, wodurch der Verlust auf Kosten des Gewinnpotenzials verkleinert wird. Eine andere Möglichkeit besteht darin, einem Bull-Spread einen gegensätzlichen Bear-Spread weiter vom Marktkurs entfernt hinzuzufügen. Diese Aktion nimmt eine zusätzliche Prämie ein, welche den potenziellen Gesamtverlust verkleinert. Außerdem muss sich der Marktkurs zuerst über den Gewinnhügel des Bull-Spreads bewegen, bis er den Verlustbereich des zusätzlichen Bear-Spreads erreicht. Dasselbe kann natürlich spiegelbildlich

auch auf einen Bear-Spread als Ausgangsposition angewendet werden (siehe dazu Abbildung 22.2).

- Ratio-Spreads:
Weist der Ratio-Spread einen Verlust auf, dann ist wichtig, ob sich der Marktkurs vor oder nach dem Gewinnhügel befindet. Falls sich bereits ein Gewinnhügel ausgebildet hat und der Marktkurs sich auf der Seite befindet, wo das Verlustpotenzial begrenzt ist, kann der Ratio-Spread üblicherweise näher an den Marktkurs herangerollt werden, um die Situation zu verbessern (siehe dazu Abbildung 22.2). Befindet sich der Marktkurs aber auf der »gefährlichen« Seite, d. h. es droht ein unbegrenzter Verlust, so muss die offene Short-Position unbedingt abgesichert werden. Dies konvertiert den Ratio-Spread z. B. in einen Butterfly-Spread. Gleichzeitiges Rollen der Position kann die Verluste außerdem zusätzlich eingrenzen.

- Calendar-Spreads bzw. Spreads mit zwei Laufzeiten:
Wie im Fall der Gewinnsicherung lassen sich Follow-up-Aktionen für Bull- und Bear-Spreads auf Calendar-Spreads adaptieren.

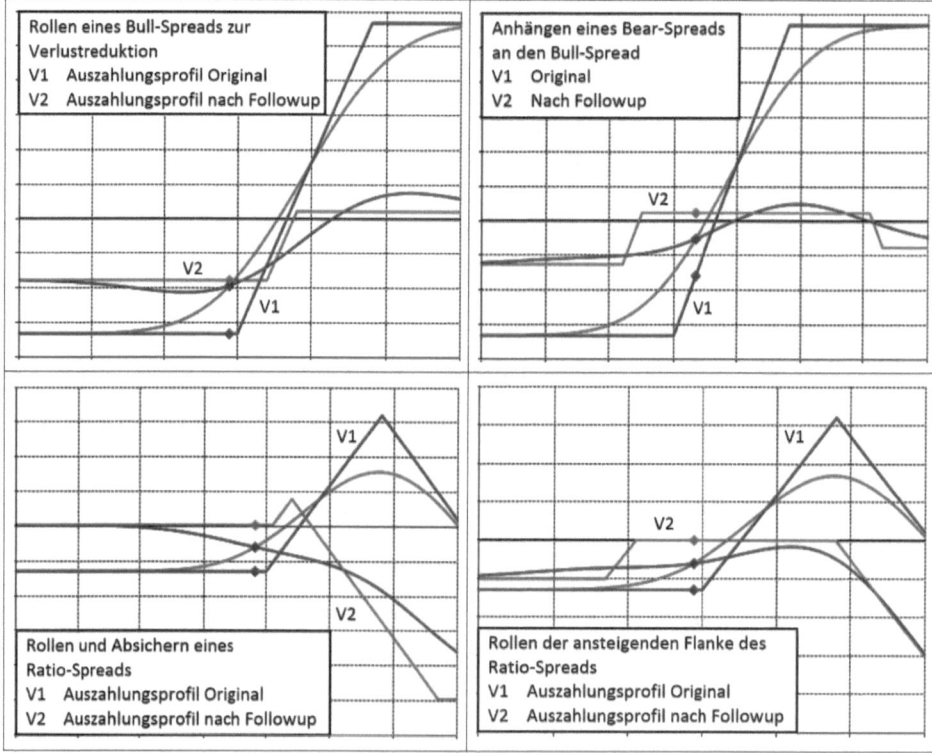

Abbildung 22.2: Beispiele für Follow-up-Aktionen zur Risikoverminderung

22.3 Beispiele

22.3.1 Gewinnsicherung: Fallbeispiel 1

Ausgangslage:

Zur Sommerpause im Juli 2014 erwarten Sie eine Schwächephase des Aktienmarkts. Sie entwerfen deshalb eine Strategie mit kurzer Laufzeit, die bei fallenden Kursen des DAX profitiert und das Risiko bei einer falschen Einschätzung möglichst minimiert.

Strategie-Setup:

Starten Sie den *Vandermart Tracker* und geben Sie im Fenster »Strategieentwicklung« die in Tabelle 22.1 dargestellte Strategie ein (oder laden Sie die Datei »DAX_2014-07-21_2014-08-15_fallend.txt«).

Pos.	Handelsdatum	Kauf/ Verkauf	Typ	Kontrakte	Strike	Verfallsdatum	Prämie	Preis
1	21.7.2014	Verkauf	Put-Option	8	9300	15.8.2014	130,9	5236
2	21.7.2014	Kauf	Put-Option	4	9600	15.8.2014	224,7	-4494
3	21.7.2014	Verkauf	Put-Option	2	9500	19.9.2014	107,0	1070
4	21.7.2014	Kauf	Put-Option	4	9450	19.9.2014	93,0	-1860
						Gesamtpreis (ohne Spesen)		Euro -48

Tabelle 22.1: Positionen der fallenden Strategie für den DAX-Index

Das Auszahlungsprofil der Gesamtstrategie zeigt Abbildung 22.3. Die Strategie kombiniert einen Put-Ratio-Spread von zwei Monaten Laufzeit mit einem Put-Backspread mit einem Monat Laufzeit. Der Gewinnhügel in fallender Kursrichtung soll den Gewinn bringen, falls die Markterwartung bestätigt wird. Bei steigendem Kurs hingegen soll möglichst kein Verlust entstehen.

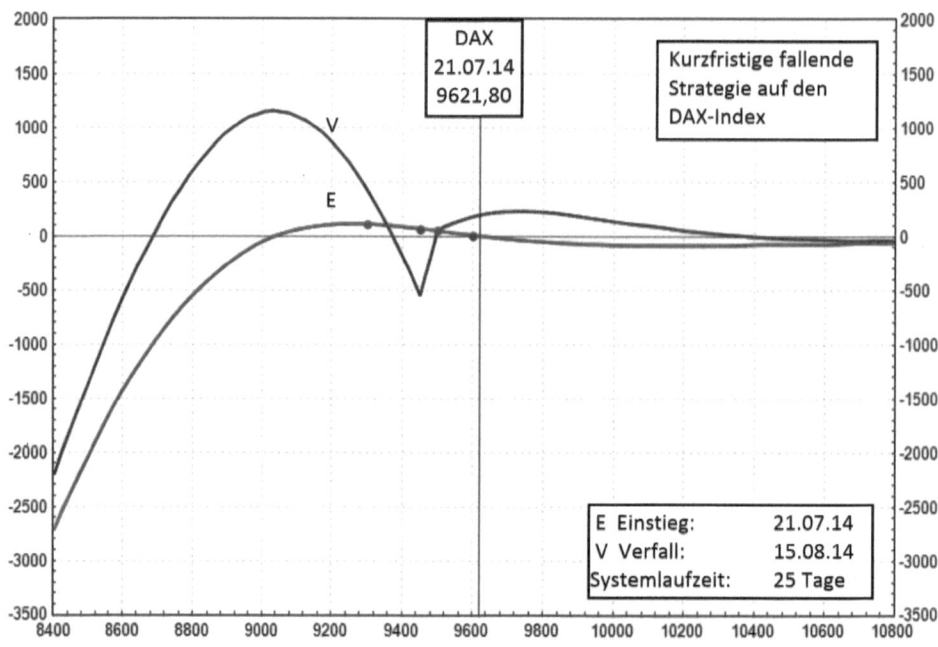

Abbildung 22.3: Kurzfristige fallende-Strategie für den DAX-Index

Entwicklung:

Der DAX-Index entwickelt sich wie erwartet (siehe Abbildung 22.4).

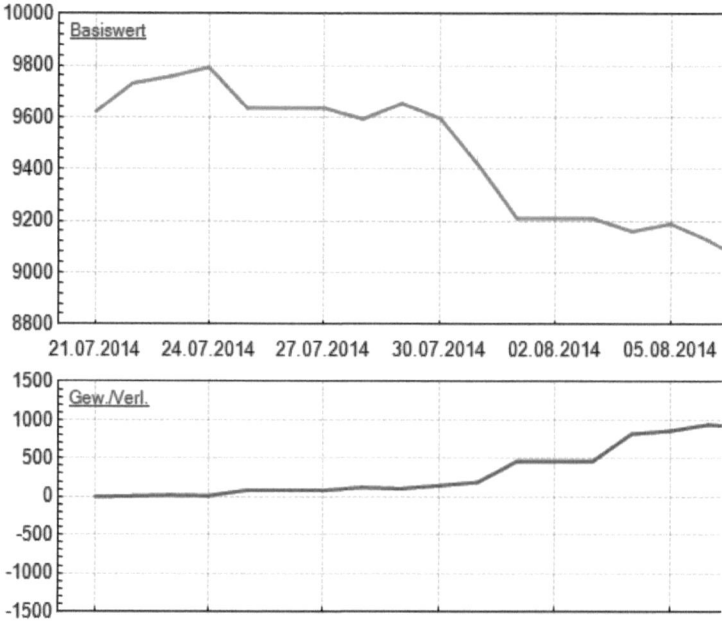

Abbildung 22.4: Verlauf des DAX-Indexes bis Anfang August 2014

Follow-up:

Per 6.8.2014 wird ein Buchgewinn von ca. 940 Euro akkumuliert, womit sich eine Follow-up-Aktion zur Gewinnsicherung aufdrängt.

Wählen Sie nun im Navigationsbereich des *Strategy Advisor* oben zuerst das »Home-Symbol« und anschließend die Aufgabe »Follow-up-Aktion zur Portfolioverbesserung«. Klicken Sie nun mit der Maus auf die Variante »Follow-up-Aktion für normalisiertes Portfolio« und geben Sie in der Parametertabelle folgende Werte ein:

- Zieldatum: 6.8.2014
- Transaktionskosten: 1 (Spread in Punkten)

Nachdem Sie auf »Start« gedrückt haben, erscheint die in Abbildung 22.5 dargestellte Grafik für den ersten Vorschlag für eine Follow-up-Aktion.

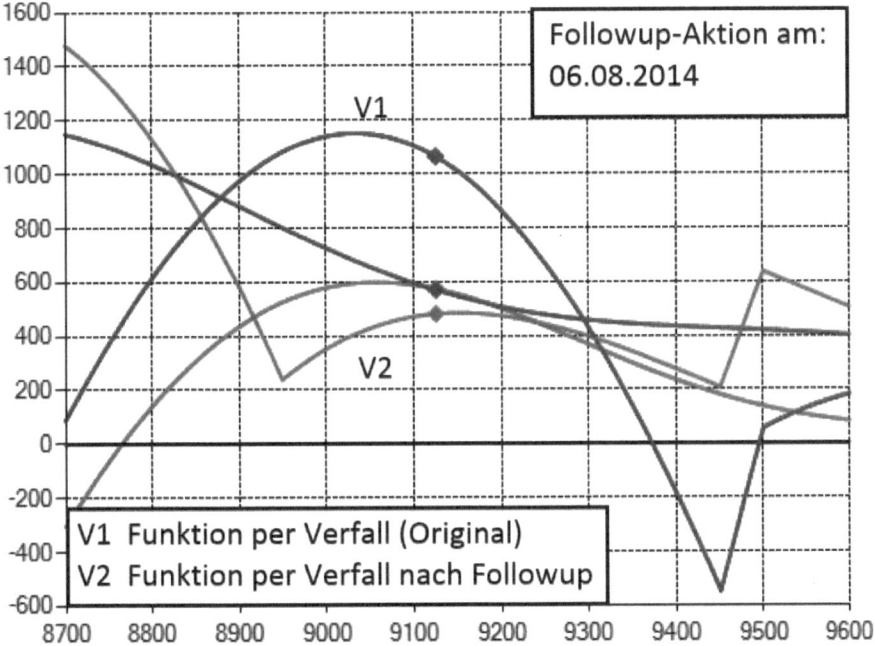

Abbildung 22.5: Vorschlag für eine Follow-up-Aktion per 6.8.2014

Drücken Sie nun auf den Knopf »Übertragen« und wechseln Sie zum Strategie-Fenster, wo Sie nun die aktualisierte Liste von Positionen sehen (siehe Tabelle 22.2).

22 Follow-up-Aktionen

Pos.	Handels-datum	Kauf/Verkauf	Typ	Kontrakte	Strike	Verfalls-datum	Prämie	Preis
1	21.7.2014	Verkauf	Put-Option	8	9300	15.8.2014	130,9	5236
2	21.7.2014	Kauf	Put-Option	4	9600	15.8.2014	224,7	-4494
3	21.7.2014	Verkauf	Put-Option	2	9500	19.9.2014	107,0	1070
4	21.7.2014	Kauf	Put-Option	4	9450	19.9.2014	93,0	-1860
5	6.8.2014	Kauf	**Put-Option**	4	9300	19.9.2014	303,1	-6062
6	6.8.2014	Verkauf	**Put-Option**	4	8750	19.9.2014	99,8	1996
7	6.8.2014	Verkauf	**Put-Option**	2	9450	15.8.2014	332,2	3322
8	6.8.2014	Kauf	**Put-Option**	2	8950	15.8.2014	45,0	-450
9	6.8.2014	Verkauf	**Call-Option**	4	9600	19.9.2014	40,7	814
10	6.8.2014	Kauf	**Call-Option**	4	9300	19.9.2014	130,7	-2614
11	6.8.2014	Kauf	**Call-Option**	4	9400	19.9.2014	92,4	-1848
12	6.8.2014	Verkauf	**Call-Option**	4	9150	19.9.2014	204,2	4084
						Gesamtpreis (inklusive 140 Euro Spesen)		Euro -946

Tabelle 22.2: Anpassungen der fallenden-Strategie per 6.8.2014

Das neue Auszahlungsprofil zeigt Abbildung 22.6. Die Follow-up-Aktion hebt das Auszahlungsprofil etwas an und verschiebt den Verlustbereich weiter weg in den Bereich des DAX-Kurses von 8200 an abwärts.

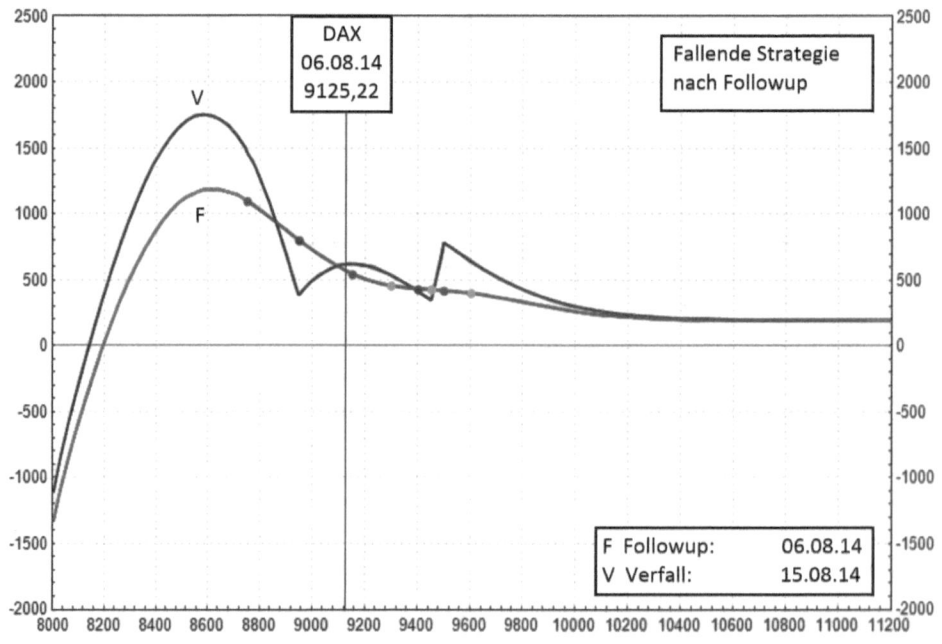

Abbildung 22.6: Fallende Strategie für den DAX-Index nach Follow-up-Aktion

Weitere Entwicklung:

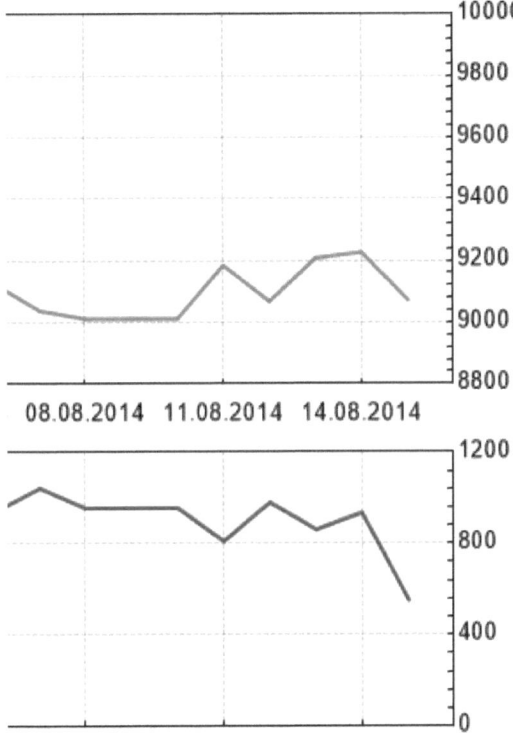

Abbildung 22.7: Weitere Entwicklung nach der Follow-up-Aktion bis zum ersten Verfallstermin

Der DAX-Index dreht wieder leicht in steigende Richtung bis kurz vor dem ersten Verfallstermin (siehe Abbildung 22.7). Bei Strategien mit mehreren Verfallsterminen sollte die Strategie in der Regel vor dem Verfallstermin liquidiert werden. In diesem Fall ergibt sich ein Gewinn von ca. 800 Euro.

22.3.2 Gewinnsicherung: Fallbeispiel 2

Ausgangslage:

Sie erwarten steigende Kurse für die Siemens-Aktie in den nächsten ein bis zwei Jahren. Da Sie aber nur ein begrenztes Risiko eingehen wollen, wählen Sie eine Optionsstrategie, die gegen stark fallende Kurse abgesichert ist.

Strategie-Setup:

Starten Sie den *Vandermart Tracker* und geben Sie im Fenster »Strategieentwicklung« die in Tabelle 22.3 dargestellte Strategie ein (oder laden Sie die Datei »SIE_2013-03-04_2014-12-19_steigend.txt«).

Pos.	Handels-datum	Kauf/Verkauf	Typ	Kontrakte	Strike	Verfalls-datum	Prämie	Preis
1	4.3.2013	Verkauf	Call-Option	2	76	19.12.2014	9,30	1 860
2	4.3.2013	Kauf	Call-Option	4	84	19.12.2014	5,46	-2 184
3	4.3.2013	Verkauf	Call-Option	1	92	19.12.2014	2,96	296
						Gesamtpreis (ohne Spesen)		Euro -28

Tabelle 22.3: Positionen der steigenden Strategie für die Siemens-Aktie

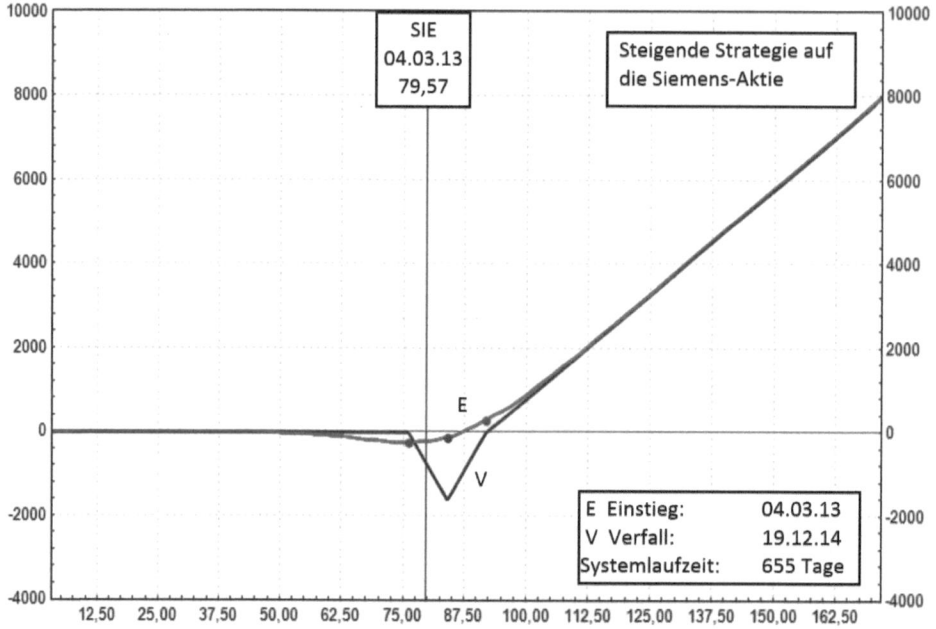

Abbildung 22.8: Steigende-Strategie für die Siemens-Aktie mit zwei Jahren Laufzeit

Das Auszahlungsprofil der Gesamtstrategie zeigt Abbildung 22.8. Die Strategie ist eine Variante eines Call-Backspreads mit veränderter Kontraktanzahl. Der Zeitpunkt und die Strikes sind so gewählt, dass bei fallenden Kursen das Auszahlungsprofil auf der Nulllinie liegt. Bei stagnierendem Kurs der Siemens-Aktie bildet sich in der Mitte ein Verlustbereich. Es besteht aber die Chance, dass in diesem Fall die Strategie mit nur geringem Verlust liquidiert werden kann.

Entwicklung:

Die Siemens-Aktie entwickelt sich wie erhofft (siehe Abbildung 22.9).

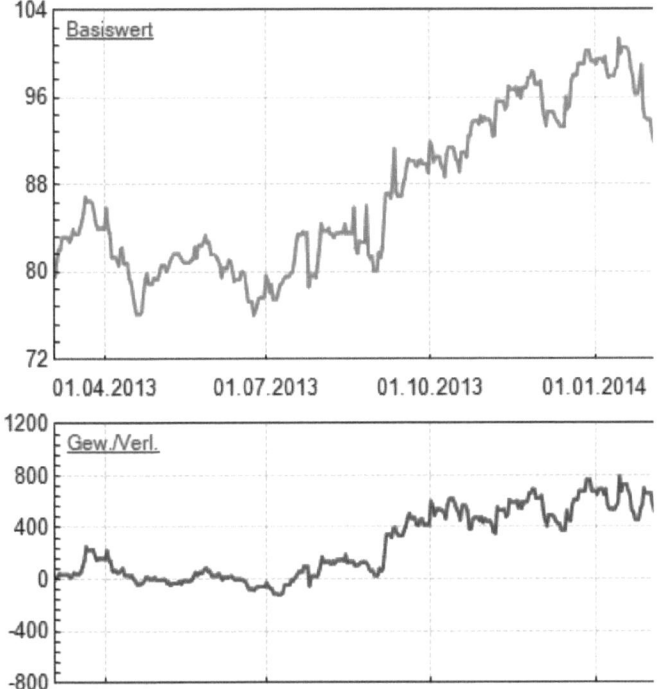

Abbildung 22.9: Verlauf der Optionsstrategie bis Februar 2014

Follow-up:

Per 26.2.2014 wird ein Buchgewinn von ca. 740 Euro akkumuliert, womit sich eine Follow-up-Aktion zur Gewinnsicherung aufdrängt.

Wählen Sie nun im Navigationsbereich des *Strategy Advisor* oben zuerst das »Home-Symbol« und anschließend die Aufgabe »Follow-up-Aktion zur Portfolioverbesserung«. Klicken Sie nun mit der Maus auf die Variante »Follow-up-Aktion für normalisiertes Portfolio« und geben Sie in der Parametertabelle folgende Werte ein:

- Zieldatum: 26.2.2014
- Transaktionskosten: 0,1 (Spread in Punkten)

Nachdem Sie auf »Start« gedrückt haben, erscheint die in Abbildung 22.10 dargestellte Grafik für den ersten Vorschlag für eine Follow-up-Aktion.

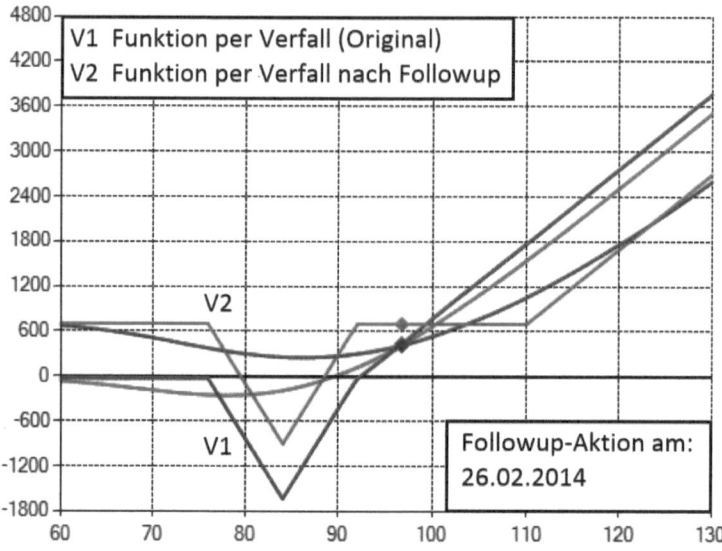

Abbildung 22.10: Vorschlag für eine Follow-up-Aktion per 26.2.2014

Drücken Sie nun auf den Knopf »Übertragen« und wechseln Sie zum Strategie-Fenster, wo Sie nun die aktualisierte Liste von Positionen sehen (siehe Tabelle 22.4).

Pos.	Handels-datum	Kauf/ Verkauf	Typ	Kontrakte	Strike	Verfalls-datum	Prämie	Preis
1	4.3.2013	Verkauf	Call-Option	2	76	19.12.2014	9,30	1860
2	4.3.2013	Kauf	Call-Option	4	84	19.12.2014	5,46	-2184
3	4.3.2013	Verkauf	Call-Option	1	92	19.12.2014	2,96	296
4	**26.2.2014**	**Verkauf**	**Call-Option**	**1**	**92**	**19.12.2014**	**9,78**	**978**
5	**26.2.2014**	**Kauf**	**Call-Option**	**1**	**110**	**19.12.2014**	**-2,29**	**-229**
						Gesamtpreis (inklusive 20 Euro Spesen)		Euro -701

Tabelle 22.4: Anpassungen der steigenden-Strategie per 26.2.2014

Das neue Auszahlungsprofil zeigt Abbildung 22.11. Die Follow-up-Aktion hebt das Auszahlungsprofil durch Rollen der Call-Option mit dem größten Strike etwas an. Der Verlustbereich ist aber nur kleiner geworden und nicht ganz verschwunden.

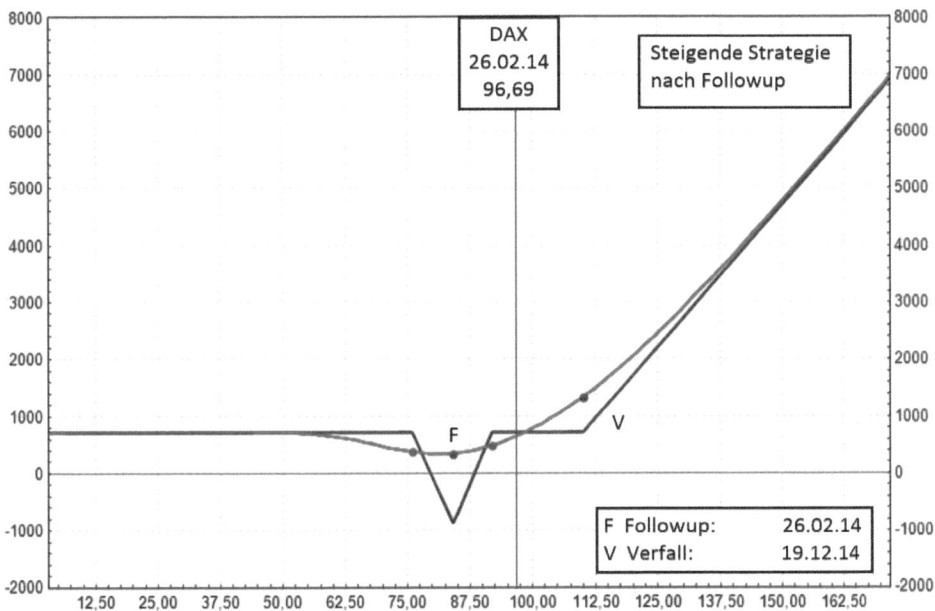

Abbildung 22.11: Steigende Strategie für die Siemens-Aktie nach Follow-up-Aktion

Weitere Entwicklung:

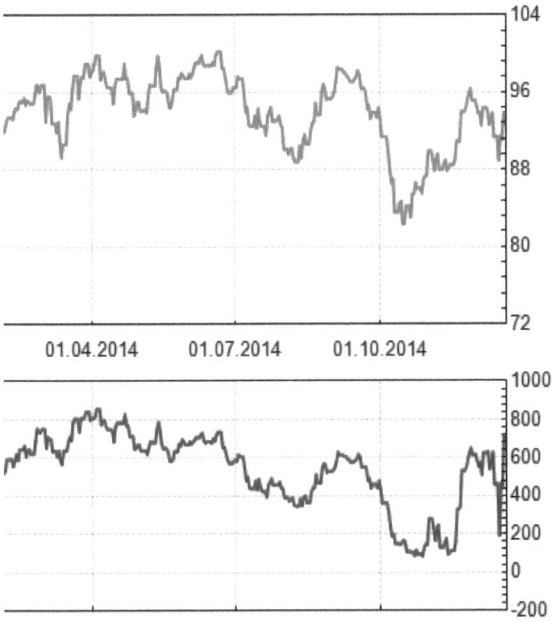

Abbildung 22.12: Weitere Entwicklung nach der Follow-up-Aktion bis zum Verfallstermin

Die Siemens-Aktie schwankt noch relativ stark um den Verlustbereich herum (siehe Abbildung 22.12), die Strategie verfällt aber am Ende mit einem Gewinn von ca. 721 Euro.

Literaturverzeichnis

Dasgupta, Pallab: Multiobjective Heuristic Search. An Introduction to Intelligent Search Methods for Multicriteria Optimization, 2004.

Deiters, Bert H.: *Futures – Eine einführende Gesamtdarstellung*, Essen 2014.

Edelkamp, Stefan/ Schrödl, Stefan: Heuristic Search: Theory and Applications, 2011.

Flemisch, Marcus: Behavioral Finance und Market Making. Verhaltenswissenschaftliche Erklärungsansätze für die Preisbildung an Wertpapiermärkten, 2006.

Georgievski, Ilce/Aiello, Marco: *An Overview of Hierarchical Task Network Planning*, CoRR, Vol. 1403.7426, 2014.

Görz, Günther, Josef Schneeberger und Ute Schmid (Hrsg.): *Handbuch der Künstlichen Intelligenz*, 5. Auflage, München 2013.

Haug, Espen Gaarder: *The complete guide to Option Pricing Formulas*, 2. Auflage, New York 2007..

Hull, John C.: *Einführung in Futures – und Optionsmärkte*, 3. Auflage, 2001.

Mc Millan, Lawrence G.: *Options as a Strategic Investment*, 5. Auflage 2012.

Reehl, C.B.: The Mathematics of Options Trading, New York 2005.

Shefrin, Hersh: *A behavioral approach to asset pricing*, Burlington 2005.

Über die Autoren

Reinhold Fend absolvierte eine technische Ausbildung mit Schwerpunkt Nachrichtentechnik. Nachdem er im erlernten Beruf seine Meriten erwarb (Fend ist Urheber mehrerer Erfindungen und Inhaber mehrerer Patente), kam er bereits in den achtziger Jahren auf die Idee, die Gesetze der Physik auf Kursbewegungen an den Kapitalmärkten anzuwenden. Und das gelang ihm nicht nur in der Theorie, sondern auch in der Praxis. Gestützt durch sein früheres technisches Fachgebiet der Signalverarbeitung (Spektralanalysen, Schwingungslehre) führte dies zu außergewöhnlichen Analysen und Prognosemodellen für die Kapitalmärkte. Auf diesem Know-how aufbauend entwickelte Fend komplexe Optionssysteme, wobei der Optimierung des Chancen/Risiko-Profils stets höchste Priorität eingeräumt wurde. Fend war viele Jahre für verschiedene Hedgefundgesellschaften tätig, wobei der Schwerpunkt seiner Arbeit stets in der Entwicklung von Optionssystemen lag. Da die kommerziellen computergestützten Hilfsmittel für die Optionssystementwicklung viele Schwachstellen aufwiesen, entschied sich Fend, eine eigene Optionssoftware zu entwickeln. Für dieses Vorhaben holte er mehrere Kollegen ins Boot, wodurch das geballte Know-how von Spezialisten in dieses Projekt mit einfloss.

Dr. Rico A. Cozzio studierte Informatik an der ETH Zürich und promovierte anschließend auf dem Gebiet der »Künstlichen Intelligenz« mit einer Arbeit über neuronale Netzwerke. Neben industriellen Anwendungen interessierte er sich schon früh für die technologischen Möglichkeiten auf den Finanzmärkten. Aus der Zusammenarbeit mit Reinhold Fend entstand der »Strategy Advisor«, ein sogenannter »Intelligenter Assistent« für Optionshändler, der moderne Technologien mit strategischem Know-how zu Optionsstrategien kombiniert.

Stichwortverzeichnis

A Additional Margin   191 ff.
Agrarmärkte   161
Algorithmen   301
American Style   32
Amerikanische Option   32
Amibroker   21
Am Geld   33
Anfänge des Terminhandels   25
Annualisierten Standardabweichung   79
Antike   25
Arbitrage   116
Arbitragestrategie   124
Arbitrageure   26
ATM – At the money (Am Geld)   33
Aus dem Geld   33
Auslenkung   210
Ausschüttung   70
Außerbörsliche Optionen   33
Ausübung   32, 214

B Backtest   207
Barausgleich   32
Basispreis   31
Basiswert   31
Bear-Spread   173
Bernoulli-Nutzenfunktion   82
Bestandhaltekosten   164
Bezugsverhältnis   33
Binomialmodell   48
Black-Scholes-Modell   47, 105
Bonus-Strategien   196
Bonuszahlung   222
Börsencrash   132
Broker   20
Bull-Spread   172
Butterfly   178

C Calendar-Spread   180
Call   28
Capped Bonus-Strategien   196
Cash Settlement   32
CCR-Modell   48
Chartprogramm   21
Clearingmitglieder   188
Clearingstelle   161
Combo-Order   169
Commodities   161
Condor   179
Continuously compounded Volatility   138
Cost of Carry   163
Covered Call   43
Cox-Ross-Rubinstein-Modell   48, 105

Cross Margining   190
Currency Futures   161

D Deckung   34
Delta   91
Deltaneutral   91, 96, 115
Derivate   28
Diagonal-Bear-Spread   182
Diagonal-Bull-Spread   181
Disziplin   23
Dividenden   34
– amerikanische Aktienoptionen   72
– europäische Aktienoptionen   71
Dividendenberechtigt   34
Dividendensprung   71 f.
Dividendenstrategien   292
Dividendentermin   58

E Effizienter Markt   121
Effizienzmarkthypothese   132
Einflussfaktoren auf die Optionsprämie   47
Erfüllungstermin   162
Erwartungswert   134
Europäische Option   32
European Style   32
Exercise   32
Expiration   32

F Fachwissen   19
Fairer Optionspreis   105
Fair Value   105
Fat Tails   134
Financial Futures   161
Finanzierungskosten   63
Fit   133
Follow-up-Aktion   201, 333
Forward   162
free lunch   116
Fungibilität   136
Future   13, 161
Future Spread – Margin   193

G Gamma   95
Gauß'sche Glockenkurve   134
Gewinn   34
Glattstellen   136
Grundpositionen   35

H Handelsansatz   18, 195
Häufigkeitsverteilung   132
Hauptversammlung   70
Hebel   104
Hedger   26
Historische Volatilität   79
Historische Volatilität nach Fend   87

I Im Geld 33
Implizite Volatilität 57
Initial-Margin 187
Innerer Wert 47f.
Interest Rate Futures 161
Investox 21
ITM – In the money (Im Geld) 33

J Julianische Zahl 301

K Kassamarkt 163
Kassapreis 164
Kauf 33
Kauf einer Kaufoption 35
Kauf einer Verkaufsoption 39
Kaufoption 28
Künstlichen Intelligenz 334
Kursindex 74
Kurz- bis mittelfristige Strategien 196, 257

L Langfristige Strategien 196
Lognormalverteilung 138
Long 34
Long Call 35
Long Put 39

M Margin 161, 187
Margin-Belastung 190
Margin Call 189
Margin Intervall 190
Margin-Klasse 191
Market-Maker 124
Markteinschätzung 335
Markteinstieg 212
Marktmodell 135
Mark to Market 192
MetaStock 21
Mindestanforderungen 19

N Nachschusspflicht 162
Naked 34
Normalverteilung 134

O Offene Kontrakte 162
Omega 104
Open Interest 162
Optionen 27
Optionsprämie 31
Optionspreismodell 47, 105
Optionsrecht 28
Optionsserie 33
Optionssimulator 20
Optionssmile 131
OTM – Out of the money (Aus dem Geld) 33
Outperformance-Strategien 196, 242
Over the counter 33

P Papertrader 21
Paritätsformel 121, 128
Performanceindex 74
P/L 34
Positionsgröße 195
Premium Margin 192
Profit/Loss 34
Protective Put 45
Put 30
Put/Call-Parität 121

Q Quantifizierung des Risikos 190

R Random Walk 108
Ratio-Call-Spread 176
Ratio-Put-Spread 177
Renditeklassen 133
Restlaufzeit 54
Rho 103
Risiko 79
Risikoloser Marktzins 63, 126
Risk Based Margining 190
Rohstoffe 161
Rollen des Systems 209
Ruhiger Kursverlauf 156

S Senke 199
Sensitivitätskennzahlen 89
Settlementpreise 124
Short 34
Short Call 37
Short-Positionen 34
Short Put 41
Short-Selling 277
Single-Stock-Future 161, 166
Skalierung der Volatilität 80
Skew 131
Slippage 170
Smile 131
Sneer 131
Soft-Commodities 161
Sondervermögen 166
Spekulanten 26
Spot Price 164
Standardabweichung 136
Standardisierung 34
Step, Binomialmodell 108
Stillhalter 28
Stock-Index-Futures 161
Straddle 174
Strangle 175
Strategieentwurf 335
Strategien auf Volatilitäts-Futures 273
Strategien für Vermögensverwalter 333
Strategien mit Calendar-Spreads 282
Strategieoptimierung 333

Strategy Advisor 333
Strike 31
Swing-Trading 257
Synthetischer Call 183
Synthetischer Put 184
Synthetisch Long 185
Systemlaufzeit 197

T Tagesrendite 136
Täglicher Abrechnungspreis 124
Teilabsicherung 222, 231
Terminhandel 25
Theta 101
Tradesignal-online 21
Tradingkapital 22
Turbulenter Markt 156
Twin-win-Strategien 196, 252

U Uncovered 34
Underlying 31

V Vandermart-Tracker 331
Varianz 134
Variation Margin 192 f.
Vega 98

Verfall 32
Verkauf 33
Verkauf einer Kaufoption 37
Verkauf einer Verkaufsoption 41
Verkaufsoption 30
Verlust 34
Verteilungsfunktion 134
Volatilität 79
Volatilitätsfuture 148
Volatilitätsstrategien mit Time-Spreads 288
Vorbildung 21

W Wetterderivate 31
Wings 143

Z Zeitaufwand 21
Zeitwert 47, 49
Zins 63
Zins-Strategien 196, 217
Zinseinfluss
– amerikanische Call-Option 68
– amerikanische Put-Option 68
– europäische Call-Option 64
– europäische Put-Option 66

Anwendung der EMD im Rahmen der Technischen Analyse

MANFRED G. DÜRSCHNER

Technische Analyse mit EMD
Die Anwendung der EMD auf Indizes, Rohstoffe, Währungen und Aktien

2013. 220 Seiten. Gebunden.
ISBN: 978-3-527-50718-4
€ 79,-

Manfred G. Dürschner zeigt, wie die Empirical Mode Decomposition (EMD), die von der NASA entwickelt wurde, für die Analyse von Kurszeitreihen genutzt werden kann.

Die Anwendung der EMD auf Indizes, Rohstoffe, Währungen und auf einzelne Aktien wird aufgezeigt.

Wiley
Postfach 10 11 61 • D-69451 Weinheim
Fax: +49 (0)6201 606 184
e-Mail: service@wiley-vch.de • www.wiley-vch.de

Die neue Wiley-Reihe zum einfach richtig Geld verdienen

- Dient Privatinvestoren/Anlegern als erster Einstieg in die Thematik oder Anlageform
- Wird von erfahrenen Praktikern verfasst
- Vermittelt auf der Basis solider Theorie praktische Hilfestellung
- Ist zielführend auf den erfolgreichen Einsatz in der Praxis ausgerichtet
- Vermittelt Wissen leicht verständlich, verdeutlicht mit Beispielen, visualisiert mit Charts

2016. 231 Seiten. Broschur.
€ 14,99
ISBN: 978-3-527-**50882**-2

Was ist eigentlich eine Börse? Und was machen die da? Wie kann auch ich mein Geld dort vermehren? Diese und andere Fragen beantwortet Chris-Oliver Schickentanz in „Einfach richtig Geld verdienen mit den Grundlagen der Börse", einem Einsteigerbuch für Anleger.

2016. 262 Seiten. Broschur.
€ 14,99
ISBN: 978-3-527-**50880**-8

Christoph Geyers Einsteigerbuch zur Technischen Analyse wendet sich an Anleger, die an der Börse nachhaltig erfolgreich sein wollen. Die Erfahrungen des langjährigen Börsenprofis machen das Buch zu einem Werk, auf das der technisch orientierte Anleger nicht verzichten sollte.

2016. 220 Seiten. Broschur.
€ 14,99
ISBN: 978-3-527-**50860**-0

Das ist das Einsteigerbuch für Anleger, die nachhaltig erfolgreich mit Fremdwährungen Geld verdienen wollen. Anlage-Stratege Chris-Oliver Schickentanz lässt den Leser an seinem Praxiswissen über Märkte und Währungen teilhaben.

2017. Ca. 240 Seiten. Broschur.
Ca. € 14,99
ISBN: 978-3-527-**50896**-9

Erscheint im Januar

Exchange Traded Funds (ETFs) erfreuen sich wachsender Beliebtheit. Sie sind kostengünstig und gerade im Niedrigzinsumfeld eine Alternative zu den klassischen Anlageformen. Judith Engst zeigt Ihnen, worauf es bei einer Anlage in ETFs ankommt.

www.wiley-vch.de

Geldschöpfung – Krise oder Chance?

MATHIAS BINSWANGER

Geld aus dem Nichts
Wie Banken Wachstum ermöglichen und Krisen verursachen

2015. 347 Seiten. Gebunden.
ISBN: 978-3-527-50817-4
€ 24,99

In seinem Buch beschäftigt sich Mathias Binswanger mit den Banken als Geldproduzenten. Es zeigt differenziert und fundiert, wie Geld geschaffen wird, welche Bedeutung dieser Prozess in einer modernen Wirtschaft besitzt und welche Probleme er verursacht.

Wiley
Postfach 10 11 61 • D-69451 Weinheim
Fax: +49 (0)6201 606 184
e-Mail: service@wiley-vch.de • www.wiley-vch.de

WILEY

Sprechen Sie Teuflisch?

JASON ZWEIG

Des Teufels Wörterbuch der Finanzwelt
Von A wie AAA bis Z wie Zombie Fonds

2016. 240 Seiten. Gebunden.
ISBN: 978-3-527-50878-5
€ 19,99

Dieses etwas andere Wörterbuch liefert unterhaltsame, leicht verständliche und scharfsinnige Definitionen und Einblicke in die feindliche Wildnis der Finanzmärkte. Ein unentbehrlicher Survival-Guide!

Wiley
Postfach 10 11 61 • D-69451 Weinheim
Fax: +49 (0)6201 606 184
e-Mail: service@wiley-vch.de • www.wiley-vch.de

WILEY